박문각 감정평가사

제3판

도승하
감정평가 및 보상법규

행정법 사례해설 | 2차

도승하 편저

6년 연속 전체/실무 수석 합격자 배출

행정법 사례해설은 행정법 쟁점의 기본 순서대로 다양한 쟁점을 연습할 수 있도록 구성되어 있습니다. 또한 각 쟁점을 다양한 사실관계에 기초하여 여러 방향에서 분석·연습할 수 있도록 동일·유사 사례를 집중 수록하였습니다. 따라서 하나의 쟁점을 다양한 사례를 통해서 반복·연습한다면 쟁점에 대한 이해가 자연스럽게 높아질 것입니다.

행정법 시험은 각 쟁점의 발생원인을 체크하여 이를 해결하기 위한 학설과 판례의 태도가 어떠한지를 중심으로 서술되어야 합니다. 따라서 사례문제를 공부할 때에는 어떠한 주제가 어떠한 측면에서 쟁점이 되는지를 중심으로 문제를 분석하여 주시기 바랍니다.

아울러, 행정법 기본이론을 토대로 행정법의 다양한 쟁점을 이해하고 실무에서 응용할 수 있는 실력을 겸비하시길 기원드립니다.

감정평가사란?

감정평가란 토지 등의 경제적 가치를 판정하여 그 결과를 가액으로 표시하는 것을 말한다. 감정평가사(Certified Appraiser)는 부동산·동산을 포함하여 토지, 건물 등의 유무형의 재산에 대한 경제적 가치를 판정하여 그 결과를 가액으로 표시하는 전문직업인으로 국토교통부에서 주관, 산업인력관리공단에서 시행하는 감정평가사시험에 합격한 사람으로 일정기간의 수습과정을 거친 후 공인되는 직업이다.

시험과목 및 시험시간

가. 시험과목(감정평가 및 감정평가사에 관한 법률 시행령 제9조)

시험구분	시험과목
제1차 시험	❶ 「민법」 중 총칙, 물권에 관한 규정 ❷ 경제학원론 ❸ 부동산학원론 ❹ 감정평가관계법규(「국토의 계획 및 이용에 관한 법률」, 「건축법」, 「공간정보의 구축 및 관리 등에 관한 법률」 중 지적에 관한 규정, 「국유재산법」, 「도시 및 주거환경정비법」, 「부동산등기법」, 「감정평가 및 감정평가사에 관한 법률」, 「부동산 가격공시에 관한 법률」 및 「동산·채권 등의 담보에 관한 법률」) ❺ 회계학 ❻ 영어(영어시험성적 제출로 대체)
제2차 시험	❶ 감정평가실무 ❷ 감정평가이론 ❸ 감정평가 및 보상법규(「감정평가 및 감정평가사에 관한 법률」, 「공익사업을 위한 토지 등의 취득 및 보상에 관한 법률」, 「부동산 가격공시에 관한 법률」)

나. 과목별 시험시간

시험구분	교시	시험과목	입실완료	시험시간	시험방법
제1차 시험	1교시	❶ 민법(총칙, 물권) ❷ 경제학원론 ❸ 부동산학원론	09:00	09:30~11:30(120분)	객관식 5지 택일형
	2교시	❹ 감정평가관계법규 ❺ 회계학	11:50	12:00~13:20(80분)	

제2차 시험	1교시	❶ 감정평가실무	09:00	09:30~11:10(100분)	과목별 4문항 (주관식)
	중식시간 11:10 ~ 12:10(60분)				
	2교시	❷ 감정평가이론	12:10	12:30~14:10(100분)	
	휴식시간 14:10 ~ 14:30(20분)				
	3교시	❸ 감정평가 및 보상법규	14:30	14:40~16:20(100분)	

※ 시험과 관련하여 법률·회계처리기준 등을 적용하여 정답을 구하여야 하는 문제는 시험시행일 현재 시행 중인 법률·회계처리기준 등을 적용하여 그 정답을 구하여야 함

※ 회계학 과목의 경우 한국채택국제회계기준(K-IFRS)만 적용하여 출제

다. 출제영역 : 큐넷 감정평가사 홈페이지(www.Q-net.or.kr/site/value) 자료실 게재

📖 응시자격 및 결격사유

가. 응시자격 : 없음

※ 단, 최종 합격자 발표일 기준, 감정평가 및 감정평가사에 관한 법률 제12조의 결격사유에 해당하는 사람 또는 같은 법 제16조 제1항에 따른 처분을 받은 날부터 5년이 지나지 아니한 사람은 시험에 응시할 수 없음

나. 결격사유(감정평가 및 감정평가사에 관한 법률 제12조, 2023.5.9. 개정)
다음 각 호의 어느 하나에 해당하는 사람

1. 파산선고를 받은 사람으로서 복권되지 아니한 사람
2. 금고 이상의 실형을 선고받고 그 집행이 종료(집행이 종료된 것으로 보는 경우를 포함한다)되거나 그 집행이 면제된 날부터 3년이 지나지 아니한 사람
3. 금고 이상의 형의 집행유예를 받고 그 유예기간이 만료된 날부터 1년이 지나지 아니한 사람
4. 금고 이상의 형의 선고유예를 받고 그 선고유예기간 중에 있는 사람
5. 제13조에 따라 감정평가사 자격이 취소된 후 3년이 지나지 아니한 사람. 다만 제6호에 해당하는 사람은 제외한다.
6. 제39조 제1항 제11호 및 제12호에 따라 자격이 취소된 후 5년이 지나지 아니한 사람

합격자 결정

가. 합격자 결정(감정평가 및 감정평가사에 관한 법률 시행령 제10조)

- 제1차 시험

  영어 과목을 제외한 나머지 시험과목에서 과목당 100점을 만점으로 하여 모든 과목 40점 이상이고, 전 과목 평균 60점 이상인 사람

- 제2차 시험

  - 과목당 100점을 만점으로 하여 모든 과목 40점 이상, 전 과목 평균 60점 이상을 득점한 사람
  - 최소합격인원에 미달하는 경우 최소합격인원의 범위에서 모든 과목 40점 이상을 득점한 사람 중에서 전 과목 평균점수가 높은 순으로 합격자를 결정

  ※ 동점자로 인하여 최소합격인원을 초과하는 경우에는 동점자 모두를 합격자로 결정. 이 경우 동점자의 점수는 소수점 이하 둘째 자리까지만 계산하며, 반올림은 하지 아니함

나. 제2차 시험 최소합격인원 결정(감정평가 및 감정평가사에 관한 법률 시행령 제10조)

공인어학성적

가. 제1차 시험 영어 과목은 영어시험성적으로 대체

- 기준점수(감정평가 및 감정평가사에 관한 법률 시행령 별표 2)

시험명	토플		토익	텝스	지텔프	플렉스	토셀	아이엘츠
	PBT	IBT						
일반응시자	530	71	700	340	65 (level-2)	625	640 (Advanced)	4.5 (Overall Band Score)
청각장애인	352	–	350	204	43 (level-2)	375	145 (Advanced)	–

- 제1차 시험 응시원서 접수마감일부터 역산하여 2년이 되는 날 이후에 실시된 시험으로, 제1차 시험 원서 접수 마감일까지 성적발표 및 성적표가 교부된 경우에 한해 인정함

CONTENTS_차례

대상적격 핵심사례

행정소송과 집행정지

01 행정소송의 유형

사례 1

사업시행자 갑은 화물자동차의 주차난을 해결하고자 신림9동 일대에 공영차고지 건설을 계획하고, 관련된 준비를 철저히 하여 국토교통부장관에게 사업인정을 신청하려고 한다. 이에 신림9동에 위치한 수용대상 토지의 소유자 을은 신림9동에 공영차고지를 건설한다면 각종 공사소음과 화물자동차의 진출입으로 인한 교통난이 더욱 심해질 것이며, 자신의 토지를 수용하는 것은 수인할 수 없는 재산권의 침해에 해당하므로 사업인정을 하여서는 안 된다고 주장하고 있다. 이러한 사실관계를 바탕으로 각 물음에 답하시오.

(1) 사업인정 신청 후, 국토교통부장관에게 갑은 사업인정을 거부하지 말 것과, 을은 사업인정을 해주지 말 것을 구하는 소송을 제기할 수 있는지 검토하시오. ⌊10점⌋

(2) 갑이 사업인정을 신청하였으나 국토교통부장관이 상당기간이 지나도록 아무런 처분을 하지 아니하거나, 사업인정을 거부한 경우(취소사유의 위법성 존재)에 갑이 구제방법으로 생각할 수 있는 항고소송에는 어떤 것이 있으며 그러한 항고소송이 현행법상 허용되는지를 검토하시오. ⌊30점⌋

(3) 사업인정의 부작위나 거부처분의 위법을 이유로 국토교통부장관이 사업인정을 발령했다면 을의 입장에서 제기할 수 있는 구제수단을 검토하시오. ⌊15점⌋

(설문 1)의 해결

Ⅰ 쟁점의 정리

Ⅱ 예방적 부작위소송의 가능 여부
  1. 의의
  2. 인정 여부의 견해대립
    (1) 학설
    (2) 판례
  3. 검토

Ⅲ 사안의 경우

(설문 2)의 해결

Ⅰ 쟁점의 정리

Ⅱ 갑이 제기할 수 있는 구제방법
  1. 부작위위법확인소송의 제기
    (1) 부작위위법확인소송의 의의 및 성질
    (2) 아무런 처분을 하지 않은 것이 부작위에 해당하기 위한 요건
      1) 당사자의 신청이 있을 것
      2) 신청권의 의미와 존부
      3) 상당한 기간이 경과할 것

4) 아무런 처분을 하고 있지 않을 것
(3) 사안의 경우
2. **거부에 대한 취소소송 제기**
   (1) 거부처분의 의의 및 구별개념
   (2) 거부가 처분이 되기 위한 요건
       1) 판례의 태도2) 검토
   (3) 사안의 해결
3. **의무이행소송의 현행법상 인정 여부**
   (1) 문제점
   (2) 의의
   (3) 인정 여부
       1) 학설
       2) 판례
       3) 검토
   (4) 사안의 해결
Ⅲ 쟁점의 정리

(설문 3)의 해결
Ⅰ 쟁점의 정리
Ⅱ 을의 입장에서 제기할 수 있는 구제수단
   1. **사업인정의 직권취소 신청**
   2. **행정쟁송**
       (1) 개설
       (2) 행정심판
       (3) 행정소송
       (4) 집행정지 신청
   3. **손해전보제도**
   4. **알선, 조정, 재정(대체적 분쟁해결수단)**
   5. **기타 구제수단**
Ⅲ 사안의 해결

사법고시 제44회

갑은 건축법령상 고도제한으로 자기 소유의 대지상에 2층 건물밖에 지을 수 없다는 것을 알고 사위의 방법으로 고도기준선을 낮춰 잡아 관할 행정청에 3층 건물에 대한 건축허가를 신청하였다. 이에 위 대지의 바로 북쪽에 가옥을 소유하고 있는 을은 위 건물이 완공될 경우 일조권이 침해되므로 위 건물에 대한 건축허가와 공사를 막고자 한다. 을이 그 구제방법으로 생각할 수 있는 항고소송에는 어떤 것이 있으며 그러한 항고소송이 현행법상 허용되는지 여부를 아래 단계별로 논하시오.

가. 건축허가가 나오기 전 단계

나. 갑이 신청한 대로 건축허가가 나온 단계

다. 갑이 신청한 대로 건축허가가 나와 그에 따라 건축공사가 완료된 단계

응용 쟁점

제44회 사법고시는 건축허가를 대상으로 건축허가가 나오기 전과 후, 건축공사가 완료된 단계에서 현행법상 허용되는 항고소송을 물어보았습니다. 즉, 하나의 행정행위를 두고 시간적 흐름에 따른 구제수단을 종합적으로 물어보았습니다.

따라서 토지보상법상 사업인정의 신청 후, 사업인정이 발령되기 전과 부작위, 거부시의 현행법상 인정되는 소송수단을 물어보았습니다.

이에 한 단계 더 나아가서, 사업인정의 권리구제와 관련된 감정평가사 기출문제의 쟁점 중 사업시행자 이외에도 토지소유자의 권리구제를 같이 묶어서 사업시행자와 토지소유자가 제기할 수 있는 구제수단을 전반적으로 물어보았습니다.

1번 문제를 접하면서 사업시행자와 토지소유자가 제기할 수 있는 구제수단에는 무엇이 있는지를 심도 있게 생각하여 권리구제수단의 도해도를 그리는 것이 문제의 목표입니다.

⊕ (설문 1)의 해결

① 쟁점의 정리

설문 (1)에서는 사업인정 신청 후에 사업인정의 금지나 거부하지 않을 것을 구하는 예방적 부작위소송이 인정되는지를 검토한다.

Ⅱ 예방적 부작위소송의 가능 여부

1. 의의

예방적 부작위청구소송이란 행정청의 공권력 행사에 의해 국민의 권익이 침해될 것이 예상되는 경우에 미리 그 예상되는 침익적 처분을 저지하는 것을 목적으로 하여 제기되는 소송을 말한다. 예방적 금지소송이라고도 한다. 의무이행소송은 현상의 개선을 구하기 위하지만, 예방적 부작위소송은 현상의 가일층의 악화를 막기 위하여 제기하는 소송인 점에서 차이가 있다.

2. 인정 여부의 견해대립

(1) 학설

① 〈부정설〉은 현행법상 법정된 소송에 의해서도 침해된 권익의 구제가 불가능하지 않으므로 부정한다. ② 〈긍정설〉은 공권력 행사에는 행정강제와 같이 즉시에 완결되어 버리는 경우가 있으며 이러한 경우에는 취소소송을 제기할 수 없게 되므로 긍정한다. ③ 〈제한적 긍정설〉은 처분이 행하여질 개연성이 절박하고, 처분이 일의적이어서 행정청의 판단권을 침해할 우려가 없으며, 미리 구제하지 않으면 회복할 수 없는 손해가 발생할 우려가 있고, 다른 구제수단이 없는 경우에 한하여 예외적으로 인정된다고 본다.

(2) 판례

"행정소송법상 행정청이 일정한 처분을 하지 못하도록 그 부작위를 구하는 청구는 허용되지 않는 부적법한 소송이다."라고 판시하여 인정하고 있지 않다.

3. 검토

판례의 태도에 따를 때 현행법상 예방적 부작위소송은 인정되지 않을 것으로 보인다. 단, 입법론으로는 실효적인 권리구제를 위하여 예방적 소송도입이 요구되며 개정안에서는 엄격한 요건하에 예방적 부작위소송과 현상유지 가처분을 인정하고 있다.

Ⅲ 사안의 경우

사업인정의 신청에 대한 사업시행자와 토지소유자의 입장은 상반되며, 회복할 수 없는 손해를 사전에 보호하기 위해서 예방적 부작위소송의 도입필요성은 인정되나 판례에 따를 때 현행법상 인정되기 어려우므로 갑과 을은 예방적 부작위소송을 제기할 수 없다.

⊕ (설문 2)의 해결

Ⅰ 쟁점의 정리

설문 (2)에서는 ① 아무런 처분을 하지 않은 것이 부작위인 경우 부작위위법확인소송을, ② 거부한 경우 거부처분취소소송의 구제수단을 검토하고, ③ 양 소송에 대한 실효적인 수단으로써 의무이행소송이 인정되는지를 살펴본다.

Ⅱ 갑이 제기할 수 있는 구제방법

1. 부작위위법확인소송의 제기

(1) 부작위위법확인소송의 의의 및 성질

부작위란 행정청이 당사자의 신청에 대하여 상당한 기간 내에 일정한 처분을 해야 할 법률상 의무가 있음에도 이를 행하지 않는 것을 말하며(행정소송법 제2조 제1항 제2호), 부작위위법확인소송이란 그 부작위가 위법함을 확인하는 소송을 말한다. 확인소송의 성질을 갖는다.

(2) 아무런 처분을 하지 않은 것이 부작위에 해당하기 위한 요건

1) 당사자의 신청이 있을 것

신청의 내용은 처분일 것을 요하나, 부적법한 사항은 그에 상응하는 응답을 하면 되므로 신청의 적법은 불문한다.

2) 신청권의 의미와 존부

판례는 신청권의 인용이라는 만족된 결과를 얻을 권리가 아닌 응답요구권의 의미인 형식적 신청권을 요하나 학설은 ① 원고적격으로 보는 견해, ② 대상적격으로 보는 견해(처분의무에 대응하는 것이 형식적 신청권이다), ③ 본안문제로 보는 견해로 나뉜다.

생각건대 법률상 의무에 대응하는 신청권을 대상적격으로 보는 것이 부작위개념의 해석에 부합하고, 소송요건 단계에서 신청권은 추상적으로 판단하면 족하다고 본다.

3) 상당한 기간이 경과할 것

사회통념상 처분을 함에 있어 통상 요구되는 기간을 말한다.

4) 아무런 처분을 하고 있지 않을 것

아무런 처분을 하지 않고 방치한 상태, 즉 처분으로 볼 만한 외관이 없어야 한다.

(3) 사안의 경우

갑은 토지보상법 제20조에 근거하여 사업인정을 신청하였으며, 설문상 국토교통부장관은 신청에 대한 응답의무가 있음에도 상당한 기간이 지나도록 아무런 처분을 하지 아니하였으므로 부작위에 해당한다. 설문상 제소기간이나 협의 소익 등은 문제되지 않는 것으로 보이므로 갑은 부작위위법확인소송을 통해 구제받을 수 있을 것이다.

2. 거부에 대한 취소소송 제기

(1) 거부처분의 의의 및 구별개념

거부란 공권력 행사의 신청에 대한 처분의 발령을 거부하는 행정청의 의사작용으로서, 거절의사가 명확한 점에서 부작위와 구별된다.

(2) 거부가 처분이 되기 위한 요건

1) 판례의 태도

거부처분이 처분성을 갖기 위해서는 ① 공권력 행사의 거부일 것, ② 국민의 권리와 의무에 영향을 미칠 것, ③ 법규상·조리상 신청권을 가질 것을 요구한다. 행정소송법상 처분개념에는 신청권의 내용이 없음에도 신청권이 필요한지에 대해서 부작위의 논의와 같이 견해의 대립이 있다.

2) 검토

판례와 같이 일반적·추상적 응답요구권으로 보게 되면 개별·구체적 권리일 것을 요하는 원고적격과 구별되고 이러한 신청권이 없다면 바로 각하하여 법원의 심리부담의 가중도 덜어줄 수 있다. 따라서 거부처분의 경우에도 대상적격의 문제로 보는 것이 타당하다.

(3) 사안의 해결

갑은 토지보상법 제20조에 근거하여 사업인정을 신청하였으며, 국토교통부장관의 거부로 인하여 사업시행의 자유를 침해받은 바, 영업의 자유 등을 실현하기 위하여 거부처분취소소송을 제기할 수 있을 것이다.

취소소송의 인용판결의 실효성을 위하여 집행정지를 신청하는 것을 고려할 수 있으나 판례는 '신청이전의 상태로 돌아갈 뿐 원고의 손해방지에 아무런 보탬이 되지 않는다.'고 하여 부정하므로 이에 따를 때 집행정지는 불가할 것이다.

3. 의무이행소송의 현행법상 인정 여부

(1) 문제점

거부처분 및 부작위에 대한 소송의 실효성을 확보하기 위하여 행정소송법 제34조에서는 간접강제를 규정하고 있지만, 우회적이라는 문제가 있으므로 실효적인 구제수단으로써 의무이행소송을 인정할 수 있는지가 문제된다.

(2) 의의

행정청이 당사자의 신청에 대하여 거부나 부작위로 대응한 경우 행정청에게 일정한 처분을 해 줄 것을 구하는 소송을 말한다.

(3) 인정 여부

1) 학설

① 〈부정설〉은 행정소송법 제4조의 소송유형을 제한적 열거규정으로 해석하고 권력분립에 반한다고 한다. ② 〈긍정설〉은 소송유형을 예시적 규정으로 보고, 권력분립의 실질적 이해를(권리구제 유리) 이유로 긍정한다. ③ 〈제한적 긍정설〉은 현행 항고소송만으로는 실효적인 권리구제가 될 수 없는 예외적인 경우에만 인정될 수 있다고 한다.

2) 판례

판례는 '검사에게 압수물 환부를 이행하라는 청구는 행정청의 부작위에 대하여 일정한 처분을 하도록 하는 의무이행소송으로 현행 행정소송법상 허용되지 아니한다.'고 하여 부정하는 입장이다.

3) 검토

현행법상 거부처분취소소송 및 부작위위법확인소송은 의무이행소송을 인정하지 않는 입법의 취지로 해석할 수 있으므로, 입법론으로 이를 도입하여 효율적인 권리구제를 도모함이 바람직하다고 판단한다. 개정안에서는 의무이행소송과 임시적 지위를 구하는 가처분을 인정하고 있다.

(4) 사안의 해결

갑은 부작위위법확인소송 및 거부처분취소소송에 대한 가장 실효적인 수단으로 의무이행소송을 고려할 수 있으나 현행법상 인정되지 않으므로 이를 제기할 수 없다.

Ⅲ 쟁점의 정리

사업시행자 갑은 국토교통부장관이 아무런 처분을 하지 않는 경우에는 부작위위법확인소송을 제기할 수 있고, 거부하는 경우에는 거부처분취소소송을 제기할 수 있다. 단 집행정지는 인정되지 않을 것이다. 또한 갑의 가장 실효적인 구제수단으로 의무이행소송을 고려해 볼 수 있으나, 현행법상 인정되기 어려울 것이므로 입법상의 보완이 요구된다.

⊕ (설문 3)의 해결

Ⅰ 쟁점의 정리

설문 (3)에서는 사업인정이 발령된 경우 토지소유자 을이 강구할 수 있는 구제수단으로 직권취소의 신청과 행정쟁송 및 손해전보를 살펴보고 그 외에 조정, 중재, 알선 등을 검토한다.

Ⅱ 을의 입장에서 제기할 수 있는 구제수단

1. 사업인정의 직권취소 신청

토지소유자 을은 자신의 재산권 침해를 이유로 국토교통부장관에게 사업인정을 직권으로 취소해 줄 것을 신청할 수 있으나, 현행법상 이러한 취소를 구하는 신청권이 을에게 인정되고 있지 않으므로 직접적인 구제수단이 되기는 어려울 것이다.

2. 행정쟁송

(1) 개설

행정쟁송이란 행정상의 법률관계에 관한 다툼, 또는 의문이 있는 경우에 이해관계인의 신청에 의하여 일정한 판단기관이 이를 심판하는 절차의 총칭이다. 행정기관에서 심판하는 행정심판과 법원에서 심판하는 행정소송의 2가지를 포함한다.

(2) 행정심판

행정심판이란 행정청의 위법·부당한 처분 및 그밖에 공권력의 행사·불행사 등으로 인한 국민의 권리 또는 이익을 침해받은 국민이 행정기관에 제기하는 제도를 말한다. 사업인정의 위법성 사유에 따라 을은 취소심판 및 무효등확인심판을 제기할 수 있다.

(3) 행정소송

행정소송이란 행정청의 위법한 행정처분을 법원에서 정식으로 다투는 소송절차를 말한다. 따라서 을은 사업인정의 위법성 정도에 따라서 사업인정 취소소송이나 무효등확인소송을 제기할 수 있을 것이다.

(4) 집행정지 신청

을은 행정쟁송의 실효성을 확보하기 위하여 회복되기 어려운 손해의 예방을 위하여 집행정지를 신청할 수 있을 것이다.

3. 손해전보제도

손해전보란 행정작용으로 말미암아 발생한 국민의 재산상의 손해를 국가 또는 공공단체가 갚아 주는 재산상의 실체적 구제제도를 말한다. 여기에는 행정상의 손해배상, 즉 국가배상과 행정상의 손실보상이 있다.

4. 알선, 조정, 재정(대체적 분쟁해결수단)

사업시행자와의 분쟁이 있을 시에는 ① 알선위원이 분쟁당사자의 의견을 듣고 사건이 공정하게 해결되도록 주선하는 알선과 ② 조정기관이 분쟁당사자의 의견을 들어 직권으로 분쟁해결을 위한 타협방안(조정안)을 마련하여 분쟁당사자에게 수락을 권고하고, 분쟁당사자들이 이를 받아들임으로써 분쟁을 해결하는 조정 및 ③ 재정기관이 준사법적 절차에 따라 일방적으로 분쟁해결을 위한 결정을 내리는 것을 말하는 재정을 생각해 볼 수 있으나 현실적으로 이를 통한 구제방안의 확보는 기대되기 어려울 것으로 보인다.

5. 기타 구제수단

상기 방법 외에도 간접적, 우회적인 구제수단으로 청원 또는 진정을 하거나 여론에 호소하는 방법 등을 생각할 수 있을 것이다.

Ⅲ 사안의 해결

을은 자신의 재산권을 보호하기 위하여 직권취소신청, 쟁송제기, 알선, 중재, 재정 등의 수단을 생각할 수 있으나 가장 실효적인 수단으로는 행정쟁송이 될 것이다.

🔴 **사례 2**

K시는 10여 년 전까지 석탄산업으로 번창하던 도시였으나, 최근 석탄산업의 쇠퇴로 현저하게 인구가 줄어들고 있다. 국토교통부장관은 관광레저형 기업도시를 건설하려는 민간기업(私)인 주식회사 갑과 지역 개발을 위해 이를 유치하려는 K시장의 공동 제안에 따라 K시 외곽지역에 개발구역을 지정·고시(사업인정의제)하고 갑을 개발사업의 시행자로 지정하였다(해당 사업의 시행에 따른 이주대책은 토지보상법을 준용함). 그 후 갑은 개발사업의 시행을 위해 필요한 토지면적의 60%를 확보한 후, 해당 지역의 나머지 토지에 대한 소유권을 취득하기 위하여 토지소유자 을·병 등과 협의하였으나 협의가 성립되지 않자 중앙토지수용위원회에 수용재결을 신청하였고, 동 위원회는 수용재결을 하였다. 을은 갑에게 생활대책에 필요한 대체용지의 공급을 포함하는 이주대책의 수립을 신청하였지만 상당한 기간이 경과했는데도 갑은 이주대책을 수립하지 않고 있다. 이를 다툴 수 있는 권리구제수단을 설명하시오. 30점

🗒 쟁점의 정리

설문은 이주대책의 미수립에 대한 권리구제수단을 묻고 있다. 행정쟁송법에서는 처분과 부작위에 대한 구제수단을 규정하고 있으므로 이주대책의 미수립행위가 행정쟁송법상 부작위에 해당하는지를 검토하고, 부작위에 해당된다면 의무이행심판과 부작위위법확인소송 및 의무이행소송의 인정여부에 대하여 설명하고자 한다.

🗒 이주대책 미수립이 쟁송법상 부작위에 해당하는지 여부

1. 부작위의 개념 및 요건

(1) 부작위의 의의(행정소송법 제2조 제1항 제2호)

부작위라 함은 행정청이 당사자의 신청에 대하여 상당한 기간 내에 일정한 처분을 하여야 할 법률상 의무가 있음에도 불구하고 이를 하지 아니하는 것을 말한다.

(2) 부작위의 성립요건

1) 당사자의 신청이 있을 것

당사자의 처분의 신청이 있어야 하나 신청이 적법할 것을 요하지는 않는다. 부적법한 사항은 그에 상응하는 응답을 하면 되기 때문이다.

2) 신청권의 존부(행정청의 처분의무 존재)

판례는 부작위가 성립하기 위해서는 처분의무에 대응하는 절차적 권리인 법규상 또는 조리상 신청권이 있어야 한다고 한다. 이에 대하여 신청권을 요구하는 명문의 규정이 없음을

이유로 신청권은 대상적격이 아닌 원고적격 및 본안의 문제라고 보는 견해의 대립이 있으나, 법률상 의무에 대응하는 신청권을 대상적격으로 보는 것이 부작위개념의 해석에 부합하고, 소송요건 단계에서의 신청권은 추상적으로 판단하면 족하다고 본다.

3) 상당한 기간이 경과할 것

상당한 기간이라 함은 사회통념상 행정청이 해당 신청에 대한 처분을 하는 데 필요한 합리적인 기간을 말한다.

4) 행정청이 아무런 처분을 하고 있지 않을 것(처분의 부존재)

신청에 대하여 가부간에 처분이 행해지지 않았어야 한다. 신청에 대해 거부처분을 한 것도 응답의무를 이행한 것이 되며 행정청의 부작위는 성립하지 않는다.

2. 토지보상법상 이주대책규정이 강행규정인지 여부

토지보상법 시행령 제40조에서는 법상 예외가 인정되고 있는 경우를 제외하고는 사업시행자에게 이주대책을 실시할 의무만을 부여하고 있다고 보아야 하므로 이 법규정만으로는 법상의 이주대책대상자에게 특정한 이주대책을 청구할 권리는 발생하지 않지만 이주대책을 수립할 것을 청구할 권리는 갖는다고 보아야 한다. 판례도 "사업시행자의 이주대책 수립·실시의무는 사업시행자의 재량에 의하여 적용을 배제할 수 없는 강행규정"이라고 판시하고 있다(대판 2013.6.28, 2011다40465).

3. 사안의 경우

이주대책의 수립의무는 사업시행자가 재량에 의하여 배제할 수 없으며, 토지보상법 제78조 및 동법 시행령 제40조 규정에 의해 이주대책의 수립의무가 부여된다고 할 것이다. 따라서 을의 신청에 대하여 상당기간이 경과하도록 아무런 계획을 수립하지 않는 것은 행정쟁송법상 부작위에 해당된다고 할 것이다.

Ⅲ 권리구제수단

1. 의무이행심판

(1) 의무이행심판의 의의(행정심판법 제5조)

의무이행심판이란 당사자의 신청에 대한 행정청의 위법 또는 부당한 거부처분이나 부작위에 대하여 일정한 처분을 하도록 하는 행정심판을 말한다.

(2) 의무이행심판의 청구요건

① 의무이행심판은 거부처분과 부작위를 대상으로 하며(행정심판법 제5조 제3호), ② 의무이행심판은 처분을 신청한 자로서 행정청의 거부처분 또는 부작위에 대하여 일정한 처분을 구할 법률상 이익이 있는 자가 청구할 수 있다(행정심판법 제13조 제3항). ③ 또한, 부작위에 대한 의무이행심판은 청구기간의 제한 없이 언제든지 심판청구가 가능하다(행정심판법 제27조 제7항).

(3) 심리 및 재결

의무이행심판은 적극적 처분의 이행확보를 목적으로 하는 것으로서, 청구인의 신청에 따른 적절한 처리방향에 대한 실체적 심리를 진행한다. 이러한 의무이행재결에는 행정심판위원회가 스스로 신청에 따른 처분을 하는 처분재결(형성재결)과, 피청구인에게 처분을 하도록 명하는 처분명령재결(이행재결)이 있다.

2. 부작위위법확인소송

(1) 부작위위법확인소송의 의의(행정소송법 제4조 제3호)

부작위위법확인소송이란 행정청의 부작위가 위법하다는 것을 확인하는 소송을 말한다.

(2) 부작위위법확인소송의 제기요건

① 부작위위법확인소송은 부작위를 대상으로 하며(행정소송법 제4조 제3호), ② 처분의 신청을 한 자로서 부작위의 위법의 확인을 구할 법률상 이익이 있는 자만이 제기할 수 있다(행정소송법 제36조). ③ 부작위는 특정시점에 성립하여 종결되는 것이 아니라 계속되는 것이므로 원칙상 제소기간에 대한 제한을 받지 않는다고 보는 것이 타당하나, 행정심판을 거친 경우에는 재결서 정본을 받은 날부터 90일 이내에 제기하여야 한다(행정소송법 제38조 제2항).

(3) 심리 및 판결

1) 심리범위

심리범위와 관련하여 부작위의 위법 여부만을 심사하여야 한다는 견해와, 무용한 소송의 반복을 피하기 위해서 신청의 실체적인 내용을 심사하여 처리방향을 제시해야 한다는 견해가 있다. 판례는 "부작위위법확인소송은 행정청의 부작위 내지 무응답이라고 하는 소극적인 위법상태를 제거하는 것을 목적으로 하는 것"이라고 하여 절차적 심리설을 취하는 것으로 보인다.

2) 판결

① 부작위 자체가 성립하지 않은 경우 및 부작위가 성립하였으나 소송계속 중 처분이 내려져 소의 이익이 상실된 경우에는 각하판결을 내리고, ② 본안심리의 결과 원고의 부작위위법확인청구가 이유 없다고 판단되는 경우에는 기각판결을 내리며, ③ 본안심리의 결과 원고의 부작위위법확인청구가 이유 있다고 인정하는 경우에는 인용판결을 내린다.

3. 의무이행소송

(1) 의무이행소송의 의의 및 인정필요성

의무이행소송은 행정청의 거부처분 또는 부작위에 대하여 법상의 작위의무의 이행을 청구하는 소송을 말한다. 부작위위법확인소송에서 인용판결을 받더라도 행정청이 거부처분을 하거나 재처분을 이행하지 않는 경우, 구제수단으로서의 기능이 약화되는바, 부작위에 대한 실효적인 수단으로써 의무이행소송을 인정할 수 있는지가 문제된다.

(2) 의무이행소송의 인정 여부

1) 학설 및 판례의 태도

명문의 규정 없이 이를 인정할 수 있는가에 대하여 부정설, 긍정설, 제한적 긍정설이 대립되지만, 판례는 '검사에게 압수물 환부를 이행하라는 청구는 행정청의 부작위에 대하여 일정한 처분을 하도록 하는 의무이행소송으로 현행 행정소송법상 허용되지 아니한다.'고 한다.

2) 검토

현행법상 거부처분취소소송 및 부작위확인소송은 의무이행소송을 인정하지 않는 입법의 취지로 해석할 수 있으나 입법론으로 이를 도입하여 효율적인 권리구제를 도모함이 바람직하다고 판단한다.

Ⅳ 사안의 해결

설문상 갑이 이주대책을 수립하지 않고 있는 것은 행정쟁송법상 부작위에 해당된다. 따라서 을은 행정심판법상 의무이행심판 및 행정소송법상 부작위위법확인소송을 제기할 수 있으나 의무이행소송은 판례의 태도에 따를 때 제기할 수 없을 것이다. 또한 부작위위법확인소송과 관련하여 인용판결(부작위위법확인)을 받게 되면, 행정청에게는 재처분의무가 발생하고(행정소송법 제30조) 이에 대한 실효성을 확보하기 위해서 행정소송법 제34조에서는 간접강제를 규정하고 있다.

🔵 사례 3

갑은 영등포구청장에게 박물관건축허가를 신청하였다. 영등포구청장은 조류생태 박물관건립사업을 위한 허가를 한다면, 박물관 건축공사시 발생하는 소음, 진동, 먼지 등으로 지역주민과의 마찰이 필연적으로 발생하고 인근의 수질오염도 발생할 것이라고 생각하여 갑기업에게 사전통지 없이 박물관건축허가의 발령을 거부하였다.

(1) 갑기업이 건축허가의 거부에 대하여 취소소송을 제기하면서 집행정지를 신청한다면, 취소소송의 제기는 적법한지와 집행정지의 가능성을 검토하시오. 30점

(2) 만약 갑기업이 건축허가거부처분 취소소송을 제기하지 아니하고, 막바로 영등포구청장이 건축허가를 해줄 것을 구하는 소송을 법원에 제기한다면 현행법상 이러한 소송이 인정될 수 있는지를 논하시오. 20점

(설문 1)의 해결

Ⅰ 쟁점의 정리

Ⅱ 건축허가거부의 소제기 적법성과 집행정지의 가능성

  1. 허가거부에 대한 취소소송의 적법 여부

    (1) 문제점

    (2) 거부처분의 의의 및 구별개념

    (3) 거부가 처분이 되기 위한 요건

      1) 판례의 태도

      2) 신청권의 의미

      3) 신청권 존부의 견해대립

      4) 검토

    (4) 사안의 경우(건축허가거부에 대한 소의 적법성)

  2. 집행정지의 가능성 검토

    (1) 집행부정지 원칙과(행정소송법 제23조) 집행정지

    (2) 집행정지의 요건

    (3) 거부처분이 집행정지의 대상인지 여부

      1) 학설

      2) 판례

      3) 검토

    (4) 사안의 경우(집행정지의 가능성)

Ⅲ 사안의 해결

(설문 2)의 해결

Ⅰ 쟁점의 정리

Ⅱ 건축허가에 대한 의무이행소송의 가능 여부

  1. 문제점

  2. 의무이행소송의 의의

  3. 인정 여부

    (1) 학설

      1) 부정설

      2) 긍정설

      3) 제한적 긍정설

    (2) 판례

    (3) 검토

Ⅲ 사안의 경우(의무이행소송의 인정 여부)

⊕ (설문 1)의 해결

Ⅰ 쟁점의 정리

① 건축허가의 거부가 취소소송의 대상적격요건을 충족하는지를 신청권의 논의와 관련하여 살펴보고, ② 취소소송의 실효성을 확보하기 위한 가구제로써 거부처분이 집행정지의 대상이 되는지를 검토한다.

Ⅱ 건축허가거부의 소제기 적법성과 집행정지의 가능성

1. 허가거부에 대한 취소소송의 적법 여부

(1) 문제점

행정소송법에서는 대상적격(행정소송법 제19조), 원고적격(행정소송법 제12조), 재판관할(행정소송법 제9조), 제소기간(행정소송법 제20조), 및 협의 소익을 소송요건으로 규정하고 있다. 국토교통부장관의 거부행위가 대상적격을 갖는지가 신청권의 존부와 관련하여 문제된다.

(2) 거부처분의 의의 및 구별개념

공권력 행사의 신청에 대해 처분의 발령을 거부하는 행정청의 의사작용으로, 거절의사가 명확한 점에서 부작위와 구별된다.

(3) 거부가 처분이 되기 위한 요건

1) 판례의 태도

거부가 처분성을 갖기 위해서는 ① 공권력 행사의 거부일 것, ② 국민의 권리·의무에 영향을 미칠 것, ③ 법규상, 조리상 신청권을 가질 것을 요구한다. 이에 대해 소송법상 처분개념과 관련하여 신청권의 존부가 문제된다.

2) 신청권의 의미

판례는 "신청의 인용이라는 만족할 만한 결과를 얻을 권리가 아니라 일반, 추상적인 응답요구권인 형식적 신청권을 의미한다."고 판시한 바 있다.

3) 신청권 존부의 견해대립

① 처분성은 소송법상 개념요소만 갖추면 된다고 하여 원고적격의 문제로 보는 견해와, 본안문제로 보는 견해, ② 국민에게 형식적 신청권이 인정되지 않는다면 부적법한 것으로 각하하는 것이 합당하므로 대상적격으로 보는 견해가 있다.

4) 검토

판례와 같이 일반적, 추상적 응답요구권으로 보게 되면 개별구체적 권리일 것을 요하는 원고적격과 구별되고 이러한 신청권이 없다면 바로 각하하여 법원의 심리부담의 가중도 덜어줄 수 있다. 따라서 대상적격의 문제로 보는 것이 타당하다.

(4) 사안의 경우(건축허가거부에 대한 소의 적법성)

갑기업은 박물관건축을 하기 위해서는 건축법상(건축법 제11조) 허가를 받아야 신청권이 인정되고, 건축허가의 거부는 공권력 행사의 거부이며 이에 대한 거부는 갑기업의 자연적 자유회복을 제한하는 것으로 볼 수 있다. 따라서 건축허가의 거부는 대상적격을 충족하고, 설문상 원고적격 등의 요건은 문제되지 않으므로 건축허가의 거부에 대한 소의 제기는 적법하다.

2. 집행정지의 가능성 검토

(1) 집행부정지 원칙과(행정소송법 제23조) 집행정지

집행부정지 원칙은 취소소송의 제기는 처분 등의 효력이나 그 집행 또는 절차의 속행에 영향을 주지 아니함을 말한다(제1항). 단, 처분이 진행되는 등의 사정으로 회복되기 어려운 손해가 발생할 경우 예외적으로 집행정지를 인정한다(제2항).

(2) 집행정지의 요건

① 신청요건으로 적법한 본안소송이 계속중일 것, 정지대상인 처분 등이 존재할 것을 요구하며 ② 본안요건으로는 회복하기 어려운 손해, 긴급한 필요의 존재, 공공복리에 중대한 영향이 없을 것, 본안청구가 이유없음이 명백하지 아니할 것(판례)을 요구한다.

〈사안에서는〉 신청요건 중 정지대상인 처분이 존재하는지가 거부처분과 관련하여 문제된다.

(3) 거부처분이 집행정지의 대상인지 여부

1) 학설

① 〈긍정설〉은 집행정지 결정에는 기속력이 준용(제30조 제2항 재처분의무)되므로 사실상 구속력이 인정됨을 논거로 한다. ② 〈부정설〉은 신청 전의 상황으로 돌아갈 뿐 신청이 허가된 것과 동일한 상태가 실현되는 것이 아니고, 신청에 따른 처분을 해야 할 의무를 부담하는 것이 아니므로 신청의 이익이 없다고 한다. ③ 〈절충설〉은 신청의 이익이 있는 예외적인 경우, 즉 인허가 등에 붙은 기간이 갱신기간의 경우에는 긍정한다.

2) 판례

"신청시의 상태로 돌아갈 뿐 신청에 따른 처분을 할 의무가 생기는 것은 아니므로 신청의 이익이 없다."고 판시한 바 있다.

3) 검토

명문규정상 행정소송법 제30조 제2항의 재처분의무는 준용규정이 없으므로 준용되지 않는 것으로 봄이 타당하다. 따라서 신청의 이익이 없는 것으로 본다. 단, 예외적으로 신청의 이익이 있다고 인정되는 경우에 한해서 긍정함이 권리보호에 유리할 것이다.

(4) 사안의 경우(집행정지의 가능성)

영등포구청장의 거부처분에 대하여 집행정지가 인정된다 하더라도 영등포구청장에게 건축허가의 발령의무가 생기는 것이 아니고, 설문상 갑기업에게 회복되기 어려운 손해예방의 긴급한 필요성도 없는 것으로 보인다. 따라서 갑기업의 집행정지신청은 인용되기 어려울 것으로 판단된다.

III 사안의 해결

영등포구청장의 거부는 건축허가의 공권력 행사에 대한 거부이고, 이에 따라 갑기업은 박물관건립사업 및 박물관건물건축의 자연적 자유회복 등에(권리) 영향을 받으므로 건축허가거부의 취소를 구하는 소송은 적법하게 제기된 것으로 보인다. 다만, 회복되기 어려운 손해가 없는 것으로 판단되어 집행정지는 인정되지 않을 것으로 보인다.

⊕ (설문 2)의 해결

I 쟁점의 정리

건축허가를 발령해 줄 것을 요구하는 의무이행소송이 인정되는지를 현행 행정소송법 규정과 관련하여 검토하고, 이에 대한 입법론적인 개선안을 살펴본다.

II 건축허가에 대한 의무이행소송의 가능 여부

1. 문제점

거부처분취소소송은 권리구제가 우회적이라는 문제가 있으므로 실효적인 구제수단으로써 의무이행소송을 인정할 수 있는지가 현행법규정과 관련하여 문제된다.

2. 의무이행소송의 의의

행정청이 당사자의 신청에 대하여 거부나, 부작위로 대응한 경우 행정청에게 일정한 처분을 해 줄 것을 구하는 소송을 말한다.

3. 인정 여부

(1) 학설

1) 부정설

부정설은 행정소송법 제4조의 소송유형을 제한적 열거규정으로 해석하고, 이의 인정은 권력분립의 원칙에 반한다고 한다.

2) 긍정설

긍정설은 행정소송법 제4조의 소송유형을 예시적 규정으로 보고, 권력분립의 실질적 이해를(권리구제 유리) 이유로 긍정한다.

3) 제한적 긍정설

제한적 긍정설은 현행 항고소송만으로는 실효적인 권리구제가 될 수 없으므로 ① 처분이 일의적이어서 행정청의 판단권을 침해할 우려가 없고, ② 구제하지 않으면 회복할 수 없는 손해가 발생할 우려가 있고, ③ 구제수단이 없는 경우에만 예외적으로 인정된다고 본다.

(2) 판례

"행정청에 대하여 행정상의 처분의 이행을 구하는 청구는 특별한 규정이 없는 한, 행정소송의 대상이 될 수 없다."고 판시하여 의무이행소송을 부정하고 있다.

(3) 검토

현행법상 거부처분취소소송, 부작위위법확인소송은 의무이행소송을 인정하지 않는 입법의 취지로 해석할 수 있으나, 입법론으로 이를 도입하여 효율적인 권리구제를 도모함이 바람직하다고 판단된다. 개정안에서는 의무이행소송과 임시적 지위를 구하는 가처분을 인정하고 있다.

Ⅲ 사안의 경우(의무이행소송의 인정 여부)

영등포구청장의 거부에 대하여 의무이행소송이 가장 실효적인 구제수단이 될 수 있으나, 현행 소송법규정상 의무이행소송을 규정하지 않으므로 입법취지상 부정된다. 따라서 입법론으로는 의무이행소송의 제기가 가능할 수 있으나, 현행법상으로는 판례의 태도에 비추어 부정된다고 봄이 타당하다.

사례 4

감정평가사 갑은 감정평가법인을 설립하고자 국토교통부장관에게 법인설립인가 신청을 하였다. 그러나 국토교통부장관은 갑의 불성실한 태도를 문제삼으며 설립인가를 거부할 태도를 취하고 있다. 이러한 상태에서 갑이 제기할 수 있는 권리구제 수단에 대해서 설명하시오. [20절]

Ⅰ 개설
Ⅱ 예방적 부작위소송의 인정 여부
 1. 예방적 부작위청구소송의 의의
 2. 인정 여부에 대한 견해의 대립
  (1) 학설
   1) 부정설
   2) 긍정설
   3) 제한적 긍정설
  (2) 판례
  (3) 검토
 3. 예방적 금지소송의 대상

Ⅲ 가처분의 인정 여부
 1. 의의
 2. 인정 여부에 대한 견해의 대립 및 판례의 태도
  (1) 학설
  (2) 판례
 3. 검토

Ⅰ 개설

설문에서는 법인설립인가 신청에 대한 구체적인 처분이 없는 상태이므로, 현 상태에서는 법인설립인가에 대한 거부를 예방하기 위한 소송을 고려해 볼 수 있을 것이다. 이와 관련하여 예방적 금지소송이 명문의 규정이 없음에도 인정될 수 있는지와 이에 대한 가구제 수단에 대해서 논하고자 한다.

Ⅱ 예방적 부작위소송의 인정 여부

1. 예방적 부작위청구소송의 의의

예방적 부작위청구소송이란 행정청의 공권력 행사에 의해 국민의 권익이 침해될 것이 예상되는 경우에 미리 그 예상되는 침익적 처분을 저지하는 것을 목적으로 하여 제기되는 소송을 말한다. 예방적 부작위소송은 예방적 금지소송이라고도 한다(일종의 소극적 형태의 의무이행소송이라 할 수 있다).

2. 인정 여부에 대한 견해의 대립

(1) 학설

1) 부정설

현행 행정소송법은 행정소송의 유형을 열거하고 있는 것이므로 법정된 항고소송 이외의 소송은 원칙적으로 인정되지 않으며, 현행법상 법정된 소송에 의해서도 침해된 권익의 구제가 불가능하지 않다고 한다.

2) 긍정설

현행 행정소송법이 항고소송의 종류를 제한적으로 열거한 것으로 보아서는 안 되며, 특정의 권익침해가 예상되고 임박한 경우에는 행정청의 제1차적 판단권이 행사된 것에 준하는 것으로 볼 수 있다고 한다.

3) 제한적 긍정설(사건의 성숙성 및 보충성 요건)

제한적 긍정설은 처분이 행하여질 개연성이 절박하고, 처분이 일의적이어서 행정청의 판단권을 침해할 우려가 없고(사건의 성숙성), 미리 구제하지 않으면 회복할 수 없는 손해가 발생할 우려가 있고, 다른 구제수단이 없는 경우(보충성)에 예외적으로 인정된다고 본다. 즉, 현행 항고소송만으로는 실효적인 권리구제가 될 수 없는 예외적인 경우에만 긍정한다.

(2) 판례

행정소송법상 행정청이 일정한 처분을 하지 못하도록 그 부작위를 구하는 청구는 허용되지 않는 부적법한 소송이라고 판시한 바 있다.

(3) 검토

입법론으로 실효적인 권리구제를 위하여 예방적 소송도입이 요구되며 개정안에서는 엄격한 요건하에 예방적 금지소송을 인정하고 있다. 예방적 금지소송은 침익적 처분이 임박한 경우에 제기되는 것이므로 "현상유지를 구하는 가처분"이 인정되어야만 권리구제수단으로서의 실효성을 가질 수 있다.

3. 예방적 금지소송의 대상

예방적 부작위청구소송의 대상은 침익적 처분이다. 처분개념에 관하여 실체법상 개념설에 의하면 그 대상이 침익적 행정행위이고, 쟁송법상 개념설에 의하면 사실행위를 포함하는 침익적 처분이 예방적 금지소송의 대상이 된다.

Ⅲ 가처분의 인정 여부

1. 의의

가처분이란 금전 이외의 급부를 목적으로 하는 청구권의 보전 및 다툼 있는 권리관계에 관하여 임시적 지위를 구하는 것을 말한다.

2. 인정 여부에 대한 견해의 대립 및 판례의 태도

(1) 학설

① 행정소송법에는 민법상 가처분을 배제하는 규정이 없고, 권력분립을 실질적으로 이해하여 긍정하는 긍정설과 ② 집행정지제도는 가처분배제의 특별규정이며, 권력분립에 반한다는 부정설(이는 의무이행소송이 인정되어 있음을 전제로 한다) 및 ③ 집행정지만으로 권리구제에 미흡한 예외적인 경우에만 인정하는 제한적 긍정설의 대립이 있다.

(2) 판례

민사소송법상의 가처분으로서 행정청의 어떠한 행정행위의 금지를 구하는 것은 허용될 수 없다고 하여 부정설의 입장을 취하고 있다(대결 2011.4.18, 2010마1576).

3. 검토

현행법상 집행정지제도를 마련한 것은 공익과의 관련성 때문에 민사집행법상 가처분을 그대로 적용할 수 없다는 입장에서 민사집행법상의 가처분을 배제하는 특별한 규정을 둔 것이므로 가처분에 관한 민사집행법상의 규정은 행정소송에는 적용되지 않는다고 할 것이다.

02 집행정지

🔖 사례 5

집행정지란 처분·재결이나 그 집행 또는 절차의 속행으로 인하여 생길 회복하기 어려운 손해를 예방하기 위하여 긴급보전의 필요가 있다고 인정될 때에, 본안이 계속되고 있는 법원이 당사자의 신청 또는 직권에 의하여 처분 또는 재결의 효력이나 집행을 잠정적으로 정지시키는 것을 말한다. 각 경우에 집행정지 결정이 가능한지 판단하시오. 30절

(1) 국토교통부, 환경부, 문화체육관광부, 농림수산식품부는 합동으로 '4대강 살리기 마스터플랜' 계획을 수립하였다. 이에 4대강 살리기 마스터플랜에 의한 사업구역에 토지를 소유한 갑은 4대강 살리기 마스터플랜의 취소를 구하는 행정소송을 제기하면서 집행정지를 신청하였다.

(2) 국토교통부는 은행 등 금융기관에 재직하는 중, 감정평가법인에 겸직한 사실이 있는 감정평가사 을에 대하여 업무정지 3개월의 징계처분을 하였다. 이에 을은 서울행정법원에 업무정지처분 취소소송과 더불어 업무정지처분의 집행정지를 신청하였다.

Ⅰ 쟁점의 정리
Ⅱ 집행정지의 요건검토
  1. 적극적 요건
  2. 소극적 요건
  3. 집행정지 결정
Ⅲ 갑의 경우
  1. 문제점
  2. 4대강 살리기 마스터플랜의 법적 성질
    (1) 행정계획의 의의
    (2) 행정계획수립 행위의 법적 성질
      1) 학설

      2) 판례
      3) 검토
      4) 사안의 경우
  3. 집행정지 결정의 가능 여부
Ⅳ 을의 경우
  1. 문제점
  2. 적극적 요건
  3. 소극적 요건
  4. 집행정지 결정의 가능 여부
Ⅴ 사안의 해결

Ⅰ 쟁점의 정리

행정소송법 제23조 제1항에서는 남소방지를 위하여 취소소송의 제기는 처분 등의 효력이나 그 집행 또는 절차의 속행에 영향을 주지 아니한다고 규정하고 있으나, 제2항에서는 예외적으로 처분 등의 효력이나 그 집행 또는 절차의 속행의 전부 또는 일부의 정지를 결정할 수 있다고 규정하고 있다. 갑과 을의 경우 집행정지의 요건을 충족하는지를 검토하여 집행정지 결정이 가능한지를 판단한다.

Ⅱ 집행정지의 요건검토

1. 적극적 요건

집행정지는 적법한 본안소송의 계속 중, 본안판결을 기다려서는 회복하기 어려운 손해가 발생될 수 있기에 이를 방지하고자 침해적 처분의 효력 등을 정지하기 위한 것이다.

2. 소극적 요건

집행정지는 공공복리에 중대한 영향을 미칠 우려가 있을 때에는 허용되지 아니하며, 집행정지신청의 남용을 방지할 필요에 따라 본안 청구가 이유 없음이 명백하지 아니할 것을 집행정지의 소극적 요건으로 본다.

3. 집행정지 결정

집행정지의 요건이 충족된 경우에 본안이 계속되고 있는 법원은 당사자의 신청 또는 직권에 의하여 처분 등의 효력이나 그 집행 또는 절차의 속행의 전부 또는 일부의 정지를 결정할 수 있다(법 제23조 제2항). 신청요건을 결여한 경우 각하결정을 내리고, 본안요건이 결여된 경우 기각결정을 내린다.

Ⅲ 갑의 경우

1. 문제점

갑은 4대강 살리기 마스터플랜을 집행정지의 대상으로 하고 있는데, 이러한 행정계획이 집행정지의 대상이 되는 처분인지가 문제된다.

2. 4대강 살리기 마스터플랜의 법적 성질

(1) 행정계획의 의의

행정주체 또는 그 기관이 일정한 행정활동을 위한 목표를 설정하고 그 목표를 달성하기 위하여 필요한 수단을 선정하고 그러한 수단을 조정하고 종합화한 것을 말한다.

4대강 살리기 마스터플랜은 4대강 정비사업과 주변 지역의 관련 사업을 체계적으로 추진하기 위하여 수립한 종합계획이다.

(2) 행정계획수립 행위의 법적 성질

1) 학설

① 행정계획은 "일반, 추상적인 규율을 정립하는 행위"라는 입법행위설, ② 법관계의 변동을 가져오는 경우는 행정행위의 성질을 갖는다는 행정행위설, ③ 계획마다 개별적으로 검토해야 한다는 복수성질설, ④ 행정계획은 규범도 아니고, 행정행위도 아닌 독자적 성질을 갖는다는 독자성설이 있다.

2) 판례

① 도시계획결정과 관련하여 처분성을 인정하였으나, ② 도시기본계획은 일반지침에 불과하다고 하여 처분성을 부인한 바 있다. ③ 또한 최근 '4대강 살리기 마스터플랜' 등은 '4대강 살리기 사업'의 기본방향을 제시하는 계획으로서, 행정처분에 해당하지 않는다고 하였다.

3) 검토

행정계획은 그 종류와 내용이 매우 다양하고 상이하므로, 행정계획의 법적 성질은 각 계획이 갖는 목적과 내용을 기준하여 개별적으로 검토되어야 할 것이다.

4) 사안의 경우

'4대강 살리기 마스터플랜' 등은 4대강 정비사업과 주변 지역의 관련 사업을 체계적으로 추진하기 위하여 수립한 종합계획이자 '4대강 살리기 사업'의 기본방향을 제시하는 계획으로서, 행정기관 내부에서 사업의 기본방향을 제시하는 것일 뿐, 국민의 권리·의무에 직접 영향을 미치는 것이 아니어서 행정처분에 해당하지 않는다고 판단된다.

3. 집행정지 결정의 가능 여부

갑이 집행정지의 대상으로 신청한 4대강 살리기 마스터플랜은 처분성이 인정되지 않으므로, 이에 대한 행정소송은 각하될 것이며, 집행정지 신청요건이 결여되어 법원은 각하결정을 할 것이다.

Ⅳ 을의 경우

1. 문제점

업무정지처분을 대상으로 취소소송을 제기하면서 집행정지를 신청한 바, 집행정지 요건을 충족하는지 살펴본다.

2. 적극적 요건

업무정지는 감정평가업무를 수행할 수 없도록 하는 하명으로써 처분이며, 설문상 제소기간이나 관할의 문제는 없는 것으로 보인다. 을이 영업을 하지 못해서 발생하는 손실은 금전으로 보상할 수 있지만, 지금까지 쌓아온 명성이나 향후에 고객과의 관계에서 업무정지 징계를 받았다는 사실이 장애가 될 수 있다. 이러한 손해는 금전적으로 보상하기 어려운 것으로 보이며, 통상 행정소송의 기간이 3개월 이상의 기간이 소요되는 현실을 고려한다면, 본안판결을 기다려서는 3개월의 업무정지기간이 경과하여 회복되기 어려운 손해가 발생할 우려가 있으므로 긴급한 필요의 존재도 인정된다.

3. 소극적 요건

처분이 집행되면 을은 회복되기 어려운 손해를 입을 수 있으나, 설문상 집행정지에 의해서 영향을 받는 공공복리는 특별히 없는 것으로 보이므로 동 요건도 충족된다. 또한, 을은 업무정지의 취소 사유로서, 겸직을 하지 않았거나 겸직이 아니라는 사유를 주장할 수 있을 것인데 설문상 이유 없음이 명백하다고 볼 만한 사실관계가 없으므로 동 요건도 충족된다고 본다.

4. 집행정지 결정의 가능 여부

을이 제기한 업무정지 취소소송은 적법하고, 본안을 기다려서는 회복되기 어려운 손해가 발생할 수 있으므로, 법원은 집행정지 결정을 할 것이다.

Ⅴ 사안의 해결

갑과 을의 집행정지 신청에 대해서 법원은 갑에 대해서는 정지시킬 대상이 없음을 이유로 각하결정을 할 것이며, 을에 대해서는 회복되기 어려운 손해발생의 예방을 위하여 집행정지 결정을 할 것이다.

➡ 최신 4대강 사업 관련 HOT 판례[행정계획과 집행정지]
(대판 2011.4.21, 2010무111 全合)

[판시사항]
[1] 항고소송 대상이 되는 처분의 의미
[2] 국토교통부, 환경부, 문화체육관광부, 농림수산식품부가 합동으로 2009.6.8. 발표한 '4대강 살리기 마스터플랜' 등은 행정기관 내부에서 사업의 기본방향을 제시하는 계획일 뿐 국민의 권리·의무에 직접 영향을 미치는 것이 아니어서, 행정처분에 해당하지 않는다고 한 사례
[3] 행정소송법 제23조 제2항의 효력정지요건인 '회복하기 어려운 손해'의 의미 및 '처분 등이나 그 집행 또는 절차의 속행으로 인하여 생길 회복하기 어려운 손해를 예방하기 위하여 긴급한 필요'가 있는지의 판단 기준
[4] 국토교통부 등에서 발표한 '4대강 살리기 마스터플랜'에 따른 '한강 살리기 사업' 구간 인근에 거주하는 주민들이 각 공구별 사업실시계획승인처분에 대한 효력정지를 신청한 사안에서, 토지 소유권 수용 등으로 인한 손해는 행정소송법 제23조 제2항의 효력정지 요건인 금전으로 보상할 수 없거나 사회관념상 금전보상으로는 참고 견디기 어렵거나 현저히 곤란한 경우의 유·무형 손해에 해당하지 않는다고 본 원심판단을 수긍한 사례

[5] 행정소송법 제23조 제2항에서 정한 요건을 결여하였다는 이유로 효력정지 신청을 기각한 결정에 대하여, 행정처분 자체의 적법 여부를 가지고 불복사유로 삼을 수 있는지 여부(소극)

[결정요지]

[1] 항고소송 대상이 되는 행정청의 처분이란 원칙적으로 행정청의 공법상 행위로서 특정사항에 대하여 법규에 의한 권리의 설정 또는 의무의 부담을 명하거나 기타 법률상 효과를 직접 발생하게 하는 등 국민의 권리·의무에 직접 관계가 있는 행위를 말하므로, 행정청의 내부적인 의사결정 등과 같이 상대방 또는 관계자들의 법률상 지위에 직접 법률적 변동을 일으키지 않는 행위는 그에 해당하지 아니한다.

[2] 국토교통부, 환경부, 문화체육관광부, 농림수산식품부가 합동으로 2009.6.8. 발표한 '4대강 살리기 마스터플랜' 등은 4대강 정비사업과 주변 지역의 관련 사업을 체계적으로 추진하기 위하여 수립한 종합계획이자 '4대강 살리기 사업'의 기본방향을 제시하는 계획으로서, 행정기관 내부에서 사업의 기본방향을 제시하는 것일 뿐, 국민의 권리·의무에 직접 영향을 미치는 것이 아니어서 행정처분에 해당하지 않는다고 한 사례

[3] 행정소송법 제23조 제2항에서 정하고 있는 효력정지요건인 '회복하기 어려운 손해'란, 특별한 사정이 없는 한 금전으로 보상할 수 없는 손해로서 금전보상이 불가능한 경우 내지는 금전보상으로는 사회관념상 행정처분을 받은 당사자가 참고 견딜 수 없거나 참고 견디기가 현저히 곤란한 경우의 유형, 무형의 손해를 일컫는다. 그리고 '처분 등이나 그 집행 또는 절차의 속행으로 인하여 생길 회복하기 어려운 손해를 예방하기 위하여 긴급한 필요'가 있는지는 처분의 성질과 태양 및 내용, 처분상대방이 입는 손해의 성질·내용 및 정도, 원상회복·금전배상의 방법 및 난이 등은 물론 본안청구의 승소가능성 정도 등을 종합적으로 고려하여 구체적·개별적으로 판단하여야 한다.

[4] 국토교통부 등에서 발표한 '4대강 살리기 마스터플랜'에 따른 '한강 살리기 사업' 구간 인근에 거주하는 주민들이 각 공구별 사업실시계획승인처분에 대한 효력정지를 신청한 사안에서, 위 사업구간에 편입되는 팔당지역 농지 대부분이 국가 소유의 하천부지이고, 유기농업에 종사하는 주민들 대부분은 국가로부터 하천점용허가를 받아 경작을 해온 점, 위 점용허가의 부관에 따라 허가를 한 행정청은 공익상 또는 법령이 정하는 것에 따르거나 하천정비사업을 시행하는 경우 허가변경·취소 등을 할 수 있는 점 등에 비추어, 주민들 중 환경영향평가대상지역 및 근접 지역에 거주하거나 소유권 기타 권리를 가지고 있는 사람들이 위 사업으로 인하여 토지 소유권 기타 권리를 수용당하고 이로 인하여 정착지를 떠나 타지로 이주를 해야 하며 더 이상 농사를 지을 수 없게 되고 팔당지역의 유기농업이 사실상 해체될 위기에 처하게 된다고 하더라도, 그러한 손해는 행정소송법 제23조 제2항에서 정하고 있는 효력정지 요건인 금전으로 보상할 수 없거나 사회관념상 금전보상으로는 참고 견디기 어렵거나 현저히 곤란한 경우의 유·무형 손해에 해당하지 않는다고 본 원심판단을 수긍한 사례

[5] [다수의견] 행정처분의 효력정지나 집행정지를 구하는 신청사건에서는 행정처분 자체의 적법 여부를 판단할 것이 아니고 행정처분의 효력이나 집행 등을 정지시킬 필요가 있는지 여부, 즉 행정소송법 제23조 제2항에서 정한 요건의 존부만이 판단대상이 된다. 나아가 '처분 등이나

그 집행 또는 절차의 속행으로 인한 손해발생의 우려' 등 적극적 요건에 관한 주장·소명 책임은 원칙적으로 신청인 측에 있으며, 이러한 요건을 결여하였다는 이유로 효력정지 신청을 기각한 결정에 대하여 행정처분 자체의 적법 여부를 가지고 불복사유로 삼을 수 없다.

[대법관 박시환, 대법관 김지형, 대법관 이홍훈, 대법관 전수안의 반대의견]

행정소송법 제8조 제2항에 따라 행정소송에도 준용되는 민사소송법 제442조는 "항고법원·고등법원 또는 항소법원의 결정 및 명령에 대하여는 재판에 영향에 미친 헌법·법률·명령 또는 규칙의 위반을 이유로 드는 때에만 재항고할 수 있다."고 규정하고 있다. 재항고인들이 효력정지 요건의 해석에 관한 원심결정의 법리오해 위법을 반복하여 지적하면서, 특히 여러 가지 측면에서 특수성을 띠고 있는 환경문제가 포함된 이 사건의 규모와 성격, 직·간접적 파급효과 등을 고려할 때 효력정지 요건 충족 여부와 관련하여 '회복하기 어려운 손해' 및 '긴급한 필요'의 의미를 종전과 다르게 해석하여야 한다거나 그렇지 않다고 하더라도 소명책임과 관련된 소명의 정도를 완화하여야 한다는 취지의 주장을 하고 있는데, 이는 법리오해 주장으로서 적법한 재항고 이유이다. 그렇다면 대법원으로서는 재항고 이유의 당부에 관하여 나아가 판단함이 마땅하다.

사례 6

감정평가사 갑은 감정평가사 자격증을 국토교통부장관에게 등록한 후, 등록시점으로부터 4년 8개월이 지난 시점에서 등록갱신을 신청하였으나 국토교통부장관은 '평소 갑은 성실의무를 다하지 않았다'는 이유로 등록갱신 신청을 거부하였다. 갑은 이 거부에 대해 취소소송을 제기하였다. 적법한 본안소송이 계속 중인 경우에 갑은 집행정지를 신청을 할 수 있는가? [20점] ▸ 2007년 행정고시

Ⅰ 쟁점의 정리	(3) 회복하기 어려운 손해
Ⅱ 등록갱신에 대한 집행정지 인정 여부	(4) 긴급한 필요의 존재
1. 집행부정지의 원칙과 예외적인 집행정지	(5) 공공복리에 중대한 영향이 없을 것
2. 요건	(6) 본안청구가 이유없음이 명백하지 않을 것
(1) 적법한 본안소송이 계속 중일 것	3. 사안의 경우
(2) 정지대상인 처분 등이 존재할 것	Ⅲ 사안의 해결(집행정지 신청의 절차 등)
1) 학설	
2) 판례	
3) 검토	
4) 사안의 경우	

2007년 행정고시

B는 도시가스사업 허가를 받아 경영하던 중 부관에서 정한 기간이 만료되자 갱신허가를 신청하였으나 거부되었다. B는 이 거부처분에 대해 행정쟁송을 제기하면서 집행정지 신청을 할 수 있는가?

응용 쟁점

2007년 행정고시는 갱신허가의 거부에 대한 집행정지 신청의 가능성을 물어보았습니다.

집행정지는 취소소송의 실효성을 확보하기 위한 제도이며 최근 등록갱신제도가 도입되면서, 등록갱신의 거부와 관련하여 보상법규 시험에서도 충분히 출제가능한 문제입니다.

따라서 감정평가법에서 집행정지를 신청할 이익이 무엇인지 즉 등록갱신거부의 효력을 정지시키면서까지 보호해야 할 회복되기 어려운 손해를 구체적으로 적시하는 것이 중요합니다. 이에 대한 선결논의로써 거부가 집행정지의 대상이 되는지의 논의를 풍부하게 검토하시면 될 것입니다.

Ⅰ 쟁점의 정리

최근 감정평가사의 효율적 관리와 대외적 신뢰도 향상을 목적으로 감정평가사 자격등록제도가 신설되었으며, 감정평가법에서는 5년마다 주기적으로 자격등록을 갱신하도록 하였다.

설문에서는 국토교통부장관이 등록갱신을 거부함으로써 갑에게 회복되기 어려운 손해가 발생할 가능성이 있으므로, 이에 대한 구제수단으로써 행정소송법 제23조에서 규정하는 집행정지신청이 가능한지 검토한다.

Ⅱ 등록갱신에 대한 집행정지 인정 여부

1. 집행부정지의 원칙과 예외적인 집행정지

집행부정지의 원칙은 취소소송의 제기는 처분 등의 효력이나 그 집행 또는 절차의 속행에 영향을 주지 아니함을 말한다. 단, 처분이 진행되는 등의 사정으로 회복되기 어려운 손해가 발생할 경우 예외적으로 집행정지를 인정한다.

2. 요건

(1) 적법한 본안소송이 계속 중일 것

집행정지제도는 취소소송의 인용판결의 실효성을 확보하기 위한 것이므로, 본안소송이 계속 중이어야 하며, 설문에서는 문제되지 않는다.

(2) 정지대상인 처분 등이 존재할 것

거부처분인 경우 정지대상인 처분 등이 존재하는지가 문제된다.

1) 학설

① 집행정지 결정에는 기속력이 준용되므로 사실상 구속력이 인정된다는 긍정설과 ② 신청 전의 상황으로 돌아갈 뿐 신청이 허가된 것과 동일한 상태가 실현된 것이 아니므로 신청의 이익이 없다는 부정설, ③ 인허가 등에 붙은 기간이 갱신기간인 경우에 제한적으로 인정된다는 절충설이 있다.

2) 판례

판례는 신청시의 상태로 돌아갈 뿐 신청에 따른 처분을 할 의무가 생기는 것은 아니므로 신청의 이익이 없다고 한다.

3) 검토

예외적으로 신청의 이익이 있다고 인정되는 경우에 한해서 긍정함이 권리보호에 유리할 것이다.

4) 사안의 경우

등록갱신의 경우는 결격사유에 해당하지 않으며 갱신등록증을 교부받아 종전 등록의 효력을 유지할 이익이 인정된다고 본다.

(3) 회복하기 어려운 손해

회복하기 어려운 손해란 금전보상이 불가능하거나 사회통념상 참고 견디기 곤란한 유무형의 손해(판례)를 의미한다. 〈설문에서는〉 갑이 감정평가업무를 수행하지 못함에 따라 발생할 수 있는 유무형의 손해가 예상될 수 있을 것이다.

(4) 긴급한 필요의 존재

회복하기 어려운 손해의 발생이 절박하여 손해를 회피하기 위하여 본안판결을 기다릴 여유가 없을 것을 말한다. 〈설문에서는〉 등록갱신이 거부되면 그간의 감정평가업무가 마비될 수 있으므로 긴급한 필요가 인정된다고 본다.

(5) 공공복리에 중대한 영향이 없을 것

처분의 집행에 의해 신청인이 입을 손해와 집행정지에 의해 영향을 받을 공공복리 간 이익형량을 해야 한다. 〈설문에서는〉 등록갱신에 대한 집행정지가 인정돼도 공공복리에 특별한 영향을 주지 않을 것으로 보인다.

(6) 본안청구가 이유없음이 명백하지 않을 것

명문의 규정은 아니지만 판례는 요건으로 본다. 〈설문에서는〉 갑에 대한 성실의무에 대한 태도가 구체적으로 명시되어 있지 않으므로 상기 요건은 특별히 문제되지 않는 것으로 본다.

3. 사안의 경우

감정평가사 갑은 등록갱신의 거부로 인해 법령상 기간 내에 등록갱신증을 교부받지 못하면 감정평가업무를 수행할 수 없는 등의 회복하기 어려운 손해의 예방을 위한 긴급한 필요가 인정되므로 집행정지를 신청할 수 있다.

Ⅲ 사안의 해결(집행정지 신청의 절차 등)

갑은 집행정지 신청의 이익이 인정되므로 당사자인 갑은 본안소송이 계속 중인 법원에 등록갱신거부에 대한 집행정지를 신청할 수 있으며, 국토교통부장관은 집행정지 결정에 대하여 즉시항고할 수 있다.

03 거부와 관련된 쟁점(임시처분, 집행정지, 사전통지) 등

🔺 **사례 7**

서울시 양천구 목동에 소재하고 있는 갑기업은 지역문화발전에 기여하고자 박물관건립사업을 추진하고 국토교통부장관에게 사업인정을 신청하였다. 국토교통부장관은 박물관 건립공사에 의해서 발생하는 소음·진동·먼지 등으로 지역주민과의 마찰이 필연적으로 발생할 것이고, 인근의 수질오염도 발생할 것이라고 생각하여 사업인정의 발령을 거부하였다.

(1) 갑이 현행 행정쟁송법상 권리구제의 수단으로 선택할 수 있는 방식에 대해 기술하시오. 30점

(2) 국토교통부장관이 거부처분을 하기 전에 '의견을 제출할 수 있다는 뜻과 의견을 제출하지 아니하는 경우의 처리방법을 알리지 않았다. 국토교통부장관의 거부는 적법한가?(실체상의 하자는 없는 것으로 본다.) 10점

(설문 1)의 해결

Ⅰ 쟁점의 정리

Ⅱ 관련행위의 법적 성질
1. 사업인정의 의의 및 취지(토지보상법 제2조 제7호 및 제20조)
2. 사업인정 및 사업인정거부의 법적 성질

Ⅲ 행정심판의 제기
1. 개설
2. 거부처분에 대한 취소심판
   (1) 취소심판의 의의
   (2) 재결의 효력
3. 의무이행심판
   (1) 의의
   (2) 임시처분
      1) 의의 및 취지(행정심판법 제31조)
      2) 임시처분의 요건 및 보충성

Ⅳ 행정소송의 제기
1. 개설
2. 취소소송과 집행정지
   (1) 취소소송
      1) 의의
      2) 취소소송의 대상

(2) 집행정지
   1) 집행정지의 의의 및 취지(행정소송법 제23조 제1항 및 제2항)
   2) 거부처분에도 집행정지를 신청할 수 있는지 여부
3. 의무이행소송과 가처분

Ⅴ 사안의 해결

(설문 2)의 해결

Ⅰ 쟁점의 정리

Ⅱ 거부처분이 사전통지의 대상인지 여부
1. 의견제출절차의 개념 및 근거규정
2. 거부처분이 사전통지 및 의견제출절차의 대상이 되는지 여부
   (1) 적극설
   (2) 소극설
   (3) 판례
3. 검토

Ⅲ 사안의 해결

⊕ **(설문 1)의 해결**

Ⅰ 쟁점의 정리

사업인정의 거부에 대해서 갑은 실효적인 쟁송수단으로서 의무이행심판 및 거부처분취소소송을 제기할 수 있을 것이다. 이에 각 쟁송의 실효성을 확보하기 위한 가구제수단을 함께 기술한다.

Ⅱ 관련행위의 법적 성질

1. 사업인정의 의의 및 취지(토지보상법 제2조 제7호 및 제20조)

사업인정이란 공익사업을 토지 등을 수용 또는 사용할 사업으로 결정하는 것을 말하며 ① 사업 전의 공익성 판단, ② 사전적 권리구제(의견청취, 절차참여), ③ 수용행정의 적정화, ④ 피수용자의 권리구제 보호에 취지가 있다.

2. 사업인정 및 사업인정거부의 법적 성질

〈판례〉는 사업인정은 '사업의 공익성 여부를 모든 사항을 참작하여 구체적으로 판단해야 하므로 행정청의 재량에 속한다.'고 판시한 바 있다. 즉, 사업인정은 재량행위이며 이에 대한 거부도 재량행위로 볼 수 있다. 따라서 사업인정 거부가 적법하기 위해서는 재량의 일탈, 남용이 없어야 한다.

Ⅲ 행정심판의 제기

1. 개설

행정심판이란 위법·부당한 행정행위로 인하여 권익을 침해당한 경우에 행정기관이 이를 심리하고 판결하는 절차를 말한다. 거부처분에 대한 취소심판과 의무이행심판 및 이에 대한 실효성 확보수단으로써의 임시처분(행정심판법 제31조)을 살펴본다.

2. 거부처분에 대한 취소심판

(1) 취소심판의 의의

취소심판이라 함은 "행정청의 위법 또는 부당한 처분을 취소하거나 변경하는 심판"을 말한다(제5조 제1호). 취소에는 적극적 처분의 취소뿐만 아니라 소극적 처분인 거부처분의 취소를 포함한다.

(2) 재결의 효력

거부처분에 대한 취소심판청구를 인용하는 재결에 대하여는 처분청의 재처분의무를 규정하고 있다(제49조 제2항). 취소심판에 있어서 변경을 명하는 재결이 있는 때(제43조 제3항)에는 행정심판법 제49조 제1항(기속력)에 의해 처분청은 해당 처분을 변경하여야 한다.

3. 의무이행심판

(1) 의의

의무이행심판이라 함은 "행정청의 위법 또는 부당한 거부처분이나 부작위에 대하여 일정한 처분을 하도록 하는 심판"을 말한다. 이는 행정청의 거부처분 또는 부작위에 대하여 적극적인 처분을 구하는 행정심판이다. 의무이행심판을 인정한 것은 행정심판에서의 심판기관은 행정기관이므로 권력분립의 원칙상 문제가 없기 때문이다.

(2) 임시처분

1) 의의 및 취지(행정심판법 제31조)

임시처분이란 처분 또는 부작위가 위법, 부당하다고 상당히 의심되는 경우로서 처분 또는 부작위 때문에 당사자가 받을 우려가 있는 중대한 불이익이나 당사자에게 생길 급박한 위험을 막기 위하여 임시지위를 정하여야 할 필요가 있는 경우 행정심판위원회가 발할 수 있는 가구제 수단이다.

임시처분제도의 도입은 거부처분이나 부작위에 대한 잠정적 권리구제의 제도적인 공백상태를 입법적으로 해소하고 청구인의 권리를 두텁게 보호하려는 데 취지가 있다.

2) 임시처분의 요건 및 보충성

① 적극적 요건으로는 심판청구의 계속, 처분 또는 부작위가 위법, 부당하다고 상당히 의심되는 경우일 것, 당사자에게 생길 중대한 불이익이나 급박한 위험을 방지할 필요가 있을 것이 요구되고, ② 소극적 요건으로는 공공복리에 중대한 영향을 미칠 우려가 없을 것을 요한다. ③ 임시처분은 집행정지로 목적을 달성할 수 있는 경우에는 허용되지 아니한다.

Ⅳ 행정소송의 제기

1. 개설

행정소송이라 함은 행정청의 공권력 행사에 대한 불복 및 기타 행정법상의 법률관계에 관한 분쟁에 대하여 법원에 정식의 소송절차를 거쳐 행하는 행정쟁송절차를 말한다.

2. 취소소송과 집행정지

(1) 취소소송

1) 의의

취소소송이라 함은 '행정청의 위법한 처분 등을 취소 또는 변경하는 소송'을 말한다(행정소송법 제4조 제1호). 취소소송은 위법한 처분이나 재결을 다투어 위법한 처분이나 재결이 없었던 것과 같은 상태를 만드는 것을 주된 내용으로 한다.

2) 취소소송의 대상

취소소송의 대상은 '처분 등'이다. 처분에는 거부처분도 포함된다. 판례는 거부가 처분이 되기 위해서는 법규상 또는 조리상 신청권이 있어야 한다고 한다.

(2) 집행정지

1) 집행정지의 의의 및 취지(행정소송법 제23조 제1항 및 제2항)

취소소송의 제기는 처분 등의 효력이나 그 집행 또는 절차의 속행에 영향을 주지 아니하지만(법 제23조 제1항), 처분이 집행되는 등의 사정에 의해 회복할 수 없는 손해를 입게 되어 권리구제가 되지 못하는 경우를 예방하기 위하여 집행정지를 인정하고 있다.

2) 거부처분에도 집행정지를 신청할 수 있는지 여부

견해의 대립이 있으나, 판례는 신청에 대한 거부처분의 효력을 정지하더라도 행정청에게 신청에 따른 처분을 하여야 할 의무가 생기는 것이 아니므로, 효력정지를 구할 이익이 없다고 판시한 바 있다.

3. 의무이행소송과 가처분

의무이행소송은 행정청의 거부처분 또는 부작위에 대하여 법상의 작위의무의 이행을 청구하는 소송을 말하는데 판례는 현행법상 의무이행소송을 인정하고 있지 않다. 따라서 가처분도 인정되지 않을 것이다.

Ⅴ 사안의 해결

갑은 국토교통부장관의 거부처분에 대하여 의무이행심판 및 임시처분을 신청할 수 있으며, 거부처분취소소송을 제기할 수 있다. 거부에 대한 가장 실효적인 구제수단인 의무이행소송이 현행법상 인정되지 않으므로 입법적인 해결방안을 모색해야 할 것이다.

⊕ (설문 2)의 해결

Ⅰ 쟁점의 정리

의견제출절차를 거치지 않은 국토교통부장관의 거부처분이 절차상 하자를 구성하는지가 문제된다. 설문의 해결을 위하여 거부처분이 사전통지의 대상인지를 검토한다.

Ⅱ 거부처분이 사전통지의 대상인지 여부

1. 의견제출절차의 개념 및 근거규정

의견제출절차란 "행정청이 어떠한 행정작용을 하기에 앞서 당사자 등이 의견을 제시하는 절차로서 청문이나 공청회에 해당하지 아니하는 절차"를 말한다. 사전통지는 의견제출의 전치절차이다. 행정 절차법은 권익을 제한하는 경우에 대해서 사전통지(제21조)와 의견청취(제22조)를 규정하고 있다.

2. 거부처분이 사전통지 및 의견제출절차의 대상이 되는지 여부

(1) 적극설

당사자가 신청을 한 경우, 신청에 따라 긍정적인 처분이 이루어질 것을 기대하며 거부처분을 기대하지는 아니하고 있으므로 거부처분의 경우에도 사전통지 및 의견진술의 기회가 필요하다고 한다.

(2) 소극설

신청에 대한 거부처분은 그것이 불이익처분을 받는 상대방의 신청에 의한 것이므로 성질상 이미 의견진술의 기회를 준 것으로 볼 수 있으므로 의견진술의 기회를 줄 필요가 없다고 한다.

(3) 판례

신청에 따른 처분이 이루어지지 아니한 경우에는 아직 당사자에게 권익이 부과되지 아니하였으므로 특별한 사정이 없는 한 신청에 대한 거부처분이라고 하더라도 직접 당사자의 권익을 제한하는 것은 아니어서 사전통지대상이 된다고 할 수 없다고 판시한 바 있다(대판 2003.11.28, 2003두674).

3. 검토

거부처분을 권익을 제한하거나 의무를 부과하는 처분으로 볼 수 없고, 거부처분의 전제가 되는 신청을 통하여 의견제출의 기회를 준 것으로 볼 수 있으므로 소극설이 타당하다. 다만, 인·허가의 갱신과 관련된 거부는 '종전에 발부된 인·허가의 권익을 제한하는 처분'으로 보아 사전통지와 의견 진술 기회 부여의 대상이 된다고 보아야 한다.

Ⅲ 사안의 해결

거부처분은 일반적으로 사전통지의 대상이 되지 않는다. 설문에서는 사업인정과 관련하여 종전에 발부된 권익이 없으므로 사전통지의 대상이 되지 않는다. 따라서 국토교통부장관의 거부처분은 적법하다.

🔴 사례 8

서울시 영등포구 당산동에 소재하고 있는 갑기업은 지역문화발전에 기여하고자 조류생태 박물관건립사업을 추진하고 있었다. 이에 갑기업은 당산동 주민의 문화생활증진과 조류생태 자료보전 등의 공익을 위하여 을의 토지를 대상으로 국토교통부장관에게 사업인정을 신청하였다.

국토교통부장관은 조류생태 박물관건립사업을 위한 사업인정을 한다면, 박물관 건립공사시 발생하는 소음, 진동, 먼지 등으로 지역주민과의 마찰이 필연적으로 발생하고 인근의 수질오염도 발생할 것이라고 생각하여 갑기업에게 사전통지없이 사업인정의 발령을 거부하였다.

갑기업은 국토교통부장관이 사업인정을 거부한 것은 직업선택의 자유, 영업의 자유를 제한하는 것이라고 판단하고 이에 불복하기로 결심하였다. 이와 관련하여 각 물음에 답하시오.

(1) 공익사업을 위한 토지 등의 취득 및 보상에 관한 법률(이하 '토지보상법')상 사업인정의 의의와 법적성질을 설명하시오. 10점

(2) 갑기업이 사업인정의 거부에 대하여 취소소송을 제기하면서 집행정지를 신청한다면, 취소소송의 제기는 적법한지와 집행정지의 가능성을 검토하시오. 20점

(3) 갑기업은 국토교통부장관의 사업인정거부는 법령상 요건이 아닌 지역주민의 마찰과 수질오염을 이유로 하는 것이므로 위법하다고 주장한다. 이에 따라 사업인정의 발령을 구하는 의무이행심판을 제기하면서 임시처분을 신청하였다. 이 경우 임시처분의 가능성을 논하시오. 10점

(4) 만약 갑기업이 사업인정거부처분 취소소송을 제기하지 아니하고, 막바로 국토교통부장관이 사업인정을 해줄 것을 구하는 소송을 법원에 제기한다면 현행법상 이러한 소송이 인정될 수 있는지를 논하시오. 10점

(설문 1)의 해결

Ⅰ 개설

Ⅱ 사업인정의 의의와 법적 성질
　1. 의의 및 취지
　2. 법적 성질(① 처분성, ② 형성행위, ③ 재량행위, ④ 제3자효)
　　(1) 처분성(형성행위)
　　(2) 재량행위성
　　(3) 제3자효 행정행위
　3. 사안의 경우

(설문 2)의 해결

Ⅰ 쟁점의 정리

Ⅱ 사업인정거부의 소제기 적법성과 집행정지의 가능성
　1. 사업인정거부에 대한 취소소송의 적법성
　　(1) 문제점
　　(2) 거부처분의 의의 및 구별개념
　　(3) 거부가 처분이 되기 위한 요건
　　　1) 판례의 태도
　　　2) 신청권의 의미
　　　3) 신청권 존부의 견해대립
　　　4) 검토
　　(4) 사안의 경우(사업인정거부에 대한 소의 적법성)

⊕ (설문 1)의 해결

Ⅰ 개설

공익사업의 시행을 위해서 타인의 토지를 강제로 취득하는 공용수용의 1단계 절차로써 사업인정의 (토지보상법 제20조) 의의 및 취지와 법적 성질로써 처분성 등이 인정되는지를 살펴본다.

Ⅱ 사업인정의 의의와 법적 성질

1. 의의 및 취지

사업인정이란 공익사업을 토지 등을 수용 또는 사용할 사업으로 결정하는 것을 말하며(제2조 제7호), ① 사업 전의 공익성 판단, ② 사전적 권리구제(의견청취, 절차참여), ③ 수용행정의 적정화, ④ 피수용자의 권리보호에 취지가 있다.

2. 법적 성질[① 처분성, ② 형성행위, ③ 재량행위, ④ 제3자효]

(1) 처분성(형성행위)

국토교통부장관이 토지보상법 제20조에 따라서 사업인정을 함으로써 수용권이 설정되므로 이는 국민의 권리에 영향을 미치는 처분이다. 〈판례〉는 일정한 절차를 거칠 것을 조건으로 수용권을 설정하는 형성행위라고 판시한 바 있다.

(2) 재량행위성

토지보상법 제20조 제1항의 규정상 '… 받아야 한다'라고 하여 불명확하나, 국토교통부장관이 사업인정시에 이해관계인의 의견청취를 거치고 사업과 관련된 제 이익과의 형량을 거치는바 재량행위이다. 〈판례〉는 '사업의 공익성 여부를 모든 사항을 참작하여 구체적으로 판단해야 하므로 행정청의 재량에 속한다.'고 판시한 바 있다.

(3) 제3자효 행정행위

사업시행자와 토지소유자에게 수익적, 침익적 효과를 동시에 발생시키는 바 제3자효 행정행위이다.

3. 사안의 경우

사업인정은 국토교통부장관이 토지보상법 제4조 제4호의 박물관사업에 해당함을 확인하고 이와 관련된 당산동 주민의 문화생활증진과, 공사로 인한 소음, 진동, 먼지 등 생활불편 및 수질오염 등을 종합고려하여 판단하는 재량행위로써 달성되는 공익이 침해되는 사익보다 크다면 토지보상법상 일정한 절차를 거칠 것을 조건으로 수용권을 설정하여 주는 형성행위이다. 또한 토지소유자 을의 경우 토지소유권을 상실하게 될 수 있으므로 제3자효 행정행위이다.

⊕ (설문 2)의 해결

Ⅰ 쟁점의 정리

① 사업인정의 거부가 취소소송의 대상적격요건을 충족하는지를 신청권의 논의와 관련하여 살펴보고, ② 취소소송의 실효성을 확보하기 위한 가구제로써 거부처분이 집행정지의 대상이 되는지를 검토한다.

Ⅱ 사업인정거부의 소제기 적법성과 집행정지의 가능성

1. 사업인정거부에 대한 취소소송의 적법성

(1) 문제점

행정소송법에서는 대상적격(행정소송법 제19조), 원고적격(행정소송법 제12조), 재판관할(행정소송법 제9조), 제소기간(행정소송법 제20조), 및 협의 소익을 소송요건으로 규정하고 있다. 국토교통부장관의 거부행위가 대상적격을 갖는지가 신청권의 존부와 관련하여 문제된다.

(2) 거부처분의 의의 및 구별개념

공권력 행사의 신청에 대해 처분의 발령을 거부하는 행정청의 의사작용으로, 거절의사가 명확한 점에서 부작위와 구별된다.

(3) 거부가 처분이 되기 위한 요건

1) 판례의 태도

거부가 처분성을 갖기 위해서는 ① 공권력 행사의 거부일 것, ② 국민의 권리·의무에 영향을 미칠 것, ③ 법규상, 조리상 신청권을 가질 것을 요구한다. 이에 대해 행정소송법상 처분개념과 관련하여 신청권의 존부가 문제된다.

2) 신청권의 의미

판례는 "신청의 인용이라는 만족할 만한 결과를 얻을 권리가 아니라 일반, 추상적인 응답요구권인 형식적 신청권을 의미한다."고 판시한 바 있다.

3) 신청권 존부의 견해대립

① 처분성은 소송법상 개념요소만 갖추면 된다고 하여 원고적격의 문제로 보는 견해와, 본안문제로 보는 견해, ② 국민에게 형식적 신청권이 인정되지 않는다면 부적법한 것으로 각하하는 것이 합당하므로 대상적격으로 보는 견해가 있다.

4) 검토

판례와 같이 일반적, 추상적 응답요구권으로 보게 되면 개별구체적 권리일 것을 요하는 원고적격과 구별되고 이러한 신청권이 없다면 바로 각하하여 법원의 심리부담의 가중도 덜어줄 수 있다. 따라서 대상적격의 문제로 보는 것이 타당하다.

(4) 사안의 경우(사업인정거부에 대한 소의 적법성)

갑기업은 토지보상법 제20조의 사업인정신청권이 인정되고(동법 시행령 제10조 사업인정의 신청), 사업인정의 거부는 공권력 행사의 거부이며 이에 대한 거부는 갑기업의 사업시행의 자유를(권리) 제한하는 것으로 볼 수 있다. 따라서 사업인정의 거부는 대상적격을 충족하고, 설문상 원고적격 등의 요건은 문제되지 않으므로 사업인정의 거부에 대한 소의 제기는 적법하다.

2. 집행정지의 가능성 검토

(1) 집행부정지의 원칙(행정소송법 제23조)과 집행정지

집행부정지의 원칙은 취소소송의 제기는 처분 등의 효력이나 그 집행 또는 절차의 속행에 영향을 주지 아니함을 말한다(제1항). 단, 처분이 진행되는 등의 사정으로 회복되기 어려운 손해가 발생할 경우 예외적으로 집행정지를 인정한다(제2항).

(2) 집행정지의 요건

① 신청요건으로 적법한 본안소송이 계속 중일 것, 정지대상인 처분 등이 존재할 것을 요구하며 ② 본안요건으로는 회복하기 어려운 손해, 긴급한 필요의 존재, 공공복리에 중대한 영향이 없을 것, 본안청구가 이유없음이 명백하지 아니할 것(판례)을 요구한다. 〈사안에서는〉 신청요건 중 정지대상인 처분이 존재하는지가 거부처분과 관련하여 문제된다.

(3) 거부처분이 집행정지의 대상인지 여부

1) 학설

① 〈긍정설〉은 집행정지 결정에는 기속력이 준용(제30조 제2항 재처분의무)되므로 사실상 구속력이 인정됨을 논거로 한다. ② 〈부정설〉은 신청 전의 상황으로 돌아갈 뿐 신청이 허가된 것과 동일한 상태가 실현되는 것이 아니고, 신청에 따른 처분을 해야 할 의무를 부담하는 것이 아니므로 신청의 이익이 없다고 한다. ③ 〈절충설〉은 신청의 이익이 있는 예외적인 경우, 즉 인허가 등에 붙은 기간이 갱신기간인 경우에는 긍정한다.

2) 판례

"신청시의 상태로 돌아갈 뿐 신청에 따른 처분을 할 의무가 생기는 것은 아니므로 신청의 이익이 없다."고 판시한 바 있다.

3) 검토

명문규정상 행정소송법 제30조 제2항의 재처분의무는 준용규정이 없으므로 준용되지 않는 것으로 봄이 타당하다. 따라서 신청의 이익이 없는 것으로 본다. 단, 예외적으로 신청의 이익이 있다고 인정되는 경우에 한해서 긍정함이 권리보호에 유리할 것이다.

(4) 사안의 경우(집행정지의 가능성)

국토교통부장관의 거부처분에 대하여 집행정지가 인정된다 하더라도 국토교통부장관에게 사업인정의 발령의무가 생기는 것이 아니고, 설문상 갑기업에게 회복되기 어려운 손해예방의 긴급한 필요성도 없는 것으로 보인다. 따라서 갑기업의 집행정지신청은 인용되기 어려울 것으로 판단된다.

Ⅲ 사안의 해결

국토교통부장관의 거부는 사업인정발령의 공권력 행사에 대한 거부이고, 이에 따라 갑기업은 사업시행의 자유 등에(권리) 영향을 받고, 사업인정의 신청권이 인정되므로 사업인정거부의 취소를 구하는 소송은 적법하게 제기된 것으로 보인다. 다만, 회복되기 어려운 손해가 없는 것으로 판단되어 집행정지는 인정되지 않을 것으로 보인다.

(설문 3)의 해결

Ⅰ 쟁점의 정리

의무이행심판의 실효성을 확보하기 위한 가구제로서 임시처분(행정심판법 제31조)의 요건을 살펴보고 사안을 해결한다.

Ⅱ 사업인정거부에 대한 임시처분의 가능성

1. 임시처분의 의의(행정심판법 제31조)

임시처분이란 처분 또는 부작위가 위법, 부당하다고 상당히 의심되는 경우로서 처분 또는 부작위 때문에 당사자가 받을 우려가 있는 중대한 불이익이나 당사자에게 생길 급박한 위험을 막기 위하여 임시지위를 정하여야 할 필요가 있는 경우 당사자의 신청 또는 직권으로 행정심판위원회가 임시적 지위를 발할 수 있는 가구제 수단을 말한다.

2. 임시처분제도의 입법취지

행정청의 거부처분과 부작위에 대한 의무이행심판의 실효성을 위하여 행정심판법 제31조에서는 임시처분을 명문으로 규정하였다.

3. 임시처분결정의 요건

(1) 적극적 요건

① 행정심판청구가 계속될 것, ② 처분(적극적 처분, 거부처분) 또는 부작위가 위법, 부당하다고 상당히 의심될 것, ③ 처분 또는 부작위 때문에 당사자가 받을 우려가 있는 중대한 불이익이나 당사자에게 생길 급박한 위험이 존재할 것, ④ 이를 예방하기 위하여 임시적 지위를 정하여야 할 필요가 인정될 것을 요건으로 한다.

(2) 소극적 요건

임시처분은 공공복리에 중대한 영향을 미칠 우려가 있는 경우에는 허용되지 않으므로 임시처분에 의한 공사익의 형량이 요구된다.

4. 임시처분의 보충성(행정심판법 제31조 제3항)

임시처분은 집행정지로 목적을 달성할 수 있는 경우에는 허용되지 아니한다.

Ⅲ 사안의 해결(임시처분의 가능성)

① 설문상 청구요건을 갖춘바 행정심판청구가 계속되며, 전술한 바와 같이 거부처분은 집행정지의 대상이 되지 않는다. ② 사업인정시에는 관련이익을 종합적으로 고려해야 하므로(판례) 주민마찰 및 수질오염영향도 이러한 고려사유 중 하나이다. 따라서 갑기업의 주장만으로는 위법, 부당이 상당히 의심된다고 볼 수 없다. ③ 국토교통부장관의 거부로 인하여 갑기업이 받을 불이익이나 급박한 위험은 없는 것으로 판단된다. ④ 따라서 임시처분의 인용은 어려울 것으로 판단된다. 만약 사업인정거부처분의 위법 부당성이 상당히 의심되고, 갑기업에게 회복될 수 없는 중대한 손해발생의 급박한 예방필요성이 인정되며, 공공복리에 영향을 미치지 않는다면 임시처분의 인용도 기대할 수 있을 것이다.

⊕ (설문 4)의 해결

Ⅰ 쟁점의 정리

사업인정을 발령해 줄 것을 요구하는 의무이행소송이 인정되는지를 현행 행정소송법 규정과 관련하여 검토하고, 이에 대한 입법론적인 개선안을 살펴본다.

Ⅱ 사업인정에 대한 의무이행소송의 가능 여부

1. 문제점

거부처분취소송은 권리구제가 우회적이라는 문제가 있으므로 실효적인 구제수단으로써 의무이행소송을 인정할 수 있는지가 현행법 규정과 관련하여 문제된다.

2. 의무이행소송의 의의

행정청이 당사자의 신청에 대하여 거부나, 부작위로 대응한 경우 행정청에게 일정한 처분을 해줄 것을 구하는 소송을 말한다.

3. 인정 여부

(1) 학설

① 〈부정설〉은 행정소송법 제4조의 소송유형을 제한적 열거규정으로 해석하고, 이의 인정은 권력분립원칙에 반한다고 한다. ② 〈긍정설〉은 행정소송법 제4조의 소송유형을 예시적 규정으로 보고, 권력분립의 실질적 이해를 (권리구제 유리) 이유로 긍정한다. ③ 〈제한적 긍정설〉은 현행 항고소송만으로는 실효적인 권리구제가 될 수 없으므로 (a) 처분이 일의적이어서 행정청

의 판단권을 침해할 우려가 없고 (b) 미리 구제하지 않으면 회복할 수 없는 손해가 발생할 우려가 있고 (c) 다른 구제수단이 없는 경우에만 예외적으로 인정된다고 본다.

(2) 판례

"행정청에 대하여 행정상의 처분의 이행을 구하는 청구는 특별한 규정이 없는 한 행정소송의 대상이 될 수 없다."고 판시하여 의무이행소송을 부정하고 있다.

(3) 검토

현행법상 거부처분취소소송, 부작위위법확인소송은 의무이행소송을 인정하지 않는 입법의 취지로 해석할 수 있으나, 입법론으로 이를 도입하여 효율적인 권리구제를 도모함이 바람직하다고 판단된다. 개정안에서는 의무이행소송과 임시적 지위를 구하는 가처분을 인정하고 있다.

Ⅲ 사안의 경우(의무이행소송의 인정 여부)

국토교통부장관의 거부에 대하여 의무이행소송이 가장 실효적인 구제수단이 될 수 있으나, 현행 행정소송법 규정상 의무이행소송을 규정하지 않으므로 입법취지상 부정된다. 따라서 입법론으로는 의무이행소송의 제기가 가능할 수 있으나, 현행법상으로는 판례의 태도에 비추어 부정된다고 봄이 타당하다.

🔻 **사례 9**

甲은 충청북도 청주시 근처에 소규모 아파트단지를 건설하기 위하여 공용수용을 위한 사업인정이 가능한지를 사전에 국토교통부에 문의하였다. 이에 대해 국토교통부장관은 관련법규에서 요구하는 사항만 충족한다면 주택공급의 필요성을 인정하여 사업인정을 해주겠다는 회신을 하였다. 이에 甲은 관련요건을 모두 충족시키고 사업인정을 신청하였다. 그러나 그 사이에 해당 지역이 관광진흥법에 따라 대규모 관광산업단지(관광특구)로 지정되었고, 국토교통부장관은 관광산업단지로서의 공익이 더 크다고 판단하여 해당 사업인정을 거부하였다. 甲은 사업인정거부는 위법하므로 취소되어야 한다고 주장하면서 취소소송을 제기하였는데 소의 제기는 적법한가? 20점

Ⅰ 쟁점의 정리	2. 거부가 처분이 되기 위한 요건
Ⅱ 관련행위인 사업인정의 검토	(1) 판례의 태도
1. 사업인정의 의의 및 취지(법 제20조 내지	(2) 신청권의 의미
제22조)	(3) 신청권 존부의 견해 대립
2. 사업인정 및 사업인정거부의 법적 성질	(4) 검토
Ⅲ 소송요건의 충족 여부	3. 소송요건 충족 여부(그 외 요건 충족 여부)
1. 개설(소송요건의 개념 및 취지 등)	Ⅳ 사안의 해결(소제기의 적법성과 가구제수단)

Ⅰ 쟁점의 정리

설문은 사업인정거부에 대한 취소소송 제기의 적법 유무를 묻고 있다. 소제기의 적법 유무는 소송요건의 충족 여부에 따라 달라지며, 설문상 가장 문제가 되는 것은 거부행위가 행정소송법상 '처분'에 해당되는가이다. 거부처분이란 공권력 행사의 신청에 대해 처분의 발령을 거부하는 행정청의 의사작용으로서, 거절의사가 명확한 점에서 부작위와 구별된다.

Ⅱ 관련행위인 사업인정의 검토

1. 사업인정의 의의 및 취지(법 제20조 내지 제22조)

사업인정이란, 국토교통부장관이 관련된 중앙행정기관과의 협의 및 이해관계인의 의견청취 등을 거쳐(관련된 제이익을 종합·고려하고), 해당 사업의 공익성이 침해되는 사익보다 크다고 인정되는 경우에 한하여 타인의 토지 등을 수용할 수 있는 사업으로 결정하는 것을 말하며, 이는 공공복리의 증진을 도모함에 제도적 취지가 인정된다.

2. 사업인정 및 사업인정거부의 법적 성질

토지보상법 제20조의 문언상 기속·재량인지가 불분명하나, 국토교통부장관이 관련된 제이익을

종합·고려하여 해당 사업이 수용할 만한 사업인지를 판단하므로, 사업인정은 특허이자 재량행위이다. 또한 그 거부도 재량행위로 볼 수 있다.

Ⅲ 소송요건의 충족 여부

1. 개설(소송요건의 개념 및 취지 등)

소송요건이라 함은 본안심리를 하기 위하여 갖추어야 하는 요건을 말한다. 소송요건이 충족된 소송을 적법한 소송이라 하고 이 경우 법원은 본안심리로 넘어 간다. 행정소송법에서는 대상적격(제19조)·원고적격(제12조)·재판관할(제9조)·제소기간(제20조) 등을 소송요건으로 규정하고 있으며, 소송요건은 불필요한 소송을 배제하여 법원의 부담을 경감하고, 이렇게 함으로써 적법한 소송에 대한 충실한 심판을 도모하기 위하여 요구된다.

2. 거부가 처분이 되기 위한 요건

(1) 판례의 태도

거부처분이 처분성을 갖기 위해서는 ① 공권력 행사의 거부일 것, ② 국민의 권리와 의무에 영향을 미칠 것, ③ 법규상·조리상 신청권을 가질 것을 요구한다. 소송법상 처분개념에는 신청권의 내용이 없음에도 신청권이 필요한지에 대해서 견해의 대립이 있다.

(2) 신청권의 의미

판례는 신청의 인용이라는 만족할 만한 결과를 얻을 권리가 아닌, 일반·추상적인 응답요구권(형식적 신청권)을 의미한다고 한다.

(3) 신청권 존부의 견해 대립

① 처분성은 소송법상 개념요소만 갖추면 된다고 하여 원고적격 및 본안문제로 보는 견해와 ② 국민에게 형식적 신청권이 인정되지 않는다면 부적법한 것으로 각하하는 것이 합당하므로 대상적격으로 보는 견해가 있다.

(4) 검토

판례와 같이 일반적·추상적 응답요구권으로 보게 되면 개별·구체적 권리일 것을 요하는 원고적격과 구별되고 이러한 신청권이 없다면 바로 각하하여 법원의 심리부담의 가중도 덜어줄 수 있으므로 대상적격의 문제로 보는 것이 타당하다.

3. 소송요건의 충족 여부(그 외 요건충족 여부)

갑은 토지보상법 제20조에 근거하여 사업인정을 신청하였으며, 국토교통부장관의 거부로 인하여 사업시행의 자유를 침해받은 바, 영업의 자유 등을 실현하기 위하여 거부처분취소소송을 제기할 수 있을 것이며, 설문상 제소기간 등은 문제되지 않는 것으로 보인다.

Ⅳ 사안의 해결(소제기의 적법성과 가구제수단)

국토교통부장관의 사업인정(공권력 행사)거부는 행정소송법상 처분이며, 설문상 제소기간 및 관할 등은 문제되지 않으므로, 갑이 사업시행의 이익을 향유하기 위해 제기한 취소소송은 적법하다고 판단된다. 또한 취소소송의 인용판결의 실효성을 위하여 집행정지를 신청하는 것을 고려할 수 있으나 판례는 '신청 이전의 상태로 돌아갈 뿐 원고의 손해방지에 아무런 보탬이 되지 않는다.'고 하여 부정하므로 이에 따를 때 집행정지는 불가할 것이다.

사례 10

다음 판례를 비판적으로 검토하시오. 25점

창원지방법원 제1행정부 판결(2012구합681)

[원고] 갑
[피고] 창원시장(사업시행자)

[주문]
1. 이 사건 소를 각하한다.
2. 소송비용은 원고가 부담한다.

[청구취지]
피고가 1999.8.17. 원고에 대하여 한 일반우선분양대상자의 이주택지결정은 무효임을 확인한다.

[이유]
1. 인정사실
   '이주택지분양세부지침'상 소지가(조성되지 아니한 상태에서의 토지가격) 분양대상자의 경우 1세대당 상업용지 3평을 일반분양가로 추가 분양하도록 되어 있고, 일반우선 분양대상자의 경우 1세대 1필지 이주택지를 일반분양가로 우선 분양할 수 있도록 되어 있다.
   사업시행자는 동 지원규정에 따라, 1999.8.17. 갑을 이주택지 대상자로 결정하면서 택지결정은 일반우선 분양대상자로 한다는 내용을 공고하였다(이하 일반우선 분양대상자 결정·공고부분을 '처분'이라 한다). 결정·공고는 '이주택지 분양대상자 결정 공고'라는 제목하에 갑의 명의로 공고되었고, 결정·공고에는 '분양대상자 결정에 이의가 있을 경우 공고일로부터 15일 이내에 창원시청에 이의신청을 할 수 있고, 처분이 있음을 안 날로부터 90일 이내에 행정심판을 청구할 수 있다'는 내용이 기재되어 있다.

2. 원고의 주장
   원고는, 피고가 원고를 이주택지 대상자로 선정·결정하면서 택지공급조건에 관하여 소지가 분양대상자가 아닌 일반우선 분양대상자로 결정한 이 사건 처분은 위법하다고 주장한다.

3. 이 사건 소의 적법 여부
   이 사건 처분은 피고의 명의로 외부에 표시되고 원고를 개별적으로 특정하여 이루어진데다가 이의가 있는 때에는 창원시청에 이의를 구하도록 통보하고 있어 객관적으로 이를 행정처분으로 인식할 정도의 외형을 갖추고 있으며, 이주택지 분양대상자로 결정된 원고를 소지가 분양대상자가 아니라 일반우선 분양대상자로 구분 확정하고 있는 사실은 앞서 본 바와 같다.
   그러나 이주택지의 공급조건에서 소지가로 분양할 것인지 일반분양가로 분양할 것인지를 결정·공고하였다고 하더라도 이는 이주택지 대상자로 선정된 자와 사이에 체결될 이주택지에 관한 분양계약에서 그 대상자가 반대급부로서 부담하게 되는 사법상의 금전지급의무에 관한 사항을 사전 통보하는 것에 지나지 아니하고, 그에 기한 분양계약에 따라 부담하게 되는 금전지급의무의 범위 등에 관한 다툼은 민사소송의 대상으로서 그를 통하여 적절한 구제가 이루어질 수 있는 사항이라고 할 것이므로, 원고의 법률상의 권리·의무에 직접적 변동을 초래하는 행정처분에 해당한다고 볼 수는 없다.

4. 결론
그렇다면, 이 사건 소는 부적법하여 각하한다.

I 쟁점의 정리

대상 판례는 이주대책 대상자 선정·결정과 관련된 처분성을 부정하고 있다. 그 논거로서, 소지가 분양대상인지 및 일반분양가 분양대상인지는 사법상의 금전지급의무에 관한 사항을 통보하는 것에 지나지 아니하고, 이러한 사항은 민사소송의 다툼이 될 뿐 원고의 법률상의 권리·의무에 직접적 변동을 초래하지 않음을 제시하고 있다. 이에 대하여 분양대상의 내용이 달라지는 것이 과연 원고의 권리·의무에 직접적 변동을 초래하는 행위가 아닌지를 이주대책의 내용 등을 검토하여 대상 판례를 비판적으로 검토하고자 한다.

II 이주대책과 수분양권

1. 이주대책의 의의 및 취지

이주대책이란 주거용 건축물을 제공하여, 생활의 근거를 상실하는 자에게 종전생활을 유지시켜 주는 일환으로 택지 및 주택을 공급하거나 이주정착금을 지급하는 것을 말한다. 개정된 토지보상법에서는 이주대책의 대상자를 주거용 건축물 제공자에서 공장부지 제공자까지 확대하여 국민의 권리구제를 두텁게 하고 있다.

2. 이주대책의 내용

이주대책의 내용에 사업시행자의 재량이 인정된다고 봄이 다수견해이며, 판례도 '사업시행자는 특별공급주택의 수량, 특별공급대상자의 선정 등에 있어 재량을 가진다.'고 판시한 바 있다. 생활기본시설이 포함된 이주정착지의 조성 및 공급을 내용으로 한다(사업시행자 비용부담 원칙).

3. 사업시행자의 이주대책 내용에 대한 재량성 인정 여부

판례는 "공급할 택지 또는 주택의 내용이나 수량을 정할 수 있고, 이를 정하는 데 재량을 가지므로, 이를 위해 사업시행자가 설정한 기준은 그것이 객관적으로 합리적이 아니라거나 타당하지 않다고 볼 만한 다른 특별한 사정이 없는 한 존중되어야 한다.”고 하여 재량성을 인정하고 있다(대판 2009.3.12, 2008두12610).

4. 수분양권의 발생시기

수분양권이란 이주자가 이주대책을 수립, 실시하는 사업시행자로부터 이주대책 대상자로 확인, 결정을 받음으로서 취득하게 되는 택지나 아파트를 분양받을 수 있는 권리를 말한다. 수분양권의 발생시기에 대하여는 이주대책계획 수립이전시설, 수립시설 및 대상자 확인·결정시설의 견해가 대립된다.

5. 검토

이주대책은 종전 생활을 유지시켜 주기 위한 생활보상의 일환으로서 생활기본시설을 포함한 주택 및 택지의 공급이 될 것이나, 대상자에 대한 구체적인 공급주택 및 택지의 내용은 사업시행자의 재량에 따라 달라질 수 있을 것이다. 결국 어떠한 내용의 공급을 받느냐에 따라서 이주대책 대상자의 법률상 지위에 영향을 미친다고 할 것이다.

Ⅲ 대상판례의 비판적 검토

1. 항고소송의 대상이 되는 처분

항고소송의 대상이 되는 행정처분이라 함은 행정청의 공법상의 행위로서 특정 사항에 대하여 법규에 의한 권리의 설정 또는 의무의 부담을 명하거나 기타 법률상 효과를 발생하게 하는 등 국민의 권리·의무에 직접 관계가 있는 행위를 가리키는 것이고, 행정권 내부에서의 행위나 알선, 권유, 사실상의 통지 등과 같이 상대방 또는 기타 관계자들의 법률상 지위에 직접적인 법률적 변동을 일으키지 아니하는 행위 등은 항고소송의 대상이 되는 행정처분이 아니다(대판 1996.3.22, 96누433).

2. 이주대책 내용의 차이가 단순한 금전지급의무에 관한 사항인지

소지가 분양대상자는 소지가로 이주택지를 분양받는 외에도 1세대당 상업용지 3평을 일반분양가로 추가 분양받을 수 있는 데 비하여 일반우선 분양대상자는 이주택지를 일반분양가로 우선 분양받는 것에 그치므로, 소지가 분양대상자인지 여부에 따라 보장되는 이주대책 내용의 차이가 이주대책 대상자가 반대급부로서 부담하게 되는 사법상의 금전지급의무에 관한 사항에 불과하다고 할 수 없을 것이다. 즉, 분양대상의 내용에 따라 갑의 법률상 지위에 영향을 받는다고 할 것이다.

3. '대상자 결정·공고'상 구제수단 관련

대상자 결정·공고에는 '분양대상자 결정에 이의가 있을 경우 공고일로부터 15일 이내에 창원시청에 이의신청을 할 수 있고, 처분이 있음을 안 날로부터 90일 이내에 행정심판을 청구할 수 있다'는 내용이 기재되어 있다. 이러한 구제수단은 구제받을 법률상 이익이 있음을 전제하는 것이라고 볼 수 있다.

4. 대상판례의 비판적 검토

갑이 분양받을 수 있는 대상이 ① 소지가 분양인지 일반분양인지에 따라서 상업용지 3평을 추가로 받느냐 못받느냐가 결정되는 점, ② 결정대상자 결정·공고에 이의가 있는 자는 이의신청 및 행정 심판을 제기할 수 있는 점 등을 종합하여 보면 원고를 소지가 분양대상자가 아닌 일반우선 분양대 상자로 결정·공고한 것은 원고의 권리·의무에 직접적 변동을 초래하는 행위에 해당하여 항고소 송의 대상이 된다고 봄이 상당하다. 그럼에도 대상판결은 이와 달리 판단하여 소를 각하하였는바, 이는 항고소송의 대상에 관한 법리를 오해한 것으로 판단된다.

Ⅳ 사안의 해결

이주대책 대상자 확인·결정은 구체적인 이주대책상의 수분양권을 부여하는 요건이 되는 행정작용 으로서의 처분이지 이를 단순히 절차상의 필요에 따른 사실행위에 불과한 것으로 평가할 수는 없 다. 이주대책의 종류가 달라 각 그 보장하는 내용에 차등이 있는 경우 이주자의 희망에도 불구하고 사업시행자가 요건 미달 등을 이유로 그중 더 이익이 되는 내용의 이주대책 대상자로 선정하지 않 았다면 이 또한 이주자의 권리·의무에 직접적 변동을 초래하는 행위로서 항고소송의 대상이 될 것이다(대판 2014.2.27, 2013두10885).

✐ 대판 2014.2.27, 2013두10885[일반분양이주택지결정무효확인]

[판시사항]

공익사업을 위한 토지 등의 취득 및 보상에 관한 법률상의 공익사업시행자가 하는 이주대책 대상자 확인·결정의 법적 성질(=행정처분)과 이에 대한 쟁송방법(=항고소송)

[판결요지]

공익사업을 위한 토지 등의 취득 및 보상에 관한 법률상의 공익사업시행자가 하는 이주대책 대상자 확인·결정은 구체적인 이주대책상의 수분양권을 부여하는 요건이 되는 행정작용으로서의 처분이 지 이를 단순히 절차상의 필요에 따른 사실행위에 불과한 것으로 평가할 수는 없다. 따라서 수분양 권의 취득을 희망하는 이주자가 소정의 절차에 따라 이주대책 대상자 선정신청을 한 데 대하여 사 업시행자가 이주대책 대상자가 아니라고 하여 위 확인·결정 등의 처분을 하지 않고 이를 제외시키 거나 거부조치한 경우에는, 이주자로서는 사업시행자를 상대로 항고소송에 의하여 제외처분이나 거부처분의 취소를 구할 수 있다. 나아가 이주대책의 종류가 달라 각 그 보장하는 내용에 차등이 있는 경우 이주자의 희망에도 불구하고 사업시행자가 요건 미달 등을 이유로 그중 더 이익이 되는 내용의 이주대책 대상자로 선정하지 않았다면 이 또한 이주자의 권리·의무에 직접적 변동을 초래 하는 행위로서 항고소송의 대상이 된다.

[이유]

1. 공익사업을 위한 토지 등의 취득 및 보상에 관한 법률상의 공익사업시행자가 하는 이주대책 대 상자 확인·결정은 구체적인 이주대책상의 수분양권을 부여하는 요건이 되는 행정작용으로서의

처분이지 이를 단순히 절차상의 필요에 따른 사실행위에 불과한 것으로 평가할 수는 없다. 따라서 수분양권의 취득을 희망하는 이주자가 소정의 절차에 따라 이주대책 대상자 선정신청을 한데 대하여 사업시행자가 이주대책 대상자가 아니라고 하여 위 확인·결정 등의 처분을 하지 않고 이를 제외시키거나 거부조치한 경우에는, 이주자로서는 사업시행자를 상대로 항고소송에 의하여 그 제외처분이나 거부처분의 취소를 구할 수 있다(대판 1994.5.24, 92다35783 전원합의체 등 참조). 나아가 이주대책의 종류가 달라 각 그 보장하는 내용에 차등이 있는 경우 이주자의 희망에도 불구하고 사업시행자가 요건 미달 등을 이유로 그중 더 이익이 되는 내용의 이주대책 대상자로 선정하지 않았다면 이 또한 이주자의 권리·의무에 직접적 변동을 초래하는 행위로서 항고소송의 대상이 된다.

2. 가. 제1심은, 원고를 소지가(소지가) 분양대상자가 아니라 일반우선 분양대상자로 하는 피고의 이주택지 분양대상자 결정·공고 처분이 무효라는 확인을 구하는 원고의 청구에 대하여, 공공사업의 시행자가 이주택지의 공급조건에서 소지가로 분양할 것인지 일반분양가로 분양할 것인지에 관하여 결정·공고하였다고 하더라도 이는 이주택지대상자로 선정된 자와 체결할 이주택지에 관한 분양계약에서 그 대상자가 반대급부로서 부담하게 되는 사법상의 금전지급의무에 관한 사항을 사전 통보하는 것에 지나지 아니하고, 그에 기한 분양계약에 따라 부담하게 되는 금전지급의무의 범위 등에 관한 다툼은 민사소송을 통하여 적절한 구제가 이루어질 수 있는 사항이라는 이유로, 피고의 위 결정·공고는 원고의 법률상의 권리·의무에 직접적 변동을 초래하는 행정처분에 해당한다고 볼 수 없어 이 사건 소가 부적법하다고 판단하였고, 원심은 제1심판결을 그대로 유지하였다.

나. 그러나 기록에 의하여 알 수 있는 다음과 같은 사정, 즉 이 사건 소지가 분양대상자는 소지가로 이주택지를 분양받는 외에도 1세대당 상업용지 3평을 일반분양가로 추가 분양받을 수 있는 데 비하여 일반우선 분양대상자는 이주택지를 일반분양가로 우선분양받는 것에 그치므로, 소지가 분양대상자인지 여부에 따라 보장되는 이주대책 내용의 차이가 이주대책 대상자가 반대급부로서 부담하게 되는 사법상의 금전지급의무에 관한 사항에 불과하다고 할 수 없는 점, 피고의 위 결정·공고는 원고를 개별적으로 특정하여 외부에 표시되었을 뿐만 아니라 그 공고에 분양대상자 결정에 이의가 있는 때에는 창원시에 이의신청을 할 수 있고 처분이 있음을 안 날로부터 90일 이내에 행정심판을 청구할 수 있다는 내용이 포함되어 있는 점 등을 위 법리에 비추어 살펴보면, 원고를 소지가 분양대상자가 아닌 일반우선 분양대상자로 결정·공고한 것은 원고의 권리·의무에 직접적 변동을 초래하는 행위에 해당하여 항고소송의 대상이 된다고 봄이 상당하다.

그럼에도 제1심은 이와 달리 판단하여 이 사건 소를 각하하고 원심은 제1심판결을 그대로 유지하였는바, 이는 항고소송의 대상에 관한 법리를 오해하여 판단을 그르친 것이다.

3. 그러므로 원심판결을 파기하되, 이 사건은 대법원이 직접 재판하기에 충분하므로 자판하기로 하여 제1심판결을 취소하고, 사건을 제1심법원에 환송하기로 하여, 관여 대법관의 일치된 의견으로 주문과 같이 판결한다.

사례 11

문화재청장은 지역문화의 보존을 위하여 갑의 토지를 문화재보호구역으로 지정하였다. 이후, 문화재보호구역 내 토지소유자 갑이 문화재청장에게 공익사업을 위한 토지 등의 취득 및 보상에 관한 법률 제30조 제1항에 의한 재결신청 청구를 하였으나, 문화재청장은 관할 토지수용위원회에 대한 재결신청의무를 부담하지 않는다는 이유로 거부회신을 하였다. 이에 갑은 자신의 토지에 대한 권리구제를 도모하고자 인근에 위치한 감정평가사에게 자문을 구하였다.

(1) 갑은 문화재보호구역지정에 따른 손실보상을 청구할 수 있는가? 20절

(2) 위 회신을 대상으로 갑은 항고소송을 제기할 수 있는가? 20절

관련
조문

[문화재보호법]

제1조(목적)

이 법은 문화재를 보존하여 민족문화를 계승하고, 이를 활용할 수 있도록 함으로써 국민의 문화적 향상을 도모함과 아울러 인류문화의 발전에 기여함을 목적으로 한다.

제25조(사적의 지정)

① 문화재청장은 문화재위원회의 심의를 거쳐 기념물 중 중요한 것을 사적으로 지정할 수 있다.

제27조(보호물 또는 보호구역의 지정)

① 문화재청장은 제23조·제25조 또는 제26조에 따른 지정을 할 때 문화재 보호를 위하여 특히 필요하면 이를 위한 보호물 또는 보호구역을 지정할 수 있다.

② 문화재청장은 인위적 또는 자연적 조건의 변화 등으로 인하여 조정이 필요하다고 인정하면 제1항에 따라 지정된 보호물 또는 보호구역을 조정할 수 있다.

③ 문화재청장은 제1항 및 제2항에 따라 보호물 또는 보호구역을 지정하거나 조정한 때에는 지정 또는 조정 후 매 10년이 되는 날 이전에 다음 각 호의 사항을 고려하여 그 지정 및 조정의 적정성을 검토하여야 한다. 다만, 특별한 사정으로 인하여 적정성을 검토하여야 할 시기에 이를 할 수 없는 경우에는 대통령령으로 정하는 기간까지 그 검토시기를 연기할 수 있다.

1. 해당 문화재의 보존가치

2. 보호물 또는 보호구역의 지정이 재산권 행사에 미치는 영향

3. 보호물 또는 보호구역의 주변 환경

제83조(토지의 수용 또는 사용)

① 문화재청장이나 지방자치단체의 장은 문화재의 보존·관리를 위하여 필요하면 지정문화재나 그 보호구역에 있는 토지, 건물, 나무, 대나무, 그 밖의 공작물을 「공익사업을 위한 토지 등의 취득 및 보상에 관한 법률」에 따라 수용(收用)하거나 사용할 수 있다.

② 삭제 〈2014.1.28.〉

[토지보상법]

제30조(재결 신청의 청구)

① 사업인정고시가 된 후 협의가 성립되지 아니하였을 때에는 토지소유자와 관계인은 대통령령으로 정하는 바에 따라 서면으로 사업시행자에게 재결을 신청할 것을 청구할 수 있다.

② 사업시행자는 제1항에 따른 청구를 받았을 때에는 그 청구를 받은 날부터 60일 이내에 대통령령으로 정하는 바에 따라 관할 토지수용위원회에 재결을 신청하여야 한다. 이 경우 수수료에 관하여는 제28조 제2항을 준용한다.

③ 사업시행자가 제2항에 따른 기간을 넘겨서 재결을 신청하였을 때에는 그 지연된 기간에 대하여 「소송 촉진 등에 관한 특례법」 제3조에 따른 법정이율을 적용하여 산정한 금액을 관할 토지수용위원회에서 재결한 보상금에 가산(加算)하여 지급하여야 한다.

(설문 1)의 해결	(설문 2)의 해결
Ⅰ 쟁점의 정리	Ⅰ 쟁점의 정리
Ⅱ 손실보상의 요건	Ⅱ 거부회신의 대상적격 충족 여부
1. 손실보상의 의의 및 요건 등	1. 거부가 처분이 되기 위한 요건
(1) 손실보상의 의의 및 근거	2. 국민의 권리와 의무에 영향을 미치는 공권력 행사인지
(2) 손실보상의 요건	3. 법규상 또는 조리상 신청권의 인정 여부
2. 특별한 희생	Ⅲ 사안의 해결
(1) 의의 및 사회적 제약과의 구별실익	
(2) 학설	
(3) 판례	
(4) 검토	
Ⅲ 사안의 해결	

⊕ (설문 1)의 해결

Ⅰ 쟁점의 정리

갑이 문화재보호구역지정에 따른 손실보상을 청구하기 위해서는 문화재보호구역지정으로 인한 특별한 희생이 발생되어야 한다. 이하에서 손실보상의 요건 중 갑에게 특별한 희생이 발생되었는지를 중심으로 검토한다.

Ⅱ 손실보상의 요건

1. 손실보상의 의의 및 요건 등

(1) 손실보상의 의의 및 근거

손실보상이란 공공필요에 의한 적법한 공권력의 행사로 가하여진 개인의 특별한 재산권 침해에 대하여, 행정주체가 사유재산권 보장과 평등부담의 원칙 및 생존권 보장차원에서 행하는 조절적인 재산적 전보를 말한다. 헌법 제23조 제3항에 이를 규정하고 있다.

(2) 손실보상의 요건

손실보상의 요건으로는 ① 공공필요, ② 재산권에 대한 공권적 침해, ③ 침해의 적법성, ④ 법적 근거, ⑤ 특별한 희생, ⑥ 보상규정이 있다. 보상규정이 없는 경우 헌법 제23조의 효력논의가 문제된다.

2. 특별한 희생

(1) 의의 및 사회적 제약과의 구별실익

특별한 희생이란, 타인과 비교하여 불균형하게 과하여진 권익의 박탈, 즉 사회적 제약을 넘어서는 손실을 의미한다. 재산권 행사의 공공복리 적합의무로서 사회적 제약은 보상의 대상이 되지 아니하는 데 구별의 실익이 있다.

(2) 학설

'침해행위의 인적범위를 특정할 수 있는지'를 형식적으로 판단하는 형식설과, 침해행위의 성질과 강도를 기준으로 판단하는 실질설이 있다.

(3) 판례

대법원은 개발제한구역지정은 공공복리에 적합한 합리적인 제한이라고 판시한 바 있으며, 헌법재판소는 종래목적으로 사용할 수 없거나, 실질적으로 토지의 사용, 수익이 제한된 경우는 특별한 희생에 해당하는 것으로 본다.

(4) 검토

형식설과 실질설은 일면 타당성이 인정되므로 양자를 모두 고려하여 특별한 희생을 판단함이 타당하다.

Ⅲ 사안의 해결

문화재보호법은 국민의 문화적 향상을 도모함과 아울러 인류문화의 발전에 기여함을 목적으로 하며, 이러한 문화재를 보호하기 위하여 보호물 또는 보호구역으로 지정할 수단이 요구된다. 문화재청장은 보호물 또는 보호구역을 지정하거나 조정한 때에는 지정 또는 조정 후 매 10년이 되는 날 이전에 보호물 또는 보호구역의 지정이 재산권 행사에 미치는 영향을 고려하여 그 지정 및 조정의 적정성을 검토하여야 한다. 이러한 규정은 문화재보호구역지정으로 인해 사인의 재산권에 가해지는 과도한 피해를 방지하기 위한 목적으로 해석될 수 있으므로 문화재보호구역의 지정으로 재산권의 과도한 수인의무를 지우는 경우에는 특별한 희생에 해당하여 손실보상을 청구할 수 있을 것이다.

⊕ (설문 2)의 해결

Ⅰ 쟁점의 정리

갑이 재결신청청구의 거부회신을 대상으로 항고소송을 제기하기 위해서는, 동 거부회신이 행정소송법상 처분에 해당되어야 한다. 처분이란 행정청이 행하는 구체적 사실에 관한 법집행으로서의 공권력 행사 또는 그 거부이므로(행정소송법 제2조), 거부회신이 항고소송의 대상이 되는 처분인지를 중심으로 소송요건을 검토한다.

Ⅱ 거부회신의 대상적격 충족 여부

재결신청청구권은 사업인정 후 협의가 성립되지 않은 경우 피수용자가 사업시행자에게 서면으로 재결신청을 조속히 할 것을 청구하는 권리이다(토지보상법 제30조). 이는 피수용자에게는 재결신청권을 부여하지 않았으므로 ① 수용법률관계의 조속한 안정과 ② 재결신청지연으로 인한 피수용자의 불이익을 배제하기 위한 것으로 사업시행자와의 형평의 원리에 입각한 제도이다.

1. 거부가 처분이 되기 위한 요건

판례는 거부가 처분이 되기 위해서는 ① 공권력 행사의 거부일 것, ② 국민의 권리와 의무에 영향을 미칠 것, ③ 법규상 또는 조리상 신청권이 있을 것을 요구한다. 이하에서 각 요건의 충족 여부를 검토한다.

2. 국민의 권리와 의무에 영향을 미치는 공권력 행사인지

재결이란 국민의 재산권을 취득하게 하고, 그 대가로 손실보상금을 결정하는 처분이다. 토지보상법상 재결처분은 사업시행자의 신청을 전제로 하므로 사업시행자의 재결신청이 없는 경우에는 이러한 재결처분을 받을 수 없을 것이다. 따라서 사업지행자로 하여금 재결을 신청하도록 촉구하는 재결신청청구를 거부하는 것은 국민의 권익에 영향을 미치는 공권력의 행사라 할 것이다.

3. 법규상 또는 조리상 신청권의 인정 여부

문화재보호법 제83조에서는 문화재의 보존 및 관리를 위하여 필요한 경우에는 토지보상법에 따라 보호구역 내에 있는 재산권을 수용 또는 사용할 수 있다고 규정하고 있다. 설문상 갑의 토지는 보호구역지정 자체로 목적이 달성되므로 수용 또는 사용이 필요한 경우라고 볼 수 없다. 따라서 수용 또는 사용절차가 개시되지 않은 상태에서는 재결신청을 청구할 법규상 또는 조리상 신청권이 인정된다고 볼 수 없다.

Ⅲ 사안의 해결

행정소송법에서는 항고소송을 제기하기 위해서 대상적격, 원고적격, 피고, 제소기간 등의 요건을 규정하고 있다.

갑은 토지보상법상 사업시행자에게 재결신청을 청구할 법규상 또는 조리상 신청권이 없는 바, 거부회신은 행정소송법상 처분에 해당되지 않는다. 따라서 대상적격이 충족되지 못하여 이에 대한 항고소송은 불가할 것이다.

원처분주의와 변경처분

04 원처분주의(제3자 인용재결)

 사례 12

국토교통부장관은 갑이 연탄공장설립에 대한 사업인정을 신청하자 이에 대해 사업인정을 하여 주었다. 이 사업인정에 대해 해당 지역 이웃주민들이 국토교통부장관에게 몰려가 강하게 항의하였으나, 개선되지 않자 연탄공장에 인접한 주민 을은 정식으로 사업인정을 취소할 것을 요구하는 행정심판을 제기하여 취소재결을 받았다. 그러자 이번에는 갑이 을이 받은 취소재결에 불복하여 행정소송을 제기하려고 한다. 이 경우에 있어 행정소송의 대상은 무엇인가? 20점

Ⅰ 쟁점의 정리	Ⅲ 재결 자체의 고유한 위법을 다투는 것인지 여부
Ⅱ 원처분주의와 재결주의	1. 문제점
1. 원처분주의와 재결주의	2. 학설의 대립
(1) 의의	3. 판례의 태도
(2) 현행법의 태도	4. 검토
2. 재결이 취소소송의 대상이 되는 경우	Ⅳ 사안의 해결
3. 원처분주의의 위반효과	

Ⅰ 쟁점의 정리

공익사업을 수용할 사업으로 결정하는 사업인정은(토지보상법 제2조 제7호) 사업시행자에게는 수용권을 부여하고, 피수용자의 재산권을 취득하는 제3자효 행정행위이다.

갑은 취소재결에 의해서 수용권이 상실되는바, 이 경우 취소재결이 항고소송의 대상이 되는지가 문제된다.

따라서 현행법의 태도가 ① 원처분주의인지 여부, ② 원처분주의라면 취소재결을 다투는 것이 재결 자체의 고유한 하자를 다투는 것인지에 대한 검토가 필요하다.

Ⅱ 원처분주의와 재결주의

1. 원처분주의와 재결주의

(1) 의의

"원처분주의"란 원처분의 위법은 원처분에 대한 항고소송에서만 주장할 수 있고, 재결에 대한 항고소송에서는 재결 자체의 고유한 하자에 대해서만 주장할 수 있는 제도를 말한다. "재결주의"는 재결만이 행정소송의 대상이 되며, 원처분의 위법사유도 아울러 주장할 수 있는 원칙을 의미한다.

(2) 현행법의 태도

현행 행정소송법 제19조는 "취소소송의 대상은 처분 등을 대상으로 한다. 다만, 재결취소소송의 경우에는 재결 자체에 고유한 위법이 있음을 이유로 하는 경우에 한한다."라고 하여 원처분주의를 채택하고 있다.

2. 재결이 취소소송의 대상이 되는 경우

재결이 취소소송의 대상이 되는 경우는 재결 자체에 고유한 위법이 있는 경우에 한하는 바, ① 주체상 하자로는 권한없는 기관의 재결, ② 절차상 하자로는 심판절차를 준수하지 않은 경우 등, ③ 형식상 하자로는 서면으로 하지 않거나, 중요기재사항을 누락한 경우, ④ 내용상 하자의 경우 견해대립이 있으나 판례는 '내용의 위법은 위법·부당하게 인용재결을 한 경우에 해당한다.'고 판시하여 내용상 하자를 재결 고유의 하자로 인정하고 있다.

3. 원처분주의의 위반효과(재결의 고유한 위법없이 소를 제기한 경우)

고유한 위법없이 소송을 제기한 경우에는 각하판결을 해야 한다는 견해(제19조 단서를 소극적 소송요건으로 보는 견해)가 있으나, 다수·판례는 재결 자체의 위법 여부는 본안사항이므로 기각판결을 해야 한다고 본다.

Ⅲ 재결 자체의 고유한 위법을 다투는 것인지 여부

1. 문제점

사업인정의 취소재결로 인해 갑의 수용권이 상실되는 불이익한 효과가 발생하므로 갑은 취소재결 자체를 다툴 수밖에 없다. 그런데 그 법적 성질이 재결 자체의 고유한 위법을 다투는 것으로 볼 수 있는지가 쟁점이다.

2. 학설의 대립

① 이 경우를 재결 자체에 고유한 위법이 있는 경우로 보아 행정소송법 제19조 단서에 의해 재결이 소의 대상이 되는 것이라고 보는 견해가 있는 반면, ② 해당 인용재결은 제3자와의 관계에서는 별

도의 처분이 되는 것이므로 이 경우는 행정소송법 제19조 본문에 의해 처분이 소의 대상이 되는 것이라고 보는 견해가 있다.

3. 판례의 태도

판례는 "인용재결은 원처분과 내용을 달리 하는 것이므로 그 인용재결의 취소를 구하는 것은 원처분에는 없는 재결에 고유한 하자를 주장하는 셈이어서 당연히 항고소송의 대상이 된다(대판 1997.12.23, 96누10911)."라고 판시하여 재결의 고유한 하자로 본다.

4. 검토

제3자는 인용재결로 비로소 권익을 침해받게 되는 경우는 재결 고유의 하자를 주장하는 것으로 볼 수 있으므로, 행정소송법 제19조 단서에 근거하여 인용재결을 대상으로 소를 제기할 수 있을 것이다.

Ⅳ 사안의 해결

사업시행자는 사업인정의 취소재결로 인하여 권익침해가 발생하였으며, 이러한 권익침해는 기각 또는 각하재결이 있었더라면 발생하지 않았을 것이다. 따라서 기각 또는 각하되어야 함에도 인용재결을 한 것은 재결 고유의 하자에 해당하므로 행정소송법 제19조 단서에 근거하여 자신의 권익구제를 받을 수 있을 것이다.

🔺 사례 13

> 국토교통부장관은 2022.7.3. 육군참모총장이 시행하는 군사용시설부지매입사업(신청이유 : 군사력증강을 위한 국방연구소의 설치 및 전략전술상 최적의 요충지역)에 관하여 사업인정을 하고, 국토교통고시 제1996-69호로 고시하였다. 해당 사업부지에는 강원도 고성군 현내면 206번지 임야 10,000제곱미터(갑 소유)가 포함되어 있었는데, 갑소유의 토지는 향후 아파트 건립을 통한 생활주거지로 사용할 계획을 갖고 있었다. 만약 갑이 2022.7.28. 해당 사업인정의 취소를 구하는 행정심판을 제기하여 인용재결을 받은 경우라면, 육군참모총장은 무엇을 대상으로 항고소송을 제기하여야 하는가 또는 소를 제기하려고 하는 경우에 법적 근거는 무엇인가? 15점

Ⅰ 쟁점의 정리

Ⅱ 원처분주의와 소의 대상
  1. 원처분주의와 재결주의의 의의 및 취지(재결소송의 인정필요성)
  2. 재결고유의 하자유형
  3. 원처분주의 하에서의 소의 대상
    (1) 학설

    (2) 판례
    (3) 검토
  4. 원처분주의의 위반효과(재결의 고유한 위법 없이 소를 제기한 경우)

Ⅲ 사안의 해결

Ⅰ 쟁점의 정리

공익사업을 수용할 사업으로 결정하는 사업인정은(토지보상법 제2조 제7호) 사업시행자에게는 수용권을 부여하고, 피수용자의 재산권을 취득하는 제3자효 행정행위이다. 해당 사업인정에 대한 인용재결이 있는 경우, 인용재결에 대한 제3자인 사업시행자는 무엇을 대상으로 소를 제기하여 불복하여야 하는지가 문제된다. 원처분주의에 대한 일반논의를 검토하여 사안을 해결한다.

Ⅱ 원처분주의와 소의 대상

1. 원처분주의와 재결주의의 의의 및 취지(재결소송의 인정필요성)

원처분주의란 원처분을 취소소송의 대상으로 하고, 재결 자체의 고유한 하자가 있는 경우에는 재결을 취소소송의 대상으로 하는 것을 말한다. 재결주의는 재결을 대상으로 취소소송을 제기하는 것을 말한다. 재결소송을 인정한 것은 원처분을 다툴 필요가 없거나 다툴 수 없는 자도 재결로 인하여 다툴 필요가 생긴 경우의 권리구제를 도모하기 위함이다(판례).

2. 재결 고유의 하자유형

① 주체상 하자로는 권한 없는 기관의 재결, ② 절차상 하자로는 심판절차를 준수하지 않은 경우 등, 단 행정심판법 제34조 재결기간은 훈시규정으로 해석되므로 재결기간을 넘긴 것만으로는 절차의 위법이 있다고 볼 수 없다. ③ 형식상 하자로는 서면으로 하지 않거나, 중요기재사항을 누락한 경우, ④ 내용상 하자의 경우 견해대립이 있으나 판례는 '재결청의 권한 또는 구성의 위법, 재결의 절차나 형식의 위법, 내용의 위법은 위법·부당하게 인용재결을 한 경우에 해당한다.'고 판시한 바 내용상 하자를 재결 고유의 하자로 인정하고 있다.

3. 원처분주의 하에서의 소의 대상

(1) 학설

① 제3자효 있는 행정행위에서 인용재결로 피해를 입은 자는 재결의 고유한 하자를 주장하는 것이라는 견해와(행정소송법 제19조 단서에 의한 것으로 보는 견해), ② 해당 인용재결은 형식상으로는 재결이나 실질적으로는 제3자에 대한 별도의(새로운) 처분이므로 인용재결이 최초의 처분이라는 견해가 있다(행정소송법 제19조 본문에 의한 것으로 보는 견해).

(2) 판례

판례는 '인용재결의 취소를 구하는 것은 원처분에는 없는 고유한 하자를 주장하는 셈이어서 당연히 취소소송의 대상이 된다.'고 판시한 바 있다.

(3) 검토

제3자는 인용재결로 비로소 권익을 침해받게 되는 경우는 재결 고유의 하자를 주장하는 것으로 볼 수 있으므로, 행정소송법 제19조 단서에 근거하여 인용재결을 대상으로 소를 제기할 수 있을 것이다.

4. 원처분주의의 위반효과(재결의 고유한 위법없이 소를 제기한 경우)

고유한 위법없이 소송을 제기한 경우에는 각하판결을 해야 한다는 견해(제19조 단서를 소극적 소송요건으로 보는 견해)가 있으나, 다수·판례는 재결 자체의 위법 여부는 본안사항이므로 기각판결을 해야 한다고 본다.

Ⅲ 사안의 해결

사업시행자는 사업인정의 취소재결로 인하여 권익침해가 발생하였으며, 이러한 권익침해는 기각 또는 각하재결이 있었더라면 발생하지 않았을 것이다. 따라서 기각 또는 각하되어야 함에도 인용재결을 한 것은 재결 고유의 하자에 해당하므로 행정소송법 제19조 단서에 근거하여 자신의 권익구제를 받을 수 있을 것이다.

05 원처분주의(변경재결)

사례 14

국토교통부장관은 감정평가법인 갑이 감정평가법 제32조 제1항 제5호를 위반하여, 감정평가준칙을 위반하였다는 이유로 적법한 징계절차를 거쳐 2008년 4월 3일에 갑에 대해 업무정지 6개월의 처분을 하였고, 갑은 2008.4.8. 업무정지처분에 관한 내용을 송달받았다. 이에 갑은 행정심판위원회에 이 업무정지처분의 위법함을 주장하여 행정심판을 청구하였다. 행정심판위원회는 2008.7.25. 업무정지 6개월의 처분을 6개월의 영업정지처분에 갈음하는 과징금 부과처분을 하라는 처분명령재결을 하였고, 갑은 2008.7.30. 재결서를 송달받았다. 국토교통부장관은 2008.8.5. 갑에 대해 6개월의 영업정지처분에 갈음하는 과징금 부과처분을 하였다. 2008.8.10. 6개월의 영업정지처분에 갈음하는 과징금 부과처분서를 송달받은 갑은 취소소송을 제기하려고 한다.

(1) 처분을 대상으로 취소소송을 제기하는 경우 어떠한 처분을 대상으로 할 것인가? 10점

(2) 또 이 취소소송에서 어느 시점을 제소기간 준수 여부의 기준시점으로 하여야 하는가? 10점

(설문 1)의 해결	(설문 2)의 해결
Ⅰ 문제의 소재	Ⅰ 문제의 소재

Ⅱ 변경된 내용의 당초처분이 소의 대상이 되는지 여부(행정소송법 제19조)
  1. 행정소송법 제19조 원처분주의
  2. 학설
  3. 판례(당초부터 유리하게 변경된 원처분)
  4. 검토
	Ⅱ 제소기간의 기산점
	  1. 제소기간 의의 및 취지(행정소송법 제20조)
	  2. 행정심판을 거친 경우의 제소기간
	  3. 관련판례의 태도
	  4. 사안의 경우

Ⅲ 사안의 경우	

사법고시 제51회

A장관은 소속 일반직 공무원인 갑이 '재직 중 국가공무원법 제61조 제1항을 위반하여 금품을 받았다'는 이유로 적법한 징계절차를 거쳐 2008.4.3. 갑에 대해 해임처분을 하였고, 갑은 2008.4.8. 해임처분서를 송달받았다. 이에 갑은 소청심사위원회에 이 해임처분이 위법, 부당하다고 주장하며 소청심사를 청구하였다. 소청심사위원회는 2008.7.25. 해임을 3개월의 정직처분으로 변경하라는 처분명령재결을 하였고, 갑은 2008.7.30. 재결서를 송달받았다. A장관은 2008.8.5. 갑에 대해 정직처분을 하였다. 2008.8.10. 정직처분서를 송달받은 갑은 취소소송을 제기하려고 한다.

처분을 대상으로 취소소송을 제기하는 경우 어떠한 처분을 대상으로 할 것인가? 또 이 취소소송에서 어느 시점을 제소기간 준수 여부의 기준시점으로 하여야 하는가?

> 응용
> 쟁점
>
> 제51회 사법고시는 해임처분을 견책으로 변경한 처분명령재결과 관련하여 소의 대상이 무엇인지를 묻고 있습니다. 즉, 행정소송법 제19조 원처분주의와 관련된 쟁점입니다.

⊕ (설문 1)의 해결

Ⅰ 문제의 소재

사안에서와 같이 행정심판의 재결을 거쳐 취소소송을 제기하는 경우에 그 취소소송의 대상은 당초처분인지 아니면 재결에 따른 변경처분인지가 문제된다. 취소소송의 대상인 처분의 의미를 파악하고 취소소송의 대상인 처분이 어느 것인지를 검토한다.

Ⅱ 변경된 내용의 당초처분이 소의 대상이 되는지 여부(행정소송법 제19조)

1. 행정소송법 제19조 원처분주의

원처분주의란 원처분을 취소소송의 대상으로 하고, 재결 자체의 고유한 하자가 있는 경우에는 재결을 취소소송의 대상으로 하는 것을 말한다.

2. 학설

① 변경처분은 원처분과 다른 새로운 처분이므로 변경처분을 다투어야 한다는 변경처분설, ② 변경된 처분은 새로운 처분이 아니라 당초부터 유리하게 변경된 내용의 처분이라 할 것이므로 변경시킨 원처분을 다투어야 한다는 견해가 대립된다.

3. 판례(당초부터 유리하게 변경된 원처분)

판례는 일부인용의 처분명령재결에 따라 당초처분을 영업자에게 유리하게 변경하는 처분을 한 경우, 그 취소소송의 대상은 변경된 내용의 당초처분이라고 판시한 바 있다(대판 2007.4.27. 2004두9302).

4. 검토

판례의 태도에 따라 당초부터 유리하게 변경되어 존속하는 감경된 처분을 대상으로 소송을 제기하여야 할 것이다.

Ⅲ 사안의 경우

사안에서는 업무정지처분이 6개월의 영업정지처분에 갈음하는 과징금 부과처분으로 변경되었다. 이는 제재적 처분의 강도가 감경된 것이므로 당초부터 유리하게 변경된 6개월의 영업정지처분에 갈음하는 과징금 부과처분이 취소소송의 대상이 된다.

⊕ (설문 2)의 해결

Ⅰ 문제의 소재

행정심판의 재결을 거쳐 취소소송을 제기하는 경우에 제소기간의 계산이 당초 처분시부터인지 변경된 처분시부터인지 문제될 수 있다.

Ⅱ 제소기간의 기산점

1. 제소기간 의의 및 취지(행정소송법 제20조)

제소기간이란 소송을 제기할 수 있는 시간적 간격을 의미하며 제소기간 경과 시 "불가쟁력"으로 소를 제기할 수 없다.
취소소송은 처분이 있은 날로부터 1년, 안 날로부터 90일을 규정하고 있다. 이는 행정의 안정성과 국민의 권리구제를 조화하는 입법정책과 관련된 문제이다.

2. 행정심판을 거친 경우의 제소기간

행정심판을 거쳐 취소소송을 제기하는 경우 취소소송은 재결서의 정본을 송달받은 날부터 90일 이내에 제기하여야 한다(행정소송법 제20조 제1항). 이는 불변기간이다.

3. 관련판례의 태도

'행정청이 식품위생법령에 따라 영업자에게 행정제재처분을 한 후 그 처분을 영업자에게 유리하게 변경하는 처분을 한 경우에는 제소기간의 준수 여부도 변경처분이 아닌 변경된 내용의 당초처분을 기준으로 판단하여야 한다.'고 판시한 바 있다.

4. 사안의 경우

갑은 업무정지 6개월의 처분을 받은 2008년 4월 8일자로부터 90일 이내에 소송을 제기하여야 하나, 행정심판을 제기한 경우에 해당되기 때문에 재결서를 송달받은 날인 2008년 7월 30일부터 90일 이내에 취소소송을 제기하여야 할 것이다.

(갑은 당초부터 유리하게 변경된 6개월의 영업정지처분에 갈음하는 과징금 부과처분을 대상으로 행정심판에 대한 재결서를 송달받은 날인 2008년 7월 30일부터 90일 이내에 취소소송을 제기하여야 한다.)

🔴 사례 15

다음 설문 각각의 경우에 대해 행정소송법 제19조의 해석에 기초하여 기술하시오. 30점

(1) A구청장은 해당 구내의 주거지역에 사업시행자 갑이 연탄공장설립을 신청하자 이에 대해 허가하여 주었다. 이 연탄공장설립허가에 대해 해당 지역 이웃주민들이 A구청장에게 몰려가 강하게 항의하였으나, 개선되지 않자 연탄공장에 인접한 주민 을은 정식으로 연탄공장 설립허가를 취소할 것을 구하는 행정심판을 제기하여 인용재결을 받았다. 그러자 이번에는 사업시행자 갑이 '을이 받은 인용재결'에 불복하여 행정쟁송을 제기하려고 한다. 이 경우 행정소송의 대상은 무엇인가?

(2) "공익사업을 위한 토지 등의 취득 및 보상에 관한 법률"(이하 '토지보상법'이라고 함) 제85조 제1항 전문은 [사업시행자·토지소유자 또는 관계인이 중앙토지수용위원회 혹은 지방토지수용위원회의 수용재결에 대하여 불복이 있는 때에는 재결서를 받은 날부터 90일 이내에, 이의신청을 거친 때에는 이의신청에 대한 재결서를 받은 날부터 60일 이내에 각각 행정소송을 제기할 수 있음]을 규정하고 있다. 이 규정에 따라 갑 소유의 토지가 A광역시가 추진하는 시민운동장 건축을 위한 부지로 되어 갑이 중앙토지수용위원회의 수용재결을 거쳤으나, 갑이 이에 불복하여 다시 중앙토지수용위원회에 이의신청을 하여 동 위원회의 이의재결을 받았다. 하지만 갑은 이 이의재결에도 불복하여 행정소송을 제기하려고 한다. 이 경우 갑은 무엇을 대상으로 행정소송을 제기하여야 하는가?

Ⅰ 쟁점의 정리

설문 (1)과 (2)에서 행정소송의 대상이 무엇이 되어야 하는지 문제된다. 구체적으로 설문 (1)과 관련하여서는 제3자효 행정행위의 경우 인용재결이 항고소송의 대상이 되는지 여부가 문제되고, 설문 (2)와 관련하여서는 토지보상법상 수용재결과 이의재결이 모두 있는 경우 항고소송의 대상이 무엇이 되는지 여부의 문제이다. 따라서 현행법(행정소송법 제19조)의 태도가 원처분주의인지 여부를 토대로, 각 설문의 항고소송 대상에 대해 검토한다.

Ⅱ 원처분주의와 재결주의

1. 원처분주의와 재결주의의 의의

"원처분주의"란 원처분의 위법은 원처분에 대한 항고소송에서만 주장할 수 있고, 재결에 대한 항고소송에서는 재결 자체의 고유한 하자에 대해서만 주장할 수 있는 제도를 말한다. "재결주의"는 재결이 있는 경우에 원처분에 대해서는 제소가 불가능하고 재결에 대해서만 행정소송의 대상이 되며, 다만 원처분의 위법사유도 아울러 주장할 수 있다는 원칙을 의미한다.

2. 현행법의 태도

원처분주의와 재결주의 중 어느 것을 택할 것인지는 입법정책의 문제이나, 법치행정의 원칙의 실효성 확보와 행정소송의 행정통제적 기능에 비추어 원처분주의가 타당하다고 본다. 현행 행정소송법 제19조도 "취소소송의 대상은 처분 등을 대상으로 한다. 다만, 재결취소소송의 경우에는 재결 자체에 고유한 위법이 있음을 이유로 하는 경우에 한한다."라고 규정하여 원처분주의를 채택하고 있다.

Ⅲ 제3자효 행정행위의 인용재결과 재결 자체의 고유한 위법

1. 문제점

연탄공장설립허가로 그동안 이익을 누리던 갑이 인용재결로 인해 비로소 불이익한 효과를 받게 되므로, 갑은 인용재결 자체를 다툴 수밖에 없다. 그런데 문제는 그 법적 성질이 "재결 자체의 고유한 위법"(행정소송법 제19조 단서)을 다투는 것으로 볼 수 있는지 여부가 쟁점이다.

2. 인용재결이 소의 대상이 되는지 여부

(1) 학설의 대립

① 이 경우를 재결 자체에 고유한 위법이 있는 경우로 보아 행정소송법 제19조 단서에 의해 재결이 소의 대상이 되는 것이라고 보는 견해가 있는 반면, ② 해당 인용재결은 제3자와의 관계에서는 별도의 처분이 되는 것이므로 이 경우는 행정소송법 제19조 본문에 의해 처분이 소의 대상이 되는 것이라고 보는 견해가 있다.

(2) 판례의 태도

판례는 "인용재결은 원처분과 내용을 달리하는 것이므로 그 인용재결의 취소를 구하는 것은 원처분에는 없는 재결에 고유한 하자를 주장하는 셈이어서 당연히 항고소송의 대상이 된다(대판 1997.12.23, 96누10911)."라고 판시하여 재결의 고유한 하자로 본다.

(3) 검토

인용재결이란 처분청의 취소절차를 거칠 필요가 없이 취소되는 형성재결이나 인용재결의 취소를 구하는 것은 원처분에 없는 재결 고유의 하자를 주장하는 것이므로 행정소송법 제19조 단서에 의한 재결취소소송을 구하는 것이 타당하다.

3. 사안의 경우

사안의 경우 을이 제기한 취소심판에서 인용재결(처분취소재결)이 있으면 재결 그 자체에 의해 처분이 취소되는 효과를 가져오며, 이는 재결 고유의 하자의 내용을 구성하는 것이므로 갑은 인용재결을 대상으로 취소소송을 제기하여야 한다.

Ⅳ 토지보상법상 재결과 항고소송의 대상

1. 문제점

사안에서 토지보상법에 따른 협의가 이루어지지 않아 중앙토지수용위원회의 수용재결이 있는 경우 사업시행자는 보상금을 지급할 것을 조건으로 토지 등에 대한 권리를 취득하게 되므로(토지보상법 제40조, 제42조 등 참조) 수용재결이 원처분이 된다. 그러나 갑이 이에 대해 이의신청을 하여 이의 재결이 있었으나 이에 대해 불복하려는 경우 수용재결과 이의재결 중 무엇이 항고소송의 대상이 되는지 문제된다.

2. 이의재결이 항고소송의 대상이 되는지 여부

(1) 판례의 태도

판례는 (구)토지수용법하에서는 재결주의를 취하고 있었으나, 현행 토지보상법하에서 판례는 "이의신청을 거친 경우에도 수용재결을 한 토지수용위원회를 피고로 하여 수용재결의 취소를 구하여야 하고, 이의신청에 대한 재결 자체에 고유한 위법이 있음을 이유로 하는 경우에는 그 이의재결을 한 중앙토지수용위원회를 피고로 하여 이의재결의 취소를 구할 수 있다고 보아야 한다(대판 2010.1.28, 2008두1504)."라고 판시하여 원처분주의의 입장을 취하고 있다.

(2) 학설의 대립

학설은 (구)토지수용법상 판례에 동조하는 소수설도 있었으나, 다수설은 토지수용소송에서 현행 토지보상법 제85조 제1항 전문이 재결소송을 규정하고 있는 것은 아니므로 원처분주의의 예외를 인정할 특별한 필요가 없다는 점과 재결주의로 해석하는 것이 당사자에게 불리하다는 점 등을 논거로 (구)토지수용법하의 판례를 비판하였다.

(3) 검토

이의재결이 항고소송의 대상이 되는지 여부는 현행법의 태도에 따라 결정하여야 하며 현행 토지보상법하에서는 이의신청 없이도 항고소송을 제기할 수 있도록 규정되어 있다(제85조 제1항). 또한 재결주의는 예외적인 것이므로 제한적으로 새겨야 한다는 점 등을 고려할 때 중앙토지수용위원회의 이의재결에 대해 불복하는 경우에도 원처분주의가 적용된다고 볼 것이다. 물론 이의재결에 고유한 하자가 있다면 행정소송법 제19조 단서에 따라 이의재결을 다툴 수도 있다. 따라서 다수설과 판례의 태도가 타당하다고 본다.

3. 사안의 경우

사안에서도 원처분주의가 적용되므로 중앙토지수용위원회의 수용재결이 원처분으로서 항고소송의 대상이 된다. 그러나 갑은 이의재결을 받았으므로 이의재결에 고유한 하자가 있는 경우라면 이에 대해 항고소송을 제기할 수도 있을 것이다.

Ⅴ 사안의 해결

1. 설문 (1)에서 갑은 을이 받은 인용재결에 대해 항고소송을 제기할 수 있다. 그 법리구성은 행정소송법 제19조 단서에 의한 인용재결 자체의 고유한 하자로 인한 것으로 볼 것이므로 이에 기초하여 항고소송을 제기할 수 있다고 보는 것이 올바른 해석이라고 본다.

2. 설문 (2)에서 갑은 중앙토지수용위원회의 수용재결(원처분)에 대해서 항고소송을 제기할 수 있다. 이는 현행 토지보상법상 이의신청 절차가 임의적 절차로 규정되어 재결주의의 여지를 삭제하였기 때문으로, 갑은 이의재결이 아닌 원처분인 수용재결을 대상으로 항고소송을 제기하여야 함이 원칙이다. 다만 이의재결에 고유한 하자가 있는 경우에는 행정소송법 제19조 단서에 의하여 이의재결 자체를 대상으로 한 항고소송의 제기도 가능하다.

| 06 | 변경처분 |

🔖 **사례 16**

감정평가업을 영위하던 갑은 자신의 친인척 소유의 토지를 평가한 사실이 적발되어 2020.2.15 국토교통부장관으로부터 업무정지 2개월의 처분을 통지받았다.

(1) 갑은 2020.4.25 위 업무정지처분에 대한 취소소송을 제기하여 인용판결을 받아 확정되었고 이에 갑은 위법한 업무정지처분으로 인한 재산적·정신적 손해에 대한 국가배상청구소송을 제기한다면 법원은 어떠한 판결을 하여야 하는가? 20점

(2) 만약 위 사례에서 업무정지 2개월의 처분에 대해 2020.2.20 국토교통부장관이 업무정지 1개월의 처분에 해당하는 과징금으로 변경하는 처분을 하였고 갑이 2020.2.23 이 처분의 통지를 받았다면, 갑이 이에 대해 취소소송을 제기할 경우 취소소송의 기산점과 그 대상을 설명하시오. 20점

(설문 1)의 해결

Ⅰ 쟁점의 정리

Ⅱ 기판력과 국가배상청구소송

  1. 기판력의 의의 및 취지

  2. 내용

  3. 효력범위

  4. 기판력과 국가배상소송

    (1) 학설

      1) 기판력 긍정설

      2) 기판력 부정설

      3) 기판력 제한적 긍정설

    (2) 검토(제한적 긍정설)

    (3) 관련문제(국가배상판결의 취소소송에 대한 기판력)

Ⅲ 사안의 해결

(설문 2)의 해결

Ⅰ 쟁점의 정리

Ⅱ 변경처분에서의 소의 대상과 기산점

  1. 변경처분을 한 경우 소송의 대상

    (1) 감액처분의 경우

    (2) 증액처분의 경우

    (3) 적극적 변경처분의 경우

      1) 학설

        ① 변경된 원처분이 소의 대상이 된다는 견해

        ② 새로운 처분이 소의 대상이 된다는 견해

      2) 판례

      3) 검토

  2. 제소기간

Ⅲ 사안의 해결

⊕ (설문 1)의 해결

① 쟁점의 정리

취소판결의 위법성에 대한 기판력이 국가배상소송에서 가해행위의 위법성 판단에 영향을 미치는지가 문제된다(과실책임의 경우에는 행정행위의 위법성이 선결문제가 되므로 취소소송의 판결의 기판력이 국가배상소송에 미치는지 여부가 문제된다). 양 소송에서의 위법성 개념이 동일한 것인지를 검토하여 설문을 해결한다.

② 기판력과 국가배상청구소송

1. 기판력의 의의 및 취지

기판력이란 ① 판결이 확정된 후(동일 사건이 소송상 문제가 되었을 때), ② 소송당사자는 전소에 반하는 주장을 할 수 없고, ③ 후소법원도 전소에 반하는 판결을 할 수 없는 효력이다. 이는 소송절차의 무용한 반복을 방지하고 법적 안정성을 도모함에 취지가 인정된다.

2. 내용

① 당사자는 동일 소송물을 대상으로 소를 제기할 수 없으며(반복금지효), ② 후소에서 당사자는 전소에 반하는 주장을 할 수 없고, 법원은 전소에 반하는 판결을 할 수 없다(모순금지효).

3. 효력범위

취소소송의 기판력은 당사자 및 이와 동일시할 수 있는 승계인과 보조참가자에게만 미치며 일반적으로 기판력은 판결의 주문에 포함된 것에 한하여 인정된다(민사소송법 제216조 제1항). 또한 기판력은 사실심 변론의 종결시를 기준으로 하여 발생한다.

4. 기판력과 국가배상소송

(1) 학설

1) 기판력 긍정설

취소소송에서의 위법과 국가배상소송에서의 위법이 동일한 개념이라고 보는 협의의 행위위법설에 의하면 취소판결 및 기각판결의 기판력은 국가배상소송에 미친다고 본다.

2) 기판력 부정설

국가배상청구소송의 위법을 취소소송의 위법과 다른 개념으로 보는 견해(상대적 위법성설 또는 결과위법설)에 의하면 취소판결의 기판력은 국가배상청구소송에 미치지 않는다고 본다.

3) 기판력 제한적 긍정설

국가배상청구소송의 위법개념을 취소소송의 위법개념보다 넓은 개념(광의의 행위위법설)으로 본다면 인용판결의 기판력은 국가배상소송에 미치지만, 기각판결의 기판력은 국가배상소송에 미치지 않는다고 본다.

(2) 검토(제한적 긍정설)

국가배상소송에서 취소된 처분 자체가 가해행위가 되는 취소소송의 인용판결의 기판력은 국가배상소송에 미친다고 보나, 취소된 처분 자체가 가해행위가 아니라 처분에 수반되는 손해방지의무 위반이 손해의 원인이 되는 경우에는 위법의 대상이 다르므로 처분의 취소판결의 기판력은 처분에 수반되는 손해방지의무위반으로 인한 손해에 대한 국가배상청구소송에 미치지 않는다고 보아야 할 것이다.

(3) 관련문제(국가배상판결의 취소소송에 대한 기판력)

국가배상소송의 처분의 위법 또는 적법의 판단은 취소소송에 기판력을 미치지 아니한다. 국가배상소송에서의 위법 또는 적법은 기판력이 미치는 소송물이 아니기 때문이다.

Ⅲ 사안의 해결

행정소송과 국가배상청구소송은 동일한 행정작용에 대한 것으로서, 양 소송에서의 위법성 개념을 동일한 것으로 보아 통일적인 해결을 도모하되 국가배상청구소송에서는 손해방지의무 위반까지 위법성 사유로 포함하는 것이 타당하다. 따라서 법원은 전소의 판결에 반하는 판결을 할 수 없으므로 인용판결을 하여야 할 것이다.

⊕ (설문 2)의 해결

Ⅰ 쟁점의 정리

국토교통부장관이 당초 업무정지 2개월의 처분을 업무정지 1개월의 처분에 해당하는 과징금으로 변경하는 처분을 한 경우, 이러한 변경처분이 당초처분을 대체하는 새로운 처분인지가 문제된다. 만약 당초처분을 변경하는 새로운 처분이라면 변경처분을 대상으로 소를 제기해야 할 것인바, 이를 검토하여 사안을 해결한다.

Ⅱ 변경처분에서의 소의 대상과 기산점

1. 변경처분을 한 경우 소송의 대상

(1) 감액처분의 경우

판례는 행정청이 금전부과처분을 한 후 감액처분을 한 경우에는 감액처분은 일부취소처분의 성질을 가지므로 감액처분이 항고소송의 대상이 되는 것이 아니며 처음의 부과처분 중 감액처분에 의하여 취소되지 않고 남은 부분이 항고소송의 대상이 된다고 한다(대판 2008.2.15, 2006두3957).

(2) 증액처분의 경우

판례는 증액경정처분에 대하여 증액처분의 경우에는 당초의 처분은 증액처분에 흡수되어 소멸되므로(흡수설) 증액처분이 항고소송의 대상이 된다고 한다(대판 2011.4.14, 2008두22280, 대판 2010.6.24, 2007두16493).

(3) 적극적 변경처분의 경우

1) 학설

① 변경된 원처분이 소의 대상이 된다는 견해

적극적 변경도 실질적으로 일부취소로 보고 후속 변경처분에 의해 당초부터 유리하게 변경되어 존속하는 감경된 처분을 대상으로 취소소송을 제기하여야 한다는 견해이다.

② 새로운 처분이 소의 대상이 된다는 견해

직권에 의한 적극적 변경은 당초처분을 대체하는 새로운 처분으로 보고(특히 재량행위의 경우 처분청은 새로이 재량권을 행사하고 있다), 적극적 변경처분을 대상으로 취소소송을 제기하는 것이 타당하다는 견해이다.

2) 판례

판례는 "당초 관리처분계획의 경미한 사항을 변경하는 경우와는 달리 당초 관리처분계획의 주요 부분을 실질적으로 변경하는 내용으로 새로운 관리처분계획을 수립하여 시장, 군수의 인가를 받아 고시된 경우에는 당초 관리처분계획은 그 효력을 상실한다고 할 것"이라고 판시하여, 적극적 변경처분의 경우 당초처분은 효력을 상실하므로 변경처분을 대상으로 항고소송을 제기하여야 하는 것으로 본다(대판 2012.3.29, 2010두7765).

판례는 변경처분을 특정하여 변경처분명령재결(2개월의 영업정지처분에 갈음하는 과징금 부과처분을 하라는 재결)을 하였고, 처분청이 이 재결에 따라 당초처분(3개월의 영업정지처분)을 변경하는 변경처분(2개월의 영업정지처분에 갈음하는 과징금 부과처분)을 한 경우에 변경처분을 새로운 처분으로 보지 않고, 변경되고 남은 당초처분(과징금 부과처분)을 대상으로 취소소송을 제기해야 하는 것으로 보는데(대판 2007.4.27, 2004두9302), 변경명령재결에 따른 처분청의 변경은 재결의 기속력에 따른 처분으로서 처분청의 직권에 의한 변경처분과 구별하여야 한다. 판례는 취소소송제기기간은 변경처분 명령재결서의 정본을 송달받은 날로부터 90일 이내로 보고 있다.

3) 검토

변경처분이 당초처분을 취소하고 행해지는 새로운 처분이면 변경처분을 대상으로 항고소송을 제기하여야 하고, 변경처분이 당초처분의 효력 중 일부만을 취소하는 데 그치며 새로운 처분이 아닌 경우에는 당초처분을 대상으로 항고소송을 제기하여야 할 것이다.

2. 제소기간

제소기간이란 소송을 제기할 수 있는 시간적 간격을 의미하며 제소기간 경과 시 "불가쟁력"이 발생하여 소를 제기할 수 없다. 행정소송법 제20조에서는 처분이 있은 날로부터 1년, 안 날로부터 90일 이내에 소송을 제기해야 한다고 규정하고 있다. 제소기간은 행정의 안정성과 국민의 권리구제를 조화하는 입법정책과 관련된 문제이다(초일불산입).

Ⅲ 사안의 해결

국토교통부장관의 변경처분은 내용적으로 당초처분(업무정지 2개월의 처분)을 대체하는 새로운 처분으로 보아야 할 것이므로 변경처분의 통지를 받은 2020.2.23(초일불산입)부터 90일 내에 과징금처분을 대상으로 소를 제기하면 될 것이다. 다만, 당초부터 유리하게 변경되어 존속하는 감경되고 남은 원처분이 소의 대상이 된다는 견해에 따르면 당초처분의 통지일인 2020.2.15(초일불산입)부터 90일 이내에 소를 제기하면 될 것이다.

CHAPTER 03 대상적격

07 부작위위법확인소송에서의 대상적격

사례 17

대전지방국토관리청은 아산 – 천안 간 도로건설 사업의 시행자이고, 갑 소유의 아산시 ○○면 ○○리의 토지가 위 사업의 사업구역에 편입되었다. 대전지방국토관리청은 사업인정이 고시된 이후 손실보상협의업무를 한국부동산원에 위탁하여 그로 하여금 원고들과의 손실보상협의를 진행하도록 하였는데, 한국부동산원 측이 토지에 대해서만 손실보상을 진행하고 토지상의 지장물에 대해서는 불법건축물임을 이유로 보상대상에서 제외하였다. 이에 갑은 해당 지장물도 보상대상에 해당하므로 이에 대한 재결을 신청해줄 것을 청구하였으나, 한국부동산원은 상당기간이 지나도록 아무런 행위를 하고 있지 않다(불법건축물에 대한 협의 절차는 없었으며, 도로구역 결정고시일 이전에 건축되었음). 갑은 한국부동산원의 무응답에 대하여 권리구제수단을 강구하고자 한다. 어떠한 소송을 제기할 수 있는가? [30점]

Ⅰ 쟁점의 정리

Ⅱ 부작위위법확인소송의 제기 가능성
  1. 의의 및 소송의 성질
  2. 부작위의 성립요건
    (1) 부작위의 의의
    (2) 부작위의 성립요건
  3. 재결신청의 의무발생 여부
    (1) 문제점(재결신청청구의 요건)
    (2) '협의가 성립되지 아니한 때'의 의미
      1) 토지보상법상 보상금액 결정절차
      2) 판례의 태도
      3) 검토
  4. 사안의 경우

Ⅲ 의무이행소송의 제기 가능성
  1. 문제점
  2. 의의
  3. 인정 여부
    (1) 학설
      1) 부정설
      2) 긍정설
      3) 제한적 긍정설
    (2) 판례
    (3) 검토
  4. 사안의 경우

Ⅳ 사안의 해결

① 쟁점의 정리

판례는 사업인정 고시일 이전에 건축된 건축물이라면, 불법건축물이라도 보상대상에 해당된다고 판시한 바 있다. 따라서 갑의 불법건축물도 보상의 대상에 해당하나 사업시행자가 임의로 보상대상이 아니라고 하여 갑의 재결신청청구에 대하여 아무런 조치를 취하고 있지 않는 경우, 부작위위법확인소송 및 의무이행소송을 제기할 수 있는지가 문제된다.

② 부작위위법확인소송의 제기 가능성(한국부동산원의 무응답이 부작위인지 여부)

1. 의의 및 소송의 성질

부작위위법확인소송이라 함은 행정청의 부작위가 위법하다는 것을 확인하는 소송을 말한다. 행정소송법은 부작위위법확인소송을 항고소송의 하나로 규정하고 있지만 그 실질은 확인소송이라고 보아야 할 것이다.

2. 부작위의 성립요건

(1) 부작위의 의의(행정소송법 제2조 제1항 제2호)

부작위라 함은 행정청이 당사자의 신청에 대하여 상당한 기간 내에 일정한 처분을 하여야 할 법률상 의무가 있음에도 불구하고 이를 하지 아니하는 것을 말한다.

(2) 부작위의 성립요건

당사자의 처분의 신청이 있어야 하며, 판례는 부작위가 성립하기 위해서는 처분의무에 대응하는 절차적 권리인 법규상 또는 조리상 신청권이 있어야 한다고 한다. 또한 상당기간 내에 신청에 대한 처분이 행해지지 않았어야 한다. 신청에 대해 거부처분을 한 것도 응답의무를 이행한 것이 되며 행정청의 부작위는 성립하지 않는다. 설문에서는 사업시행자에게 재결신청의무가 발생하는지가 문제된다.

3. 재결신청의 의무발생 여부

(1) 문제점(재결신청청구의 요건)

토지보상법 제30조에서는 협의가 성립되지 않은 경우, 사업시행자는 피수용자의 재결신청청구를 받은 날로부터 60일 이내에 재결을 신청하도록 의무를 부여하고 있다. 따라서 재결신청의무가 발생하기 위해서는 협의가 성립되지 않아야 하는데, 사안에서는 보상대상에 해당하지 않는다고 하여 협의 절차 자체를 진행하지 않았다. 이러한 경우도 협의가 불성립한 경우로 판단할 수 있는지가 문제된다.

(2) '협의가 성립되지 아니한 때'의 의미

1) 토지보상법상 보상금액 결정절차

토지보상법 제28조(재결의 신청), 제30조(재결 신청의 청구), 제83조(이의의 신청) 내지 제85조(행정소송의 제기)의 규정의 취지에 의하면 토지소유자 등은 재결을 거치지 않고서는 직접 당사자소송의 방법으로 사업시행자에게 보상금의 지급을 청구할 수 없다.

2) 판례의 태도

판례는 협의절차를 거쳤으나 협의가 성립하지 아니한 경우는 물론, 사업시행자가 보상대상이 아니라고 판단하여 협의를 거치지 않아 결국 협의가 성립하지 않은 경우도 포함된다고 한다(대판 2011.7.14, 2011두2309).

3) 검토

현행 토지보상법 규정상 토지소유자 등에게 재결신청권이 인정되지 않음으로써 결국 토지소유자 등은 당사자소송의 방법으로 사업시행자에게 보상금의 지급을 청구할 수 없는 결과에 이르게 되는바, 사업시행자는 토지소유자 등과 사이에 손실보상대상에 해당하는지 여부에 관하여 다툼이 있어 손실보상대상에서 제외한 경우에도 토지소유자 등이 재결신청청구를 할 경우에는 관할 토지수용위원회에 재결신청을 하여 그 재결 결과에 따라 보상여부에 관한 업무를 처리하여야 할 것이다. 따라서 토지보상법 제 규정 및 판례의 태도에 비추어 볼 때, 사업시행자가 보상대상이 아니라고 하여 협의 절차를 진행하지 아니한 경우도 협의가 성립하지 않은 것으로 볼 수 있으므로 사업시행자에게는 재결신청의무가 발생한다고 볼 수 있다.

4. 사안의 경우(부작위위법확인소송의 가능성)

설문상 상당기간이 경과하도록 사업시행자는 갑의 재결신청에 대하여 아무런 응답을 하지 않고 있으며, 부작위는 특정시점에 성립하여 종결되는 것이 아니라 계속되는 것이므로 원칙상 제소기간에 대한 제한을 받지 않는다고 보는 것이 타당하므로 상당기간이 경과한 현 시점에서 부작위위법확인소송을 제기할 수 있을 것이다.

Ⅲ 의무이행소송의 제기 가능성

1. 문제점

소송 당사자의 입장에서는 부작위위법확인소송에서 인용판결을 받는다 하더라도 행정청이 당사자의 신청에 따른 응답을 이행하지 않거나 거부하는 경우에는 간접강제 및 거부처분 취소소송을 다시금 제기해야 하는 불편이 발생할 수 있다. 따라서 실효적인 구제수단으로서 의무이행소송을 인정할 수 있는지가 문제된다.

2. 의의

의무이행소송이란 행정청의 거부처분 또는 부작위에 대하여 법상의 작위의무의 이행을 청구하는 소송을 말한다.

3. 인정 여부

(1) 학설

1) 부정설

부정설은 법원이 행정청에 대하여 어떠한 처분을 명하는 것은 행정청의 제1차적 판단권을 침해하는 것이 되며(특히 의무이행소송에서 판결은 판결시의 법적·사실적 상태를 기준으로 한다는 점에서 더욱 그러함), 또한 행정소송법 제4조의 유형에 관한 규정은 제한적으로 이해하여야 한다고 한다.

2) 긍정설

긍정설은 상기 규정을 예시적 규정으로 보고, 구체적인 법적 분쟁에서 다투어지고 있는 행정청의 위법한 거부처분 또는 부작위에 대해 적극적인 이행판결을 인정하는 것은 사법에 속하며 권력분립의 원칙에 반하지 않는다고 한다.

3) 제한적 긍정설

제한적 긍정설은 처분이 일의적이어서 행정청의 판단권을 침해할 우려가 없고, 미리 구제하지 않으면 회복할 수 없는 손해가 발생할 우려가 있고, 다른 구제수단이 없는 경우에 예외적으로 인정된다고 본다. 즉, 항고소송이 실효적인 권리구제가 될 수 없는 때에만 긍정한다.

(2) 판례

'검사에게 압수물 환부를 이행하라는 청구는 행정청의 부작위에 대하여 일정한 처분을 하도록 하는 의무이행소송으로 현행 행정소송법상 허용되지 아니한다.'고 한다.

(3) 검토

현행법상 거부처분취소소송 및 부작위확인소송은 의무이행소송을 인정하지 않는 입법의 취지로 해석할 수 있으나 입법론으로 이를 도입하여 효율적인 권리구제를 도모함이 바람직하다고 판단한다. 개정안에서는 의무이행소송과 임시적 지위를 구하는 가처분을 인정하고 있다.

4. 사안의 경우

의무이행소송의 도입 필요성은 인정되나, 판례의 태도 및 입법취지상 명문의 규정 없이는 의무이행소송을 제기할 수 없을 것으로 판단된다.

Ⅳ 사안의 해결

재결이란 사업인정으로 부여된 수용권의 내용을 확정(수용의 시기 및 보상금액의 결정 등)하고 절차를 종결시키는 형성행위이며, 토지보상법상 사업시행자의 신청을 전제로 한다. 따라서 사업시행자가 보상 대상이 아니라고 하여 토지소유자의 재결신청에 대하여 아무런 응답을 하고 있지 않은 경우라면 토지소유자의 입장에서는 현행 행정소송법에 근거하여 부작위위법확인소송을 제기할 수 있을 것이다.

⤷ 재결신청거부 및 부작위의 위법 확인에 대한 판례
(재결신청청구거부의 처분성 유무 및 재결신청청구에 대한 부작위 위법 확인)

1. 1심 : 대전지방법원 2010.9.1, 2010구합568 판결 [보상제외처분취소 등]

[주문]

1. 피고가 2010.1.6. 원고들에 대하여 한 원고들 소유의 별지 목록 물건평가조서상 일련번호 7 내지 10 기재 지장물에 관한 재결신청거부처분을 취소한다.
2. 피고가 원고 1 소유의 별지 목록 물건평가조서상 일련번호 17 내지 19 기재 지장물에 대하여 중앙토지수용위원회에 재결신청을 하지 않은 것은 위법임을 확인한다.

2. 2심 : 대전고등법원 2010.12.23, 2010누2096 판결 [보상제외처분취소 등]

[주문]

1. 피고의 항소를 기각한다.

3. 3심 : 대판 2011.7.14, 2011두2309 판결 [보상제외처분취소 등]

[판시사항]

[1] 공익사업을 위한 토지 등의 취득 및 보상에 관한 법률 제30조 제1항에서 정한 '협의가 성립되지 아니한 때'에, 토지소유자 등이 손실보상대상에 해당한다고 주장하며 보상을 요구하는데도 사업시행자가 손실보상대상에 해당하지 않는다며 보상대상에서 이를 제외한 채 협의를 하지 않아 결국 협의가 성립하지 않은 경우도 포함되는지 여부(적극)

[2] 도로건설 사업구역에 포함된 토지의 소유자가 토지상의 지장물에 대하여 재결신청을 청구하였으나, 그 중 일부에 대해서는 사업시행자가 손실보상대상에 해당하지 않아 재결신청대상이 아니라는 이유로 수용재결 신청을 거부하면서 보상협의를 하지 않은 사안에서, 위 처분이 위법하다고 본 원심판단을 수긍한 사례

[판결요지]

[1] 공익사업을 위한 토지 등의 취득 및 보상에 관한 법률(이하 '공익사업법'이라 한다) 제30조 제1항은 재결신청을 청구할 수 있는 경우를 사업시행자와 토지소유자 및 관계인 사이에 '협의가 성립하지 아니한 때'로 정하고 있을 뿐 손실보상대상에 관한 이견으로 협의가 성립하지 아니한 경우를 제외하는 등 그 사유를 제한하고 있지 않은 점, 위 조항이 토지소유자 등에게 재결신청 청구권을 부여한 취지는 공익사업에 필요한 토지 등을 수용에 의하여 취득하거나 사용할 때

손실보상에 관한 법률관계를 조속히 확정함으로써 공익사업을 효율적으로 수행하고 토지소유자 등의 재산권을 적정하게 보호하기 위한 것인데, 손실보상대상에 관한 이견으로 손실보상협의가 성립하지 아니한 경우에도 재결을 통해 손실보상에 관한 법률관계를 조속히 확정할 필요가 있는 점 등에 비추어 볼 때, '협의가 성립되지 아니한 때'에는 사업시행자가 토지소유자 등과 공익사업법 제26조에서 정한 협의절차를 거쳤으나 보상액 등에 관하여 협의가 성립하지 아니한 경우는 물론 토지소유자 등이 손실보상대상에 해당한다고 주장하며 보상을 요구하는데도 사업시행자가 손실보상대상에 해당하지 아니한다며 보상대상에서 이를 제외한 채 협의를 하지 않아 결국 협의가 성립하지 않은 경우도 포함된다고 보아야 한다.

[2] 아산~천안 간 도로건설 사업구역에 포함된 토지의 소유자가 토지상의 지장물에 대하여 재결신청을 청구하였으나, 그 중 일부에 대해서는 사업시행자가 손실보상대상에 해당하지 않아 재결신청대상이 아니라는 이유로 수용재결 신청을 거부하면서 보상협의를 하지 않은 사안에서, 사업시행자가 수용재결 신청을 거부하거나 보상협의를 하지 않으면서도 아무런 조치를 취하지 않은 것은 공익사업을 위한 토지 등의 취득 및 보상에 관한 법률에서 정한 재결신청청구제도의 취지에 반하여 위법하다고 본 원심판단을 수긍한 사례

사례 18

A시 시장인 乙은 사업시행자 甲이 A시에서 진행하고 있는 공사가 관련 법령을 위반하였다는 이유로 해당 공사를 중지하는 명령을 하였다. 甲은 그 명령 이후에 그 원인사유가 소멸하였음을 들어 乙에 대하여 공사중지명령의 철회를 신청하였다. 그러나 乙은 그 원인사유가 소멸되지 않았다고 판단하여 甲의 신청에 대하여 아무런 응답을 하지 않고 있다. 乙의 행위가 위법한 부작위에 해당하는지에 대하여 설명하시오. 20점

```
Ⅰ 쟁점의 정리                              2) 판례
Ⅱ 乙의 행위가 위법한 부작위에 해당하는지       3) 검토
  1. 부작위의 개념                       (3) 상당한 기간이 경과할 것
  2. 아무런 처분을 하지 않은 것이 부작위에 해당   (4) 행정청이 아무런 처분을 하고 있지 않을 것
     하기 위한 요건                      3. 사안의 경우
     (1) 당사자의 신청이 있을 것            (1) 관련판례의 태도
     (2) 신청권의 존부                    (2) 사안의 경우
        1) 학설
           가. 신청권필요설
           나. 신청권불필요설
```

Ⅰ 쟁점의 정리

A시 시장인 乙의 공사중지명령에 대한 원인사유가 소멸하였음을 이유로 甲이 乙에게 공사중지명령의 철회를 신청하였으나 乙은 그 원인사유가 소멸되지 않았다고 판단하여 甲의 신청에 대하여 아무런 응답을 하지 않고 있다. 乙의 행위가 위법한 부작위에 해당하는지 검토한다.

Ⅱ 乙의 행위가 위법한 부작위에 해당하는지

1. 부작위의 개념

부작위위법확인소송의 대상은 부작위이다. 부작위위법확인소송에서의 '부작위'라 함은 행정청이 당사자의 신청에 대하여 상당한 기간 내에 일정한 처분을 하여야 할 법률상 의무가 있음에도 불구하고 이를 하지 아니하는 것을 말한다(행정소송법 제2조 제1항 제2호). 즉, 행정청의 모든 부작위가 모두 부작위위법확인소송의 대상이 되는 것이 아니며 일정한 요건을 갖추어야 한다.

2. 아무런 처분을 하지 않은 것이 부작위에 해당하기 위한 요건

(1) 당사자의 신청이 있을 것

신청의 내용은 처분일 것을 요하나, 부적법한 사항은 그에 상응하는 응답을 하면 되므로 신청의 적법은 불문한다.

(2) 신청권의 존부

1) 학설

가. 신청권필요설

행정소송법 제2조 제1항 제2호가 부작위의 성립요건으로 '일정한 처분을 하여야 할 법률상 의무가 있을 것'을 요구하고 있고, 이 처분의무에 대응하는 것이 신청권이다. 부작위의 요소인 처분의무는 응답의무이며 신청에 따라 특정한 내용의 처분을 할 의무가 아니다. 신청권은 실정법규에 의해 인정되거나 조리상 인정될 수 있다고 본다.

나. 신청권불필요설

신청권을 요구하는 명문의 규정이 없음에도 신청권의 존부를 부작위의 개념요소로 보는 것은 부작위의 개념을 해석상 제한하는 것으로서 사인의 권리보호의 확대의 이념에 반하는 것이라고 본다.

2) 판례

부작위위법확인의 소는 행정청이 당사자의 법규상 또는 조리상의 권리에 기한 신청에 대하여 상당한 기간 내에 신청을 인용하는 적극적 처분 또는 각하하거나 기각하는 등의 소극적 처분을 하여야 할 법률상 응답의무가 있음에도 불구하고 이를 하지 아니하는 경우 그 부작위가 위법하다는 것을 확인함으로써 행정청의 응답을 신속하게 하여 부작위 또는 무응답이라고 하는 소극적 위법상태를 제거하는 것을 목적으로 하는 제도이고, 이러한 소송은 처분의 신청을 한 자로서 부작위가 위법하다는 확인을 구할 법률상의 이익이 있는 자만이 제기할 수 있는 것이므로, 당사자가 행정청에 대하여 어떠한 행정처분을 하여 줄 것을 요청할 수 있는 법규상 또는 조리상의 권리를 갖고 있지 아니하거나 부작위의 위법확인을 구할 법률상의 이익이 없는 경우에는 항고소송의 대상이 되는 위법한 부작위가 있다고 볼 수 없거나 원고적격이 없어 그 부작위위법확인의 소는 부적법하다(대판 2000.2.25, 99두11455).

3) 검토

행정소송법 제2조 제1항 제2호가 부작위의 성립요건으로 '일정한 처분을 하여야 할 법률상 의무가 있을 것'을 요구하고 있으므로 해석론으로는 신청권을 부작위의 성립요건으로 보는 것이 타당하다.

(3) 상당한 기간이 경과할 것

상당한 기간이라 함은 사회통념상 행정청이 해당 신청에 대한 처분을 하는 데 필요한 합리적인 기간을 말한다.

(4) 행정청이 아무런 처분을 하고 있지 않을 것

신청에 대하여 가부간에 처분이 행해지지 않았어야 한다. 신청에 대해 거부처분을 한 것도 응답의무를 이행한 것이 되며 행정청의 부작위는 성립하지 않는다.

3. 사안의 경우

(1) 관련판례의 태도

행정청이 행한 공사중지명령의 상대방은 그 명령 이후에 그 원인사유가 소멸하였음을 들어 행정청에게 공사중지명령의 철회를 요구할 수 있는 조리상의 신청권과 그에 대응하는 응답의무가 인정되고, 행정청이 상대방의 신청에 대하여 아무런 적극적 또는 소극적 처분을 하지 않고 있는 이상 행정청의 부작위는 그 자체로 위법하다고 할 것이고, 구체적으로 그 신청이 인용될 수 있는지 여부는 소극적 처분에 대한 항고소송의 본안에서 판단하여야 할 사항이라고 할 것이다(대판 2005.4.14, 2003두7590).

(2) 사안의 경우

판례의 태도에 비추어 갑에게 공사중지명령의 철회를 요구할 수 있는 조리상 신청권이 인정될 것이므로 갑의 철회요청에 대하여 아무런 응답을 취하지 않은 을의 행위는 위법한 부작위에 해당된다고 할 것이다.

사례 19

사업시행자 갑은 도시공원 내 체육시설인 골프연습장의 조성사업을 위하여 국토교통부장관에게 사업인정을 받았다. 갑은 국내에서 골프연습장을 전문적으로 조성하는 건설업체로써 골프연습장 건설에 필요한 장비와 기술력을 보유하고 있었다. 그런데 최근 건축경기의 침체로 인하여 갑 건설회사는 경영에 중대한 어려움을 겪게 되었고, 결국 파산의 위기에 도달하게 되었다. 또한 갑 건설회사의 건설장비 등 유·무형자산은 이미 경매절차에 의해 제3자에게 낙찰된 상태이다. 토지소유자는 '갑 건설회사는 현재, 골프연습장 등을 조성하는 데 필요한 장비들도 없고 중대한 경영상 어려움에 처해있는 등, 더 이상 골프연습장을 조성할 시행능력이 없다'고 판단하여 국토교통부장관에게 사업인정의 철회를 요청하였으나 국토교통부장관은 이에 대하여 아무런 응답을 하고 있지 않다. 국토교통부장관의 행위가 부작위에 해당하는지 여부와 부작위에 대한 행정쟁송수단에 대해서 설명하시오. [20점]

Ⅰ 쟁점의 정리

토지소유자는 사업시행자의 사업시행의 능력이 상실되었음을 이유로 국토교통부장관에게 철회를 요청하고 있는데 국토교통부장관은 토지소유자의 신청에 대하여 아무런 응답을 하고 있지 않다. 이러한 행위가 위법한 부작위에 해당하는지 검토한다.

Ⅱ 부작위의 성립요건

1. 부작위의 개념

부작위위법확인소송의 대상은 부작위이다. 부작위위법확인소송에서의 '부작위'라 함은 행정청이 당사자의 신청에 대하여 상당한 기간 내에 일정한 처분을 하여야 할 법률상 의무가 있음에도 불구하고 이를 하지 아니하는 것을 말한다(행정소송법 제2조 제1항 제2호). 즉, 행정청의 모든 부작위가 모두 부작위위법확인소송의 대상이 되는 것이 아니며 일정한 요건을 갖추어야 한다.

2. 아무런 처분을 하지 않은 것이 부작위에 해당하기 위한 요건

(1) 당사자의 신청이 있을 것

신청의 내용은 처분일 것을 요하나, 부적법한 사항은 그에 상응하는 응답을 하면 되므로 신청의 적법은 불문한다.

(2) 신청권의 존부

1) 학설

가. 신청권필요설

행정소송법 제2조 제1항 제2호가 부작위의 성립요건으로 '일정한 처분을 하여야 할 법률상 의무가 있을 것'을 요구하고 있고, 이 처분의무에 대응하는 것이 신청권이다. 부작위의 요소인 처분의무는 응답의무이며 신청에 따라 특정한 내용의 처분을 할 의무가 아니다. 신청권은 실정법규에 의해 인정되거나 조리상 인정될 수 있다고 본다.

나. 신청권불필요설

신청권을 요구하는 명문의 규정이 없음에도 신청권의 존부를 부작위 개념요소로 보는 것은 부작위의 개념을 해석상 제한하는 것으로서 사인의 권리보호의 확대의 이념에 반하는 것이라고 본다.

2) 판례

판례는 부작위가 성립하기 위하여는 법규상 또는 조리상의 신청권이 있어야 한다고 하며 신청권이 없는 경우 부작위가 있다고 할 수 없고 원고적격도 없다고 한다(대판 2000.2.25, 99두11455).

3) 검토

행정소송법 제2조 제1항 제2호가 부작위의 성립요건으로 '일정한 처분을 하여야 할 법률상 의무가 있을 것'을 요구하고 있으므로 해석론으로는 신청권을 부작위의 성립요건으로 보는 것이 타당하다.

(3) 상당한 기간이 경과할 것

상당한 기간이라 함은 사회통념상 행정청이 해당 신청에 대한 처분을 하는데 필요한 합리적인 기간을 말한다.

(4) 행정청이 아무런 처분을 하고 있지 않을 것

신청에 대하여 가부간에 처분이 행해지지 않았어야 한다. 신청에 대해 거부처분을 한 것도 응답의무를 이행한 것이 되며 행정청의 부작위는 성립하지 않는다.

Ⅲ 행정쟁송의 검토

1. 의무이행심판

의무이행심판이란 위법 또는 부당한 거부처분이나 부작위로 인하여 권익의 침해를 당한 자의 청구에 의하여 일정한 처분을 하도록 하는 심판을 말한다. 사업시행자 甲은 의무이행심판을 제기할 수 있다.

2. 부작위위법확인소송

부작위위법확인소송은 행정청이 당사자의 신청에 대하여 상당한 기간 내에 일정한 처분을 하여야 할 법률상 의무가 있음에도 불구하고 이를 하지 아니하는 경우 부작위의 위법성을 확인하는 소송이다. 제소기간의 제한은 있을 수 없고 행정심판은 취소소송과 마찬가지로 임의적 전치주의가 적용된다.

3. 의무이행소송의 제기가능성

의무이행소송이란 당사자의 행정행위 신청에 대하여 행정청이 거부·부작위로 대응하는 경우, 법원의 판결에 의하여 행정청으로 하여금 일정한 행위를 하도록 청구하는 소송을 말한다. 이는 행정청의 부작위에 대한 가장 강력한 수단이지만 현행법상 명문의 규정이 없어서 인정가능성이 문제된다. 부정설은 권력분립의 원칙에 반하고 행정소송법 제4조의 항고소송의 유형을 제한적 해석하여 인정될 수 없다고 보며, 긍정설은 당사자 권리보호 측면에서 권력분립의 원칙에 반하지 않으며 제4조의 유형을 예시적으로 이해하여 인정하고자 한다. 판례는 행정소송법 제4조를 제한적으로 해석하여 의무이행소송을 일관되게 인정하고 있지 않다. 생각건대 국민의 효율적 권리구제를 고려할 때 권력분립의 원칙에 모순된다고 볼 수는 없으나, 행정소송법 제4조는 제한적으로 이해되어야 할 것인바, 결국 의무이행소송은 그 필요성은 인정되지만, 법률의 개정을 통해서만 인정될 수 있을 것으로 판단된다.

Ⅳ 사안의 해결

1. 국토교통부장관의 행위가 부작위에 해당하는지 여부

(1) 관련판례의 검토

행정청이 행한 공사중지명령의 상대방은 그 명령 이후에 그 원인사유가 소멸하였음을 들어 행정청에게 공사중지명령의 철회를 요구할 수 있는 조리상의 신청권과 그에 대응하는 응답의무가 인정되고, 행정청이 상대방의 신청에 대하여 아무런 적극적 또는 소극적 처분을 하지 않고 있는이상 행정청의 부작위는 그 자체로 위법하다고 할 것이고, 구체적으로 그 신청이 인용될 수 있는지 여부는 소극적 처분에 대한 항고소송의 본안에서 판단하여야 할 사항이라고 할 것이다(대판 2005.4.14, 2003두7590).

(2) 사안의 경우

사업인정은 수용권을 설정함으로서 원활한 공익사업의 시행을 위한 수용의 시작절차이기에 사업시행의 의사와 능력은 사업의 완료일까지 유지되어야 할 것이다. 따라서 이러한 요건이 결여된 경우에는 공익사업을 통한 공익실현이 불가할 것이므로 토지소유자로서는 사업인정의 철회를 요청할 조리상 신청권이 인정된다고 볼 것이다. 따라서 토지소유자의 철회요청에 대하여 아무런 응답을 취하지 않은 행위는 위법한 부작위에 해당된다고 할 것이다.

2. 불복쟁송

토지소유자는 국토교통부장관의 부작위에 대해서 의무이행심판, 부작위위법확인소송을 제기할 수 있을 것이며, 무명항고소송으로 의무이행소송의 가능성이 문제되나 현행 행정소송법하에서는 법률의 개정을 통해서만이 인정될 수 있을 것이다.

08 │ 대상적격 사례연습

🔷 사례 20

관악구청장 갑은 을의 옥외 불법건축이 미풍양속을 해칠 우려가 있다고 판단하여 철거를 명하였으나, 을이 이를 불이행하자 행정대집행법에 따라 직접 철거하였다. 갑의 행위의 취소소송의 대상으로서 처분성을 논하시오. [20점]

Ⅰ 쟁점의 정리

Ⅱ 철거행위의 법적 성질
 1. 행정대집행법상 대집행
 2. 철거행위의 법적 성질
  (1) 권력적 사실행위의 의의
  (2) 사안의 경우

Ⅲ 철거행위가 행정소송법상 처분인지 여부
 1. 행정소송법상 처분의 개념
 2. 철거행위의 처분성 여부
  (1) 학설
  (2) 판례
  (3) 검토

Ⅳ 사안의 해결

Ⅰ 쟁점의 정리

설문의 해결을 위하여 철거행위가 권력적 사실행위인지를 검토한 후, 권력적 사실행위가 행정소송법상 처분에 해당되는지를 검토한다.

Ⅱ 철거행위의 법적 성질

1. 행정대집행법상 대집행(행정대집행법 제2조)

행정대집행법상의 대집행이란 대체적 작위의무(타인이 대신하여 이행할 수 있는 작위의무)의 불이행이 있는 경우에 해당 행정청이 스스로 의무자가 행할 행위를 하거나 제3자로 하여금 이를 행하게 하고 그 비용을 의무자로부터 징수하는 것을 말한다.

2. 철거행위의 법적 성질

(1) 권력적 사실행위의 의의

권력적 사실행위란 행정청이 특정한 목적을 달성하기 위하여 국민의 신체, 재산 등에 물리력을 행사하여 행정상 필요한 상태를 실현하는 행위를 말한다.

(2) 사안의 경우

대집행법에 따른 철거행위는 대체적 작위의무의 불이행에 대한 대집행의 실행이며, 이는 행정청의 국민의 재산권에 대한 직접적인 물리력 행사에 해당하므로 이는 권력적 사실행위에 해당된다.

Ⅲ 철거행위가 행정소송법상 처분인지 여부

1. 행정소송법상 처분의 개념(행정소송법 제2조)

처분이란 행정청이 행하는 구체적 사실에 관한 법집행으로서의 공권력의 행사 또는 그 거부와 그 밖에 이에 준하는 행정작용을 말한다.

2. 철거행위의 처분성 여부

(1) 학설

1) 부정설

사실행위는 항고소송의 대상이 되지 않으며 사실행위에 대한 권익구제는 당사자소송(이행 소송, 금지소송) 또는 공법상 결과제거청구소송으로 도모해야 한다고 본다.

2) 긍정설

사실행위에 대한 당사자소송을 인정하고 있지 않은 현행 행정소송법하에서는 실효적인 구제를 위하여 항고소송의 대상으로 보아야 한다고 한다.

3) 수인하명설(실체법상 개념 측면)

권력적 사실행위 자체가 아니라 권력적 사실행위에 결합되어 있는 수인하명(법률행위적 행정행위)이 소의 대상이 된다고 본다.

(2) 판례

사실행위를 명시적으로 행정소송법상 처분이라고 한 대법원 판례는 아직 없지만 권력적 사실행위로 보이는 단수처분의 처분성을 인정한 대법원 판례가 있다.

(3) 검토

당사자소송으로 금지소송이나 이행소송이 인정되지 않고 있는 현행법하에서는 실효적인 권리구제를 위하여 사실행위를 처분으로 보아 항고쟁송의 대상으로 하는 것이 타당하다. 또한 대법원 행정소송개정안은 권력적 사실행위를 행정소송법상 처분으로 예시하고 있다.

Ⅳ 사안의 해결

행정소송법상 취소소송의 대상은 '처분'이며, 이러한 처분에는 권력적 사실행위도 포함된다. 따라서 갑의 철거행위는 을의 재산권에 대한 물리력의 행사이므로 이는 취소소송의 대상인 처분에 해당된다고 볼 것이다.

사례 21

갑은 학교용지를 을에게 임대하여 건설된 수영장에 정기수업의 일환으로 수영강습을 하고 학생들로부터 수영장 이용료를 징수하여 왔다. 관할 교육청 교육장 병은 이 학교에 대한 특별감사를 실시한 결과 이러한 사실을 발견하고 갑에게 이는 사립학교법에 반할 소지가 있으므로 기왕에 징수한 수영강습회비를 학생들에게 반환하고 추후 그와 같은 일이 없도록 하라는 권고를 하였다. 갑은 교육장 병의 권고를 대상으로 취소소송을 제기할 수 있는가? 10점

I 쟁점의 정리

갑이 교육장 병의 권고에 대하여 불복을 제기하려면, 권고의 법적 성질을 파악하여 불복을 제기할 수 있는 대상인지를 검토해야 한다. 이와 관련하여 행정지도가 항고소송의 대상이 될 수 있는지를 살펴본다.

II 권고(행정지도)의 법적 성질과 권리구제수단

1. 행정지도의 의의

행정지도란 행정청이 행정목적달성을 위하여 발하는 권고, 지도, 조언 등의 비권력적 사실행위를 말한다. 비권력적 작용이므로 법적 근거 없이도 할 수 있다는 것이 일반적 견해이다. 단, 규제적 행정지도나 강제력을 갖는 경우는 근거가 필요하다는 견해도 있다.

2. 처분성 인정 여부

(1) 학설

① 임의적 협력을 구하는 비권력적 행위인바 처분성을 부정하는 부정설과, ② 사실상 강제력을 갖고 국민의 권익을 침해하는 경우에는 처분성을 인정할 수 있다는 제한적 긍정설이 있다.

(2) 판례

권고적 성격의 행위는 특정인의 법률상의 지위에 변동을 가져오는 처분으로 볼 수 없다고 판시한 바 있다.

(3) 검토

행정지도는 법적 효과를 발생시키는 행위가 아니므로 부정한다. 단 사실상 강제력이 인정되는 경우는 권리보호 측면에서 긍정함이 타당하다.

Ⅲ 사안의 해결

병의 갑에 대한 권고는 행정지도이므로 위 권고로 인하여 갑의 구체적인 권리·의무에 직접적인 변동은 초래되지 않는다. 갑으로서는 병이 장차 위 권고를 이행하지 아니하였음을 이유로 갑에 대하여 불이익한 처분을 할 경우 그에 대하여 불복하면서 그 전제로서 위 권고의 위법함을 다툴 수 있다. 따라서 병의 권고행위는 취소소송 대상적격이 충족되지 못하므로 이를 대상으로 취소소송을 제기한다면 법원은 각하판결을 내릴 것이다.

🔷 **사례 22**

관할 행정청은 갑의 어업면허의 유효기간이 만료됨에 따라 동 어업면허의 연장을 허가하여 새로이 어업면허를 함에 있어서 관련법령에 따라 면허면적을 종전의 어업면허보다 축소하였다. 갑이 자신의 재산권을 침해하는 면허면적축소와 관련된 법령의 취소를 청구하는 행정소송을 제기하거나, 어업면허면적을 종전으로 환원하여 주는 처분을 청구하는 행정소송을 제기하는 것이 적법하게 인정될 수 있는가? [30점]

Ⅰ 쟁점의 정리

설문은 갑이 법령의 취소를 구하는 행정소송을 제기하거나, 어업면허면적을 종전으로 환원하여 주는 처분을 청구하는 행정소송을 제기할 수 있는지를 묻고 있다.

1. 행정소송은 구체적 법적 분쟁을 대상으로 하므로 구체적인 법적 분쟁을 전제로 함이 없이 법령의 효력 또는 해석 자체를 직접 다투는 소송(추상적 규범통제)은 원칙상 인정될 수 없다. 이와 같이 원칙상 추상적 규범통제를 인정하지 않은 것은 위헌 또는 위법인 추상적인 법령의 존재만으로는 아직 국민의 권익이 침해되지 않고 있다고 보기 때문이다. 이하에서 법규명령이 항고소송의 대상이 되는지를 검토하여 설문을 해결한다.

2. '처분을 구하는 소송'은 법원이 행정청의 권한을 행사하는 것으로서, 권력분립원칙에 반할 소지가 있게 된다. 따라서 명문의 규정없이 이러한 소송이 인정될 수 있는지를 학설과 판례의 태도에 따라 검토하여 설문을 해결한다.

Ⅱ 법령의 취소를 구하는 행정소송의 가부

1. 법률이 행정소송의 대상인지

헌법 제107조 제1항에서는 법률이 헌법에 위반되는지 여부는 헌법재판소에서 재판한다고 하였으므로 법률은 행정소송의 대상이 되지 않는다고 볼 것이다.

2. 법규명령이 행정소송의 대상인지

(1) 법규명령의 의의

법규명령이라 함은 행정권이 제정하는 법규를 말한다. 실무에서는 통상 명령이라는 용어를 사용한다. 법규명령은 행정권이 제정하는 법인 점에서 행정입법이라고도 부른다.

(2) 법규명령의 근거

헌법 제76조는 대통령의 긴급명령 및 긴급재정·경제명령의 근거를, 제75조는 대통령령(위임명령과 집행명령)의 근거를, 제95조는 총리령과 부령(위임명령과 집행명령)의 근거를, 제114조는 중앙선거관리위원회규칙의 근거를 규정하고 있다.

(3) 법규명령의 종류

대통령이 제정하는 명령을 대통령령, 총리가 발하는 명령을 총리령, 행정각부의 장이 발하는 명령을 부령이라 한다. 입법실제에 있어서 대통령령에는 통상 시행령이라는 이름을 붙이고 총리령과 부령에는 시행규칙이라는 이름을 붙인다. 독립행정위원회가 제정하는 법규명령에는 "규칙"이라는 명칭을 붙인다.

(4) 법규명령이 행정소송의 대상인지 여부

1) 처분적 법규명령

처분적 법규명령이란 법규의 내용이 개별·구체적인 사항으로서, 별도의 집행행위 없이도 국민에 대하여 직접적이고 구체적인 법적효과를 가져오는 명령을 말한다. 이러한 처분적 명령은 국민의 권익에 직접 영향을 미치므로 행정소송의 대상이 될 것이다.

2) 집행적 법규명령

집행적 법규명령이란 일반적·추상적 규율이기는 하지만 집행행위 없이 직접 국민의 권리나 의무를 규율하는 법규명령을 의미하며 항고소송의 대상이 되는 처분은 아니라고 본다.

3) 일반적 법규명령

일반적 법규명령은 일반적·추상적 규율로서, 행정청의 집행행위로 인하여 국민의 권리와 의무에 영향을 미치게 된다. 이러한 법규명령은 원칙상 행정소송의 대상이 될 수 없으나, 구체적인 처분을 대상으로 행정소송을 제기하면서 그 위법성 사유로서 법규명령의 위헌·위법을 주장하는 구체적 규범통제는 가능하다 할 것이다.

3. 사안의 경우

설문상 어업면허라는 법령의 집행행위가 있으므로, 동 법령의 성질은 처분적 또는 집행적 법규명령
은 아닌 것으로 사료된다. 따라서 갑은 동 법령을 직접 대상으로 행정소송을 제기할 수는 없을 것
이나, 어업면허처분의 취소나 무효를 주장하면서 그 위법성 사유로서 법령의 위헌·위법을 주장하
는 구체적 규범통제는 가능하다고 할 것이다. 이는 헌법 제107조 제2항에 근거한다.

Ⅲ 갑이 처분을 구하는 소송을 제기할 수 있는지 여부

1. 문제점

현행 행정소송법은 법원으로 하여금 일정한 처분을 할 것을 구하는 적극적 형성소송은 규정되고
있지 않으므로, 현행법상 이러한 소송이 인정될 수 있는지가 문제된다.

2. 의무이행소송의 의의

의무이행소송은 행정청의 거부처분 또는 부작위에 대하여 법상의 작위의무의 이행을 청구하는 소
송을 말한다.

3. 인정 여부

(1) 학설

1) 부정설

부정설은 법원이 행정청에 대하여 어떠한 처분을 명하는 것은 행정청의 제1차적 판단권을
침해하는 것이 되며(특히 의무이행소송에서 판결은 판결시의 법적·사실적 상태를 기준으
로 한다는 점에서 더욱 그러함), 또한 행정소송법 제4조의 유형에 관한 규정은 제한적으로
이해하여야 한다고 한다.

2) 긍정설

긍정설은 상기 규정을 예시적 규정으로 보고, 구체적인 법적 분쟁에서 다투어지고 있는 행
정청의 위법한 거부처분 또는 부작위에 대해 적극적인 이행판결을 인정하는 것은 사법에
속하며 권력분립의 원칙에 반하지 않는다고 한다.

3) 제한적 긍정설

제한적 긍정설은 처분이 일의적이어서 행정청의 판단권을 침해할 우려가 없고, 미리 구제
하지 않으면 회복할 수 없는 손해가 발생할 우려가 있고, 다른 구제수단이 없는 경우에
예외적으로 인정된다고 본다. 즉, 항고소송이 실효적인 권리구제가 될 수 없는 때에만
긍정한다.

(2) 판례

'검사에게 압수물 환부를 이행하라는 청구는 행정청의 부작위에 대하여 일정한 처분을 하도록 하는 의무이행소송으로 현행 행정소송법상 허용되지 아니한다.'고 한다.

(3) 검토

현행법상 거부처분취소소송 및 부작위확인소송은 의무이행소송을 인정하지 않는 입법의 취지로 해석할 수 있으나 입법론으로 이를 도입하여 효율적인 권리구제를 도모함이 바람직하다고 판단한다. 개정안에서는 의무이행소송과 임시적 지위를 구하는 가처분을 인정하고 있다.

4. 대상 및 성질

의무이행소송의 대상은 거부처분 또는 부작위이다. 의무이행소송을 이행소송으로 보는 것이 일반적 견해이다.

5. 사안의 경우

현행법상 의무이행소송은 인정되지 않을 것이므로, 갑은 '어업면허면적을 종전으로 환원하여 주는 처분을 청구하는 행정소송'은 제기할 수 없을 것이다.

Ⅳ 사안의 해결

갑은 면허면적을 축소하는 법령을 직접 행정소송의 대상으로 소를 제기할 수는 없으며, 어업면허처분을 소의 대상으로 하여 동 법령의 위헌·위법 여부를 다툴 수 있다. 또한 '어업면적을 종전으로 환원하는 청구를 구하는 소송'은 현행법상 인정될 수 없으므로, 갑은 종전과 동일한 면적의 어업면허신청을 한 뒤, 이에 대한 취소처분을 대상으로 취소소송을 제기하여야 할 것이다.

◢ **사례 23**

서울시의회는 서울시내의 중·소 감정평가법인의 활성화를 위하여 '서울시에 소재하는 5인 이상의 감정평가법인은 2017년 1월 1일부터 2017년 12월 31일까지 매주 월요일은 휴무한다'는 내용의 조례를 제정하였고 서울시는 2016년 9월 1일 이를 공포하였다. 최근 5인 법인을 설립한 감정평가법인 갑은 조례를 대상으로 취소 또는 무효확인소송을 제기할 수 있는가?

(1) 서울시 조례는 항고소송의 대상이 되는가? 10점

(2) 만약, 조례가 항고소송의 대상이 된다면 취소 또는 무효확인소송을 제기할 수 있는가? 무효확인 소송을 제기하는 경우 확인의 이익이 요구되는가? 20점

(설문 1)의 해결

Ⅰ 쟁점의 정리

Ⅱ 조례가 행정소송법상 처분인지 여부
  1. 조례의 의의
  2. 법규명령이 행정소송의 대상인지 여부
    (1) 처분적 법규명령
    (2) 일반적 법규명령
  3. 사안의 경우

(설문 2)의 해결

Ⅰ 쟁점의 정리

Ⅱ 취소소송의 제기가능성
  1. 취소소송의 의의 및 소송요건
  2. 피고적격 인정 여부
    (1) 취소소송의 피고적격(행정소송법 제13조)
    (2) 사안의 경우
  3. 피고적격 외의 소송요건

Ⅲ 무효확인소송의 제기가능성
  1. 확인의 이익의 의미(확인소송의 보충성)
  2. 견해의 대립 및 판례의 태도
    (1) 견해의 대립
    (2) 판례
    (3) 검토
  3. 사안의 경우

Ⅳ 사안의 해결

⊕ **(설문 1)의 해결**

Ⅰ 쟁점의 정리

갑이 조례를 대상으로 취소 또는 무효확인소송을 제기하기 위해서는 조례의 처분성이 인정되어야 한다. 조례의 처분성이 인정되는지를 검토한다.

Ⅱ 조례가 행정소송법상 처분인지 여부

1. 조례의 의의

조례란 지방자치단체가 법령의 범위 내에서 지방의회의 의결을 거쳐 제정한 법규로서 행정입법에 해당한다.

2. 법규명령이 행정소송의 대상인지 여부

(1) 처분적 법규명령

처분적 법규명령이란 법규의 내용이 개별·구체적인 사항으로서, 별도의 집행행위 없이도 국민에 대하여 직접적이고 구체적인 법적효과를 가져오는 명령을 말한다. 이러한 처분적 명령은 국민의 권익에 직접 영향을 미치므로 행정소송의 대상이 될 것이다.

(2) 일반적 법규명령

일반적 법규명령은 일반적·추상적 규율로서, 행정청의 집행행위로 인하여 국민의 권리와 의무에 영향을 미치게 된다. 이러한 법규명령은 원칙상 행정소송의 대상이 될 수 없으나, 구체적인 처분을 대상으로 행정소송을 제기하면서 그 위법성 사유로서 법규명령의 위헌·위법을 주장하는 구체적 규범통제는 가능하다 할 것이다.

3. 사안의 경우

설문에서 조례 공포와 동시에 서울시 내에 소재한 5인 이상의 법인이기만 하면 업무수행에 제한이 가해지므로 이는 행정소송법상 구체적인 처분이라 할 것이다. 따라서 항고소송의 대상이 된다.

⊕ (설문 2)의 해결

Ⅰ 쟁점의 정리

조례의 처분성이 인정된다 하더라도 조례를 제정한 서울시의회를 피고로 해야 하는지 조례를 공포한 서울시장이 피고가 되는지의 검토도 요구된다. 또한 무효확인소송을 제기하는 경우 확인의 이익이 요구되는지도 검토하여 설문을 해결한다.

Ⅱ 취소소송의 제기가능성

1. 취소소송의 의의 및 소송요건

취소소송이란 위법한 처분 등의 취소 또는 변경을 구하는 소송으로서(행정소송법 제4조 제1호), 대상적격(행정소송법 제19조), 원고적격(행정소송법 제12조), 피고적격(행정소송법 제13조), 재판관할(행정소송법 제9조), 제소기간(행정소송법 제20조) 등의 소송요건을 갖추어야 한다. 소송요건이란 본안판결을 받기 위한 전제요건으로서 무분별한 소의 방지와 충실한 본안심사를 도모함에 제도적 취지가 인정된다.

2. 피고적격 인정 여부

(1) 취소소송의 피고적격(행정소송법 제13조)

취소소송은 다른 법률에 특별한 규정이 없는 한 그 처분 등을 행한 행정청을 피고로 한다. 다만, 처분 등이 있은 뒤에 그 처분 등에 관계되는 권한이 다른 행정청에 승계된 때에는 이를 승계한 행정청을 피고로 한다.

(2) 사안의 경우

서울시의회는 조례를 제정한 기관이며, 이에 대한 대외적인 공포는 서울시의 권한이므로 조례의 처분성이 인정된다면, 서울시장이 행정청이 되므로 서울시장을 피고로 제기하여야 할 것이다.

3. 피고적격 외의 소송요건

설문상 갑은 감정평가법인으로서의 업무를 계속해서 수행할 법적 지위를 유지할 이익이 인정되는 등 기타 소송요건도 문제되지 않는 것으로 보인다.

Ⅲ 무효확인소송의 제기가능성

1. 확인의 이익의 의미[확인소송의 보충성]

확인의 이익이란 확인소송은 확인판결을 받는 것이 원고의 권리구제에 유효적절한 수단인 경우에만 인정된다는 것이다. 확인소송은 보다 실효적인 구제수단이 가능하면 인정되지 않는데 이를 확인소송의 보충성이라고 한다.

2. 견해의 대립 및 판례의 태도

(1) 견해의 대립

① 필요설은 무효등확인소송이 확인소송이므로 확인의 이익이 필요하다고 본다. ② 불요설은 무효등확인소송은 확인판결 자체로 기속력(원상회복의무)이 인정되므로 판결의 실효성을 확보할 수 있다는 점, 민사소송과는 그 목적과 취지를 달리하고 있다는 점, 무효등확인소송은 항고소송인 점에서 확인의 이익이 불필요하다고 본다.

(2) 판례

종전 판례는 확인소송의 보충성을 요구하였으나, 최근 판례는 ① 행정소송은 민사소송과 목적, 취지, 기능을 달리하고, ② 확정판결의 기속력으로 판결의 실효성을 확보할 수 있고, ③ 보충성 규정의 명문규정이 없으며, ④ 행정처분의 근거법률에 의하여 보호되는 구체적, 직접적 이익이 있는 경우에는 무효확인을 구할 법률상 이익이 있다고 보아야 한다고 하여 보충성이 요구되지 않는다고 판시했다.

(3) 검토

무효확인 판결에는 기속력으로 원상회복의무(위법상태제거의무)가 인정되므로 취소소송에서 요구되는 소의 이익과 별도로 확인의 이익이 추가로 요구되지 않는다고 보는 부정설이 타당하다.

3. 사안의 경우

무효확인소송에서 확인의 이익은 요구되지 않으므로 갑은 해당 조례의 무효확인소송을 제기할 수 있다.

Ⅳ 사안의 해결

'서울시에 소재하는 5인 이상의 감정평가법인은 2017년 1월 1일부터 2017년 12월 31일까지 매주 월요일은 휴무한다'는 내용의 조례는 개별·구체적으로 서울시에 소재하는 5인 이상의 법인에게 가해지는 권리제한으로서 항고소송의 대상인 처분에 해당한다. 따라서 갑은 서울시장을 피고로 하여 이에 대한 취소 또는 무효확인소송을 제기할 수 있을 것이다.

🍃 **사례 24**

국토교통부장관은 국토의 계획 및 이용에 관한 법률 제38조에 의하여 갑소유의 토지가 속해 있는 서울시 노원구 상계동 00번지 일대의 지역을 개발제한구역으로 지정하였다. 갑은 개발제한구역의 지정행위를 대상으로 취소소송을 제기할 수 있는가? [20점]

Ⅰ 문제의 제기	2) 판례
Ⅱ 소송요건의 충족 여부	3) 검토
1. 개발제한구역 지정행위의 대상적격	(3) 사안의 경우
(1) 개발제한구역 지정행위의 법적 성질	2. 원고적격 및 협의의 소익
(2) 행정계획 수립행위의 법적 성질	3. 기타 소송요건의 검토
1) 학설	Ⅲ 문제의 해결(법원의 판결)

Ⅰ 문제의 제기

갑의 주장이 타당하기 위해서는 소송요건을 적법하게 구비하여야 한다. 행정소송법에서는 대상적격 (행정소송법 제19조), 원고적격(행정소송법 제12조), 재판관할(행정소송법 제9조), 제소기간(행정 소송법 제20조) 및 협의 소익을 소송요건으로 규정하고 있으며, 설문에서는 행정계획이 항고소송 의 대상인 처분인지가 문제된다.

Ⅱ 소송요건의 충족 여부

1. 개발제한구역 지정행위의 대상적격

(1) 개발제한구역 지정행위의 법적 성질

개발제한구역은 도시의 무질서한 확산을 방지하고 도시주변의 자연환경을 보전하기 위하여 국 토교통부장관이 도시관리계획으로 지정하는 행정계획이며, 이에 따라 건축물의 건축, 공작물 의 설치 등에 일정한 개발제한이 가해진다.

(2) 행정계획 수립행위의 법적 성질

1) 학설

① 행정계획은 "일반, 추상적인 규율을 정립하는 행위"라는 입법행위설, ② 행정계획의 결 정·고시로 인해서 법관계의 변동을 가져오는 경우는 행정행위성질을 갖는다는 행정행위 설, ③ 계획마다 개별적으로 검토해야 한다는 복수성질설, ④ 행정계획은 규범도 아니고, 행정행위도 아닌 독자적 성질을 갖는다는 독자성설이 있다.

2) 판례

① 도시계획결정과 관련하여 처분성을 인정하였으나, ② 도시기본계획은 일반지침에 불과하다고 하여 처분성을 부인한 바 있다. ③ 또한 최근 '4대강 살리기 마스터플랜' 등은 '4대강 살리기 사업'의 기본방향을 제시하는 계획으로서, 행정처분에 해당하지 않는다고 하였다.

3) 검토

행정계획은 그 종류와 내용이 매우 다양하고 상이하므로, 행정계획의 법적 성질은 각 계획이 갖는 목적과 내용을 기준하여 개별적으로 검토되어야 할 것이다.

(3) 사안의 경우

개발제한구역의 지정으로 인하여 일정한 행위제한의 법적 효과가 발생하므로 행정소송법상 처분으로 봄이 타당하다. 따라서 사안에서의 국토교통부장관의 개발제한구역 지정행위는 취소소송의 대상적격이 인정된다.

2. 원고적격 및 협의의 소익

갑은 국토교통부장관의 개발제한구역의 지정으로 인하여 건축물의 건축 및 형질변경금지 등 일정한 행위제한을 받고 있으므로 원고적격이 인정된다. 또한 소송을 통해서 해당 구역지정의 효력이 소멸되면 권리구제가 가능하므로 협의의 소익도 인정된다.

3. 기타 소송요건의 검토

갑이 항고소송을 제기하기 위해서는 처분청인 국토교통부장관을 피고로, 행정심판은 반드시 거칠 필요없이, 소제기 기간 이내에, 대법원 소재지를 관할하는 행정법원에 소장의 형식을 갖추어 제기하여야 한다.

Ⅲ 문제의 해결(법원의 판결)

국토교통부장관의 개발제한구역의 지정은 항고소송의 대상이 되는 처분이며, 원고적격 등의 기타 요건은 문제되지 않는 것으로 판단된다. 따라서 갑은 개발제한구역 지정행위의 취소소송을 제기할 수 있을 것이다.

원고적격 등 핵심사례

원고적격과 피고적격

01 원고적격

 사례 1

A시와 B시 구간의 시외버스 운송사업을 하고 있는 갑은 최근 자가용 이용의 급증 등으로 시외버스 운송사업을 하는 데 상당한 어려움에 처해 있다. 그런데 관할 행정청 X는 갑이 운영하는 노선에 대해 인근에서 대규모 운송사업을 하고 있던 을에게 새로이 시외버스 운송사업에 대한 사업인정을 하였다. ▶ 2009년 행정고시(재경)

(1) 갑은 X의 을에 대한 시외버스 운송사업의 사업인정에 대하여 취소소송을 제기할 수 있는가? 25점

(2) 법원은 X의 을에 대한 시외버스 운송사업의 사업인정에 위법사유(취소사유)가 발견되어 을에 대한 시외버스 운송사업의 사업인정을 취소하고자 한다. 그러나 이미 많은 시민들이 을이 운영하는 버스를 이용하려는 계획이 있다는 공공복리를 이유로 사정판결을 할 수 있는가? 10점

(3) 위 사안에서 갑이 을에 대한 사업인정의 취소를 구하는 행정심판을 제기하여 인용재결을 받았다면, 을은 무엇을 대상으로 소송을 제기해야 하는가? 15점

2. 인용재결과 재결 고유의 하자
  (1) 문제점(재결 자체의 고유한 위법을 다투는 것인지 여부)
  (2) 견해의 대립

(3) 판례의 태도
(4) 검토
3. 소의 대상
Ⅴ 사안의 해결

2009년 행정고시[재경]

A시와 B시 구간의 시외버스 운송사업을 하고 있는 갑은 최근 자가용 이용의 급증 등으로 시외버스 운송사업을 하는 데 상당한 어려움에 처해 있다. 그런데 관할 행정청 X는 갑이 운영하는 노선에 대해 인근에서 대규모 운송사업을 하고 있던 을에게 새로이 시외버스 운송사업면허를 하였다.

(1) 갑은 X의 을에 대한 시외버스 운송사업면허에 대하여 행정소송을 제기할 수 있는가?

(2) 법원은 X의 을에 대한 시외버스 운송사업면허처분에 위법사유가 발견되어 갑의 행정소송을 인용하고 을에 대한 시외버스 운송사업면허처분을 취소하고자 한다. 그러나 이미 많은 시민들이 을이 운영하는 버스를 이용하고 있다는 이유로 면허취소판결을 하지 아니할 수 있는가?

(3) 위 사안에서 갑이 을에 대한 시외버스 운송사업면허의 취소를 구하는 행정심판을 제기하여 인용재결을 받았다면, 을은 무엇을 대상으로 어떠한 쟁송수단을 강구할 수 있는가?

응용 쟁점

2009년 행정고시는 ① 경업자의 원고적격, ② 사정판결 가능성, ③ 제3자와 관련된 인용재결의 경우 소의 대상을 물어보았습니다.

따라서 문제를 접하면서,
(1) 경업자의 법률상 이익과 관련하여 ① 법률이 무엇인지, ② 해당 법률에서 보호하는 이익이 무엇인지를 구체적으로 적시해야 합니다.

(2) 사정판결은 원고의 주장이 이유있음에도 공익상의 이유로 원고의 청구를 기각하는 것이므로 원고의 사익침해와 공익필요성의 구체적인 형량을 적시해야 합니다.

(3) 인용재결과 관련하여 소의 대상은 인용재결이 되지만, 그 사유가 재결 자체에 고유한 하자가 있기 때문인지, 아니면 새로운 원처분으로 보기 때문인지에 대한 논의가 필요합니다.

Ⅰ 쟁점의 정리

1. (설문 1)에서는 경업자 관계에 있는 갑에게 을에 대한 사업인정을 취소할 법률상 이익이 인정되는지 여부를 중심으로 소송요건을 검토한다.

2. (설문 2)에서는 사업인정의 위법사유가 발견되었음에도 이미 많은 시민들이 이용하려는 계획이 있다는 이유로 사정판결을 할 수 있는지가 문제된다.

3. (설문 3)에서는 제3자효 행정행위의 인용재결의 경우 취소소송의 대상이 무엇인지가 행정소송법 제19조의 원처분주의와 관련하여 문제된다.

Ⅱ [설문 1] 갑의 취소소송의 가능성

1. 문제점

행정소송법 제19조 및 제12조 등에서는 소송의 남소방지를 위해서 대상적격, 원고적격, 재판관할 및 제소기간 등의 소송요건을 규정하고 있다. 설문에서는 소송요건의 충족과 관련하여 대상적격 및 원고적격을 중심으로 검토한다.

2. 대상적격

(1) 취소소송의 대상(행정소송법 제19조)

행정소송법 제19조에서는 취소소송은 처분 등을 대상으로 한다고 규정하고 있다. 처분이란 행정청이 행하는 구체적 사실에 관한 법집행으로서의 공권력 행사를 말한다.

(2) 사업인정의 법적 성질

사업인정이란 공익사업을 토지 등을 수용 또는 사용할 사업으로 결정하는 것을 말하며(제2조 제7호), 국토교통부장관이 토지보상법 제20조에 따라서 사업인정을 함으로써 수용권이 설정되는 처분이자 특허이다.

3. 원고적격

(1) 의의

원고적격이란 본안판결을 받을 수 있는 자격을 말한다. 행정소송법 제12조에서는 '법률상 이익 있는 자'로 규정하고 있다.

(2) 법률상 이익의 의미

1) 학설

① 침해된 권리회복이라는 권리구제설, ② 근거법상 보호되는 이익구제인 법률상 보호이익설, ③ 소송법상 보호가치 있는 이익구제라는 견해, ④ 행정의 적법성 통제라는 적법성 보장설의 견해가 있다.

2) 판례

해당 처분의 근거, 관련법규에 의해 보호되는 개별적, 직접적, 구체적인 이익을 의미하며, 사실상이며 간접적인 이익은 법률상 보호이익이 아니라고 판시한 바 있다.

3) 검토

권리구제설은 원고의 범위를 제한하고, 소송법상 보호가치 있는 이익구제설은 보호가치있
는 이익의 객관적 기준이 결여되는 문제가 있다. 또한 적법성 보장설은 객관소송화의 우려
가 있다. 따라서 취소소송을 주관적, 형성소송으로 보면 법률상 보호이익설이 타당하다.

(3) 법률의 범위

① 근거 법률은 물론 관련법규까지 포함하는 견해와, 헌법상 기본권 및 민법상 일반원칙까지
포함하는 견해가 있으며, ② 대법원은 관계법규와 절차법규정의 취지도 고려하는 등 보호규범
의 범위를 확대하는 경향을 보인다.

(4) 경업자소송의 경우 원고적격의 판단

1) 경업자소송

경업자소송이라 함은 여러 영업자가 경쟁관계에 있는 경우에 경쟁관계에 있는 영업자에 대
한 처분 또는 부작위를 경쟁관계에 있는 다른 영업자가 다투는 소송을 말한다.

2) 사안의 경우

사업인정은 특허로서 사업에 대한 독점적 지위를 창설하는 것이므로 설문에서는 을에 대한
사업인정은 갑의 독점적 지위에 영향을 미치므로 갑은 원고적격이 인정된다.

4. 기타 소송요건 충족 여부

갑은 을에 대한 사업인정이 있음을 안 날로부터 90일 이내에(행정소송법 제20조), 관할 행정청을
피고로(동법 제13조), 피고의 소재지를 관할하는 행정법원에(동법 제9조) 취소소송을 제기한다면
소송요건은 충족될 것으로 보인다.

5. 사안의 경우

사안에서 갑은 원고적격을 비롯한 취소소송의 소송요건이 충족되므로 을에 대한 사업인정에 대하
여 취소소송을 제기할 수 있을 것이다.

Ⅲ [설문 2] 법원의 사정판결의 가능성

1. 의의[행정소송법 제28조]

원고의 청구가 이유있음에도 처분 등을 취소하는 것이 현저히 공공복리에 적합하지 않은 경우 원고
의 청구를 기각하는 판결이다. 이는 법치주의에 대한 중대한 예외로서 그 요건은 엄격히 해석되어
야 한다.

2. 요건

① 원고의 청구가 이유 있을 것, ② 처분 등의 취소가 현저히 공공복리에 적합하지 않을 것, ③ 당사자의 신청이 있을 것을 요건으로 하며 판례는 직권으로 사정판결을 할 수 있다고 한다.

3. 인정범위(무효인 경우의 가능 여부)

무효인 경우에도 사정판결을 할 수 있는지와 관련하여 견해의 대립이 있으나 판례는 무효인 경우는 존치시킬 효력이 없음을 이유로 부정하고 있다.

4. 법원의 조치

판결의 주문에 ① 처분 등의 위법을 명시하고, ② 손해의 정도와 배상방법을 조사하여야 한다. ③ 또한 소송비용은 피고가 부담하고, 원고는 손해배상, 재해시설설치 그 밖의 구제방법 등의 청구를 병합 제기할 수 있다.

5. 사안의 경우(사정판결의 가능성)

사안에서는 사업인정의 위법성을 인정하고 있으므로 해당 요건은 충족되지만, 이미 많은 시민들이 을이 운영하는 버스의 이용을 계획하고 있다는 공공복리를 이유로 사정판결을 해야 하는지가 문제된다. 갑의 운송사업의 이용객의 부족은 충분한 수용시설을 확보할 수 있음을 의미하며, 을에 대한 사업인정을 취소해도 시민들이 갑이 운영하는 버스를 어려움 없이 이용할 수 있다는 점에서 공공복리가 우월하다고 판단되지 않는다. 따라서 법원은 을에 대한 위법한 사업인정을 취소하여야 할 것이다.

Ⅳ [설문 3] 제3자효 행정행위에 대한 인용재결의 경우 취소소송의 대상

1. 원처분주의(행정소송법 제19조)

(1) 원처분주의와 재결주의의 의의 및 취지

원처분주의란 취소소송의 대상으로 원처분을 하고, 재결 자체의 고유한 하자가 있는 경우에 재결을 취소소송의 대상으로 하는 것을 말한다. 재결주의는 재결을 대상으로 취소소송을 제기하는 것을 말한다. 이는 판결의 모순·저촉을 방지하고 소송경제를 도모함에 취지가 인정된다.

(2) 원처분주의하의 재결소송(재결고유의 하자유형)

① 주체상 하자로는 권한없는 기관의 재결, ② 절차상 하자로는 심판절차를 준수하지 않은 경우 등, 단 행정심판법 제34조 재결기간은 훈시규정으로 해석되므로 재결기간을 넘긴 것만으로는 절차의 위법이 있다고 볼 수 없다. ③ 형식상 하자로는 서면으로 하지 않거나, 중요기재사항을 누락한 경우, ④ 내용상 하자의 경우 견해대립이 있으나 판례는 '내용의 위법은 위법 부당하게 인용재결을 한 경우에 해당한다.'고 판시한 바 내용상 하자를 재결 고유의 하자로 인정하고 있다.

2. 인용재결과 재결 고유의 하자

(1) 문제점(재결 자체의 고유한 위법을 다투는 것인지 여부)

제3자효 행정행위에 대한 제3자의 취소심판청구에 대한 취소재결이 있는 경우 처분상대방은 이로 인하여 불이익한 효과를 받게 되므로 취소재결을 다룰 수밖에 없는데, 문제는 그 법적 성질이 재결 자체의 고유한 위법을 다투는 것으로 볼 수 있는지 여부이다.

(2) 견해의 대립

① 제3자효 있는 행정행위에서 인용재결로 피해를 입은 자는 재결의 고유한 하자를 주장하는 것이라는 견해와 ② 제3자관계에서 인용재결은 별도의 처분이므로 인용재결이 최초의 처분이라는 견해가 있다(행정소송법 제19조 본문에 의한 것으로 보는 견해).

(3) 판례의 태도

판례는 '인용재결의 취소를 구하는 것은 원처분에는 없는 고유한 하자를 주장하는 셈이어서 당연히 취소소송의 대상이 된다.'고 판시한 바 있다.

(4) 검토

제3자는 인용재결로 비로소 권익을 침해받게 되나 이는 원처분에는 없는 인용재결의 고유한 하자를 다투는 것으로 판단된다.

3. 소의 대상

인용재결에 대한 재결 고유의 하자를 이유로 취소송을 제기해야 하므로 행정소송법 제19조 단서를 적용하여 인용재결을 소의 대상으로 해야 할 것이다.

Ⅴ 사안의 해결

1. 경업자 갑은 원고적격 등의 소송요건을 모두 갖춘바 을의 사업인정에 대하여 취소소송을 제기할 수 있다.

2. 이미 많은 사람이 을의 버스이용을 계획하고 있지만, 을의 노선이 없어지더라도 갑의 버스를 이용하는 등의 방안이 존재하므로 공공복리에 중대한 영향을 주는 경우로 보이지 않는다. 따라서 법원은 사정판결을 할 수 없다고 보인다.

3. 갑의 취소심판이 인용된 경우, 을은 행정소송법 제19조 단서를 적용하여 취소재결을 대상으로 소송을 제기하여야 할 것이다.

🔔 사례 2

A군은 폐기물소각시설을 건설하기 위하여 폐기물처리시설 설치촉진 및 주변지역지원 등에 관한 법률(이하 폐촉법)에 의해 국토교통부장관으로부터 폐기물처리시설설치에 관한 사업인정을 받았다. A군 군수는 폐촉법 제17조에 근거하여 주변영향지역을 결정·고시하였다. A군이 건설하고자 하는 폐기물소각시설은 환경영향평가법상 환경영향평가 대상사업이다. 주변영향지역 내에 거주하는 갑과, 밖에 거주하는 을은 폐기물소각시설이 설치되면 중대한 영향을 받는다고 주장하고 위 환경영향평가가 부실하게 행하여졌다고 주장하며, 국토교통부장관으로부터 폐기물처리시설설치에 대한 사업인정의 취소를 구하는 소송을 제기하였다. 갑과 을은 취소소송의 원고적격을 인정받을 수 있을 것인가? 20점 ▸ 제20회 입법고시 응용

Ⅰ 쟁점의 정리	(2) 판례
Ⅱ 법률상 이익의 의미와 범위	1) 판례의 태도
1. 법률상 이익의 의미	2) 환경영향평가법령상 이익에 대한 판례의 태도
(1) 학설	(3) 검토
(2) 판례	Ⅲ 사안의 해결
(3) 검토	1. 갑에게 법률상 이익이 인정되는지 여부
2. 법률의 범위	2. 을에게 법률상 이익이 인정되는지 여부
(1) 견해의 대립	

제20회 입법고시

A군은 폐기물소각시설을 건설하기 위하여 '폐기물처리시설 설치촉진 및 주변지역지원 등에 관한 법률'(이하 폐촉법)에 의해 환경부장관으로부터 폐기물처리시설설치계획승인을 받았다. A군 군수는 폐촉법 제17조에 근거하여 주변영향지역을 결정·고시하였다. A군이 건설하고자 하는 폐기물소각시설은 '환경, 교통, 재해 등에 관한 영향평가법'상의 환경영향평가 대상사업이다.

주변영향지역 밖에 거주하는 갑은 폐기물소각시설이 설치되면 중대한 영향을 받는다고 주장하고, 위 환경영향평가가 부실하게 행하여졌다고 주장하며 환경부장관으로부터 폐기물처리시설설치계획승인의 취소를 구하는 소송을 제기하였다. 갑은 취소소송의 원고적격을 인정받을 수 있을 것인가?

응용
쟁점

제20회 입법고시는 폐촉법의 관련법인 환경영향평가법에 의해서 보호되는 제3자의 법률상 이익과 관련된 원고적격에 관한 문제입니다.

이는 토지보상법상 사업인정을 받음에 있어서 관계법규를 환경영향평가법까지 확대할 수 있으며, 이에 따라서 영향지역 안과 밖의 주민의 원고적격을 모두 물어봄으로써, 양자가 갖는 법률상 이익을 어떠한 논거로 보호할 필요성을 입증하는가가 핵심입니다.

즉, 원고적격에서 필요한 법률상 이익의 구체적인 해석문제입니다. 따라서 원고적격의 쟁점 중 가장 중요한 법률상 이익을 실전에서 구체적으로 포섭하는 방법을 훈련함에 목적이 있습니다.

Ⅰ 쟁점의 정리

원고적격이란 구체적인 소송에서 원고로서 소송을 수행하여 본안판결을 받을 수 있는 자격을 말한다. 항고소송에서 원고적격의 문제는 구체적인 행정처분에 대하여 누가 원고로서 취소소송 등 항고소송을 제기하여 본안판결을 받을 자격이 있느냐에 관한 문제이다.

행정소송법 제12조에서는 법률상 이익있는 자가 취소소송을 제기할 수 있다고 규정하고 있는바 갑과 을에게 법률상 이익이 인정되는지가 문제된다.

설문의 해결을 위하여 법률상 이익의 의미와 범위에 대하여 살펴보고, 최근 환경영향평가와 관련된 판례를 검토하여 사안을 해결한다.

Ⅱ 법률상 이익의 의미와 범위

1. 법률상 이익의 의미

(1) 학설

취소소송의 본질과 관련하여 견해가 대립되며 ① 취소소송의 본질은 침해된 권리회복이라는 권리구제설, ② 근거법상 보호되는 이익구제인 법률상 보호이익설, ③ 소송법상 보호가치 있는 이익구제라는 견해(실체법이 아니고 소송법적 관점에서 재판에 의해서 보호할 가치있는 이익이 침해된 자), ④ 행정의 적법성 통제라는 적법성 보장설의 견해가 있다(처분의 위법을 다툴 적합한 이익 있는 자).

(2) 판례

해당 처분의 근거, 관련법규에 의해 보호되는 개별적·직접적·구체적인 이익을 의미하며, 사실상이며 간접적인 이익은 법률상 보호이익이 아니라고 판시한 바 있다.

(3) 검토

권리구제설은 원고의 범위를 제한하고, 소송법상 보호가치 있는 이익구제설은 보호가치 있는 이익의 객관적 기준이 결여되는 문제가 있다. 또한 적법성 보장설은 객관소송화의 우려가 있다. 따라서 취소소송을 주관적, 형성소송으로 보면 법률상 보호이익설이 타당하다.

2. 법률의 범위

(1) 견해의 대립

근거 법률은 물론 관련법규까지 포함하는 견해와, 헌법상 기본권 및 민법상 일반원칙까지 포함하는 견해가 있다.

(2) 판례

1) 판례의 태도

대법원은 관계법규와 절차법규정의 취지도 고려하는 등 보호규범의 범위를 확대하는 경향을 보이고 있으며 헌법재판소는 헌법상 기본권인 경쟁의 자유를 고려한바 있다.

2) 환경영향평가법령상 이익에 대한 판례의 태도

① 평가대상지역 안의 주민의 경우는 처분 전과 비교하여 수인한도를 넘는 환경침해를 받지 아니하고 쾌적한 환경에서 생활할 수 있는 개별적 이익까지도 이를 보호하려는 데에 있다 할 것이므로, 특단의 사정이 없는 한 환경상의 이익에 대한 침해 또는 침해우려가 있는 것으로 사실상 추정되어 원고적격이 인정된다고 한다.

② 밖의 주민인 경우는 처분 등으로 인하여 처분 전과 비교하여 수인한도를 넘는 환경상의 이익에 대한 침해 또는 침해우려가 있다는 것을 입증함으로써 원고적격을 인정받을 수 있다고 한다.

(3) 검토

환경영향평가법령도 처분의 관계법규로서 당사자의 권익에 영향을 미친다면 보호규범의 범위로 볼 수 있다고 판단된다.

Ⅲ 사안의 해결

1. 갑에게 법률상 이익이 인정되는지 여부

환경영향평가법령상 환경영향평가의 취지는 환경영향평가 대상지역 안에 거주하고 있는 주민의 쾌적한 생활환경보호에도 그 목적이 인정된다. 따라서 설문에서 특단의 사정은 보이지 않으므로 갑은 누려야 할 환경상의 이익침해를 이유로 원고적격이 인정될 수 있다고 본다.

2. 을에게 법률상 이익이 인정되는지 여부

설문상 을은 환경영향평가 평가대상의 밖에 거주하는 주민이지만 처분 등으로 인하여 처분 전과 비교하여 수인한도를 넘는 환경상의 피해가 있음을 입증하는 경우에 한하여 원고적격이 인정될 수 있을 것이다.

사례 3

(1) A시장은 관할 농림지역에 환경영향평가를 거쳐 하수처리시설 설치를 위한 개발사업허가를 해 주었다. 해당 지역에 사는 갑, 인근 지역에 거주하면서 해당 지역에서 농사를 짓는 을, 인근 지역에 거주하면서 해당 지역에 토지를 소유하고 있는 병은 취소소송을 제기할 원고적격이 인정되는가? 30점

(2) 갑이 개발행위허가 취소소송을 제기하여 1년이 경과한 경우, 을과 병은 갑의 취소소송에 공동소송 또는 소송참가의 방식으로 참여할 수 있는가? (을과 병에 대한 취소소송의 제소기간은 경과되었다) 20점

(설문 1)의 해결

Ⅰ 쟁점의 정리

Ⅱ 제3자 원고적격

  1. 원고적격의 의의(행정소송법 제12조) 및 취지

  2. 법률상 이익의 의미

    (1) 학설

    (2) 판례

    (3) 검토

  3. 법률의 범위

    (1) 학설

    (2) 판례

    (3) 검토

  4. 제3자의 원고적격

    (1) 이웃주민의 경우

      1) 인인소송의 의의

      2) 원고적격의 인정 여부(환경영향평가 법령상 이익에 대한 판례의 태도)

Ⅲ 사안의 해결

  1. 갑과 을의 원고적격 인정 여부

  2. 병의 원고적격 인정 여부

(설문 2)의 해결

Ⅰ 쟁점의 정리

Ⅱ 공동소송

  1. 공동소송의 의의 및 취지(행정소송법 제15조)

  2. 공동소송의 요건

  3. 사안의 경우

Ⅲ 제3자 소송참가

  1. 제3자 소송참가의 의의 및 취지(행정소송법 제16조)

  2. 참가의 요건

  3. 참가의 절차

  4. 참가인의 지위

  5. 사안의 경우

Ⅳ 사안의 해결

⊕ **(설문 1)의 해결**

Ⅰ 쟁점의 정리

갑·을·병은 개발사업허가의 직접 상대방이 아닌 제3자이므로, 취소소송을 제기하기 위해서는 법률상 이익이 인정되어야 한다. 이하에서 법률상 이익의 의미와 법률의 범위를 살펴본 후, 갑·을·병에게 법률상 이익이 인정되는지를 검토한다.

Ⅱ 제3자 원고적격

1. 원고적격의 의의(행정소송법 제12조) 및 취지

원고적격이란 본안판결을 받을 수 있는 자격으로, 행정소송법 제12조에서는 "취소소송은 처분 등의 취소를 구할 법률상 이익이 있는 자가 제기할 수 있다."고 규정하고 있다. 이는 소를 제기할 수 있는 자를 규정하여 남소방지를 도모함에 취지가 인정된다.

2. 법률상 이익의 의미

(1) 학설

① 처분 등으로 권리가 침해당한 자가 소송을 제기할 수 있다는 권리구제설, ② 법적으로 보호된 개인적 이익을 침해당한 자가 제기할 수 있다는 법률상 보호된 이익구제설(법적이익구제설) ③ 재판에 의하여 보호할 가치있는 이익이 침해된 자가 제기할 수 있다는 소송상 보호할 가치 있는 이익구제설 ④ 처분의 위법을 다툴 가장 적합한 자가 원고적격을 갖는다는 적법성 보장설이 대립된다.

(2) 판례

법률상 보호되는 이익이라 함은 해당 처분의 근거법규 및 관련법규에 의하여 보호되는 개별적·직접적·구체적 이익이 있는 경우를 말하고, 공익보호의 결과로 국민 일반이 공통적으로 가지는 일반적·간접적·추상적 이익이 생기는 경우에는 법률상 보호되는 이익이 있다고 할 수 없다(대판 2006.3.16, 2006두330 全合)고 판시한 바 있다.

(3) 검토

권리구제설은 원고의 범위를 제한하고, 소송법상 보호가치 있는 이익구제설은 보호가치 있는 이익의 객관적 기준이 결여되는 문제가 있다. 또한 적법성 보장설은 객관소송화의 우려가 있다. 따라서 취소소송을 주관적, 형성소송으로 보면 법률상 보호이익설이 타당하다.

3. 법률의 범위

(1) 학설

법률상 이익구제설의 경우 보호법률의 범위가 문제되는데 이에 대하여 ① 처분의 근거법규에 한정하는 견해, ② 처분의 근거법규뿐만 아니라 관계법규까지 보호규범으로 보는 견해, ③ 처분의 근거 및 관계법규에 헌법규정(자유권 등 구체적 기본권)이 보충적으로 보호규범이 된다는 견해, ④ 이에 민법규정도 보호규범에 포함시켜야 한다는 견해 및 절차규정도 보호규범에 포함시켜야 한다는 견해가 있다.

(2) 판례

판례는 처분의 근거법규 및 관계법규(취지포함)에 의해 개별적으로 보호되는 직접적이고 구체적인 개인적 이익을 법률상 이익으로 보고 있다. 처분의 근거법규라는 개념 속에 처분의 관계법규를 포함시켜 사용하기도 하며, 법률상 이익의 범위를 점차 넓혀가는 경향이 있다.

(3) 검토

처분의 근거법규 및 관계법규에 의한 개인적 이익은 물론, 헌법상 구체적인 기본권과 절차규정에 의해 보호될 수 있는 이익도 법률상 이익의 범위에 포함된다고 보는 것이 국민의 권리구제에 유리하다고 판단된다.

4. 제3자의 원고적격

(1) 이웃주민의 경우

1) 인인소송의 의의

인인소송이라 함은 어떠한 시설의 설치를 허가하는 처분에 대하여 해당 시설의 인근 주민이 다투는 소송을 말한다.

2) 원고적격의 인정 여부(환경영향평가법령상 이익에 대한 판례의 태도)

평가대상지역 안의 주민의 경우는 처분 전과 비교하여 수인한도를 넘는 환경침해를 받지 아니하고 쾌적한 환경에서 생활할 수 있는 개별적 이익까지도 이를 보호하려는 데에 있다 할 것이므로, 특단의 사정이 없는 한 환경상의 이익에 대한 침해 또는 침해우려가 있는 것으로 사실상 추정되어 원고적격이 인정된다고 본다.

평가대상지역 밖의 주민인 경우는 처분 등으로 인하여 처분 전과 비교하여 수인한도를 넘는 환경상의 이익에 대한 침해 또는 침해우려가 있다는 것을 입증함으로써 원고적격을 인정받을 수 있다고 판시한 바 있다(대판 2006.3.16, 2006두330 全合).

Ⅲ 사안의 해결

1. 갑과 을의 원고적격 인정 여부

갑은 해당 지역의 주민이고, 을은 해당 지역에서 농사를 짓는 사람이므로 개발사업으로 인한 환경상 침해를 받으리라고 예상되는 영향권 내의 환경상 이익을 향유하는 사람이라고 볼 수 있다. 따라서 특별한 사정이 없는 한, 환경상 이익에 대한 침해 또는 침해우려가 있는 것으로 사실상 추정되어 법률상 보호되는 이익으로 인정됨으로써 원고적격을 인정할 수 있다.

2. 병의 원고적격 인정 여부

병은 해당 지역에 토지를 소유하고 있을 뿐 이곳 주민이 아니므로 환경상 침해를 받으리라고 예상되는 영향권 내의 주민으로 보기 어려우므로, 해당 개발사업으로 인하여 그 처분 전과 비교하여 수인한도를 넘는 환경침해를 받거나 받을 우려가 있음을 입증하여야 법률상 이익이 인정될 수 있다.

⊕ (설문 2)의 해결

Ⅰ 쟁점의 정리

을과 병은 제소기간이 경과되어 개발허가에 대한 항고소송을 제기할 수 없다. 따라서 공동소송 및 제3자의 소송참가의 형태로 갑이 제기한 취소소송에 참여할 수 있는지가 문제된다.

Ⅱ 공동소송

1. 공동소송의 의의 및 취지(행정소송법 제15조)

공동소송이란 하나의 소송절차에 여러 사람의 원고 또는 피고가 관여하는 소송의 형태로 관련청구의 주관적 병합이라고 할 수 있다. 공동소송은 심리의 중복과 재판의 저촉을 피하면서 사건을 한 번에 해결함으로써 법원의 과중한 업무부담을 경감하고 국민의 신속한 재판받을 권리를 보장한다.

2. 공동소송의 요건

공동소송은 각자 독립 당사자로서 소송에 참가하는 것이므로 각자 소송요건을 충족하고 있어야 한다. 즉, 원고인 공동소송인은 원고적격을 갖추고 출소기간 내에 참가하여야 한다. 따라서 취소를 구할 법률상 이익이 없거나 제소기간이 경과된 경우에는 공동소송인으로 참가할 수 없다.

3. 사안의 경우

사안에서 을과 병은 원고적격의 인정 여부와 관계없이, 제소기간이 경과되었으므로 공동소송의 방식으로 참가할 수는 없을 것이다.

Ⅲ 제3자 소송참가

1. 제3자 소송참가의 의의 및 취지(행정소송법 제16조)

제3자의 소송참가라 함은 소송의 결과에 의하여 권리 또는 이익의 침해를 받을 제3자가 있는 경우에 당사자 또는 제3자의 신청 또는 직권에 의하여 그 제3자를 소송에 참가시키는 제도를 말하며 제3자의 권익을 보호하기 위하여 인정된 제도이다.

2. 참가의 요건

① 타인 간의 취소소송 등이 계속되고 있을 것, ② 소송의 결과에 의해 권리 또는 이익의 침해를 받을 제3자(소송당사자 이외의 자)일 것을 요건으로 한다.

3. 참가의 절차

제3자의 소송참가는 당사자 또는 제3자의 신청 또는 직권에 의하여 결정으로써 행한다(제16조 제1항). 법원이 제3자의 소송참가를 결정하고자 할 때에는 미리 당사자 및 제3자의 의견을 들어야 한다(제16조 제2항). 소송참가 신청을 한 제3자는 그 신청을 각하한 결정에 대하여 즉시 항고할 수 있다(제16조 제3항).

4. 참가인의 지위

소송참가인에 대해서는 민사소송법 제67조의 규정이 준용되므로 참가인은 피참가인과의 사이에 필수적 공동소송에 있어서의 공동소송인에 준하는 지위에 서게 되나, 당사자에 대하여 독자적인 청구를 하는 것이 아니므로 강학상 공동소송적 보조참가인의 지위와 유사한 것으로 보는 것이 통설이다.

5. 사안의 경우

을은 원고적격을 갖추고 있어 소송참가를 할 수 있으나, 병은 환경피해의 우려를 인정할 만한 사정이 있음을 입증하는 경우에 한하여 소송참가를 할 수 있을 것이다.

Ⅳ 사안의 해결

병은 원고적격이 인정되지 않으며 제소기간이 경과되었기에 공동소송 또는 제3자 소송참가의 형태로 갑이 제기한 취소소송에 참여할 수 없으나, 을은 원고적격이 인정되기에 갑이 제기한 취소소송에 이해관계인으로서 참여할 수 있을 것이다.

🌸 **사례 4**

정부는 중·소 감정평가법인의 활성화를 위하여 2016년부터 2020년까지 5년 동안 정부입찰은 중·소법인만 할 수 있도록 가칭 '정부입찰법'을 개정하였다. 국방부는 "국방부 감정평가서비스 개선을 위한 사내교육" 실시를 위하여 1개의 중·소법인을 교육기관으로 선정하기 위한 입찰공고를 하였다. 이에 감정평가법인 갑과 을은 국방부에 교육기관 지정신청을 하였으나 국방부는 업무경력이 풍부한 감정평가법인 갑을 교육기관으로 선정하는 내용을 갑과 을에게 통지하였다. 감정평가법인 을은 양 법인은 조직규모, 업무실적, 소속감정평가사의 현황 등이 유사함에도 불구하고 갑의 업무경력이 풍부하다는 것은 인정할 수 없다고 생각하여 국방부의 교육기관 선정에 대한 취소소송을 고민하고 있다. 이와 관련된 법적 쟁점에 대해서 논하시오(교육기관 선정행위가 처분임을 전제로 논하시오). 50점

I 쟁점의 정리

II 갑과 을의 관계가 경원자 관계인지
  1. 경원자 관계
  2. 사안의 경우

III 을이 '갑에 대한 교육기관 지정행위 취소소송'을 제기할 법률상 이익이 있는지 여부
  1. 원고적격의 의의(행정소송법 제12조) 및 취지
  2. 법률상 이익의 의미
    (1) 학설
      1) 권리구제설
      2) 법률상 보호이익설
      3) 보호가치이익설
      4) 적법성 보장설
    (2) 판례
    (3) 검토
  3. 법률의 범위
    (1) 학설
    (2) 판례
    (3) 검토
  4. 경원자와 원고적격
    (1) 경원자소송의 의의
    (2) 원고적격의 인정 여부
  5. 사안의 경우

IV 을에 대한 '교육기관 선정거부' 취소소송 인정 여부
  1. 대상적격 인정 여부
    (1) 거부가 처분이 되기 위한 요건
      1) 판례의 태도
      2) 신청권 존부에 대한 견해의 대립
      3) 검토
    (2) 사안의 경우
  2. 원고적격 및 협의의 소익 인정 여부
    (1) 원고적격 인정 여부
    (2) 협의 소익 인정 여부
      1) 협의의 소익의 의의 및 취지
      2) 제12조 제2문의 회복되는 법률상 이익의 의미
      3) 협의 소익 인정 여부
    (3) 사안의 경우
  3. 그 외 소송요건

V 사안의 해결

Ⅰ 쟁점의 정리

설문은 유사한 조건을 갖고 있는 감정평가법인 갑과 을의 교육기관 선정과 관련된 사안이다. 우선 사안의 해결을 위하여 갑과 을의 관계가 경원자 관계인지를 살펴보고, 경원자 관계라면 을이 갑에 대한 교육기관 선정행위에 대한 취소소송을 제기할 법률상 이익이 있는지를 검토한다. 이와 별도로 갑에 대한 교육기관 선정행위가 아닌 '을' 자신에 대한 교육기관 선정 거부처분을 대상으로 소를 제기할 수 있는지도 함께 검토한다.

Ⅱ 갑과 을의 관계가 경원자 관계인지

1. 경원자 관계

경원자라 함은 수인의 신청을 받아 일부에 대하여만 인·허가 등의 수익적 행정처분을 할 수 있는 관계로서 타방의 허가는 타방의 불허가로 귀결되는 관계를 말한다.

2. 사안의 경우

설문상 교육기관을 1개 업체를 선정하게 되어 있으므로 갑에 대한 교육기관 선정행위는 을에 대한 교육기관 선정제외 행위로 볼 수 있다. 따라서 갑과 을은 경원자 관계에 있다고 본다.

Ⅲ 을이 '갑에 대한 교육기관 지정행위 취소소송'을 제기할 법률상 이익이 있는지 여부

1. 원고적격의 의의[행정소송법 제12조] 및 취지

원고적격이란 본안판결을 받을 수 있는 자격으로, 행정소송법 제12조에서는 "취소소송은 처분 등의 취소를 구할 법률상 이익이 있는 자가 제기할 수 있다."고 규정하고 있다. 이는 소를 제기할 수 있는 자를 규정하여 남소방지를 도모함에 취지가 인정된다.

2. 법률상 이익의 의미

(1) 학설

1) 권리구제설

이 견해는 처분 등으로 인하여 권리가 침해된 자만이 항고소송을 제기할 수 있는 원고적격을 갖는다는 견해이다. 항고소송의 목적을 위법한 처분에 의해 침해된 권리의 회복에 있다고 보는 데 근거하고 있다.

2) 법률상 보호이익설

이 견해는 처분의 근거 내지 관계실정법 규범의 취지와 보호목적을 기준으로 하여 관계법이 공익뿐만 아니라 개인의 이익도 보호하고 있다고 해석되는 경우에는 항고소송의 원고적격이 있는 것으로 본다.

3) 보호가치이익설

이 견해는 실체법을 준거로 하는 것이 아니라 소송법적 관점에서 재판에 의하여 보호할 만한 가치가 있는 이익이 침해된 자는 항고소송의 원고적격이 있다고 본다.

4) 적법성 보장설

이 견해는 항고소송의 주된 기능을 행정통제에서 찾고 처분의 위법성을 다툴 적합한 이익을 갖는 자에게 원고적격을 인정하는 견해이다.

(2) 판례

법률상 보호되는 이익이라 함은 해당 처분의 근거법규 및 관련법규에 의하여 보호되는 개별적·직접적·구체적 이익이 있는 경우를 말하고, 공익보호의 결과로 국민 일반이 공통적으로 가지는 일반적·간접적·추상적 이익이 생기는 경우에는 법률상 보호되는 이익이 있다고 할 수 없다(대판 2006.3.16, 2006두330 숲솜)고 판시한 바 있다.

(3) 검토

권리구제설은 원고의 범위를 제한하고, 소송법상 보호가치 있는 이익구제설은 보호가치 있는 이익의 객관적 기준이 결여되는 문제가 있다. 또한 적법성 보장설은 객관소송화의 우려가 있다. 따라서 취소소송을 주관적, 형성소송으로 보면 법률상 보호이익설이 타당하다.

3. 법률의 범위

(1) 학설

법률상 이익구제설의 경우 보호법률의 범위가 문제되는데 이에 대하여 ① 처분의 근거법규에 한정하는 견해, ② 처분의 근거법규뿐만 아니라 관계법규까지 보호규범으로 보는 견해, ③ 처분의 근거 및 관계법규에 헌법규정(자유권 등 구체적 기본권)이 보충적으로 보호규범이 된다는 견해, ④ 이에 민법규정도 보호규범에 포함시켜야 한다는 견해 및 절차규정도 보호규범에 포함시켜야 한다는 견해가 있다.

(2) 판례

판례는 처분의 근거법규 및 관계법규(취지포함)에 의해 개별적으로 보호되는 직접적이고 구체적인 개인적 이익을 법률상 이익으로 보고 있다. 처분의 근거법규라는 개념 속에 처분의 관계법규를 포함시켜 사용하기도 하며, 법률상 이익의 범위를 점차 넓혀가는 경향이 있다.

(3) 검토

처분의 근거법규 및 관계법규에 의한 개인적 이익은 물론, 헌법상 구체적인 기본권과 절차규정에 의해 보호될 수 있는 이익도 법률상 이익의 범위에 포함된다고 보는 것이 국민의 권리구제에 유리하다고 판단된다.

4. 경원자와 원고적격

(1) 경원자소송의 의의

경원자소송이라 함은 수인의 신청을 받아 일부에 대하여만 인·허가 등의 수익적 행정처분을 할 수 있는 경우에 인·허가 등을 받지 못한 자가 인·허가처분에 대하여 제기하는 항고소송을 말한다.

(2) 원고적격의 인정 여부

경원자 관계에 있는 경우에는 각 경원자에 대한 인·허가 등이 배타적 관계에 있으므로 자신의 권익을 구제하기 위하여는 타인에 대한 인·허가 등을 취소할 법률상 이익이 있다고 보아야 한다. 경원자 관계에 있는 자는 타인에 대한 허가처분의 취소를 구하거나 자신에 대한 불허가 처분(거부처분)의 취소를 구할 수 있고, 또한 양자를 관련청구소송으로 병합하여 제기할 수도 있다.

판례도 "인·허가 등의 수익적 행정처분을 신청한 수인이 서로 경쟁관계에 있어서 일방에 대한 허가 등의 처분이 타방에 대한 불허가 등으로 귀결될 수밖에 없는 때 허가 등의 처분을 받지 못한 자는 비록 경원자에 대하여 이루어진 허가 등 처분의 상대방이 아니라 하더라도 해당 처분의 취소를 구할 원고적격이 있다."고 판시한 바 있다(대판 2009.12.10, 2009두8359).

5. 사안의 경우

을은 정부입찰법에 따라 정당한 입찰을 통하여 감정평가서비스를 제공할 권리 및 이익이 인정되므로 갑의 교육기관 선정행위의 취소를 구할 법률상 이익이 인정된다.

Ⅳ 을에 대한 '교육기관 선정거부' 취소소송 인정 여부

1. 대상적격 인정 여부

(1) 거부가 처분이 되기 위한 요건

1) 판례의 태도

거부처분이 처분성을 갖기 위해서는 ① 공권력 행사의 거부일 것, ② 국민의 권리와 의무에 영향을 미칠 것, ③ 법규상·조리상 신청권을 가질 것을 요구한다. 이때의 신청권은 행정청의 응답을 구하는 권리(형식적 권리)이며, 신청된 대로의 처분을 구하는 권리(실체적 권리)가 아니라고 한다.

2) 신청권 존부에 대한 견해의 대립

① 신청권의 존재는 본안문제라는 견해, ② 처분성은 소송법상 개념요소만 갖추면 된다고 하여 원고적격으로 보는 견해, ③ 신청권은 신청에 대한 응답의무에 대응하는 절차적 권리이므로 이를 대상적격의 문제로 보는 견해가 있다.

3) 검토

판례와 같이 신청권을 일반·추상적인 응답요구권으로 보게 되면 개별·구체적 권리일 것을 요하는 원고적격과 구별되고, 이러한 신청권이 없다면 바로 각하하여 법원의 심리부담의 가중도 덜어줄 수 있으므로 대상적격의 문제로 보는 것이 타당하다.

(2) 사안의 경우

교육기관 선정거부는 정부입찰법상 신청권이 인정되며, 직업선택의 자유 및 감정평가활동을 수행할 권익에 영향을 미치는 행위이므로 처분성이 인정된다.

2. 원고적격 및 협의의 소익 인정 여부

(1) 원고적격 인정 여부

인가·허가 등 수익적 행정처분을 신청한 여러 사람이 서로 경원자 관계에 있어서 한 사람에 대한 허가 등 처분이 다른 사람에 대한 불허가 등으로 귀결될 수밖에 없을 때 허가 등 처분을 받지 못한 사람은 신청에 대한 거부처분의 직접 상대방으로서 원칙적으로 자신에 대한 거부처분의 취소를 구할 원고적격이 인정된다.

(2) 협의소익 인정 여부

1) 협의의 소익의 의의 및 취지

협의의 소익은 본안판결을 받을 현실적 필요성을 의미한다(행정소송법 제12조 제2문). 협의 소익은 원고적격과 함께 소송요건이 되며 이는 남소방지와 충실한 본안심사를 통해 소송경제를 도모함에 취지가 인정된다.

2) 제12조 제2문의 회복되는 법률상 이익의 의미

판례는 행정소송법 제12조 소정의 '법률상 이익'을 전문(원고적격)의 그것과 후문(협의의 소의 이익)의 그것을 구별하지 않고 모두 "해당 처분의 근거 법률에 의하여 보호되는 직접적이고 구체적인 이익"이라고 해석한다. 이에 소의 이익은 구체적 사안별로 권리보호의 현실적 필요성이 있는지를 검토함이 타당하므로 명예, 신용의 이익도 경우에 따라서는 소의 이익이 인정될 수 있을 것이다.

3) 협의 소익 인정 여부

취소판결이 확정되는 경우 판결의 직접적인 효과로 경원자에 대한 허가 등 처분이 취소되거나 효력이 소멸되는 것은 아니더라도 행정청은 취소판결의 기속력에 따라 판결에서 확인된 위법사유를 배제한 상태에서 취소판결의 원고와 경원자의 각 신청에 관하여 처분요건의 구비 여부와 우열을 다시 심사하여야 할 의무가 있으며, 재심사 결과 경원자에 대한 수익적 처분이 직권취소되고 취소판결의 원고에게 수익적 처분이 이루어질 가능성을 완전히 배제할 수는 없으므로, 특별한 사정이 없는 한 경원자 관계에서 허가 등 처분을 받지 못한 사람은 자신에 대한 거부처분의 취소를 구할 소의 이익이 있다.

(3) 사안의 경우

설문상 을이 교육기관 선정요건을 갖추지 못했다는 명확한 사정은 보이지 않으므로, 을이 자신에 대한 거부처분의 취소를 구함으로써, '재심사를 통한 교육기관 선정'을 구할 이익이 있으므로 원고적격과 협의 소익이 인정된다.

3. 그 외 소송요건

설문상 제소기간(행정소송법 제20조), 피고적격(행정소송법 제13조), 재판관할(행정소송법 제9조), 행정심판 임의주의(행정소송법 제18조) 등 기타 소송요건은 문제되지 않는 것으로 판단된다.

Ⅴ 사안의 해결

갑과 을은 경원자 관계이며 교육기관 지정행위 및 이에 대한 거부는 행정소송법상 처분이므로, 을은 갑에 대한 교육기관 지정행위의 취소를 구할 법률상 이익이 인정된다. 또한 을은 자신에 대한 교육기관 지정거부처분에 대한 취소소송을 제기할 원고적격과 소의 이익을 갖춘 바, 자신에 대한 교육기관 지정거부처분에 대해서도 취소소송을 제기할 수 있다.

> ❧ 인가·허가 등 수익적 행정처분을 신청한 여러 사람이 서로 경원관계에 있는 경우, 허가 등 처분을 받지 못한 사람이 자신에 대한 거부처분의 취소를 구할 원고적격과 소의 이익이 있는지 여부(원칙적 적극)
>
> 인가·허가 등 수익적 행정처분을 신청한 여러 사람이 서로 경원관계에 있어서 한 사람에 대한 허가 등 처분이 다른 사람에 대한 불허가 등으로 귀결될 수밖에 없을 때 허가 등 처분을 받지 못한 사람은 신청에 대한 거부처분의 직접 상대방으로서 원칙적으로 자신에 대한 거부처분의 취소를 구할 원고적격이 있고, 취소판결이 확정되는 경우 판결의 직접적인 효과로 경원자에 대한 허가 등 처분이 취소되거나 효력이 소멸되는 것은 아니더라도 행정청은 취소판결의 기속력에 따라 판결에서 확인된 위법사유를 배제한 상태에서 취소판결의 원고와 경원자의 각 신청에 관하여 처분요건의 구비 여부와 우열을 다시 심사하여야 할 의무가 있으며, 재심사 결과 경원자에 대한 수익적 처분이 직권취소되고 취소판결의 원고에게 수익적 처분이 이루어질 가능성을 완전히 배제할 수는 없으므로, 특별한 사정이 없는 한 경원관계에서 허가 등 처분을 받지 못한 사람은 자신에 대한 거부처분의 취소를 구할 소의 이익이 있다(대판 2015.10.29, 2013두27517).

🔴 **사례 5**

사업시행자 갑은 주택개발사업허가를 득하고 사업에 착수하였다. 주변지역 밖에 거주하는 을은 관련규정에서 동 개발행위 허가기준의 하나로 '주변지역의 토지이용실태 등 주변 환경과 조화를 이룰 것'을 규정하고, 그 세부사항으로 '개발행위로 인하여 해당 지역 및 주변지역에 대기오염·수질오염·토질오염·소음·진동·분진 등에 의한 환경오염·생태계파괴·위해발생 등이 발생할 우려가 없을 것'을 규정하고 있는 취지는, 토지의 형질 변경 등 해당 개발행위에 따른 대기오염 등에 의한 환경오염·생태계파괴·위해발생 등으로 직접적이고도 중대한 환경상 피해를 입을 것으로 예상되는 주민들의 생활환경상의 개별적 이익을 직접적·구체적으로 보호하려는 데 있다고 한다. 을에게 주택개발사업허가의 취소를 구할 원고적격이 인정되는가? 25점

① 쟁점의 정리

원고적격이란 구체적인 소송에서 원고로서 소송을 수행하여 본안판결을 받을 수 있는 자격을 말한다. 항고소송에서 원고적격의 문제는 구체적인 행정처분에 대하여 누가 원고로서 취소소송 등 항고소송을 제기하여 본안판결을 받을 자격이 있느냐에 관한 문제이다.

행정소송법 제12조에서는 법률상 이익있는 자가 취소소송을 제기할 수 있다고 규정하고 있는바 을에게 법률상 이익이 인정되는지가 문제된다.

설문의 해결을 위하여 법률상 이익의 의미와 범위에 대하여 살펴보고, 최근 환경영향평가와 관련된 판례를 검토하여 사안을 해결한다.

② 법률상 이익의 의미와 범위

1. 법률상 이익의 의미

(1) 학설

취소소송의 본질과 관련하여 견해가 대립되며 ① 취소소송의 본질은 침해된 권리회복이라는 권리구제설, ② 근거법상 보호되는 이익구제인 법률상 보호이익설, ③ 소송법상 보호가치 있는 이익구제라는 견해(실체법이 아니고 소송법적 관점에서 재판에 의해서 보호할 가치 있는 이익이 침해된 자), ④ 행정의 적법성 통제라는 적법성 보장설의 견해가 있다(처분의 위법을 다툴 적합한 이익있는 자).

(2) 판례

해당 처분의 근거, 관련법규에 의해 보호되는 개별적·직접적·구체적인 이익을 의미하며, 사실상이며 간접적인 이익은 법률상 보호이익이 아니라고 판시한 바 있다.

(3) 검토

권리구제설은 원고의 범위를 제한하고, 소송법상 보호가치 있는 이익구제설은 보호가치 있는 이익의 객관적 기준이 결여되는 문제가 있다. 또한 적법성 보장설은 객관소송화의 우려가 있다. 따라서 취소소송을 주관적, 형성소송으로 보면 법률상 보호이익설이 타당하다.

2. 법률의 범위

(1) 견해의 대립

근거 법률은 물론 관련법규까지 포함하는 견해와, 헌법상 기본권 및 민법상 일반원칙까지 포함하는 견해가 있다.

(2) 판례

1) 판례의 태도

대법원은 관계법규와 절차법규정의 취지도 고려하는 등 보호규범의 범위를 확대하는 경향을 보이고 있으며 헌법재판소는 헌법상 기본권인 경쟁의 자유를 고려한바 있다.

2) 환경영향평가법령상 이익에 대한 판례의 태도

① 평가대상지역 안의 주민의 경우는 처분 전과 비교하여 수인한도를 넘는 환경침해를 받지 아니하고 쾌적한 환경에서 생활할 수 있는 개별적 이익까지도 이를 보호하려는 데에 있다 할 것이므로, 특단의 사정이 없는 한 환경상의 이익에 대한 침해 또는 침해우려가 있는 것으로 사실상 추정되어 원고적격이 인정된다고 한다.

② 밖의 주민인 경우는 처분 등으로 인하여 처분 전과 비교하여 수인한도를 넘는 환경상의 이익에 대한 침해 또는 침해우려가 있다는 것을 입증함으로써 원고적격을 인정받을 수 있다고 한다.

(3) 검토

환경영향평가법령도 처분의 관계법규로서 당사자의 권익에 영향을 미친다면 보호규범의 범위로 볼 수 있다고 판단된다.

Ⅲ 사안의 해결

을은 주변지역 밖의 주민이므로, 해당 개발행위에 따른 대기오염 등에 의한 환경오염·생태계파괴·위해발생 등으로 직접적이고도 중대한 환경상 피해를 입을 것을 입증하는 경우에 한하여 원고적격이 인정될 것이다.

> 🔎 대판 2014.11.13, 2013두6824
> 개발행위가 시행될 지역이나 주변지역의 주민 외에 '개발행위로 자신의 생활환경상의 개별적 이익이 수인한도를 넘어 침해되거나 침해될 우려가 있음을 증명한 자'에게 개발행위허가 처분을 다툴 법률상 이익이 있는지 여부(적극)

02 원고적격, 집행정지, 사정판결

🔴 사례 6

갑은 Y도에 속하는 A섬에서 자영업을 경영하면서 자택에서 직선거리로 20km 정도 되는 곳에 있는 산지를 주된 무대로 지금까지 조류를 중심으로 한 자연관찰을 20년 이상이나 적어도 매주 3일, 시기에 따라서는 매일 대상 산지의 숲 속에 들어가 계속하여 자연관찰을 해왔다. 갑은 단순히 자연관찰뿐만 아니라, 관찰한 사항을 전문적인 연구자료로도 활용할 수 있도록 체계적인 기록도 하여 자료화하였다. 실제로 갑의 이러한 활동과 자료들은 현재 학계에서 학술연구의 기초자료로서 이용되고 있다. 그리고 갑은 생태사진 촬영에 뛰어난 전문가로서 현재까지 자신의 관찰대상 산지에 대해 훌륭한 작품도 여러 차례 발표하고 있는 상황이며, 이들 사진 중에 몇몇 사진들은 한국의 조류도감을 완성함에 있어 없어서는 안 될 귀중한 것으로 평가받고 있다. 그 외 갑은 혼자 조류 등의 자연관찰을 즐길 뿐만 아니라, 섬의 환경보호단체 동료들과 함께 지역사회의 주민들을 상대로 한 강연회나 관찰결과보고회를 자주 개최하여 A섬의 자연에 관한 지식보급과 자연환경의 소중함에 대한 계몽에 노력하고 있다.

그런데, 최근 갑이 평소 자연관찰을 해 오고 있던 산지지역에 있는 큰 산등성 위쪽에 위치한 흙을 아래로 밀어내어 정비한 다음, 그곳에 골프장을 설치한다는 계획이 수립되었다. 그 이전부터 육지의 개발업자가 섬의 개발예정지역 부근 일대의 토지를 지속적으로 조금씩 매입하고 있었지만, 최근 산림청장에게 골프장 건설을 목적으로 산지관리법에 의거한 산지전용허가를 받은 것이 지역 신문에 기사화되어 드디어 계획의 전모가 밝혀졌다. 그 내용을 확인한 갑은 섬의 산지 숲에 사는 희귀종 크낙새나 포유류의 생식환경이 위태롭게 된다는 점에 매우 고민하다가 골프장 개발을 저지하기 위해서 무엇인가 소송으로 행동을 실천하겠다는 결심을 하게 되었다. 그리고 갑은 소송을 제기함에 앞서 전문 변호사의 자문을 얻어 산지전용의 허가기준에 있어 환경요건 위반을 강하게 호소할 방침이다. 40점

(1) 이 경우에 만약 갑이 정식으로 소송을 제기한다면, 산지전용허가의 상대방이 아닌 갑이 소송을 제기함에 있어 취소소송의 원고적격이 인정될 수 있는가?

(2) 만약 골프장 개발면적이 '75만 제곱미터'이며 갑이 해당 개발지역에서 인접한 곳에 거주한다면 갑에게 산지전용허가취소소송의 원고적격을 인정할 수 있는가? (70만 제곱미터 이상 개발시는 환경영향평가법상 환경영향평가를 거치도록 되어 있음)

(3) 위 (2)의 경우 만약 갑에게 원고적격이 인정된다면, 갑이 소송진행 중 골프장 건설을 위한 기반정비사업을 중지시킬 방법은 무엇인가?

(4) 위 사례에서 골프장 개발업자가 골프장 건설을 위한 기반시설의 공정율이 이미 90% 이상에 이른 경우라면 법원은 갑의 취소소송 제기에 대해 어떠한 판단을 할 수 있을까? (다만, 이 경우 산림청장이 산지전용허가를 함에 있어 환경영향평가를 거치지 않았다고 상정한다.)

Ⅰ 쟁점의 정리

설문 (1), (2)에서는 취소소송의 소송요건과 관련하여 행정소송법 제12조 제1문의 '법률상 이익'이 문제된다. 즉, 원고적격의 인정 여부가 검토과제이다. 갑이 조류연구자로서 단순히 자연관찰 및 연구를 해오고 있다는 사정만으로 원고적격이 인정될 수 있는지, 만일 갑이 개발지역의 인접 주민이라면 원고적격이 인정될 수 있을지를 나누어 고찰하여 본다.

설문 (3)에서는 갑의 원고적격이 인정될 경우에 있어 가구제제도로서 집행정지와 가처분에 대해서 살펴보고, 그 인용가능성을 검토하여야 한다.

설문 (4)에서는 취소소송의 본안판단과 관련하여 먼저 사정판결이 인정될 수 있는지 여부를 검토하여 법원이 갑의 청구를 인용할 수 있는지에 대해 살펴보아야 할 것이다.

Ⅱ (설문 1, 2) 갑의 원고적격

1. 문제점

설문 (1)에서는 인근 주민은 아니나 조류연구가로서 취소소송을 제기할 수 있는지, 설문 (2)에서는 인근 주민이라면 원고적격이 인정되는지가 문제된다.

2. 행정소송법 제12조의 법률상 이익의 의미

(1) 항고소송과 원고적격의 기능

항고소송에서 원고적격이란 구체적인 사건에 있어 원고로서 소송을 수행하여 본안판결을 받을 수 있는 자격을 말한다. 항고소송에서 이러한 자격을 요구하는 것은 재판에 적합한 소송과 그렇지 않은 소송을 구별하여, 보호받을 이익을 가지지 않는 자를 소송에서 배제하여 남소와 객관적 소송으로의 변질을 방지하고 보호할 가치 있는 이익을 가진 자에게만 소송을 통해서 권리구제를 받을 수 있는 기회를 부여하는 기능을 한다.

(2) 제3자의 원고적격과 법률상 이익의 의미

1) 학설의 대립

법률상 이익과 관련하여서는 ① 취소소송의 목적은 위법한 처분으로 야기된 개인의 권리침해의 회복에 있으므로 권리가 침해된 자만이 소를 제기할 수 있다는 권리구제설, ② 위법한 처분으로 권리뿐만 아니라 법에 의해 보호되는 이익을 침해당한 자도 처분을 다툴 수 있다는 법률상 보호이익구제설, ③ 법에 의해 보호되는 이익이 아니라 하더라도 그 이익이 실질적으로 소송법적 관점에서 재판상 보호할 가치가 있다고 판단되는 경우에는 그러한 이익을 침해당한 자도 소를 제기할 수 있다는 보호가치 있는 이익구제설, ④ 처분의 적법성 확보에 가장 이해관계가 있는 자는 원고적격이 인정된다는 적법성 보장설의 견해가 대립하고 있다.

2) 판례의 태도

대법원은 법률상 이익을 법률상 보호되는 이익으로 이해하고 있다. 그리고 대법원은 행정처분의 직접 상대방이 아닌 제3자라도 해당 행정처분의 취소를 구할 법률상 이익이 있는 경우에는 원고적격을 인정할 수 있다고 하면서, 법률상 이익을 '해당 처분의 근거 법률에 의해서 보호되는 직접적이고 구체적인 이익이 있는 경우를 말하고, 다만 공익보호의 결과로 국민 일반이 공통적으로 가지는 평균적·추상적·일반적인 이익과 같이 간접적이거나 사실적·경제적 이해관계를 가지는 데 불과한 경우에는 여기에 포함하지 않는다(대판 1999.12.7, 97누12556).'라고 일관되게 판시하여 현재 통설적 견해인 법률상 보호이익구제설의 입장에 따르고 있다.

3) 검토

적법성 보장설은 우리나라 현행 행정소송법이 취하고 있는 주관적 소송의 원칙에 반할 뿐만 아니라, 자칫 항고소송을 민중소송화할 우려가 있다는 점에서 문제가 있다고 본다. 보호가치 있는 이익구제설은 보호할 가치가 있는 이익인지 여부가 법원에 의해 판단된다는 점에서 법원의 법규창조력을 인정하게 된다는 비판을 면하기 어렵다. 권리구제설은 전통적인 권리만을 공권으로 인정하여 원고적격의 범위를 지나치게 좁게 보는 문제점을 지적할 수 있다. 이와 같이 각 학설의 문제점과 항고소송의 기능에 비추어 볼 때 행정소송법의 문언에 충실한 해석과 국민의 재판청구권의 보장 측면에서 통설인 법률상 보호이익구제설이 타당하다고 본다.

(3) 법률상 이익의 판단기준

통설과 판례의 입장인 법률상 보호이익구제설에 따른다 하더라도 그 판단기준이 되는 "법"의 범위에 관해 아직 견해가 일치하고 있지 않다. 종래의 법률상 보호이익구제설은 해당 처분의 직접적인 근거가 되는 법률만을 그 해석 대상으로 삼았으나, 점차 개별법규뿐만 아니라 관련 법규 또는 전체법률로 그 해석 대상이 넓어졌고, 최근에는 나아가 헌법상의 기본권의 기본원리 까지 보호되는 이익의 해석 근거로 삼아야 한다는 견해까지 제기되고 있다.

특히 판례는 처분을 함에 있어 환경, 교통, 재해 등에 관한 영향평가법상의 환경영향평가를 거 치도록 규정되어 있는 경우 환경영향평가 대상지역 안의 주민들이 수인한도를 넘는 환경침해를 받지 아니하고 쾌적한 환경에서 생활할 수 있는 개별적 이익까지도 보호하고 있다고 보아 특단 의 사정이 없는 한 이들 주민의 환경상의 이익에 대한 침해 또는 침해우려가 있는 것으로 사실 상 추정되어 원고적격이 인정된다고 본다.

그러나 환경영향평가 대상지역 밖의 주민이라 할지라도 원고적격이 부정되는 것이 아니라 처분 으로 인하여 처분 전과 비교하여 수인한도를 넘는 환경상 이익에 대한 침해 또는 침해우려가 있다는 것을 입증하면 원고적격을 인정할 수 있다고 한다(대판 2001.7.27, 99두2970).

3. 갑의 원고적격 인정 여부

(1) 설문 (1)의 경우

갑은 대상 산지와 지역에서 자연관찰을 20년 이상 해오고 있으며, 이러한 연구결과는 현재 학 계에서 학술 연구의 기초 자료로 사용됨으로써 지역주민이나 일반국민 또는 학술 연구자가 이 를 활용하여 그로 인한 이익을 얻고 있는 것이 사실이나 해당 지역의 산지전용허가는 산지관리 법 제1조의 규정을 토대로 볼 때 산지의 합리적 보전과 이용을 통하여 임업의 발전과 산림의 다양한 공익 기능을 증진하여 국민경제의 발전과 국토환경보전에 이바지함을 목적으로 행하여 지는 것이지 그 이익이 국민이 자연관찰을 할 수 있도록 하는 구체적이고도 법률적 이익이라고 할 수는 없다. 갑이 개발지역의 인접 주민으로서 환경영향평가 대상지역 내의 주민 혹은 환경 영향평가 대상지역 외의 주민이라도 수인한도를 넘는 환경침해의 우려가 있는 지역 내의 주민 이라는 사정이 보이지 않는다면 환경영향평가법에 근거해서 법률상 이익을 인정하기도 힘들다. 따라서 설문 (1)의 경우 갑의 원고적격은 부정되어야 할 것이다.

(2) 설문 (2)의 경우

갑은 대상 산지와 지역의 인근 주민이고 산지관리법과 환경영향평가법에 기초하여 검토할 때 위 사안의 골프장 면적이 '75만 제곱미터'에 달하여 환경영향평가의 대상에 해당하고 산지전용 허가 이전에 환경영향평가를 실시하여야 하는바, 위 사안에서는 환경요건의 위반이 문제되므 로 인근 주민 갑의 법률상 이익은 설문 (1)과 같은 간접적, 사실적, 평균적 이익이 아닌 직접적 이고 구체적인 법률상의 이익이라고 할 것이다. 즉, 환경영향평가법의 취지는 환경상의 공익을 보호하는 데 그치는 것이 아니라, 해당 사업으로 인하여 환경 피해를 입으리라고 예상되는 지

PART · 02

역 안의 주민들이 종전과 비교하여 수인한도를 넘는 환경피해를 받지 아니하고 쾌적한 생활을 영위할 수 있도록 보호하려는 데 있다. 특히 갑이 환경영향평가 대상지역 내의 주민이라면 환경침해의 위험성이 사실상 추정되어 원고적격을 인정받을 수 있을 것이다. 그리고 환경영향평가 대상지역 외의 주민이라도 골프장 건설 전과 비교하여 수인한도를 넘는 환경상 이익의 침해 우려가 있음을 입증하면 원고적격을 인정받을 수 있다. 따라서 인근 주민 갑은 환경요건 위반과 관련하여 취소소송의 원고적격이 인정된다고 보아야 할 것이다.

Ⅲ [설문 3] 가구제제도로서 집행정지의 인용 여부

1. 문제점

행정소송법에는 항고소송에 의한 권리구제의 실효성 확보를 위한 방법으로서 집행정지(행정소송법 제23조 제2항)가 있는바, 그 인용요건을 충족하는지가 문제된다.

2. 집행부정지의 원칙과 예외적인 집행정지

집행부정지 원칙은 취소소송의 제기는 처분 등의 효력이나 그 집행 또는 절차의 속행에 영향을 주지 아니함을 말한다. 단, 판결의 실효성을 확보하기 위하여 처분이 진행되는 등의 사정으로 회복되기 어려운 손해가 발생할 경우 예외적으로 집행정지를 인정한다.

3. 집행정지의 인용요건

집행정지가 인용되기 위해서는 ① 집행정지의 대상인 처분 등의 존재 ② 적법한 본안소송의 계속 ③ 회복하기 어려운 손해발생의 우려 ④ 긴급한 필요의 존재 ⑤ 공공복리에 중대한 영향을 미칠 우려가 없을 것 ⑥ 본안 청구가 이유 없음이 명백하지 아니할 것 등의 요건을 충족해야 한다. 이 중 앞의 네 요건은 적극적 요건으로서 원고가 주장, 소명하여야 하나 뒤의 두 요건은 소극적 요건으로서 집행정지를 막고자 하는 피고 행정청이 주장, 소명하여야 한다.

4. 집행정지의 인용요건 충족 여부

(1) 회복하기 어려운 손해발생의 우려

회복하기 어려운 손해라 함은 금전보상이 불능인 경우와, 금전보상으로는 사회관념상 참고 견디기 곤란한 유, 무형의 손해를 의미한다(대결 2003.10.9, 2003무23). 이에 중대한 경영상의 위기도 손해의 범주에 포함되는 것으로 본다.

〈사안에서〉 산지전용허가처분으로 골프장 건설의 실질적 가능성이 인정되고 골프장 건설로 인하여 희귀종인 조류와 포유류의 생태환경변화는 금전보상이 곤란하며, 또한 금전보상으로 전보될 수 없는 손해라 할 것이므로 회복하기 어려운 손해발생의 우려가 있다고 일응 인정된다.

(2) 긴급한 필요의 존재

'긴급한 필요'라고 함은 회복하기 어려운 손해의 발생가능성이 절박하여 본안소송에 대한 판결을 기다릴 여유가 없음을 의미한다(대결 1971.1.28. 70두7).

〈사안에서〉 산지전용허가처분이 기사화되었고 골프장 건설이 실시될 것이 명백하므로 긴급할 필요가 인정된다고 할 수 있다.

(3) 공공복리에 중대한 영향을 미칠 우려가 없을 것

처분의 집행에 의해 신청인이 입을 손해와 처분의 집행정지에 의해 영향을 받을 공공복리를 비교형량하여 정하여야 한다. 〈사안에서〉 골프장 건설을 위한 기반시설정비공사로 인한 자연생태계의 파괴에 의한 손해가 골프장 건설 지연에 의한 손해보다 현저히 크다고 할 것이므로 해당 요건은 충족된다고 본다.

5. 사안의 경우

본 사안의 내용상 갑의 집행정지 신청은 ① 집행정지의 대상인 산지전용허가처분이 존재하고, ② 본안소송이 적법하며, ③ 자연 생태계 파괴라는 회복하기 어려운 손해발생의 우려가 있으며, ④ 집행을 정지하여야 할 긴급한 필요가 인정되고, ⑤ 자연 생태계의 파괴에 의한 손해가 골프장 건설 지연에 의한 손해보다 현저히 크다고 볼 수 있으며, ⑥ 본안청구가 명백히 이유 없는 경우가 아니므로 모든 요건을 충족하여 인용될 수 있을 것이다.

그 외 민사집행법상의 가처분 규정이 행정소송법에 준용될 수 있을지가 문제될 수 있으나 집행정지가 인용될 수 있는 본 사안에서는 논의의 실익이 없을 것이다.

Ⅳ [설문 4] 법원의 판단(사정판결)

1. 사정판결의 의의(행정소송법 제28조 제1항)

사정판결이라고 함은 원고의 청구가 이유 있다고 인정되는 경우에도 처분 등을 취소하는 것이 현저히 공공복리에 적합하지 않다고 인정되는 때에 법원이 청구를 기각하는 판결을 의미한다. 이는 법치주의에 대한 중대한 예외로서 그 요건은 엄격히 해석되어야 한다(대판 1995.6.13. 94누4660). 또한 사정판결을 하는 경우에도 대상적 사익구제조치가 반드시 병행되어야 한다.

2. 사정판결의 요건

법원이 사정판결을 하기 위해서는 ① 처분 등이 위법하고, ② 처분 등을 취소함이 현저히 공익에 적합하지 않은 경우, 즉 위법한 처분을 취소함으로써 발생하게 되는 새로운 공익 침해의 정도가 위법한 처분을 취소하지 않고 방치함으로써 발생되는 처분의 상대방의 불이익과 기타 공익침해의 정도보다 현저히 큰 경우이어야 한다. 공익성 판단은 변론종결시를 기준으로 한다(대판 1992.2.14. 90누9032).

3. 사정판결의 요건 충족 여부

현재 소송이 제기된 상태이고 골프장 개발면적이 '75만 제곱미터'임에도 불구하고 환경영향평가를 받지 않은 상태에서 산지전용허가처분이 이루어졌으므로 이는 위법한 처분이며, 이러한 위법사유는 중대하나 외관상 일견 명백하다고는 할 수 없으므로 취소사유에 해당한다고 볼 수 있다. 따라서 ①의 요건을 충족하였다. 그러나 ②의 요건과 관련하여 골프장 건설을 위한 기반시설공사가 90% 이상의 공정률을 보인다고 하더라도 이를 사정판결함으로써 얻게 되는 이익보다는 해당 산지전용허가를 취소함으로써 얻게 되는 공익이 현저히 크다고 보이므로 법원은 사정판결을 할 수 없을 것이다.

4. 사안의 경우(법원의 판단)

현재 골프장 건설을 위한 기반시설공사가 90%의 공정률을 보인다고 하더라도 해당 지역의 희귀 조류 보호와 생태계 보호를 위해서 법원은 갑의 청구를 인용하는 판결을 하여야 할 것이다. 이에 부가하여 해당 사업자는 원상회복의 의무를 지게 된다.

Ⅴ 사안의 해결

설문 (1)에서의 갑은 간접적 이익을 향유하고 있는 일반 국민에 불과하므로 취소소송의 원고적격이 인정되지 않고, 설문 (2)에서의 갑은 인근 주민으로서 개별적이고 구체적이며 직접적인 이익을 지니고 있으므로 취소소송의 원고적격이 인정될 수 있으며, 특히 환경영향평가 대상지역 내의 주민이라면 환경상 이익의 침해우려가 사실상 추정되어 원고적격이 인정될 수 있다.

설문 (3)에서 갑은 집행정지 신청을 할 수 있으며, 본 사안의 경우 공공복리에 중대한 영향을 미칠 우려가 있다는 특별한 자료가 발견되지 않으므로 집행정지 신청은 인용될 수 있다고 본다.

설문 (4)에서는 사정판결의 인정 여부가 문제되나, 산지전용허가처분의 취소로 인하여 현저히 공공복리에 적합하지 아니한 결과가 발생한다고 할 수 없으므로 갑의 청구를 인용하여야 할 것이다.

03 피고적격

◀ 사례 7

> 국토교통부장관으로부터 사업인정에 관한 대리권을 수여받은 관악구청장은 대리의 취지를 명시적
> 으로 표시하지 않고서 근 10여 년간 관악구에서 사업인정처분을 하였다. 이 경우 누구를 상대로
> 취소소송을 제기해야 하는지 논하시오. [20점]

Ⅰ 쟁점의 정리

Ⅱ 취소소송에서의 피고적격
  1. 의의 및 제도적 취지(행정소송법 제13조)
  2. 처분 등을 행한 행정청의 의미
    (1) 처분 등을 행한 행정청
    (2) 처분청과 통지한 자가 다른 경우
    (3) 권한의 위임(또는 위탁)의 경우
    (4) 권한의 대리의 경우

  3. 피고경정
    (1) 의의 및 취지(행정소송법 제14조)
    (2) 피고경정의 절차
    (3) 피고경정의 효과

Ⅲ 사안의 해결

Ⅰ 쟁점의 정리

행정소송법 제13조에서는 처분을 행한 행정청을 피고로 취소소송을 제기하도록 규정하고 있다. 국토교통부장관이 직접처분을 한 경우라면 국토교통부장관이 피고가 될 것이나, 사안과 같이 관악구청장이 이를 대리하여 대리의 취지를 명시적으로 표시하지 않은 경우 국토교통부장관과 관악구청장 중 누가 피고가 될 것인지가 문제된다.

Ⅱ 취소소송에서의 피고적격

1. 의의 및 제도적 취지(행정소송법 제13조)

피고적격이란 소송의 상대방을 말하며 행정소송법 제13조에서는 다른 법률에 특별한 규정이 없다면 '처분 등을 행한 행정청'으로 규정하고 있는데, 피고를 행정주체로 하지 않고 '처분 등을 행한 행정청'으로 규정한 것은 처분을 실제로 한 행정청을 피고로 하는 것이 효율적이고 행정통제기능을 달성하는 데 실효적이기 때문이다.

2. 처분 등을 행한 행정청의 의미

(1) 처분 등을 행한 행정청

소송의 대상인 처분 등을 외부적으로 행한 행정청을 의미한다. 행정청에는 법령에 의하여 행정

권한의 위임 또는 위탁을 받은 행정기관, 공공단체 및 그 기관 또는 사인이 포함된다. 정당한 권한을 가진 행정청인지 여부는 불문한다. 처분권한이 있는지 여부는 본안의 문제이다.

(2) 처분청과 통지한 자가 다른 경우

처분청과 통지한 자가 다른 경우에는 처분청이 피고가 된다.

(3) 권한의 위임(또는 위탁)의 경우

권한의 위임이 있는 경우에는 위임기관은 처분권한을 상실하며 수임기관이 처분권한을 갖게 되므로 수임기관이 처분청이 된다. 이 경우에 수임 행정기관은 행정청일 수도 있고 보조기관일 수도 있다.

(4) 권한의 대리의 경우

대리관계를 밝히고 처분을 한 경우 피대리관청이 처분청으로 피고가 된다. 또한 대리관계를 명시적으로 밝히지는 아니하였다 하더라도 상대방이 그 행정처분이 피대리 행정청을 대리하여 한 것임을 알고서 이를 받아들인 예외적인 경우에는 피대리 행정청이 피고가 되어야 한다.

3. 피고경정

(1) 의의 및 취지(행정소송법 제14조)

피고의 경정이란 소송의 계속 중에 피고로 지정된 자를 다른 자로 변경하는 것을 말한다. 행정 조직이 복잡하여 누가 피고적격을 가지고 있는지를 파악하기 어려운 경우도 적지 않아, 피고를 잘못 지정하여 각하하게 된다면 다시 정당한 피고를 정하여 제소하려고 할 때에 제소기간의 경과 등의 사유로 불가능할 수도 있다.

(2) 피고경정의 절차

원고가 피고를 잘못 지정한 때에는 법원은 원고의 신청에 의하여 결정으로써 피고의 경정을 허가할 수 있다.

(3) 피고경정의 효과

피고의 경정에 대한 법원의 허가결정이 있은 때에는 새로운 피고에 대한 소송은 처음에 소를 제기한 때에 제기된 것으로 보며, 종전의 피고에 대한 소송은 취하된 것으로 본다.

Ⅲ 사안의 해결

대리권을 수여받은 데 불과하여 그 자신의 명의로는 행정처분을 할 권한이 없는 행정청의 경우 대리관계를 밝힘이 없이 그 자신의 명의로 행정처분을 하였다면 그에 대하여는 처분명의자인 해당 행정청이 항고소송의 피고가 되어야 하는 것이 원칙이지만, 비록 대리관계를 명시적으로 밝히지는 아니하였다 하더라도 처분명의자는 물론 그 상대방도 그 행정처분이 피대리 행정청을 대리하여 한 것임을 알고서 이를 받아들인 예외적인 경우에는 피대리 행정청이 피고가 되어야 할 것이다.

CHAPTER 02 사정판결과 무효등확인소송

04 사정판결

 사례 8

서울시 노원구 상계3동 일대의 재개발지구에서 2020.2. 재개발정비사업조합설립인가 및 재개발사업시행인가 신청을 하였다. 이에 국토교통부장관은 2020.8. 재개발구역 내 토지면적 및 토지 및 건축물소유자의 2/3 이상의 동의가 있는 것으로 판단하여 조합설립 및 사업시행 인가처분을 하였다. 그러나 위 토지 및 건축물소유자 일부가 그 동의를 철회하여 인가처분 당시에는 소유자 총수의 2/3 이상의 동의요건을 갖추지 못하였다는 이유로 조합설립 및 사업시행인가처분의 취소를 구하였다. 그런데 법원의 심리가 진행될 당시에는 90% 이상의 소유자가 재개발사업의 속행을 바라고 있다. 이와 같은 상황에서 법원은 사정판결을 할 수 있는가? 20점

Ⅰ 쟁점의 정리
Ⅱ 사정판결의 요건 충족 여부
  1. 사정판결의 의의
  2. 사정판결의 요건
    (1) 취소소송일 것
    (2) 처분의 위법성
    (3) 처분 등을 취소함이 현저히 공공복리에
      적합하지 않을 것

  3. 심판
    (1) 주장 및 입증책임
    (2) 공익성 판단기준시
    (3) 사정조사
    (4) 처분이 위법함을 주문에 명시
    (5) 소송비용의 피고부담
  4. 구제방법의 병합
    (1) 의의
    (2) 병합의 성질
Ⅲ 사안의 해결

Ⅰ 쟁점의 정리

사정판결은 원칙적으로 인용판결을 하여야 할 것을 공익보호를 위해 기각판결을 하는 것이므로, 이 제도는 법치주의 및 재판에 의한 권리보호라는 헌법원칙에 대한 중대한 예외를 이루는 것이므로, 그 요건은 엄격하게 해석되어야 한다. 따라서 이하에서는 사정판결의 요건충족 여부를 중점으로 검토하고자 한다.

Ⅱ 사정판결의 요건 충족 여부

1. 사정판결의 의의

원고의 청구가 이유 있다고 인정되는 경우에는 원칙적으로 인용판결을 하여야 할 것이다. 그러나 원고의 청구가 이유 있는 경우에도 처분 등을 취소하는 것이 현저히 공공복리에 적합하지 아니하다고 인정하는 때에는 법원은 그 청구를 기각할 수 있는바(행정소송법 제28조), 이를 사정판결이라 한다.

2. 사정판결의 요건

(1) 취소소송일 것

사정판결은 당사자소송, 객관적 소송, 무효확인소송에서는 인정되지 않고 취소소송에서만 인정된다는 것이 통설과 판례의 입장이다. 일부견해는 무효와 취소의 구별이 상대적이고, 처분이 무효로 확인됨으로 인하여 현저하게 불합리한 결과를 초래하는 경우도 생각할 수 있다는 점 등을 이유로 무효확인소송에도 적용되어야 한다는 주장을 하고 있으나, 무효인 처분에 대해서까지 사정판결을 허용하는 것은 당사자의 권리보호라는 관점에서 볼 때 너무 지나친 결과이기 때문에 불합리하다.

(2) 처분의 위법성

사정판결은 본안심리를 통해 원고의 청구가 이유 있을 것, 즉 처분이 위법하여야 한다. 처분의 위법여부는 처분시를 기준으로 판단한다. 따라서 처분시점 이후에 발생한 법 및 사실상태의 변경으로 인하여 처분이 판결시의 현행법상 적법하게 된 경우라도 상관이 없다. 처분이 적법하다고 판명된 경우에는 청구 기각하게 되므로 사정판결의 여지가 없다.

(3) 처분 등을 취소함이 현저히 공공복리에 적합하지 않을 것

어떠한 경우에 청구인용의 판결을 함이 현저히 공공복리에 적합하지 않은지에 관하여 구체적인 기준을 정할 수 있는 것은 아니나, 위법한 행정처분의 효력을 유지하는 것 자체가 당연히 공공의 복리를 저해하는 것이므로, 위법한 처분을 취소하지 않고 방치함으로써 발생하는 공익침해의 정도보다 위법처분을 취소함으로써 발생하는 새로운 공익침해의 정도가 월등히 큰 경우라 할 것이다. 예컨대, 처분이 위법하기는 하나 이미 집행되어 버렸고, 그로 말미암아 다수 관계인 사이에 새로운 사실관계, 법률관계가 형성되어 이를 뒤엎을 경우 그로 인한 손해가 크고, 이에 비하면 위법한 처분으로 불이익을 받은 자의 손해의 정도는 비교적 근소하여 다른 방법으로 그 손해를 보충할 수 있다고 인정되는 경우이어야 할 것이다.

결국 해당 법원이 구체적인 사건에 임하여 처분의 집행으로 인한 기존의 상태존중, 손해의 정도, 그 보전방법의 난이도 등을 고려하여 구체적으로 결정하여야 할 것이다.

3. 심판

(1) 주장 및 입증책임

당사자의 명백한 주장이 없는 경우에도 일건기록에 나타난 사실을 기초로 하여 법원이 직권으로 석명권을 행사하거나 증거조사를 하여 사정판결을 할 수 있으며, 사정판결을 할 사정에 관한 주장 및 입증책임은 피고 행정청에 있다고 할 것이다.

(2) 공익성 판단기준시

처분에 대한 적법 여부 판단은 처분시를 기준으로 하지만 사정판결을 하여야 할 공익성 판단은 변론종결시를 기준으로 한다.

(3) 사정조사

사정판결을 함에 있어서는 미리 원고가 그로 인하여 입게 될 손해의 정도와 배상방법 그 밖의 사정을 조사하여야 한다(행정소송법 제28조 제2항). 이는 사정판결의 요건인 공익에 관한 비교형량을 위한 심리가 되는 동시에 부수조치를 하기 위한 심리도 된다.

(4) 처분이 위법함을 주문에 명시

사정판결을 하는 경우에 그 처분의 위법함을 주문에 명시하여야 한다(행정소송법 제28조 제1항 후문). 이는 처분의 위법함에 대한 기판력이 미치게 하기 위한 것이다. 따라서 이를 명시함이 없이 청구를 기각함은 위법하다.

(5) 소송비용의 피고부담

사정판결에 의하여 원고의 청구를 기각하는 경우에 그 소송비용은 피고의 부담으로 한다(행정소송법 제32조).

4. 구제방법의 병합

(1) 의의

처분 등이 위법한 이상 사정판결로 원고의 청구가 기각되더라도 처분 등의 위법 자체가 치유되는 것은 아니라 할 것이므로, 그로 인한 손해를 전보하고 손해의 발생 내지 확대를 막기 위한 제해시설의 설치 기타 구제방법이 강구되어야 한다. 이를 위하여 원고는 피고인 행정청이 속하는 국가 또는 공공단체를 상대로 손해배상, 제해시설의 설치 그 밖에 적당한 구제방법의 청구를 해당 취소소송 등이 계속된 법원에 병합하여 제기할 수 있다.

(2) 병합의 성질

원고로서는 피고가 사정판결을 구하는 항변을 하는 경우에 만일의 경우를 대비하여 처분 등이 취소되지 않을 경우를 전제로 부수조치에 관한 예비적 청구를 추가적으로 병합하게 되고, 이 경우 손해배상, 제해시설의 설치 등의 부수조치의 상대방은 피고 행정청이 아닌 국가 또는 공공단체이므로 주관적, 예비적 병합의 형태를 취하게 된다.

사정판결에 따른 손해의 산정시점은 처분시가 아니라 변론종결시가 기준이 된다.

Ⅲ 사안의 해결

이 사건의 경우 조합설립 및 사업시행에 동의하였던 일부 소유자들이 그 동의를 철회하여 인가처분 당시는 법정수의 동의를 얻지 못하였다고 하여도 그 후 90% 이상의 소유자가 재개발사업의 속행을 바라고 있다는 점, 도시 및 주거환경정비법에 따른 재개발사업의 공익목적 및 당연히 조합원의 지위를 가지고 있는 원고들이 다른 조합원들에 비하여 특별한 불이익이 없는 점, 달리 조합원에게 부여된 권리 이외에 손해배상 등이 필요하다고 보이지 않는 점 등을 고려할 때, 법원은 원고의 청구를 기각하고 사정판결을 할 수 있을 것이다.

사례 9

춘천시는 팔당댐의 보호를 위하여 '팔당댐 주변 보호구역'을 행정계획으로 지정하였으며, 동 구역 내에 나대지를 소유하고 있는 갑은 자신의 재산권보호를 위하여 절차상의 하자를 이유로 동 계획의 취소소송을 제기하였다. 심리결과 절차상 하자는 인정되지만 팔당댐 주변을 보호할 공익이 크다고 판단되는 경우, 법원이 내릴 수 있는 판결에 대해서 설명하시오. [20점]

Ⅰ 개설

취소소송은 위법한 처분 등의 취소 또는 변경을 통하여 권리구제를 가능하게 한다. 위법한 처분을 취소하여 침해당한 권리를 보전해 주는 것이 법치주의 원칙에도 부합하지만, 만약 이를 취소함으로 인하여 새로운 공익 침해가 발생한다면 이에 대한 이익형량이 요구된다고 할 것이다. 이러한 경우에 행정소송법상 사정판결이 적용될 수 있으므로 이하에서는 이를 설명한다.

Ⅱ 사정판결의 의의 및 요건

1. 사정판결의 의의(행정소송법 제28조)

사정판결이란 취소소송에 있어서 본안심리 결과, 원고의 청구가 이유 있다고 인정하는 경우에도 공공복리를 위하여 원고의 청구를 기각하는 판결을 말한다. 이는 법치주의에 대한 중대한 예외로서 그 요건은 엄격하게 해석되어야 한다.

2. 사정판결의 요건

(1) 원고의 청구가 이유 있을 것

사정판결은 원고의 청구가 이유 있음에도 불구하고 공공복리를 위하여 이를 기각하는 것이므로 처분의 위법성이 인정되어야 한다. 단, 무효인 경우에는 후술하는 경우와 같이 견해의 대립이 있다.

(2) 처분 등의 취소가 현저히 공공복리에 적합하지 않을 것

위법한 처분을 취소하여 개인의 권익을 구제할 필요와 그 취소로 인하여 발생할 수 있는 공공복리에 대한 현저한 침해를 비교형량하여 결정하여야 한다.

(3) 당사자의 신청이 있을 것

판례는 당사자의 신청이 없더라도 직권으로 사정판결을 할 수 있다고 보고 있다.

Ⅲ 인정범위(무효인 경우의 가능 여부)

1. 문제점

행정소송법상 사정판결은 무효등확인소송에는 준용되고 있지 않는 바, 인정 여부에 관하여 견해가 대립된다.

2. 학설

① 긍정설은 무효와 취소의 구별이 상대적이고, 무효인 경우도 외관이 존재하므로 사정판결을 인정해야 할 경우가 있다고 하며, ② 부정설은 무효인 경우에는 존치시킬 효력이 없으며, 사정판결을 준용한다는 규정도 없으므로 부정해야 한다는 견해이다.

3. 판례

판례는 '당연무효의 행정처분을 소송목적물로 하는 행정소송에서는 존치시킬 효력이 있는 행정행위가 없기 때문에 행정소송법 제28조 소정의 사정판결을 할 수 없다.'고 판시한 바 있다.

4. 검토

사정판결은 처분 등이 위법함에도 불구하고 공익을 위하여 기각판결을 하는 법치주의의 중대한 예외인바, 무효인 경우까지 사정판결을 인정하는 것은 권리보호에 불리하므로 부정함이 타당하다.

Ⅳ 사정판결의 효과 등

1. 사정판결의 효과

사정판결은 원고의 청구를 기각하는 판결이므로 취소소송의 대상인 처분 등은 해당 처분이 위법함에도 그 효력이 유지된다.

2. 법원의 조치

판결의 주문에 ① 처분 등의 위법을 명시하고, ② 손해의 정도와 배상방법을 조사하여야 한다. ③ 사정판결은 원고의 주장이 이유 있음에도 공익을 위해서 하는 것인바 소송비용은 피고가 부담해야 한다.

Ⅴ 결(사정판결과 권리구제)

사정판결로 해당 처분 등이 적법하게 되는 것은 아니므로 원고가 해당 처분 등으로 손해를 입은 경우 손해배상청구를 할 수 있다. 원고는 피고인 행정청이 속하는 국가 또는 공공단체를 상대로 손해배상, 제해시설의 설치 등 적당한 구제방법의 청구를 병합하여 제기할 수 있다.

05 | 무효등확인소송

 사례 10

감정평가사 갑은 정관을 작성하고 국토교통부장관에게 감정평가법인 A의 설립인가를 신청하였으나 국토교통부장관은 정관내용이 법령의 규정에 적합한지 여부를 심사, 확인하지 않은 채 법인설립인가를 거부하였다. 40점

(1) 갑은 국토교통부장관의 설립인가 거부행위에 대하여 무효등확인소송을 제기할 수 있는가?

(2) 감정평가법인 A는 다양한 업무영역을 확장하고 감정평가에 대한 전문성을 제고하기 위하여, 무형기술 가치평가에 특허된 기술을 가지고 있는 B법인과 합병하여 신설법인 C를 설립하였다. 이 경우 국토교통부장관은 A법인이 B법인과 합병하기 전에 감정평가법 제32조를 위반하여 과징금 1억원을 부과하였었는데 A법인이 상기 과징금을 부과하지 않았음을 이유로 C법인에게 과징금을 납부하도록 독촉할 수 있는가?

관련규정

시행령 제25조 제2항
국토교통부장관은 법 제29조 제5항 각 호 외의 부분 본문에 따른 감정평가법인의 설립인가를 할 때에는 다음 각 호의 사항을 심사·확인하여야 한다.
1. 설립하려는 감정평가법인이 법 제29조 제2항부터 제4항까지의 규정에 따른 요건을 갖추었는지 여부
2. 정관의 내용이 법령에 적합한지 여부

법 제41조 제3항
국토교통부장관은 이 법을 위반한 감정평가법인이 합병을 하는 경우 그 감정평가법인이 행한 위반행위는 합병 후 존속하거나 합병으로 신설된 감정평가법인이 행한 행위로 보아 과징금을 부과·징수할 수 있다.

(설문 1)의 해결

Ⅰ 쟁점의 정리

Ⅱ 관련행위의 법적 성질
  1. 감정평가법인 설립인가
  2. 법적 성질

Ⅲ 무효등확인소송의 제기요건 충족 여부
  1. 소송요건 규정(행정소송법 제38조 제1항)
  2. 대상적격의 충족 여부
    (1) 거부처분의 의의 및 구별개념

    (2) 거부가 처분이 되기 위한 요건
      1) 판례의 태도
      2) 신청권의 의미
      3) 신청권 존부의 견해대립
      4) 검토
    (3) 사안의 경우
  3. 원고적격 및 협의의 소익
    (1) 문제점
    (2) 확인의 이익의 의미(확인소송의 보충성)
    (3) 견해의 대립

PART · 02

갑은 식품위생법상의 식품접객업영업허가를 받아 유흥주점을 영위하여 오다가 17세의 가출 여학생을 고용하던 중, 식품위생법 제44조 제2항 제1호의 "청소년을 유흥접객원으로 고용하여 유흥행위를 하게 하는 행위"를 한 것으로 적발되었다. 관할 행정청이 제재처분을 하기에 앞서 갑은 을에게 영업관리권만을 위임하였는데 을은 갑의 인장과 관계서류를 위조하여 관할 행정청에 영업자지위승계신고를 하였고, 그 신고가 수리되었다.

(1) 영업자지위승계신고 및 수리의 성질을 검토하시오.

(2) 갑은 관할 행정청의 영업자지위승계신고의 수리에 대하여 무효확인소송을 제기할 수 있는지 검토하시오.

(3) 만약 갑과 을 간의 영업양도가 유효하고 영업자지위승계신고의 수리가 적법하게 이루어졌다고 가정할 경우, 관할 행정청이 갑의 위반행위를 이유로 을에게 3개월의 영업정지처분을 하였다면, 그 처분은 적법한지 검토하시오.

응용
쟁점

2009년 행정고시는 영업자지위승계신고의 수리에 대하여 무효확인소송을 제기할 수 있는지와 제재적 처분의 승계를 물어보았습니다.

따라서 감정평가법상 법인합병인가와 관련하여 과징금 부과의 승계규정을 숙지하고 있는지를 무효등확인소송의 쟁점과 관련하여 물어보았습니다.

무효등확인소송의 보충성과 관련된 최근 대법원의 요지를 검토하고 감정평가법 제41조 제3항에서 법인에 대한 과징금의 승계를 규정하고 있음을 숙지하시면 될 것입니다.

⊕ (설문 1)의 해결

❶ 쟁점의 정리

인가거부행위가 무효등확인소송의 대상적격이 되기 위한 요건과 무효등확인소송에서 보충성이 요구되는지를 중점으로, 무효등확인소송의 소송요건을 검토하여 설문을 해결한다.

❷ 관련행위의 법적 성질

1. 감정평가법인 설립인가

인가란 타인의 법률적 행위를 보충하여 그 법적효력을 완성시켜 주는 행정행위를 말한다. 즉, 국토교통부장관이 감정평가법인의 설립행위를 보충하여 사인 간의 법인설립행위의 효력을 완성시켜 주는 행위이다.

2. 법적 성질

인가는 기본행위의 효력을 완성시켜주는 형성행위이며 ① 새로운 권리설정 행위가 아니고, ② 공익판단의 규정이 없는 점에 비추어 요건구비 시에 인가를 거부할 수 없는 기속행위로 보아야 한다.

❸ 무효등확인소송의 제기요건 충족 여부

1. 소송요건 규정(행정소송법 제38조 제1항)

무효등확인소송의 제기가 가능하려면, 대상적격, 원고적격 및 협의의 소익, 피고적격, 관할법원을 준수하여야 한다.

2. 대상적격의 충족 여부

(1) 거부처분의 의의 및 구별개념

공권력 행사의 신청에 대해 처분의 발령을 거부하는 행정청의 의사작용으로, 거절의사가 명확한 점에서 부작위와 구별된다.

(2) 거부가 처분이 되기 위한 요건

1) 판례의 태도

거부처분이 처분성을 갖기 위해서는 ① 공권력 행사의 거부일 것, ② 국민의 권리·의무에 영향을 미칠 것, ③ 법규상, 조리상 신청권을 가질 것을 요구한다.

2) 신청권의 의미

신청의 인용이라는 만족할 만한 결과를 얻을 권리가 아니다. 일반, 추상적인 응답요구권인 형식적 신청권을 의미한다(판례).

3) 신청권 존부의 견해대립

① 처분성은 소송법상 개념요소만 갖추면 된다고 하여 원고적격, 본안문제로 보는 견해와 ② 국민에게 형식적 신청권이 인정되지 않는다면 부적법한 것으로 각하하는 것이 합당하므로 대상적격으로 보는 견해가 있다.

4) 검토

판례와 같이 일반적, 추상적 응답요구권으로 보게 되면 개별구체적 권리일 것을 요하는 원고적격과 구별되고 이러한 신청권이 없다면 바로 각하하여 법원의 심리부담의 가중도 덜어줄 수 있다고 본다.

(3) 사안의 경우

국토교통부장관의 인가거부로 인하여 감정평가사 갑은 법인설립효과를 향유할 수 없으며 법 제29조에서 설립인가 신청을 규정하고 있으므로 대상적격을 충족한다.

3. 원고적격 및 협의의 소익

(1) 문제점

행정소송법 제35조에서는 확인을 구할 법률상 이익으로 규정하는바, 민사소송에서와 같이 확인의 이익이 필요한지 견해의 대립이 있다.

(2) 확인의 이익의 의미(확인소송의 보충성)

확인의 이익이란 확인소송은 확인판결을 받는 것이 원고의 권리구제에 유효적절한 수단인 경우에만 인정된다는 것이다. 확인소송은 보다 실효적인 구제수단이 가능하면 인정되지 않는데 이를 확인소송의 보충성이라고 한다.

(3) 견해의 대립

1) 긍정설(즉시확정 이익설)

확인소송의 보충성의 원칙에 따라 다른 구제수단에 의하여 분쟁이 해결되지 않는 경우에 한하여 무효등확인소송을 보충적으로 인정하는 견해이다.

2) 부정설(법적보호 이익설)

① 무효등확인소송은 확인판결 자체로 기속력이 인정되므로 권리구제가 가능하고, ② 민사소송과는 목적을 달리하므로 확인의 이익이 불필요하다고 본다.

(4) 판례

종전 판례는 확인소송의 보충성을 요구하였으나, 최근 판례는 ① 행정소송은 민사소송과 목적, 취지, 기능을 달리하고, ② 확정판결의 기속력으로 판결의 실효성을 확보할 수 있고, ③ 보충성규정의 명문규정이 없으며, ④ 행정처분의 근거법률에 의하여 보호되는 구체적, 직접적 이익이 있는 경우에는 무효확인을 구할 법률상 이익이 있다고 보아야 한다고 하여 보충성이 요구되지 않는다고 판시했다.

(5) 검토

무효등확인판결이 있게 되면 기속력이 준용되어 판결의 실효성을 확보할 수 있으므로 확인의 이익이 요구되지 않는다고 본다.

(6) 사안의 경우

감정평가사 갑은 무효등확인판결을 받아, 법인설립인가의 효과를 향유할 법률상 이익이 인정되므로 원고적격을 충족한다.

4. 그 외 소송요건의 충족 여부

무효등확인소송의 경우 취소소송에서의 제소기간은 준용되지 않으므로 설문상 제소기간이나 관할은 문제되지 않는 것으로 판단된다.

Ⅳ 사안의 해결

감정평가사 갑은 국토교통부장관의 감정평가법인 설립인가의 거부행위에 대하여 법인설립의 효과를 향유하기 위한 법률상 이익이 인정되며, 그 외의 소송요건도 갖추었으므로 무효등확인소송을 제기할 수 있을 것이다.

⊕ (설문 2)의 해결

Ⅰ 쟁점의 정리

A법인에게 부과된 과징금의 효과가 새로이 신설된 C법인에게 승계되는지를 검토하여 설문을 해결한다.

Ⅱ 행정제재처분의 승계가능성

1. 행정제재처분의 승계

행정제재처분이란 행정법규의 실효성을 확보하기 위하여 행정법규의 위반자나 불이행자에 대하여 작위, 부작위, 급부, 수인 등의 일정한 의무를 부과하거나 처벌을 하는 것을 말한다. 승계란 상속, 영업의 양도, 법인의 합병 등에 의하여 제재처분의 효과 등이 타인에게 이전되는 것을 말한다.

2. 제재처분효과의 승계의 성립요건

(1) 법적 근거

식품위생법 제78조에서는 위법행위에 대한 제재를 피하기 위하여 영업을 허위로 양도하는 것을 방지하기 위하여 "행정제재처분 효과의 승계"를 규정하고 있다. 따라서 동 규정을 행정제재처분의 승계에 관한 일반규정으로 해석한다면 행정제재처분 효과의 승계에 관한 규정으로도 볼 수 있을 것이다.

(2) 승계적성

행정제재처분의 성질상 양수인 등 승계인에게 이전될 수 있는 성질을 지니고 있어야 한다. 당해 제재처분을 다른 사람이 대신 이행하더라도 당사자가 행한 경우와 동일한 결과를 가져오는 경우에는 승계가능성이 있지만, 대신 행할 수 없는 성질의 것이라면 대체가능성이 없어 승계적성이 없다고 할 것이다.

Ⅲ 사안의 해결

과징금 납부의무는 일신전속적인 의무가 아니고, 양도인의 지위에는 제재처분의 효과인 과징금 납부의무가 포함되므로 영업 양도 시 과징금 납부의무도 양수인에게 승계된다고 보는 것이 타당하다. 따라서 국토교통부장관은 C법인에게 과징금 납부를 독촉할 수 있다.

⤴ 법원의 판결 보충

1. 무효사유를 취소소송으로 제기한 경우

취소소송은 원칙상 취소사유인 위법한 처분이나 재결을 대상으로 하지만, 무효인 처분 등에 대하여 제기될 수도 있다. 무효인 처분에 대한 취소소송은 무효선언을 구하는 것일 수도 있고 단순히 취소를 구하는 것일 수도 있다. 전자의 경우에 취소법원은 무효를 선언하는 의미의 취소판결을 하고, 후자의 경우에는 통상의 취소판결을 한다.

위법한 처분에 대하여 취소소송이 제기된 경우에 법원은 해당 위법이 무효사유인 위법인지 취소사유인 위법인지 구분할 필요 없이 취소판결을 내리면 된다. 취소소송에 있어서는 해당 처분이 위법한지 아닌지가 문제이고 그 위법이 중대하고 명백한 것인지 여부는 심리대상이 되지 않기 때문이다. 실무도 이렇게 하고 있다(대판 1999.4.27. 97누6780[건축물철거대집행계고처분취소]).

다만, 무효의 선언을 구하는 취소소송이나 무효인 처분에 대한 취소소송이나 모두 불복기간 등 취소소송의 요건을 충족하여야 한다.

따라서 불복기간 등 취소소송에 고유한 요건을 갖추지 못한 경우에 원고는 취소소송을 무효확인소송으로 변경할 수 있고, 법원도 이를 위하여 석명권을 행사할 수 있다. 취소소송을 무효확인소송으로 변경하지 않는 한 법원은 계쟁처분이 당연무효라고 하여도 무효확인판결을 할 수는 없다.

2. 취소사유를 무효등확인소송으로 제기한 경우

무효확인소송의 대상이 된 행위의 위법이 심리의 결과 무효라고 판정되는 경우에는 인용판결(무효확인판결)을 내린다.

그런데, 해당 위법이 취소원인에 불과한 경우에 법원은 어떠한 판결을 내려야 하는가.

해당 무효확인소송이 취소소송요건을 갖추지 못한 경우 기각판결을 내려야 한다.

그런데, 해당 무효확인소송이 취소소송요건을 갖춘 경우에 어떠한 판결을 내려야 할 것인가에 관하여 견해의 대립이 있다.

① 소변경필요설 : 무효확인청구는 취소청구를 포함한다고 보지만 법원은 석명권을 행사하여 무효확인소송을 취소소송으로 변경하도록 한 후 취소소송요건을 충족한 경우 취소판결을 하여야 한다는 견해이다.

② 취소소송포함설 : 무효확인청구는 취소청구를 포함한다고 보고, 법원은 취소소송요건을 충족한 경우 취소판결을 하여야 한다고 보는 견해이다.

③ 판례 : 판례는 두 번째 입장을 취하고 있는 것으로 보인다.

[판례] 일반적으로 행정처분의 무효확인을 구하는 소에는 원고가 그 처분의 취소를 구하지 아니한다고 밝히지 아니한 이상 그 처분이 만약 당연무효가 아니라면 그 취소를 구하는 취지도 포함되어 있는 것으로 보아야 한다(대판 1994.12.23. 94누477; 2005.12.23. 2005두3554).

④ 결어 : 소송상 청구는 원고가 하며 법원은 원고의 소송상 청구에 대해서만 심판을 하여야 하므로 법원이 원고의 소송상 청구를 일방적으로 변경할 수는 없다. 따라서 법원은 석명권을 행사하여 무효확인소송을 취소소송으로 변경하도록 한 후 취소판결을 하여야 하는 것으로 보는 소변경필요설이 타당하다. 무효확인소송에서 계쟁처분이 취소할 수 있는 행위에 불과한 경우 취소소송요건을 충족하지 않는 경우에는 무효확인소송에 대한 기각판결을 하여야 한다.

🔹 사례 11

> 갑은 행정청의 위법한 처분에 대해서 무효등확인소송을 제기하려고 한다. 확인의 이익이 요구되는지와, 만약 해당 처분의 위법성이 취소사유인 경우 법원이 취소판결을 내릴 수 있는지 논하시오. 25점

Ⅰ 쟁점의 정리   Ⅲ 취소사유를 무효등확인소송으로 제기한 경우의 판결

Ⅰ 쟁점의 정리
Ⅱ 확인의 이익이 요구되는지 여부
 1. 확인의 이익의 의미(확인소송의 보충성)
 2. 견해의 대립
 3. 판례
 4. 검토

Ⅲ 취소사유를 무효등확인소송으로 제기한 경우의 판결
 1. 학설
  (1) 소변경필요설
  (2) 취소소송포함설
 2. 판례
 3. 검토
Ⅳ 사안의 해결

Ⅰ 쟁점의 정리

무효등확인소송이란 행정청의 처분이나 재결의 효력 유무 또는 존재 여부의 확인을 구하는 소송을 말한다. 행정소송법 제35조에서는 확인을 구할 법률상 이익을 요구하고 있는데, 민사소송에서와 같이 확인의 이익이 필요한지 견해의 대립이 있다. 또한 취소사유의 위법성이 인정되는 경우 법원이 취소판결을 할 수 있는지 검토한다.

Ⅱ 확인의 이익이 요구되는지 여부

1. 확인의 이익의 의미(확인소송의 보충성)

확인의 이익이란 확인소송은 확인판결을 받는 것이 원고의 권리구제에 유효적절한 수단인 경우에만 인정된다는 것이다. 확인소송은 보다 실효적인 구제수단이 가능하면 인정되지 않는데 이를 확인소송의 보충성이라고 한다.

2. 견해의 대립

① 즉시확정이익설(필요설)은 무효등확인소송이 확인소송이므로 확인의 이익이 필요하다고 본다.
② 법적보호이익설(불요설)은 무효등확인소송은 확인판결 자체로 기속력(원상회복의무)이 인정되므로 판결의 실효성을 확보할 수 있다는 점, 민사소송과는 그 목적과 취지를 달리하고 있다는 점, 무효등확인소송은 항고소송인 점에서 확인의 이익이 불필요하다고 본다.

3. 판례

종전 판례는 확인소송의 보충성을 요구하였으나, 최근 판례는 ① 행정소송은 민사소송과 목적, 취지, 기능을 달리하고, ② 확정판결의 기속력으로 판결의 실효성을 확보할 수 있고, ③ 보충성규정의 명

문규정이 없으며, ④ 행정처분의 근거법률에 의하여 보호되는 구체적, 직접적 이익이 있는 경우에는 무효확인을 구할 법률상 이익이 있다고 보아야 한다고 하여 보충성이 요구되지 않는다고 판시했다.

4. 검토

무효확인 판결에는 기속력으로 원상회복의무(위법상태제거의무)가 인정되므로 취소소송에서 요구되는 소의 이익과 별도로 확인의 이익이 추가로 요구되지 않는다고 보는 부정설이 타당하다. 따라서 사안마다 개별, 직접적인 이익이 있는지를 검토해야 할 것이다.

Ⅲ 취소사유를 무효등확인소송으로 제기한 경우의 판결

1. 학설

(1) 소변경필요설

무효확인청구는 취소청구를 포함한다고 보지만 법원은 석명권을 행사하여 무효확인소송을 취소소송으로 변경하도록 한 후 취소소송의 소송요건을 충족한 경우 취소판결을 하여야 한다고 보는 견해이다.

(2) 취소소송포함설

무효확인청구에는 취소청구를 포함한다고 보고, 법원은 취소소송요건을 충족한 경우 취소판결을 하여야 한다는 견해이다.

2. 판례

"일반적으로 행정처분의 무효확인을 구하는 소에는 원고가 그 처분의 취소를 구하지 아니한다고 밝히지 아니한 이상 그 처분이 만약 당연무효가 아니라면 그 취소를 구하는 취지도 포함되어 있는 것으로 보아야 하므로 계쟁처분의 무효확인청구에 그 취소를 구하는 취지도 포함된 것으로 보아 계쟁처분에 취소사유가 있는지 여부에 관하여 심리판단하여야 한다(대판 1994.12.23. 94누477)."고 판시한 바 있다.

3. 검토

소송상 청구는 원고가 하며 법원은 원고의 청구에 대해서만 심판해야 하므로 법원이 일방적으로 변경할 수 없다. 따라서 법원은 석명권을 행사하여 취소소송으로 변경하도록 한 후 취소판결을 하여야 하는 것으로 보는 소변경필요설이 타당하다.

Ⅳ 사안의 해결

무효등확인소송은 항고소송으로서 민사소송과는 목적·취지 등을 달리하므로 확인의 이익은 요구되지 않는다. 또한, 취소사유를 이유로 무효등확인소송을 제기한 경우 법원은 석명권을 행사하여 소변경을 통한 취소판결을 하여야 할 것이다.

CHAPTER 03 제소기간

06 제소기간

🔹 사례 12

국토교통부장관은 2015.9.2. 갑에게 과징금을 부과하는 처분을 하여 2015.9.7. 갑의 동료가 이를 수령하였다. 갑은 그때부터 90일을 넘겨 행정심판을 청구하여 청구기간 경과를 이유로 각하재결을 받았고, 그 후 재결서를 송달받은 때부터 90일 이내에 원처분에 대하여 취소소송을 제기하였다. 법원은 어떠한 판단을 하여야 하는가? 20점

Ⅰ 쟁점의 정리

Ⅱ 취소소송에서의 제소기간
  1. 의의 및 취지
  2. 행정심판을 거친 경우
  3. 행정심판을 거치지 않은 경우
    (1) 처분이 있음을 안 날

    (2) 처분이 있은 날
    (3) '처분이 있음을 안 경우'와 '알지 못한 경우'의 관계
  4. 소 제기기간 준수 여부의 기준시점

Ⅲ 사안의 해결

Ⅰ 쟁점의 정리

설문은 처분이 있음을 안 날부터 90일을 넘겨 청구한 부적법한 행정심판청구에 대한 재결이 있은 후, 재결서 송달일부터 90일 이내에 원래의 처분을 대상으로 소를 제기할 수 있는지가 문제된다. 이의 해결을 위하여 행정소송법 제20조 취소소송에서의 제소기간을 검토한다.

Ⅱ 취소소송에서의 제소기간

1. 의의 및 취지

제소기간이란 소송을 제기할 수 있는 시간적 간격을 의미하며 제소기간 경과 시 "불가쟁력"이 발생하여 소를 제기할 수 없다. 행정소송법 제20조에서는 처분이 있은 날로부터 1년, 안 날로부터 90일 이내에 소송을 제기해야 한다고 규정하고 있다. 제소기간은 행정의 안정성과 국민의 권리구제를 조화하는 입법정책과 관련된 문제이다(초일불산입).

2. 행정심판을 거친 경우(행정소송법 제20조)

행정심판을 거쳐 취소소송을 제기하는 경우 취소소송은 재결서의 정본을 송달받은 날부터 90일 이내(제척기간)에 제기하여야 한다. 재결서의 정본을 송달받지 못한 경우에는 재결이 있은 날부터 1년이 경과하면 취소소송을 제기하지 못하나, 정당한 사유가 있는 때에는 그러하지 아니하다(행정소송법 제20조 제2항).

3. 행정심판을 거치지 않은 경우(행정소송법 제20조)

행정심판을 거치지 않고 직접 취소소송을 제기하는 경우 취소소송은 처분 등이 있음을 안 날부터 90일 이내에 제기하여야 하고, 처분 등이 있은 날부터 1년을 경과하면 이를 제기하지 못한다. 다만, 정당한 사유가 있는 때에는 그러하지 아니하다.

(1) 처분이 있음을 안 날

'처분이 있음을 안 날'이라 함은 '당사자가 통지·공고 기타의 방법에 의하여 해당 처분이 있었다는 사실을 현실적으로 안 날'을 의미한다.

(2) 처분이 있은 날(처분이 있음을 알지 못한 경우)

처분이 있음을 알지 못한 경우 취소소송은 처분 등이 있은 날부터 1년 이내에 취소소송을 제기하여야 한다. '처분이 있은 날'이란 처분이 통지에 의해 외부에 표시되어 효력이 발생한 날을 말한다(대판 1990.7.13. 90누2284). 처분 등이 있은 날부터 1년을 경과하면 이를 제기하지 못하지만, 정당한 사유(사회통념상 판단)가 있는 때에는 그러하지 아니하다.

(3) '처분이 있음을 안 경우'와 '알지 못한 경우'의 관계

이 두 경우 중 어느 하나의 제소기간이 경과하면 원칙상 취소소송을 제기할 수 없다. 다만, 처분이 있은 날로부터 1년 이내에 처분이 있음을 안 때에는 그때부터 90일 이내에 취소소송을 제기할 수 있다고 보아야 한다.

4. 소 제기기간 준수 여부의 기준시점

소 제기기간 준수 여부는 원칙상 소제기시를 기준으로 한다.

Ⅲ 사안의 해결

처분이 있음을 안 날부터 90일 이내에 행정심판을 청구하지도 않고 취소소송을 제기하지도 않은 경우에는 그 후 제기된 취소소송은 제소기간을 경과한 것으로서 부적법하고, 처분이 있음을 안 날부터 90일을 넘겨 청구한 부적법한 행정심판청구에 대한 재결이 있은 후 재결서를 송달받은 날부터 90일 이내에 원래의 처분에 대하여 취소소송을 제기하였다고 하여 취소소송이 다시 제소기간을 준수한 것으로 되는 것은 아니므로, 법원은 각하판결을 하여야 할 것이다.

행정행위의 하자
핵심사례

CHAPTER 01 절차상 하자

01 의견청취를 결여한 절차하자의 독자성 인정논의

📌 사례 1

A시의 갑토지에 대하여 A시와 A시로부터 20킬로미터 밖에 위치한 B군, C군 등 3개 지역이 방사성폐기물 처분시설의 유치(사업인정)를 신청하였다. 국토교통부장관은 B군과 C군에 대하여는 설명회를 개최하였으나, A시에 대하여는 해당 수용대상 토지소유자인 갑의 반대를 이유로 설명회나 토론회를 개최하지 않는 등 토지소유자의 의견청취를 하지 않았다. 그 뒤 위 3개 지역에 대하여 주민투표를 실시한 결과 A시가 81.35%, B군이 55.24%, C군이 61.17%의 찬성을 얻게 되자, 국토교통부장관은 부지선정위원회의 자문을 거쳐 A시의 사업인정 신청에 대하여 사업인정을 하였다.

A시 주민 갑은 국토교통부장관의 사업인정은 자신의 의견을 청취하지 않아 사업인정절차의 하자(흠)가 있다고 주장한다. 이러한 갑의 주장은 타당한가? **20점**　▶ 제48회 사법고시 응용

Ⅰ 쟁점의 정리

Ⅱ 의견청취를 하지 않은 것이 절차상 하자인지
　1. 사업인정의 의의 및 법적 성질
　2. 사업인정의 절차
　3. 의견청취를 거치지 않은 것이 절차상 하자인지

Ⅲ 의견청취를 결여한 절차적 하자의 독자성 인정 여부
　1. 문제점
　2. 절차적 하자의 독자성 인정 여부
　　(1) 학설
　　(2) 판례
　　(3) 검토
　3. 사안의 경우

Ⅳ 사안의 해결(하자치유 인정 여부)

사법고시 제48회

산업자원부장관은 중, 저준위방사성폐기물 처분시설(이하 "처분시설"이라 한다)이 설치될 지역을 관할하는 지방자치단체의 지역(이하 "유치지역"이라 한다)에 대한 지원계획 및 유치지역지원시행계획을 수립한 후, 처분시설의 유치지역을 선정하고자 하였다. 이에 A시와 A시로부터 20킬로미터 밖에 위치한 B군, C군 등 3개 지역이 처분시설의 유치를 신청하였다. 산업자원부장관은 B군과 C군에 대하여는 '중, 저준위방사성폐기물 처분시설의 유치지역지원에 관한 특별법' 제7조 제3항에 따른 설명회를 개최하였으나, A시에 대하여는 주민반대를 이유로 설명회나 토론회를 개최하지 아

니하였다. 그 뒤 위 3개 지역에 대하여 주민투표를 실시한 결과 A시가 81.35%, B군이 55.24%, C군이 61.17%의 찬성을 얻게 되자, 산업자원부장관은 부지선정위원회의 자문을 거쳐 A시를 최종 유치지역으로 선정하였다.

A시 주민 갑은 유치지역선정과 관련하여 해당지역 주민들을 대상으로 설명회나 토론회를 개최하지 않아 행정절차의 하자(흠)가 있다고 주장한다. 이러한 갑의 주장은 타당한가?

응용 쟁점

제48회 사법고시는 행정행위에 대한 사전적인 구제수단으로써 설명회나 토론회를 개최하지 않은 것이 절차상 하자를 구성하는지를 물어보았습니다.

따라서 토지보상법상 사업인정 시 토주소유자의 의견청취를 하지 않은 것이 사업인정의 절차상 하자를 구성하는지와 독자적인 위법성 사유로 인정될 수 있는지를 물어보았습니다.

문제를 접하면서 절차상 하자와 관련된 정형화된 목차를 암기해야 하며, 독자성 인정 여부와 관련된 하자 치유의 쟁점도 연관하여 고민해야 합니다.

I 쟁점의 정리

설문은 사업인정을 함에 있어서, 토지소유자 갑의 의견청취를 하지 않은 것이 절차의 하자로 인정되는지와 관련된 사안이다. 이의 해결을 위해서 ① 의견청취를 하지 않은 것이 절차상 하자인지, ② 절차상 하자에 해당한다면 실체법상 요건위반 없이 절차상 하자만으로 독자적인 위법사유가 되는지를 살펴보고 갑주장의 타당성을 검토한다.

II 의견청취를 하지 않은 것이 절차상 하자인지

1. 사업인정의 의의 및 법적 성질

사업인정이란 공익사업을 토지 등을 수용 또는 사용할 사업으로 결정하는 것을 말하며(제2조 제7호), 국토교통부장관이 토지보상법 제20조에 따라서 사업인정을 함으로써 수용권이 설정되므로 이는 사업시행자와 토지소유자의 권리에 영향을 미치는 처분이다(제3자효).

2. 사업인정의 절차

사업시행자가 국토교통부장관에게 사업인정을 신청하면 관계기관 및 시·도지사와의 협의와 이해관계인의 의견청취를 거쳐 사업인정을 하는 경우에는 관보에 고시한다.

3. 의견청취를 거치지 않은 것이 절차상 하자인지

토지보상법 제21조에서는 이해관계인의 의견을 들어야 한다고 규정하고 있으므로 토지소유자 갑의 의견을 듣지 않은 것은 토지보상법상 사업인정절차의 하자를 구성한다고 볼 수 있다.

Ⅲ 의견청취를 결여한 절차적 하자의 독자성 인정 여부

1. 문제점

행정절차의 취지는 절차참여를 통하여 행정절차의 투명성, 객관성 확보인바 해당 처분의 실체적 내용과 직접적 연관성이 없음에도 독자적 위법성이 인정되는지에 대한 견해가 대립된다.

2. 절차적 하자의 독자성 인정 여부

(1) 학설

① 적법절차의 보장 관점에서 독자적 위법사유가 되며, 특히 행정소송법 제30조 제3항에서 절차하자로 인한 취소의 경우에 기속력을 인정한다는 점을 드는 긍정설과 ② 절차는 수단에 불과하며, 동일한 처분을 다시 받게 되어 행정경제상 불합리하다는 점을 드는 부정설이 대립한다. ③ 기속, 재량을 구분하는 절충설이 있다.

(2) 판례

대법원은 ① 기속행위인 과세처분에서 이유부기 하자를, ② 재량행위인 영업정지처분에서 청문절차를 결여한 것은 절차적 하자를 구성한다고 판시한 바 있다.

(3) 검토

생각건대 내용상 하자만큼 절차적 적법성을 지키는 것이 필요하며, 현행 행정소송법 제30조 제3항에서 절차하자로 인한 취소의 경우에 기속력을 준용하므로 독자적 위법사유가 된다고 보는 긍정설이 타당하다.

3. 사안의 경우

사업인정은 토지소유자의 재산권을 침해하는 제3자효 행정행위이므로 이에 대한 의견청취는 헌법상 재산권 보장을 실현하는 사전적인 구제수단으로 볼 수 있다. 또한 행정소송법 제30조 제3항에서 절차의 하자를 규정하고 있으므로 의견청취를 결여한 것은 독자적인 위법성 사유로 인정될 수 있다.

Ⅳ 사안의 해결(하자치유 인정 여부)

국토교통부장관이 사업인정을 함에 있어서, 대상 토지소유자인 갑의 의견을 청취하지 않은 것은 토지보상법 제21조의 사전적 절차참여 기회를 박탈한 것이므로 헌법상 적법절차의 원리에 비추어 절차상 하자를 구성한다. 또한 주민투표를 거쳤다 하더라도 이는 갑의 의견을 청취하거나, 반영한 것으로 보기 어려우므로 하자의 치유는 인정되기 어려울 것이다.

사례 2

사업시행자 甲은 경기도 용인시 인근 지역에 대규모 택지개발을 위한 공익사업을 시행하기 위하여 사업인정을 신청하였고, 이에 국토교통부장관으로부터 사업인정을 받았다. 그 후 甲은 해당 공익사업의 시행지역에 거주하던 토지소유자 乙 등과 보상금에 대한 협의를 하였으나 합의에 이르지 못하고 있었다. 그러던 중 예상보다 적은 보상액이 논의되자 공익사업의 시행에 대해 반대를 하던 토지소유자 乙은 우연히 국토교통부장관이 사업인정 시 '공익사업을 위한 토지 등의 취득 및 보상에 관한 법률'(이하 토지보상법) 제21조에 의거 관계 도지사와 협의를 해야 함에도 이를 거치지 않은 사실을 알게 되었다. 乙은 이러한 협의를 결한 사업인정의 위법성을 이유로 관할법원에 사업인정의 취소소송을 제기하였다. 乙의 주장은 타당한가? [20점]

① 쟁점의 정리

설문은 협의를 결한 사업인정의 적법성을 묻고 있다. 토지보상법 제21조에서는 관계 도지사와의 협의 등을 규정하고 있음에도 이러한 절차규정을 지키지 않은 것이 절차상 하자에 해당하는지와, 절차상 하자에 해당한다면 독자적 위법성 사유로 인정될 수 있는지를 검토하여 사안을 해결한다.

② 협의 결여가 절차상 하자인지

1. 사업인정의 의의 및 절차 등(토지보상법 제20조 내지 제22조)

사업인정이란, 국토교통부장관이 관련된 중앙행정기관과의 협의 및 이해관계인의 의견청취 등을 거쳐(관련된 제이익을 종합·고려하고), 해당 사업의 공익성이 침해되는 사익보다 크다고 인정되는 경우에 한하여 타인의 토지 등을 수용할 수 있는 사업으로 결정하는 것을 말하며, 특허이자 재량행위이다.

2. 절차규정의 취지

행정에 대한 실체법적 통제만으로는 행정에 대한 통제가 실효성을 가지지 못하는 경우가 늘어나게 되었다. 행정절차는 이해관계인의 의견을 사전에 고려하도록 하고 행정기관으로 하여금 신중하고 공정한 행정을 하도록 함으로써 국민의 권익에 대한 침해를 미연에 방지할 수 있다. 그리하여 행정절차를 '사전적 권리구제제도'로 보기도 한다.

3. 사안의 경우(협의 결여가 절차상 하자인지)

사업인정은 관련된 제이익을 종합·고려하여 그 발령여부를 판단하여야 하며, 관련된 제이익을 합리적으로 고려하기 위해서 토지보상법에서는 관련기관과의 협의 및 이해관계인의 의견청취절차를 규정하고 있는 것으로 보아야 할 것이다. 따라서 이러한 절차규정을 준수하지 않은 것은 절차상 하자라고 보아야 할 것이다.

Ⅲ 절차하자의 독자성 인정논의

1. 문제점

법원은 취소소송의 대상이 된 처분이 절차상 위법한 경우 해당 처분의 실체법상의 위법 여부를 따지지 않고 또는 실체법상 적법함에도 불구하고 절차상의 위법만을 이유로 취소 또는 무효확인할 수 있는지 문제된다.

2. 절차하자의 독자성 인정논의

(1) 학설

① 적법절차 보장 관점에서 독자적 위법사유가 되며, 특히 행정소송법 제30조 제3항에서 절차하자로 인한 취소의 경우에도 기속력을 인정한다는 점을 논거로 하는 긍정설과 ② 절차는 수단에 불과하며, 적법한 절차를 거친 동일한 처분을 다시 받게 되어 행정경제상 불합리하다는 점을 논거로 하는 부정설이 대립한다. ③ 또한 기속, 재량을 구분하는 절충설이 있다.

(2) 판례

대법원은 ① 기속행위인 과세처분에서 이유부기 하자를, ② 재량행위인 영업정지처분에서 청문절차를 결여한 것은 절차적 하자를 구성한다고 판시한 바 있다.

(3) 검토

생각건대 내용상 하자만큼 절차적 적법성을 지키는 것이 필요하며, 현행 행정소송법 제30조 제3항에서 절차하자로 인한 취소의 경우에도 기속력을 준용하고 있으므로 독자적 위법사유가 된다고 보는 긍정설이 타당하다.

3. 사안의 경우(위법성 정도)

설문상 시·도지사와의 협의를 거치지 않은 절차적 하자의 독자성이 인정되며, 통설 및 판례의 태도(중대명백설)에 따를 때, 이는 토지보상법 제21조 규정의 위반으로 일반인의 식견에서 명백하며, 절차규정의 취지를 달성하지 못하는 것으로서 중대한 하자에 해당한다고 볼 것이다.

Ⅳ 사안의 해결(무효선언적 의미의 취소)

설문상 협의절차를 결여한 국토교통부장관의 사업인정은 중대하고 명백한 하자로서 무효라고 할 것이므로 을의 주장은 타당한 것으로 판단된다. 을은 해당 취소소송에서 무효선언적 의미의 취소판결을 받을 수 있을 것이다.

🔥 사례 3

甲은 A시에서 공동주택 임대업을 영위하기 위한 임대허가를 득하였다. 5년 후, 동 임대허가기간을 갱신하기 위하여 갱신신청을 하였는데, A시장은 해당지역이 용도변경을 추진 중에 있고 일반 여론에서도 보존의 목소리가 높은 지역임을 고려하여, 갱신신청에 대한 거부처분을 하였다. 이에 甲은 A시장의 거부처분에 있어서 사전통지가 없었음을 이유로 그 거부처분이 무효임을 주장한다. 이러한 甲의 주장의 타당 여부를 검토하시오.

(1) 거부처분을 함에 있어서 사전통지를 결여한 것이 절차상 하자에 해당되는지를 검토하시오. 15점

(2) 갑 주장의 타당성을 검토하시오. 15점

(설문 1)의 해결	(설문 2)의 해결
Ⅰ 쟁점의 정리	Ⅰ 쟁점의 정리
Ⅱ 거부처분이 사전통지의 대상인지	Ⅱ 절차하자의 독자성 인정논의 및 위법성
1. 사전통지의 의의 및 취지	1. 절차하자의 독자성 인정논의
2. 생략사유(필수적 절차인지) 및 대상자	(1) 학설
3. 학설	(2) 판례
(1) 긍정설	(3) 검토
(2) 부정설	2. 위법성 정도
(3) 제한적 긍정설	(1) 무효사유와 취소사유의 구별기준
4. 판례	(2) 사안의 경우
Ⅲ 사안의 해결	Ⅲ 사안의 해결

⊕ (설문 1)의 해결

Ⅰ 쟁점의 정리

갑의 주장이 타당하기 위해서는 해당 거부처분의 위법성이 인정되어야 하는데, 이와 관련하여 거부처분이 당사자의 권익을 제한하는 것으로서 사전통지의 대상이 되는지와 절차하자의 독자성, 위법성 인정 여부가 문제된다.

Ⅱ 거부처분이 사전통지의 대상인지

1. 사전통지의 의의 및 취지

행정절차법 제21조에서는 권리를 제한하거나, 의무를 부과하는 처분을 할 때에는 사전통지(처분내용, 의견제출을 할 수 있다는 사실)를 하도록 규정하고 있으며, 이는 절차참여를 위한 필수규정이다. 다만, 거부처분인 경우에는 거부처분이 행정절차법 제21조에서 규정하는 권익을 제한하는 처분인지가 문제된다.

2. 생략사유(필수적 절차인지) 및 대상자

사전통지의 대상자는 처분의 상대방이며 ① 긴급한 처분을 할 필요가 있는 경우, ② 의견청취가 현저히 곤란하거나 명백히 불요한 경우, ③ 일정처분 해야 함이 객관적으로 증명되는 경우에는 생략할 수 있다.

3. 학설

(1) 긍정설

신청의 거부는 신청의 기대이익제한(허가의 거부는 영업의 자유의 제한에 해당한다고 한다)이므로 긍정하는 견해이다.

(2) 부정설

신청만으로는 권익이 생기지 않았으므로 권익을 제한하는 것이 아니라는 부정설이 있다. 또한 신청 자체로 이미 의견진술의 기회를 준 것으로 볼 수 있으므로 의견진술의 기회를 줄 필요가 없다고 한다.

(3) 제한적 긍정설

인·허가에 부가된 갱신기간의 경우는 권익을 제한하는 것으로 볼 수 있으므로 이러한 경우에는 사전통지의 대상이 된다고 본다.

4. 판례

판례는 신청에 따른 처분이 이루어지지 않은 경우에는 아직 당사자에게 권익이 부여되지 않았으므로, 거부처분은 권익을 제한하는 처분이 아니라고 한다.

Ⅲ 사안의 해결

인·허가의 갱신 등처럼 기존권익의 유지가 아닌 한, 신청의 거부는 권익제한이 아니라고 판단된다. 인·허가의 갱신의 경우는 갱신에 의해 종전의 허가효과가 유지되는바, 이는 권익제한에 해당된다고 볼 수 있으므로 사전통지 결여는 절차상 하자에 해당한다고 볼 수 있다.

⊕ **(설문 2)의 해결**

Ⅰ 쟁점의 정리

법원은 취소소송의 대상이 된 처분이 절차상 위법한 경우 해당 처분의 실체법상의 위법 여부를 따지지 않고 또는 실체법상 적법함에도 불구하고 절차상의 위법만을 이유로 취소 또는 무효확인할 수 있는지 문제된다.

Ⅱ 절차하자의 독자성 인정논의 및 위법성

1. 절차하자의 독자성 인정논의

(1) 학설

1) 긍정설

적법절차의 보장 관점에서 독자적 위법사유가 되며, 특히 행정소송법 제30조 제3항에서 절차하자로 인한 취소의 경우에도 기속력을 인정한다는 점을 논거로 긍정하는 견해이다.

2) 부정설

절차는 수단에 불과하며, 적법한 절차를 거친 동일한 처분을 다시 받게 되어 행정경제상 불합리하다는 점을 논거로 부정하는 견해이다.

3) 절충설

기속, 재량을 구분하여 재량행위인 경우에는 절차상의 하자가 실체적 결정에 영향을 미치는 경우에 한하여 위법성이 인정될 수 있다는 견해이다.

(2) 판례

대법원은 ① 기속행위인 과세처분에서 이유부기 하자를, ② 재량행위인 영업정지처분에서 청문절차를 결여한 것은 절차적 하자를 구성한다고 판시한 바 있다.

(3) 검토

내용상 하자만큼 절차적 적법성을 지키는 것이 필요하며, 현행 행정소송법 제30조 제3항에서 절차하자로 인한 취소의 경우에도 기속력을 준용하고 있으므로 독자적 위법사유가 된다고 보는 긍정설이 타당하다.

2. 위법성 정도

(1) 무효사유와 취소사유의 구별기준

통설·판례는 행정행위의 하자가 내용상 중대하고, 외관상 명백한 경우에 무효인 하자가 되고, 이 두 요건 중 하나라도 충족하지 않는 경우에는 취소사유로 보는 중대명백설을 취하고 있다.

(2) 사안의 경우

설문상 A시장은 거부처분 시, 사전통지를 결여한 절차상 하자가 인정된다. 사전통지는 행정절차법에 규정되어 있으므로 일반인의 식견으로도 이의 누락이 쉽게 식별될 수 있으나, 거부사유로서의 내용상 중대한 하자로 인식되지는 않으므로 취소사유의 하자라고 판단된다.

Ⅲ 사안의 해결

A시장의 거부처분은 사전통지 결여의 하자가 인정되나, 이는 취소사유라고 판단된다. 따라서 무효를 주장하는 갑의 주장은 타당하지 않다. 만약, 갑이 무효등확인소송을 제기하여 무효를 주장하는 경우라면 법원은 취소소송의 제기요건 등을 갖춘 경우에 한하여 석명권을 행사하여 취소소송으로의 소변경을 행한 후 취소판결을 할 수 있을 것이다.

02 청문절차 결여의 절차하자

사례 4

부정한 방법으로 자격을 취득한 감정평가사의 자격취소에 대하여 설명하고, 청문절차 흠결(청문절차를 거치지 않은 경우)의 하자가 감정평가사 자격취소처분의 효력에 어떠한 효과를 미치는지 검토하시오. 35절

Ⅰ 서론(문제의 제기, 쟁점의 정리)

Ⅱ 감정평가사의 자격취소
1. 감정평가의 의의
2. 감정평가사의 자격취득요건
3. 감정평가사 자격취소의 의의 및 법적 성질
   (1) 자격취소의 의의
   (2) 자격취소의 법적 성질
4. 자격취소처분의 절차
5. 자격취소처분의 효과
6. 자격취소처분에 대한 권리구제

Ⅲ 청문절차를 흠결한 하자가 자격취소처분에 미치는 효과
1. 청문의 의의 및 기능
2. 청문의 의무성
3. 청문절차 흠결이 자격취소처분의 효력에 미치는 효과
   (1) 개설
   (2) 청문절차를 흠결한 하자가 무효사유인지 취소사유인지 여부
   (3) 청문절차를 흠결한 하자가 독자적 취소사유가 될 수 있는지 여부
      1) 학설
      2) 판례
      3) 검토
4. 하자의 치유 및 취소판결의 기속력

Ⅳ 결(문제해결)

법 제13조(자격의 취소)

① 국토교통부장관은 감정평가사가 다음 각 호의 어느 하나에 해당하는 경우에는 그 자격을 취소하여야 한다.
   1. 부정한 방법으로 감정평가사의 자격을 받은 경우

법 제45조(청문)

국토교통부장관은 다음 각 호의 어느 하나에 해당하는 처분을 하려는 경우에는 청문을 실시하여야 한다.
1. 제13조 제1항 제1호에 따른 감정평가사 자격의 취소

Ⅰ 서론(문제의 제기, 쟁점의 정리)

첫 번째 쟁점을 검토하기 위해서는 1) 감정평가가 무엇이며, 2) 감정평가사 자격을 취득하기 위한 요건은 무엇이며, 3) 자격취소처분의 요건과 그의 법적 성질은 무엇이며, 4) 자격취소처분에 대한 권리구제수단은 무엇인가 하는 점을 살펴보아야 한다.

두 번째 쟁점을 검토하기 위해서는 1) 청문의 의의 및 기능은 무엇이며, 2) 자격취소처분을 하기 위해서는 청문절차를 거치는 것이 법적 의무인지, 3) 법적 의무라고 한다면 그러한 청문절차를 거쳐야 할 의무를 위반한 하자가 자격취소처분에 어떠한 효과를 미치게 되는가 하는 점들을 살펴보아야 한다.

Ⅱ 감정평가사의 자격취소

1. 감정평가의 의의

감정평가란 토지 등의 경제적 가치를 판정하여 그 결과를 가액으로 표시하는 것을 말한다. 감정평가법에서는 감정평가사제도를 규정하고 있으며, 감정평가사의 자격요건과 책임에 대하여 규율하고 있다.

2. 감정평가사의 자격취득요건

감정평가사 1차 및 2차 시험을 합격하고 일정기간의 수습을 마친 자, 또는 일정한 기관에서 5년 이상 감정평가와 관련된 업무에 종사한 자로서 감정평가사 2차 시험에 합격한 자는 감정평가사의 자격이 있다.

3. 감정평가사 자격취소의 의의 및 법적 성질

(1) 자격취소의 의의(감정평가법 제13조)

감정평가사의 자격취소는 일정한 사유가 있어 감정평가사 자격인정처분인 자격수첩교부처분의 의사표시를 사후적으로 소멸시키는 별개의 의사표시를 말한다.

(2) 자격취소의 법적 성질

부정한 방법으로 자격을 얻은 경우(감정평가법 제13조 제1항)에는 자격취득의 성립 당시에 흠이 있음을 이유로 그 효력을 사후에 소멸시키는 강학상 취소에 해당하며 기속행위이다.

4. 자격취소처분의 절차

감정평가사의 자격을 취소하는 경우에는 감정평가법 제45조에서 청문을 실시하도록 규정하고 있으므로 청문절차를 거쳐야 한다. 다만 구체적인 청문의 실시방법 등에 대해서는 감정평가법에 규정이 없으므로 행정절차법에 따른다.

5. 자격취소처분의 효과

부정한 방법으로 자격을 얻은 경우의 자격취소는 직권취소이므로 원칙적으로 소급효가 있다.

6. 자격취소처분에 대한 권리구제

자격취소처분은 행정쟁송법상 처분에 해당하므로, 해당 처분에 하자가 있는 경우에는 행정쟁송을 제기하여 다툴 수 있다. 또한 국토교통부장관의 자격취소처분이 고의, 과실에 의하여 법령에 위반하여 감정평가사에게 손해를 가한 경우에 해당 감정평가사는 국가배상법 제2조에 의거하여 손해배상을 청구할 수 있다.

Ⅲ 청문절차를 흠결한 하자가 자격취소처분에 미치는 효과

1. 청문의 의의 및 기능

청문이란 국민의 권리와 자유를 제한하는 행정처분을 발하기 전에 행정청이나 관계인의 주장, 증거에 대하여 처분의 상대방이나 대립하는 이해관계인으로 하여금 자기에게 유리한 주장 및 증거를 제출하여 반박할 수 있는 기회를 제공하는 절차로서 ① 행정의 민주화, ② 행정의 적정화, ③ 행정의 능률화, ④ 사전적인 권리구제 등의 기능을 갖는다.

2. 청문의 의무성

행정절차법 제22조 제1항에서는 다른 법령 등에서 청문을 실시하도록 규정하고 있는 경우에는 행정청이 처분을 함에 있어서 청문을 실시한다고 규정하고 있다. 감정평가법을 살펴보면 제45조에서는 청문을 실시하여야 한다고 규정하고 있다. 또한 설문상 청문을 실시하지 않아도 되는 예외적인 사유가 보이지 않으므로, 감정평가사의 자격취소처분을 하고자 하는 경우에 국토교통부장관은 청문을 실시하여야 할 의무가 있다.

3. 청문절차 흠결이 자격취소처분의 효력에 미치는 효과

(1) 개설

감정평가사 자격취소처분을 함에 있어서 청문절차를 흠결한 하자는 절차상 위법에 해당한다. 절차위법으로 인하여 해당 자격취소처분의 효력을 전혀 인정할 수 없어 무효로 되는지, 아니면 절차위법으로 인하여 해당 자격취소처분의 효력은 일단 인정하되 사후적으로 취소할 수 있는 행위로 만드는지가 문제된다.

(2) 청문절차를 흠결한 하자가 무효사유인지 취소사유인지 여부

해당 절차가 당사자의 이해관계에 중대한 영향을 미치는 경우 무효사유로 보며, 해당 절차가 행정의 적정·원활한 수행을 목적으로 한 경우에는 취소사유로 본다. 판례는 일반적으로 취소사유로 본다.

(3) 청문절차를 흠결한 하자가 독자적 취소사유가 될 수 있는지 여부

1) 학설

재량행위의 경우에는 관계행정청의 새로운 심사에 의하여 다른 처분을 할 가능성이 충분히 있으므로 청문절차의 하자가 독자적 취소사유가 된다는 것이 일반적 견해이다. 기속행위의 경우에는 행정경제를 강조하는 소극설과 행정절차의 기능을 중요시하는 적극설이 대립된다.

2) 판례

판례는 청문절차를 거치지 아니한 경우 또는 거쳤다 하여도 그 절차적 요건을 제대로 갖추지 아니한 경우, 그 처분은 위법하여 취소를 면할 수 없다고 하였다.

3) 검토

재량행위의 경우에는 독자적인 취소사유가 됨에는 다툼이 없고, 기속행위에 대해서는 의견이 나눠지지만 적법절차의 중요성, 행정절차의 기능 등을 고려할 때, 기속행위의 경우에도 독자적인 위법사유가 된다고 봄이 타당하다.

4. 하자의 치유 및 취소판결의 기속력

불이익처분을 하기 전에 상대방의 의견을 듣고 신중하게 처분을 하도록 유도하는 것이 청문의 취지라고 할 것이므로 처분 후에 실시된 사후청문은 하자치유사유로 인정할 수 없다.

절차상 위법이 있는 행정행위가 그 위법을 이유로 취소판결을 받은 경우에 행정청은 해당 절차위법을 시정하여 동일한 처분을 하여도 행정소송법 제30조 제3항의 기속력에 반하는 처분이 아니다. 따라서 국토교통부장관이 적법하게 청문을 실시하여 다시 감정평가사 자격취소처분을 하여도 취소판결의 기속력에 반하는 처분은 아니다.

Ⅳ 결(문제해결)

감정평가사 자격요건을 갖춘 자는 자격수첩을 교부받음으로써 자격을 부여받게 된다. 그러나 부정한 방법으로 자격을 취득하였다면, 국토교통부장관은 감정평가사의 자격을 취소하여야 하거나 취소할 수 있다.

감정평가사의 자격취소처분은 불이익처분으로서 처분을 발령하기 전에 청문절차를 거쳐야 한다. 청문절차를 거치지 아니한 경우에는 절차상 위법한 처분으로서 이를 무효사유로 보면 자격취소처분의 구체적인 법적 효과는 처음부터 발생하지 않게 된다.

그러나 취소사유로 보면 일단 자격취소처분의 효력이 발생하나 절차위법도 독자적인 취소사유로 삼을 수 있으므로 이를 이유로 다툴 수 있다.

03 청문절차 및 이유제시와 하자치유

사례 5

국토교통부장관은 감정평가의 직무를 행하는 감정평가사 갑이 감정평가법의 일정규정을 위반하였음을 이유로 2014년 7월 15일, 갑에게 자격취소처분을 함에 있어서 청문의 절차는 실시하였으나 청문서를 청문일인 2014년 7월 15일로부터 5일 전인 같은 달 10일에서야 원고에게 발송하였다. 이에 원고는 자신이 주장가능한 모든 자료를 바탕으로 의견을 충분히 제출하기는 했으나, 행정절차법령상의 청문서 도달기간인 10일을 준수하지 않았기 때문에 위 청문절차는 위법하고, 위법한 청문절차에 의해 내린 위 자격취소처분은 위법하다고 주장한다. 갑의 주장은 타당한가?

(1) 갑의 주장대로 청문절차상 하자가 위법성 사유로 인정될 수 있는지 검토하시오. 20점

(2) 만약, 청문절차상 하자가 인정된다면 갑의 주장대로 자격취소처분은 위법한 것인지 검토하시오. 20점

(설문 1)의 해결

Ⅰ 쟁점의 정리

Ⅱ 청문의 의의 및 절차 등
  1. 청문의 의의 및 기능
  2. 청문의 절차

Ⅲ 청문서 도달기간을 준수하지 아니한 것이 위법인지 여부
  1. 청문서 도달기간의 의미
  2. 청문서 도달기간의 위반이 위법한 것인지 여부
    (1) 관련 판례의 태도
    (2) 사안의 경우
  3. 청문절차 위법의 정도

Ⅳ 청문절차 위법의 독자성 인정 여부
  1. 청문절차 위법의 독자성 인정 여부
    (1) 학설
    (2) 판례
    (3) 검토
  2. 사안의 경우

Ⅴ 사안의 해결

(설문 2)의 해결

Ⅰ 쟁점의 정리

Ⅱ 청문절차 흠결의 치유 여부
  1. 하자치유의 의의 및 취지
  2. 인정 여부
    (1) 학설
    (2) 판례
    (3) 검토
  3. 인정범위
  4. 인정시기(시적 한계)
    (1) 학설
    (2) 판례
    (3) 검토
  5. 사안의 경우
    (1) 관련 판례
    (2) 사안의 경우

Ⅲ 사안의 해결

⊕ **(설문 1)의 해결**

Ⅰ 쟁점의 정리

① 청문서 도달기간을 준수하지 아니한 것이 위법한 것인지, ② 절차상 하자가 처분의 위법성 사유로 인정될 수 있는지 검토한다.

Ⅱ 청문의 의의 및 절차 등

1. 청문의 의의 및 기능

청문이란 국민의 권리와 자유를 제한하는 행정처분을 발하기 전에 행정청이나 관계인의 주장, 증거에 대하여 처분의 상대방이나 대립하는 이해관계인으로 하여금 자기에게 유리한 주장 및 증거를 제출하여 반박할 수 있는 기회를 제공하는 절차로서 ① 행정의 민주화, ② 행정의 적정화, ③ 사전적인 권리구제 등의 기능을 갖는다.

2. 청문의 절차

감정평가법 제45조에서는 청문에 관한 절차를 규정하지 않은 바, 행정절차에 관한 일반법인 행정절차법을 따르게 될 것이다. 행정절차법에서는 처분의 내용 및 법적 근거 등을 기재한 청문서를 청문실시 10일 전까지 발송하고 청문일에 당사자 등이 의견을 진술하고 증거를 제출하는 방법으로 진행하도록 규정을 두고 있다.

Ⅲ 청문서 도달기간을 준수하지 아니한 것이 위법인지 여부

1. 청문서 도달기간의 의미

청문의 취지가 당사자에게 변명과 유리한 진술기회를 부여하여 위법한 처분을 사전에 시정하는 것이므로 사전통지하는 10일이라는 기간은 엄격하게 해석되어야 한다.

2. 청문서 도달기간의 위반이 위법한 것인지 여부

(1) 관련 판례의 태도

판례는 식품위생법 소정의 청문서 도달기간인 7일을 준수하지 아니하고 청문서를 5일 전에야 발송하였다면 청문절차는 위법하다고 판시한 바 있다(대판 1992.10.23, 92누2844).

(2) 사안의 경우

청문은 그 취지상 사전적인 권리구제기능을 수행하므로 청문서 도달기간을 준수하지 않은 것은 위법하다고 볼 수 있다.

3. 청문절차 위법의 정도

통설, 판례의 태도인 중대명백설에 의할 때, 청문절차 흠결의 하자는 중요법규 위반이라는 점에서 중대한 하자임은 분명하나, 청문 자체는 실시되었고 단지 청문서 도달기간만을 위반한 것이라는 점에서 일반인의 시각에서 볼 때 반드시 명백한 하자로 보기 어려우므로 취소사유로 판단된다.

Ⅳ 청문절차 위법의 독자성 인정 여부

1. 청문절차 위법의 독자성 인정 여부

(1) 학설

① 적법절차의 보장 관점에서 독자적 위법사유가 되며, 행정소송법 제30조 제3항에서 절차하자로 인한 기속력을 인정한다는 점을 드는 긍정설과 ② 절차는 수단에 불과하며, 동일한 처분을 다시 받게 되어 행정경제상 불합리하다는 부정설이 대립한다. ③ 기속, 재량을 구분하는 절충설이 있다.

(2) 판례

① 기속행위인 과세처분에서 이유부기 하자를, ② 재량행위인 영업정지처분에서 청문절차를 결여한 것은 절차적 하자를 구성한다고 판시한 바 있다.

(3) 검토

현행 행정소송법 제30조 제3항에서 절차하자로 인한 취소의 경우에 기속력을 준용하므로 독자적 위법사유가 된다고 보는 긍정설이 타당하다.

2. 사안의 경우

청문절차는 불이익 처분의 상대방에게는 자기방어의 기회를 주는 수단이므로, 자격취소처분의 독자적인 위법성 사유가 된다.

Ⅴ 사안의 해결

청문서를 청문서 도달기간 내에 발송하지 아니하고 한 청문은 위법하다.

⊕ (설문 2)의 해결

Ⅰ 쟁점의 정리

갑의 주장의 타당성 여부를 판단하기 위해서 ① 청문서 도달기간을 준수하지 아니한 것이 위법한 것인지, ② 위법하다면 청문절차 흠결이 자격취소처분을 위법하게 하는지, ③ 청문절차 흠결이 치유되었는지를 검토한다.

Ⅱ 청문절차 흠결의 치유 여부

1. 하자치유의 의의 및 취지

행정행위의 성립 당시 하자를 사후에 보완하여 그 행위의 효력을 유지시키는 것을 말한다. 이는 행정행위의 무용한 반복을 피하는 소송경제와 권리구제요청의 조화문제이다.

2. 인정 여부

(1) 학설

① 행정의 능률성 측면에서 긍정하는 견해, ② 행정결정의 신중성 확보 및 사인의 신뢰보호 측면에서 부정하는 견해, ③ 원고의 공격 방어권을 침해하지 않는 범위에서 제한적으로 긍정하는 견해가 있다.

(2) 판례

국민의 권리나 이익을 침해하지 않는 범위 내에서 구체적 사정에 따라 합목적적으로 인정해야 한다고 판시한 바 있다.

(3) 검토

하자의 치유는 하자의 종류에 따라, 하자의 치유를 인정함으로써 달성되는 이익과 그로 인하여 발생하는 불이익을 비교형량하여 개별적으로 결정하여야 한다.

3. 인정범위

판례는 절차, 형식상의 하자 중 취소사유만 인정한다. 이에 대해 내용상 하자에도 적용된다는 견해도 있다.

4. 인정시기(시적 한계)

(1) 학설

① 절차규정의 이행확보를 위해 쟁송제기 전까지 가능하다는 견해, ② 행정심판은 행정의 내부 통제인바 소송제기 전까지 가능하다는 견해, ③ 소송경제를 위하여 판결시까지 가능하다는 견해가 있다.

(2) 판례

판례는 '처분에 대한 불복여부의 결정 및 불복신청에 편의를 줄 수 있는 상당기간 내에 하여야 한다.'고 하여 쟁송제기 전까지 인정하는 것으로 보인다.

(3) 검토

절차상 하자 있는 행위의 실효성 통제를 위해서 쟁송제기 이전까지가 타당하다. 또한 행정불복에의 편의제공과 행정경제 측면에서 쟁송제기 전까지가 합당하다고 사료된다.

5. 사안의 경우

(1) 관련 판례

청문서 도달기간을 다소 어겼다 하더라도 당사자가 이의를 제기하지 아니하고 스스로 청문기일에 출석하여 충분한 방어의 기회를 가졌다면 청문서 도달기간을 준수하지 아니한 하자는 치유되었다고 봄이 상당하다고 판시하기도 하였다(대판 1992.10.23, 92누2844).

(2) 사안의 경우

갑은 청문기일에 출석하여 제출 가능한 모든 자료를 제출하여 자기방어 기회를 충분히 가진 것으로 볼 수 있으므로 청문서 도달기간을 미준수한 하자는 치유되었다고 보인다.

Ⅲ 사안의 해결

청문서를 청문서 도달기간 내에 발송하지 아니하고 한 청문은 적법한 청문이라고 할 수 없고, 청문절차에 위법이 있는 자격취소처분 역시 위법한 처분이 된다. 그러나 갑은 청문서에 기재된 청문기일에 참석하여 주장 가능한 모든 자료를 제출하여 자기방어의 기회를 가진 바, 청문서 도달기간을 준수하지 않은 하자는 치유되었다고 볼 수 있다. 따라서 갑의 주장은 타당하지 않다.

🔴 사례 6

국토교통부장관은 감정평가법인 갑에게 감정평가법 제25조 성실의무위반을 이유로 동법 제32조 제1항 제11호에 근거하여 6개월의 업무정지처분을 내렸다. 국토교통부장관은 동 처분을 하면서 "귀하는 성실의무를 위반하였으므로, 귀하의 업무를 2014년 8월 29일자로 정지하였기에 통지합니다."라고 기재된 통지서를 발송하였다. 이에 갑은 침익적 처분을 행할 때에는 이유제시가 의무적이며, 국토교통부장관의 통지내용만으로는 적법한 이유제시가 있다고 볼 수 없으므로 동 처분은 위법하다고 주장하면서 행정심판을 거쳐 동 처분의 취소를 구하는 행정소송을 제기하였다. 이와 같은 갑의 주장에 대하여 국토교통부장관은 해당 통지에서 이유제시를 적법하게 한 것이며, 설령 미흡하다고 하더라도 행정심판단계에서 충분한 이유가 설시되었기 때문에 이유제시를 흠결한 하자는 치유되었다고 주장하고 있다. 갑과 국토교통부장관의 주장에 대한 타당성을 검토하시오. [40점]

▶ 김철용교수님

Ⅰ 문제제기

Ⅱ 관련 행정작용의 검토

  1. 이유제시

    (1) 이유제시의 의의 및 기능

    (2) 이유제시의 법적 근거

  2. 업무정지처분

Ⅲ 원고 갑의 주장의 타당성 여부

  1. 이유제시의무의 위반이 있었는지

    (1) 이유제시를 생략할 수 있는 사유인지

      1) 이유제시를 생략할 수 있는 사유

      2) 사안의 경우

    (2) 국토교통부장관의 통지가 적법한 이유제시인지

      1) 이유제시의 정도

      2) 사안의 경우

  2. 이유제시의무 위반이 업무정지처분에 미치는 효과

    (1) 이유제시의무 위반의 위법성의 정도

    (2) 이유제시의무 위반이 독자적 취소사유가 되는지

    1) 학설

    2) 판례

    3) 검토

  3. 원고 갑 주장의 타당성 판단

Ⅳ 국토교통부장관의 주장의 타당성 여부

  1. 이유제시의무 위반의 하자가 치유가능한지 여부

    (1) 하자치유의 개념

    (2) 치유가능 여부

      1) 견해의 대립

      2) 검토

  2. 이유제시 하자가 언제까지 치유가능한가

    (1) 행정심판을 권리구제수단으로 보는 견해

    (2) 행정심판을 행정내부의 자율적 통제수단으로 보는 견해

    (3) 판례

    (4) 검토

  3. 국토교통부장관의 주장의 타당성 판단

Ⅴ 문제해결(취소판결의 기속력)

  1. 갑의 주장의 타당성

  2. 국토교통부장관의 주장의 타당성

Ⅰ 문제제기

1. 갑의 주장의 타당성을 검토하기 위해서는 ① 이유제시의 행정법상 의미를 살펴보고, ② 처분의 근거법령인 감정평가법에 규정이 없음에도 불구하고 이유제시가 의무적인지를 검토하여야 한다. 그리고 ③ 해당 사안에서 국토교통부장관의 통지를 이유제시로 볼 수 있는지를 검토하고, ④ 만약 적법한 이유제시로 볼 수 없다면 위법성 정도는 무효인지 취소인지, ⑤ 취소사유일 경우 절차하자만을 이유로 처분을 취소하는 것이 가능한지를 검토하여야 한다.

2. 국토교통부장관은 하자치유를 주장하고 있으므로 이유제시 흠결의 하자가 치유가 가능한지 검토하여야 한다.

Ⅱ 관련 행정작용의 검토

1. 이유제시

(1) 이유제시의 의의 및 기능

이유제시란 행정청이 행정처분 등을 함에 있어서 해당 처분의 법적, 사실적 이유를 당사자에게 밝히는 것을 말한다. 이는 ① 행정작용의 공정성이 보장되도록 하는 기능, ② 처분에 대한 행정쟁송의 제기 여부를 결정 및 쟁송단계에서의 공격, 방어의 수단을 준비하는 데 도움을 주는 권리구제기능을 갖는다.

(2) 이유제시의 법적 근거

행정절차법 제23조 제1항은 행정처분을 할 때에는 원칙적으로 그 처분의 근거와 이유를 제시하도록 하고 일정한 경우에는 생략할 수 있도록 하고 있다. 감정평가법이 규율하지 아니한 사항은 일반법인 행정절차법의 규정이 적용된다.

2. 업무정지처분

업무정지처분은 개별적으로 특정한 감정평가법인에 대한 것이고, 구체적으로 업무수행금지의무를 직접적으로 발생시키는 작용이므로 행정쟁송법상 처분에 해당함은 명백하다.

Ⅲ 원고 갑의 주장의 타당성 여부

1. 이유제시의무의 위반이 있었는지

(1) 이유제시를 생략할 수 있는 사유인지

1) 이유제시를 생략할 수 있는 사유

행정절차법 제23조에 따르면 신청내용을 모두 그대로 인정하는 처분인 경우, 단순 반복적인 처분 또는 경미한 처분으로서 당사자가 그 이유를 명백히 알 수 있는 경우, 긴급을 요하는 경우에는 처분의 이유제시를 생략할 수 있도록 하였다.

2) 사안의 경우

업무정지처분은 단순 반복적이거나 경미한 처분이 아니고, 처분이유를 명확히 알 수도 없고, 이유제시를 생략할 만큼 긴급한 사유도 있다고 볼 수 없다. 따라서 본 사안의 업무정지처분은 이유제시를 생략할 수 있는 사안이 아니다.

(2) 국토교통부장관의 통지가 적법한 이유제시인지

1) 이유제시의 정도

판례는 허가의 취소처분에는 그 근거가 되는 법령이나 취소권 유보의 부관 등을 명시하여야 함은 물론, 처분을 받은 자가 어떠한 위반사실에 대하여 처분이 있었는지를 알 수 있을 정도의 사실의 적시를 요한다고 판시하고 있다(대판 1990.9.11, 90누1786).

2) 사안의 경우

설문상 통지의 내용은 ① 처분의 근거규정이 표시되지 아니하였다. ② 성실의무를 위반하였다고 하나 구체적인 위반사실관계의 적시가 없다. 따라서 동 처분은 행정절차법 제23조에 규정된 이유제시 의무를 위반한 위법이 있는 것이다.

2. 이유제시의무 위반이 업무정지처분에 미치는 효과

(1) 이유제시의무 위반의 위법성의 정도

통설인 중대·명백설에 따를 때, 사안의 경우에는 비록 이유제시의 의무는 행정절차법에 명시된 것이므로, 이를 흠결한 하자는 일반인의 관점에 비추어 볼 때 명백한 것이라고 할 수 있다. 그러나 해당 처분의 내용상 하자가 없으므로 중대한 하자로 볼 수는 없다. 업무정지처분의 위법은 취소사유에 해당한다고 볼 수 있다.

(2) 이유제시의무 위반이 독자적 취소사유가 되는지

1) 학설

① 적법절차의 보장 관점에서 독자적 위법사유가 되며, 특히 행정소송법 제30조 제3항에서 절차하자로 인한 취소의 경우에 기속력을 인정한다는 점을 논거로 하는 긍정설과 ② 절차는 수단에 불과하며, 동일한 처분을 다시 받게 되어 행정경제상 불합리하다는 점을 논거로 하는 부정설이 있다.

2) 판례

판례는 행정절차의 하자를 독자적인 취소사유로 인정하고 있다. 식품위생법상 청문절차를 거치지 아니한 경우에 취소할 수 있다고 하였다. 이 판결은 내용상 재량행위에 대한 것이었으나, 기속행위인 과세처분에 대하여도 이유제시의 흠결을 이유로 이를 취소한 바 있다.

3) 검토

행정절차의 의미의 중요성과 그 기능을 고려할 때, 이유제시 등 행정절차의 흠결만으로도 독자적인 취소사유로 인정하는 것이 타당하다고 본다. 행정소송법 제30조 제3항에서도 절차의 위법을 이유로 취소판결을 할 수 있다는 점을 분명히 하고 있다.

3. 원고 갑 주장의 타당성 판단

이유제시의무 위반은 처분절차의 하자로서 취소사유에 해당한다. 따라서 이유제시의무를 위반한 국토교통부장관의 업무정지처분의 취소를 구하는 갑의 주장은 타당하다고 판단할 수 있다.

Ⅳ 국토교통부장관의 주장의 타당성 여부

1. 이유제시의무 위반의 하자가 치유가능한지 여부

(1) 하자치유의 개념

행정행위 하자의 치유란 처분 당시에는 위법한 행정행위가 사후에 적법요건이 충족되는 등의 경우에 해당 행위를 적법한 행위로 취급하는 것을 말한다.

(2) 치유가능 여부

1) 견해의 대립

① 행정결정이 있은 후에 이유제시를 하는 것은 이미 신중한 결정과는 무관하므로 치유될 수 없다는 부정설과 ② 행정결정이 있은 후에 이유제시를 하여도 처분 상대방이 그 이유제시를 통해서 쟁송을 제기하는 데 있어 편의를 도모할 수 있으면 하자는 치유되는 것으로 볼 수 있다는 (제한적) 긍정설이 있다.

2) 검토

하자의 치유를 인정하여도 국민의 권리구제에 문제가 없다면 행정경제를 도모하는 것이 바람직하므로 원칙적으로 하자의 치유는 인정할 수 있다고 본다.

2. 이유제시 하자가 언제까지 치유가능한가

(1) 행정심판을 권리구제수단으로 보는 견해

이유제시는 당연히 처분상대방이 행정심판을 제기하기 전까지 있어야 한다. 따라서 이유제시의 하자는 행정심판을 제기하기 전까지 치유를 허용할 수 있다.

(2) 행정심판을 행정내부의 자율적 통제수단으로 보는 견해

행정심판단계에서는 아직 행정청의 손을 떠나지 않은 것이므로 행정심판에 대한 불복시까지는 (행정소송 제기 전) 하자가 보완될 수 있는 것으로 보아야 한다고 한다. 이는 독일행정절차법이 취하고 있는 입장이다.

(3) 판례

"세액산출근거가 누락된 납세고지서에 의한 과세처분의 하자의 치유를 허용하려면 늦어도 과세처분에 대한 불복여부의 결정 및 불복신청에 편의를 줄 수 있는 상당한 기간 내에 하여야 한다고 할 것이므로"라고 판시하여 판례는 하자의 치유가능성은 인정하면서도 그 범위를 한정하여, 행정심판이 제기된 후에 있어서의 이유제시의 하자를 부정하였다.

(4) 검토

행정심판은 국민의 권리구제를 위한 수단으로서 분쟁에 대한 심판작용의 성질을 갖는다고 볼 수 있다. 따라서 이유제시의 하자의 치유시기는 국민이 행정심판을 제기하기 전까지 허용될 수 있을 것이다.

3. 국토교통부장관의 주장의 타당성 판단

사안에서는 행정심판의 심리단계에서 처분이유를 제시하였으므로, 이유제시를 흠결한 하자의 치유를 인정할 수 없고 국토교통부장관의 주장은 이유없다고 보아야 한다.

Ⅴ 문제해결(취소판결의 기속력)

1. 갑의 주장의 타당성

사안에서 국토교통부장관의 통지내용은 적법한 이유제시를 한 것으로 볼 수 없기 때문에 이유제시를 흠결한 업무정지처분이 위법하다는 갑의 주장은 타당하다.

2. 국토교통부장관의 주장의 타당성

이유제시를 흠결한 하자는 치유가능하나 행정심판이 청구되기 전까지 보완하여야 한다. 따라서 행정심판의 심리단계에서 이유를 설시한 것으로는 하자치유를 인정할 수 없으므로 국토교통부장관의 주장은 타당하지 못하다.

국토교통부장관의 주장은 이유 없고, 갑의 주장이 타당하므로 동 취소소송에서 갑은 인용판결을 받을 수 있다. 그러나 절차상 하자를 이유로 취소가 확정된 경우 절차상 하자를 시정하여 동일한 내용의 처분을 하여도 행정소송법 제30조의 취소판결의 기속력에 반하지 않는다. 따라서 국토교통부장관은 적법한 이유제시를 하여 갑에게 전과 동일한 6개월의 업무정지처분을 할 수 있다.

◢ 사례 7

갑은 개발제한구역 내 임야의 소유자이며, 을 시장에게 과수재배를 위한 토지형질변경을 신청하였다. 그러나 을 시장은 당초대로 조림목적으로 이용하는 것이 타당하다는 이유로 불허가처분을 하였다. 갑은 처분의 근거법령과 구체적인 사유를 밝혀줄 것을 요구하였고, 을 시장은 이에 "관계규정은 개발제한구역의 지정 및 관리에 관한 특별조치법이며, 임야를 훼손하는 토지형질변경보다는 조림지로 이용함이 개발제한구역관리 및 산림보호의 측면에서 합리적일 것"이라는 통보를 하였다.

(1) 갑은 을 시장이 토지형질변경 불허가처분을 하면서 구체적인 관계규정과 불허가 사유를 명시하지 아니하여 행정절차법상 이유제시의 하자가 있어 위법하다고 주장하며 취소소송을 제기하였다. 갑의 주장은 타당한가? 20점

(2) 을 시장은 갑의 주장이 타당하다고 하여도 거부처분 이후에 거부사유를 구체적으로 밝혀주었기에 절차상 하자는 치유되었다고 주자한다. 갑이 제기한 취소소송의 인용가능성에 대하여 논하시오. 20점

(설문 1)의 해결

Ⅰ 쟁점의 정리

Ⅱ 이유제시의 하자 여부
 1. 이유제시의 의의 및 필요성
 2. 필수적 절차인지
 3. 이유제시의 정도와 하자
 4. 이유제시의 시기 및 내용
 5. 사안의 경우

Ⅲ 절차하자의 독자성 인정 여부
 1. 문제점
 2. 학설
 3. 판례
 4. 검토
 5. 사안의 경우

Ⅳ 사안의 해결

(설문 2)의 해결

Ⅰ 쟁점의 정리

Ⅱ 이유제시의 하자치유
 1. 하자치유의 의의 및 취지
 2. 인정 여부
  (1) 학설
  (2) 판례
  (3) 검토
 3. 인정범위
 4. 인정시기(시적 한계)
  (1) 학설
  (2) 판례
  (3) 검토
 5. 하자치유의 효과
 6. 사안의 경우

Ⅲ 사안의 해결

⊕ (설문 1)의 해결

① 쟁점의 정리

설문은 을 시장의 토지형질변경 불허가처분에 대한 적법성을 묻고 있다. 을 시장의 처분과 관련하여 이유제시가 행정청의 의무사항이고, 어느 정도의 구체성을 띠어야 하는지 살펴본다.

⑪ 이유제시의 하자 여부

1. 이유제시의 의의 및 필요성

이유제시란 행정청이 처분을 하는 경우에 그 근거와 이유를 제시함을 말하고 모든 처분을 대상으로 한다. ① 이는 행정결정의 신중성 및 공정성을 도모하고, ② 행정쟁송 제기 여부의 판단 및 쟁송준비의 편의제공 목적에 취지가 인정된다.

2. 필수적 절차인지

① 당사자의 신청대로 인정하는 경우, ② 단순 반복 및 경미한 처분으로 당사자가 그 이유를 명백히 아는 경우, ③ 긴급을 요하는 경우를 제외하고는 반드시 거쳐야 하는 필수적 절차이다.

3. 이유제시의 정도와 하자

판례는 '처분의 근거와 이유를 상대방이 이해할 수 있을 정도로 구체적으로 서면으로 하되, 이를 전혀 안 하거나 구체적이지 않은 경우 위법하게 된다.'고 한다. 이유제시가 전혀 없거나 없는 것과 같이 불충분한 경우는 무효로 보고 불충분한 경우는 취소로 보아야 할 것이나 판례는 이유제시 누락도 취소로 본다.

4. 이유제시의 시기 및 내용

이유제시는 처분과 동시에 행하여야 한다. 행정청이 처분을 하는 때에는 당사자에게 그 처분에 관하여 행정심판 및 행정소송을 제기할 수 있는지 여부, 기타 불복을 할 수 있는지 여부, 청구절차 및 청구기간, 기타 필요한 사항을 알려야 한다(행정절차법 제26조 고지).

5. 사안의 경우

을 시장의 불허가결정처분 당시에는 관계규정의 명시가 없었으며, 단지 조림목적으로 이용하는 것이 타당하다고만 명시된 바, 이러한 사유만으로는 충분히 납득할 수 있었다고 볼 수 없을 것이다. 따라서 을 시장의 불허가처분에는 이유제시의 하자가 있다고 본다.

Ⅲ 절차하자의 독자성 인정 여부

1. 문제점

처분의 실체법상의 위법 여부를 따지지 않고 또는 실체법상 적법함에도 불구하고 절차상의 위법만을 이유로 취소 또는 무효확인할 수 있는지 문제된다.

2. 학설

① 적법절차의 보장 관점에서 독자적 위법사유가 되며, 특히 행정소송법 제30조 제3항에서 절차하자로 인한 취소의 경우에도 기속력을 인정한다는 점을 논거로 하는 긍정설과 ② 절차는 수단에 불과하며, 적법한 절차를 거친 동일한 처분을 다시 받게 되어 행정·경제상 불합리하다는 점을 논거로 하는 부정설이 대립한다. ③ 또한 기속, 재량을 구분하는 절충설이 있다.

3. 판례

대법원은 ① 기속행위인 과세처분에서 이유부기 하자(대판 1991.7.9, 91누971)를, ② 재량행위인 영업정지처분에서 청문절차를 결여한 것은 절차적 하자를 구성(대판 1984.5.9, 84누116)한다고 판시한 바 있다.

4. 검토

행정소송법 제30조 제3항에서 절차하자로 인한 취소의 경우에도 기속력을 준용하고 있으므로 독자적 위법사유가 된다고 보는 긍정설이 타당하다.

5. 사안의 경우

설문상 이유제시를 전혀 하지 않은 것이 아니고 불충분한 것이라고 할 것이므로, 그 하자는 통상인의 기준에서 판단할 때 객관적으로 명백하다고 볼 수 없다. 따라서 취소할 수 있는 위법인 하자라고 할 것이다.

Ⅳ 사안의 해결

갑의 토지형질변경신청에 대한 을 시장의 불허가처분의 이유제시는 법적 근거와 사유가 구체적이지 못하여 위법하다고 할 수 있다.

⊕ (설문 2)의 해결

Ⅰ 쟁점의 정리

이유제시의 하자가 있다면, 그 하자가 해당 처분의 효력에 영향을 주어 해당 처분의 위법사유로 인정될 수 있는지, 해당 처분의 위법사유로 인정된다 하더라도 처분 이후의 구체적인 이유제시행위가 해당 처분의 절차하자를 치유하는 것으로 인정될 수 있는지를 검토한다.

Ⅱ 이유제시의 하자치유

1. 하자치유의 의의 및 취지

하자의 치유란 행정행위의 성립 당시 하자를 사후에 보완하여 그 행위의 효력을 유지시키는 것을 말한다. 이는 행정행위의 무용한 반복을 피하는 소송경제와 권리구제 요청의 조화문제이다.

2. 인정 여부

(1) 학설

① 행정의 능률성 측면에서 긍정하는 견해와, ② 행정결정의 신중성 확보 및 사인의 신뢰보호 측면에서 부정하는 견해 및 ③ 원고의 공격방어권을 침해하지 않는 범위에서 제한적으로 긍정하는 견해가 있다.

(2) 판례

행정행위의 무용한 반복을 피하고 당사자의 법적 안정성을 위해서, 국민의 권리나 이익을 침해하지 않는 범위 내에서 구체적 사정에 따라 합목적적으로 인정해야 한다고 판시한 바 있다(대판 2002.7.9, 2001두10684).

(3) 검토

하자의 치유는 하자의 종류에 따라서 하자의 치유를 인정함으로써 달성되는 이익과 그로 인하여 발생하는 불이익을 비교형량하여 개별적으로 결정하여야 한다.

3. 인정범위

판례는 절차, 형식상의 하자 중 취소사유만 인정한다. 이에 대해 내용상 하자에도 적용된다는 견해도 있다. 또한 하자치유는 행정행위의 존재를 전제로 하여 그 흠을 치유하여 흠이 없는 행정행위로 하는 것이므로 무효인 행정행위의 치유는 인정될 수 없다는 부정설이 통설이며 판례의 입장이다 (대판 1997.5.28, 96누5308)(이에 대하여 무효와 취소의 구별의 상대화를 전제로 무효인 행정행위의 치유도 인정할 수 있다고 보는 견해가 있다).

4. 인정시기(시적 한계)

(1) 학설

① 이유제시는 상대방에게 쟁송의 제기에 편의를 제공하기 위하여 인정되는 것이기 때문에 쟁송제기 전까지 가능하다는 견해와, ② 행정심판은 행정의 내부통제인바, 행정소송 제기 전까지 가능하다는 견해 및 ③ 소송경제를 위하여 판결 시까지 가능하다는 견해가 있다.

(2) 판례

판례는 이유제시의 하자를 치유하려면 늦어도 처분에 대한 불복여부의 결정 및 불복신청에 편의를 줄 수 있는 상당한 기간 내에 하여야 한다고 하고 있다(대판 1983.7.26, 82누420).

(3) 검토

이유제시제도의 기능(공정한 행정의 보장과 행정불복에의 편의제공)과 하자의 치유의 기능(행정경제 및 법적 안정성)을 조화시켜야 하고, 절차상 하자 있는 행위의 실효성 통제를 위해서 쟁송제기 이전까지 가능하다고 본다.

5. 하자치유의 효과

행정행위의 하자가 치유되면 해당 행정행위는 처분 시부터 하자가 없는 적법한 행정행위로 효력을 발생하게 된다.

6. 사안의 경우

을 시장의 불허가처분은 이유제시의 하자가 존재하나, 그 후 해당 처분의 법적 근거와 사실상의 이유를 갑에게 통보하였다. 따라서 행정쟁송 제기 전에 하자치유가 이루어진 것으로 볼 수 있다.

Ⅲ 사안의 해결

행정쟁송 제기 이전에 을 시장은 처분의 근거법규와 사실상의 이유를 통보하였다. 이로써 당초의 이유제시의 하자는 치유되었다고 할 것이므로, 이유제시 흠결이라는 갑의 주장은 인용가능성이 없다고 할 것이다.

04 거부처분과 사전통지

🔹 사례 8

갑은 국토의 계획 및 이용에 관한 법률상의 도시지역으로서 녹지지역에 위치한 토지 위에 지하 1층 지상 2층(건축면적 324제곱미터, 연면적 1285제곱미터) 규모의 장례식장을 신축하는 내용의 사업인정신청을 하였다. 국토교통부장관은 건축위원회의 심의를 거친 다음 갑에게 사전에 통지하지 아니하고 2020년 4월 1일 "관계법령에 규정된 사업인정 요건들은 전부 구비되었지만, 위 장례식장이 신축될 경우 관광도시로서의 위상이 크게 손상되어 공익이 현저히 침해될 우려가 있을 뿐만 아니라, 사업인정 신청서에 첨부된 주민동의서도 대부분 위조되었다."는 이유로 갑의 사업인정신청을 반려하였다. 갑은 위 사업인정신청 반려처분을 다투는 취소소송을 제기하고자 한다. 위법사유로 주장할 수 있는 모든 사유들을 들고 그 당부를 논하시오. 25점   ▶ 제46회 사법고시 응용

ⅠI 쟁점의 정리

ⅡII 사업인정거부의 법적 성질
  1. 사업인정의 의의 및 취지
  2. 사업인정과 사업인정거부의 법적 성질

ⅢIII 거부처분에 대한 절차적 위법사유
  1. 사전통지의 의의 및 취지(행정절차법 제21조)
  2. 거부처분시 사전통지절차가 적용되는지 여부
    (1) 문제점
    (2) 학설 및 판례

  1) 학설
  2) 판례
  (3) 검토
  3. 사안의 경우

ⅣIV 거부처분에 대한 실체적 위법사유
  1. 재량행위의 위법성 판단기준
  2. 재량행위에 대한 사법심사의 판단대상
  3. 사안의 경우

Ⅴ 사안의 해결(위법성 정도)

제46회 사법고시

갑은 국토의 계획 및 이용에 관한 법률상의 도시지역으로서 녹지지역에 위치한 토지 위에 지하 1층 지상 2층(건축면적 324제곱미터, 연면적 1285제곱미터) 규모의 장례식장을 신축하는 내용의 건축허가신청을 하였다. 관할 행정청인 A시의 시장 을은 건축위원회의 심의를 거친 다음 갑에게 사전에 통지하지 아니하고 2005년 6월 1일 "관계법령에 규정된 허가요건들은 전부 구비되었지만, 위 장례식장이 신축될 경우 관광도시로서의 위상이 크게 손상되어 공익이 현저히 침해될 우려가 있을 뿐만 아니라, 허가신청서에 첨부된 주민동의서도 대부분 위조되었다."는 이유로 갑의 건축허가신청을 반려하였다. 갑은 위 건축허가신청 반려처분을 다투는 취소소송을 제기하고자 한다. 위법사유로 주장할 수 있는 모든 사유들을 들고 그 당부를 논하시오.

제46회 사법고시는 건축허가신청 반려에 대한 위법사유로 사전통지, 법령상 요건 외의 사유로 거부할 수 있는지를 물어보았습니다. 즉, 재량권 행사에 있어서의 공익요건을 판단하는 문제입니다.

따라서 토지보상법상 사업인정신청에 대한 반려에 대하여 절차적 하자 사유로서 사전통지를, 실체적 하자 사유로서 법령상 요건 외의 사유로 거부할 수 있는지를 물어보았습니다.

문제를 접하면서 사업인정과 같은 재량행위의 경우에는 법령상 요건으로 명시되지 않았더라도 재량권 행사를 함에 있어서는 당연히 공익을 형량하여야 함을 숙지해야 합니다.

I 쟁점의 정리

설문은 사업인정거부에 대하여 주장가능한 모든 위법성 사유와 그 당부를 묻고 있다. 이에 대한 전제로써 사업인정의 거부가 재량행위인지를 살펴본다.

1. 절차적 위법사유로써 거부처분이 사전통지의 대상이 되는지와 관련하여 사업인정의 거부가 갑의 권리를 제한하는 행위인지 검토한다.

2. 실체적 위법사유로써 ① 관광도시로서의 위상이 크게 손상된다거나, ② 주민동의서가 위조되었다는 사유가 재량권행사에 있어서 판단되어야 하는 공익상 요건인지를 검토한다.

II 사업인정거부의 법적 성질

1. 사업인정의 의의 및 취지

사업인정이란 공익사업을 토지 등을 수용 또는 사용할 사업으로 결정하는 것을 말하며(제2조 제7호), ① 사업 전의 공익성 판단, ② 사전적 권리구제(의견청취, 절차참여), ③ 수용행정의 적정화, ④ 피수용자의 권리보호에 취지가 있다.

2. 사업인정과 사업인정거부의 법적 성질

〈판례〉는 사업인정은 '사업의 공익성 여부를 모든 사항을 참작하여 구체적으로 판단해야 하므로 행정청의 재량에 속한다.'고 판시한 바 있다. 즉, 사업인정은 재량행위이며 이에 대한 거부도 재량행위로 볼 수 있다. 따라서 사업인정거부가 적법하기 위해서는 재량의 일탈, 남용이 없어야 한다.

Ⅲ 거부처분에 대한 절차적 위법사유

1. 사전통지의 의의 및 취지[행정절차법 제21조]

사전통지란 당사자에게 의무를 과하거나 권익을 제한하는 처분을 하기 전에 상대방 등에게 해당 결정내용과 청문의 일시, 장소 등을 알리는 행위를 말한다. 이는 상대방 등에게 권리주장, 증거 및 자료제출 등을 미리 준비할 수 있도록 하기 위한 것으로서 절차참여의 필수규정이다.

2. 거부처분시 사전통지절차가 적용되는지 여부

(1) 문제점

거부처분이 행정절차법 제21조에서 규정하는 권익을 제한하는 처분인지가 문제된다.

(2) 학설 및 판례

1) 학설

① 신청의 거부는 신청에 대한 기대이익의 제한이라는 긍정설(허가의 거부는 영업의 자유의 제한에 해당한다고 한다), ② 신청만으로는 권익이 생기지 않았으므로 권익을 제한하는 것이 아니라는 부정설이 있다. 또한 신청 자체로 이미 의견진술의 기회를 준 것으로 볼 수 있으므로 의견진술의 기회를 줄 필요가 없다고 한다. ③ 인·허가에 부가된 갱신기간의 경우는 권익을 제한하는 것으로 보아 긍정하는 제한적 긍정설이 있다.

2) 판례

판례는 신청에 따른 처분이 이루어지지 않은 경우에는 당사자에게 권익이 부여되지 않은 바 거부처분은 권익을 제한하는 처분이 아니라고 한다.

(3) 검토

인·허가갱신 등처럼 기존권익 유지가 아닌 한 신청의 거부는 권익제한이 아니라고 판단된다. 인·허가의 갱신의 경우는 갱신에 의해 종전의 허가효과가 유지되는바, 이는 권익제한에 해당된다고 볼 수 있으므로 사전통지의 결여는 위법하다고 볼 수 있다.

3. 사안의 경우

설문에서의 사업인정의 거부는 인·허가의 갱신과 같이 기존에 발령된 어떠한 권익이 없으므로 당사자의 권익을 제한하는 것으로 볼 수 없다. 따라서 이는 사전통지의 대상이 되지 않으므로 절차상 하자는 없는 것으로 보인다.

Ⅳ 거부처분에 대한 실체적 위법사유

1. 재량행위의 위법성 판단기준

행정소송법 제27조에서는 행정청의 재량에 속하는 처분이라도 재량권의 한계를 넘거나 그 남용이 있는 때에는 법원은 이를 취소할 수 있다고 규정하고 있다.

2. 재량행위에 대한 사법심사의 판단대상

판례(대판 2010.2.25, 2009두19960)는 "재량행위에 대한 사법심사에 있어서는 행정청의 재량에 기한 공익판단의 여지를 감안하여 법원은 독자의 결론을 도출함이 없이 해당 행위에 재량권의 일탈·남용이 있는지 여부만을 심사하게 되고, 이러한 재량권의 일탈·남용 여부에 대한 심사는 사실오인, 비례·평등의 원칙 위배 등을 그 판단 대상으로 한다."고 판시한 바 있다.

3. 사안의 경우

(1) 관광도시로서의 위상이 손상될 우려가 있다는 이유로 사업인정을 거부할 수 있는지 여부

장례식장의 신축으로 인하여 관광도시의 쾌적한 환경이나 안온한 생활을 해칠 우려가 있을 것으로는 보이지 않고, 건물의 용도, 종류 및 규모나 고인의 죽음을 애도하고 사후명복을 기원하는 시설인 장례예식장을 혐오시설 내지 기피시설로 볼 수도 없는 점 등을 고려할 때, 장례식장에 대한 부정적인 정서와 그로 인한 공공시설의 이용 기피 등과 같은 막연한 우려나 가능성만으로 장례식장의 신축이 현저히 공공복리에 반한다고 볼 수도 없다(대판 2004.6.24, 2002두3263).

(2) 주민동의서 위조를 이유로 사업인정을 거부할 수 있는지 여부

주민동의서는 사업과 관련된 주민의 마찰을 줄이고자 사업시행자가 임의적으로 행하는 것으로서 사업인정을 행함에 있어서 고려할 수 있는 판단자료 중 하나일 뿐이므로 공익목적으로 볼 수 없다. 따라서 이를 이유로 한 사업인정의 거부는 재량권 남용에 해당한다고 볼 수 있다.

Ⅴ 사안의 해결(위법성 정도)

1. 국토교통부장관의 사업인정거부는 갑의 권익을 제한하는 처분이 아니므로 사전통지를 결여한 절차상의 위법은 없는 것으로 보인다.

2. 다만, 국토교통부장관은 공익상의 이유로 사업인정을 거부할 수 있으나, 관광도시로서의 위상이 손상될 우려라든가 주민동의서가 위조되었다는 사유는 사업인정을 거부할 만큼 중대한 공익에 해당하지 않으므로 이에 대한 거부처분은 위법하다. 이 경우 일반인의 식견에서 명백하지 않으므로 (중대명백설) 취소사유로 판단된다.

> ☄ 관련판례(대판 2007.5.10, 2005두13315)
> 주택건설사업계획의 승인은 행정청의 재량행위에 속하므로 공익상 필요가 있으면 처분권자는 그 승인신청에 대하여 불허가 결정을 할 수 있으며, 여기에서 말하는 '공익상 필요'에는 자연환경보전의 필요도 포함된다.

사례 9

甲은 A시에서 공동주택을 건축하기 위하여 주택건설사업계획승인신청을 하였는데, A시장은 해당 지역이 용도변경을 추진 중에 있고 일반 여론에서도 보존의 목소리가 높은 지역이라는 이유로 거부처분을 하였다. 이에 甲은 A시장의 거부처분에 있어서 사전통지가 없었으며 이유제시 또한 미흡하다는 이유로 그 거부처분의 무효를 주장한다. 이러한 甲의 주장의 타당 여부를 검토하시오(주택건설사업계획승인을 받으면 토지보상법상 사업인정을 받은 것으로 의제됨). 30점

Ⅰ 쟁점의 정리	Ⅲ 절차하자의 독자성 인정논의 및 위법성 정도
Ⅱ 거부처분의 위법성 판단	1. 절차하자의 독자성 인정 여부
1. 거부처분이 사전통지의 대상인지	(1) 문제점
(1) 사전통지의 의의 및 취지	(2) 학설
(2) 학설	(3) 판례
(3) 판례	(4) 검토
(4) 검토	2. 위법성 정도
2. 이유제시의 하자 유무	(1) 무효사유와 취소사유의 구별기준
(1) 이유제시의 의의 및 필요성	(2) 사안의 경우
(2) 필수적 절차인지	Ⅳ 사안의 해결
(3) 이유제시의 정도와 하자	
(4) 이유제시의 시기 및 내용	
3. 사안의 경우(거부처분의 위법성 판단)	

Ⅰ 쟁점의 정리

갑의 주장이 타당하기 위해서는 해당 거부처분의 위법성이 인정되어야 하는데, 이와 관련하여 거부처분이 당사자의 권익을 제한하는 것으로서 사전통지의 대상이 되는지와 거부처분사유가 객관적으로 납득이 갈 만큼 충분하였는지를 검토하여 설문을 해결한다.

Ⅱ 거부처분의 위법성 판단

1. 거부처분이 사전통지의 대상인지

(1) 사전통지의 의의 및 취지

행정절차법 제21조에서는 권리를 제한하거나[1], 의무를 부과하는 처분[2]을 할 때에는 사전통지(처분내용, 의견제출을 할 수 있다는 사실)를 하도록 규정하고 있으며, 이는 절차참여를 위한

---

1) 수익적 행정행위의 취소 또는 정지처분
2) 조세부과처분 등과 같이 행정법상의 의무를 부과하는 처분

필수규정이다. 다만, 거부처분인 경우에는 거부처분이 행정절차법 제21조에서 규정하는 권익을 제한하는 처분인지가 문제된다.

(2) 학설

① 신청의 거부는 신청의 기대이익 제한이라는 긍정설(허가의 거부는 영업의 자유의 제한에 해당한다고 한다)과 ② 신청만으로는 권익이 생기지 않았으므로 권익을 제한하는 것이 아니라는 부정설이 있다. 또한 신청 자체로 이미 의견진술의 기회를 준 것으로 볼 수 있으므로 의견진술의 기회를 줄 필요가 없다고 한다. ③ 이에 인·허가에 부가된 갱신기간의 경우는 권익을 제한하는 것으로 보아, 긍정하는 제한적 긍정설이 있다.

(3) 판례

판례는 신청에 따른 처분이 이루어지지 않은 경우에는 아직 당사자에게 권익이 부여되지 않았으므로, 거부처분은 권익을 제한하는 처분이 아니라고 한다.

(4) 검토

인·허가의 갱신 등처럼 기존권익의 유지가 아닌 한, 신청의 거부는 권익제한이 아니라고 판단된다. 인·허가의 갱신의 경우는 갱신에 의해 종전의 허가효과가 유지되는바, 이는 권익제한에 해당된다고 볼 수 있으므로 사전통지결여는 위법하다고 볼 수 있다.

2. 이유제시의 하자 유무

(1) 이유제시의 의의 및 필요성

이유제시란 행정청이 처분을 하는 경우에 그 근거와 이유를 제시함을 말하고 모든 처분을 대상으로 한다. ① 이는 행정결정의 신중성 및 공정성을 도모하고, ② 행정쟁송 제기 여부의 판단 및 쟁송준비의 편의제공 목적에 취지가 인정된다.

(2) 필수적 절차인지

① 당사자의 신청대로 인정하는 경우, ② 단순반복 및 경미한 처분으로 당사자가 그 이유를 명백히 아는 경우, ③ 긴급을 요하는 경우를 제외하고는 반드시 거쳐야 하는 필수적 절차이다.

(3) 이유제시의 정도와 하자

판례는 '처분의 근거와 이유를 상대방이 이해할 수 있을 정도로 구체적으로 서면으로 하되, 이를 전혀 안하거나 구체적이지 않은 경우 위법하게 된다.'고 한다.

(4) 이유제시의 시기 및 내용

이유제시는 처분과 동시에 행하여야 한다. 행정청이 처분을 하는 때에는 당사자에게 그 처분에 관하여 행정심판 및 행정소송을 제기할 수 있는지 여부, 기타 불복을 할 수 있는지 여부, 청구절차 및 청구기간 기타 필요한 사항을 알려야 한다(행정절차법 제26조 고지).

3. 사안의 경우(거부처분의 위법성 판단)

사안의 경우 거부처분은 사전통지의 대상에 해당하지 않는다. A시장은 거부처분사유로 "용도변경 추진 및 보전필요성"을 제시하였으나, 구체적으로 용도변경이 이루어질 경우 주택건설이 어떠한 연유로 이루어질 수 없는지(관련규정의 제시 등)와 여론에서 보전필요성을 제기한다는 사유가 주택 건설승인의 거부사유로 정당한지에 대한 판단사항이 누락되어 있다. 따라서 거부처분의 근거와 이 유가 갑이 납득할 수 있을 정도로 구체적이지 않은 바, 동 거부처분은 위법한 것으로 볼 수 있다.

Ⅲ 절차하자의 독자성 인정논의 및 위법성 정도

1. 절차하자의 독자성 인정 여부

(1) 문제점

법원은 취소소송의 대상이 된 처분이 절차상 위법한 경우 해당 처분의 실체법상의 위법 여부를 따지지 않고 또는 실체법상 적법함에도 불구하고 절차상의 위법만을 이유로 취소 또는 무효확 인할 수 있는지 문제된다.

(2) 학설

① 적법절차의 보장 관점에서 독자적 위법사유가 되며, 특히 행정소송법 제30조 제3항에서 절 차하자로 인한 취소의 경우에도 기속력을 인정한다는 점을 논거로 하는 긍정설과 ② 절차는 수단에 불과하며, 적법한 절차를 거친 동일한 처분을 다시 받게 되어 행정경제상 불합리하다는 점을 논거로 하는 부정설이 대립한다. ③ 또한 기속, 재량을 구분하는 절충설이 있다.

(3) 판례

대법원은 ① 기속행위인 과세처분에서 이유부기 하자를, ② 재량행위인 영업정지처분에서 청 문절차를 결여한 것은 절차적 하자를 구성한다고 판시한 바 있다.

(4) 검토

생각건대 내용상 하자만큼 절차적 적법성을 지키는 것이 필요하며, 현행 행정소송법 제30조 제3항에서 절차하자로 인한 취소의 경우에도 기속력을 준용하고 있으므로 독자적 위법사유가 된다고 보는 긍정설이 타당하다.

2. 위법성 정도

(1) 무효사유와 취소사유의 구별기준

통설·판례는 행정행위의 하자가 내용상 중대하고, 외관상 명백한 경우에 무효인 하자가 되고, 이 두 요건 중 하나라도 충족하지 않는 경우에는 취소사유로 보는 중대명백설을 취하고 있다. 이와 같은 통설·판례의 중대명백설에 대하여는 이 견해의 엄격성을 비판하며 무효사유를 보 다 완화하려는 조사의무위반설, 명백성보충요건설, 중대설이 주장되고 있고, 그 견해의 경직성을 비판하며 무효사유와 취소사유의 구별을 구체적인 경우마다 관계되는 구체적인 이익과 가치를 고려하여 결정하려는 구체적 가치형량설이 제기되고 있다.

(2) 사안의 경우

설문상 A시장은 거부처분의 사유를 불충분하게 제시하여 절차규정의 취지를 도모하지 못하는 것으로서 내용상 중대하다고 볼 수 있으나, 일반적인 식견에서 외관상 명백하지 않은 것으로 판단되므로 취소사유에 해당된다고 볼 것이다.

Ⅳ 사안의 해결

A시장의 거부처분은 이유제시의 하자가 인정되나, 이는 취소사유인 것으로 판단된다. 따라서 무효를 주장하는 갑의 주장은 타당하지 않다. 만약, 갑이 무효등확인소송을 제기하여 무효를 주장하는 경우라면 법원은 취소소송의 제기요건 등을 갖춘 경우에 한하여 석명권을 행사하여 취소소송으로의 소변경을 행한 후 취소판결을 할 수 있을 것이다.

CHAPTER 02 내용상 하자

05 신뢰보호의 원칙

🔴 사례 10

교육과 문화의 도시 춘천은 춘천시민의 도서관 수용능력이 전국에서 가장 열악한 곳으로 발표되었다. 평소부터 유아교육과 도서관 사업에 관심이 많은 갑은 춘천시에 소재하는 녹지지역 내의 자신 소유의 농지에 도서관을 건축하기로 하였다. 그런데 해당 토지 위에 해당 도서관의 건축이 가능한지 여부에 의심이 있고, 국토교통부장관이 사업인정을 해줄 것이라는 확신이 없어 사업계획개요서를 작성하여 국토교통부장관에게 도서관 사업에 대한 사업인정을 해줄 수 있는지에 대해 서면으로 문의하였다. 이에 국토교통부장관은 갑에게 도서관은 토지보상법상 공익사업에 해당하므로 필요한 서류를 모두 갖추면 사업인정을 해줄 수 있다는 취지의 회신(문서)을 하였다.

이에 갑은 은행으로부터 도서관 건립자금 100억원을 융자받고 그중 20억원의 비용을 들여 건축설계도면을 완성하고 사업인정을 신청하였다. 춘천은 최근 교육문화의 슬로건을 내세우고 각종 교육시설 및 문화시설의 개발붐이 불고 있어서 갑 소유의 토지 주변은 대규모단지의 교육시설을 갖춘 교육도시로 성장하고 있었다. 그런데 그 사이 국토교통부장관은 갑의 농지가 보통농지가 아닌 우량농지임을 알게 되었고 우량농지 및 녹지지역은 보전할 필요가 있음을 이유로 갑에 대한 사업인정을 거부하였다.

▸ 제20회 입법고시 응용

(1) 국토교통부장관의 거부처분이 적법한지 논하시오(절차상의 하자는 없는 것으로 본다). [35점]

(2) 갑은 국토교통부장관의 거부처분은 위법하다고 주장하면서 의무이행심판을 제기했다. 그러나 행정심판의 심리기간은 훈시적 규정이어서 심리기간이 길어지는 경우 도서관 건립에 좋지 않은 영향이 생길 수 있음을 우려하고 갑은 의무이행심판 계속 중에 사업인정에 대한 임시처분을 신청했다. 임시처분의 가능성을 논하시오. [15점]

Ⅰ 쟁점의 정리

Ⅱ (설문 1) 국토교통부장관의 거부처분의 적법성
  1. 사업인정거부와 회신의 법적 성질
    (1) 사업인정거부의 법적 성질
      1) 사업인정의 의의 및 취지
      2) 사업인정과 사업인정거부의 법적 성질
    (2) 국토교통부장관의 회신이 확약인지

  1) 확약의 의의 및 구별개념
  2) 확약의 처분성 인정 여부
  3) 국토교통부장관의 회신이 확약인지
  2. 사업인정거부가 확약의 구속력에 반하는지 여부
    (1) 확약의 성립요건 및 구속력
    (2) 구속력의 배제
    (3) 사안의 경우

3. 신뢰보호의 원칙 위반 여부
   (1) 의의 및 근거
   (2) 요건
       1) 행정권의 선행조치
       2) 보호가치 있는 신뢰
       3) 신뢰에 입각한 사인의 조치
       4) 신뢰에 반하는 행정권 행사
       5) 인과관계
   (3) 한계(합법성 원칙의 충돌과 이익형량)
   (4) 사안의 경우
       1) 신뢰보호의 원칙 요건충족 여부
       2) 공익과 사익 충돌시 이익형량(한계)

4. 사업인정거부가 적법한지(위법성 정도)
Ⅲ (설문 2) 임시처분의 가능성
   1. 임시처분의 의의(행정심판법 제31조)
   2. 임시처분제도의 입법취지
   3. 임시처분결정의 요건
       (1) 적극적 요건
       (2) 소극적 요건
   4. 임시처분의 보충성(행정심판법 제31조 제3항)
   5. 사안의 경우(임시처분의 가능성)
Ⅳ 사안의 해결

제20회 입법고시

갑은 춘천시에 소재하는 녹지지역의 자신 소유의 농지에 사회복지시설을 건축하기로 하였다. 그런데 해당 토지 위에 사회복지시설의 건축이 가능하지 여부에 의심이 있고, 춘천시에서 건축허가를 내줄 것이라는 것에 확신이 없어 사업계획개요서를 작성하여 춘천시 건축과에 해당 토지 위에 해당 사회복지시설의 건축이 법상 가능한지 여부와 해당 사회복지시설에 대하여 건축허가를 내줄 수 있는지에 대하여 서면으로 문의하였다. 이에 춘천시 건축과장은 갑에게 관련 법규상 그 건축이 가능하며, 건축허가를 해줄 수 있다는 취지의 답변을 하였다.
이에 갑은 은행으로부터 건축자금을 융자받고 건축설계를 하여 건축허가를 신청하였다. 그런데 해당 농지는 우량농지 및 녹지지역으로 보전할 필요가 있어 관련법상 개발행위허가를 해줄 수 없는 경우에 해당함이 밝혀졌다. 춘천시장은 이러한 이유로 갑의 건축허가를 거부하였다(건축법상 건축허가를 받으면 개발행위허가가 의제된다).
갑의 권리구제가능성을 논하시오(절차상의 하자는 없는 것으로 본다).

응용
쟁점

제20회 입법고시는 사회복지시설의 건축이 가능하다는 회신에 반하는 거부가 있는 경우에 갑의 권리구제 가능성을 물어보았습니다. 즉 확약의 구속력과 신뢰보호의 원칙이 쟁점입니다.
따라서 토지보상법상 사업인정의 거부와 관련하여서 확약 및 신뢰보호의 원칙과 관련하여 문제를 구성하였습니다.
이에 한 단계 더 나아가서, 사업인정의 거부에 대한 구제수단 중에서 최근 의무이행심판의 실효성을 위한 가구제 수단인 임시처분제도까지 확장하였습니다.
문제를 접하면서 사업인정의 내용상 하자 중 신뢰보호의 원칙의 요건과 한계의 포섭에 집중하고, 최근 개정사항인 임시처분을 일목요연하게 정리하면 좋을 것 같습니다.

① 쟁점의 정리

설문은 국토교통부장관의 사업인정거부에 대한 갑의 불복과 관련된 사안이다.

1. (설문 1) 국토교통부장관의 회신이 강학상 확약이라면 국토교통부장관의 거부가 확약의 구속력에 반하는지를 살펴보고 이에 반하지 않는다면 신뢰보호의 위반은 없는지 검토하여 해결한다.

2. (설문 2) 의무이행심판은 갑에게 가장 실효적인 심판수단이 될 수 있다. 이의 실효성을 확보하기 위하여 최근 신설된 임시처분의 요건을 검토하여 가능성을 살펴본다.

② [설문 1] 국토교통부장관의 거부처분의 적법성

1. 사업인정거부와 회신의 법적 성질

(1) 사업인정거부의 법적 성질

1) 사업인정의 의의 및 취지

사업인정이란 공익사업을 토지 등을 수용 또는 사용할 사업으로 결정하는 것을 말하며 (제2조 제7호), ① 사업 전의 공익성 판단, ② 사전적 권리구제(의견청취, 절차참여), ③ 수용행정의 적정화, ④ 피수용자의 권리보호에 취지가 있다.

2) 사업인정과 사업인정거부의 법적 성질

〈판례〉는 사업인정은 '사업의 공익성 여부를 모든 사항을 참작하여 구체적으로 판단해야 하므로 행정청의 재량에 속한다.'고 판시한 바 있다. 즉, 사업인정은 재량행위이며 이에 대한 거부도 재량행위로 볼 수 있다. 따라서 사업인정거부가 적법하기 위해서는 재량의 일탈, 남용이 없어야 한다.

(2) 국토교통부장관의 회신이 확약인지

1) 확약의 의의 및 구별개념

행정주체가 사인에 대해 장차 일정한 행정행위의 발령이나 불발령을 내용으로 하는 공법상 일방적인 자기구속의 의사표시를 말한다. 약속의 대상을 특정 행정행위에 한정하므로 확언과 구별된다.

2) 확약의 처분성 인정 여부

① 다수설은 확약의 구속력을 이유로 긍정하나, ② 부정설은 사정변경시 확약의 종국적 구속력이 없다는 이유로 부정한다. ③ 판례는 어업권우선순위결정을 확약으로 보면서 처분성은 부정하였다. ④ 〈생각건대〉 확약에 의해 권리·의무가 발생되는바 처분성을 긍정함이 타당하다.

3) 국토교통부장관의 회신이 확약인지

국토교통부장관은 필요한 요건을 모두 구비하면 사업인정을 해주겠다고 했으므로, 장래에 갑이 요건을 갖추고 사업인정을 신청하면 사업인정을 해야 하는 자기구속이 발생한다. 따라서 회신은 강학상 확약이다.

2. 사업인정거부가 확약의 구속력에 반하는지 여부

(1) 확약의 성립요건 및 구속력

확약이 성립하려면 ① 정당한 권한 있는 주체에 의하고, ② 이행 가능한 특정행위에 대한 약속이어야 한다. ③ 또한 본행정행위의 절차를 준용하고, ④ 법령에서 정한 형식을 따르되 명문의 규정이 없다면 구술에 의하여도 가능할 것이다.

(2) 구속력의 배제

판례는 확약이 있은 후, 법률적·사실적 사정변경시 행정청의 별다른 의사표시 없이도 실효된다고 하여 구속력 배제를 인정하고 있다. 그러나 이 경우에도 일률적으로 구속력이 배제된다고 보는 것은 타당하지 않으며 법적합성의 원칙 및 공익과 상대방의 신뢰보호이익을 비교형량하여 판단함이 타당하다고 본다.

(3) 사안의 경우

〈설문에서는〉 권한 있는 국토교통부장관이 서면으로 사업인정을 해 주겠다고 약속하였으므로 이에 대한 구속력이 발생한다. 그러나 당초부터 국토교통부장관이 갑의 농지가 우량농지로서 보전할 필요성이 있음을 알았다면 그러한 회신을 하지 않았을 것으로 보이므로 확약의 구속력은 배제된다고 본다.

따라서 갑은 확약의 구속력을 주장할 수는 없으나, 해당 확약에 따른 신뢰는 보호받아야 하므로 이하에서는 신뢰보호의 원칙 위반 여부를 검토한다.

3. 신뢰보호의 원칙 위반 여부

(1) 의의 및 근거

행정법상의 신뢰보호의 원칙이라 함은 행정기관의 어떠한 언동(말 또는 행동)에 대해 국민이 신뢰를 갖고 행위를 한 경우 그 국민의 신뢰가 보호가치 있는 경우에 그 신뢰를 보호하여 주어야 한다는 원칙을 말한다. 행정기본법 제12조에서 이를 명문화하고 있으며, 국세기본법 제18조 제3항 및 행정절차법 제4조 제2항에 근거한다.

(2) 요건

1) 행정권의 선행조치

행정권의 행사에 관하여 상대방인 국민에게 신뢰를 주는 적극적 또는 소극적인 구체적 선행조치(언동, 공적견해표명)가 있어야 한다.

2) 보호가치 있는 신뢰

선행조치에 대한 관계인의 신뢰가 보호가치 있는 것이어야 한다. 즉, 관계인에게 책임 있는 사유가 있어서는 안 된다.

3) 신뢰에 입각한 사인의 조치

상대방인 국민이 행정기관의 선행조치(언동)에 대한 신뢰에 입각하여 어떠한 조치(자본투하, 업무수행)를 취하였어야 한다.

4) 신뢰에 반하는 행정권 행사

행정기관이 상대방의 신뢰를 저버리는 행정권 행사를 하였고 그로 인하여 상대방의 권익이 침해되어야 한다.

5) 인과관계

선행조치와 관계자의 조치 또는 권익의 침해 사이에 인과관계가 있어야 한다. 왜냐하면 신뢰와 처리 사이에 인과관계가 없다면, 그러한 처분은 우연일 뿐이고 보호받아야 할 특별한 이유는 없기 때문이다.

(3) 한계(합법성 원칙의 충돌과 이익형량)

신뢰보호의 원칙은 법적 안정성을 위한 것이지만, 법치국가원리의 또 하나의 내용인 행정의 법률적합성의 원리와 충돌되는 문제점을 갖는다. 결국 양자의 충돌은 법적 안정성(사익보호)과 법률적합성(공익상 요청)의 비교형량에 의해 문제를 해결해야 한다(비교형량설). 또한, 신뢰보호의 이익과 공익 또는 제3자의 이익이 상호 충돌하는 경우에는 이들 상호간에 이익형량을 하여야 한다.

(4) 사안의 경우

1) 신뢰보호의 원칙 요건충족 여부

국토교통부장관의 사업인정을 해주겠다는 회신은 행정청의 선행조치이고, 갑은 이를 귀책사유없이 신뢰하여 100억원의 투자를 하였음에도(실비용지출 20억원) 사업인정의 거부가 있었으므로 신뢰보호의 요건은 충족한다.

2) 공익과 사익 충돌시 이익형량(한계)

갑의 토지는 우량농지이므로 이를 보전하여 무질서한 개발을 막고 주변 환경을 보전하는 공익목적을 달성하여야 하지만, 갑소유 토지의 주변이 교육도시로 성장하고 있는 점에 비추어 우량농지의 보전가치가 낮아지고 있는 점과 춘천시 주민의 교육환경을 개선하여 청소년의 밝은 미래환경을 조성해야 하는 공익을 고려할 때, 갑의 신뢰보호의 이익이 해당 우량농지를 보전하는 공익보다 크다고 볼 수 있으므로 사업인정의 거부는 신뢰보호의 원칙에 반하여 위법하게 될 것이다.

4. 사업인정거부가 적법한지(위법성 정도)

통설 및 판례의 태도에 따를 때 (중대명백설) 사업인정의 거부는 신뢰보호의 원칙에 반하여 위법의 중대성이 인정되나 일반인의 식견에서 명백하지 않으므로 취소사유로 판단된다.

Ⅲ [설문 2] 임시처분의 가능성

1. 임시처분의 의의(행정심판법 제31조)

임시처분이란 처분 또는 부작위가 위법, 부당하다고 상당히 의심되는 경우로서 처분 또는 부작위 때문에 당사자가 받을 우려가 있는 중대한 불이익이나 당사자에게 생길 급박한 위험을 막기 위하여 임시지위를 정하여야 할 필요가 있는 경우 당사자의 신청 또는 직권으로 행정심판위원회가 임시적 지위를 발할 수 있는 가구제 수단을 말한다.

2. 임시처분제도의 입법취지

행정청의 거부처분과 부작위에 대한 의무이행심판의 실효성을 위하여 행정심판법 제31조에서는 임시처분을 명문으로 규정하였다.

3. 임시처분결정의 요건

(1) 적극적 요건

① 행정심판청구가 계속될 것, ② 처분(적극적 처분, 거부처분) 또는 부작위가 위법, 부당하다고 상당히 의심될 것, ③ 처분 또는 부작위 때문에 당사자가 받을 우려가 있는 중대한 불이익이나 당사자에게 생길 급박한 위험이 존재할 것, ④ 이를 예방하기 위하여 임시적 지위를 정하여야 할 필요가 인정될 것을 요건으로 한다.

(2) 소극적 요건

임시처분은 공공복리에 중대한 영향을 미칠 우려가 있는 경우에는 허용되지 않으므로 임시처분에 의한 공사익의 형량이 요구된다.

4. 임시처분의 보충성(행정심판법 제31조 제3항)

임시처분은 집행정지로 목적을 달성할 수 있는 경우에는 허용되지 아니한다.

5. 사안의 경우(임시처분의 가능성)

① 설문상 행정심판이 계속되고 있으며, 통설은 거부처분은 집행정지의 대상이 되지 않는다고 본다. ② 사업인정의 거부는 확약의 구속력에는 반하지 않으나 신뢰보호의 원칙에 위반됨이 상당히 의심된다고 볼 수 있다. ③ 또한 국토교통부장관의 거부로 인하여 갑은 비용지출이 완료된 20억원에 대한 중대한 불이익이 생길 것으로 보인다. ④ 또한 설문상 갑에게 사업인정의 효과를 향유할 수 있는 임시처분을 하여도 공공복리에 중대한 영향을 미칠 우려가 있음이 보이지 않으므로 갑은 임시처분의 인용을 기대할 수 있을 것이다.

Ⅳ 사안의 해결

국토교통부장관의 사업인정 신청에 대한 거부처분은 확약의 구속력에는 반하지 않으나, 주변환경에 비추어 갑의 우량농지를 보전할 필요성이 적음에도 갑의 신뢰에 반하는 거부처분을 하는 것은 신뢰보호원칙에 위반됨이 상당히 의심된다고 볼 수 있다. 또한 사업인정에 대한 임시처분을 결정해도 공공복리에 중대한 영향을 미칠 우려가 없으므로 중앙행정심판위원회는 임시처분을 결정할 수 있을 것이다.

◢ 사례 11

> 사업시행자 갑은 신림동일대에 신도시를 건설하기 위해서 공용수용을 위한 사업인정이 가능한지
> 여부를 국토교통부장관에게 문의하였다. 국토교통부장관은 갑이 하고자 하는 주택건설사업이 국토
> 교통부의 역점사업에 해당하기에, 관계법령에서 요구하는 요건을 구비하면 사업인정을 해주겠다는
> 회신을 발송하였다. 갑은 이를 믿고 환경영향평가 등의 준비를 위하여 200억원대의 투자를 하고
> 사업인정을 신청하였다. 그러나 해당 사업지역이 그 사이에 역점사업에서 제외되고 해당 부지가
> 공원예정지로 지정되자, 국토교통부장관은 사업인정을 거부하였다. 국토교통부장관의 사업인정거
> 부는 적법한가? 30점

Ⅰ 쟁점의 정리

1. 설문은 사업인정신청에 대한 거부의 적법여부를 묻고 있다. 이를 해결하기 위한 전제로써 사업인정 및 사업인정거부가 행정행위인지와 국토교통부장관의 회신이 확약인지를 검토한다.

2. 사업인정거부의 적법성과 관련하여 회신이 확약이라면, ① 이러한 확약의 구속력에 반하는 것은 아닌지 검토하고 ② 확약의 구속력에 반하지 않는다면 국토교통부장관의 회신을 신뢰한 갑의 신뢰 가 보호되어야 하는지를 신뢰보호의 원칙과 관련하여 살펴본다.

Ⅱ 사업인정거부와 회신의 법적 성질

1. 사업인정거부의 법적 성질

(1) 사업인정의 의의 및 취지(제2조 제7호)

사업인정이란 공익사업을 토지 등을 수용 또는 사용할 사업으로 결정하는 것을 말하며, ① 사업 전의 공익성 판단, ② 사전적 권리구제(의견청취, 절차참여), ③ 수용행정의 적정화, ④ 피수용자의 권리보호에 취지가 있다.

(2) 사업인정과 사업인정거부의 법적 성질

〈판례〉는 사업인정은 '사업의 공익성 여부를 모든 사항을 참작하여 구체적으로 판단해야 하므로 행정청의 재량에 속한다.'고 판시한 바 있다. 즉, 사업인정은 재량행위이며 이에 대한 거부도 재량행위로 볼 수 있다. 따라서 사업인정거부가 적법하기 위해서는 재량의 일탈, 남용이 없어야 한다.

2. 국토교통부장관의 회신이 확약인지

(1) 확약의 의의 및 구별개념

행정주체가 사인에 대해 장차 일정한 행정행위의 발령이나 불발령을 내용으로 하는 공법상 일방적인 자기구속의 의사표시를 말한다. 약속의 대상을 행정행위에 한정하므로 확언과 구별된다.

(2) 확약의 처분성 인정 여부

① 다수설은 확약의 구속력을 이유로 긍정하나, ② 부정설은 사정변경시 확약의 종국적 구속력이 없다는 이유로 부정한다. ③ 판례는 어업권우선순위결정을 확약으로 보면서 처분성은 부정하였다. ④ 〈생각건대〉 확약에 의해 권리·의무가 발생되는바 처분성을 긍정함이 타당하다.

(3) 국토교통부장관의 회신이 확약인지

국토교통부장관은 필요한 요건을 모두 구비하면 사업인정을 해주겠다고 했으므로, 장래에 갑이 요건을 갖추고 사업인정을 신청하면 사업인정을 해야 하는 자기구속이 발생한다. 따라서 회신은 강학상 확약이다.

Ⅲ 사업인정거부가 확약의 구속력에 반하는지 여부

1. 확약의 성립요건 및 구속력

확약이 성립하려면 ① 정당한 권한 있는 주체에 의하고, ② 이행 가능한 특정행위에 대한 약속이어야 한다. ③ 또한 본행정행위의 절차를 준용하고, ④ 법령에서 정한 형식을 따르되 명문의 규정이 없다면 구술에 의하여도 가능할 것이다.

〈설문에서는〉 권한 있는 국토교통부장관이 서면으로 사업인정을 해주겠다고 약속하였으므로, 이에 대한 구속력이 발생한다.

2. 구속력 배제 여부

판례는 확약이 있은 후, 법률적·사실적 사정변경시 행정청의 별다른 의사표시 없이도 실효된다고 하여 구속력 배제를 인정하고 있다.

〈설문에서〉 해당 사업부지가 공원예정지로 지정되는 법률적·사실적 사정변경이 발생하였다. 따라서 행정청의 별다른 의사표시 없이 확약의 구속력이 배제된다고 본다. 따라서 갑은 확약의 구속력을 주장할 수 없다.

Ⅳ 신뢰보호의 원칙 위반 여부

1. 의의 및 근거

행정법상의 신뢰보호의 원칙이라 함은 행정기관의 어떠한 언동에 대해 국민이 신뢰를 갖고 행위를 한 경우, 국민의 신뢰가 보호가치 있는 경우에 그 신뢰를 보호하여 주어야 한다는 원칙을 말한다. 행정기본법 제12조에서 이를 명문화하고 있다.

2. 요건

(1) 행정권의 행사에 관하여 신뢰를 주는 선행조치

행정권의 행사에 관하여 상대방인 국민에게 신뢰를 주는 적극적 또는 소극적인 구체적 선행조치(공적 견해표명)가 있어야 한다.

〈판례〉는 공적인 견해표명이 있었는지의 여부는 '형식적인 권한분배에 구애될 것은 아니고 담당자의 조직상의 지위와 임무, 해당 언동을 하게 된 구체적인 경우 및 그에 대한 상대방의 신뢰가능성에 비추어 실질에 의해 판단하여야 한다.'고 판시하였다.

(2) 보호가치 있는 신뢰

선행조치에 대한 관계인의 신뢰가 보호가치 있는 것이어야 한다. 즉, 관계인에게 책임 있는 사유가 있어서는 안 된다.

〈판례〉는 '귀책사유라 함은 행정청의 견해표명의 하자가 상대방 등 관계자의 사실은폐나 기타 사위의 방법에 의한 신청행위 등 부정행위에 기인한 것이거나 그러한 부정행위가 없다고 하더라도 하자가 있음을 알았거나 중대한 과실로 알지 못한 경우 등을 의미한다고 해석함이 상당하고'라고 판시한 바 있다.

(3) 신뢰에 입각한 사인의 조치

상대방인 국민이 행정기관의 선행조치(언동)에 대한 신뢰에 입각하여 어떠한 조치(자본투하, 업무수행)를 취하였어야 한다. 신뢰보호의 원칙은 행정청의 행위의 존속을 목적으로 하는 것이 아니라 행정청의 조치를 믿고 따른 사인을 보호하기 위한 것이다.

(4) 신뢰에 반하는 행정권 행사

행정기관이 상대방의 신뢰를 저버리는 행정권 행사를 하였고 그로 인하여 상대방의 권익이 침해되어야 한다.

(5) 인과관계

선행조치와 관계자의 조치 또는 권익의 침해 사이에 인과관계가 있어야 한다. 왜냐하면 신뢰와 처리 사이에 인과관계가 없다면, 그러한 처분은 우연일 뿐이고 보호받아야 할 특별한 이유는 없기 때문이다.

3. 한계

(1) 신뢰보호의 원칙과 합법성의 원칙의 충돌과 이익형량

신뢰보호의 원칙은 법적 안정성을 위한 것이지만, 법치국가원리의 또 하나의 내용인 행정의 법률 적합성의 원리와 충돌되는 문제점을 갖는다. 결국 양자의 충돌은 법적 안정성(사익보호)과 법률 적합성(공익상 요청)의 비교형량에 의해 문제를 해결해야 한다(비교형량설).

(2) 신뢰보호의 이익 및 공익의 충돌과 이익형량

신뢰보호의 이익과 공익이 충돌하는 경우가 있는데 이는 통상 신뢰보호의 원칙에 반하는 재량처분에서 그러하다. 신뢰보호의 이익과 공익 또는 제3자의 이익이 상호 충돌하는 경우에는 이들 상호간에 이익형량을 하여야 한다.

4. 신뢰보호의 원칙 위반 여부

(1) 신뢰보호의 원칙 요건충족 여부

국토교통부장관의 사업인정을 해주겠다는 회신은 행정청의 선행조치이고, 갑은 이를 신뢰하여 200억원의 투자를 하였음에도 사업인정의 거부가 있었으므로 신뢰보호의 요건은 충족한다.

(2) 공익과 사익 충돌시 이익형량(한계)

해당 사업이 역점사업에서 제외되고 해당 사업부지는 새로운 공익달성을 위하여 공원예정지로 지정되는 사정변경이 발생하였다. 설문에서는 불분명하나, 갑의 신뢰보호의 이익이 해당 부지를 공원예정지로 지정함으로써 달성하는 공익보다 크다면 사업인정의 거부는 신뢰보호의 원칙에 반하여 위법하게 될 것이다.

Ⅴ 사안의 해결

국토교통부장관의 회신은 적법요건을 모두 갖춘 확약으로서 구속력이 발생하지만, 새로운 공익을 위한 공원예정지로 지정되는 사정변경이 발생하여 구속력이 배제된다.

이 경우에도 확약에 신뢰한 갑의 신뢰이익이 보호되어야 하는데, 갑이 200억원을 이미 투자한 사실에 비추어 침해당하는 갑의 사익이 달성하고자 하는 공익보다 크다면 신뢰보호의 원칙에 반하여 사업인정거부는 위법하게 될 것이다.

만약, 공원예정에 따른 공익이 더 크다면 갑의 신뢰 있는 이익은 보호되어야 함에도 보호할 수 없는 경우가 되는 것이므로 갑의 투자액에 대한 손실을 보상하여야 할 것이다.

🔴 사례 12

국토교통부장관은 「개발제한구역의 지정 및 관리에 관한 특별조치법」 제12조 제1항 제1호 마목과 동법 시행령 및 동법 시행규칙의 관련 규정에 의거하여, 개발제한구역 내의 간선도로 중 특정 구간에 고시된 선정 기준에 따라 사업자 1인을 선정하여 자동차용 액화석유가스충전소(이하 '가스충전소'라고 한다.) 건축을 허가하기로 하는 가스충전소의 배치 계획을 고시하였다. 이에 A와 B는 각자 자신이 고시된 선정 기준에 따른 우선 순위자임을 주장하며 가스충전소와 관련된 사업인정을 신청하였다. 이에 국토교통부장관은 각 신청 서류를 검토한 결과 B가 고시된 선정 기준에 따른 우선 순위자라고 인정하여 B에 대하여 사업인정을 하였다. 50점

(1) A는 우선 순위자 결정의 하자를 주장하면서 국토교통부장관의 B에 대한 사업인정을 다투려고 한다. 이 경우 A는 행정소송법상 원고적격이 있는가? 20점

(2) 만약 A가 국토교통부장관의 B에 대한 사업인정 취소심판을 제기하여 인용재결이 된 경우, B는 인용재결에 대해 취소소송을 제기할 수 있는가? 15점

(3) 국토교통부장관이 B에게 사업인정을 한 후 B가 허위, 기타 부정한 방법으로 사업인정 신청을 하였다는 것을 발견하고 사업인정을 취소하였다. 이에, B는 국토교통부장관의 사업인정을 신뢰하여 가스충전소 신축공사계약 체결을 비롯한 새로운 법률관계를 형성하였기 때문에 취소할 수 없다고 주장한다. B의 주장은 타당성이 있는가? 15점

⊕ **(설문 1)의 해결**

Ⅰ 쟁점의 정리

경원자소송이라 함은 수인의 신청을 받아 일부에 대하여만 인·허가 등의 수익적 행정처분을 할 수 있는 경우에 인·허가 등을 받지 못한 자가 인·허가처분에 대하여 제기하는 항고소송을 말한다. 설문에서는 경원자 관계에 있는 A의 원고적격이 인정되는지가 문제된다.

Ⅱ 경원자인 제3자의 원고적격

1. 개설(소송요건)

소송요건이란 본안심리를 하기 위하여 갖추어야 하는 요건을 말한다. 이는 불필요한 소송을 배제하여 법원의 부담을 경감하고, 적법한 소송에 대한 충실한 심판을 도모한다. 소송요건으로는 대상적격(행정소송법 제19조), 원고적격 및 협의 소익(동법 제12조), 재판관할(동법 제9조) 및 제소기간(동법 제20조)이 있으며 설문에서는 원고적격이 문제된다.

2. 원고적격의 의의

원고적격이란 구체적인 소송에서 원고로서 소송을 수행하여 본안판결을 받을 수 있는 자격을 말한다. 행정소송법 제12조에서는 '법률상 이익' 있는 자를 규정하고 있는데 '법률상 이익'의 해석과 관련하여 견해의 대립이 있다.

3. 법률상 이익의 의미와 범위

(1) 법률상 이익의 의미

  1) 학설

    ① 권리구제설은 처분 등으로 인하여 권리가 침해된 자만이 항고소송을 제기할 수 있는 원고적격을 갖는다고 본다. ② 법적 이익구제설은 처분 등에 의해 '법적으로 보호된 개인적 이익'을 침해당한 자만이 원고적격이 있는 것으로 본다. ③ 소송상 보호할 가치 있는 이익

구제설은 소송법적 관점에서 재판에 의하여 보호할 만한 가치가 있는 이익이 침해된 자는 원고적격이 있다고 본다. ④ 적법성 보장설은 항고소송의 주된 기능을 행정통제에서 찾고, 처분의 위법성을 다툴 적합한 이익을 갖는 자에게 원고적격을 인정하는 견해이다.

2) 판례

판례는 법률상 이익은 해당 처분의 근거 법률에 의하여 보호되는 직접적이고 구체적인 이익이 있는 경우를 말하고 간접적이거나 사실적, 경제적 이해관계를 가지는 데 불과한 경우는 여기에 포함되지 않는다고 한다.

3) 검토

현행 행정소송법이 항고소송의 주된 기능을 권익구제로 보고 주관소송으로 규정하고 있으므로 법적 이익구제설이 타당하다.

(2) 법률의 범위

근거 법률은 물론 관련법규까지 포함하는 견해와, 헌법상 기본권 및 민법상 일반원칙까지 포함하는 견해가 있다. 대법원은 관계법규와 절차법규정의 취지도 고려하는 등 보호규범의 범위를 확대하는 경향을 보이고 있으며, 헌법재판소는 헌법상 기본권인 경쟁의 자유를 고려한바 있다. 판례의 태도가 타당하다.

4. 경원자소송의 경우

판례는 수인이 서로 경쟁관계에 있어서 일방에 대한 면허나 인·허가 등의 행정처분이 타방에 대한 불면허·불인가·불허가 등으로 귀결될 수밖에 없는 경우에는 행정처분의 취소를 구할 당사자적격이 있다고 한다. 따라서 경원자 관계에 있는 자는 타인에 대한 허가처분의 취소를 구할 수 있다.

Ⅲ 사안의 해결

설문에서 A와 B는 일방의 사업인정이 타방에 대한 거부로 귀결되는 경원자 관계에 있다. 토지보상법 제20조의 사업인정이 공익은 물론 사업시행자의 사업시행 이익도 보호한다고 해석한다면 경원자 A의 원고적격이 인정될 것이다. 다만, 이 경우에도 A는 B의 사업인정이 취소된다면 자신이 사업인정을 받을 수 있는 요건을 모두 갖추고(협의소익) 있어야 할 것이다.

⊕ (설문 2)의 해결

Ⅰ 쟁점의 정리

제3자효 행정행위의 인용재결의 경우 취소소송의 대상이 무엇인지가 행정소송법 제19조의 원처분주의와 관련하여 문제된다.

Ⅱ 원처분주의(행정소송법 제19조)

1. 원처분주의와 재결주의의 의의 및 취지

원처분주의란 취소소송의 대상으로 원처분을 하고, 재결 자체의 고유한 하자가 있는 경우에 재결을 취소소송의 대상으로 하는 것을 말한다. 재결주의는 재결을 대상으로 취소소송을 제기하는 것을 말한다. 이는 판결의 모순·저촉의 방지나 소송경제를 도모함에 취지가 인정된다.

2. 원처분주의하의 재결소송(재결고유의 하자유형)

① 주체상 하자로는 권한없는 기관의 재결 ② 절차상 하자로는 심판절차를 준수하지 않은 경우 등, 단 행정심판법 제34조 재결기간은 훈시규정으로 해석되므로 재결기간을 넘긴 것만으로는 절차의 위법이 있다고 볼 수 없다. ③ 형식상 하자로는 서면으로 하지 않거나, 중요기재사항을 누락한 경우 ④ 내용상 하자의 경우 견해대립이 있으나 판례는 '내용의 위법은 위법·부당하게 인용재결을 한 경우에 해당한다.'고 판시한 바 내용상 하자를 재결 고유의 하자로 인정하고 있다.

3. 인용재결과 재결 고유의 하자

(1) 문제점(재결 자체의 고유한 위법을 다투는 것인지 여부)

제3자효 행정행위에 대한 제3자의 취소심판청구에 대한 취소재결이 있는 경우 처분상대방은 이로 인하여 불이익한 효과를 받게 되므로 취소재결을 다툴 수밖에 없는데, 문제는 그 법적 성질이 재결 자체의 고유한 위법을 다투는 것으로 볼 수 있는지 여부이다.

(2) 견해의 대립

① 제3자효 있는 행정행위에서 인용재결로 피해를 입은 자는 재결의 고유한 하자를 주장하는 것이라는 견해와, ② 제3자관계에서 인용재결은 별도의 처분이므로 인용재결이 최초의 처분이라는 견해가 있다(행정소송법 제19조 본문에 의한 것으로 보는 견해).

(3) 판례의 태도

판례는 '인용재결의 취소를 구하는 것은 원처분에는 없는 고유한 하자를 주장하는 셈이어서 당연히 취소소송의 대상이 된다.'고 판시한 바 있다.

(4) 검토

〈생각건대〉 제3자는 인용재결로 비로소 권익을 침해받게 되므로 인용재결을 별도의 최초처분
으로 보아 인용재결을 대상으로 소를 제기함이 타당하다고 판단된다.

4. 소의 대상

인용재결로 인해 비로소 침해가 발생하므로 행정소송법 제19조 본문을 적용하여 인용재결을 소의
대상으로 해야 할 것이다.

Ⅲ 사안의 해결

A의 취소심판이 인용된 경우, B는 행정소송법 제19조 본문을 적용하여 취소재결을 대상으로 소송
을 제기하여야 할 것이다. 다만, 판례에 따르면 행정소송법 제19조 단서 조항이 적용될 것이다.

⊕ (설문 3)의 해결

Ⅰ 쟁점의 정리

수익적 행정행위는 취소되기 전까지는 유효한 행위로 존속하고, 그를 기초로 하여 법률관계가 형성
된다. 따라서 행정행위의 취소에 있어서는 취소로 인하여 상대방 또는 이해관계인이 받게 되는 불
이익과 취소로 인하여 달성되는 공익 및 관계이익을 비교형량하여야 한다.

Ⅱ 사업인정 취소의 법적 성질

1. 사업인정의 의의 및 취지[토지보상법 제2조 제7호 및 제20조]

사업인정이란 공익사업을 토지 등을 수용 또는 사용할 사업으로 결정하는 것을 말하며, ① 사업
전의 공익성 판단, ② 사전적 권리구제(의견청취, 절차참여), ③ 수용행정의 적정화, ④ 피수용자
의 권리구제를 도모한다.

2. 사업인정 취소의 법적 성질

직권취소란 하자가 있지만 유효인 행정행위의 효력을 행정행위의 하자를 이유로 행정청이 소멸시
키는 행정행위를 말한다. 설문에서는 사업인정 발령 당시의 허위, 기타 부정한 방법을 이유로 사업
인정을 취소하므로 직권취소이다.

Ⅲ 신뢰보호원칙의 위반 여부

1. 개설

행정청의 직권취소는 실권의 법리, 신뢰보호의 원칙, 비례의 원칙 등에 반하여서는 안 된다. 설문에서는 사인의 귀책사유가 문제되므로 신뢰보호원칙의 위반 여부를 중심으로 검토한다.

2. 신뢰보호원칙의 의의 및 근거

행정법상의 신뢰보호의 원칙이라 함은 행정기관의 어떠한 언동(말 또는 행동)에 대해 국민이 신뢰를 갖고 행위를 한 경우 그 국민의 신뢰가 보호가치 있는 경우에 그 신뢰를 보호하여 주어야 한다는 원칙을 말한다. 행정기본법 제12조에서 이를 명문화하고 있으며, 행정절차법 제4조 제2항 및 국세기본법 제18조 제3항에 실정법상 근거를 두고 있다.

3. 신뢰보호원칙의 요건 및 한계

① 행정청이 개인에 대하여 신뢰의 대상이 되는 공적인 견해를 표명하여야 하고, ② 행정청의 견해표명이 정당하다고 신뢰한 데 대하여 그 개인에게 귀책사유가 없어야 하며, ③ 그 개인이 그 견해표명을 신뢰하고 이에 어떠한 행위를 하였어야 하고, ④ 행정청이 위 견해표명에 반하는 처분을 함으로써 그 견해표명을 신뢰한 개인의 이익이 침해되는 결과가 초래되어야 하며, 어떠한 행정처분이 이러한 요건을 충족하는 때에는 ⑤ 공익 또는 제3자의 정당한 이익을 현저히 해할 우려가 있는 경우가 아닌 한, 신뢰보호의 원칙에 반하는 행위로서 위법하게 된다(대판 2001.9.28, 2000두8684, 대판 2009.10.29, 2007두7741).

4. 사안의 경우

설문에서 B가 신뢰보호를 받기 위해서는 귀책사유가 없어야 함에도, B는 허위·기타 부정한 방법의 귀책사유가 인정된다. 따라서 B는 신뢰보호의 이익을 주장할 수 없다.

Ⅳ 사안의 해결(B주장의 타당성)

설문에서는 국토교통부장관의 사업인정 이후에, 가스충전소 공사와 관련된 새로운 법률관계가 형성되었으나 이러한 법률관계는 B의 귀책사유 있는 사업인정 신청에서 비롯된 것이므로 B는 신뢰이익을 주장할 수 없다. 따라서 하자있는 사업인정의 취소는 정당하며 B의 주장은 타당하지 않다.

🔊 사례 13

갑은 2개의 어업권을 보유하였으나, 법이 개정되어 1개의 어업권을 받을 수 있게 되었다. 상기 어업권의 기간 만료 후 어업권을 재신청함에 있어서 어업권 보유 제한을 피하기 위해서 다른 1개 어업권을 친척인 을에게 양도하는 형식으로 어업권변경등록을 하였다. 그 후 어업권의 만료일이 다가오자 갑은 위와 같이 변경등록 된 어업권등록원부 등을 첨부하여 새로운 어업면허를 신청하고 우선순위결정에서 1순위로 결정되고, 이에 근거해 갑과 을 명의로 2개의 신어업권면허를 받았다. 우선순위결정에서 후순위자로 밀려 어업권면허를 받지 못한 병은 우선순위결정에 대해서 취소소송을 제기할 수 있는가?(우선순위결정은 어업권면허에 선행하여 행정청이 우선권자로 결정된 자의 신청이 있으면 어업권면허처분을 하겠다는 것을 약속하는 행위이다), 관할청이 위 신어업권면허를 직권취소하는 경우 갑은 자신의 신뢰보호를 주장할 수 있는가? 30점

Ⅰ 쟁점의 정리	Ⅲ 갑이 신뢰보호이익을 주장할 수 있는지 여부
Ⅱ 병이 취소소송을 제기할 수 있는지 여부	1. 취소의 의의 및 효과
1. 확약의 의의 및 구별개념	2. 취소권 행사의 제한법리
2. 확약의 성립요건 및 구속력	3. 신뢰보호원칙
3. 처분성 여부	(1) 신뢰보호원칙의 의의 및 근거
(1) 학설	(2) 요건
1) 부정설	(3) 한계(공익과의 형량, 판례는 소극적 요건
2) 긍정설	으로 본다)
(2) 판례	4. 사안의 경우
(3) 검토	Ⅳ 사안의 해결
4. 사안의 경우	

Ⅰ 쟁점의 정리

병이 취소소송을 제기하기 위해서는 소송요건을 갖추어야 하는 바, 우선순위결정이 처분인지를 검토하고, 관할청이 갑에게 부여한 신어업권면허를 취소하는 것이 우선순위결정에 대한 신뢰이익에 반하는 처분인지를 검토하여 설문을 해결한다.

Ⅱ 병이 취소소송을 제기할 수 있는지 여부

1. 확약의 의의 및 구별개념

행정주체가 사인에 대해 장차 일정한 행정행위의 발령이나 불발령을 내용으로 하는 공법상 일방적인 자기구속의 의사표시를 말한다. 확약은 약속에 불과한 것으로서 종국적인 행정행위의 일부요건

에 대한 최종적인 결정인 사전결정과 구별된다. 또한 약속의 대상을 행정행위에 한정하므로 확언과 구별된다.

2. 확약의 성립요건 및 구속력

① 정당한 권한을 가진 행정청일 것(주체), ② 확약의 대상이 적법하고 가능하며 확정적일 것(내용), ③ 본처분의 절차를 이행할 것(절차), ④ 서면 또는 구술에 의할 것(형식)을 요건으로 한다. 확약의 성립요건을 모두 충족하면 구속력이 발생한다. 즉, 행정청은 확약의 내용을 이행할 법적 의무를 지며 확약의 상대방은 확약내용의 이행을 행정청에게 요구할 수 있다.

3. 처분성 여부

(1) 학설

1) 부정설

확약은 행정처분에 선행하는 예비결정에 지나지 않으며, 종국적 규율성이 결여되어 있기 때문에 그것만으로는 행정처분으로 볼 수 없다고 한다.

2) 긍정설

확약은 행정청에 대하여 장래에 이행·불이행 의무를 지우는 효과를 발생시키는 점에서 구속성이 인정되므로 행정처분으로 볼 수 있다고 한다.

(2) 판례

판례는 어업권우선순위결정을 확약으로 보면서 처분성은 부정하였으며, 우선순위결정에 공정력이나 불가쟁력과 같은 효력은 인정되지 않는다고 판시하였다.

(3) 검토

확약으로 인해 행정청은 상대방에게 확약된 행위를 하여야 할 자기구속적인 의무를 지며, 상대방은 그에 대응하는 권리를 갖는 것으로 볼 수 있으므로 이는 항고소송의 대상인 처분이라 할 것이다.

4. 사안의 경우

확약의 처분성을 부인하는 판례의 입장에서는 우선순위결정의 처분성을 인정할 수 없으므로 각하될 것이다. 처분성을 인정하는 견해에 따르면 대상적격은 문제되지 않고, 갑과 병은 경원자 관계에 있으므로 원고적격도 문제되지 않는다. 또한 설문상 제소기간 등의 요건은 문제되지 않으므로 우선순위결정에 대한 취소소송을 제기할 수 있다.

Ⅲ 갑이 신뢰보호이익을 주장할 수 있는지 여부

1. 취소의 의의 및 효과

일단 유효하게 성립한 행정행위의 효력을 권한 있는 행정청이 성립상의 하자를 이유로 원칙적으로 소급하여 소멸시키는 별개의 행정행위를 말한다.

2. 취소권 행사의 제한법리

행정행위의 취소에 있어서는 행정행위를 취소하여 달성하고자 하는 이익과 행정행위를 취소함으로써 야기되는 신뢰에 기초하여 형성된 이익의 박탈을 형량하여 전자가 큰 경우에 한하여 취소가 인정된다고 보아야 한다. 이익형량을 함에 있어서는 부여된 수익의 박탈로 인하여 수익자가 받는 불이익, 상대방의 신뢰의 정도, 공동체나 제3자에 대한 영향, 위법성의 정도, 행정처분 후의 시간의 경과 등을 고려하여야 한다.

3. 신뢰보호원칙

(1) 신뢰보호원칙의 의의 및 근거

행정법상의 신뢰보호의 원칙이라 함은 행정기관의 어떠한 적극적 또는 소극적 언동에 대해 국민이 신뢰를 갖고 행위를 한 경우 그 국민의 신뢰가 보호가치 있는 경우에 그 신뢰를 보호하여 주어야 한다는 원칙을 말한다. 행정기본법 제12조에서 이를 명문화하고 있으며, 행정절차법 제4조 제2항 및 국세기본법 제18조 제3항에 실정법상 근거를 두고 있다.

(2) 요건

① 행정청이 개인에 대하여 신뢰의 대상이 되는 공적인 견해표명을 하여야 하고, ② 행정청의 견해표명이 정당하다고 신뢰한 데에 대하여 그 개인에게 귀책사유가 없어야 하며, ③ 그 개인이 그 견해표명을 신뢰하고 이에 상응하는 어떠한 행위를 하였어야 하고, ④ 행정청이 위 견해표명에 반하는 처분을 함으로써 그 견해표명을 신뢰한 개인의 이익이 침해되는 결과가 초래되어야 한다.

(3) 한계(공익과의 형량, 판례는 소극적 요건으로 본다)

신뢰보호의 원칙은 법적 안정성을 위한 것이지만, 법치국가원리의 또 하나의 내용인 행정의 법률적합성의 원리와 충돌되는 문제점을 갖는다. 결국 양자의 충돌은 법적 안정성(사익보호)과 법률적합성(공익상 요청)의 비교형량에 의해 문제를 해결해야 한다(비교형량설). 또한 신뢰보호의 이익과 공익 또는 제3자의 이익이 상호 충돌하는 경우에는 이들 상호간에 이익형량을 하여야 한다.

4. 사안의 경우

갑은 어업면적 축소에 대한 제한을 피하기 위하여 친척인 을에게 양도하는 형식으로 우선순위결정에 따른 선순위를 받아 신어업권면허를 받았다. 이는 부정한 방법에 의한 면허취득이므로 갑은 자신의 신뢰이익을 주장할 수 없을 것이다.

Ⅳ 사안의 해결

1. 병은 갑의 부정한 방법에 의해 우선순위결정에서 후순위로 밀려 어업권면허를 받지 못했으므로 잘못된 우선순위결정을 취소소송으로 다툴 수 있다.

2. 갑은 부정한 방법으로 어업권면허를 받은 것이므로 그 면허가 취소되어도 자신의 신뢰보호를 주장할 수 없을 것이다.

06 | 비례의 원칙

사례 14

서울시장은 주택수요가 증가할 것을 전망하고 주택건설사업을 위해 국토교통부장관에게 신림동 일대를 사업지로 하는 사업인정을 신청하여 사업인정을 득하였다. 이에 토지소유자 갑은 자신 소유의 토지는 해당 주택건설사업을 위해 필요하지 않으며 사업예정지의 경계부분에 있는 토지로 이를 제외하더라도 해당 사업에 아무런 지장이 없다는 점을 이유로 해당 사업인정은 위법하다고 주장하고 있다. 갑의 주장은 타당한가? [10점]

[I] 쟁점의 정리

갑은 자신의 토지가 사업예정지 경계부분에 있으며 사업시행에 필요하지 않다고 주장한다. 따라서 사업인정시에 이러한 사정이 정당하게 고려되었는지를 비례원칙과 관련하여 검토한다.

[II] 사업인정의 법적 성질

1. 의의 및 취지

사업인정이란 공익사업을 토지 등을 수용 또는 사용할 사업으로 결정하는 것을 말하며(토지보상법 제2조 제7호), ① 사업 전의 공익성 판단, ② 사전적 권리구제(의견청취, 절차참여), ③ 수용행정의 적정화, ④ 피수용자의 권리보호에 취지가 있다.

2. 법적 성질

토지보상법 제20조 제1항의 규정상 '…받아야 한다.'라고 하여 불명확하나, 국토교통부장관이 사업인정시에 이해관계자의 의견청취를 거치고 사업과 관련된 제 이익과의 형량을 거치는바 재량행위이다. 〈판례〉는 '사업의 공익성 여부를 모든 사항을 참작하여 구체적으로 판단해야 하므로 행정청의 재량에 속한다.'고 판시한 바 있다.

[III] 비례의 원칙

1. 비례의 원칙의 의의 및 근거

비례의 원칙이란 행정목적을 달성하는 데 있어 그 목적과 수단 사이에 일정한 비례관계가 유지되어야 한다는 것으로 과잉금지의 원칙이라고도 한다. 헌법 제37조 제2항에 근거한다. 행정기본법 제10조에서 이를 명문화하고 있다.

2. 내용

① 행정작용이 그 목적달성에 적합한 수단이어야 한다는 적합성의 원칙, ② 목적달성을 위한 행정 작용은 필요 최소한의 범위 내에서만 허용된다는 필요성의 원칙, ③ 두 가지 요건이 모두 충족된 경우에도 다시 행정작용에 의해 침해되는 사익과 달성되는 공익 사이에 합리적인 비례관계가 있어야 한다는 상당성의 원칙이 있다. 각 원칙은 단계적 심사를 거친다.

Ⅳ 사안의 경우

주택건설사업은 법 제4조 제5호의 공익사업이며 해당 사업의 목적달성을 위한 수단으로 甲소유의 토지는 적합한 수용 목적물로 볼 수 있는 바, 적합성의 원칙에는 반하지 않는다. 그러나 갑의 토지는 경계부분에 위치하여 해당 공익사업에 기여하는 공익성이 미미한 경우라면 공익달성을 위하여 희생되는 갑의 재산권 침해가 과도하다고도 볼 수 있다. 이러한 경우라면 비례의 원칙에 반한다고 할 것이다.

07 자기구속의 원칙

사례 15

국토교통부장관은 대규모 임대주택의 필요성이 증가함에 따라 서울시의 신림동 지역에 다수의 임대주택단지 건설을 계획하고 있다. 이에 따라 을, 병기업은 임대주택단지 제1단지 및 제2단지 건설에 대한 사업인정을 받아 사업에 착수하였다. 이러한 사실을 알고 있는 갑은 을기업의 핵심기술자인 병으로부터 업무지원을 받아 을기업과 동일한 요건을 갖추어 제3단지에 대해서 사업인정을 신청하였다. 그러나 국토교통부장관은 갑기업이 토지보상법상의 요건을 모두 충족함에도 불구하고 을기업과 병기업과는 달리 사업인정신청을 거부하였다. 갑은 이러한 국토교통부장관의 거부는 위법하다고 주장한다. 갑주장은 타당한가(절차상 하자는 없는 것으로 함)? 10점

Ⅰ 쟁점의 정리

동일한 조건을 갖춘 을과 병에 대해서는 사업인정을 해주었음에도 불구하고 갑에게만 사업인정을 거부하는 것이 자기구속법리에 반하는 것인지가 문제된다.

Ⅱ 사업인정의 법적 성질

1. 의의 및 취지

사업인정이란 공익사업을 토지 등을 수용 또는 사용할 사업으로 결정하는 것을 말하며(제2조 제7호), ① 사업 전의 공익성 판단, ② 사전적 권리구제(의견청취, 절차참여), ③ 수용행정의 적정화, ④ 피수용자의 권리보호에 취지가 있다.

2. 법적 성질

판례는 '사업의 공익성 여부를 모든 사항을 참작하여 구체적으로 판단해야 하므로 행정청의 재량에 속한다.'고 판시한 바 있다.

Ⅲ 자기구속의 법리

1. 의의 및 근거

행정의 자기구속의 법리란 행정관행이 성립된 경우 행정청은 특별한 사정이 없는 한 같은 사안에서 행정관행과 같은 결정을 하여야 한다는 원칙을 말한다. 학설과 판례는 평등의 원칙을 근거로 자기구속의 원칙을 인정한다.

2. 요건

① 동일한 상황에서 동일한 법적용인 경우(동종사안), ② 기존의 법적상황을 창출한 처분청일 것 (동일행정청), ③ 행정관행이 있을 것을 요한다(이견있음).

3. 한계

특별한 사정이 있는 경우(사정변경으로 다른 결정을 할 공익상 필요가 심히 큰 경우)에는 자기구속 의 법리의 적용이 배제될 수 있다. 또한 불법에 있어서 평등대우는 인정될 수 없으므로, 행정관행 이 위법한 경우에는 행정청은 자기구속을 당하지 않는다. 관행이 위법한 경우에는 신뢰보호의 원칙 의 적용 여부가 문제될 수 있을 뿐이다.

Ⅳ 사안의 경우

① 갑의 사업인정 신청은 주택건설이라는 동종사안에 대한 것으로서 ② 국토교통부장관에게 신청 하는 것이다. ③ 이미 을과 병에게 동일 사업에 대한 사업인정을 발령한 바 있으므로 관행이 존재 한다. ④ 또한 갑에게만 사업인정을 거부할 특별한 사정이나 합리적인 이유는 설문상 보이지 않으 므로 갑에게만 사업인정을 거부한 것은 위법하다고 볼 수 있다.

사례 16

국토교통부장관 甲은 서울특별시 동대문구 회기동 일부지역에 국민임대주택을 건설할 사업자를 물색하던 중에 乙과 丙이 주택건설사업의 승인을 신청하였다. 이에 甲이 乙과 丙의 사업신청서를 비교·검토하였으나 기술력이나 공급능력은 乙이 우세하였으며, 丙의 기술능력은 주택사업을 실행하기에 부족하다고 판단했다. 그 후 국토교통부장관이 乙을 사업시행자로 결정하여 통보하였다(한쪽 당사자의 결정통보는 타방에 대한 거부를 의미함).

(1) 사업승인신청에서 탈락한 丙이 그 후에 주변에 알아본 결과 국민주택건설사업과 관련된 사업인 정에 있어서는, 지금까지 신청의 순서에 따라 수차례 결정해 온 사실을 알게 되었다. 이에 丙은 자신이 먼저 신청했음에도 후순위자인 乙이 사업시행자로 지정된 것은 위법하다고 주장한다. 丙의 주장은 타당한가? 15절

(2) 국세징수법 제7조는 세무서장이 납세자가 국세를 체납한 때에는 주무관서에 해당 납세자에 대하여 그 허가 등을 하지 말 것을 요구하거나(제1항), 사업의 정지 또는 허가 등의 취소를 요구할 수 있다(제2항)고 규정하고 있고, 또한 이러한 세무서장의 요구가 있을 때에는 해당 주무관서는 정당한 사유가 없는 한 이에 응하여야 한다(제4항)고 규정하고 있다. 만약 사업인정을 신청한 丙에 대해서는 이미 관할 세무서장의 허가를 하지 말아달라는 요구가 있었기 때문에 甲이 乙을 사업시행자로 결정하여 통보하였다면 이러한 관허사업의 제한이 적법한가?(丙은 사업시행 기술력을 충분히 보유하고 있음을 가정할 것) 25절

⊕ (설문 1)의 해결

Ⅰ 쟁점의 정리

설문은 병에 대한 사업승인 거부의 적법성을 묻고 있다. 설문상 우선신청자에게 통상 사업인정을 해 온 관행이 있음에도 이러한 관행을 지키지 않은 것이 자기구속법리에 반하는지가 문제된다. 관행을 번복할 만한 특별한 사정이 있는지를 중심으로 검토하여 설문을 해결한다.

Ⅱ 관련행위의 검토

1. 사업인정의 의의 및 취지(토지보상법 제20조 내지 제22조)

사업인정이란, 국토교통부장관이 관련된 중앙행정기관과의 협의 및 이해관계인의 의견청취 등을 거쳐(관련된 제이익을 종합·고려하고), 해당 사업의 공익성이 침해되는 사익보다 크다고 인정되는 경우에 한하여 타인의 토지 등을 수용할 수 있는 사업으로 결정하는 것을 말하며, 이는 공공복리의 증진을 도모함에 제도적 취지가 인정된다.

2. 사업인정의 법적 성질(특허 및 재량행위)

토지보상법 제20조의 문언상 기속·재량인지가 불분명하나, 국토교통부장관이 관련된 제이익을 종합·고려하여 해당 사업이 수용할 만한 사업인지를 판단하므로, 사업인정은 특허이자 재량행위이다.

Ⅲ 자기구속의 원칙

1. 의의 및 근거(효력)

행정의 자기구속의 원칙이란 행정관행이 성립된 경우 행정청은 특별한 사정이 없는 한 같은 사안에서 행정관행과 같은 결정을 하여야 한다는 원칙을 말한다. 평등의 원칙에 근거하며, 자기구속의 원칙에 반하는 행정권 행사는 위법한 것이 된다.

2. 요건(내용)

① 동일한 상황에서 동일한 법적용인 경우(동종사안), ② 기존의 법적 상황을 창출한 처분청일 것(동일행정청), ③ 행정관행이 있을 것, 이에 대해 선례불필요설은 재량준칙이 존재하는 경우 재량준칙 자체만으로 '미리 정해진 행정관행(선취된 행정관행 또는 예기관행)'이 성립되는 것으로 보고, 자기구속의 법리를 인정한다. 선례필요설은 재량준칙이 존재하는 경우에 1회의 선례만으로 자기구속의 법리가 인정될 수도 있다는 견해도 있지만, 대체로 선례가 되풀이 되어 행정관행이 성립된 경우에 한하여 인정된다고 본다.

3. 한계

특별한 사정이 있는 경우(사정변경으로 다른 결정을 할 공익상 필요가 심히 큰 경우)에는 자기구속의 법리의 적용이 배제될 수 있다. 또한 불법에 있어서 평등대우는 인정될 수 없으므로, 행정관행이 위법한 경우에는 행정청은 자기구속을 당하지 않는다. 관행이 위법한 경우에는 신뢰보호의 원칙의 적용 여부가 문제될 수 있을 뿐이다.

Ⅳ 사안의 해결

국토교통부장관은 주택건설사업의 승인에 대하여 신청의 순서에 따라 결정했던 관행이 있으므로, 우선 신청한 병에게 주택건설에 대한 사업인정을 해주어야 할 것이다. 다만 병은 주택사업을 실행하기에 기술력이 부족하다고 판단되므로, 병에게 사업인정을 해주는 것은 공익실현에 보탬이 되지 않는다고 사료된다. 따라서 국토교통부장관은 주택사업 진행을 통한 공익실현을 위하여 종전의 관행과는 다른 결정을 할 특별한 사정이 인정되므로 병의 주장은 인정되기 어려울 것이다.

⊕ (설문 2)의 해결

Ⅰ 쟁점의 정리

설문은 병의 세금체납을 이유로 사업인정을 거부할 수 있는지를 묻고 있다. 사업의 제한이 해당 사업과 무관한 세금체납을 이유로 이루어진바, 이러한 내용이 부당결부원칙 및 비례의 원칙에 반하는 것인지를 검토하여 설문을 해결한다.

Ⅱ 관련행위의 검토

1. 사업인정(의의 및 법적 성질)

사업인정이란(토지보상법 제20조), 국토교통부장관이 관련된 중앙행정기관과의 협의 및 이해관계인의 의견청취 등을 거쳐(관련된 제이익을 종합고려하고), 해당 사업의 공익성이 침해되는 사익보다 크다고 인정되는 경우에 한하여 타인의 토지 등을 수용할 수 있는 사업으로 결정하는 것으로서 특허이자 재량행위이다.

2. 관허사업의 제한(의의 및 법적 근거)

관허사업의 제한이라 함은 행정법상의 의무를 위반하거나 불이행한 자에 대하여 각종 인·허가를 거부할 수 있게 함으로써 행정법상 의무의 준수 또는 의무의 이행을 확보하는 간접적 강제수단을 말한다. 관허사업의 제한은 권익을 침해하는 권력적 행위이므로 법률의 근거가 있어야 한다.

Ⅲ 부당결부금지의 원칙 위반 여부

1. 의의 및 근거

부당결부금지의 원칙이란 행정청은 행정작용을 할 때 상대방에게 해당 행정작용과 실질적인 관련이 없는 의무를 부과해서는 안 된다는 원칙이다. 행정기본법 제13조에서 부당결부금지의 원칙을 규정하고 있다.

2. 내용(요건)

실질적 관련성은 원인적 관련성과 목적적 관련성을 뜻한다. 원익적 관련성은 행정작용은 반대급부와 결부되어야 하고, 목적적 관련성은 반대급부는 주된 행정작용과 동일 목적의 범위에서 급부되어야 한다.

3. 적용례

① 기부채납의무의 부담, ② 관허사업의 제한과 관련하여 특히 문제될 수 있다.

4. 근거 및 효력

(1) 헌법적 효력설

부당결부금지의 원칙은 법치국가의 원리와 자의금지의 원칙으로부터 도출된다고 보면서 부당결부금지의 원칙은 헌법적 효력을 갖는다는 견해이며 다수견해이다.

(2) 법률적 효력설

부당결부금지의 원칙은 법치국가의 원칙과 무관하지 않지만 부당결부금지의 원칙의 직접적 근거는 권한법정주의와 권한남용금지의 원칙에 있다고 보는 것이 타당하므로 부당결부금지의 원칙은 법률적 효력을 갖는 법원칙으로 보는 견해이다. 행정기본법 제13조에서 이를 명문화하고 있다.

(3) 효력론의 실익

부당결부금지의 원칙이 헌법적 효력을 갖는 원칙이라면 부당결부금지의 원칙에 반하는 행정권 행사는 법률에 근거한 것이라도 위법한 것이 된다.

5. 위반의 효과

부당결부금지원칙에 반하는 행위는 무효 또는 취소할 수 있는 행위가 된다.

6. 사안의 경우

의무불이행(세금의 체납)과 관련이 없는 관허사업의 제한(인·허가의 거부 또는 인·허가 등의 취소 또는 정지)은 상호 별개의 행정목적을 갖는 것으로 보며, 의무불이행과 관련이 없는 사업에 대한 관허사업의 제한은 실질적 관련성이 없다는 견해가 타당하다. 다만, 부당결부금지의 원칙이 법률적 효력만을 갖는 경우에는 법적 근거가 있는 한 그 관허사업제한조치는 그것이 공익목적을 위한 것에 한에서는 위법하지 않다고 보아야 한다. 따라서 전술한 바와 같이 부당결부금지의 원칙은 법률적 효력을 갖는다고 보는 것이 타당하므로 국세징수법상의 관허사업제한조치는 그 관허사업제한조치와 의무불이행 사이에 실질적 관련이 없다 하더라도 위법하다고 볼 것은 아니다.

Ⅳ 비례의 원칙 위반 여부

1. 의의 및 근거(효력)

비례의 원칙이란 과잉조치금지의 원칙이라고도 하는데, 행정작용에 있어서 행정목적과 행정수단 사이에는 합리적인 비례관계가 있어야 한다는 원칙을 말한다. 헌법 제37조 제2항 및 법치국가원칙으로부터 도출되는 법원칙이므로 헌법적 효력을 가지며, 행정기본법 제10조에서 이를 명문화하고 있다. 비례의 원칙에 반하는 행정권 행사는 위법하다.

2. 요건(내용)

(1) 적합성의 원칙

적합성의 원칙이란 행정은 추구하는 행정목적의 달성에 적합한 수단을 선택하여야 한다는 원칙을 말한다.

(2) 필요성의 원칙(최소침해의 원칙)

필요성의 원칙이란 적합한 수단이 여러 가지인 경우에 국민의 권리를 최소한으로 침해하는 수단을 선택하여야 한다는 원칙을 말한다.

(3) 협의의 비례원칙(상당성의 원칙)

협의의 비례원칙이란 행정조치를 취함에 따른 불이익이 그것에 의해 달성되는 이익보다 심히 큰 경우에는 그 행정조치를 취해서는 안 된다는 원칙을 말한다.

(4) 3원칙의 상호관계

적합성의 원칙, 필요성의 원칙, 그리고 좁은 의미의 비례원칙은 단계구조를 이룬다. 즉 많은 적합한 수단 중에서도 필요한 수단만이, 필요한 수단 중에서도 상당성 있는 수단만이 선택되어야 한다.

3. 사안의 경우

관허사업의 제한은 체납된 국세징수를 위한 제재적 수단이므로 그 목적과 수단의 적합성이 인정된다. 또한 납세의무(헌법 제38조)는 국가의 존립과 활동을 위한 재원을 확보할 수 있도록 국민이 조세를 납부하는 것이므로, 병에 대한 사업제한의 침해는 국가의 존립과 활동을 위한 공익보다 크다고 볼 수 없다. 따라서 관허사업의 제한에는 비례의 원칙 위반도 인정되지 않을 것이다.

Ⅴ 사안의 해결(관련문제 : 관허사업제한행위의 처분성 유무)

설문상 관허사업의 제한은 부당결부의 원칙 및 비례의 원칙에 반하지 않으므로, 관허사업의 제한은 적법하다고 판단된다. 다만 관허사업제한 요청행위가 항고소송의 대상이 되는 처분인가 하는 것이 문제될 수 있는데, ① 요청행위는 비권력적 행위로서 권고의 성질을 가지므로 처분성을 부인하는 견해가 있지만, ② 요청을 받은 자는 특별한 이유가 없는 한 이에 응하도록 규정되어 있으므로 처분으로 보는 것이 타당하다.

CHAPTER 03 추가쟁점

08 대집행(철거명령과 계고처분)

🔷 사례 17

관악구청은 甲에게 '甲소유의 건물 중 불법건축물 10평방미터를 1개월 이내에 자진철거할 것과 이를 이행하지 않을 경우, 대집행을 실행하겠다.'는 통지(계고)를 하였다. 이에 갑은 상기 불법건축물은 동 건물의 소방시설로서 이는 건물의 안전과도 관련이 있으며 이를 다른 층으로 옮기게 되면 많은 비용과 공사상 어려움이 수반된다고 주장한다. 이에, 관악구청장은 1개월이 경과하여 대집행 책임자와 날짜 등이 적시된 대집행영장을 甲에게 통지하였다. 甲은 위 통지(계고)는 위법하다고 주장하며 취소소송을 제기하였다. 갑은 승소할 수 있는가? [10점]

Ⅰ 쟁점의 정리	2. 대집행의 계고의 요건
Ⅱ 대집행계고처분의 요건	(1) 계고의 의의
1. 대집행의 의의	(2) 계고의 요건
	Ⅲ 사안의 해결(철거명령과 계고처분의 결합가능성)

Ⅰ 쟁점의 정리

갑은 대집행계고처분을 대상으로 취소소송을 제기하였다. 계고시에 대집행요건이 충족되었는지를 1장의 문서에 철거명령과 대집행계고를 동시에 할 수 있는지를 중심으로 검토한다.

Ⅱ 대집행계고처분의 요건

1. 대집행의 의의

행정대집행법상의 대집행이란 대체적 작위의무(타인이 대신하여 이행할 수 있는 작위의무)의 불이행이 있는 경우에 해당 행정청이 스스로 의무자가 행할 행위를 하거나 제3자로 하여금 이를 행하게 하고 그 비용을 의무자로부터 징수하는 것을 말한다.

2. 대집행의 계고의 요건

(1) 계고의 의의

계고는 상당한 기간 내에 의무의 이행을 하지 않으면 대집행을 한다는 의사를 사전에 통지하는 행위이다.

(2) 계고의 요건

대집행의 계고에 있어서는 의무자가 이행하여야 할 행위와 그 의무불이행시 대집행할 행위의 내용 및 범위가 구체적으로 특정되어야 하며, 계고처분은 상당한 이행기간(사회통념상 의무자가 스스로 의무를 이행하는 데 필요한 기간)을 정하여야 한다. 또한 계고시에 대집행의 요건이 충족되고 있어야 한다.

Ⅲ 사안의 해결(철거명령과 계고처분의 결합가능성)

한 장의 문서에 계고처분은 철거명령과 동시에 행해졌다 하더라도 실질적으로 두 개의 의사표시가 존재하는 것이며, 1개월의 철거이행기한은 충분한 이행기간이라 할 수 있으므로 철거명령과 동시에 행한 계고처분은 적법하다고 할 수 있다. 또한 대집행 대상이 특정되어 문서로 계고가 행해진바, 대집행계고처분은 적법하다고 할 수 있으므로 승소가능성은 없다고 할 것이다.

◢ **사례 18**

갑은 A시로부터 도시공원 내에 있는 A시 소유의 시설물에 대하여 「공유재산 및 물품관리법」(이하 '공유재산법'이라 한다) 제20조 제1항에 근거하여 공유재산 사용허가를 받아 그 시설물에서 매점을 운영하고 있다. 그런데 위 도시공원을 이용하는 시민들의 수가 증가하면서 매점의 공간이 부족하게 되자 갑은 위 허가받은 시설물의 외부 형태를 무단으로 대폭적으로 변경하였다. 이에 A시장은 갑에게 "2013.5.14. 내에 이 사건 건축물의 변경된 부분을 철거하라. 이를 행하지 아니할 때에는 건축법 제80조에 따라 1,000,000원의 이행강제금을 부과할 예정이다."라는 내용의 시정명령 및 이행강제금 부과 계고 문서를 송달한 다음, 2013.5.15. 갑에게 1,000,000원의 이행강제금을 부과하였다. 그럼에도 갑이 여전히 시정하지 아니하자 A시장은 '사용허가를 받은 행정재산의 원상을 A시장의 승인없이 변경하였다.'는 이유로 갑에 대하여 공유재산법 제25조 제1항 제3호를 근거로 하여 사전통지 및 서면에 의한 의견제출 절차를 거쳐 위 사용허가를 취소하였다. 이어서 A시장은 "(1) 2013.6.30. 내에 도시공원 내에 있는 A시 소유의 시설물로부터 퇴거하고 그 내부 시설 및 상품을 반출하라. (2) 2013.7.31. 내에 이 사건 건축물의 변경된 부분을 철거하라. (3) 이상을 이행하지 아니할 때에는 대집행할 것임을 알림"이라는 내용의 계고장을 발송하여 2013.6.18. 갑이 이를 수령하였다.

1. 이행강제금 부과처분과 관련하여,
   (1) A시장이 갑의 이 사건 건축물의 변경된 부분에 대한 철거의무를 이행시키기 위하여 행정대집행법의 방법에 의하지 않고 이행강제금을 부과한 것은 적법한가? 15점
   (2) A시장이 하나의 문서에서 시정명령과 이행강제금 부과계고를 같이 한 것은 적법한가? 5점
2. 대집행 계고와 관련하여, A시장의 갑에 대한 대집행 계고는 적법한가? 20점

[공유재산 및 물품관리법]

제20조(사용허가)
① 지방자치단체의 장은 행정재산에 대하여 그 목적 또는 용도에 장애가 되지 아니하는 범위에서 사용허가를 할 수 있다.
⑤ 제1항에 따라 사용허가를 받은 자는 사용허가기간이 끝나거나 제25조에 따라 사용허가가 취소된 경우에는 그 행정재산을 원상대로 반환하여야 한다. 다만, 지방자치단체의 장이 미리 원상의 변경을 승인한 경우에는 변경된 상태로 반환할 수 있다.

제25조(사용허가의 취소)
① 지방자치단체의 장은 제20조 제1항에 따라 행정재산의 사용허가를 받은 자가 다음 각 호의 어느 하나에 해당하면 그 허가를 취소할 수 있다.
   1. 사용허가를 받은 행정재산을 제20조 제3항을 위반하여 다른 사람에게 사용·수익하게 한 경우
   2. 해당 행정재산의 관리를 게을리하였거나 그 사용 목적에 위배되게 사용한 경우
   3. 사용허가를 받은 행정재산의 원상을 지방자치단체의 장의 승인 없이 변경한 경우
   4. 거짓 진술, 거짓 증명서류의 제출, 그 밖의 부정한 방법으로 사용허가를 받은 사실이 발견된 경우
   5. 제22조 제2항에 따른 납부기한까지 사용료를 내지 아니한 경우
② 지방자치단체의 장은 사용허가한 행정재산을 국가나 지방자치단체가 직접 공용 또는 공공용으로 사용하기 위하여 필요로 하게 된 경우에는 그 허가를 취소할 수 있다.

제26조(청문)

지방자치단체의 장은 제25조 제1항에 따라 행정재산의 사용허가를 취소하려면 청문을 하여야 한다.

[건축법]

제11조(건축허가)

① 건축물을 건축하거나 대수선하려는 자는 특별자치시장·특별자치도지사 또는 시장·군수·구청장의 허가를 받아야 한다. 다만, 21층 이상의 건축물 등 대통령령으로 정하는 용도 및 규모의 건축물을 특별시나 광역시에 건축하려면 특별시장이나 광역시장의 허가를 받아야 한다.

제79조(위반 건축물 등에 대한 조치 등)

① 허가권자는 대지나 건축물이 이 법 또는 이 법에 따른 명령이나 처분에 위반되는 대지나 건축물에 대하여 이 법에 따른 허가 또는 승인을 취소하거나 그 건축물의 건축주·공사시공자·현장관리인·소유자·관리자 또는 점유자(이하 "건축주 등"이라 한다)에게 공사의 중지를 명하거나 상당한 기간을 정하여 그 건축물의 해체·개축·증축·수선·용도변경·사용금지·사용제한, 그 밖에 필요한 조치를 명할 수 있다.

② 허가권자는 제1항에 따라 허가나 승인이 취소된 건축물 또는 제1항에 따른 시정명령을 받고 이행하지 아니한 건축물에 대하여는 다른 법령에 따른 영업이나 그 밖의 행위를 허가·면허·인가·등록·지정 등을 하지 아니하도록 요청할 수 있다. 다만, 허가권자가 기간을 정하여 그 사용 또는 영업, 그 밖의 행위를 허용한 주택과 대통령령으로 정하는 경우에는 그러하지 아니하다.

③ 제2항에 따른 요청을 받은 자는 특별한 이유가 없으면 요청에 따라야 한다.

④ 허가권자는 제1항에 따른 시정명령을 하는 경우 국토교통부령으로 정하는 바에 따라 건축물대장에 위반내용을 적어야 한다.

제80조(이행강제금)

① 허가권자는 제79조 제1항에 따라 시정명령을 받은 후 시정기간 내에 시정명령을 이행하지 아니한 건축주 등에 대하여는 그 시정명령의 이행에 필요한 상당한 이행기한을 정하여 그 기한까지 시정명령을 이행하지 아니하면 다음 각 호의 이행강제금을 부과한다. 다만, 연면적(공동주택의 경우에는 세대 면적을 기준으로 한다)이 60제곱미터 이하인 주거용 건축물과 제2호 중 주거용 건축물로서 대통령령으로 정하는 경우에는 다음 각 호의 어느 하나에 해당하는 금액의 2분의 1의 범위에서 해당 지방자치단체의 조례로 정하는 금액을 부과한다.

1. 건축물이 제55조와 제56조에 따른 건폐율이나 용적률을 초과하여 건축된 경우 또는 허가를 받지 아니하거나 신고를 하지 아니하고 건축된 경우에는 「지방세법」에 따라 해당 건축물에 적용되는 1제곱미터의 시가표준액의 100분의 50에 해당하는 금액에 위반면적을 곱한 금액 이하의 범위에서 위반 내용에 따라 대통령령으로 정하는 비율을 곱한 금액

2. 건축물이 제1호 외의 위반 건축물에 해당하는 경우에는 「지방세법」에 따라 그 건축물에 적용되는 시가표준액에 해당하는 금액의 100분의 10의 범위에서 위반내용에 따라 대통령령으로 정하는 금액

② 허가권자는 영리목적을 위한 위반이나 상습적 위반 등 대통령령으로 정하는 경우에 제1항에 따른 금액을 100분의 100의 범위에서 해당 지방자치단체의 조례로 정하는 바에 따라 가중하여야 한다.

③ 허가권자는 제1항 및 제2항에 따른 이행강제금을 부과하기 전에 제1항 및 제2항에 따른 이행강제금을 부과·징수한다는 뜻을 미리 문서로써 계고(戒告)하여야 한다.

④ 허가권자는 제1항 및 제2항에 따른 이행강제금을 부과하는 경우 금액, 부과 사유, 납부기한, 수납기관, 이의제기 방법 및 이의제기 기관 등을 구체적으로 밝힌 문서로 하여야 한다.

⑤ 허가권자는 최초의 시정명령이 있었던 날을 기준으로 하여 1년에 2회 이내의 범위에서 해당 지방자치 단체의 조례로 정하는 횟수만큼 그 시정명령이 이행될 때까지 반복하여 제1항 및 제2항에 따른 이행강 제금을 부과·징수할 수 있다.

⑥ 허가권자는 제79조 제1항에 따라 시정명령을 받은 자가 이를 이행하면 새로운 이행강제금의 부과를 즉시 중지하되, 이미 부과된 이행강제금은 징수하여야 한다.

⑦ 허가권자는 제4항에 따라 이행강제금 부과처분을 받은 자가 이행강제금을 납부기한까지 내지 아니하면 「지방행정제재·부과금의 징수 등에 관한 법률」에 따라 징수한다.

⊕ (설문 1-1)의 해결

① 쟁점의 정리

법률유보의 원칙상 철거의무이행을 위한 강제수단은 법령에 근거가 있어야 하고, 다수의 강제수단 이 있는 경우에도 비례의 원칙상 어떠한 수단이 적정한지 문제된다. 사안의 경우 행정대집행과 이 행강제금 중, 비례의 원칙상 어느 수단이 더 적정한지 문제된다.

② 행정대집행과 이행강제금 부과의 비례원칙 적합 여부

1. 갑의 철거의무이행을 강제하기 위한 법적 근거

도시공원 내의 A시 소유의 시설물에 대한 사용허가의 법적 근거인 공유재산법 제25조 제1항 제3호 에 따라 갑에 대한 매점의 사용허가를 취소할 수 있다. 또한 위반 건축물에 대하여는 건축법 제79조 제1항에 따라 상당한 기간을 정하여 위법 건축물의 철거 및 그 밖에 필요한 조치를 명할 수 있고, 같은 법 제80조 제1항에 따라 시정명령 및 이행강제금을 부과할 수 있도록 규정하고 있 다. 그러나 위 건축법 같은 조항에 따른 그 밖에 필요한 조치에는 행정대집행법에 따른 대집행도 포함될 수 있다.

2. 행정대집행 및 이행강제금 부과의 요건충족 여부

(1) 행정대집행과 이행강제금 부과의 요건

대집행을 하기 위한 요건으로, 대체적 작위의무의 불이행이 존재해야 하고, 다른 수단으로 그 이행을 확보하기 곤란하고(보충성 내지 비례의 원칙), 그 불이행을 방치함이 심히 공익을 해치 는 것으로 인정되어야 한다. 또한 이행강제금의 부과요건은, 행정상의 작위의무 또는 부작위의무를 불이행한 경우에 상당한 기한을 정하여 시정명령을 하고, 그 시정기한 내에 시정을 하지 아니하면 할 수 있다.

(2) 사안의 경우

갑의 변경된 부분에 대한 철거의무는 대체적 작위의무에 해당되어 대집행이나 이행강제금의 대상이 될 수 있다. 그런데 대집행은 보충성의 원리에 따라 다른 수단으로 그 이행의 확보가 곤란한 경우에 할 수 있는데, 건축법 제80조 제1항에서 시정명령을 이행하지 아니한 경우에 이행강제금을 부과하도록 한 규정을 두고 있으므로, 이행강제금 부과를 우선적으로 고려할 수 있다.

3. 행정대집행과 이행강제금 부과의 비례원칙 적합 여부

(1) 비례원칙의 의의와 내용

비례원칙이란 구체적인 행정목적을 실현함에 있어서 그 목적 실현과 수단 사이에 합리적인 비례관계가 유지되어야 하는 것을 말한다. 비례의 원칙은, ① 선택한 수단이 그 목적 달성에 적합해야 한다는 적합성의 원칙과, ② 적합한 수단 중에서도 피해를 가능한 한 적게 하는 수단을 선택해야 한다는 필요성의 원칙 및 ③ 목적 실현을 위해 필요한 수단 중에서도 공익상 필요의 정도와 상당한 균형을 유지해야 한다는 상당성의 원칙을 요건으로 한다.

(2) 사안의 경우

행정대집행이나 이행강제금 부과는 갑의 철거의무이행을 위한 적합한 수단들이라 할 수 있다. 그러나 위법을 시정함에 있어서 직접적인 강제집행수단인 행정대집행보다 의무불이행자가 스스로 행할 수 있게 하는 간접적인 강제수단인 이행강제금 부과가 갑에게 피해를 보다 적게 주고, 공익상 필요와도 균형이 유지된다고 볼 수 있다. 따라서 이행강제금 부과의 방법이 보다 비례의 원칙에 부합한다.

Ⅲ 사안의 해결

갑의 위법행위에 대해 공유재산법 제25조 제3호에 따라 갑에 대한 매점의 사용허가를 취소할 수도 있으나, 비례의 원칙상 이는 마지막 수단이 되어야 하고 그 대신 행정대집행이나 이행강제금 부과의 방법이 있다. 그런데 행정대집행은 다른 수단으로 그 이행이 곤란할 때 할 수 있는 방법이며, 이행강제금 부과는 건축법 제80조 제1항에서 명시하고 있을 뿐만 아니라, 이행강제금 부과의 방법이 행정대집행의 방법보다 비례의 원칙에도 더 적합하다. 따라서 A시장이 행정대집행의 방법이 아니라 이행강제금을 부과한 것은 적법하다.

⊕ (설문 1-2)의 해결

Ⅰ 쟁점의 정리

설문에서는 하나의 문서에서 시정명령과 이행강제금 부과계고를 같이 한 바, 시정명령과 이행강제금 부과계고의 결합가능성이 문제된다.

Ⅱ 시정명령과 이행강제금 부과계고의 결합가능성

1. 이행강제금 부과의 요건

이행강제금에 관한 건축법 제80조 제1항에 따르면, 이행강제금의 부과는 ① 먼저 상당한 기간을 정하여 시정명령을 하고, ② 다음 그 시정기간 내에 시정명령을 이행하지 아니하면, 다시 상당한 이행기한을 정하여 그 기한까지 이행하지 아니하면 이행강제금을 부과·징수한다는 뜻을 문서로 계고하고, ③ 계고한 이행기간까지도 불이행하면 이행강제금을 부과한다. 판례 또한 같은 취지로, "먼저 건축주 등에 대하여 상당한 기간을 정하여 시정명령을 하고, 건축주 등이 그 시정기간 내에 시정명령을 이행하지 아니하면, 다시 그 시정명령의 이행에 필요한 상당한 이행기한을 정하여 그 기한까지 시정명령을 이행할 수 있는 기회를 준 후가 아니면 이행강제금을 부과할 수 없다."고 판시하고 있다.

2. 시정명령과 이행강제금 부과계고의 결합가능성

이행강제금은 행정청의 시정명령 위반행위에 대하여 부과하는 제재이다(대판 2007.7.13, 2007마637). 또한 위 이행강제금 부과의 요건에서 보는 바와 같이 시정명령의 불이행이 존재하여야 이행강제금의 부과계고를 할 수 있는 것이므로 시정명령과 이행강제금 부과계고를 동시에 결합하여 행하는 것은 원칙적으로 인정될 수 없다.

Ⅲ 사안의 해결

건축법 제80조 제1항에 따르면 시정명령을 이행하지 아니하는 경우에 상당한 이행기한을 정하여 그 기한까지 시정명령을 이행하지 아니하면 이행강제금을 부과하도록 규정하였다. 이와 같이 건축법상 이행강제금의 부과계고는 시정명령의 불이행을 전제로 하고 있으므로 시정명령과 동시에 이행강제금의 부과계고를 할 수 없다고 할 것이다. 따라서 A시장이 하나의 문서에서 시정명령과 이행강제금 부과계고를 같이 한 것은 적법하지 아니하다.

⊕ **(설문 2)의 해결**

Ⅰ 쟁점의 정리

대집행 계고가 적법하려면 대집행 계고의 요건을 갖추고 있어야 하는바, A시장이 갑에게 한 대집행의 계고가 대집행의 요건을 갖추고 있어 대집행의 계고의 요건을 모두 충족하고 있는지 문제된다.

Ⅱ 대집행요건의 충족 여부

1. 대집행의 의의와 요건

대집행이란 대체적 작위의무를 불이행한 경우에 해당 행정청이 의무자가 행할 행위를 스스로 행하거나, 또는 제3자로 하여금 이를 행하게 하고 그 비용을 의무자로부터 징수함을 말한다. 대집행을 하기 위해서는, ① 법률 또는 법률에 의거한 행정청의 명령에 의한 행위로서 타인이 대신하여 행할 수 있는 대체적 작위의무의 불이행이 있어야 하고, ② 다른 수단으로 그 이행을 확보하기 곤란하고, ③ 그 불이행을 방치함이 심히 공익을 해치는 것으로 인정되는 등 보충성의 원칙이 적용되고 구체적 이익형량에 의해 신중하게 해야 한다.

2. 사안의 경우

A시장의 갑에게 부과한 의무 중 (1)의 갑에 대한 퇴거명령은 타인이 대신할 수 있는 대체적 작위의무가 아니어서 대집행의 대상이 되지 아니하나, 그 내부시설 및 상품의 반출명령은 대체적 작위의무라 할 수 있고, (2)의 변경된 부분의 철거명령도 대체적 작위의무이므로 대집행의 대상이라 할 것이다. 또한 대집행 이외에 다른 수단이 확보되어 있다거나, 그 불이행을 방치함이 공익을 해치지 않는다는 사정도 없어 보인다. 따라서 갑이 내부시설 및 상품의 반출의무와 변경된 부분의 철거의무를 불이행하면 대집행의 요건을 충족하게 된다.

Ⅲ 대집행의 계고요건의 충족 여부

1. 대집행계고의 요건

대집행을 하려면 상당한 이행기한을 정하여, 그때까지 이행하지 아니할 경우에는 대집행을 한다는 뜻을 미리 문서로써 계고하여야 한다(행정대집행법 제3조 제1항). 대집행의 요건은 계고할 때 충족되어야 하며, 상당한 이행기한이란 사회통념상 이행에 필요한 기한을 말한다. 따라서 대집행계고의 요건은, ① 문서로 하여야 하며, ② 상당한 이행기간을 정해야 하고, ③ 이행할 의무의 내용 및 범위를 구체적으로 특정하여야 하며, ④ 계고할 때 대집행의 요건이 이미 충족되어야 한다.

2. 사안의 경우

A시장은 반출 및 철거해야 할 내용과 범위를 구체적으로 특정하여 계고장을 발송하였다고 볼 것이므로, 상당한 이행기한의 여부와 계고시 대집행요건의 충족 여부만 문제된다.

갑이 계고장을 2013.6.18.자로 수령하였고, 매점의 내부시설 및 상품반출은 2013.6.30.까지이므로 12일의 기한이 주어졌으며, 시설물의 외부 형태의 변경된 부분의 철거는 2013.7.31.까지이므로 43일의 기한이 주어졌다. 이들 기한은 사회통념상 이들의 반출 및 철거의무를 이행하는 데 충분한 기한이라고 판단된다. 따라서 상당한 기한의 요건은 충족되었다고 할 수 있으나, 대집행계고시에 이미 대집행의 요건인 대체적 작위의무의 불이행이 존재하는 것은 아니다. 따라서 반출 및 철거를 명한 원처분과 대집행계고를 동시에 할 수 있는지 문제된다.

Ⅳ 원처분과 계고의 결합가능성

대집행요건은 계고를 할 때 이미 충족되어야 하므로 원처분(철거명령 등)과 계고처분을 동시에 결합하여 행하는 것은 원칙적으로 인정될 수 없다. 그러나 의무불이행이 예견되고 의무불이행을 제거해야 할 긴급한 필요가 인정되는 경우라든가, 충분한 이행기한이 주어졌다고 판단되는 경우 등 예외적인 경우에는 원처분과 계고를 동시에 할 수 있다(대판 1992.6.12, 91누13564 등).

Ⅴ 사안의 해결

갑에 대한 퇴거명령을 제외한 내부시설 및 상품의 반출명령이나 변경된 부분의 철거명령은 대집행의 대상인 대체적 작위의무에 속하고, A시장의 갑에 대한 대집행계고는 문서로 하였으며 대집행의 내용과 범위도 구체적으로 특정하였다. 또한 내부시설 및 상품의 반출기한은 12일이 주어졌고 변경된 부분의 철거기한은 43일이 주어짐으로써 충분한 이행기한이 주어졌다고 볼 수 있으므로, 반출·철거명령과 대집행계고의 결합가능성이 인정된다고 볼 수 있다. 따라서 A시장의 갑에 대한 대집행계고는 그 요건을 모두 충족하여 적법하다.

09 신고

사례 19

감정평가사 甲은 적법한 절차에 따라 사무소 개설을 하고 업무를 수행하여 오던 중에 소속 감정평가사의 변동이 있어 '감정평가 및 감정평가사에 관한 법률'(이하 '감정평가법')과 동 시행령에 따라 변경사항을 신고하였으나, 국토교통부장관은 행정청이 실시하는 여러 업무에 소극적이고 비협조적인 태도를 보여 왔다는 이유로 국토교통부장관이 신고서의 수리를 거부하였다. 이에 대해 甲은 국토교통부장관의 수리거부행위가 위법하다고 주장하면서 변경된 신고 내용대로 업무를 수행하였으나, 이에 대해 국토교통부장관은 감정평가법 시행령 [별표 3]에 근거하여 3개월의 업무정지처분(2021.4.21.)을 내렸다(2021.4.22. 갑에게 통지됨).

(1) 위 사안에서 甲이 국토교통부장관의 신고서 반려행위가 위법하다고 하면서 이를 취소소송으로 다투고자 한다. 소제기는 적법한가? [20점]

(2) 甲이 제기한 3개월의 업무정지에 대한 취소소송은 인용될 것인가? [10점]

제21조(사무소 개설 등)

⑤ 감정평가사사무소에는 소속 감정평가사를 둘 수 있다. 이 경우 소속 감정평가사는 제18조 제1항 각 호의 어느 하나에 해당하는 사람이 아니어야 하며, 감정평가사사무소를 개설한 감정평가사는 소속 감정평가사가 아닌 사람에게 제10조에 따른 업무를 하게 하여서는 아니 된다.

[별표 3]

위반행위	근거 법조문	처분기준		
		1차 위반	2차 위반	3차 이상 위반
자. 법 제21조 제5항이나 법 제29조 제9항을 위반하여 해당 감정평가사 외의 사람에게 법 제10조에 따른 업무를 하게 한 경우	법 제32조 제1항 제9호	업무정지 3개월	업무정지 6개월	업무정지 1년

(설문 1)의 해결

Ⅰ 쟁점의 정리

Ⅱ 소속평가사 변경신고의 법적 성질
1. 신고의 의의 및 유형(구별실익)
2. 구별기준
   (1) 학설 및 판례의 태도
   (2) 행정기본법 제34조
   (3) 검토
3. 사안의 경우

Ⅲ 소송요건의 충족 여부
1. 소송요건의 개념 및 취지
2. 대상적격의 충족 여부
   (1) 관련판례의 태도
   (2) 사안의 경우
3. 그 외 요건충족 여부

Ⅳ 사안의 해결(소제기의 적법성)

⊕ (설문 1)의 해결

Ⅰ 쟁점의 정리

설문은 국토교통부장관의 신고서 반려행위에 대한 소제기의 적법성을 묻고 있다. 설문상 소속평가사 변경신고가 수리를 요하지 않는 신고인지와, 법적 불이익을 받을 위험이 있어 그 위험을 제거할 현실적인 필요가 있는지를 검토하여 사안을 해결한다.

Ⅱ 소속평가사 변경신고의 법적 성질

1. 신고의 의의 및 유형(구별실익)

신고란 사인이 일정한 법률효과의 발생을 위해 일정 사실을 행정청에 알리는 것을 말한다. ① 일정 사항을 통지하고 그러한 통지사항이 행정청에 도달함으로써 효력이 발생(절차법 제40조 제2항)하는 자기완결적 신고와 ② 그러한 통지사항을 행정청이 수리함으로써 효력이 발생하는 수리를 요하는 신고인 행위요건적 신고가 있다.

양자의 구별실익은 자기완결적 신고의 수리행위는 국민의 권리, 의무에 영향을 주는 행정행위가 아니므로 처분성이 인정되지 않음에 있다.

2. 구별기준

(1) 학설 및 판례의 태도

① 형식적 요건 외에도 실질적 요건을 요하는지로 구분하는 견해와 ② 동일법에서 등록과 신고를 구분하지 않는 경우에는 합리적이고, 유기적인 해석을 통해서 판단할 수밖에 없다는 견해가 있다. 대법원은 관계법이 실질적 적법요건을 규정한 경우에는 행위요건적 신고로 본 바 있다.

(2) 행정기본법 제34조

법령 규정상 수리를 요하는 경우에는 수리를 요하는 신고로 규정하고 있다.

(3) 검토

관련규정의 형식 및 관련규정에서 형식적, 실직적 요건을 요하는지와 심사 방법 등을 종합 고려하여 합리적이고 유기적인 해석을 통해서 판단함이 타당하다.

3. 사안의 경우

시행규칙 제18조의2에서는 소속 감정평가사를 두는 경우 고용신고서를 제출하는 형식으로 규정하고 있으므로 〈자기완결적 신고〉로 봄이 타당하다.

또한 감정평가법 제21조 제5항에서는 소속 감정평가사가 아닌 자로 하여금 제10조에 따른 업무를 하게 하여서는 안 된다는 금지규정을 두고 있으며, 이를 위반한 경우 업무정지처분 및 징역 또는 벌금의 행정형벌(제50조 제2호)을 과하고 있으므로 〈금지해제적 신고〉로 볼 수 있다.

Ⅲ 소송요건의 충족 여부

1. 소송요건의 개념 및 취지

소송요건이라 함은 본안심리를 하기 위하여 갖추어야 하는 요건을 말하며, 불필요한 소송을 배제하여 법원의 부담을 경감하고, 적법한 소송에 대한 충실한 심판을 도모하기 위하여 요구된다. 행정소송법에서는 대상적격(제19조)·원고적격(제12조)·재판관할(제9조)·제소기간(제20조) 등을 소송요건으로 규정하고 있다.

2. 대상적격의 충족 여부

(1) 관련판례의 태도

판례는 자기완결적 신고 중 건축신고와 같은 금지해제적 신고의 경우에 신고가 반려될 경우 해당 신고의 대상이 되는 행위를 하면 시정명령, 이행강제금, 벌금의 대상이 되는 등 신고인이 법적 불이익을 받을 위험이 있기 때문에 그 위험을 제거할 수 있도록 하기 위하여 수리거부행위의 처분성을 인정한 바 있다(대판 2010.11.18, 2008두167 全合).

(2) 사안의 경우

설문상 소속평가사 변경신고의 수리가 거부되어 소속평가사가 아닌 자로 하여금 업무를 수행하게 한 것이 되어, 감정평가법 제50조에 따른 징역 및 벌금의 벌칙규정이 적용될 불안정한 지위에 놓일 우려가 있는 경우라는 수리거부에 대한 처분성이 인정될 것이다.

3. 그 외 요건충족 여부

갑은 장차 받게 될 지도 모르는 벌금 및 징역 등의 제재적 처분을 받지 않고, 계속하여 감정평가업을 영위해야 할 법률상 이익이 인정되며, 설문상 제소기간 등은 문제되지 않는 것으로 사료된다.

Ⅳ 사안의 해결(소제기의 적법성)

설문상 소속평가사 변경신고는 수리를 요하지 않는 신고로서 원칙적으로 이에 대한 수리행위는 국민의 권리와 의무에 영향을 주는 행정행위가 아니므로 처분성이 인정되지 않는다고 할 것이나, 예외적으로 행정청이 수리를 거부하고 그에 따른 불이익을 행할 위험이 있는 경우에는 소의 대상이 된다고 할 것이다. 따라서 갑은 감정평가업을 계속적으로 영위하기 위하여 취소소송을 제기할 수 있을 것이다.

⊕ **(설문 2)의 해결**

Ⅰ 쟁점의 정리

업무정지와 관련된 권한 있는 기관은 국토교통부장관이며(법 제32조), 국토교통부장관은 서면으로 업무정지를 통지하였다. 따라서 설문상 문제되는 것은 업무정지 사유의 정당성이며 이는 소속평가사 변경신고의 효력 유무에 따라서 달라진다고 볼 수 있으므로, 이하에서 소속평가사 변경신고의 효력을 검토하고자 한다.

Ⅱ 업무정지처분의 적법성 유무

1. 소속평가사 변경신고의 효력

자기완결적 신고의 경우 적법한 신고만 있으면 신고의무를 이행한 것이 된다. 설문상 갑은 관련 법률에 따라 신고한 바, 신고서가 행정청에 도달된 때로부터 신고의무는 이행된 것으로 볼 것이다. 따라서 갑의 소속평가사 변경신고의 효력은 국토교통부에 신고서가 도달된 때로부터 발생된다고 할 것이다.

2. 재량권 행사의 일탈·남용 여부

(1) 재량권 행사의 일탈·남용

① 재량권의 일탈이란 재량권의 외적 한계(즉, 법적·객관적 한계)를 벗어난 것을 말하고, ② 재량권의 남용이란 재량권의 내적 한계, 즉 재량권이 부여된 내재적 목적을 벗어난 것을 말한다. 재량권의 한계를 넘은 재량권 행사에는 일의적으로 명확한 법규정의 위반, 사실오인, 평등원칙 위반, 자기구속의 원칙 위반, 비례원칙 위반, 절차 위반, 재량권의 불행사 또는 해태, 목적 위반 등이 있다.

(2) 사안의 경우

설문상 국토교통부장관의 업무정지처분은 소속평가사 변경신고의 효력이 발생하였음에도 불구하고, 이러한 효력이 발생하지 않은 것을 전제하여 이루어진 바, 해당 업무정지처분은 명확한 법규정의 위반 및 사실오인 등의 재량권 행사의 남용이 있는 것으로 볼 수 있다.

Ⅲ 사안의 해결(위법성 정도와 인용가능성)

설문상 국토교통부장관의 업무정지처분은 재량권 행사의 남용이 있는 것으로 볼 수 있다. 또한 통설 및 판례의 태도(중대·명백설)에 따를 때, 해당 하자는 내용상 중대하고 외관상 명백하므로 무효라고 판단된다. 따라서 법원은 무효선언적 의미에서의 취소판결을 내릴 것이다.

사례 20

갑은 2006년 5월 19일 관할 시장인 을에게 「국토의 계획 및 이용에 관한 법률」상의 관리지역 내의 임야인 이 사건 토지를 대지로 형질변경하여 그 지상에 건축면적과 연면적을 각 95.13㎡로 하는 1층 단독주택을 신축하겠다는 내용의 건축신고 등을 하였다. 그러나 시장 을은 2006년 6월 23일 '이 사건 토지에 접하는 진입도로가 완충녹지를 가로지르는데, 관계 법령에 의하면 건축법상 진입도로로 사용하기 위하여 완충녹지 점용을 허가할 수 없으므로, 진입로가 확보되지 아니하여 건축신고 등이 불가하다.'는 이유로 위 건축신고 등을 반려하였다. 그러나 갑은 이 사건 진입도로는 완충녹지가 지정되기 전부터 이 사건 토지주변에 있는 축산농가 등이 차량 등의 통행로로 이용하고 있는 도로이고, 위 완충녹지는 아직 조성되지 아니한 녹지로서 그 지정 후 이 사건 진입도로가 차단되지 아니하였고 이를 대신할 이면도로도 설치되지 아니하였으며, 위 축산농가 등은 계속 이 사건 진입도로를 통행로로 이용할 수밖에 없다고 주장한다. 한편, 도시공원 및 녹지 등에 관한 법률 시행규칙 제18조 제3항은 "녹지의 설치 시에는 녹지로 인하여 기존의 도로가 차단되어 통행을 할 수 없는 경우가 발생되지 아니하도록 기존의 도로와 연결되는 이면도로 등을 설치하여야 한다."고 규정하고 있고, 구 도시계획시설의 결정·구조 및 설치기준에 관한 규칙(2010.3.16. 국토교통부령 제230호로 개정되기 전의 것) 제10조 제13호 후문도 같은 취지로 규정하고 있다. 갑은 위 신고의 수리거부에 대하여 취소소송을 제기하고자 한다. 그 가부에 대하여 학설, 판례 및 제시된 법령을 참조하여 자신의 견해를 서술하시오. 30점

[건축법]

제11조(건축허가)

① 건축물을 건축하거나 대수선하려는 자는 특별자치시장·특별자치도지사 또는 시장·군수·구청장의 허가를 받아야 한다. 다만, 21층 이상의 건축물 등 대통령령으로 정하는 용도 및 규모의 건축물을 특별시나 광역시에 건축하려면 특별시장이나 광역시장의 허가를 받아야 한다.

제14조(건축신고)

① 제11조에 해당하는 허가 대상 건축물이라 하더라도 다음 각 호의 어느 하나에 해당하는 경우에는 미리 특별자치시장·특별자치도지사 또는 시장·군수·구청장에게 국토교통부령으로 정하는 바에 따라 신고를 하면 건축허가를 받은 것으로 본다.

1. 바닥면적의 합계가 85제곱미터 이내의 증축·개축 또는 재축. 다만, 3층 이상 건축물인 경우에는 증축·개축 또는 재축하려는 부분의 바닥면적의 합계가 건축물 연면적의 10분의 1 이내인 경우로 한정한다.
2. 「국토의 계획 및 이용에 관한 법률」에 따른 관리지역, 농림지역 또는 자연환경보전지역에서 연면적이 200제곱미터 미만이고 3층 미만인 건축물의 건축. 다만, 다음 각 목의 어느 하나에 해당하는 구역에서의 건축은 제외한다.
   가. 지구단위계획구역
   나. 방재지구 등 재해취약지역으로서 대통령령으로 정하는 구역
3. 연면적이 200제곱미터 미만이고 3층 미만인 건축물의 대수선

4. 주요구조부의 해체가 없는 등 대통령령으로 정하는 대수선

5. 그 밖에 소규모 건축물로서 대통령령으로 정하는 건축물의 건축

② 제1항에 따른 건축신고에 관하여는 제11조 제5항 및 제6항을 준용한다.

⑤ 제1항에 따라 신고를 한 자가 신고일부터 1년 이내에 공사에 착수하지 아니하면 그 신고의 효력은 없어진다. 다만, 건축주의 요청에 따라 허가권자가 정당한 사유가 있다고 인정하면 1년의 범위에서 착수기한을 연장할 수 있다.

제79조(위반 건축물 등에 대한 조치 등)

① 허가권자는 이 법 또는 이 법에 따른 명령이나 처분에 위반되는 대지나 건축물에 대하여 이 법에 따른 허가 또는 승인을 취소하거나 그 건축물의 건축주·공사시공자·현장관리인·소유자·관리자 또는 점유자(이하 "건축주등"이라 한다)에게 공사의 중지를 명하거나 상당한 기간을 정하여 그 건축물의 해체·개축·증축·수선·용도변경·사용금지·사용제한, 그 밖에 필요한 조치를 명할 수 있다.

② 허가권자는 제1항에 따라 허가나 승인이 취소된 건축물 또는 제1항에 따른 시정명령을 받고 이행하지 아니한 건축물에 대하여는 다른 법령에 따른 영업이나 그 밖의 행위를 허가·면허·인가·등록·지정 등을 하지 아니하도록 요청할 수 있다. 다만, 허가권자가 기간을 정하여 그 사용 또는 영업, 그 밖의 행위를 허용한 주택과 대통령령으로 정하는 경우에는 그러하지 아니하다.

③ 제2항에 따른 요청을 받은 자는 특별한 이유가 없으면 요청에 따라야 한다.

④ 허가권자는 제1항에 따른 시정명령을 하는 경우 국토교통부령으로 정하는 바에 따라 건축물대장에 위반내용을 적어야 한다.

제80조(이행강제금)

① 허가권자는 제79조 제1항에 따라 시정명령을 받은 후 시정기간 내에 시정명령을 이행하지 아니한 건축주 등에 대하여는 그 시정명령의 이행에 필요한 상당한 이행기한을 정하여 그 기한까지 시정명령을 이행하지 아니하면 다음 각 호의 이행강제금을 부과한다. 다만, 연면적(공동주택의 경우에는 세대 면적을 기준으로 한다)이 60제곱미터 이하인 주거용 건축물과 제2호 중 주거용 건축물로서 대통령령으로 정하는 경우에는 다음 각 호의 어느 하나에 해당하는 금액의 2분의 1의 범위에서 해당 지방자치단체의 조례로 정하는 금액을 부과한다.

1. 건축물이 제55조와 제56조에 따른 건폐율이나 용적률을 초과하여 건축된 경우 또는 허가를 받지 아니하거나 신고를 하지 아니하고 건축된 경우에는 「지방세법」에 따라 해당 건축물에 적용되는 1제곱미터의 시가표준액의 100분의 50에 해당하는 금액에 위반면적을 곱한 금액 이하의 범위에서 위반내용에 따라 대통령령으로 정하는 비율을 곱한 금액

① 쟁점의 정리

건축신고가 소위 '수리를 요하지 아니하는 신고'로 보아, 행정청의 수리여부에 관계없이 법적 효력이 발생하는가에 대한 집중이 요구된다. 그러나 건축법을 보면 신고의 수리 없이(즉, 신고를 하지 아니하고) 건축행위를 하는 경우에 행정청은 해당 건축물에 대하여 해체·개축·증축·수선·용도변경·사용금지·사용제한 등 강제적인 조치를 명할 수 있고 이행강제금도 부과할 수 있다. 따라서 본건 건축신고가 순수한 의미의 '자기완결적 신고'인지에 대한 검증이 요구된다.

Ⅱ 건축신고의 법적 성격

1. 학설

학설은 신고에 대하여 다음과 같이 크게 두 종류로 나누고 있다.

(1) 자기완결적 신고(수리를 요하지 아니하는 신고)와 수리를 요하는 신고

① 자기완결적 신고는 신고의 요건을 갖춘 신고만 하면 신고의무를 이행한 것이 되는 신고를 말하는 바, 행정절차법 제40조 제2항의 요건을 갖추면 신고의 효력이 발생한다. ② 수리를 요하는 신고는 행정청의 수리가 있어야 비로소 신고의 효과가 발생하는 신고를 말한다. 이의 수리거부행위는 거부처분에 해당되어 항고소송의 대상이 된다는 것이 통설적 견해이다.

(2) 정보제공적 신고와 금지해제적 신고

1) 정보제공적 신고

행정의 대상이 되는 사실에 대한 정보를 행정청에게 제공하는 신고를 말한다. 사인의 다양한 행위 중에서 특히 행정이 파악하여야 할 사항 등(예를 들어 안전, 방법 등을 위한 사인의 공법행위의 규제)에 대해서는 사인으로 하여금 그 행위에 대한 정보를 제공토록 하는 것을 말한다. '사실파악형 신고'라고도 한다. 정보제공적 신고는 항상 자기완결적 신고로 볼 수 있다.

2) 금지해제적 신고(규제적 신고)

신고 중에는 영업활동 또는 건축활동 등 사인의 활동을 규제하기 위한 신고가 있는바, 이를 금지해제적 신고(신고유보부 금지)라고 한다. 금지해제적 신고의 경우에는 신고 없이 한 행위는 위법한 행위가 된다. 금지해제적 신고의 수리거부에 대해서는 신고인의 법적 지위를 보호하기 위하여 수리거부를 처분으로 보아 항고소송의 대상으로 볼 수 있을 것이다.

2. 판례

(1) 기왕의 판례

기왕의 판례는 건축법상의 건축신고를 자기완결적 신고로 보았다(대표적인 예가 대판 1999.4.27, 97누6780). 그 외 대법원은 체육시설의 설치·이용에 관한 법률 제18조에 의한 골프장이용료변경신고(대결 1993.7.6, 93마635)를 자기완결적 신고로 보았다. 참고로 신고요건이 형식적 요건 이외에 실질적 요건도 포함하는 경우라든가(대판 2007.1.11, 2006두14537[노인주거복지시설설치신고반려처분취소]), 신고의 수리로 구체적인 법적 효과가 발생하는 경우에는 해당 신고를 수리를 요하는 신고로 보고 있다(대판 1993.6.8, 91누11544).

(2) 대판 2010.11.18, 2008두167 전원합의체

이제까지 대표적인 '자기완결적 신고'로 여겨왔던 건축신고의 경우 행정청의 수리는 물론 수리거부 역시 처분성을 인정하지 않았다. 그리하여 적법한 신고를 한 이상 수리여하에 상관없이 신고대상행위를 할 수 있다고 하였다. 그러나 대판 2010.11.18, 2008두167 全合은 기왕의 판례와는 달리, 신고반려의 처분성을 인정하였다. 이제 이 판결로 인해 건축신고인으로서 건축신고반려가 내려지면 건축신고반려행위를 거부처분으로써 다툴 수 있게 되었다.

(3) 대판 2011.1.20, 2010두14954 전원합의체

인·허가 의제효과를 수반하는 건축신고는 일반적인 건축신고와는 달리 특별한 사정이 없는 한 행정청이 그 실체적 요건에 관한 심사를 한 후 수리하여야 하는 이른바 '수리를 요하는 신고'로 보는 것이 옳다고 하여, 건축신고의 종류를 수리를 요하는 신고와 수리를 요하지 아니하는 신고로 구분 짓고 있다. 이 판결로 인하여 적어도 건축신고의 종류에 대한 법원의 입장은 정리되었다고 할 수 있지만, 그 구분의 기준과 수리를 요하는 신고와 허가와의 차이점 등에 대해서는 여전히 논쟁거리를 남기고 있다고 볼 수 있다.

3. 건축신고 관련 법령과의 관계를 통한 해석(반려위반에 따른 법효과에 관하여)

건축법 관련 규정의 내용 및 취지에 의하면, 행정청은 건축신고로써 건축허가가 의제되는 건축물의 경우에도 그 신고 없이 건축이 개시될 경우 건축주 등에 대하여 공사 중지·해체·사용금지 등의 시정명령을 할 수 있고(제79조 제1항), 그 시정명령을 받고 이행하지 않은 건축물에 대하여는 해당 건축물을 사용하여 행할 다른 법령에 의한 영업 기타 행위의 허가를 하지 않도록 요청할 수 있으며(제80조 제1항 제1호), 그 요청을 받은 자는 특별한 이유가 없는 한 이에 응하여야 하고(제79조 제3항), 나아가 행정청은 그 시정명령의 이행을 하지 아니한 건축주 등에 대하여는 이행강제금을 부과할 수 있으며(제80조 제1항 제1호), 또한 건축신고를 하지 않은 자는 5천만원 이하의 벌금에 처해질 수 있다(제111조 제1호). 이와 같이 건축주 등은 신고제하에서도 건축신고가 반려될 경우 해당 건축물의 건축을 개시하면 시정명령, 이행강제금, 벌금의 대상이 되거나 해당 건축물을 사용하여 행할 행위의 허가가 거부될 우려가 있어 불안정한 지위에 놓이게 된다. 따라서 건축신고 반려행위가 이루어진 단계에서 당사자로 하여금 반려행위의 적법성을 다투어 그 법적 불안을 해소한 다음 건축행위에 나아가도록 함으로써 장차 있을지도 모르는 위험에서 미리 벗어날 수 있도록 길을 열어 주고, 위법한 건축물의 양산과 그 철거를 둘러싼 분쟁을 조기에 근본적으로 해결할 수 있게 하는 것이 법치행정의 원리에 부합한다고 하겠다.

Ⅲ 사안의 해결

요컨대 신고제의 유형을 (예방적) 금지해제적 신고와 정보제공적 신고로 나누는 것이 그것의 본연의 모습에 부합한다고 보이며, 본건에서의 건축신고의 경우는 신고위반 시 뒤따르는 강제적 행정제재를 보더라도 그 수리거부행위에 대하여 다툴 법률상 이익이 갑에게는 있다고 보인다. 또한 본건 수리거부행위를 거부처분으로 보면 당연히 항고소송의 대상으로서 취소소송이 가능하다고 하겠다. 변경된 판례 또한 이를 말하고 있다.

참고로 대판 2010.11.18, 2008두167 余습은 "행정청의 어떤 행위가 항고소송의 대상이 될 수 있는지의 문제는 추상적·일반적으로 결정할 수 없고, 구체적인 경우 행정처분은 행정청이 공권력의 주체로서 행하는 구체적 사실에 관한 법집행으로서 국민의 권리·의무에 직접적으로 영향을 미치는 행위라는 점을 염두에 두고, 관련 법령의 내용과 취지, 그 행위의 주체·내용·형식·절차, 그 행위와 상대방 등 이해관계인이 입는 불이익과의 실질적 견련성, 그리고 법치행정의 원리와 해당 행위에 관련한 행정청 및 이해관계인의 태도 등을 참작하여 개별적으로 결정하여야 한다."고 하고, "건축신고반려행위가 이루어진 단계에서 당사자로 하여금 반려행위의 적법성을 다투어 그 법적 불안을 해소한 다음 건축행위에 나아가도록 함으로써 장차 있을지도 모르는 위험에서 미리 벗어날 수 있도록 길을 열어 주고, 위법한 건축물의 양산과 그 철거를 둘러싼 분쟁을 조기에 근본적으로 해결할 수 있게 하는 것이 법치행정의 원리에 부합한다. 그러므로 이 경우 건축신고 반려행위는 항고소송의 대상이 된다고 보는 것이 옳다."고 판단하고 있다.

◆ **대판 2010.11.18, 2008두167 전원합의체[건축신고불허(또는 반려)처분취소]**

[판시사항]
[1] 행정청의 행위가 항고소송의 대상이 되는지 여부의 판단 기준
[2] 행정청의 건축신고 반려행위 또는 수리거부행위가 항고소송의 대상이 되는지 여부(적극)

[판결요지]
[1] 행정청의 어떤 행위가 항고소송의 대상이 될 수 있는지의 문제는 추상적·일반적으로 결정할 수 없고, 구체적인 경우 행정처분은 행정청이 공권력의 주체로서 행하는 구체적 사실에 관한 법집행으로서 국민의 권리·의무에 직접적으로 영향을 미치는 행위라는 점을 염두에 두고, 관련 법령의 내용과 취지, 그 행위의 주체·내용·형식·절차, 그 행위와 상대방 등 이해관계인이 입는 불이익과의 실질적 견련성, 그리고 법치행정의 원리와 당해 행위에 관련한 행정청 및 이해관계인의 태도 등을 참작하여 개별적으로 결정하여야 한다.
[2] 구 건축법(2008.3.21. 법률 제8974호로 전부 개정되기 전의 것) 관련 규정의 내용 및 취지에 의하면, 행정청은 건축신고로써 건축허가가 의제되는 건축물의 경우에도 그 신고 없이 건축이 개시될 경우 건축주 등에 대하여 공사 중지·철거·사용금지 등의 시정명령을 할 수 있고(제69조 제1항), 그 시정명령을 받고 이행하지 않은 건축물에 대하여는 당해 건축물을 사용하여 행할 다른 법령에 의한 영업 기타 행위의 허가를 하지 않도록 요청할 수 있으며(제69조 제2항), 그 요청을 받은 자는 특별한 이유가 없는 한 이에 응하여야 하고(제69조 제3항), 나아가 행정청은 그 시정명령의 이행을 하지 아니한 건축주 등에 대하여는 이행강제금을 부과할 수 있으며(제69조의2 제1항 제1호), 또한 건축신고를 하지 않은 자는 200만 원 이하의 벌금에 처해질 수 있다(제80조 제1호, 제9조). 이와 같이 건축주 등은 신고제하에서도 건축신고가 반려될 경우 당해 건축물의 건축을 개시하면 시정명령, 이행강제금, 벌금의 대상이 되거나 당해 건축물을 사용하여 행할 행위의 허가가 거부될 우려가 있어 불안정한 지위에 놓이게 된다. 따라서 건축신고 반려행위가 이루어진 단계에서 당사자로 하여금 반려행위의 적법성을 다투어 그 법적 불안을 해소한 다음 건축행위에 나아가도록 함으로써 장차 있을지도 모르는 위험에서 미리 벗어날 수 있도록 길을 열어 주고, 위법한 건축물의 양산과 그 철거를 둘러싼 분쟁을 조기에 근본적으로 해결할 수 있게 하는 것이 법치행정의 원리에 부합한다. 그러므로 건축신고 반려행위는 항고소송의 대상이 된다고 보는 것이 옳다.

✐ **대판 2011.1.20, 2010두14954 전원합의체[건축(신축)신고불가취소]**

[판시사항]

[1] 건축법 제14조 제2항에 의한 인·허가의제 효과를 수반하는 건축신고가, 행정청이 그 실체적 요건에 관한 심사를 한 후 수리하여야 하는 이른바 '수리를 요하는 신고'인지 여부(적극)

[2] 국토의 계획 및 이용에 관한 법률상의 개발행위허가로 의제되는 건축신고가 개발행위허가의 기준을 갖추지 못한 경우, 행정청이 수리를 거부할 수 있는지 여부(적극)

[판결요지]

[1] [다수의견] 건축법에서 인·허가의제 제도를 둔 취지는, 인·허가의제사항과 관련하여 건축허가 또는 건축신고의 관할 행정청으로 그 창구를 단일화하고 절차를 간소화하며 비용과 시간을 절감함으로써 국민의 권익을 보호하려는 것이지, 인·허가의제사항 관련 법률에 따른 각각의 인·허가 요건에 관한 일체의 심사를 배제하려는 것으로 보기는 어렵다. 왜냐하면, 건축법과 인·허가의제사항 관련 법률은 각기 고유한 목적이 있고, 건축신고와 인·허가의제사항도 각각 별개의 제도적 취지가 있으며 그 요건 또한 달리하기 때문이다. 나아가 인·허가의제사항 관련 법률에 규정된 요건 중 상당수는 공익에 관한 것으로서 행정청의 전문적이고 종합적인 심사가 요구되는데, 만약 건축신고만으로 인·허가의제사항에 관한 일체의 요건 심사가 배제된다고 한다면, 중대한 공익상의 침해나 이해관계인의 피해를 야기하고 관련 법률에서 인·허가 제도를 통하여 사인의 행위를 사전에 감독하고자 하는 규율체계 전반을 무너뜨릴 우려가 있다. 또한 무엇보다도 건축신고를 하려는 자는 인·허가의제사항 관련 법령에서 제출하도록 의무화하고 있는 신청서와 구비서류를 제출하여야 하는데, 이는 건축신고를 수리하는 행정청으로 하여금 인·허가의제사항 관련 법률에 규정된 요건에 관하여도 심사를 하도록 하기 위한 것으로 볼 수밖에 없다. 따라서 인·허가의제 효과를 수반하는 건축신고는 일반적인 건축신고와는 달리, 특별한 사정이 없는 한 행정청이 그 실체적 요건에 관한 심사를 한 후 수리하여야 하는 이른바 '수리를 요하는 신고'로 보는 것이 옳다.

[대법관 박시환, 대법관 이홍훈의 반대의견] 다수의견과 같은 해석론을 택할 경우 헌법상 기본권 중 하나인 국민의 자유권 보장에 문제는 없는지, 구체적으로 어떠한 경우에 수리가 있어야만 적법한 신고가 되는지 여부에 관한 예측가능성 등이 충분히 담보될 수 있는지, 형사처벌의 대상이 불필요하게 확대됨에 따른 죄형법정주의 등의 훼손가능성은 없는지, 국민의 자유와 권리를 제한하거나 의무를 부과하려고 하는 때에는 법률에 의하여야 한다는 법치행정의 원칙에 비추어 그 원칙이 손상되는 문제는 없는지, 신고제의 본질과 취지에 어긋나는 해석론을 통하여 여러 개별법에 산재한 각종 신고제도에 관한 행정법 이론 구성에 난맥상을 초래할 우려는 없는지의 측면 등에서 심도 있는 검토가 필요한 문제로 보인다. 그런데 다수의견의 입장을 따르기에는 그와 관련하여 해소하기 어려운 여러 근본적인 의문이 제기된다. 여러 기본적인 법원칙의 근간 및 신고제의 본질과 취지를 훼손하지 아니하는 한도 내에서 건축법 제14조 제2항에 의하여 인·허가가 의제되는 건축신고의 범위 등을 합리적인 내용으로 개정하는 입법적 해결책을 통하여 현행 건축법에 규정된 건축신고 제도의 문제점 및 부작용을 해소하는 것은 별론으로 하더라도, '건축법상 신고사항에 관하여 건축을 하고자 하는 자가 적법한 요건을 갖춘 신고만

하면 건축을 할 수 있고, 행정청의 수리 등 별단의 조처를 기다릴 필요는 없다'는 대법원의 종래 견해(대판 1968.4.30, 68누12, 대판 1990.6.12, 90누2468, 대판 1999.4.27, 97누6780, 대판 2004.9.3, 2004도3908 등 참조)를 인·허가가 의제되는 건축신고의 경우에도 그대로 유지하는 편이 보다 합리적인 선택이라고 여겨진다.

[2] [다수의견] 일정한 건축물에 관한 건축신고는 건축법 제14조 제2항, 제11조 제5항 제3호에 의하여 국토의 계획 및 이용에 관한 법률 제56조에 따른 개발행위허가를 받은 것으로 의제되는데, 국토의 계획 및 이용에 관한 법률 제58조 제1항 제4호에서는 개발행위허가의 기준으로 주변 지역의 토지이용실태 또는 토지이용계획, 건축물의 높이, 토지의 경사도, 수목의 상태, 물의 배수, 하천·호소·습지의 배수 등 주변 환경이나 경관과 조화를 이룰 것을 규정하고 있으므로, 국토의 계획 및 이용에 관한 법률상의 개발행위허가로 의제되는 건축신고가 위와 같은 기준을 갖추지 못한 경우 행정청으로서는 이를 이유로 그 수리를 거부할 수 있다고 보아야 한다.

[대법관 박시환, 대법관 이홍훈의 반대의견] 수리란 타인의 행위를 유효한 행위로 받아들이는 수동적 의사행위를 말하는 것이고, 이는 허가와 명확히 구별되는 것이다. 그런데 다수의견에 의하면, 행정청이 인·허가의제조항에 따른 국토의 계획 및 이용에 관한 법률상 개발행위허가 요건 등을 갖추었는지 여부에 관하여 심사를 한 다음, 그 허가 요건을 갖추지 못하였음을 이유로 들어 형식상으로만 수리거부를 하는 것이 되고, 사실상으로는 허가와 아무런 차이가 없게 된다는 비판을 피할 수 없다. 이러한 결과에 따르면 인·허가의제조항을 특별히 규정하고 있는 입법 취지가 몰각됨은 물론, 신고와 허가의 본질에 기초하여 건축신고와 건축허가 제도를 따로 규정하고 있는 제도적 의미 및 신고제와 허가제 전반에 관한 이론적 틀이 형해화될 가능성이 있다.

10 │ 인허가 의제제도

🔹 사례 21

한국수자원공사법 제10조에 따른 실시계획이 고시가 있으면 토지보상법상 사업인정 및 사업인정 고시가 있은 것으로 보며 산지관리법에 따른 산지전용허가를 받은 것으로 본다. 이 경우 국토교통 부장관은 신지전용허가에 해당하는 내용이 포함되어 있는 실시계획을 승인하려면 미리 관계 행정 기관의 장과 협의하여야 한다.

(1) 한국수자원공사가 산업단지 및 특수지역의 개발을 위한 실시계획 승인신청을 하였다. 한국수자 원공사의 신청이 산지전용허가요건을 완비하지 못한 경우에 국토교통부장관이 사업실시계획승 인을 할 수 있는지를 검토하시오. [10점]

(2) 인근에 거주하고 있는 주민 을은 산지전용허가에 따라 산업단지 및 특수지역 개발이 시행되면 산에서 내려오는 물의 흐름이 막혀 지반이 약한 부분에서 토사유출 및 산사태 위험이 있다며 해당 산지전용허가에 반대하고 있다. 을이 산지전용허가를 대상으로 취소소송을 제기할 수 있 는지 검토하시오. [15점]

(3) 관할 행정청은 이후 「산지관리법」 제37조에 따라 재해위험지역 일제점검을 하던 중 한국수자원 공사의 시설공사장에서 토사유출로 인한 산사태 위험을 확인하고, 한국수자원공사에게 시설물 철거 등 재해의 방지에 필요한 조치를 할 것을 명하였다. 다만, 한국수자원공사에게 통지된 관 할 행정청의 처분서에는 한국수자원공사가 충분히 알 수 있도록 처분의 사유와 근거가 구체적 으로 명시되지는 않았다. 한국수자원공사는 관할 행정청의 조치명령을 이행하지 아니하여 「산 지관리법」 위반으로 형사법원에 기소되었으나 해당 조치명령이 위법하므로 자신이 무죄라고 주장한다. 조치명령의 위법성을 검토하고 甲의 주장이 타당한지 논하시오. [15점]

[산지관리법]

제1조(목적)
이 법은 산지(山地)를 합리적으로 보전하고 이용하여 임업의 발전과 산림의 다양한 공익기능의 증진을 도모 함으로써 국민경제의 건전한 발전과 국토환경의 보전에 이바지함을 목적으로 한다.

제14조(산지전용허가)
① 산지전용을 하려는 자는 그 용도를 정하여 대통령령으로 정하는 산지의 종류 및 면적 등의 구분에 따라 산림청장등의 허가를 받아야 하며, 허가받은 사항을 변경하려는 경우에도 같다. 다만, 농림축산식품부령 으로 정하는 사항으로서 경미한 사항을 변경하려는 경우에는 산림청장등에게 신고로 갈음할 수 있다.
② 산림청장등은 제1항 단서에 따른 변경신고를 받은 날부터 25일 이내에 신고수리 여부를 신고인에게 통 지하여야 한다.
③ 산림청장등이 제2항에서 정한 기간 내에 신고수리 여부 또는 민원 처리 관련 법령에 따른 처리기간의 연장을 신고인에게 통지하지 아니하면 그 기간(민원 처리 관련 법령에 따라 처리기간이 연장 또는 재연 장된 경우에는 해당 처리기간을 말한다)이 끝난 날의 다음 날에 신고를 수리한 것으로 본다.

④ 관계 행정기관의 장이 다른 법률에 따라 산지전용허가가 의제되는 행정처분을 하기 위하여 산림청장등에게 협의를 요청하는 경우에는 대통령령으로 정하는 바에 따라 제18조에 따른 산지전용허가기준에 맞는지를 검토하는 데에 필요한 서류를 산림청장등에게 제출하여야 한다.

⑤ 관계 행정기관의 장은 제4항에 따른 협의를 한 후 산지전용허가가 의제되는 행정처분을 하였을 때에는 지체 없이 산림청장등에게 통보하여야 한다.

제37조(재해의 방지 등)

① 산림청장등은 다음 각 호의 어느 하나에 해당하는 허가 등에 따라 산지전용, 산지일시사용, 토석채취 또는 복구를 하고 있는 산지에 대하여 대통령령으로 정하는 바에 따라 토사유출, 산사태 또는 인근지역의 피해 등 재해 방지나 산지경관 유지 등에 필요한 조사·점검·검사 등을 할 수 있다.

   1. 제14조에 따른 산지전용허가

(설문 1)의 해결

Ⅰ 쟁점의 정리

Ⅱ 인허가의제제도의 효력

  1. 의의 및 취지

  2. 인·허가절차

  3. 집중효의 정도(계획확정기관의 심사정도)

    (1) 학설

    (2) 판례

    (3) 검토

  4. 관계기관과의 협력

Ⅲ 사안의 해결

(설문 2)의 해결

Ⅰ 쟁점의 정리

Ⅱ 산지전용허가의 대상적격 인정 여부

  1. 견해의 대립

    (1) 부정설

    (2) 긍정설

  2. 판례

  3. 검토 및 사안의 경우

Ⅲ 인근주민 을의 원고적격 인정 여부

  1. 원고적격의 의의(행정소송법 제12조) 및 취지

  2. 법률상 이익의 의미

    (1) 학설

    (2) 판례

    (3) 검토

  3. 법률의 범위

  4. 사안의 경우

Ⅳ 사안의 해결

(설문 3)의 해결

Ⅰ 쟁점의 정리

Ⅱ 조치명령의 위법성 검토

  1. 처분의 이유제시(행정절차법 제23조)

  2. 이유제시의 정도와 하자

  3. 절차하자의 독자성 인정 여부

  4. 사안의 경우

Ⅲ 형사법원과 선결문제

  1. 선결문제의 의의

  2. 형사사건과 선결문제

    (1) 행정행위의 효력 유무가 쟁점인 경우

      1) 학설 및 판례의 태도

      2) 검토

    (2) 행정행위의 위법 여부가 쟁점인 경우

      1) 학설 및 판례의 태도

      2) 검토

  3. 사안의 경우

Ⅳ 사안의 해결

⊕ (설문 1)의 해결

Ⅰ 쟁점의 정리

한국수자원공사법에 의한 실시계획이 고시되면 산지전용허가를 받은 것으로 의제되는데 이처럼 의제되는 허가를 받기 위한 요건을 완비하지 못한 경우에도 의제효과가 발생되는지를 검토한다.

Ⅱ 인허가의제제도의 효력

1. 의의 및 취지

하나의 인·허가를 받으면 다른 허가, 인가, 특허, 신고 또는 등록을 받은 것으로 보는 것을 인·허가의제제도라 하며, 이는 원스톱행정을 통하여 민원인의 편의를 도모하기 위한 제도이다.

2. 인·허가절차

인·허가의제제도하에서 다른 관계인·허가기관의 인·허가를 받지 않는 대신 다른 관계인·허가기관의 협의를 거치도록 하는 것이 보통이다. 의제되는 인·허가기관의 협의가 실질상 동의인지 아니면 강학상 자문(협의)인지에 대해서 판례는 명확히 입장을 표명하지는 않았지만, 동의설을 취한 것으로 보인다.

3. 집중효의 정도[계획확정기관의 심사정도]

(1) 학설

① 행정청의 관할만 병합되어 절차적·실체적 요건을 모두 준수해야 한다는 견해(관할집중설), ② 절차적 요건은 명문의 규정이 없는 한 준수하지 않아도 되지만 실체적 요건에 대해서는 기속된다는 견해(절차집중설), ③ 법치행정에 비추어 계획확정기관도 실체적 요건은 존중해야 하고, 의제되는 인허가의 모든 절차를 거칠 필요는 없지만 통합적인 절차를 거쳐야 한다는 견해(제한적 절차집중설)가 있다.

(2) 판례

판례는 의제되는 법률에 규정된 이해관계인의 의견청취절차를 생략할 수 있다고 하여 절차집중을 인정하고 있다(대판 1992.11.10, 92누1162).

(3) 검토

집중효제도의 기능 내지 취지에 비추어 계획확정기관은 하나의 계획확정절차를 제한적으로 거치면 되지만 실체법에는 기속된다는 절차집중설이 타당하다.

4. 관계기관과의 협력

행정계획이 결정되면 다른 인·허가 등 행위가 행하여진 것으로 의제되는 경우에 행정계획을 결정하는 행정청은 미리 의제되는 행위의 관계기관과 협의를 하도록 규정하고 있다. 이는 행정계획을 결정하는 행정청이 의제되는 인·허가의 요건을 심사할 수 있도록 하는 목적을 가지고 있다.

(Ⅲ) 사안의 해결

의제제도의 취지는 원스톱행정을 위한 신속한 행정처리에 있으나, 이러한 경우에도 의제되는 내용요건을 모두 갖춘 경우에 가능하다고 볼 것이다. 만약 의제되는 인허가의 실체상 요건이 충족되지 않았음에도 의제효과를 인정한다면 의제되는 인허가 제도의 취지에 반하는 결과가 도출될 수도 있기 때문이다. 따라서 국토교통부장관은 산지전용허가요건을 완비하지 못한 경우에는 실시계획 신청을 거부하여야 할 것이다.

⊕ (설문 2)의 해결

(Ⅰ) 쟁점의 정리

의제되는 산지전용허가를 대상으로 소송을 제기할 수 있는지와 인근주민 을에게 산지전용허가의 취소를 구할 법률상 이익이 인정되는지를 검토한다.

(Ⅱ) 산지전용허가의 대상적격 인정 여부

1. 견해의 대립

(1) 부정설

부정설은 의제되는 인허가는 의제되는 것에 불과하여 신청된 인허가(주된 인허가)의 인용처분만 있고, 의제되는 인·허가의 인용처분은 실제로는 존재하지 않는다고 본다.

(2) 긍정설

인허가가 의제된다는 것은 실제로는 인허가를 받지는 않았지만, 법적으로는 인허가를 받은 것으로 본다는 것이므로 의제되는 인허가가 실재하는 것으로 본다.

2. 판례

주된 인허가(창업사업계획승인)로 의제된 인허가(산지전용허가)는 통상적인 인허가와 동일한 효력을 가지므로, 의제된 인허가의 취소나 철회가 허용된다. 그리고, 의제된 인허가의 직권취소나 철회는 항고소송의 대상이 되는 처분에 해당한다고 본다(대판 2018.7.12, 2017두48734).

3. 검토 및 사안의 경우

현재의 인 · 허가의제제도는 실체집중을 부정하고 의제되는 인허가를 법률상 의제하고 있으므로 의제되는 인허가가 법률상 실재하는 것으로 보는 것이 타당하다. 따라서 산지전용허가의 대상적격이 인정된다.

Ⅲ 인근주민 을의 원고적격 인정 여부

1. 원고적격의 의의(행정소송법 제12조) 및 취지

원고적격이란 본안판결을 받을 수 있는 자격으로, 행정소송법 제12조에서는 취소소송은 처분 등의 취소를 구할 법률상 이익있는 자가 제기할 수 있다고 규정하여 남소방지를 도모한다.

2. 법률상 이익의 의미

(1) 학설

① 취소소송의 본질은 침해된 권리회복이라는 권리구제설, ② 근거법상 보호되는 이익구제인 법률상 보호이익설, ③ 소송법상 보호가치 있는 이익구제라는 견해, ④ 행정의 적법성 통제라는 적법성 보장설의 견해가 있다.

(2) 판례

해당 처분의 근거, 관련법규에 의해 보호되는 개별적, 직접적, 구체적인 이익을 의미하며, 사실상이며 간접적인 이익은 법률상 보호이익이 아니라고 한다.

(3) 검토

취소소송을 주관적, 형성소송으로 보면 법률상 보호이익설이 타당하다.

3. 법률의 범위

근거 법률은 물론 관련법규까지 포함하는 견해와, 헌법상 기본권 및 민법상 일반원칙까지 포함하는 견해가 있다. 대법원은 관계법규와 절차법규정의 취지도 고려하는 등 보호규범의 범위를 확대하는 경향을 보이고 있으며, 헌법재판소는 헌법상 기본권인 경쟁의 자유를 고려한바 있다.

4. 사안의 경우

관련규정인 산지관리법 제1조에서는 산지를 합리적으로 보전하고 이용하여 국민경제의 발전과 환경보전에 이바지함을 목적으로 하고 있으며 제37조에 따라 이러한 위해방지에 필요한 조치를 하게 할 수 있다. 이러한 규정은 토사유출 및 산사태로부터 인근주민을 보호하려는 사익보호가 내재된 것으로 볼 수 있으므로 원고적격이 인정된다.

Ⅳ 사안의 해결

의제되는 산지전용허가는 실재하는 것으로 보며, 산지관리법상 규정해석을 통하여 인근주민 을에 대한 법률상 보호이익이 인정되므로 을은 산지전용허가에 대한 취소소송을 제기할 수 있을 것이다.

⊕ (설문 3)의 해결

Ⅰ 쟁점의 정리

관할 행정청의 조치명령을 이행하지 않아서 형사법원에 기소된 경우 조치명령의 위법을 이유로 자신의 무죄를 주장할 수 있는지 검토한다.

Ⅱ 조치명령의 위법성 검토

1. 처분의 이유제시[행정절차법 제23조]

이유제시란 행정청이 처분을 하는 경우에 그 근거와 이유를 제시함을 말하고 모든 처분을 대상으로 한다. ① 당사자의 신청대로 인정하는 경우, ② 단순반복 및 경미한 처분으로 당사자가 그 이유를 명백히 아는 경우, ③ 긴급을 요하는 경우를 제외하고는 반드시 거쳐야 하는 필수적 절차이다.

2. 이유제시의 정도와 하자

판례는 '처분의 근거와 이유를 상대방이 이해할 수 있을 정도로 구체적으로 서면으로 하되, 이를 전혀 안하거나 구체적이지 않은 경우 위법하게 된다.'고 한다.

3. 절차하자의 독자성 인정 여부

내용상 하자만큼 절차적 적법성을 지키는 것이 필요하며, 현행 행정소송법 제30조 제3항에서 절차하자로 인한 취소의 경우에도 기속력을 준용하고 있으므로 독자적 위법사유가 된다고 보는 것이 다수와 판례의 태도이다.

4. 사안의 경우

설문상 이유제시를 생략할만한 사유가 보이지 않으며, 처분서에 충분히 알 수 있도록 처분의 사유와 근거가 구체적으로 명시되지는 않았으므로 절차상 하자가 인정된다.

Ⅲ 형사법원과 선결문제

1. 선결문제의 의의

선결문제란 처분 등의 효력 유무 또는 위법 유무가 판결의 전제가 되는 문제이다. 공정력은 행정행위의 상대방에 대한 구속력이며 제3자에 대한 구속력은 구성요건적 효력으로 봄이 타당하므로 이하에서는 선결문제를 구성요건적 효력과 관련하여 해결한다.

2. 형사사건과 선결문제

(1) 행정행위의 효력 유무가 쟁점인 경우

위법성이 무효인 경우에는 이의 효력을 부인할 수 있으나, 취소사유인 경우 문제된다.

1) 학설 및 판례의 태도

① 다수설은 구성요건적 효력으로 인해 효력을 부인할 수 없다고 하나, 일설은 인권보장을 고려하여 효력부인이 가능하다고 본다. ② 판례는 미성년자라서 결격자인 피고인의 운전면허는 취소가 되지 않는 한 유효하다고 하여 부정설의 입장이다.

2) 검토

명문의 규정이 없는 한 인권보장을 위하여 행정행위의 효력을 부인하고 범죄의 성립을 부인할 수 있는 것으로 보는 것이 타당하다.

(2) 행정행위의 위법 여부가 쟁점인 경우

1) 학설 및 판례의 태도

① 구성요건적 효력은 행정행위의 적법성 추정력을 의미하므로 위법 여부를 확인할 수 없다는 부정설과 이는 유효성 통용력을 의미하므로 위법성을 확인할 수 있다는 긍정설이 있다. ② 판례는 토지의 형질변경한 자도 아닌 자에 대한 원상복구의 시정명령은 위법하다고 하여 긍정설의 입장이다(대판 1992.8.18, 90도1709).

2) 검토

국민의 권리구제 측면에서 행정행위의 위법성을 확인하는 것은 행정행위의 효력을 부인하는 것은 아니므로 구성요건적 효력에 반하지 않는다고 보는 것이 타당하다.

3. 사안의 경우

형사법원이 행정행위의 위법성을 확인하는 것은 구성요건적 효력에 반하지 않으므로 행정처분의 위법 여부를 판단할 수 있다.

Ⅳ 사안의 해결

조치명령은 이유제시 위반의 절차상 하자가 인정되며 형사법원은 행정처분의 위법성을 확인할 수 있으므로 한국수자원공사는 무죄를 주장할 수 있다.

부관, 철회와 취소 및 하자승계 등 핵심사례

CHAPTER
01

부관의 효력

01 부관의 효력

사례 1

택지조성사업에 대한 사업인정을 하면서 그 택지조성사업과는 무관한 토지를 기부채납하도록 하는 부관을 부가한 경우 해당 부관(조건)의 효력은? 20점 ▶ 제23회 입법고시

Ⅰ 쟁점의 정리	2. 부관의 내용적 한계
Ⅱ 관련된 행정행위의 법적 성질	(1) 부당결부금지원칙의 의의 및 근거
1. 사업인정의 법적 성질	(2) 성립요건 및 효과
2. 기부채납의 법적 성질	(3) 사안의 경우
(1) 강학상 부관인지	Ⅳ 해당 부관의 위법성의 정도
(2) 강학상 조건인지 부담인지 여부	1. 문제점
1) 구별기준	2. 무효와 취소의 구별기준
2) 사안의 경우	3. 사안의 경우
Ⅲ 기부채납부관의 위법 여부	Ⅴ 사안의 해결
1. 부관의 부착 가능성	

제23회 입법고시

주택사업계획승인처분을 하면서 그 주택사업과는 무관한 토지를 기부채납하도록 하는 부관을 부가한 경우 해당 부관의 효력은?

응용
쟁점

제23회 입법고시에서는 기부채납부관의 효력과 관련하여 ① 조건과 부담의 구별, ② 부당결부금지원칙, ③ 무효와 취소의 구별기준을 물어보았습니다.

따라서 토지보상법상 사업인정을 하면서 사업인정과 무관한 부관이 부착된 경우에 상기의 ①, ②, ③을 순차적으로 검토하여 해당 부관의 효력을 판단하면 될 것입니다.

Ⅰ 쟁점의 정리

해당 부관의 효력여부와 관련하여 사업인정이 재량행위라면 명문의 규정이 없다 하더라도 부관을 부과할 수 있는지를 검토하고, 명문의 규정 없이도 부관을 부과할 수 있는 경우라면, 해당 부관이 부당결부금지의 원칙에 위반하는지 여부에 대해 살펴보고 이에 위반된다면 해당 부관이 취소사유 인지 당연무효사유인지 판단한다.

Ⅱ 관련된 행정행위의 법적 성질

1. 사업인정의 법적 성질

사업인정이란 공익사업을 토지 등을 수용 또는 사용할 사업으로 결정하는 것을 말하며(제2조 제7호), 토지보상법 제20조의 규정상 '…받아야 한다.'라고 하여 불명확하나, 국토교통부장관이 사업인정시에 이해관계의 의견청취를 거치고 사업과 관련된 제 이익과의 형량을 거치는바 재량행위이다.

2. 기부채납의 법적 성질

(1) 강학상 부관인지

부관은 주된 행정행위의 효과를 제한, 보충하기 위하여 주된 의사표시에 부가된 종된 규율을 말한다. 해당 기부채납조건은 주된 행정행위인 택지조성사업인정에 부가된 종된 규율로서 강학상 부관에 해당한다.

(2) 강학상 조건인지 부담인지 여부

1) 구별기준

조건부 행정행위는 일정한 사실의 성취가 있어야(정지조건의 경우) 효력이 발생하는 반면, 부담부 행정행위는 처음부터 효력이 발생된다는 점에서 양자를 구별할 수 있다.

2) 사안의 경우

설문에서는 사업인정을 "하면서" 기부채납부관을 부과하고 있으므로 부관의 이행과 상관없이 주된 행정행위인 사업인정의 효력이 발생하고 있다. 따라서 기부채납조건은 강학상 부담에 해당한다.

Ⅲ 기부채납부관의 위법 여부

1. 부관의 부착 가능성

재량행위에는 부관을 붙일 수 있다는 것이 통설과 판례의 입장이며, 사업인정은 강학상 특허로서 재량행위이므로 부관의 부착과 관련된 위법성은 없는 것으로 보인다.

2. 부관의 내용적 한계

(1) 부당결부금지원칙의 의의 및 근거

부당결부금지의 원칙은 행정기관이 행정작용을 함에 있어서 그것과 실질적 관련성이 없는 상대방의 반대급부와 결부시켜서는 안 된다는 원칙을 말한다. 헌법상 법치국가의 원리와 자의금지의 원칙을 근거로 하며 행정기본법 제17조에서 이를 규정하고 있다.

(2) 성립요건 및 효과

행정작용은 그와 결부된 반대급부와 실질적 관련성을 맺고 있어야 하는 바, 만약 행정작용과 반대급부 사이에 직접적인 인과관계가 없거나(원인적 관련성의 결여), 행정작용과 반대급부가 특정한 행정목적의 추구에 있어서 관련성을 갖고 있지 않다면(목적적 관련성) 그 반대급부는 부당결부금지의 원칙에 반하게 되어 위법하게 된다.

(3) 사안의 경우

설문에서는 택지조성사업의 사업인정을 하기 위하여 해당 토지를 기부해야 할 필요성이 인정되지도 않고, 기부채납이 택지조성사업의 목적에 부합하는 것도 아니라고 판단된다. 따라서 해당 부담은 부당결부금지의 원칙에 반하여 위법하다고 본다.

Ⅳ 해당 부관의 위법성의 정도

1. 문제점

해당 부관은 부당결부금지의 원칙에 반하여 위법하나, 권한 있는 기관에 의해 취소되기 전이므로 위법의 정도에 따라 해당 부관의 효력이 정해진다고 볼 수 있다.

2. 무효와 취소의 구별기준

중대설, 중대명백설, 명백성보충요건설, 구체적 가치형량설 등이 제기되고 있으나, 국민의 권리구제의 요청과 법적 안정성의 요청을 조화롭게 해결하기 위해서 하자의 중대성과 명백성을 함께 요구하는 중대명백설(판례)이 타당하다고 생각된다.

3. 사안의 경우

택지조성사업에 대한 사업인정의 발령과 무관한 기부채납을 부과하도록 하는 것은 부당결부금지의 원칙이라는 중대한 법규위반이지만, 일반인의 관점에서 그러한 하자가 있는지를 명백하게 알기 어려우므로 취소사유로 판단된다.

Ⅴ 사안의 해결

해당 부관의 위법성의 정도가 취소사유이므로 정당한 권한이 있는 기관에 의하여 취소되기 전까지는 유효할 것이나, 해당 기부채납의 위법성을 무효사유로 본다면 해당 부관의 효력은 인정되지 않을 것이다.

🔺 사례 2

택지조성사업을 하고자 하는 사업시행자 甲은 국토교통부장관에게 사업인정을 신청하였다. 甲의 사업인정신청에 대해 국토교통부장관은 택지조성사업 면적의 50%를 택지 이외의 다른 목적을 가진 공공용지로 조성하여 기부채납할 것을 조건으로 사업인정을 하였다. 이에 甲은 해당 부관의 내용이 너무 과다하여 수익성을 도저히 맞출 수 없다고 판단하고 취소소송을 제기하려 한다. 어떠한 해결가능성이 존재하는지 검토하시오. **40점**

Ⅰ 쟁점의 정리	Ⅳ 기부채납조건만의 독립가쟁성(및 소송의 형태)
Ⅱ 관련 행정작용의 검토	1. 문제점
1. 사업인정의 법적 성질	2. 학설
2. 기부채납조건의 법적 성질	3. 판례
(1) 부관의 의의 및 종류	4. 검토
(2) 기부채납조건의 법적 성질	5. 사안의 경우
Ⅲ 해당 부관의 위법성과 그 정도	Ⅴ 기부채납조건만의 독립취소 가능성(재량행위에 대한 부관의 독립취소 가능성)
1. 위법성 판단	1. 학설
(1) 부관의 부착가능성	(1) 부정설
(2) 부당결부금지원칙 위반 여부	(2) 긍정설
1) 부당결부금지원칙의 의의	(3) 제한적 긍정설
2) 사안의 경우	2. 판례
2. 위법성 정도	3. 검토
(1) 위법성 판단기준	4. 사안의 경우
(2) 사안의 경우	Ⅵ 사안의 해결

Ⅰ 쟁점의 정리

갑은 해당 부관의 내용이 너무 과다하여 수익성을 맞출 수 없다고 판단하고 있다. 따라서 해당 부관의 법적 성질이 부담인지를 살펴보고, 부담이라면 택지조성사업의 사업인정 효력은 남겨두고 기부채납의 부담만을 독립적으로 취소할 수 있는지 검토하여 설문을 해결한다.

Ⅱ 관련 행정작용의 검토

1. 사업인정의 법적 성질

사업인정이란 공익사업을 토지 등을 수용 또는 사용할 사업으로 결정하는 것을 말하며(토지보상법 제2조 제7호), 국토교통부장관이 사업과 관련된 제 이익과의 형량을 거쳐 수용권을 설정하는 재량행위이다(판례동지).

2. 기부채납조건의 법적 성질

(1) 부관의 의의 및 종류

부관이란 행정청의 주된 행정행위의 효과를 제한하거나 의무를 부과하기 위해 부가되는 종된 규율을 부관이라고 하며, ① 행정행위의 효력발생, 소멸 여부를 불확실한 사실의 발생에 결부시키는 조건, ② 행정행위의 효력발생 여부와는 관계없이 사인에게 작위·부작위·급부·수인 의무를 부과하는 부담, ③ 그 외에도 기한, 철회권 유보 등이 있다.

(2) 기부채납조건의 법적 성질

기부채납조건의 성취 여부와 관계없이 해당 행정행위인 사업인정의 효력이 발생하는 바, 기부채납조건은 부담의 성질을 갖는 것으로 볼 수 있다.

Ⅲ 해당 부관의 위법성과 그 정도

1. 위법성 판단

(1) 부관의 부착가능성

종래 기속행위에는 불가능하고 재량행위에는 가능하다는 견해가 지배적이었으나 최근에는 기속행위라도 요건충족적 부관이 가능하고 재량행위이더라도 귀화허가와 같이 부관부착이 금지되는 경우가 있을 수 있으므로 개별적, 구체적으로 검토해야 한다. 행정기본법 제17조에서는 재량이 있는 경우에는 부관의 부착이 가능하고 재량이 없는 경우에는 법률의 근거가 있어야 한다고 규정하고 있다. 사업인정은 재량행위인바 부관의 부착이 가능하다.

(2) 부당결부금지원칙 위반 여부

1) 부당결부금지원칙의 의의(행정기본법 제13조)

부당결부금지의 원칙이라 함은 행정기관이 행정권을 행사함에 있어서 그것과 실질적인 관련이 없는 반대급부를 결부시켜서는 안 된다는 원칙을 말한다.

2) 사안의 경우

설문에서는 택지조성사업을 이유로 부관을 부착하여, 원칙적 관련성은 인정되나 택지 이외의 다른 목적을 가진 공공용지로의 조성을 목적으로 하는 바, 목적적 관련성이 인정되지 않는다. 따라서 동 기부채납조건은 부당결부금지의 원칙에 반하는 것으로 볼 수 있다.

2. 위법성 정도

(1) 위법성 판단기준

통설·판례는 행정행위의 하자가 내용상 중대하고, 외관상 명백한 경우에 무효인 하자가 되고, 이 두 요건 중 하나라도 충족하지 않는 경우에는 취소사유로 보는 중대명백설(또는 외관상 일견명백설)을 취하고 있다.

(2) 사안의 경우

설문상 기부채납조건은 해당 사업과 무관한 것이 외관상 명백하나, 택지조성사업의 사업인정의 실체적 내용을 구성하는 요건으로 보이지는 않는다. 따라서 취소사유로 판단된다.

Ⅳ 기부채납조건만의 독립가쟁성(및 소송의 형태)

1. 문제점

부관은 본 행정행위에 부과된 종된 규율이므로, 본 행정행위와 별도로 독립하여 소의 대상이 되는지에 대해 견해의 대립이 있다.

2. 학설

① 부담은 독립된 처분성이 있으므로 진정일부취소소송으로 다투고 기타 부관은 그것만의 취소를 구하는 소송은 인정할 수 없다는 견해, ② 부관의 분리가능성은 본안의 문제이므로 모든 부관이 독립하여 취소쟁송의 대상이 된다고 보는 견해가 있다. 부담은 진정 또는 부진정일부취소소송으로 부담 이외의 부관은 부진정일부취소소송이 가능하다고 본다. ③ 분리가능성을 기준으로 분리가능한 부담은 진정일부취소소송으로(부진정일부취소도 가능), 분리가능한 기타 부관은 부진정일부취소소송만이 가능하다고 보는 견해가 있다.

3. 판례

대법원은 부담만은 진정일부취소소송으로 다툴 수 있도록 하되 기타 부관에 대해서는 전체취소소송으로 다툴 수밖에 없다는 입장이다.

4. 검토

생각건대 판례의 태도는 기타 부관에 대한 권리구제에 너무나 취약하고, 분리가능성을 기준으로 판단하는 것은 본안문제를 선취하는 결과를 갖는 문제점이 있다. 따라서 부담은 독립된 처분성으로 진정일부취소소송으로 다투고, 기타 부관은 부진정일부취소소송을 인정하는 견해가 타당하다.

5. 사안의 경우

설문의 기부채납조건은 부담이므로 기부채납조건만의 독자적인 대상성이 인정된다. 따라서 진정일부취소소송의 형태로 부담만의 취소소송을 제기할 수 있을 것이다.

Ⅴ 기부채납조건만의 독립취소 가능성(재량행위에 대한 부관의 독립취소 가능성)

1. 학설

(1) 부정설

부관만의 취소를 인정하는 것은 부관이 없었더라면 행정청은 행정행위를 하지 않았을 것이라고 해석되므로 부관만의 취소는 인정될 수 없다는 견해가 있다(김동희).

(2) 긍정설

부관만이 취소되면 주된 행정행위가 위법하게 되는 경우 처분청은 주된 행정행위를 직권으로 취소하거나 적법한 부관을 다시 부가하여 부관부행정행위 전체를 적법하게 할 수 있으므로 모든 부관에 있어 부관이 위법한 경우에는 부관만의 취소가 가능하다고 본다.

(3) 제한적 긍정설

부관이 주된 행정행위의 본질적 부분인지(행정청이 부관 없이는 해당 행정행위를 하지 않았을 것이라고 해석되는지) 여부에 따라서 재량행위에 대한 부관의 독립취소가능 여부를 판단하여야 한다는 견해이다.

2. 판례

판례는 부관이 본질적인 부분인 경우 독립쟁송가능성 자체를 인정하지 않으므로 독립취소 가능성의 문제는 제기되지 않는다. 판례에 의하면 독립쟁송가능성이 인정되는 경우(부담의 경우) 항상 독립취소가 가능하다.

3. 검토

국민의 권익구제와 행정목적의 실현을 적절히 조절하는 제한적 긍정설이 타당하다. 부관이 본질적임에도 부관만의 취소를 인정하는 것은 행정청의 의사에 반하여 부관 없는 행정행위를 강요하는 것이 되므로 긍정설은 타당하지 않다.

4. 사안의 경우

설문상 기부채납조건은 해당 행정행위인 택지조성 사업인정과 목적을 달리하고 있다. 따라서 기부채납조건은 사업인정의 본질적인 부분을 구성한다고 보기 어려우므로 이에 대한 독립취소가 가능할 것으로 판단된다.

Ⅵ 사안의 해결

국토교통부장관이 택지조성사업에 부착한 기부채납조건은 부관 중 부담에 해당하며, 이는 택지 이외의 목적을 갖고 있으므로 부당결부금지의 원칙에 반하는 것으로 볼 수 있다. 따라서 갑은 부담만을 독자적인 소의 대상으로 하여 취소소송을 제기하고 이에 대한 인용판결을 받을 수 있을 것이다.

🔖 **사례 3**

국토교통부장관은 친환경 자원 재생사업에 대한 사업인정을 하면서 사업기간을 1년으로 하고 월 100만원의 환경자원부담금을 납부할 것을 부관으로 붙였다. 이에 관한 다음 물음에 답하시오.

(1) 갑은 사업인정에 붙여진 부관 부분에 대해 다투고자 하는 경우에 부관만을 독립하여 행정소송의 대상으로 할 수 있는가? [10점]

(2) 부관을 다투는 소송에서 본안심리의 결과 부관이 위법하다고 인정되는 경우에 법원은 독립하여 부관만을 취소하는 판결을 내릴 수 있는가? [10점]

(3) 국토교통부장관은 갑에 대하여 위 부관부 사업인정을 한 후에 추가로 재생사업 운영시간을 16시부터 22시까지 제한하는 부관을 붙일 수 있는가? [10점]

(설문 1)의 해결

Ⅰ 쟁점의 정리

Ⅱ 독립쟁송가능성과 쟁송형식
  1. 학설
    (1) 부담만 가능하다는 견해
    (2) 모든 부관이 가능하다는 견해
    (3) 분리가능한 부관만 가능하다는 견해
  2. 판례
  3. 검토

Ⅲ 사안의 해결

(설문 2)의 해결

Ⅰ 쟁점의 정리

Ⅱ 부관만의 독립취소 가능성
  1. 기속행위에 대한 부관의 독립취소 가능성
  2. 재량행위에 대한 부관의 독립취소 가능성

  (1) 학설
    1) 부정설
    2) 긍정설
    3) 제한적 긍정설
  (2) 판례
  (3) 검토

Ⅲ 사안의 해결

(설문 3)의 해결

Ⅰ 쟁점의 정리

Ⅱ 사후부관의 가능성(행정기본법 제17조 제3항)
  1. 관련규정(행정기본법 제17조 제3항)
  2. 판례
  3. 검토

Ⅲ 사안의 해결

⊕ **(설문 1)의 해결**

Ⅰ 쟁점의 정리

부관이란 행정청의 주된 행정행위의 효과를 제한하거나 의무(요건충족 등)를 부과하기 위해 부가되는 종된 규율을 말한다. 만약 부관이 위법한 경우라면 당사자의 입장에서는 주된 행위의 효력은 향유하되 위법한 부관만의 취소를 구하려고 할 것인데, 부관만을 독립하여 행정소송의 대상으로 할 수 있는지가 대상적격과 관련하여 문제된다.

Ⅱ 독립쟁송가능성과 쟁송형식

1. 학설

(1) 부담만 가능하다는 견해

부담은 독립된 처분성이 있으므로 진정(또는 부진정)일부취소소송으로 다투고 기타 부관은 그것만의 취소를 구하는 소송은 인정할 수 없다는 견해이다.

(2) 모든 부관이 가능하다는 견해

부관의 분리가능성은 본안의 문제이므로 모든 부관이 독립하여 취소쟁송의 대상이 된다고 보는 견해가 있다. 부담은 진정 또는 부진정 일부취소소송으로 부담 이외의 부관은 부진정일부취소소송이 가능하다고 본다.

(3) 분리가능한 부관만 가능하다는 견해

분리가능성을 기준으로 분리가능한 부관은 진정(또는 부진정)일부취소소송으로, 분리가능한 기타 부관은 부진정일부취소소송만이 가능하다고 보는 견해가 있다.

2. 판례

대법원은 부담만은 진정일부취소소송으로 다툴 수 있도록 하되 기타 부관에 대해서는 전체취소소송으로 다툴 수밖에 없다는 입장이다. 즉, 판례는 부관이 위법한 경우 신청인이 부관부 행정행위의 변경을 청구하고, 행정청이 이를 거부한 경우 동 거부처분의 취소를 구하는 소송을 제기할 수 있는 것으로 본다.

3. 검토

생각건대 판례의 태도는 기타 부관에 대한 권리구제에 너무나 취약하고, 분리가능성을 기준으로 판단하는 것은 본안문제를 선취하는 결과를 갖는 문제점이 있다. 따라서 부담은 독립된 처분성으로 진정(또는 부진정)일부취소소송으로 다투고, 기타 부관은 부진정일부취소소송을 인정하는 견해가 타당하다.

Ⅲ 사안의 해결

설문상 "1년의 기간"은 기한이므로 부진정일부취소소송의 형태로, "월 100만원의 부담금"은 부담이므로 진정(또는 부진정)일부취소소송의 형태로 부관만의 취소를 구할 수 있을 것이다. 다만, 판례의 태도에 따를 경우 기한에 대하여는 부관부 행위 전체취소를 구하거나, 부관없는 행위의 신청을 한후, 행정청이 이를 거부하는 경우 거부처분을 대상으로 소를 제기하는 방법을 취하여야 할 것이다.

⊕ (설문 2)의 해결

Ⅰ 쟁점의 정리

부관이란 행정청의 주된 행정행위의 효과를 제한하거나 의무(요건 충족 등)를 부과하기 위해 부가되는 종된 규율이므로, 이러한 부관을 독립하여 취소하게 되면 주된 행위의 내용에 영향을 미치게 되는 것으로 볼 수 있다. 이와 관련하여 부관만을 독립하여 취소할 수 있는지를 검토한다.

Ⅱ 부관만의 독립취소 가능성

1. 기속행위에 대한 부관의 독립취소 가능성

① 상대방의 신청이 행위의 요건을 충족함에도 법령의 명시적 근거 없이 행위의 효과를 제한하는 부관을 붙이는 것은 위법한 것이므로 부관만을 취소할 수 있으며, ② 법률요건충족적 부관의 경우는 부관만을 취소한다면 요건이 충족되지 않은 신청에 대하여 행정처분을 해 주는 결과를 가져오기 때문에 부관만의 취소는 인정될 수 없다(이견 있음).

2. 재량행위에 대한 부관의 독립취소 가능성

(1) 학설

1) 부정설

부관만의 취소를 인정하는 것은 부관이 없었더라면 행정청은 행정행위를 하지 않았을 것이라고 해석되므로 부관만의 취소는 인정될 수 없다는 견해가 있다(김동희).

2) 긍정설

부관만이 취소되면 주된 행정행위가 위법하게 되는 경우 처분청은 주된 행정행위를 직권으로 취소하거나 적법한 부관을 다시 부가하여 부관부 행정행위 전체를 적법하게 할 수 있으므로 모든 부관에 있어 부관이 위법한 경우에는 부관만의 취소가 가능하다고 본다.

3) 제한적 긍정설

부관이 주된 행정행위의 본질적 부분인지(행정청이 부관 없이는 해당 행정행위를 하지 않았을 것이라고 해석되는지) 여부에 따라서 재량행위에 대한 부관의 독립취소가능 여부를 판단하여야 한다는 견해이다.

(2) 판례

판례는 부관이 본질적인 부분인 경우 독립쟁송가능성 자체를 인정하지 않으므로 독립취소 가능성의 문제는 제기되지 않는다. 판례에 의하면 독립쟁송가능성이 인정되는 경우(부담의 경우) 항상 독립취소가 가능하다.

(3) 검토

국민의 권익구제와 행정목적의 실현을 적절히 조절하는 제한적 긍정설이 타당하다. 부관이 본질적임에도 부관만의 취소를 인정하는 것은 행정청의 의사에 반하여 부관 없는 행정행위를 강요하는 것이 되므로 긍정설은 타당하지 않다.

Ⅲ 사안의 해결

친환경 자원 재생사업은 재생사업이 사회에 기여하는 공익성 등을 고려하여 그 가부를 결정하여야 할 것이며, 사업기간을 1년으로 제한하거나 월 100만원의 부담금을 납부시키는 것은 재생사업의 본질적인 내용을 구성하는 것으로는 보이지 않는다. 따라서 법원은 독립하여 부관만을 취소하는 판결을 내릴 수 있을 것이다.

⊕ (설문 3)의 해결

Ⅰ 쟁점의 정리

사후부관이란 행정행위를 한 후에 발하는 부관을 말한다. 부관은 주된 행위에 부가되어 발령되는 부종성의 성질을 갖는데, 이러한 부종성과 관련하여 사후부관이 가능한지가 문제된다.

Ⅱ 사후부관의 가능성(행정기본법 제17조 제3항)

1. 관련규정(행정기본법 제17조 제3항)

사후부관이라 함은 행정행위를 한 후에 발하는 부관을 말한다.

행정청은 부관을 붙일 수 있는 처분이 ① 법률에 근거가 있는 경우, ② 당사자의 동의가 있는 경우, ③ 사정이 변경되어 부관을 새로 붙이거나 종전의 부관을 변경하지 아니하면 해당 처분의 목적을 달성할 수 없다고 인정되는 경우에는 그 처분을 한 후에도 부관을 새로 붙이거나 종전의 부관을 변경할 수 있다.

2. 판례

대법원은 법령의 근거, 유보, 상대방의 동의 외에도 사정변경이 있는 경우까지 폭넓게 사후부관의 가능성을 인정하고 있다.

3. 검토

행정기본법에서는 법률에 근거가 있는 경우, 당사자의 동의가 있는 경우, 사정변경을 사후부관사유로 규정하고 있으므로 사후부관은 가능하다.

Ⅲ 사안의 해결

부관이 주된 행위의 효력을 제한하거나, 요건을 충족시키기 위한 목적을 갖고 있는 점을 고려할 때, 사정변경 등의 사유로 사후부관도 가능하다고 보아야 할 것이다. 만약 이러한 사후부관의 내용이 행정법의 일반원칙 등에 반하는 경우라면 당사자는 부관만의 독립적인 취소소송을 제기하여 취소판결을 받을 수 있을 것이다(본질적 내용이 아닌 경우).

> ⊃ 행정기본법 제17조(부관)
> ① 행정청은 처분에 재량이 있는 경우에는 부관(조건, 기한, 부담, 철회권의 유보 등을 말한다. 이하 이 조에서 같다)을 붙일 수 있다.
> ② 행정청은 처분에 재량이 없는 경우에는 법률에 근거가 있는 경우에 부관을 붙일 수 있다.
> ③ 행정청은 부관을 붙일 수 있는 처분이 다음 각 호의 어느 하나에 해당하는 경우에는 그 처분을 한 후에도 부관을 새로 붙이거나 종전의 부관을 변경할 수 있다.
>   1. 법률에 근거가 있는 경우
>   2. 당사자의 동의가 있는 경우
>   3. 사정이 변경되어 부관을 새로 붙이거나 종전의 부관을 변경하지 아니하면 해당 처분의 목적을 달성할 수 없다고 인정되는 경우
> ④ 부관은 다음 각 호의 요건에 적합하여야 한다.
>   1. 해당 처분의 목적에 위배되지 아니할 것
>   2. 해당 처분과 실질적인 관련이 있을 것
>   3. 해당 처분의 목적을 달성하기 위하여 필요한 최소한의 범위일 것

▲ 사례 4

주택건설사업을 시행하려는 갑은 주택법 제15조에 정하여진 사업계획승인을 받기 위하여 승인권자인 서울특별시장에게 관련 서류를 모두 구비하여 주택건설사업에 대한 사업계획승인 신청을 하였다. 서울특별시장은 "① 사업대상의 토지에 접하고 있는 갑 소유의 토지인 공원용지 약 13,686평, ② 사업대상의 토지에서 멀리 떨어진 갑 소유의 토지 약 50평을 사업계획에 따른 주택건설공사의 준공 전까지 기부채납할 것"을 조건으로 하여 위 사업계획을 승인하였다.

(1) 사업계획승인의 법적 성질을 설명하시오. 5점

(2) 갑은 기부채납에 대해서 취소소송을 제기하였다. 이러한 소송은 적법한가? 만약 적법하다면 법원은 기부채납을 취소할 수 있는가? 35점

(3) 갑은 기부채납에 대해 취소소송을 제기하면서 집행정지신청을 하였다. 이는 인용될 수 있는가? 10점

주택법 제15조(사업계획의 승인)

① 대통령령으로 정하는 호수 이상의 주택건설사업을 시행하려는 자 또는 대통령령으로 정하는 면적 이상의 대지조성사업을 시행하려는 자는 다음 각 호의 사업계획승인권자(이하 "사업계획승인권자"라 한다. 국가 및 한국토지주택공사가 시행하는 경우와 대통령령으로 정하는 경우에는 국토교통부장관을 말하며, 이하 이 조, 제16조부터 제19조까지 및 제21조에서 같다)에게 사업계획승인을 받아야 한다. 다만, 주택 외의 시설과 주택을 동일 건축물로 건축하는 경우 등 대통령령으로 정하는 경우에는 그러하지 아니하다.

1. 주택건설사업 또는 대지조성사업으로서 해당 대지면적이 10만제곱미터 이상인 경우 : 특별시장·광역시장·특별자치시장·도지사 또는 특별자치도지사(이하 "시·도지사"라 한다) 또는 「지방자치법」 제198조에 따라 서울특별시·광역시 및 특별자치시를 제외한 인구 50만 이상의 대도시(이하 "대도시"라 한다)의 시장

2. 주택건설사업 또는 대지조성사업으로서 해당 대지면적이 10만제곱미터 미만인 경우 : 특별시장·광역시장·특별자치시장·특별자치도지사 또는 시장·군수

④ 제1항 또는 제3항에 따라 승인받은 사업계획을 변경하려면 사업계획승인권자로부터 변경승인을 받아야한다. 다만, 국토교통부령으로 정하는 경미한 사항을 변경하는 경우에는 그러하지 아니하다.

⑤ 제1항 또는 제3항의 사업계획은 쾌적하고 문화적인 주거생활을 하는 데에 적합하도록 수립되어야 하며, 그 사업계획에는 부대시설 및 복리시설의 설치에 관한 계획 등이 포함되어야 한다.

주택법 제17조(기반시설의 기부채납)

① 사업계획승인권자는 제15조 제1항 또는 제3항에 따라 사업계획을 승인할 때 사업주체가 제출하는 사업계획에 해당 주택건설사업 또는 대지조성사업과 직접적으로 관련이 없거나 과도한 기반시설의 기부채납(寄附採納)을 요구하여서는 아니 된다.

주택법 제27조(「공익사업을 위한 토지 등의 취득 및 보상에 관한 법률」의 준용)

① 제18조 제2항에 따라 토지 등을 수용하거나 사용하는 경우 이 법에 규정된 것 외에는 「공익사업을 위한 토지 등의 취득 및 보상에 관한 법률」을 준용한다.

② 제1항에 따라「공익사업을 위한 토지 등의 취득 및 보상에 관한 법률」을 준용하는 경우에는 "「공익사업을 위한 토지 등의 취득 및 보상에 관한 법률」 제20조 제1항에 따른 사업인정"을 "제16조에 따른 사업계획승인"으로 본다. 다만, 재결신청은「공익사업을 위한 토지 등의 취득 및 보상에 관한 법률」 제23조 제1항 및 제28조 제1항에도 불구하고 사업계획승인을 받은 주택건설사업 기간 이내에 할 수 있다.

(설문 1)의 해결

Ⅰ 사업계획승인의 의의 및 효력

Ⅱ 사업계획승인의 법적 성질
  1. 기속행위와 재량행위의 구별기준
  2. 사업계획승인의 법적 성질

Ⅲ 관련문제(재량권 일탈·남용)

(설문 2)의 해결

Ⅰ 쟁점의 정리

Ⅱ 기부채납조건의 법적 성질
  1. 부관의 의의 및 종류
  2. 기부채납조건이 부담인지

Ⅲ 기부채납조건만이 소의 대상이 되는지 여부
  (독립쟁송가능성과 쟁송형식)
  1. 부관만의 독립쟁송 가능성과 쟁송형식
    (1) 학설
    (2) 판례
    (3) 검토
  2. 사안의 경우

Ⅳ 기부채납조건만의 독립취소 가능성
  1. 기부채납조건의 위법성 판단
    (1) 부관의 부착 가능성
    (2) 부당결부금지의 원칙 위반 여부
  2. 기부채납에 대한 독립취소 가능성
    (1) 기속행위에 대한 부관의 독립취소 가능성
    (2) 재량행위에 대한 부관의 독립취소 가능성
      1) 학설
      2) 판례
      3) 검토
  3. 사안의 경우

Ⅴ 사안의 해결

(설문 3)의 해결

Ⅰ 쟁점의 정리

Ⅱ 집행정지 신청의 요건
  1. 의의(집행부정지원칙과 예외적인 집행정지)
    및 근거(행정소송법 제23조 제1항 및 제2항)
  2. 요건
  3. 절차 및 효력

Ⅲ 사안의 경우

⊕ (설문 1)의 해결

Ⅰ 사업계획승인의 의의 및 효력

사업계획승인이란 주택건설사업 및 대지조성사업에 대한 사업계획을 사업계획승인권자가 승인해주는 것으로서, 토지보상법상 사업인정의 효력이 발생된다. 다만, 재결신청은 사업계획승인을 받은 주택건설사업 기간 이내에 할 수 있다.

Ⅱ 사업계획승인의 법적 성질

1. 기속행위와 재량행위의 구별기준

기속행위와 재량행위의 구분은 해당 행위의 근거가 된 법규의 체제·형식과 그 문언, 해당 행위가 속하는 행정분야의 주된 목적과 특성, 해당 행위 자체의 개별적 성질과 유형 등을 모두 고려하여 판단하여야 한다(대판 2001.2.9, 98두17593).

2. 사업계획승인의 법적 성질

주택법 제15조에서는 "사업계획승인을 받아야 한다"라고 규정하여 그 문언이 불분명하나 "쾌적하고 문화적인 주거생활에 대한 적합성"의 해석에 판단의 여지가 있을 수 있으므로 재량행위라고 판단된다.

Ⅲ 관련문제[재량권 일탈·남용]

행정청의 재량에 속하는 처분이라도 재량권의 한계를 넘거나 그 남용이 있는 때에는 법원은 이를 취소할 수 있다(행정소송법 제27조).

⊕ (설문 2)의 해결

Ⅰ 쟁점의 정리

설문은 갑이 기부채납을 취소할 수 있는지를 묻고 있다. 설문의 해결을 위해서 기부채납조건이 부관인지와 부관이라면 부담인지를 검토하고, 사업계획승인과 별도로 기부채납조건만의 소를 제기하여 취소할 수 있는지를 살펴본다.

Ⅱ 기부채납조건의 법적 성질

1. 부관의 의의 및 종류

부관이란 행정청의 주된 행정행위의 효과를 제한하거나 의무(요건충족 등)를 부과하기 위해 부가되는 종된 규율을 말한다. 부관에는 행정행위의 효력발생(소멸) 여부를 불확실한 사실의 발생에 결부시키는 조건, 행정행위의 효력발생 여부와는 관계없이 사인에게 작위, 부작위, 급부, 수인의무를 부과하는 부담과 그 외에도 기한, 철회권 유보 등이 있다.

2. 기부채납조건이 부담인지

설문상 "조건"이라는 표현이 사용되었으나, 사업계획승인의 효력의 발생 또는 소멸을 기부채납에
의존하게 하는 것이 아니라 사업계획승인에 부수하여 일정한 토지의 기부를 명하는 급부의무를 부
과하는 것이라 할 것이므로 그 성질상 부담인 부관이라고 판단된다.

Ⅲ 기부채납조건만이 소의 대상이 되는지 여부(독립쟁송가능성과 쟁송형식)

1. 부관만의 독립쟁송 가능성과 쟁송형식

(1) 학설

① 부담은 독립된 처분성이 있으므로 진정(또는 부진정)일부취소소송으로 다투고 기타 부관은
그것만의 취소를 구하는 소송은 인정할 수 없다는 견해(판례), ② 분리가능성을 기준으로 분리
가능한 부담은 진정(또는 부진정)일부취소소송으로, 분리가능한 기타부관은 부진정일부취소소
송만이 가능하다고 보는 견해, ③ 부관의 분리가능성은 본안의 문제이므로 모든 부관이 독립하
여 취소쟁송의 대상이 된다고 보는 견해가 있다. 부담은 진정 또는 부진정일부취소소송으로
부담 이외의 부관은 부진정일부취소소송이 가능하다고 본다.

(2) 판례

대법원은 부담만은 진정일부취소소송으로 다툴 수 있도록 하되 기타부관에 대해서는 전체취소
소송으로 다툴 수밖에 없다는 입장이다. 즉, 판례는 부관이 위법한 경우 신청인이 부관부행정
행위의 변경을 청구하고, 행정청이 이를 거부한 경우 동 거부처분의 취소를 구하는 소송을 제
기할 수 있는 것으로 본다.

(3) 검토

생각건대 판례의 태도는 기타부관에 대한 권리구제에 너무나 취약하고, 분리가능성을 기준으
로 판단하는 것은 본안문제를 선취하는 결과를 갖는 문제점이 있다. 따라서 부담은 독립된 처
분성으로 진정(또는 부진정)일부취소소송으로 다투고, 기타부관은 부진정일부취소소송을 인정
하는 견해가 타당하다.

2. 사안의 경우

설문상 기부채납조건은 부담이므로 어느 견해를 취하더라도 독립하여 소의 대상이 된다고 할 것이다.

Ⅳ 기부채납조건만의 독립취소 가능성

1. 기부채납조건의 위법성 판단

(1) 부관의 부착 가능성

행정기본법 제17조에서는 재량이 있는 경우에는 부관부착이 가능하고 재량이 없는 경우에는 법률의 근거가 있어야 한다고 규정하고 있다. 주택법 제17조 제1항에서는 "해당 사업과 직접적으로 관련이 없거나 과도한 기부채납을 요구하여서는 아니 된다"고 규정하고 있으므로, 부관을 부가할 수 있다.

(2) 부당결부금지의 원칙 위반 여부

부당결부금지의 원칙이라 함은 행정기관이 행정작용을 함에 있어서 그것과 실질적 관련성이 없는 상대방의 반대급부와 결부시켜서는 안 된다는 원칙을 말하며, ① 사업대상의 토지에 접하고 있는 갑 소유의 토지인 공원용지 약 13,686평에 대한 기부채납 요구는 주택법 제15조 제5항이 요구하는 부대시설 및 복리시설의 설치에 관한 계획이라는 목적에 기여하기 때문에 실질적 관련성이 인정된다. 그러나 ② 사업대상의 토지에서 멀리 떨어진 갑 소유의 토지 약 50평에 대한 기부채납 요구는 처음 토지와는 달리 위치상·용도상 어떠한 원인적·목적적 관련성도 없으므로 부당결부금지의 원칙에 위반되어 위법하다고 볼 수 있으며, 외관상 명백하지 않으므로 취소사유로 판단된다.

2. 기부채납에 대한 독립취소 가능성

(1) 기속행위에 대한 부관의 독립취소 가능성

① 상대방의 신청이 행위의 요건을 충족함에도 법령의 명시적 근거 없이 행위의 효과를 제한하는 부관을 붙이는 것은 위법한 것이므로 부관만을 취소할 수 있으며, ② 법률요건충족적 부관의 경우는 부관만을 취소한다면 요건이 충족되지 않은 신청에 대하여 행정처분을 해 주는 결과를 가져오기 때문에 부관만의 취소는 인정될 수 없다(이견 있음).

(2) 재량행위에 대한 부관의 독립취소 가능성

1) 학설

① 부정설

부관만의 취소를 인정하는 것은 부관이 없었더라면 행정청은 행정행위를 하지 않았을 것이라고 해석되므로 부관만의 취소는 인정될 수 없다는 견해가 있다(김동희).

② 긍정설

모든 부관에 있어 부관이 위법한 경우에는 부관만의 취소가 가능하다고 본다. 부관만이 취소되면 주된 행정행위가 위법하게 되는 경우 처분청은 주된 행정행위를 직권으로 취소하거나 적법한 부관을 다시 부가하여 부관부행정행위 전체를 적법하게 할 수 있다고 본다. 그리고, 재량행위의 경우 위법한 부관만이 취소되더라도 주된 행정행위가 적법한 경우 행정청은 주된 행정행위의 철회권을 행사하거나 적법한 부관을 부가할 수 있다고 본다.

③ 제한적 긍정설

부관이 주된 행정행위의 본질적 부분인지(행정청이 부관 없이는 해당 행정행위를 하지 않았을 것이라고 해석되는지) 여부에 따라서 재량행위에 대한 부관의 독립취소가능 여부를 판단하여야 한다는 견해이다. 부관이 위법하나 주된 행정행위의 본질적인 부분인 경우에 기각판결을 하여야 하고, 부관이 본질적인 부분이 아닌 경우에는 부관만의 취소 또는 무효확인을 하여야 한다고 본다.

2) 판례

판례는 부관이 본질적인 부분인 경우 독립쟁송 가능성 자체를 인정하지 않으므로 독립취소 가능성의 문제는 제기되지 않는다. 판례에 의하면 독립쟁송 가능성이 인정되는 경우(부담의 경우) 항상 독립취소가 가능하다.

3) 검토

부관이 본질적임에도 부관만의 취소를 인정하는 것은 행정청의 의사에 반하여 부관 없는 행정행위를 강요하는 것이 되므로 긍정설은 타당하지 않다. 따라서 국민의 권익구제와 행정 목적의 실현을 적절히 조절하는 제한적 긍정설이 타당하다.

3. 사안의 경우

사안의 기부채납 중에서 ① 사업대상의 토지에 접하고 있는 갑 소유의 토지인 공원용지 약 13,686평에 대한 기부채납 요구는 주택법 제15조 제5항이 요구하는 부대시설 및 복리시설의 설치에 관한 계획이라는 목적에 관련된다. 그러므로 동 기부채납은 사업계획승인과 불가분적인 관계에 있어 이에 대한 독립취소는 인정될 수 없다. 다만 ② 사업대상의 토지에서 멀리 떨어진 갑 소유의 토지 약 50평에 대한 기부채납 요구는 해당 토지의 위치가 사업 토지 내에 있지 않아 사업계획승인과 가분적이고, 따라서 이에 대한 기부채납이 없이도 사업계획승인은 독자성이 인정된다고 볼 것이다.

Ⅴ 사안의 해결

기부채납은 부담에 해당하여 이에 대한 취소소송의 제기는 적법하다. 기부채납의 요구 중에서 두 번째 기부채납 부분은 부당결부금지의 원칙에 위반하여 위법하므로, 그에 대한 독립취소소송을 제기하여 인용받을 수 있을 것이다.

⊕ (설문 3)의 해결

☐ 쟁점의 정리

행정소송법 제23조에 규정된 집행정지의 요건에 비추어 갑의 집행정지 신청이 이유가 있는 것인지 문제된다.

☐ 집행정지 신청의 요건

1. 의의(집행부정지원칙과 예외적인 집행정지) 및 근거(행정소송법 제23조 제1항 및 제2항)

집행부정지원칙은 취소소송의 제기는 처분 등의 효력이나 그 집행 또는 절차의 속행에 영향을 주지 아니함을 말한다. 단, 처분이 진행되는 등의 사정으로 회복되기 어려운 손해가 발생할 경우 예외적으로 집행정지를 인정한다.

2. 요건

① 대상인 처분 등의 존재, ② 적법한 본안소송의 계속, ③ 집행정지 신청의 이익이 있을 것, ④ 회복하기 어려운 손해발생의 우려, ⑤ 긴급한 필요, ⑥ 공공복리에 중대한 영향이 없을 것, ⑦ 본안청구가 이유 없음이 명백하지 않을 것 등의 요건들이 요구된다. 판례는 금전보상이 불가능하거나 사회통념상 참고 견디기가 현저히 곤란한 유・무형의 손해(적소는 요건 아님)와 중대한 경영상의 위기(아람마트 사건)를 회복하기 어려운 손해로 보고 있다.

3. 절차 및 효력

본안이 계속된 법원에 당사자의 신청 또는 직권에 의하여 처분 등의 효력이나 그 집행 또는 절차의 속행의 전부 또는 일부의 정지를 결정할 수 있다. ① 처분의 효력을 잠정적으로 소멸시키는 형성력, ② 행정청은 동일한 처분을 할 수 없는 기속력(행정소송법 제30조 제1항 준용), ③ 판결주문에 정해진 시점까지 존속하는 시적 효력이 있다.

☐ 사안의 경우

사안에서 ① 기부채납은 처분성이 인정되고, ② 갑은 취소소송을 제기하는 등 집행정지의 제요건을 갖춘 것으로 보이나, 갑이 기부채납 대상토지의 소유권을 이전하게 됨에 따라 생기는 손해는 사후 금전보상이 가능하므로, 갑이 참고 견딜 수 없거나 또는 참고 견디기가 현저히 곤란한 경우에 해당하지 않는다. 또한 그 재산적 손해로 인해 갑이 사업 자체를 계속할 수 없거나 중대한 경영상의 위기를 맞게 될 것이라는 사정 등도 보이지 않으므로, 갑의 집행정지 신청은 '회복하기 어려운 손해발생의 우려'라는 요건이 구비되지 않아 각하결정될 것이다.

02 부당결부금지원칙 포함

🔹 사례 5

甲은 골프장업을 하기 위하여 도지사 乙에게 골프장사업계획의 승인신청을 하였으며, 乙은 지역발전협력기금 10억원을 기부할 것을 조건으로 사업계획승인(사업계획승인은 재량행위이며 특허이다)을 하였다. 甲은 위 조건은 부당결부금지의 원칙에 반하여 위법하다고 주장하는바, 이는 타당한 주장인가? 20점

Ⅰ 쟁점의 정리	Ⅲ 부관의 한계
Ⅱ 지역발전협력기금 기부조건이 부관인지	**1. 부관의 부착가능성**
1. 부관의 의의 및 종류	**2. 부관의 내용상 한계**
2. 사안의 경우	(1) 부당결부금지원칙의 의의
	(2) 근거 및 효력
	(3) 요건
	Ⅳ 사안의 해결

Ⅰ 쟁점의 정리

설문의 해결을 위하여 지역발전협력기금 10억원의 기부조건이 부관인지를 살펴보고, 부관 부과가 가능한지, 부당결부금지원칙에 반하는 것은 아닌지를 검토한다.

Ⅱ 지역발전협력기금 기부조건이 부관인지

1. 부관의 의의 및 종류

부관이란 행정청의 주된 행정행위의 효과를 제한하거나 의무(요건충족 등)를 부과하기 위해 부가되는 종된 규율을 부관이라고 한다. 부관에는 조건, 부담, 기한, 철회권 유보가 있다.

2. 사안의 경우

지역발전협력기금 기부조건은 해당 처분의 효력발생과 무관한 금전납부하명이므로 이는 부관 중 부담에 해당된다고 볼 것이다.

Ⅲ 부관의 한계

1. 부관의 부착가능성

종래 기속행위에는 불가능하고 재량행위에는 가능하다는 견해가 지배적이었으나 최근에는 기속행위라도 요건충족적 부관이 가능하고(효과제한부관은 불가) 재량행위이더라도 귀화허가(신분설정행위)와 같이 부관부착이 금지되는 경우가 있을 수 있으므로 개별적, 구체적으로 검토해야 한다. 행정기본법 제17조에서는 재량이 있는 경우에는 부관의 부착이 가능하고 재량이 없는 경우에는 법률의 근거가 있어야 한다고 규정하고 있다.

2. 부관의 내용상 한계

① 부관은 법령에 위반되어서는 안 되며, ② 주된 행정행위의 목적에 반하여서는 안 된다. ③ 부당결부금지의 원칙, 평등의 원칙, 비례의 원칙 등에 반하여서는 안 된다. ④ 또한 부관은 이행가능하여야 하며, ⑤ 주된 행정행위의 본질적 효력을 해하지 아니하는 한도의 것이어야 한다.

(1) 부당결부금지원칙의 의의

부당결부금지의 원칙이라 함은 행정기관이 행정권을 행사함에 있어서 그것과 실질적인 관련이 없는 반대급부를 결부시켜서는 안 된다는 원칙을 말한다.

(2) 근거 및 효력

부당결부금지의 원칙은 헌법적 효력을 갖는다는 견해가 있으나, 부당결부금지의 원칙의 직접적 근거는 권한법정주의와 권한남용금지의 원칙에 있다고 보는 것이 타당하므로 부당결부금지의 원칙은 법률적 효력을 갖는 법원칙으로 보는 견해가 타당하다. 부당결부금지의 원칙에 반하는 행정권 행사는 위법하다.

(3) 요건(① 원인적 관련성, ② 목적적 관련성)

행정권의 행사와 그에 결부된 반대급부 사이에 실질적 관련성이 있어야 하며 실질적 관련성은 원인적 관련성과 목적적 관련성을 내포하며 이 둘 중 하나를 결여하면 부당결부금지의 원칙에 반하게 된다.

Ⅳ 사안의 해결

사업계획승인은 재량행위이므로 부관의 부착 가능성은 문제되지 않는다. 부당결부금지의 원칙과 관련하여 지역발전협력기금의 목적이 해당 골프장건설로 인한 해당 지역의 재해예방과 자연환경보전 등이라면 원인적·목적적 관련성이 인정될 것이나, 해당 사업의 목적과 무관한 사업 등에 이용될 경우라면 목적적 관련성이 인정되기 어려울 것이다. 이러한 경우에 한해서 갑 주장은 타당하다고 할 것이다.

철회권, 취소권의 제한법리

03 철회권 행사의 제한법리와 철회의 취소

사례 6

사업시행자 갑은 도시공원 내 체육시설인 골프연습장의 조성사업을 위하여 국토교통부장관에게 사업인정을 받았다. 갑은 국내에서 골프연습장을 전문적으로 조성하는 건설업체로서 골프연습장 건설에 필요한 장비와 기술력을 보유하고 있었다. 그런데 최근 건축경기의 침체로 인하여 갑 건설회사는 경영에 중대한 어려움을 겪게 되었고, 결국 파산의 위기에 도달하게 되었다. 또한 갑 건설회사의 건설 장비 등 유·무형자산은 이미 경매절차에 의해 제3자에게 낙찰된 상태이다. 이러한 사실관계를 바탕으로 각 설문에 답하시오.

(1) 국토교통부장관은 '갑 건설회사는 현재, 골프연습장 등을 조성하는 데 필요한 장비들도 없고 중대한 경영상 어려움에 처해있는 등, 더 이상 골프연습장을 조성할 시행능력이 없다.'고 판단하여 사업인정을 철회하였다. 국토교통부장관의 철회는 정당한가? 15점

(2) 갑 건설회사는 중대한 경영상 위기를 해결하기 위해서는 골프연습장의 성공적인 조성이 필수적이라고 판단하고 골프연습장 예정부지의 소유자와 토지취득과 관련된 협의를 취하였으나, 재정상의 어려움으로 인하여 협의가 불성립되었다. 이에 따라 갑 건설회사는 관할 토지수용위원회에 재결을 신청하고 토지수용재결을 받았다. 토지소유자 병은 현재 갑 건설회사는 사업시행능력이 없으므로 해당 재결신청에 대해서 재결을 거부해야 함에도 불구하고 수용재결을 한 것은 위법하다고 주장하고 있다. 병의 주장은 타당한가? 15점

(설문 1)의 해결

Ⅰ 쟁점의 정리

Ⅱ 관련행위의 검토

  1. 사업인정

    (1) 사업인정의 의의 및 취지(토지보상법 제2조 제7호 및 제20조)

    (2) 사업인정의 법적 성질

  2. 사업인정의 철회

    (1) 철회의 의의

    (2) 사업인정 철회의 법적 성질

Ⅲ 철회권 행사의 제한유무

  1. 철회권자

  2. 철회사유

  3. 철회권 행사의 제한법리

    (1) 수익적 행정행위의 철회의 제한

    (2) 철회권 행사제한의 기준

  4. 사안의 경우

    (1) 철회권자 및 철회사유

    (2) 철회권 행사가 제한되는지 여부

Ⅳ 사안의 해결

⊕ (설문 1)의 해결

Ⅰ 쟁점의 정리

(설문 1)은 사업시행자 갑의 사업시행능력 상실을 원인으로 한 사업인정 철회의 정당성을 묻고 있다. 이와 관련하여 ① 철회사유가 있는지, ② 국토교통부장관이 토지보상법 등에 명문의 근거규정이 없음에도 철회할 수 있는지, ③ 철회권 행사에 제한이 없는지를 검토한다.

Ⅱ 관련행위의 검토

1. 사업인정

(1) 사업인정의 의의 및 취지(토지보상법 제2조 제7호 및 제20조)

사업인정이란 공익사업을 토지 등을 수용 또는 사용할 사업으로 결정하는 것을 말하며, ① 사업 전의 공익성 판단, ② 사전적 권리구제(의견청취, 절차참여), ③ 수용행정의 적정화, ④ 피수용자의 권리보호에 취지가 있다.

(2) 사업인정의 법적 성질

사업인정은 사업시행자에게 일정한 절차를 거칠 것을 조건으로 일정한 내용의 수용권을 설정하여 주는 형성행위이자 사업의 공익성 여부를 모든 사항을 참작하여 구체적으로 판단해야 하는 재량행위이다(판례).

2. 사업인정의 철회

(1) 철회의 의의

철회라 함은 적법하게 성립한 행정행위의 효력을 성립 후에 새로운 사정으로 인하여 장래에 향하여 그 효력을 상실시키는 행정행위이다. 〈설문에서는〉 사업시행능력의 상실이라는 사정으로 인하여 장래에 향하여 사업인정의 효력을 상실시키는 것을 말한다.

(2) 사업인정 철회의 법적 성질

본 처분인 사업인정이 재량행위이므로 재량권 행사 발령 당시의 고려사항이 변경되었다면 그에 따른 재량권 행사를 하여야 함이 정당하므로 사업인정의 철회도 재량행위로 볼 수 있다.

Ⅲ 철회권 행사의 제한유무

1. 철회권자(행정기본법 제19조)

철회는 그의 성질상 원래의 행정행위처럼 새로운 처분을 하는 것과 같기 때문에 처분청만이 이를 행할 수 있다고 보아야 한다. 상급청이라도 감독권에 의해 하급청의 권한을 대신 행사하는 것은 인정될 수 없다.

2. 철회사유

철회는 철회의 대상이 되는 적법한 행정행위가 행해진 후 공익상 행정행위의 효력을 더 이상 존속시킬 수 없는 경우, 즉 사실적·법적 상황의 변경, 철회권의 유보 및 공익상 요청이 있는 경우에 행해질 수 있다.

3. 철회권 행사의 제한법리

(1) 수익적 행정행위의 철회의 제한

수익적 행정행위는 철회되기 전까지는 유효한 행위로 존속하고, 그를 기초로 하여 법률관계가 형성된다. 이 경우 행정청이 해당 행정행위를 철회한다면, 그에 따라 법률생활의 안정과 국민의 신뢰를 해치는 결과를 가져오는 경우가 적지 아니할 것이다. 따라서 행정행위의 철회는 법률적합성의 원칙과 신뢰보호의 원칙에 따른 요청을 구체적으로 이익형량하여 결정되어야 할 것이다.

(2) 철회권 행사제한의 기준

행정청은 처분을 철회하려는 경우에는 철회로 인하여 당사자가 입게 될 불이익을 철회로 달성되는 공익과 비교·형량하여야 한다(행정기본법 제19조 제2항).

4. 사안의 경우

(1) 철회권자 및 철회사유

설문에서 국토교통부장관은 사업인정의 처분청이고, 사업인정 발령 이후의 사업시행능력 상실이라는 사정변경이 있었던 바, 상기 요건은 문제되지 않는다.

(2) 철회권 행사가 제한되는지 여부

① 사업시행자인 갑은 재정상태가 악화되어 당초의 사업진행을 통한 공익을 달성할 수 없으므로, 보호받을 신뢰이익은 없다고 보이며, ② 사업시행능력이 상실된 사업자로 하여금 사업을

시행하지 못하게 하는 것도, 특별히 공익을 해하는 것으로 보이지도 않는다. ③ 또한 당사자는 신뢰보호를 주장할 수 없으므로 손실보상도 주어지지 않을 것이다.

Ⅳ 사안의 해결

국토교통부장관은 사업인정의 처분청이므로, 사업시행자의 사업시행능력이 상실된 사유를 이유로 사업인정을 철회할 수 있다. 또한 수익적 행위의 효력을 장래에 한하여 소멸시키는 경우에 신뢰보호이익 및 비례의 원칙 등을 고려해야 하는데, 설문에서는 갑의 신뢰이익이나 공익보호의 필요성이 보이지 않는 바, 국토교통부장관의 철회권 행사는 정당하다.

⊕ (설문 2)의 해결

Ⅰ 쟁점의 정리

공공필요는 수용의 첫 단계인 사업인정에서 판단되며 사업인정 이후에도 계속적으로 인정되어야 한다. 이러한 공공필요를 현실화하기 위한 요건으로서 사업시행자의 의사와 능력이 당연히 요구된다고 할 수 있을 것인데, 따라서 공공성을 실현시킬 현실적인 필요는 당시의 요건을 계속적으로 갖추지 못한 경우에 수용권을 행사할 수 있는지가 문제된다. 즉, 관할 토지수용위원회가 사업시행자의 사업시행능력이 없음에도 토지수용재결을 한 것이 수용권 행사의 남용으로서 위법한 것인지를 검토한다.

Ⅱ 수용재결의 위법성 판단

1. 사업인정의 요건

(1) 공익사업에 해당할 것

사업인정의 목적이 구체적인 사업실행을 통한 공익실현에 있으므로 토지보상법 제4조 제1호 내지 제5호의 사업에 해당하여야 한다. 이에 각 개별법에서 사업인정을 의제하는 경우를 포함한다.

(2) 사업을 시행할 공익성이 있을 것

사업인정기관으로서는 그 사업이 공용수용을 할 만한 공익성이 있는지의 여부를 그 사업의 내용과 방법에 관하여 사업인정에 관련된 자들의 이익을 공익과 사익 사이에서는 물론, 공익 상호간 및 사익 상호간에도 정당하게 비교·교량하여야 하고 그 비교·교량은 비례의 원칙에 적합하도록 하여야 한다(대판 2005.4.29, 2004두14670; 대판 2011.1.27, 2009두1051).

(3) 사업시행 의사와 능력을 갖출 것

또한 해당 공익사업을 수행하여 공익을 실현할 의사나 능력이 없는 자에게 타인의 재산권을 공권력적·강제적으로 박탈할 수 있는 수용권을 설정하여 줄 수는 없으므로, 사업시행자에게 해당 공익사업을 수행할 의사와 능력이 있어야 한다는 것도 사업인정의 한 요건이라고 보아야 한다(대판 2011.1.27, 2009두1051).

2. 재결의 취지 및 효과

① 수용재결이란 사업시행자에게 부여된 수용권의 구체적인 내용을 결정하고 그 실행을 완성시키는 형성적 행위로서 수용의 최종단계에서 공사익의 조화를 도모하여 수용목적을 달성함에 제도적 의미가 인정된다. ② 재결은 사업시행자로 하여금 토지 또는 토지의 사용권을 취득하도록 하고 사업시행자가 지급하여야 하는 손실보상액을 정하는 결정을 말한다.

3. 사안의 경우(수용재결의 위법성 판단)

(1) 권리남용금지의 원칙(행정기본법 제11조 제2항)

1) 의의 및 근거

권한남용금지의 원칙은 행정청은 행정권한을 남용하거나 그 권한의 범위를 넘어서는 안 된다는 원칙으로 행정기본법 제11조 제2항에 근거한다.

2) 적용범위 및 위반시 효과

권한남용금지의 원칙은 모든 행정분야에 적용되며 이에 반하는 행정작용은 무효 또는 취소할 수 있는 행위가 된다.

(2) 사안의 경우

설문상 사업시행자의 시공능력이 상실됨으로 인하여 공익사업 시행을 통한 공익실현이 현실적으로 불가능한 것으로 볼 수 있으며, 이 경우 피수용자에 대한 과도한 재산권 침해의 결과만이 남는다고 볼 수 있다. 따라서 이러한 재결은 수용권의 공익목적에 반하는 수용권의 남용에 해당하여 허용되지 않는다고 볼 수 있다.

Ⅲ 사안의 해결

설문상 공익실현 능력이 결여됐음에도 재결처분을 한 것은 권리남용 원칙에 반하는 것으로 보이며, 이 경우 국토교통부장관은 사정변경을 이유로 사업인정을 철회하여 피수용자의 사유재산을 보호할 수 있을 것이다.

> **↩ 관련판례 – 대판 2011.1.27, 2009두1051**
>
> **[판시사항]**
>
> [1] 사업인정기관이 공익사업을 위한 토지 등의 취득 및 보상에 관한 법률상의 사업인정을 하기 위한 요건
>
> [2] 사업시행자가 사업인정을 받은 후 그 사업이 공용수용을 할 만한 공익성을 상실하거나 사업인정에 관련된 자들의 이익이 현저히 비례의 원칙에 어긋나게 된 경우 또는 사업시행자가 해당 공익사업을 수행할 의사나 능력을 상실한 경우, 그 사업인정에 터잡아 수용권을 행사할 수 있는지 여부(소극)
>
> **[판결요지]**
>
> [1] 사업인정이란 공익사업을 토지 등을 수용 또는 사용할 사업으로 결정하는 것으로서 공익사업의 시행자에게 그 후 일정한 절차를 거칠 것을 조건으로 일정한 내용의 수용권을 설정하여 주는 형성행위이므로, 해당 사업이 외형상 토지 등을 수용 또는 사용할 수 있는 사업에 해당한다고 하더라도 사업인정기관으로서는 그 사업이 공용수용을 할 만한 공익성이 있는지의 여부와 공익성이 있는 경우에도 그 사업의 내용과 방법에 관하여 사업인정에 관련된 자들의 이익을 공익과 사익 사이에서는 물론, 공익 상호간 및 사익 상호간에도 정당하게 비교·교량하여야 하고, 그 비교·교량은 비례의 원칙에 적합하도록 하여야 한다. 그뿐만 아니라 해당 공익사업을 수행하여 공익을 실현할 의사나 능력이 없는 자에게 타인의 재산권을 공권력적·강제적으로 박탈할 수 있는 수용권을 설정하여 줄 수는 없으므로, 사업시행자에게 해당 공익사업을 수행할 의사와 능력이 있어야 한다는 것도 사업인정의 한 요건이라고 보아야 한다.
>
> [2] 공용수용은 헌법상의 재산권 보장의 요청상 불가피한 최소한에 그쳐야 한다는 헌법 제23조의 근본취지에 비추어 볼 때, 사업시행자가 사업인정을 받은 후 그 사업이 공용수용을 할 만한 공익성을 상실하거나 사업인정에 관련된 자들의 이익이 현저히 비례의 원칙에 어긋나게 된 경우 또는 사업시행자가 해당 공익사업을 수행할 의사나 능력을 상실하였음에도 여전히 그 사업인정에 기하여 수용권을 행사하는 것은 수용권의 공익 목적에 반하는 수용권의 남용에 해당하여 허용되지 않는다.

🔔 **사례 7**

갑은 약 30년 이전에 자신의 조부 때부터 정치망어업을 통해 포획한 활어 및 하천하구를 비롯하여 그 일대의 갯벌 등에서 채취한 작은 어류 등을 장기간 보관·판매할 목적으로 약 1ha 규모의 토지에 축조한 축양장 시설을 그 지역 수산업협동조합으로부터 거금을 대출받아 자동적으로 바닷물의 유출입이 가능한 송배수관시설을 보완하는 등 완전히 첨단적·과학적인 양식시설로 개보수를 단행하였다. 이와 같은 시설정비에 기초하여 갑은 수산업법상 소정의 요건을 갖추어 A도 도지사 을로부터 5년을 기간으로 하는 "육상해수양식어업허가"를 발급받아, 현재 1회의 허가연장을 통하여 갑의 양식어업은 7년차에 들어가고 있으며, 사업은 순조롭다. 그런데, 문제는 갑의 양식어업 부근에 위치한 자연습지에 대해 최근 환경단체의 요구와 정부방침의 변화가 있어 습지보전법에 따라 을은 이 지역 습지에 대해 생물의 다양성이 풍부한 지역으로 판단하여 "습지보호지역"으로 지정하고, 습지로부터 불과 1km의 거리에 위치한 갑의 양식장에 이르기까지 "습지주변관리지역"으로 지정한 다음 갑의 양식장은 이들 습지에 기생하는 수산자원의 보호를 위해 어업허가를 취소한다는 통지를 함으로써 갑은 더 이상 육상해수양식어업을 할 수 없게 되었다. 갑은 매우 난감해 하면서 전문 변호사를 찾아가 권리구제방안을 상담할 예정이다.

(1) 갑은 자신의 양식시설은 첨단·과학적 시설을 갖추어서 습지에 악영향을 주지 않으며, 오히려 첨단·과학설비를 이용하여 주변 습지환경의 변화를 예측할 수 있게 하여 자연습지의 보전에 보탬이 되므로 을의 어업허가 취소는 위법하다고 주장한다. 갑주장의 타당성을 논하시오. 15점

(2) 만약 A도지사 을이 갑의 주장에 따라 환경영향분석 등의 조사를 통하여 갑의 주장이 합당함을 인정하였다면 어업허가의 취소를 재취소할 수 있는지 논하시오. 10점

(3) 만약 A도지사 을이 갑의 주장에 따라 환경영향분석 등의 조사를 통하여 갑의 주장이 합당함을 인정하였으나, 습지보호지역의 지정에 따른 법률관계가 인근의 대다수 주민과 형성된 경우 법원은 사정판결을 할 수 있는가? 10점

(설문 1)의 해결

Ⅰ 쟁점의 정리

Ⅱ 어업허가 취소가 강학상 철회인지
  1. 철회의 의의 및 철회의 효과
  2. 철회권자와 철회사유
  3. 사안의 경우

Ⅲ 철회권 행사의 제한법리
  1. 철회절차
  2. 철회권 행사의 제한법리
  3. 사안의 경우

Ⅳ 사안의 해결(위법성 정도 등)

(설문 2)의 해결

Ⅰ 쟁점의 정리

Ⅱ 철회의 취소
  1. 문제점
  2. 적용범위
  3. 견해대립
    (1) 학설
    (2) 판례
    (3) 검토

Ⅲ 사안의 경우

⊕ (설문 1)의 해결

Ⅰ 쟁점의 정리

A도 도지사 을의 어업허가 취소는 자연습지에 대한 최근 환경단체의 요구 및 정부방침의 변화로 인한 것이다. 이러한 어업허가 취소가 강학상 철회인지를 살펴보고, 철회라면 갑의 어업허가에 대한 신뢰이익과 자연습지보전의 공익을 형량하여 철회권 행사의 정당성을 검토한다.

Ⅱ 어업허가 취소가 강학상 철회인지

1. 철회의 의의 및 철회의 효과(행정기본법 제19조)

철회란 적법하게 성립한 행정행위의 효력을 성립 후에 발생한 새로운 사정으로 인하여 공익상 그 효력을 더 이상 존속시킬 수 없는 경우에 장래를 향하여 그 효력을 상실시키는 독립한 행정행위를 말한다.

2. 철회권자와 철회사유

철회는 그의 성질상 원래의 행정행위처럼 새로운 처분을 하는 것과 같기 때문에 처분청만이 이를 행할 수 있다고 보아야 하며, 철회는 철회의 대상이 되는 적법한 행정행위가 행해진 후 공익상 행정행위의 효력을 더 이상 존속시킬 수 없는 경우 등에 행해질 수 있다. 또한 처분 이후에 발생할 수 있는 일들을 모두 고려하기는 어려우므로 법적 근거 없이도 철회할 수 있다고 보아야 할 것이다.

3. 사안의 경우

설문상 어업허가의 취소는 어업허가가 발령된 이후의 사유인 '자연습지에 대한 보전'을 목적으로 하는 것이므로 강학상 철회에 해당한다.

Ⅲ 철회권 행사의 제한법리

1. 철회절차

철회는 특별한 규정이 없는 한 일반행정행위와 같은 절차에 따른다. 수익적 행정행위의 철회는 '권리를 제한하는 처분'이므로 사전통지절차, 의견제출절차 등 행정절차법상의 절차에 따라 행해져야 한다.

2. 철회권 행사의 제한법리

수익적 행정행위는 철회되기 전까지는 유효한 행위로 존속하고, 그를 기초로 하여 법률관계가 형성된다. 이 경우 행정청이 해당 행정행위를 철회한다면, 그에 따라 법률생활의 안정과 국민의 신뢰를 해치는 결과를 가져오는 경우가 적지 아니할 것이다. 따라서 행정행위의 철회는 법률 적합성의 원칙과 신뢰보호의 원칙에 따른 요청을 구체적으로 이익형량하여 결정되어야 할 것이다.

3. 사안의 경우

갑의 주장대로 첨단설비의 이용을 통해 습지에 악영향을 주지 않으며 습지환경의 변화를 예측하여 자연습지의 보전을 도모할 수 있음에도 불구하고, 갑의 어업허가를 취소한 것은 다양한 생물을 보호하여 습지환경을 보전하는 공익에 비추어 첨단설비를 설치하기 위한 거금 중, 회수되지 않은 원금 및 이자와 직업선택의 자유를 침해당한 것으로 볼 수 있다. 따라서 갑의 주장은 타당하다.

Ⅳ 사안의 해결(위법성 정도 등)

A도의 도지사 을의 어업허가 취소는 강학상 철회이며 철회권 행사로 인해 침해당하는 갑의 사익과 달성되는 환경보전의 공익을 고려할 때, 을의 어업허가 취소는 위법하다고 볼 수 있다. 다만, 일반인의 식견에서 외관상 철회권 행사의 하자가 명백하지 않으므로 취소사유의 위법성을 구성한다고 판단된다.

⊕ (설문 2)의 해결

Ⅰ 쟁점의 정리

환경영향분석 등의 조사 결과, '을의 어업허가 취소가 위법하다.'는 갑 주장의 합당성이 인정되는 경우 을은 갑에게 발령한 어업허가 취소를 재취소할 수 있는지가 문제된다. 즉, 어업허가의 재취소로 인하여 취소된 어업허가의 효력이 소생되는지를 살펴본다.

Ⅱ 철회의 취소

1. 문제점

철회처분이 위법할 경우 해당 철회처분을 취소함으로써 장래에 한하여 효력이 정지된 행정행위의 효력을 원상회복시킬 수 있는가의 논의이다.

2. 적용범위

무효인 경우는 처음부터 효력이 없으므로 원행위의 효력이 유지되지만, 철회의 경우는 취소만으로 원행위의 효력이 원상회복되는지가 문제된다. 따라서 취소사유의 하자가 있는 경우에 적용된다.

3. 견해대립

(1) 학설

① 취소의 취소도 행정행위인바 취소의 취소로 인해 원행정행위가 소생된다는 긍정설, ② 취소로 인해 해당 행위의 효력이 확정적으로 소멸하므로 명문규정이 없는 한 동일한 처분을 해야 한다는 부정설, ③ 해당 행위의 성질, 제3자 이익의 고려 및 행정의 능률성 등을 종합 고려하여 판단하여야 한다는 견해가 있다.

(2) 판례

판례는 수익적 행위인 옥외광고물설치허가사건(대판 1996.10.25, 95누14190)에서 긍정한 바 있으며, 부담적 행위인 과세처분사건(대판 1979.5.8, 77누61)에서는 동일처분을 해야 한다고 판시한 바 있다. 또한 광업권(대판 1967.10.23, 67누126)과 관련하여서는 제3자의 관계까지 고려하여 제3자의 권리침해시는 부정된다고 본 바 있다.

(3) 검토

직권취소 역시 행정행위이므로 위법한 직권취소의 효력도 소급하여 소멸시킬 수 있다고 보아야 한다. 따라서 긍정설이 타당하다. 다만, 취소행위의 취소로 인하여 과도하게 침해되는 제3자 이익이나 공익이 있는 경우에는 장래에 향하여 취소할 수 있는 것으로 보아야 할 것이다.

Ⅲ 사안의 경우

설문상 어업허가가 취소된 이후에 새로운 법률관계는 형성되지 않은 것으로 보인다. 따라서 갑의 직업선택의 자유 및 신뢰이익을 보호하기 위하여 철회의 취소로 인하여 종전 어업허가의 효력이 소생된다고 보아야 할 것이다.

⊕ (설문 3)의 해결

Ⅰ 쟁점의 정리

사안에서는 갑의 주장이 타당하여 어업허가의 취소는 취소되어야 함이 합당하지만, 인근의 대다수 주민이 '어업허가의 취소 및 습지보호지역의 지정'을 신뢰하여 새로운 법률관계를 맺은 경우, 어업허가의 취소가 현저히 공공복리에 반하는 것은 아닌지를 검토하여 설문을 해결한다.

Ⅱ 사정판결의 의의 및 요건 등

1. 사정판결의 의의(행정소송법 제28조) 및 인정범위

사정판결이란 취소소송에 있어서 본안심리 결과, 원고의 청구가 이유 있다고 인정하는 경우에도 공공복리를 위하여 원고의 청구를 기각하는 판결을 말한다. 이는 법치주의에 대한 중대한 예외로서 그 요건은 엄격히 해석되어야 한다. 통설 및 판례는 무효인 경우는 사정판결을 할 수 없는 것으로 보고 있다.

2. 사정판결의 요건

① 원고의 청구가 이유 있을 것, ② 처분 등의 취소가 현저히 공공복리(위법한 처분을 취소함으로 발생하는 공익의 침해와 위법한 처분을 방치함으로써 발생되는 상대방의 불이익 간 형량)에 적합하지 않을 것, ③ 당사자의 신청이 있을 것을 요건으로 하나, 판례는 당사자의 신청이 없더라도 직권으로 사정판결을 할 수 있다고 보고 있다.

3. 사정판결의 효과와 법원의 조치

사정판결은 원고의 청구를 기각하는 판결이므로 취소소송의 대상인 처분 등은 해당 처분이 위법함에도 그 효력이 유지된다. 판결의 주문에 ① 처분 등의 위법을 명시하고, ② 손해의 정도와 배상방법을 조사하여야 한다. ③ 사정판결은 원고의 주장이 이유 있음에도 공익을 위해서 하는 것인바 소송비용은 피고가 부담해야 한다.

Ⅲ 사안의 해결(갑의 권익구제 등)

설문상 어업허가 취소의 재취소로 인하여 새로이 형성된 인근 주민 대다수의 공익이 어업허가 취소의 재취소로 회복되는 갑의 사익보다 큰 경우에는, 법원은 사정판결을 할 수 있다.
단 사정판결이 있다 해도 어업허가의 취소처분이 적법하게 되는 것은 아니므로, 갑은 손해배상 및 재해시설 설치, 그 밖의 구제방법 등의 청구를 병합 제기할 수 있을 것이다.

04 취소권 행사의 제한법리와 취소의 취소

🔊 **사례 8**

갑은 대학 1학년생인 19세의 미성년자 시절에 아버지의 실직으로 인하여 가정의 경제사정이 심각
하여지자 2008년 학교를 휴학하고 연령을 허위기재하여 2008년도 감정평가사 시험에 응시하여
우수한 성적으로 합격하였다. 이에 따라 갑은 실무수습을 마치고 사무소 개설신고를 하고 2009년
부터 감정평가사로서 업무를 수행하고 있다. 그러나 대학생으로서 많은 돈을 쓰고 다니는 사실을
이상하게 여긴 같은 과 친구 을이 갑의 부정합격사실을 2013년 12월 10일에 고발함에 따라 2014
년 1월 1일자로 국토교통부장관에 의하여 감정평가사 자격이 취소되었다. 갑은 2014년 1월 15일
현재 이러한 자격취소처분을 다투고자 한다. 어떠한 사유에 의하여 다툴 수 있는가? [25점]

▶ 류지태 교수님

| Ⅰ 쟁점의 정리
| Ⅱ 행정작용의 법적 성질
   1. 직권취소
   2. 재량행위 여부
| Ⅲ 행정행위의 위법성 검토
   1. 수익적 행정행위의 직권취소의 제한
   2. 취소권 제한의 기준

   (1) 신뢰보호의 원칙
   (2) 실권의 법리가 적용되는 경우
   (3) 비례성의 원칙
   3. 사안의 경우
    (1) 취소권 행사의 하자
    (2) 청문절차의 하자
| Ⅳ 사안의 해결

Ⅰ 쟁점의 정리

사안에서 갑은 감정평가사 자격시험의 응시를 신청하면서 연령을 허위기재한 행위를 하였다. 이러
한 허위행위에 근거하여 감정평가사 합격결정을 받은 갑은 그 후 5년간 업무활동을 하여 왔다.
① 따라서 5년 동안이나 형성하여 온 기존 법률관계에 비추어 이러한 사정이 행정청의 취소행사에
어떠한 영향을 미치는가 하는 점과 ② 수익적 행정행위를 대상으로 하는 취소권 행사의 한계에 관
한 것 등을 그 주요논점으로 한다. 즉, 수익적 행정행위의 직권취소에 관한 문제이다.

Ⅱ 행정작용의 법적 성질

1. 직권취소(행정기본법 제18조)

직권취소란 일단 유효하게 성립한 행정행위의 효력을 권한 있는 행정청이 성립상의 하자를 이유로
원칙적으로 소급하여 소멸시키는 별개의 행정행위를 말한다.

〈사안에서〉갑은 허위기재를 하였으므로 이에 기초한 합격결정은 당연히 취소사유에 해당한다. 따라서 국토교통부장관의 갑에 대한 감정평가사 자격취소결정은 이러한 취소사유에 기인한 것이며, 그 성질은 직권취소에 해당하며, 이는 감정평가법 제13조 제1항에 근거한 행정행위이다.

2. 재량행위 여부

근거법령인 감정평가법 제13조 제1항에서 "부정한 방법으로 감정평가사의 자격을 얻은 경우"에는 반드시 취소하도록 하고 있어 이러한 직권취소처분은 재량행위가 아니라 기속행위가 된다.

Ⅲ 행정행위의 위법성 검토

1. 수익적 행정행위의 직권취소의 제한

취소원인이 있는 하자있는 수익적 행정행위는 취소되기 전까지는 일단 유효한 행위로 존속하고, 그를 기초로 하여 법률관계가 형성된다. 따라서 이 경우 행정청이 해당 행정행위를 그 성립상의 흠을 이유로 자유로이 취소할 수 있다고 한다면, 그에 따라 법률생활의 안정과 국민의 신뢰를 해치는 결과를 가져오는 경우가 적지 아니할 것이다. 따라서 행정행위의 직권취소는 법률 적합성의 원칙에 따른 요청과 신뢰보호의 원칙에 따른 요청을 구체적으로 이익형량하여 결정되어야 하는 것으로 보고 있다.

2. 취소권 제한의 기준

(1) 신뢰보호의 원칙

이는 행정기관의 명시적 또는 묵시적 언동의 정당성 또는 존속성에 대한 개인의 보호가치 있는 신뢰를 보호해 주어야 한다는 원칙을 말한다. 신뢰보호원칙은 이를 일괄하는 경우에는 행정의 법률 적합성의 원칙과 충돌하게 되는데 양자를 이익형량하는 것이 타당하다. 따라서 법률 적합성의 원칙을 관철하여야 할 공익과 당사자의 신뢰보호라는 사익을 개별적으로 비교형량하는 과정을 통하여 신뢰보호원칙의 우월적 적용이 인정되는 경우에는 이에 반하는 행정작용은 위법한 행위로 되어 행정쟁송 제기가 가능하게 된다.

(2) 실권의 법리가 적용되는 경우

실권의 법리란 신의성실의 원칙으로부터 파생된 원칙으로서, 권리자가 그의 권리를 장기간 행사하지 않았기 때문에 상대방이 이제는 그 권리를 행사하지 않을 것으로 믿을 만한 정당한 사유가 있게 된 경우에, 새삼스럽게 그 권리를 행사하는 것이 신의칙에 반한다고 인정되는 때에는 그 행사는 권리의 남용으로서 허용되지 않는다는 것을 말한다.

(3) 비례성의 원칙

이 원칙은 행정목적의 실현을 위한 구체적 수단의 선택에 있어서, 달성하고자 하는 공익과 이로 인해 제한되는 개인의 권리 사이에 일정한 비례관계가 존재하도록 하여야 한다는 원칙을 말한다. 과잉금지의 원칙이라고도 하며, 그 개별적인 내용으로는 적합성의 원칙, 필요성의 원칙 및 협의의 비례의 원칙이 포함된다.

3. 사안의 경우

(1) 취소권 행사의 하자

이미 5년의 기간이 경과하여 국토교통부장관의 취소권 행사에 대해서는 실권의 법리가 적용될 가능성이 존재할 수 있으나, 국토교통부장관은 합격 당시에 부정 사실을 알고 있지 못하였고, 합격 이후에 부정 사실이 고발됨에 따라 자격취소를 하였으므로 그의 권리를 장기간 행사하지 않은 경우로 보기 어려울 것이다.

(2) 청문절차의 하자

국토교통부장관은 갑에 대한 자격취소처분 행사시에 반드시 청문절차를 거쳐야 한다. 사안에서는 청문절차를 거친 사실이 나타나고 있지 않으므로 청문절차의 흠결로서 하자가 인정될 수도 있을 것이다.

Ⅳ 사안의 해결

사안에서는 자격취소처분이 발령된 지 15일밖에 경과하지 아니하였으므로 자격취소처분의 불가쟁력은 발생하고 있지 않다. 따라서 갑은 자격취소처분에 대해 취소심판 또는 취소소송을 제기하여 이를 다툴 수 있다.

사례 9

사업시행자인 甲은 공공도서관을 건설하기 위하여 국토교통부장관으로부터 사업인정을 받았다. 그러나 甲의 사업시행지 주변에서 사설독서실을 운영하는 주민 乙이 공공도서관이 건립될 경우 사설독서실의 매출감소를 걱정하면서, 사업인정절차에는 심각한 하자가 있으므로 이를 취소해야 한다고 주장한다.

(1) 乙은 해당 사업인정은 이해관계인 중 일부의 의견청취를 하지 않았으므로 위법하다고 주장한다. 乙의 주장은 타당한가? [20점]

(2) 만약, 국토교통부장관이 절차상 하자를 이유로 사업인정을 취소하였는데 乙이 제시한 자료가 거짓자료이고 그에 기한 사업인정의 취소는 취소사유의 위법성이 존재함을 발견하였다. 이 경우 국토교통부장관이 사업인정의 취소를 재취소할 수 있는가? [10점]

(설문 1)의 해결

Ⅰ 쟁점의 정리

Ⅱ 관련행위의 법적 성질
　1. 사업인정의 의의 및 법적 성질
　2. 사업인정 취소의 의의 및 법적 성질

Ⅲ 의견청취결여의 독자적 위법성 인정 여부
　1. 의견청취를 결여한 것이 절차상 하자인지
　　(1) 절차상 하자의 의미
　　(2) 사업인정의 절차
　　(3) 사안의 경우
　2. 의견청취결여의 독자적 위법성 인정 여부
　　(1) 문제점
　　(2) 학설
　　(3) 판례
　　(4) 검토
　　(5) 사안의 경우
　3. 의견청취결여의 하자의 정도

Ⅳ 사안의 해결

(설문 2)의 해결

Ⅰ 쟁점의 정리(사업인정취소의 취소)

Ⅱ 취소의 취소 가능성
　1. 학설
　2. 판례의 태도
　3. 검토

Ⅲ 사안의 해결(국토교통부장관이 사업인정의 취소를 취소할 수 있는지 여부)
　1. 제3자의 관계이익 형성 여부
　2. 사업인정취소의 재취소 가능 여부

⊕ (설문 1)의 해결

① 쟁점의 정리

을 주장의 타당성과 관련하여 ① 의견청취결여가 절차상 하자를 구성하는지, ② 절차상 하자를 구성하는 경우 독자적인 위법성 사유로 인정되는지, ③ 독자성 위법사유로 인정된다면 하자의 정도가 무효인지, 취소사유인지를 살펴본다.

② 관련행위의 법적 성질

1. 사업인정의 의의 및 법적 성질

사업인정이란 공익사업을 토지 등을 수용할 사업으로 결정하는 것(법 제2조 제7호)으로서, 국토교통부장관이 관련된 공·사익을 형량하여 수용권을 설정하는 재량행위이다.

2. 사업인정 취소의 의의 및 법적 성질

강학상 취소란 일단 유효하게 성립한 행정행위의 효력을 권한 있는 행정청이 성립상의 하자를 이유로 원칙적으로 소급하여 소멸시키는 별개의 행정행위를 말한다.
〈사안에서〉 국토교통부장관의 사업인정 취소는 사업인정 당시의 의견청취결여의 절차상 하자를 이유로 하는 것이므로 강학상 취소에 해당한다.

③ 의견청취결여의 독자적 위법성 인정 여부

1. 의견청취를 결여한 것이 절차상 하자인지

(1) 절차상 하자의 의미

행정행위가 행해지기 전에 거쳐야 하는 절차 중 하나를 거치지 않았거나, 거쳤으나 절차상 하자가 있는 것을 말한다.

(2) 사업인정의 절차

① 사업인정신청, ② 관계기관 및 시도지사와의 협의, ③ 이해관계인의 의견청취(토지보상법 제21조), ④ 사업인정의 고시에 의해 현실, 구체화된다.

(3) 사안의 경우

토지보상법 제21조에서는 이해관계인의 의견을 들어야 한다고 규정하고 있으며, 이는 사업인정의 사전적 구제수단 중 하나이다. 따라서 국토교통부장관이 이해관계인의 의견을 청취하지 않은 것은 절차상 하자에 해당한다.

2. 의견청취결여의 독자적 위법성 인정 여부

(1) 문제점

사업인정의 내용상 하자가 없다면, 절차상 하자를 시정하여 동일한 처분을 할 수 있으므로 행정경제상 절차상 하자만으로 독자적 위법성을 인정할 수 있는지가 문제된다.

(2) 학설

① 적법절차의 보장 관점(헌법 제12조)에서 독자적 위법사유가 되며, 특히 행정소송법 제30조 제3항에서 절차하자로 인한 취소의 경우에 기속력을 준용하므로 이를 긍정하는 긍정설과 ② 절차는 수단에 불과하며, 동일한 처분을 다시 받게 되어 행정경제상 불합리하다는 점을 드는 부정설이 대립한다.

(3) 판례

대법원은 기속행위인 과세처분에서 이유부기 하자를, 재량행위인 영업정지처분에서 청문절차를 결여한 것은 절차적 하자를 구성한다고 판시한 바 있다.

(4) 검토

절차적 적법성을 지키는 것이 필요하며, 현행 행정소송법 제30조 제3항에서 절차하자로 인한 취소의 경우에 기속력을 준용하므로 절차하자의 독자적 위법성이 인정된다고 본다.

(5) 사안의 경우

사업인정시 이해관계인의 의견을 청취하도록 규정한 것은 투명하고 객관적인 절차참여를 통하여 국민의 사전적 구제를 도모함에 있으므로 이러한 기회를 박탈한 것은 독자적인 위법성 사유로 인정된다고 본다.

3. 의견청취결여의 하자의 정도

국민의 권리구제와 법적 안정성을 조화하는 중대·명백설에 따를 때, 토지보상법상 의견청취절차를 거치지 않은 것은 외관상 명백하고 의견청취규정이 사전적 구제를 도모하는 측면에서 중대한 법위반으로 볼 수 있다. 단, 판례는 의견청취의 결여는 취소사유의 하자를 구성한다고 판시한 바, 이를 기초로 설문을 해결한다.

Ⅳ 사안의 해결

설문상 이해관계인의 의견청취를 결여한 사업인정의 절차상 하자는 그 내용에 있어서 또한 국민의 사전적 구제수단보장 측면에서 절차상 하자의 독자적 위법성을 인정함이 타당하다. 따라서 해당 사업인정이 위법하다는 을의 주장은 타당하다.

⊕ (설문 2)의 해결

Ⅰ 쟁점의 정리[사업인정취소의 취소]

행정행위에 하자가 존재하는 경우, 그 하자의 정도가 무효인 경우는 처음부터 효력이 없으므로 원행위의 효력이 유지되지만, 설문과 같이 취소사유인 경우에는 취소만으로 원행위의 효력이 소생되는지가 문제된다.

Ⅱ 취소의 취소 가능성

1. 학설

① 적극설은 취소의 취소도 행정행위인바 원행위가 소생된다고 한다. ② 소극설은 명문규정이 없는 한, 동일처분을 해야 한다고 한다. ③ 제한적 긍정설은 수익적 행위인 경우는 제3자의 이해관계가 없는 경우는 소생하지만 침익적 행위의 경우는 부정된다고 한다.

2. 판례의 태도

수익적 행위인 옥외광고물설치허가사건에서 긍정한 바 있으며, 부담적 행위인 과세처분사건에서는 동일처분을 해야 한다고 판시한 바 있다. 또한 광업권과 관련하여서는 제3자의 관계까지 고려하여 제3자의 권리침해시는 부정된다고 본다. 따라서 절충설의 입장에 있는 것으로 보인다.

3. 검토

〈생각건대〉 원행위의 소생 여부는 원행정행위의 취소 이후에 형성된 법률관계와 당사자의 이익 등을 구체적으로 형량하여 판단하여야 할 것이다. 따라서 판례의 태도가 합당하다.

Ⅲ 사안의 해결[국토교통부장관이 사업인정의 취소를 취소할 수 있는지 여부]

1. 제3자의 관계이익 형성 여부

설문상 사업인정 취소 후에 제3자의 이해관계가 발생되지 않은 것으로 보인다. 따라서 제3자의 관계는 고려사항이 아니다.

2. 사업인정취소의 재취소 가능 여부

사업인정의 취소는 잘못된 사실에 기초하여 발령되었다. 사업인정의 취소 이후에 별다른 제3자의 새로운 이해관계가 형성되지 않은 점 등을 고려할 때 국토교통부장관은 사업인정의 취소를 재취소할 수 있고, 재취소함으로써 원행위인 사업인정의 효력이 소생된다고 보아야 할 것이다.

◢ 사례 10

사업시행자 甲은 서울시 강남구 일원에 화장장이 설치된 대규모 공원묘지(납골당)를 건설하고자 관련 자치단체장과 충분한 협의를 거쳐 국토교통부장관에게 사업인정을 신청하였다. 이에 국토교통부장관은 법적 요건을 심사하여 위반사항이 없자 적법한 절차를 거쳐서 곧 사업인정을 하였다. 그런데 사업시행구역 내에 살고 있는 주민 乙 등이 해당 공원묘지가 들어서는 경우에는 부동산 가격이 하락하고, 인근 교통도 혼잡해질 것이라고 주장하면서 강력히 이의를 제기하였다. 주민들의 반대가 워낙 완강해지자 국토교통부장관은 갑에게 인근 주민의 민원을 이유로 사업인정을 취소할 것을 사전에 통보한 후, 사업인정을 취소하였다.

(1) 甲은 법적 위반이 아닌 주민들의 반대를 이유로 사업인정을 취소하는 것은 위법하다고 주장하면서 이에 대한 취소소송을 제기하였다. 甲주장은 정당한가? 30점

(2) 甲이 주민들의 반대로 취소하는 것은 위법한 처분이라고 주장하면서 청와대와 감사원 등에 민원을 제기하여 사회적으로 큰 파장이 일자 국토교통부장관이 이를 취소하려고 한다. 가능한가? 10점

⊕ (설문 1)의 해결

Ⅰ 쟁점의 정리

설문은 국토교통부장관의 사업인정 취소(철회)에 대한 적법성을 묻고 있다. 국토교통부장관의 취소(철회)는 주민들의 반대를 이유로 이루어진바, 사업인정이 재량행위라면 법적 근거 없이 취소(철회)할 수 있는지 및 취소(철회)할 수 있다고 보는 경우에도 취소(철회)권 행사의 제한은 없는지를 검토하여 설문을 해결한다.

Ⅱ 관련행위의 검토

1. 사업인정(의의 및 법적 성질)

사업인정이란(토지보상법 제20조), 국토교통부장관이 관련된 중앙행정기관과의 협의 및 이해관계인의 의견청취 등을 거쳐(관련된 제이익을 종합·고려하고), 해당 사업의 공익성이 침해되는 사익보다 크다고 인정되는 경우에 한하여 타인의 토지 등을 수용할 수 있는 사업으로 결정하는 것으로서 특허이자 재량행위이다.

2. 사업인정 취소가 강학상 철회인지

철회란 적법하게 성립한 행정행위의 효력을 성립 후에 발생한 새로운 사정으로 인하여 공익상 그 효력을 더 이상 존속시킬 수 없는 경우에 장래를 향하여 그 효력을 상실시키는 독립한 행정행위를 말한다. 설문상 사업인정의 취소는 부동산 가격의 하락 및 인근 교통혼잡 등 주민의 민원 등을 이유로 이루어진 바, 강학상 철회라고 볼 것이다.

Ⅲ 사업인정 취소(철회)가 제한되는지 여부(철회권 행사의 제한법리)

1. 개설

철회는 적법하게 성립한 행정행위의 효력을 장래에 향하여 상실시키는 독립한 행정행위이므로 법치주의 원칙에 따라, ① 정당한 권한 있는 자인지, ② 행정법의 일반원칙 등은 준수하였는지, ③ 적법한 절차에 따라 이루어졌는지 등이 검토되어야 할 것이다.

2. 철회권자

철회는 그의 성질상 원래의 행정행위처럼 새로운 처분을 하는 것과 같기 때문에 처분청만이 이를 행할 수 있다고 보아야 한다.

3. 철회사유(행정기본법 제19조)

① 법률에서 정한 철회 사유에 해당하게 된 경우, ② 법령 등의 변경이나 사정변경으로 처분을 더 이상 존속시킬 필요가 없게 된 경우, ③ 중대한 공익을 위하여 필요한 경우에는 철회할 수 있다.

4. 철회권 행사의 제한법리

행정청은 처분을 철회하려는 경우에는 철회로 인하여 당사자가 입게 될 불이익을 철회로 달성되는 공익과 비교·형량하여야 한다(행정기본법 제19조 제2항).

Ⅳ 사안의 해결(철회의 절차와 손실보상)

국토교통부장관은 사업인정의 발령권자이므로 공익상의 사정이 발생된 경우라면 이에 대한 철회권도 갖는 것으로 보아야 할 것이며, 행정의 탄력적 운용을 위하여 명문의 법적 근거 없이도 철회권을 행사할 수 있다. 또한 철회로 인하여 침해당하는 갑의 사익보다 원활한 교통흐름을 확보할 공익이 크다고 판단되므로 비례원칙 위반도 없는 것으로 판단된다. 수익적 행정행위의 철회는 '권리를 제한하는 처분'이므로 사전통지절차, 의견제출절차 등 행정절차법상의 절차에 따라 행해져야 할 것이며, 철회로 인하여 관계인의 기득권이 침해되는 경우에는 관계인에게 손실보상이 주어져야 한다. 따라서 갑의 주장은 인정되기 어려울 것으로 보인다.

⊕ (설문 2)의 해결

Ⅰ 쟁점의 정리

설문은 국토교통부장관의 취소를 재취소할 수 있는지를 묻고 있다. 위법한 사업인정의 취소를 직권취소함으로 인해서 원행위인 사업인정의 효력이 소생되는지를 검토하여 설문을 해결한다.

Ⅱ 철회의 취소

1. 문제점

철회처분이 위법할 경우 해당 철회처분을 취소함으로써 장래에 한하여 효력이 정지된 행정행위의 효력을 원상회복시킬 수 있는가의 논의이다.

2. 적용범위

무효인 경우는 처음부터 효력이 없으므로 원행위의 효력이 유지되지만, 철회의 경우는 취소만으로 원행위의 효력이 원상회복되는지가 문제된다. 따라서 취소사유의 하자가 있는 경우에 적용된다.

3. 견해대립

(1) 학설

① 철회의 취소도 행정행위인바 철회의 취소로 인해 원행정행위가 소생된다는 긍정설, ② 철회로 인해 해당 행위의 효력이 확정적으로 소멸하므로 명문규정이 없는 한 동일한 처분을 해야 한다는 부정설, ③ 침익적 행정행위의 경우에는 부정하나 수익적 행정행위의 경우에는 위법한 철회처분을 취소하여 원상을 회복할 필요가 있으므로 철회의 취소를 인정하여야 한다는 견해이다.

(2) 판례

판례는 침익적 행정행위의 철회의 경우 해당 침익적 행정행위는 확정적으로 효력을 상실하므로 철회의 취소는 인정하지 않지만, 수익적 행정행위의 철회에 대하여는 취소가 가능한 것으로 본다.

(3) 검토

원행위의 소생 여부는 원행정행위인 철회와 철회의 취소 사이에 형성된 제3자의 관계를 고려하여 판단함이 타당하다고 사료된다.

Ⅲ 사안의 해결

철회는 행정행위의 효력을 확정적으로 상실시키는 것이 아니고 그것을 정지시키는 효력만을 갖는 것으로 봄이 합당하고, 설문상 사업인정의 철회와 그 직권취소 사이에 형성된 새로운 법률관계는 없는 것으로 보인다. 따라서 국토교통부장관은 사업인정 철회를 취소할 수 있을 것이며 이로 인해서 종전 사업인정의 효력은 회복될 것이다.

CHAPTER 03 하자승계와 과징금

 사례 11

국토교통부장관은 2014.7.3. 육군참모총장이 시행하는 군사용시설부지매입사업(신청이유 : 군사력증강을 위한 국방연구소의 설치 및 전략전술상 최적의 요충지역)에 관하여 사업인정을 하고, 국토교통부고시 제1996 - 69호로 고시하였다. 해당 사업부지에는 강원도 고성군 현내면 206번지 임야 10,000제곱미터(갑 소유)가 포함되어 있었는데, 갑 소유의 토지는 향후 아파트 건립을 통한 생활주거지로 사용할 계획을 갖고 있었다.

갑은 자신의 토지는 향후 생활주거지로 사용할 계획이므로 이를 매도할 수 없고 다만 무상사용은 허용하겠다고 주장하였으나 육군참모총장은 해당 토지는 군사시설부지로 영구적으로 사용할 재산이므로 향후반환이 불가능하다고 주장하여 협의가 성립되지 아니하였다. 육군참모총장은 갑과의 협의가 결렬되자 토지수용위원회에 재결신청을 하여 "수용의 개시일 2015.9.6. 및 보상금 5억원"의 재결을 받았다(재결 자체에는 아무런 하자가 존재하지 않는다). 이에 갑은 자신의 토지는 사용대차계약 또는 환매특약부매매계약에 의하더라도 사업목적을 충분히 달성할 수 있어 꼭 수용해야 할 필요성이 없고, 또한 사업인정 당시 국토교통부장관은 자신의 의견청취를 거치지 않았으므로 해당 재결은 위법하다고 주장한다. 갑주장의 타당성을 논하시오. 30점

Ⅰ 쟁점의 정리

Ⅱ 사업인정의 위법성 판단

　1. 사업인정의 의의 및 법적 성질

　2. 사업인정의 요건

　　(1) 주체

　　(2) 내용

　　　1) 공익사업에 해당할 것

　　　2) 사업을 시행할 공익성이 있을 것

　　　3) 사업시행 의사와 능력을 갖출 것

　　(3) 절차 및 형식

　3. 내용상 하자유무(비례원칙 위반 여부)

　4. 절차상 하자유무

　5. 사안의 경우(하자의 정도)

Ⅲ 하자승계의 인정 여부

　1. 의의 및 논의 배경

　2. 전제요건

　3. 하자승계 해결논의

　　(1) 학설

　　　1) 전통적 견해(하자승계론)

　　　2) 새로운 견해(구속력론)

　　(2) 판례

　　(3) 검토

　4. 사안의 경우

　　(1) 하자승계 요건충족 여부

　　(2) 하자승계 인정 여부

Ⅳ 사안의 해결

I 쟁점의 정리

갑 토지의 수용을 위한 재결이 있는 경우, 해당 재결의 위법성 사유로 사업인정이 위법함을 주장할 수 있는지가 문제된다. 따라서 해당 사업인정이 위법한지와, 위법한 경우라도 하자승계가 인정되는지를 검토하여 설문을 해결한다.

II 사업인정의 위법성 판단

1. 사업인정의 의의 및 법적 성질

사업인정이란 공익사업을 토지 등을 수용 또는 사용할 사업으로 결정하는 것을 말하며(토지보상법 제2조 제7호), 국토교통부장관이 토지보상법 제20조에 따라서 사업인정을 함으로써 수용권이 설정되므로 이는 국민의 권리에 영향을 미치는 처분이다. 판례는 일정한 절차를 거칠 것을 조건으로 수용권을 설정하는 형성행위라고 판시한 바 있다(대판 1994.11.11, 93누19375).

2. 사업인정의 요건

(1) 주체

토지보상법상 사업인정의 권한은 국토교통부장관이 갖는다. 이와 별도로 개별법에서 주된 인·허가를 받으면 사업인정이 의제되는 규정을 둔 경우에는 주된 행위의 인·허가권자에게 권한이 있다고 볼 수 있다.

(2) 내용

1) 공익사업에 해당할 것

사업인정의 목적이 구체적인 사업실행을 통한 공익실현에 있으므로 토지보상법 제4조 제1호 내지 제5호의 사업에 해당하여야 한다. 이에 각 개별법에서 사업인정을 의제하는 경우를 포함한다.

2) 사업을 시행할 공익성이 있을 것

사업인정기관으로서는 그 사업이 공용수용을 할 만한 공익성이 있는지의 여부를 그 사업의 내용과 방법에 관하여 사업인정에 관련된 자들의 이익을 공익과 사익 사이에서는 물론, 공익 상호간 및 사익 상호간에도 정당하게 비교·교량하여야 하고 그 비교·교량은 비례의 원칙에 적합하도록 하여야 한다(대판 2005.4.29, 2004두14670).

3) 사업시행 의사와 능력을 갖출 것

또한 해당 공익사업을 수행하여 공익을 실현할 의사나 능력이 없는 자에게 타인의 재산권을 공권력적·강제적으로 박탈할 수 있는 수용권을 설정하여 줄 수는 없으므로, 사업시행자에게 해당 공익사업을 수행할 의사와 능력이 있어야 한다는 것도 사업인정의 한 요건이라고 보아야 한다(대판 2011.1.27, 2009두1051).

(3) 절차 및 형식

① 사업시행자가 국토교통부장관에게 사업인정을 신청하면, ② 국토교통부장관은 관계기관 및 시·도지사와 협의를 하고, ③ 이해관계인의 의견을 청취해야 한다. ④ 사업인정을 하는 경우에는 지체 없이 그 뜻을 사업시행자, 토지소유자 및 관계인, 관계 시·도지사에게 통지하고 관보에 고시하여야 한다.

3. 내용상 하자유무(비례원칙 위반 여부)

갑은 해당 토지의 사용대차계약 또는 환매특약부매매계약에 의하여도 사업목적을 달성할 수 있으므로 반드시 수용할 필요성은 없다고 주장한다. 따라서 해당 토지를 수용하는 것이 최소침해원칙에 반할 소지는 있으나, 국방·군사시설은 영구적으로 안정적인 사용이 확보되어야 할 것이므로 갑에게 반환을 전제로 소유권을 유보하고 사용권만을 취득하는 방법으로는 사업목적을 달성하는 데 충분하지 못하다고 할 것이므로 수용할 필요성이 인정된다고 본다.

또한 국방목적의 공익이 아직 구체적인 주택사업이 진행되지 않은 상태에서의 침해되는 갑의 사익보다 크다고 판단되므로 내용상 하자는 없는 것으로 판단된다.

4. 절차상 하자유무

해당 사업인정이 적법하기 위해서는 토지소유자 갑의 의견청취를 거치도록 토지보상법 제21조에서 규정하고 있으며, 동 규정은 갑의 사익을 사전에 보호하기 위한 사전적 구제수단으로서의 의미도 갖는다. 통설 및 판례는 절차상 하자의 독자성을 인정하므로 이를 준수하지 않은 사업인정은 절차상 하자가 존재한다고 볼 것이다.

5. 사안의 경우(하자의 정도)

해당 사업인정의 과정상, 갑의 의견을 청취하지 않은 것은 사업인정의 절차상 하자를 구성하여 외관상 명백하지만, 국방시설의 설치를 위한 결정과정상 중대한 내용상 하자는 아니라고 사료되어 취소사유의 하자를 구성하는 것으로 볼 수 있을 것이다.

Ⅲ 하자승계의 인정 여부

1. 의의 및 논의 배경

하자승계란 둘 이상의 행정행위가 일련하여 동일한 법률효과를 목적으로 하는 경우에 선행행위의 하자를 이유로 후행행위를 다툴 수 있는지의 문제를 말한다. 이는 법적 안정성의 요청과(불가쟁력) 국민의 권리구제의 조화문제이다.

2. 전제요건

① 선, 후행행위는 처분일 것, ② 선행행위에의 취소사유의 위법성(무효사유인 경우에는 당연승계

된다), ③ 후행행위의 적법성, ④ 선행행위에 불가쟁력이 발생할 것(제소기간 경과, 항소 포기, 판결에 의한 확정 등)을 요건으로 한다.

3. 하자승계 해결논의

(1) 학설

1) 전통적 견해(하자승계론)

선, 후행행위가 일련의 절차를 구성하면서 동일한 법률효과 즉, 하나의 효과를 목적으로 하는 경우에는 하자승계를 인정한다.

2) 새로운 견해(구속력론)

선행행위의 불가쟁력이 대물적(목적), 대인적(수범자), 시간적(사실, 법률관계의 동일성) 한계와 예측, 수인가능성 한도 내에서는 후행행위를 구속하므로 하자승계가 부정된다.

(2) 판례

판례는 형식적 기준을 적용하여 판단하는 듯하나 별개의 법률효과를 목적으로 하는 경우에도 예측, 수인가능성이 없는 경우에 한하여 하자승계를 긍정하여 개별사안의 구체적 타당성을 고려하고 있다.

(3) 검토

전통적 견해는 형식을 강조하여 구체적 타당성을 확보하지 못하는 경우가 있을 수 있고, 새로운 견해는 ① 구속력을 판결의 기판력에서 차용하고 ② 추가적 한계는 특유의 논리가 아니라는 비판이 제기된다. 따라서 전통적 견해의 형식적 기준을 원칙으로 하되 개별사안에서 예측, 수인가능성을 판단하여 구체적 타당성을 기함이 타당하다.

4. 사안의 경우

(1) 하자승계 요건충족 여부

사업인정과 재결은 행정소송법상 처분이며, 사업인정에는 취소사유의 절차상 하자가 존재하며 설문상 제소기간이 경과하여 불가쟁력이 발생하였다. 또한 재결 자체의 고유한 하자는 없는 것으로 보이므로 하자승계의 전제요건을 모두 충족하고 있다.

(2) 하자승계 인정 여부

① 사업인정은 목적물의 공익성 판단이고, ② 재결은 수용범위의 확인인바, 양자는 별개의 독립된 법률효과를 향유하는 것으로 보는 판례의 태도에 따를 때 하자승계는 부정될 것이다. 이에 사업인정과 재결은 결합하여 수용이라는 하나의 공통된 목적을 향유하는 것으로 본다면 하자승계를 인정할 수 있을 것이다.

Ⅳ 사안의 해결

해당 사업인정은 갑의 의견청취를 결여한 취소사유의 절차상 하자가 존재하며, 사업인정과 재결을 하나의 법률효과를 목적으로 하는 것으로 판단할 경우 갑은 사업인정의 절차하자를 이유로 재결의 위법을 주장할 수 있을 것이다. 단, 판례는 토지수용법은 수용·사용의 일차 단계인 사업인정에 속하는 부분은 사업의 공익성 판단이고, 그 이후의 구체적인 수용·사용의 결정은 토지수용위원회에 맡기고 있는 바, 토지수용위원회는 행정쟁송에 의하여 사업인정이 취소되지 않는 한 그 기능상 사업인정 자체를 무의미하게 하는 행위, 즉 사업의 시행이 불가능하게 되는 것과 같은 재결을 행할 수는 없다고 판시한 바 있다.

사례 12

서울특별시 강남구 ○○동 산○○ 임야 100제곱미터는 갑의 소유이었다. 국토교통부장관은 택지개발사업(서울수서지구)의 시행자로서 갑의 토지를 포함한 일대를 택지개발사업지구로 사업인정을 고시하였다(국토교통부고시 제1993-342호, 고시일 2012.1.1.). 국토교통부장관은 갑의 토지를 취득하기 위하여 갑과 협의하였으나 협의에 이르지 못하여 중앙토지수용위원회에 재결을 신청하였고, 토지수용위원회는 2012.12.10. 보상금 20,000,000원에 수용하도록 하는 수용재결을 하였다(재결 자체의 고유한 하자는 존재하지 아니하였다). 또한 갑의 토지는 택지개발지구 내에 소재하는 ○○○교 ○○종단의 종교용지에 연결되는 통로를 제공하기 위한 것이다. 2014.4.3. 갑은 상기 종교용지 인근에 위치나 형태상 갑의 토지보다 도로로 만들기 쉬운 토지가 있으므로 이를 수용하여 종교용지에 연결되는 통로로 제공하면 될 것이고 굳이 지방문화재로 지정된 갑의 토지를 수용할 이유가 없으며, 이러한 사업인정은 헌법 제37조 비례의 원칙에 반하는 것이므로 해당 재결은 취소되어야 한다고 주장한다. 갑 주장의 타당성을 검토하시오. [25점]

Ⅰ 쟁점의 정리

Ⅱ 사업인정의 위법성 판단
  1. 사업인정의 의의 및 법적 성질
  2. 사업인정의 요건
    (1) 주체
    (2) 내용
      1) 공익사업에 해당할 것
      2) 사업을 시행할 공익성이 있을 것
      3) 사업시행 의사와 능력을 갖출 것
    (3) 절차 및 형식
  3. 위법성 판단(비례원칙 위반 여부)
  4. 사안의 경우(하자의 정도)

Ⅲ 하자승계의 인정 여부
  1. 의의 및 논의 배경
  2. 전제요건
  3. 하자승계 해결논의
    (1) 학설
      1) 전통적 견해(하자승계론)
      2) 새로운 견해(구속력론)
    (2) 판례
    (3) 검토
  4. 사안의 경우
    (1) 하자승계 요건충족 여부
    (2) 하자승계 인정 여부

Ⅳ 사안의 해결

---

① 쟁점의 정리

갑 토지의 수용을 위한 재결이 있는 경우, 해당 재결의 위법성 사유로 사업인정이 위법함을 주장할 수 있는지가 문제된다. 따라서 해당 사업인정이 위법한지와, 위법한 경우라도 하자승계가 인정되는지를 검토하여 설문을 해결한다.

Ⅱ 사업인정의 위법성 판단

1. 사업인정의 의의 및 법적 성질

사업인정이란 공익사업을 토지 등을 수용 또는 사용할 사업으로 결정하는 것을 말하며(토지보상법 제2조 제7호), 국토교통부장관이 토지보상법 제20조에 따라서 사업인정을 함으로써 수용권이 설정되므로 이는 국민의 권리에 영향을 미치는 처분이다. 판례는 일정한 절차를 거칠 것을 조건으로 수용권을 설정하는 형성행위라고 판시한 바 있다(대판 1994.11.11, 93누19375).

2. 사업인정의 요건

(1) 주체

토지보상법상 사업인정의 권한은 국토교통부장관이 갖는다. 이와 별도로 개별법에서 주된 인·허가를 받으면 사업인정이 의제되는 규정을 둔 경우에는 주된 행위의 인·허가권자에게 권한이 있다고 볼 수 있다.

(2) 내용

1) 공익사업에 해당할 것

사업인정의 목적이 구체적인 사업실행을 통한 공익실현에 있으므로 토지보상법 제4조 제1호 내지 제5호의 사업에 해당하여야 한다. 이에 각 개별법에서 사업인정을 의제하는 경우를 포함한다.

2) 사업을 시행할 공익성이 있을 것

사업인정기관으로서는 그 사업이 공용수용을 할 만한 공익성이 있는지의 여부를 그 사업의 내용과 방법에 관하여 사업인정에 관련된 자들의 이익을 공익과 사익 사이에서는 물론, 공익 상호간 및 사익 상호간에도 정당하게 비교·교량하여야 하고 그 비교·교량은 비례의 원칙에 적합하도록 하여야 한다(대판 2005.4.29, 2004두14670).

3) 사업시행 의사와 능력을 갖출 것

또한 해당 공익사업을 수행하여 공익을 실현할 의사나 능력이 없는 자에게 타인의 재산권을 공권력적·강제적으로 박탈할 수 있는 수용권을 설정하여 줄 수는 없으므로, 사업시행자에게 해당 공익사업을 수행할 의사와 능력이 있어야 한다는 것도 사업인정의 한 요건이라고 보아야 한다(대판 2011.1.27, 2009두1051).

(3) 절차 및 형식

① 사업시행자가 국토교통부장관에게 사업인정을 신청하면, ② 국토교통부장관은 관계기관 및 시·도지사와 협의를 하고, ③ 이해관계인의 의견을 청취해야 한다. ④ 사업인정을 하는 경우에는 지체 없이 그 뜻을 사업시행자, 토지소유자 및 관계인, 관계 시·도지사에게 통지하고 관보에 고시하여야 한다.

3. 위법성 판단(비례원칙 위반 여부)

갑은 해당 토지보다 수용목적물로서 더 적합한 부지가 인근에 있음에도 불구하고, 자신의 토지를 수용하는 것은 달성되는 공익보다 침해되는 사익이 더 크다고 주장한다. 수용대상의 목적물은 필요 최소한도의 범위 내에서만 인정되어야 하므로 더 적합한 부지가 존재한다면 갑의 토지를 수용대상으로 결정한 사업인정은 비례원칙에 반하는 처분으로 볼 수 있다.

4. 사안의 경우(하자의 정도)

해당 사업인정의 과정상, 인근에 더 적합한 부지가 있음에도 이를 종합적으로 고려하지 못한 것은 내용상 중대한 하자에 해당하나, 일반인의 식견에서 외관상 명백하지 않으므로 취소사유의 하자를 구성하는 것으로 볼 수 있을 것이다.

Ⅲ 하자승계의 인정 여부

1. 의의 및 논의 배경

하자승계란 둘 이상의 행정행위가 일련하여 동일한 법률효과를 목적으로 하는 경우에 선행행위의 하자를 이유로 후행행위를 다툴 수 있는지의 문제를 말한다. 이는 법적 안정성의 요청과(불가쟁력) 국민의 권리구제의 조화문제이다.

2. 전제요건

① 선, 후행행위는 처분일 것, ② 선행행위에의 취소사유의 위법성(무효사유인 경우에는 당연승계된다), ③ 후행행위의 적법성, ④ 선행행위에 불가쟁력이 발생할 것(제소기간 경과, 항소 포기, 판결에 의한 확정 등)을 요건으로 한다.

3. 하자승계 해결논의

(1) 학설

1) 전통적 견해(하자승계론)

선, 후행행위가 일련의 절차를 구성하면서 동일한 법률효과, 즉 하나의 효과를 목적으로 하는 경우에는 하자승계를 인정한다.

2) 새로운 견해(구속력론)

선행행위의 불가쟁력이 대물적(목적), 대인적(수범자), 시간적(사실, 법률관계의 동일성) 한계와 예측, 수인가능성 한도 내에서는 후행행위를 구속하므로 하자승계가 부정된다.

(2) 판례

판례는 형식적 기준을 적용하여 판단하는 듯하나 별개의 법률효과를 목적으로 하는 경우에도 예측, 수인가능성이 없는 경우에 한하여 하자승계를 긍정하여 개별사안의 구체적 타당성을 고려하고 있다.

(3) 검토

전통적 견해는 형식을 강조하여 구체적 타당성을 확보하지 못하는 경우가 있을 수 있고, 새로운 견해는 ① 구속력을 판결의 기판력에서 차용하고 ② 추가적 한계는 특유의 논리가 아니라는 비판이 제기된다. 따라서 전통적 견해의 형식적 기준을 원칙으로 하되 개별사안에서 예측, 수인가능성을 판단하여 구체적 타당성을 기함이 타당하다.

4. 사안의 경우

(1) 하자승계 요건충족 여부

사업인정과 재결은 행정소송법상 처분이며, 사업인정에는 취소사유의 절차상 하자가 존재하며 설문상 제소기간이 경과하여 불가쟁력이 발생하였다. 또한 재결 자체의 고유한 하자는 없는 것으로 보이므로 하자승계의 전제요건을 모두 충족하고 있다.

(2) 하자승계 인정 여부

① 사업인정은 목적물의 공익성 판단이고, ② 재결은 수용범위의 확인인바, 양자는 별개의 독립된 법률효과를 향유하는 것으로 보는 판례의 태도에 따를 때 하자승계는 부정될 것이다. 이에 사업인정과 재결은 결합하여 수용이라는 하나의 공통된 목적을 향유하는 것으로 본다면 하자승계를 인정할 수 있을 것이다.

Ⅳ 사안의 해결

해당 사업인정은 비례의 원칙에 반하는 취소사유의 하자가 존재하며, 사업인정과 재결을 하나의 법률효과를 목적으로 하는 것으로 판단할 경우 갑은 사업인정의 절차하자를 이유로 재결의 위법을 주장할 수 있을 것이다. 단, 판례는 토지수용법은 수용·사용의 일차 단계인 사업인정에 속하는 부분은 사업의 공익성 판단이고, 그 이후의 구체적인 수용·사용의 결정은 토지수용위원회에 맡기고 있는 바, 토지수용위원회는 행정쟁송에 의하여 사업인정이 취소되지 않는 한 그 기능상 사업인정 자체를 무의미하게 하는 행위, 즉 사업의 시행이 불가능하게 되는 것과 같은 재결을 행할 수는 없다고 판시한 바 있다.

사례 13

강남구청장은 2013년 1월 1일 '갑'소유의 토지(상업지역) 100 – 1번지(1,000㎡) 및 100 – 2번지 (1,000㎡)를 일단지로(삼손관광호텔의 일련의 이용) 하여, 인근 유사표준지에 토지가격비준표를 적용하여 개별공시지가를 6,000,000원/㎡으로 결정하였으나, 별도로 개별통지를 하지는 않았다. 주변 토지의 2013.1.1.자 개별공시지가로는 100 – 3번지 토지는 6,020,000원, 100 – 8번지 토지는 6,100,000원, 100 – 7번지 토지는 6,120,000원, 101번지 토지는 5,950,000원으로 결정·공시되었다. 이후, 2014년 5월 20일 사인증여를 통해 소유자가 갑에서 을로 변경되었고, 을은 국세청에 별도의 취득신고를 하지 않았다. 이에 따라 국세청장은 개별공시지가(2013.5.31. 공고)를 기준하여 2014.6.25. 취득세를 부과하였다(2014년 개별공시지가는 아직 공시되고 있지 아니하다). 을은 본건 토지에 대한 시가감정을 개별공시지가보다 낮은 5,600,000원/㎡으로 받았으며, 을은 본건 토지상 건물(삼손관광호텔)은 타인(병) 소유이며 이로 인한 법정지상권 등의 권리관계로 인하여 해당 토지의 이용에 제한이 가해짐에도 이러한 제한 없이 산정된 개별공시지가는 위법하므로 과세처분은 당연 무효라고 주장한다. 을이 과세처분에 대하여 취소 또는 무효등확인소송을 제기한다면 법원은 어떠한 판결을 하여야 하는가? 30점

2013 개별공시지가 조사·산정지침 [시행 2012.11.30.] [국토교통부지침, 2012.11.30. 제정]

Ⅰ. 토지가격비준표 활용
1. 토지가격비준표의 개념
   토지가격비준표는 개별토지에 대한 가격을 간편하게 산정할 수 있도록 계량적으로 고안된 '간이지가 산정표'이다.
2. 가격배율의 의미
   • 토지가격비준표에 제시된 가격배율의 의미는 토지특성의 변화에 대한 지가수준차이를 나타내는 것이다. 즉, 토지특성이 서로 다른 데 대한 상대적인 지가수준을 의미한다.
   • 비준표상에 제시하지 않는 특성항목은 적용치 않는다.

Ⅱ. 개별공시지가 산정요령
1. 산정절차
   개별공시지가의 산정방법은 비교방식에 의하여 산정된다. ㉮ 산정의 기준이 되는 토지(비교표준지)를 선택하고, ㉯ 비교표준지와 산정대상필지의 토지특성을 비교하여 서로 다른 특성을 찾아낸 다음, ㉰ 서로 다른 토지특성에 대한 가격배율을 토지가격비준표에서 추출한 후, ㉱ 비교표준지 가격(공시지가)에 가격배율을 곱하여 개별공시지가를 산정한다.

* 개별공시지가 조사·산정지침에서는 토지특성을 지목, 면적, 공적규제(용도지역, 용도지구, 기타제한[구역 등]), 도로조건(도로접면, 도로거리), 유해시설접근성(청도·고속도로 등, 폐기물·수질오염) 등으로 구분하여 그 해당 여부를 판단하도록 규정하고 있음

Ⅰ 쟁점의 정리

설문은 을이 개별공시지가의 위법을 이유로 과세처분을 대상으로 취소소송 또는 무효등확인소송을

제기하는 경우, 법원의 판결을 묻고 있다. 이는 개별공시지가의 위법을 이유로 과세처분을 다툴 수 있는지, 즉 하자승계의 문제이다. ① 따라서 하자승계가 인정될 수 있는지와, ② 타인소유의 건물이 존재함으로서 미치는 영향을 고려치 않거나, 시가와 차이 나는 것이 개별공시지가의 위법성 사유로 인정될 수 있는지를 검토하여 설문을 해결한다.

Ⅱ 하자승계의 인정 여부

1. 의의 및 논의 배경

하자승계란 둘 이상의 행정행위가 일련하여 동일한 법률효과를 목적으로 하는 경우에 선행행위의 하자를 이유로 후행행위를 다툴 수 있는지의 문제를 말한다. 이는 법적 안정성의 요청과(불가쟁력) 국민의 권리구제의 조화문제이다.

2. 전제요건

① 선·후행행위는 처분일 것, ② 선행행위에의 취소사유의 위법성(무효사유인 경우에는 당연승계 된다), ③ 후행행위는 적법할 것, ④ 선행행위에 불가쟁력이 발생할 것(제소기간 경과, 항소 포기, 판결에 의한 확정 등)을 요건으로 한다.

3. 하자승계 해결논의

(1) 학설

1) 전통적 견해(하자승계론)

선, 후행행위가 일련의 절차를 구성하면서 동일한 법률효과 즉, 하나의 효과를 목적으로 하는 경우에는 하자승계를 인정한다.

2) 새로운 견해(구속력론)

선행행위의 불가쟁력이 대물적(목적), 대인적(수범자), 시간적(사실, 법률관계의 동일성) 한계와 예측가능성, 수인가능성 한도 내에서는 후행행위를 구속하므로 하자승계가 부정된다.

(2) 판례

판례는 형식적 기준을 적용하여 판단하는 듯하나 별개의 법률효과를 목적으로 하는 경우에도 예측가능성, 수인가능성이 없는 경우에 한하여 하자승계를 긍정하여 개별사안의 구체적 타당성을 고려하고 있다. 개별공시지가와 과세처분의 경우, 별개의 법률효과를 목적으로 하지만 개별공시지가가 개별통지되지 않은 경우에는 하자승계를 인정한 바 있으나, 개별공시지가에 대해서 불복할 수 있었음에도 이를 하지 않은 경우에는 부정한 바 있다.

(3) 검토

전통적 견해는 형식을 강조하여 구체적 타당성을 확보하지 못하는 경우가 있으므로, 개별사안에서 예측가능성·수인가능성을 판단하여 구체적 타당성을 기함이 타당하다.

4. 사안의 경우

(1) 동일한 목적을 추구하는지 여부

개별공시지가 결정행위는 각종 부담금 등을 산정하는 기초가 되는 처분이며, 공시일로부터 1년이 경과하여 불가쟁력이 발생하였다. 취득세 부과처분은 납세의 의무를 다하기 위하여 부과되는 금전납부 의무로써 행정소송의 대상이 되는 처분이다. 개별공시지가와 취득세 부과처분은 그 목적을 달리하므로 개별공시지가 결정에 위법사유가 있다고 하여 취득세 부과처분이 당연무효가 된다고 할 수 없을 것이다.

(2) 예측가능성·수인가능성 판단

그런데, 취득세 부과처분에 있어서 과세표준 산정의 기초가 되는 토지의 2013.1.1.자 개별공시지가의 결정·공시와 관련하여 별도의 통지절차가 이루어졌다고 볼 수 없는 이상, 위법한 개별공시지가를 기초로 한 취득세 부과처분의 후행처분에서 선행처분인 해당 토지의 개별공시지가 결정의 위법을 주장할 수 없도록 하는 것은 그 취득자에게 수인한도를 넘는 불이익을 강요하는 것이어서 을은 취득세 부과처분을 대상으로 소를 제기하여 그 위법성 사유로서 개별공시지가처분의 위법성을 주장할 수 있을 것이다.

Ⅲ 개별공시지가 결정행위의 위법성 인정 여부

1. 개별공시지가의 의의 및 취지

개별공시지가란 시·군·구청장이 공시지가를 기준으로 산정한 개별토지의 단위당 가격을 말한다. 이는 조세 및 개발부담금산정의 기준이 되어 행정의 효율성 제고를 도모함에 제도적 취지가 인정된다(부동산공시법 제10조).

2. 산정절차

개별공시지가는 ① 시·군·구청장이 개별토지와 용도지역·이용상황 등이 유사한 비교표준지를 기준하여 토지특성배율이 기재된 비준표를 적용하여 지가를 산정하고, ② 그 타당성에 대하여 감정평가법인 등의 검증을 받고, ③ 토지소유자 및 기타 이해관계인의 의견을 듣는다. ④ 그 후, 시·군·구 부동산가격공시위원회의 심의 후 결정·공시하게 된다.

3. 개별공시지가의 위법성 인정 여부

(1) 개별공시지가의 위법성 사유

개별토지가격의 결정과정에 있어 주요절차를 위반한 하자가 있거나, 비교표준지의 선정 또는 토지가격비준표에 의한 표준지와 해당 토지의 특성 조사·비교, 가격조정률의 적용이 잘못되었거나, 기타 틀린 계산·오기로 인하여 지가산정에 명백한 잘못이 있는 경우 그 개별토지가격 결정의 위법 여부를 다툴 수 있으나, 해당 토지의 시가나 실제 거래가격과 직접적인 관련이 있는 것은 아니므로 단지 그 공시지가가 감정가액이나 실제 거래가격을 초과한다는 사유만으로 그것이 현저하게 불합리한 가격이어서 그 가격 결정이 위법하다고 단정할 수는 없다(대판 2005.7.15, 2003두12080).

(2) 개별공시지가 조사·산정지침 및 토지가격비준표의 법적 성질

국토교통부장관이 부동산공시법 제3조 제8항 규정에 따라 작성하여 제공하는 토지가격비준표는 부동산공시법 시행령 제17조 제1항에 따라 국토교통부장관이 정하는 '개별공시지가의 조사·산정지침'과 더불어 법률 보충적인 역할을 하는 법규적 성질을 가진다고 할 것이다(대판 1998.5.26, 96누17103).

(3) 위법성 인정 여부

1) 개별지가산정시 고려요소

국토교통부장관의 「2013년도 적용 개별공시지가 조사·산정지침」은, '토지특성조사'와 관련하여 토지특성을 '지목, 면적, 공적규제(용도지역, 용도지구, 기타제한[구역 등], 기타/도시계획시설), 농지(구분/비옥도/경지정리), 임야, 토지이용상황(주거용, 상업·업무용, 주·상복합, 공업용, 전, 답, 임야, 특수토지, 공공용지 등), 지형지세(고저, 형상, 방위), 도로조건(도로접면, 도로거리), 유해시설접근성(철도·고속도로 등, 폐기물·수질오염)' 등으로 구분하여 그 해당 여부를 판단하도록 규정하고 있을 뿐, 해당 토지의 소유자와 지상 건축물의 소유자가 동일한지 여부나 그 소유관계에 따라 토지소유권의 사용이 제약되는지 여부는 토지특성의 세부항목으로 규정하고 있지 않다.

2) 사안의 경우

강남구청장은 을 토지에 대하여 개별공시지가를 ㎡당 6,000,000원으로 결정·고시하였는데 앞서 본 바와 같이 토지상에 타인 소유의 건축물이 존재하여 토지이용이 제한된다는 사정은 부동산공시법 및 관련 지침 등에서 정한 토지특성조사 항목에 포함되지 않고, 을 소유 토지는 모두 삼손관광호텔 및 그 관련시설의 부지의 일부로 사용되고 있으며, 각 개별토지의 다른 토지특성 등에 비추어도 위 각 토지는 용도상 불가분의 관계에 있다고 할 것이어서, 위 각 토지를 일단의 토지로 이용하는 것이 사회적·경제적·행정적 측면에서 합리적이고 해당 토지의 가치형성적 측면에서도 타당하다고 보인다. 따라서 강남구청장이 위 각 토지를 일단의 토지로 보아 2013.1.1.자 개별공시지가를 평가한 것은 합리적으로 보인다. 따라서 강남구청장의 개별공시지가 결정행위는 적법한 것으로 판단된다.

Ⅳ 사안의 해결

을이 주장하는 토지이용제한 상황을 을 토지의 개별공시지가 결정에 반영하지 않고, 삼손관광호텔의 부지로 사용되는 '을' 소유의 각 토지를 용도상 불가분의 관계에 있는 일단의 토지로 보아 가격공시법 및 관련 지침에 따라 이 사건 토지의 개별공시지가를 결정한 것에 있어서, 절차상 하자가 있다거나 개별공시지가가 현저히 불합리하게 산정되었다고 볼 수 없고 을 토지와 주변 토지의 개별공시지가의 편차가 크지 않다. 따라서 설문상 취득세 부과처분 자체의 하자는 존재하지 않는 것으로 보이므로, 법원은 취득세 부과처분에 대한 취소소송 또는 무효등확인소송에서 기각판결을 하여야 할 것이다.

대판 2013.10.11, 2013두6138[취득세등부과처분취소]

[판시사항]

[1] 상속인 아닌 자가 사인증여로 부동산의 소유권을 취득하는 경우 적용될 부동산등기의 등록세율

[2] 상속인 아닌 자가 사인증여로 취득세 과세물건을 취득한 경우 취득세의 신고·납부기간

[3] 개별공시지가가 감정가액이나 실제 거래가격을 초과한다는 사유만으로 가격 결정이 위법한지 여부(소극)

[4] 여러 필지의 토지가 일단을 이루어 용도상 불가분의 관계에 있는 경우, 개별공시지가의 산정 방식 및 '용도상 불가분의 관계에 있는 경우'의 의미

[판결요지]

[1] 구 지방세법(2005.12.31. 법률 제7843호로 개정되기 전의 것, 이하 같다) 제131조 제1항 제1호, 제2호 규정의 문언 내용과 관련 규정의 개정 연혁, 상속인 아닌 자가 사인증여로 인하여 부동산의 소유권을 취득하는 경우를 일반적인 증여로 인하여 부동산의 소유권을 취득하는 경우와 달리 취급할 합리적인 이유를 찾기 어려운 점 등을 종합해 보면, 상속인 아닌 자가 사인증여로 인하여 부동산의 소유권을 취득하는 것은 구 지방세법 제131조 제1항 제2호에서 규정한 '상속 이외의 무상으로 인한 소유권의 취득'에 해당하여 '부동산가액의 1,000분의 15'의 등록세율이 적용된다고 보는 것이 타당하다.

[2] 구 지방세법(2005.12.31. 법률 제7843호로 개정되기 전의 것, 이하 같다) 제120조 제1항의 문언 내용과 관련 규정의 개정 연혁, 상속으로 인한 취득에 대하여 6월의 신고납부기간을 정한 것은 민법 제1019조 제1항이 상속인에게 상속포기 등을 선택할 수 있는 기간을 부여하고 있음을 고려한 것으로 보이는 점 등을 종합해 보면, 상속인 아닌 자가 사인증여로 취득세 과세물건을 취득한 경우 구 지방세법 제120조 제1항에 따른 취득세의 신고·납부는 증여자의 사망일로부터 30일 이내에 하여야 한다고 해석하는 것이 타당하다.

[3] 개별공시지가 결정의 적법 여부는 부동산 가격공시 및 감정평가에 관한 법률 등 관련 법령이 정하는 절차와 방법에 따라 이루어진 것인지에 의하여 결정될 것이지 당해 토지의 시가나 실제 거래가격과 직접적인 관련이 있는 것은 아니므로, 단지 그 공시지가가 감정가액이나 실제 거래가격을 초과한다는 사유만으로 그것이 현저하게 불합리한 가격이어서 그 가격 결정이 위법하다고 단정할 수는 없다.

[4] 여러 필지의 토지가 일단을 이루어 용도상 불가분의 관계에 있는 경우에는 특별한 사정이 없는 한 그 일단의 토지 전체를 1필지로 보고 토지특성을 조사하여 그 전체에 대하여 단일한 가격으로 평가하는 것이 타당하고, 여기에서 '용도상 불가분의 관계에 있는 경우'란 일단의 토지로 이용되고 있는 상황이 사회적·경제적·행정적 측면에서 합리적이고 당해 토지의 가치형성적 측면에서도 타당하다고 인정되는 관계에 있는 경우를 말한다.

사례 14

A주식회사는 Y도지사에게 「산업입지 및 개발에 관한 법률」 제11조에 의하여 X시 관내 토지 3,261,281㎡에 대하여 '산업단지지정요청서'를 제출하였고, 해당 지역을 관할하는 X시장은 요청서에 대한 사전검토 의견서를 Y도지사에게 제출하였다. 이에 Y도지사는 A주식회사를 사업시행자로 하여 위 토지를 'OO 제2일반지방산업단지'(이하 "산업단지"라고 한다)로 지정·고시한 후, A주식회사의 산업단지개발실시계획을 승인하였다. 그러나 Y도지사는 위 산업단지를 지정하면서, 주민 및 관계 전문가 등의 의견을 청취하지 않았다. 한편, 甲은 X시 관내에 있는 토지소유자로서 甲의 일단의 토지 중 90%가 위 산업단지의 지정·고시에 의해 수용의 대상이 되었다. A주식회사는 甲소유 토지의 취득 등에 대하여 甲과 협의하였으나 협의가 성립되지 아니하였다. 이에 A주식회사는 Y도(道) 지방토지수용위원회에 재결을 신청하였고, 동 위원회는 금 10억 원을 보상금액으로 하여 수용재결을 하였다.

(1) 甲은 Y도 지방토지수용위원회의 수용재결에 대하여 취소소송을 제기하면서 Y도지사의 산업단지 지정에 하자가 있다고 주장한다. 산업단지 지정에 대한 취소소송의 제소기간이 경과한 경우에 甲의 주장은 인용될 수 있는가? (단, 소의 적법요건은 충족하였다고 가정한다) 30점

(2) 甲은 자신의 위 토지에 숙박시설을 신축하려고 하였으나 수용되고 남은 토지만으로 이를 실행하기 어렵게 되었고, 토지의 가격도 하락하였다. 이 경우 甲의 권리구제수단을 검토하시오. 20점

관련 조문

[산업입지 및 개발에 관한 법률]

제7조(일반산업단지의 지정)
① 일반산업단지는 시·도지사 또는 대도시시장이 지정한다. 〈단서 생략〉

제7조의4(산업단지 지정의 고시 등)
① 산업단지지정권자(제6조, 제7조, 제7조의2, 제7조의3 또는 제8조에 따라 산업단지를 지정할 권한을 가진 국토교통부장관, 시·도지사 또는 시장·군수·구청장을 말한다. 이하 같다)는 산업단지를 지정할 때에는 대통령령으로 정하는 사항을 관보 또는 공보에 고시하여야 하며, 산업단지를 지정하는 국토교통부장관 또는 시·도지사(특별자치도지사는 제외한다)는 관계 서류의 사본을 관할 시장·군수 또는 구청장에게 보내야 한다.

제10조(주민 등의 의견청취)
① 산업단지지정권자는 제6조, 제7조, 제7조의2, 제7조의3 및 제8조에 따라 산업단지를 지정하거나 대통령령으로 정하는 중요 사항을 변경하려는 경우에는 이를 공고하여 주민 및 관계 전문가 등의 의견을 들어야 하고, 그 의견이 타당하다고 인정할 때에는 이를 반영하여야 한다. 〈단서 생략〉

제11조(민간기업 등의 산업단지 지정 요청)
① 국가 또는 지방자치단체 외의 자로서 대통령령으로 정하는 요건에 해당하는 자는 산업단지개발계획을 작성하여 산업단지지정권자에게 산업단지의 지정을 요청할 수 있다.

② 〈생략〉

③ 제1항에 따른 요청에 의하여 산업단지가 지정된 경우 그 지정을 요청한 자는 제16조에 따라 사업시행자로 지정받을 수 있다.

제22조(토지수용)

① 사업시행자(제16조 제1항 제6호에 따른 사업시행자는 제외한다. 이하 이 조에서 같다)는 산업단지개발사업에 필요한 토지·건물 또는 토지에 정착한 물건과 이에 관한 소유권 외의 권리, 광업권, 어업권, 양식업권, 물의 사용에 관한 권리(이하 "토지 등"이라 한다)를 수용하거나 사용할 수 있다.

② 제1항을 적용할 때 제7조의4 제1항에 따른 산업단지의 지정·고시가 있는 때(제6조 제5항 각 호 외의 부분 단서, 제7조 제6항 또는 제8조 제4항에 따라 사업시행자와 수용·사용할 토지 등의 세부 목록을 산업단지가 지정된 후에 산업단지개발계획에 포함시키는 경우에는 이의 고시가 있는 때를 말한다)에는 이를 「공익사업을 위한 토지 등의 취득 및 보상에 관한 법률」 제20조 제1항 및 같은 법 제22조에 따른 사업인정 및 사업인정의 고시가 있는 것으로 본다.

③ 국토교통부장관이 지정한 산업단지의 토지 등에 대한 재결(裁決)은 중앙토지수용위원회가 관장하고, 국토교통부장관 외의 자가 지정한 산업단지의 토지 등에 대한 재결은 지방토지수용위원회가 관장하되, 재결의 신청은 「공익사업을 위한 토지 등의 취득 및 보상에 관한 법률」 제23조 제1항 및 같은 법 제28조 제1항에도 불구하고 산업단지개발계획에서 정하는 사업기간 내에 할 수 있다.

④ 〈생략〉

⑤ 제1항에 따른 수용 또는 사용에 관하여는 이 법에 특별한 규정이 있는 경우를 제외하고는 「공익사업을 위한 토지 등의 취득 및 보상에 관한 법률」을 준용한다.

(설문 1)의 해결

Ⅰ 쟁점의 정리

Ⅱ 하자승계의 전제요건을 충족하였는지
1. 하자승계의 의의 및 전제요건
2. 사업인정 및 재결의 처분성
3. 사업인정의 위법성 여부 및 그 정도
   (1) 사업인정의 위법
   (2) 사업인정의 위법성 정도
4. 그 외 요건 충족 여부

Ⅲ 하자승계의 인정논의
1. 문제점
2. 하자승계의 인정논의
   (1) 학설의 대립
   (2) 판례의 태도
      1) 판례의 태도
      2) 사업인정과 재결에 대한 판례
   (3) 검토
3. 사안의 경우

Ⅳ 사안의 해결

(설문 2)의 해결

Ⅰ 쟁점의 정리

Ⅱ 갑 잔여지에 대한 권리구제방안
1. 잔여지 수용청구권의 행사가능성
   (1) 잔여지 수용청구의 의의 및 취지
   (2) 잔여지 수용청구권의 법적 성질
   (3) 잔여지 수용청구권의 행사요건
   (4) 잔여지 수용청구권의 행사절차(토지보상법 제74조 제1항)
2. 잔여지 감가보상의 청구가능성
   (1) 잔여지 가격감소에 대한 손실보상청구의 의의 및 취지
   (2) 잔여지 감가보상의 청구요건(토지보상법 제73조 제1항 및 제2항)
   (3) 잔여지 감가보상의 청구절차(토지보상법 제73조 제4항)
   (4) 손실보상 재결에 대한 불복방법

Ⅲ 사안의 해결

⊕ (설문 1)의 해결

I 쟁점의 정리

설문은 불가쟁력이 발생하여 사업인정을 다툴 수 없는 경우 후속처분인 수용재결에 대한 취소소송에서 사업인정의 하자를 다툴 수 있는지 여부가 주된 쟁점이다. 설문의 해결을 위해서, 사업인정이 재량행위로서 재량의 일탈·남용이 있는지 여부 및 그 위법성의 정도가 취소사유에 해당하는지를 중점으로 검토한다.

II 하자승계의 전제요건을 충족하였는지

1. 하자승계의 의의 및 전제요건

하자승계란 둘 이상의 행정행위가 일련하여 동일한 법률효과를 목적으로 하는 경우에 선행행위의 하자를 이유로 후행행위를 다툴 수 있는지의 문제를 말한다. ① 선, 후행행위는 처분일 것, ② 선행행위에의 취소사유의 위법성(무효사유인 경우에는 당연승계된다), ③ 후행행위의 적법성, ④ 선행행위에 불가쟁력이 발생할 것(제소기간 경과, 항소 포기, 판결에 의한 확정 등)이 요구된다.

2. 사업인정 및 재결의 처분성

① 사업인정이란 공익사업을 사업의 공익성 여부를 참작하여 토지 등을 수용 또는 사용할 사업으로 결정하는(제2조 제7호) 형성행위이자, 재량행위이다(판례 동지). ② 수용재결이란 사업시행자에게 부여된 수용권의 구체적인 내용을 결정하고 그 실행을 완성시키는 형성적 행위이다.

3. 사업인정의 위법성 여부 및 그 정도

(1) 사업인정의 위법성

재량권 행사가 적법하기 위해서는 재량권의 일탈, 남용이 없어야 한다(행정소송법 제27조). 사안에서 Y도지사가 주민 및 관계 전문가 등의 의견을 청취하지 않았으므로, 이는 산업입지 및 개발에 관한 법률 제10조 제1항에서 규정하고 있는 절차를 이행하지 않은 위법이 인정된다.

(2) 사업인정의 위법성 정도

행정행위의 적법성 확보와 공익 및 상대방의 신뢰보호를 중시하는 중대명백설의(판례) 입장에서 볼 때, 사업인정은 관련규정상 절차를 이행하지 않은 명백한 하자가 인정되나, 산업단지 지정 자체의 중대한 법률위반은 아닌 것으로 판단된다. 따라서 취소사유의 하자가 인정된다.

4. 그 외 요건 충족 여부

사안의 수용재결에는 특별히 하자가 있다고 볼 여지가 사안의 내용상으로 나타나지 아니하고, 선행 행정행위인 사업인정은 불가쟁력이 발생하였다(행정소송법 제20조).

Ⅲ 하자승계의 인정논의

1. 문제점

행정법관계의 안정성과 행정의 실효성 보장이라는 요청과 국민의 권리구제 요청을 어떻게 조화시킬 것인가에 대해서 견해가 대립한다.

2. 하자승계의 인정논의

(1) 학설의 대립

① 선행행정행위와 후행행정행위가 결합하여 동일한 하나의 법률효과를 목적으로 하는 경우, 하자가 승계된다는 견해와 ② 선행행위에 발생한 불가쟁력을 후행행위에 대한 구속력의 문제로 이해하는 견해 등이 있다.

(2) 판례의 태도

1) 판례의 태도

판례는 형식적 기준을 적용하여 판단하는 듯하나 별개의 법률효과를 목적으로 하는 경우에도 예측, 수인가능성이 없는 경우에 한하여 하자승계를 긍정하여 개별사안의 구체적 타당성을 고려하고 있다.

2) 사업인정과 재결에 대한 판례

사업인정의 하자가 당연 무효가 아닌 한, 이러한 위법을 들어 수용재결처분의 취소를 구하거나 무효확인을 구할 수는 없다(대판 2009.11.26, 2009두11607)고 판시하였다.

(3) 검토

구속력의 문제로 보는 견해는 기판력과 구속력의 실질적 차이를 간과하였다는 점, 선후행행위가 동일한 법률효과를 목적으로 하느냐를 기준으로 삼는 견해는 지나치게 형식적이라는 점에서 부당하다. 법적 안정성과 제3자의 보호요청과 국민의 권리구제 요청을 조화시켜 법적 안정성이나 제3자 보호에 지장이 없다면 하자의 승계를 인정하는 것이 타당할 것이다.

3. 사안의 경우

본 사안과 관련하여 사업인정은 그 자체가 독립의 법적 효과를 발생하는 행정행위이지만, 수용이라는 궁극적 목적을 달성하기 위한 준비행위로서 그 하자가 수용재결에 승계된다고 보는 것이 타당할 것이다.

Ⅳ 사안의 해결

주민 및 관계 전문가 등의 의견을 청취하지 않은 채, 산업단지가 지정되었으며, 사업인정과 재결은 공익사업의 시행을 위한 일련의 절차를 이루므로 갑은 수용재결의 취소소송에서 산업단지 지정의 하자를 주장할 수 있을 것이다. 단, 판례에 따를 경우 당연무효가 아닌 바, 하자승계는 부정될 것이다.

⊕ (설문 2)의 해결

Ⅰ 쟁점의 정리

설문은 숙박시설을 건축하기 위한 갑 토지의 일부가 수용되어 더 이상 숙박시설의 건축을 진행하지 못하게 된 경우, 이에 대한 구제수단을 묻고 있다. 이의 해결을 위하여 잔여지 수용 및 감가보상을 검토하여 잔여지에 대한 구제방안을 모색한다.

Ⅱ 갑 잔여지에 대한 권리구제방안

1. 잔여지 수용청구권의 행사가능성

(1) 잔여지 수용청구의 의의 및 취지

잔여지 수용이란 일단의 토지의 잔여지를 매수 또는 수용청구하는 것을 말한다. 이는 손실보상책의 일환으로 부여된 것으로서 피수용자의 권리보호에 취지가 인정된다.

(2) 잔여지 수용청구권의 법적 성질

판례는 잔여지 수용청구요건을 충족한 경우, 토지수용위원회의 조치를 기다릴 것 없이 수용의 효과가 발생하는 형성권으로 보고 있다. 또한 잔여지 수용청구권의 행사기간은 제척기간으로서, 토지소유자가 그 행사기간 내에 잔여지 수용청구권을 행사하지 아니하면 그 권리는 소멸한다고 판시한 바 있다(대판 2001.9.4, 99두11080).

(3) 잔여지 수용청구권의 행사요건

토지보상법 제74조에서는 ① 동일한 소유자의 토지일 것, ② 일단의 토지 중 일부가 편입될 것, ③ 잔여지를 종래의 목적으로 이용하는 것이 현저히 곤란할 것을 요건으로 규정하고 있다.

(4) 잔여지 수용청구권의 행사절차(토지보상법 제74조 제1항)

잔여지를 종래의 목적에 사용하는 것이 현저히 곤란할 때에는 해당 토지소유자는 사업시행자에게 잔여지를 매수하여 줄 것을 청구할 수 있으며, 사업인정 이후에는 공사완료일 전까지 관할 토지수용위원회에 수용을 청구할 수 있다.

2. 잔여지 감가보상의 청구가능성

(1) 잔여지 가격감소에 대한 손실보상청구의 의의 및 취지

잔여지 가격감소에 대한 손실보상이란 잔여지의 형상, 도로접면 등의 조건 등이 일단의 토지보다 열악하게 됨을 원인으로 한 가격감소분을 보상하는 것을 말하며 재산권에 대한 정당보상을 실현함에 제도적 취지가 인정된다.

(2) 잔여지 감가보상의 청구요건(토지보상법 제73조 제1항 및 제2항)

토지의 일부가 취득되거나 사용됨으로 인하여 잔여지의 가격이 감소하거나 그 밖의 손실이 있을 때에는, 손실의 보상은 해당 사업의 공사완료일부터 1년이 지나기 전에 사업시행자에게 청구할 수 있다.

(3) 잔여지 감가보상의 청구절차(토지보상법 제73조 제4항)

손실의 보상은 사업시행자와 손실을 입은 자가 협의하여 결정하되, 협의가 성립되지 아니하면 사업시행자나 손실을 입은 자는 재결을 신청할 수 있다. 따라서 당사자 간 협의 및 재결을 통하여 보상액이 결정될 것이다.

(4) 손실보상 재결에 대한 불복방법

토지보상법에서는 재결에 대한 불복규정을 두고 있으므로 이에 따라 이의신청(제83조)과 행정소송(제85조 제2항)을 제기하는 것이 타당하다.

Ⅲ 사안의 해결

갑은 해당 사업의 공사가 완료되기 전까지 잔여지의 매수청구를 할 수 있으며, 잔여지의 매수청구가 받아들여지지 않는다 하여도, 공사완료일로부터 1년 이내에 잔여지 감가보상을 청구할 수 있을 것이다. 또한, 숙박시설에 대한 건축설계비용 등의 지출이 있었다면, 이 역시 토지보상법 제57조에 따라서 보상받을 수 있을 것이다.

🔴 사례 15

갑은 골프연습장 조성사업을 위하여 을의 토지를 수용하고자 여러 차례 협의를 하였으나 협의가 성립되지 아니하여 사업인정을 거쳐 토지수용위원회에 수용재결을 신청하였다. 토지수용위원회는 수용재결을 하였으며 이에 따라 을은 소유필지 3필지 중 2필지가 편입되고 1필지는 맹지가 되어 종래의 목적대로 이용하기 어려운 상황에 처하였다. 그 후 갑은 재정악화를 이유로 파산에 이르게 되었다.

(1) 을은 갑에게 잔여지수용을 청구할 수 있는지 여부와, 이를 위한 실효적인 쟁송수단에 대해서 설명하시오. 35점

(2) 을은 사업인정시에 이해관계인의 의견을 듣지 않았고 사업수행능력이 부족한 갑을 사업시행자로 지정하였다는 점에서 사업인정은 위법이므로 토지수용위원회의 재결은 무효라고 주장한다. 이는 타당한가? (사업인정에 대한 제소기간은 경과하였다) 15점

(설문 1)의 해결

Ⅰ 쟁점의 정리

Ⅱ 잔여지수용청구의 가능 여부
  1. 의의 및 취지
  2. 성질
  3. 요건
  4. 절차
  5. 효과
  6. 사안의 경우

Ⅲ 잔여지수용청구의 불복쟁송
  1. 잔여지수용청구의 소송유형
  2. 보상금증감청구소송
    (1) 의의 및 취지
    (2) 소송의 형태
    (3) 소송의 성질
    (4) 제기요건 및 효과(기간특례, 당사자, 원처분주의, 관할)
    (5) 심리범위
    (6) 심리방법

  (7) 입증책임
  (8) 판결(형성력, 별도의 처분 불필요)
  (9) 취소소송과의 병합
  3. 사안의 경우

Ⅳ 사안의 해결

(설문 2)의 해결

Ⅰ 쟁점의 정리

Ⅱ 하자승계의 전제요건 및 인정 가부
  1. 의의 및 논의 배경
  2. 전제요건
  3. 하자승계 해결논의
    (1) 학설
      1) 전통적 견해(하자승계론)
      2) 새로운 견해(구속력론)
    (2) 판례
    (3) 검토

Ⅲ 사안의 해결

⊕ (설문 1)의 해결

Ⅰ 쟁점의 정리

설문은 을이 잔여지수용을 청구할 수 있는지를 묻고 있으므로, 토지보상법상 잔여지수용요건을 충족하는지를 검토한다. 또한 잔여지수용을 거부한 경우 이를 실현하기 위한 실효적인 쟁송수단으로서 보상금증감청구소송을 설명한다.

Ⅱ 잔여지수용청구의 가능 여부

1. 의의 및 취지

잔여지수용이란 일단의 토지의 잔여지를 매수 또는 수용청구하는 것을 말한다. 이는 손실보상책의 일환으로 부여된 것으로서 피수용자의 권리보호에 취지가 인정된다.

2. 성질

① 확장수용의 성질을 공용수용으로 보면 공권으로 봄이 타당하다. ② 판례는 요건충족시에 토지수용위원회의 조치를 기다릴 것 없이 수용의 효과가 발생하는 형성권으로 보고 있다.

3. 요건

토지보상법 시행령 제39조에서는 ① 동일한 소유자의 토지일 것, ② 일단의 토지 중 일부가 편입될 것, ③ 잔여지를 종래의 목적으로 이용하는 것이 현저히 곤란할 것을 요건으로 규정하고 있다.

4. 절차

① 협의취득은 매수청구하고(사업시행자가 재결신청 전까지), ② 수용취득은 사업시행자에게 매수청구하고 불성립시 토지수용위원회에 수용을 청구한다.

5. 효과

① 사업인정 및 사업인정고시가 의제되고, ② 관계인의 권리보호(관계인의 권리존속청구 : 관계인의 의사를 묻지 않으므로 직접청구하도록 규정했다), ③ 환매권(잔여지와 접속된 부분과 같이만 행사가 가능하다), ④ 잔여지의 원시취득, ⑤ 손실보상의무가 발생한다.

6. 사안의 경우

을소유의 잔여지는 맹지가 되어 종래 목적에 사용할 수 없게 되었으며, 사업자의 재정난 등의 상황에 비추어 공사완료 전으로 추정된다. 따라서 을은 잔여지수용청구를 행사할 수 있다.

Ⅲ 잔여지수용청구의 불복쟁송

1. 잔여지수용청구의 소송유형

잔여지는 토지소유자가 수용을 청구함으로써 수용의 효과가 발생하는 형성권적 성질을 가진다는 점에서, 잔여지수용청구에 대한 불복은 거부처분취소소송이 아니라 직접 보상금의 증감에 관한 소송으로 다투면 될 것이다.

2. 보상금증감청구소송

(1) 의의 및 취지

보상금의 증감에 대한 소송으로서 사업시행자, 토지소유자는 각각 피고로 제기하며(토지보상법 제85조 제2항) 보상금과 관련된 분쟁을 일회적으로 해결하여 신속한 권리구제를 도모함에 취지가 있다.

(2) 소송의 형태

종전에는 형식적 당사자소송이었는지와 관련하여 견해의 대립이 있었으나 현행 토지보상법 제85조에서는 재결청을 공동피고에서 제외하여 형식적 당사자소송임을 규정하고 있다.

(3) 소송의 성질

판례는 해당 소송을 이의재결에서 정한 보상금이 증액, 변경될 것을 전제로 하여 기업자를 상대로 보상금의 지급을 구하는 확인급부소송으로 보고 있다.

(4) 제기요건 및 효과(기간특례, 당사자, 원처분주의, 관할)

① 제85조에서는 제34조 재결을 규정하므로 원처분을 대상으로, ② 재결서정본 송달일로부터 60일 또는 30일(이의재결시) 이내에, ③ 토지소유자, 관계인 및 사업시행자는 각각을 피고로 하여, ④ 관할법원에 당사자소송을 제기할 수 있다.

(5) 심리범위

① 손실보상의 지급방법(채권보상 여부 포함)과 ② 적정손실보상액의 범위 및 보상액과 관련한 보상면적(잔여지수용 등) 등은 심리범위에 해당한다. 판례는 ③ 지연손해금 역시 손실보상의 일부이고, ④ 잔여지수용 여부 및 ⑤ 개인별 보상으로서 과대, 과소항목의 보상항목 간 유용도 심리범위에 해당한다고 본다.

(6) 심리방법

법원 감정인의 감정결과를 중심으로 적정한 보상금이 산정된다.

(7) 입증책임

입증책임과 관련하여 민법상 법률요건분배설이 적용된다. 판례는 재결에서 정한 보상액보다 정당한 보상이 많다는 점에 대한 입증책임은 그것을 주장하는 원고에게 있다고 한다.

(8) 판결(형성력, 별도의 처분 불필요)

산정된 보상금액이 재결 금액보다 많으면 차액의 지급을 명하고, 법원이 직접 보상금을 결정하므로 소송당사자는 판결결과에 따라 이행하여야 하며 중앙토지수용위원회는 별도의 처분을 할 필요가 없다.

(9) 취소소송과의 병합

수용재결에 대한 취소소송에 보상금액에 대한 보상금증감청구소송을 예비적으로 병합하여 제기하는 것도 가능하다.

3. 사안의 경우

을은 잔여지수용청구를 갑이나 관할 토지수용위원회가 받아들이지 아니한 경우 사업시행자인 갑을 상대로 행정법원에 당사자소송의 형태로 보상금증감청구소송을 제기해야 한다.

Ⅳ 사안의 해결

을의 잔여지는 맹지로서 잔여지수용청구의 요건을 갖추었으며, 만약 토지수용위원회가 이를 거부한 경우라면 항고소송이 아닌 당사자소송으로 보상금증감청구소송을 제기해야 할 것이다.

⊕ (설문 2)의 해결

Ⅰ 쟁점의 정리

을은 사업인정의 위법을 이유로 수용재결의 무효를 주장하고 있다. 이는 하자승계의 문제이므로 하자승계의 전제요건 및 가능 여부를 검토한다.

Ⅱ 하자승계의 전제요건 및 인정 가부

1. 의의 및 논의 배경

하자승계란 둘 이상의 행정행위가 일련하여 동일한 법률효과를 목적으로 하는 경우에 선행행위의 하자를 이유로 후행행위를 다툴 수 있는지의 문제를 말한다. 이는 법적 안정성의 요청과(불가쟁력) 국민의 권리구제의 조화 문제이다.

2. 전제요건

① 선, 후행행위는 처분일 것, ② 선행행위에의 취소사유의 위법성(무효사유인 경우에는 당연승계된다), ③ 후행행위의 적법성, ④ 선행행위에 불가쟁력이 발생할 것(제소기간 경과, 항소 포기, 판결에 의한 확정 등)

3. 하자승계 해결논의

(1) 학설

1) 전통적 견해(하자승계론)

선, 후행행위가 일련의 절차를 구성하면서 동일한 법률효과, 즉 하나의 효과를 목적으로 하는 경우에는 하자승계를 인정한다.

2) 새로운 견해(구속력론)

선행행위의 불가쟁력이 대물적(목적), 대인적(수범자), 시간적(사실, 법률관계의 동일성) 한계와 예측, 수인가능성 한도 내에서는 후행행위를 구속하므로 하자승계가 부정된다.

(2) 판례

사업인정 및 재결과 관련하여서는 사업인정의 절차상 하자는 사업인정단계에서 다툴 수 있는 취소사유에 해당하기는 하나 더 나아가 그 사업인정 자체를 무효로 할 중대하고 명백한 하자라고 보기는 어렵고, 따라서 이러한 위법을 들어 수용재결처분의 취소를 구하거나 무효확인을 구할 수는 없다고 판시하였다.

(3) 검토

전통적 견해의 형식적 기준을 원칙으로 하되 개별사안에서 예측가능성, 수인가능성을 판단하여 구체적 타당성을 기함이 타당하다.

Ⅲ 사안의 해결

설문상 사업인정은 수용권을 설정하는 처분이며, 이해관계인의 의견을 청취하지 않은 절차상 하자가 존재한다. 재결은 수용절차를 종결시키는 처분이며 설문상 재결 자체의 하자는 보이지 않으므로 하자승계의 요건이 충족된다. 사업인정과 재결은 일련의 절차이나, 사업인정의 하자는 당연무효가 아닌 한 재결에 승계되지 않는다고 볼 것이다.

사례 16

「공익사업을 위한 토지 등의 취득 및 보상에 관한 법률」상 보상금증액청구소송을 하면서 해당 재결에 대한 선행처분으로서 수용대상 토지가격 산정의 기초가 된 표준지공시가격결정이 위법함을 독립한 사유로 다툴 수 있는가에 관하여 논하시오. 20점

I 쟁점의 정리

설문은 보상금증액청구소송을 하면서 해당 재결에 대한 선행처분으로서 수용대상 토지가격 산정의 기초가 된 표준지공시가격 결정이 위법함을 독립한 사유로 다툴 수 있는지를 묻고 있다. 이의 해결을 위하여 하자승계를 검토한다.

II 하자승계의 인정논의

1. 하자승계의 의의 및 취지

하자승계문제란 행정행위가 일련의 단계적 절차를 거치는 경우에 선행행위의 위법을 후행행위의 단계에서 주장할 수 있는가의 문제이다. 이와 같은 하자승계의 문제는 법적 안정성의(불가쟁력) 요청과 행정의 법률 적합성의 요청과(재판받을 권리)의 조화의 문제이다.

2. 하자승계의 전제요건

① 두 행정작용이 모두 처분에 해당하여야 하고, ② 선행행위에 취소사유의 하자가 있고, 후행행위는 적법하여야 하고, ③ 선행행위에 불가쟁력이 발생하여야 한다. 사안에서 표준지공시지가결정과 재결은 모두 처분이며, 그 밖의 제 요건은 문제되지 않는 것으로 보인다.

3. 하자승계의 판단기준

(1) 학설

1) 전통적 하자승계론

선행처분과 후행처분이 결합하여 하나의 법효과를 완성하는 경우에 하자가 승계된다고 본다.

2) 선행행위의 구속력이론

2 이상의 행정행위가 동일한 법적 효과를 추구하고 있는 경우에는 선행행위는 일정한 조건 하에서 판결의 기판력에 준하는 효력을 가지므로 후행행위에 대하여 구속력을 가지게 된다고 한다. 그리고 이러한 구속력이 미치는 한도 내에서는 후행행위에 대하여 선행행위의 효과(내용상 구속력)와 다른 주장을 할 수 없다고 한다.

(2) 판례

판례는 기본적으로 전통적 하자승계론에 입각하여 하자승계여부를 검토하되, 개별·구체적으로 타당성 없는 결과를 방지하기 위하여 일반적 법원리(예측가능성, 수인한도성)를 도입하여 조화로운 판단을 하고 있다. 또한 판례는 표준지공시지가와 수용재결 사이에서의 하자승계를 인정한 바 있다(대판 2008.8.21, 2007두13845).

(3) 검토

전통적 하자승계론에 입각하여 하자승계 여부를 판단하되 그에 따른 결론이 개별·구체적으로 보아 타당하지 못한 경우에는 다수의 신뢰이익과 처분상대방의 재판받을 권리 및 재산권에 대한 권익을 비교형량하여 결정하는 것이 타당할 것이다.

Ⅲ 사안의 해결

1. 동일한 법효과를 목적으로 하는지 여부

사안에서 표준지공시지가와 재결은 서로 다른 법효과를 목적으로 하는 행정처분이다. 따라서 전통적 하자승계론에 입각하여 볼 때 하자승계는 인정되지 아니한다.

2. 예측 및 수인가능성 인정 여부

표준지공시지가는 이를 인근 토지의 소유자나 기타 이해관계인에게 개별적으로 고지하도록 되어 있는 것이 아니어서 인근 토지의 소유자 등이 표준지공시지가결정 내용을 알고 있었다고 전제하기가 곤란할 뿐만 아니라, 결정된 표준지공시지가가 공시될 당시 보상금 산정의 기준이 되는 표준지의 인근 토지를 함께 공시하는 것이 아니어서 인근 토지소유자는 보상금 산정의 기준이 되는 표준지가 어느 토지인지를 알 수 없으므로, 인근 토지소유자가 표준지의 공시지가가 확정되기 전에 이를 다투는 것은 불가능하다. 또한 인근 토지소유자 등으로 하여금 결정된 표준지공시지자가를 기초로 하여 장차 토지보상 등이 이루어질 것에 대비하여 항상 토지의 가격을 주시하고 표준지공시지가결정이 잘못된 경우 정해진 시정절차를 통하여 이를 시정하도록 요구하는 것은 부당하게 높은 주의의무를 지우는 것으로 볼 수 있다.

3. 하자승계 인정 여부

위법한 표준지공시지가결정에 대하여 그 정해진 시정절차를 통하여 시정하도록 요구하지 않았다는 이유로 위법한 표준지공시지가를 기초로 한 수용재결 등 후행 행정처분에서 표준지공시지가결정의 위법을 주장할 수 없도록 하는 것은 수인한도를 넘는 불이익을 강요하는 것으로서 국민의 재산권과 재판받을 권리를 보장한 헌법의 이념에도 부합하는 것이 아니다. 따라서 표준지공시지가결정이 위법한 경우에는 그 자체를 행정소송의 대상이 되는 행정처분으로 보아 그 위법 여부를 다툴 수 있음은 물론, 수용보상금의 증액을 구하는 소송에서도 선행처분으로서 그 수용대상 토지 가격 산정의 기초가 된 비교표준지공시지가결정의 위법을 독립한 사유로 주장할 수 있다고 사료된다.

🍡 사례 17

국가는 A하천의 상류부에 댐건설을 계획하였는데, 용지매수가 잘 되지 않자, 토지수용제도를 이용하기 위해, 「공익사업을 위한 토지 등의 취득 및 보상에 관한 법률」(이하 「토지보상법」이라 함)에 의한 사업인정의 신청을 하였다. 이에 대하여, 국토교통부장관이 사업인정을 신청하고, 3년 후, 중앙토지수용위원회 Y는 수용재결을 했다.

이에 대하여, 수용지의 소유자인 X는 민족문화사업의 성지임에도 불구하고, 댐건설에 의한 민족문화훼손에 대한 판단이 고려되지 않았으므로 그 사업인정은 위법하고, 사업인정의 위법성은 수용재결에 승계되므로, 수용재결도 위법하다고 하여, 수용재결의 취소를 구하였다.

(1) 수용재결의 취소소송에서 사업인정의 위법성을 다툴 수 있는가? 15점

(2) 댐건설에 의한 민족문화훼손에 대한 판단이 고려되지 않았음을 이유로 하여 사업인정의 위법성을 주장하려면, 어떤 법적 구성이 필요한가? 15점

(3) 「행정소송법」은 「취소소송의 제기는 처분 등의 효력이나 그 집행 또는 절차의 속행에 영향을 주지 아니한다」라고 규정하고 있고, X가 수용재결의 취소소송을 제기하더라도 사업시행자는 토지소유권을 취득하고, 그것을 전제로 댐건설이 추진되고, 기성사실이 만들어졌다고 하자. 이 경우 소송계속 중에 댐건설을 중지시키는 방법은 없겠는가? 10점

(4) 설문과 관련하여, 예방적 금지소송에 의하여 X는 댐건설을 중지할 수 있는가? 10점

(5) 소송계속 중에 댐건설을 중지할 수 없어, 댐이 완성된 경우 법원은 어떻게 판단해야 하는가? 10점

※ (2)부터 (4)는 위법성이 승계된다는 전제하에서 검토하시오.

⊕ (설문 1)의 해결

Ⅰ 쟁점의 정리

설문은 사업인정과 수용재결 간에 위법성의 승계가 인정되는가를 묻고 있다. 위법성의 승계는 연속하는 행정처분 간에 일정요건하에 선행행위의 위법성이 후행행위에 승계되는 현상을 말한다. 선행행위가 행정행위이면 선행행위의 위법성은 선행행위의 취소소송에서 다투면 충분하고, 선행행위의 위법성은 원칙적으로 후행행위의 취소소송에서는 다툴 수 없다. 위법성의 승계는 이 원칙의 예외로서 인정되는 법리이다.

Ⅱ 하자승계의 인정 여부

1. 하자승계의 의의 및 취지

하자승계란 둘 이상의 행정행위가 일련하여 동일한 법률효과를 목적으로 하는 경우에 선행행위의 하자를 이유로 후행행위를 다툴 수 있는지의 문제를 말한다. 이는 법적 안정성의 요청(불가쟁력)과 국민의 권리구제의 조화문제이다.

2. 하자승계의 인정요건

① 선, 후행행위는 처분일 것, ② 선행행위의 취소사유의 위법성(무효사유인 경우에는 당연승계된다), ③ 후행행위의 적법성, ④ 선행행위에 불가쟁력이 발생할 것(제소기간 경과, 항소 포기, 판결에 의한 확정 등)

3. 하자승계의 인정논의

(1) 학설

① 전통적 견해(하자승계론)는 선·후행행위가 일련의 절차를 구성하면서 동일한 법률효과를 목적으로 하는 경우에는 하자승계를 인정한다. ② 새로운 견해(구속력론)는 선행행위의 불가쟁력이 대물적(목적), 대인적(수범자), 시간적(사실, 법률관계의 동일성) 한계와 예측가능성, 수인가능성 한도 내에서는 후행행위를 구속하므로 하자승계가 부정된다.

(2) 판례

대법원 판례(대판 2000.10.13, 2000두5142 등)는 일관되게 이들이 각각 별개의 목적을 지향하고, 상호간에 수단과 목적의 관계가 없다고 보고 선행처분(사업인정)의 위법성이 후행처분(수용재결)에 승계되지 않는다고 판시하고 있다.

(3) 검토

전통적 견해의 형식적 기준을 원칙으로 하되 개별사안에서 예측가능성, 수인가능성을 판단하여 구체적 타당성을 기함이 타당하다.

Ⅲ 사안의 해결

수용재결이 행정처분인 점은 다툼이 없고, 사업인정이 행정처분인 것은 대법원 판례의 태도이다. 사업인정과 수용재결은 「토지보상법」에 의한 일련의 절차에 속하고, 토지소유권의 강제적 취득이라는 법적 효과의 발생을 가져오므로, 위법성의 승계가 인정된다고도 볼 수 있을 것이다.

⊕ (설문 2)의 해결

Ⅰ 쟁점의 정리

설문 2는 사업인정의 위법성이 어떻게 판단될 것인지의 문제이다. 사업인정의 위법성을 주장함에 있어서 우선 사업인정의 법적 성격, 즉 첫째로 기속행위인지 아니면 재량행위인지 여부의 문제가 검토되어야 하고, 둘째로 재량행위라면 문화와 관련된 어떠한 이익을 고려하지 못한 것이 사업인정의 위법성을 인정시킬 수 있는 것인지의 검토가 요구된다.

Ⅱ 사업인정의 법적 성질

1. 사업인정의 의의 및 취지

사업인정이란 공익사업을 토지 등을 수용 또는 사용할 사업으로 결정하는 것을 말하며(제2조 제7호), ① 사업 전의 공익성 판단, ② 사전적 권리구제(의견청취, 절차참여), ③ 수용행정의 적정화, ④ 피수용자의 권리보호에 취지가 있다.

2. 기속행위와 재량행위의 판단기준

재량은 법령상 명시적으로 "재량은 가진다." 또는 "행정청은 ~할 수 있다."라는 표현이 되어 있을 때 원칙적으로 인정된다. 나아가 법령의 규정방식, 그 취지와 목적, 행정행위의 성질 등을 함께 고려하여 구체적으로 사안마다 개별적으로 판단해야 한다는 것을 기본으로 하면서, 수익적 처분인 경우와 공익성을 이유로 재량행위라고 보는 기준을 보충적으로 사용하는 것이 대법원 판례의 입장이다.

3. 사업인정의 법적 성질

「토지보상법」 제20조 제1항은, 「… 사업인정을 받아야 한다」라고 규정하고 있어, 그 문언만으로는 사업인정처분이 기속행위인지 재량행위인지 불분명하나, 토지수용권을 부여하는 특허에 해당하는 처분인 점, 수익적 행정처분인 점과 공익사업의 수행의 필요성 및 그 효과에 관한 기술적·전문적 판단을 요하는 분야로서 공익실현과 합목적성을 추구하기 위해 보다 구체적 타당성에 적합한 기준에 의해야 하는 점 등에 비추어 재량행위에 해당한다고 판단된다.

Ⅲ 사안의 해결(사업인정의 위법성)

1. 사업인정에 있어서의 고려사항

일반적으로는, 토지수용의 적법성을 판단할 때, 토지수용에 의해 얻어지는 이익으로서 「사업의 공익성」이 고려되었고, 상실되는 이익으로서는 「재산권」이 고려되어 왔다. 이러한 관점에서 보면, 상실되는 이익으로서 전통문화를 고려해야 하는지가 문제된다.

2. 전통문화의 영향이 고려해야 하는 사항인지 여부

우리 헌법에서는 문화국가원리의 구현을 위하여, 인간으로서의 존엄성 존중(제10조)과 인간다운 생활의 보장(제34조 제1항)을 규정하고 있으며, 헌법 제9조는 문화국가에 관한 기본조항이며 그 내용으로는 문화조성의무, 문화적 자율성 보장의무, 문화적 약자 보호의무 등을 들 수 있다. 이러한 법적 근거를 종합하면 「문화향유권」이 도출될 수 있을 것이다.

3. 사안의 해결

설문상 국토교통부장관은 문화향유권을 충분히 고려하였어야 하나, 민족문화훼손에 대한 판단이 고려되지 않았음을 알 수 있다. 따라서 문화향유권이 충분히 고려되지 않은 사업인정은 비례원칙에 반하여 위법하다고 할 수 있을 것이다.

⊕ (설문 3)의 해결

Ⅰ 쟁점의 정리

설문 3은 집행정지가 인정되는가 하는 것이다. 「행정소송법」은 집행부정지원칙을 택하면서 집행정지의 길을 열어두어 원활한 행정운용의 확보와 개인의 권리보호의 확보라는 요청을 조화시키고 있다.

Ⅱ 집행정지의 요건 등

1. 의의(집행부정지원칙과 예외적인 집행정지) 및 근거(행정소송법 제23조 제1항 및 제2항)

집행부정지원칙은 취소소송의 제기는 처분 등의 효력이나 그 집행 또는 절차의 속행에 영향을 주지 아니함을 말한다. 단, 처분이 진행되는 등의 사정으로 회복되기 어려운 손해가 발생할 경우 예외적으로 집행정지를 인정한다.

2. 요건

집행정지의 요건으로서는 ① 본안이 계속 중일 것(예컨대 취소소송이 제기되어 있을 것), ② 처분 등이 존재할 것, ③ 회복하기 어려운 손해를 예방하기 위한 것일 것, ④ 긴급한 필요가 있을 것, ⑤ 공공복리에 중대한 영향이 없을 것, ⑥ 본안청구의 이유 없음이 명백하지 않을 것을 들 수 있다. 집행정지의 인정 여부를 판단함에 있어서는, 손해의 정도와 내용을 종합적으로 고려하고, 특히 위의 ③부터 ⑤까지의 요건을 비교 형량하는 것이 필요하다.

3. 절차 및 효력

본안이 계속된 법원에 당사자의 신청 또는 직권에 의하여 처분 등의 효력이나 그 집행 또는 절차의 속행의 전부 또는 일부의 정지를 결정할 수 있다. ① 처분의 효력을 잠정적으로 소멸시키는 형성력, ② 행정청은 동일한 처분을 할 수 없는 기속력(행정소송법 제30조 제1항 준용), ③ 판결주문에 정해진 시점까지 존속하는 시적 효력이 있다.

Ⅲ 사안의 해결

설문의 경우 문화향유권을 중시하는 입장에서는 문화재는 대체성이 없는 귀중한 자료이므로 집행정지가 인정되어야 한다고 볼 수 있고, 토지수용의 필요성을 중시하는 입장에서는 집행정지를 인정하지 않을 수도 있게 될 것이다.

⊕ (설문 4)의 해결

Ⅰ 쟁점의 정리

예방적 금지소송이란 행정청의 공권력 행사에 의해 국민의 권익이 침해될 것이 예상되는 경우에 미리 그 예상되는 침익적 처분을 저지하는 것을 목적으로 하여 제기되는 소송을 말한다. 예방적 금지소송은 「행정소송법」상 명문의 규정이 없는 무명항고소송인데, 행정청에 대하여 법원의 금지명령을 구하는 이행소송이며, 현상의 가일층의 악화를 막기 위해 제기되는 소송이다. 이에 대해서는 그 허용 여부가 문제된다.

Ⅱ 예방적 금지소송의 인정 여부

1. 인정 여부에 대한 견해의 대립

(1) 부정설

현행 행정소송법은 행정소송의 유형을 열거하고 있는 것이므로 법정된 항고소송 이외의 소송은 원칙적으로 인정되지 않으며, 현행법상 법정된 소송에 의해서도 침해된 권익의 구제가 불가능하지 않는다고 한다.

(2) 긍정설

현행 행정소송법이 항고소송의 종류를 제한적으로 열거한 것으로 보아서는 안 되며, 특정의 권익침해가 예상되고 임박한 경우에는 행정청의 제1차적 판단권이 행사된 것에 준하는 것으로 볼 수 있다고 한다.

(3) 제한적 긍정설(사건의 성숙성 및 보충성 요건)

제한적 긍정설은 처분이 행하여질 개연성이 절박하고, 처분이 일의적이어서 행정청의 판단권을 침해할 우려가 없고(사건의 성숙성), 미리 구제하지 않으면 회복할 수 없는 손해가 발생할 우려가 있고, 다른 구제수단이 없는 경우(보충성)에 예외적으로 인정된다고 본다. 즉, 현행 항고소송만으로는 실효적인 권리구제가 될 수 없는 예외적인 경우에만 긍정한다.

2. 판례

행정소송법상 행정청이 일정한 처분을 하지 못하도록 그 부작위를 구하는 청구는 허용되지 않는 부적법한 소송이라고 판시한 바 있다.

3. 검토

입법론으로 실효적인 권리구제를 위하여 예방적 금지소송 도입이 요구되며 예방적 금지소송은 침익적 처분이 임박한 경우에 제기되는 것이므로 "현상유지를 구하는 가처분"이 인정되어야만 권리구제수단으로서의 실효성을 가질 수 있다.

Ⅲ 사안의 해결

설문에서는 특히 손해의 중대성의 요건이 충족되는가가 문제로 된다. 토지수용에 의한 문화재의 훼손은, 사후에 그 처분 등의 효력을 다투는 방법으로는 회복하기 어려운 손해를 입을 우려가 있다고 판단하는 것이 합리적이다. 따라서 예방적 금지소송의 요건은 충족된다고 할 것이다.

⊕ (설문 5)의 해결

Ⅰ 쟁점의 정리

설문은 판결의 종류와 효력을 묻고 있다. 행정처분이 위법하면 취소하는 것이 원칙이지만, 예외적으로 현저히 공공복리에 적합하지 않으면 청구를 기각하는 판결을 할 수 있는데 이것이 사정판결이다. 즉 취소판결에 의해 다수의 토지, 다수인에 관해 생긴 각종 법률관계나 사실상태가 일시에 무너지고, 큰 혼란이 생기는 사태를 막기 위해 「행정소송법」은 사정판결제도를 두고 있다. 이러한 사정판결제도는 기성사실을 존중하고 취소판결에 의한 사인의 이익의 보호보다도 공공복리의 우선을 도모하려는 것이다.

Ⅱ 사정판결의 요건 및 효과

1. 사정판결의 요건

사정판결의 요건으로는, ① 처분 등이 위법할 것, ② 내용상 처분 등의 취소가 현저히 공공복리에 적합하지 않을 것을 들 수 있고, 법원은 직권으로도 사정판결을 할 수 있다는 것이 대법원 판례이다 (대판 2006.9.22, 2005두2506). 사정판결의 필요성 판단기준시는 판결시점(변론 종결시)이 된다. 왜 냐하면 사정판결은 처분시부터 위법했지만 사후의 변화된 사정을 고려하는 제도이기 때문이다.

2. 사정판결의 효과

① 사정판결에서는 청구가 기각되며, ② 법원은 그 판결주문에서 그 처분이 위법함을 명시해야 하며, ③ 원고는 피고가 속하는 국가 등을 상대로 손해배상 그 밖에 적당한 구제방법의 청구를 해당 취소소송이 계속된 법원에 병합해 제기할 수 있으며, 또한 위법선언이 된 경우에는 판결이 확정됨으로써 처분의 위법에 관해 기판력이 생기므로, 원고는 손해배상청구를 할 수 있다.

3. 적용범위

사정판결은 취소소송에서만 허용되고, 무효등확인소송과 부작위위법확인소송에서는 허용되지 않는다는 것이 통설, 판례의 입장이다(대판 1996.3.22, 95누5509).

Ⅲ 사안의 해결

댐건설에는 막대한 비용이 소용되며, 만일 수용재결을 취소하면, 댐이 무용지물이 되고, 그 철거비용 또한 막대하게 된다. 따라서 이 건의 경우에는 사정판결의 요건이 충족된다고 보는 것이 타당할 것이다. 다만, 비교형량에 있어서는 기성사실의 존중과, 상대방의 이익의 실질적 확보의 조정이 반드시 요구되며, 무조건 기성사실을 존중하는 안이한 태도는 법치국가에서 쉽게 허용되어서는 안 될 것이다.

🔴 사례 18

사업시행자 갑은 제주도에 주거·레저·의료기능이 결합된 세계적 수준의 휴양주거단지를 조성하여 고소득 노인층 및 휴양관광객을 유치하여 인구유입효과와 더불어 고부가가치 창조 등을 추구함으로써 제주국제자유도시의 개발기반을 구축하려 한다. 이에 따라 제주도 서귀포시장은 해당 유원지 개발을 승인하는 도시계획시설사업 실시계획을 고시하였고 제주도 지방토지수용위원회의 재결로 수용절차는 마무리되었다(실시계획 고시에 대한 제소기간은 경과되었다). 토지소유자 을은 유원지라 함은 도시계획시설규칙 제56조에서 정한 '주로 주민의 복지향상에 기여하기 위하여 설치하는 오락과 휴양을 위한 시설'로서 공공적 성격이 요구되는데, 상기의 유원지는 주로 고소득 노인층 등 특정 계층의 이용을 염두에 두고 분양 등을 통한 영리 추구가 그 시설설치의 주요한 목적이므로 이는 도시계획시설인 유원지와는 거리가 먼 시설이라고 한다. 이러한 주장을 이유로 재결에 대한 취소 또는 무효를 구할 수 있는가? 재결취소소송을 제기하는 경우와 재결무효확인소송을 제기하는 경우로 나누어서 서술하시오. 40점

Ⅰ 쟁점의 정리

설문은 유원지설치사업과 관련하여 도시계획시설사업 실시계획 승인의 하자를 이유로 재결의 취소 또는 무효를 구할 수 있는지를 묻고 있다. 이의 해결을 위하여 실시계획승인의 하자가 재결처분에 승계될 수 있는지를 검토한다.

Ⅱ 선행처분의 하자가 후행처분에 승계되는지 여부

1. 하자승계의 의의 및 논의 배경

하자승계란 둘 이상의 행정행위가 일련하여 동일한 법률효과를 목적으로 하는 경우에 선행행위의 하자를 이유로 후행행위를 다툴 수 있는지의 문제를 말한다. 이는 법적 안정성의 요청(불가쟁력)과 국민의 권리구제의 조화문제이다.

2. 전제요건

① 선, 후행행위는 처분일 것, ② 선행행위의 취소사유의 위법성(무효사유인 경우에는 당연승계 된다), ③ 후행행위의 적법성, ④ 선행행위에 불가쟁력이 발생할 것(제소기간 경과, 항소 포기, 판결에 의한 확정 등)을 요건으로 한다.

3. 하자승계 해결논의

(1) 학설

1) 전통적 견해(하자승계론)

선, 후행행위가 일련의 절차를 구성하면서 동일한 법률효과, 즉 하나의 효과를 목적으로 하는 경우에는 하자승계를 인정한다.

2) 새로운 견해(구속력론)

선행행위의 불가쟁력이 대물적(목적), 대인적(수범자), 시간적(사실, 법률관계의 동일성) 한 계와 예측가능성, 수인가능성 한도 내에서는 후행행위를 구속하므로 하자승계가 부정된다.

(2) 판례

판례는 형식적 기준을 적용하여 판단하는 듯 하나 별개의 법률효과를 목적으로 하는 경우에도 예측가능성, 수인가능성이 없는 경우에 한하여 하자승계를 긍정하여 개별사안의 구체적 타당 성을 고려하고 있다.

(3) 검토

전통적 견해는 형식을 강조하여 구체적 타당성을 확보하지 못하는 경우가 있을 수 있고, 새로 운 견해는 ① 구속력을 판결의 기판력에서 차용하고, ② 추가적 한계는 특유의 논리가 아니라 는 비판이 제기된다. 따라서 전통적 견해의 형식적 기준을 원칙으로 하되 개별사안에서 예측가 능성, 수인가능성을 판단하여 구체적 타당성을 기함이 타당하다.

Ⅲ 하자승계 전제요건 충족 여부

1. 도시계획시설사업 실시계획 및 재결의 처분성 여부

도시계획시설사업 실시계획은 구체적인 사업을 진행할 수 있는 법적 효력을 부여하는 처분이며, 재결 역시 타인의 재산권을 취득하는 법적 효력을 발생시키는 처분이다.

2. 도시계획시설사업 실시계획의 하자 유무

도시계획시설규칙 제56조에서는 유원지를 '주로 주민의 복지향상에 기여하기 위하는 시설'로 정의하고 있으나, 갑이 설치하려는 시설은 고소득 노인층 등 특정 계층만을 위한 시설인바, 유원지에 해당되지 않는다. 따라서 도시계획시설사업 실시계획 승인의 위법성이 인정된다.

3. 도시계획시설사업 실시계획의 하자 정도

(1) 무효와 취소의 구별기준

통설·판례는 행정행위의 하자가 내용상 중대하고, 외관상 명백한 경우에 무효인 하자가 되고, 이 두 요건 중 하나라도 충족하지 않는 경우에는 취소사유로 보는 중대명백설을 취하고 있다.

(2) 사안의 경우

설문은 도시계획시설규칙상 유원지에 해당하지 않으므로, 이는 중대한 법률상 하자이나, 일반인의 식견에서 유원지의 기능 및 이용대상자를 구분하는 것이 명백하지 않으므로 취소사유의 하자가 존재한다 할 것이다.

4. 사안의 경우

각 행위는 처분이며, 선행처분에 불가쟁력이 발생한 취소사유의 하자가 존재한다. 설문상 후행처분은 적법한 것으로 보이므로 하자승계 요건이 충족되었다. 또한, 도시계획시설사업 실시계획과 재결은 공익사업의 시행이라는 동일한 목적을 가지므로 하자승계가 인정되어 재결에 대한 취소 또는 무효를 주장할 수 있을 것이다.

Ⅳ 재결취소소송을 제기한 경우

실시계획 고시의 하자가 재결에 승계되므로 을은 재결에 대한 취소를 구할 수 있을 것이다. 만약, 실시계획 고시의 하자를 무효로 본다면, 해당 재결은 원인행위 없는 처분이 될 것이므로 이 역시 취소될 수 있을 것이다.

Ⅴ 재결무효확인소송을 제기한 경우

1. 무효사유인 경우

실시계획고시의 하자가 무효사유라면 재결처분 역시 무효라 볼 수 있으므로 무효확인판결을 받을 수 있을 것이다.

2. 취소사유인 경우

선행처분의 하자가 취소사유인 경우에, 무효확인소송에서 취소판결을 내릴 수 있는지가 문제된다.

(1) 학설

1) 소변경필요설

무효확인청구는 취소청구를 포함한다고 보지만 법원은 석명권을 행사하여 무효확인소송을 취소소송으로 변경하도록 한 후 취소판결을 하여야 한다고 보는 견해이다.

2) 취소소송포함설

무효확인청구에는 취소청구를 포함한다고 보고, 법원은 취소소송요건을 충족한 경우 취소판결을 하여야 한다는 견해이다.

(2) 판례

"일반적으로 행정처분의 무효확인을 구하는 소에는 원고가 그 처분의 취소를 구하지 아니한다고 밝히지 아니한 이상 그 처분이 만약 당연무효가 아니라면 그 취소를 구하는 취지도 포함되어 있는 것으로 본다(대판 1994.12.23, 94누477)."고 판시한 바 있다.

(3) 검토

소송상 청구는 원고가 하며 법원은 원고의 청구에 대해서만 심판해야 하므로 법원은 석명권을 행사한 후 취소판결을 하여야 할 것이다.

(4) 사안의 경우

재결단계에서 실시계획 고시의 하자가 있음이 명백하지 않는 바, 이는 재결처분의 취소사유가 될 것이다. 따라서 을은 재결취소소송으로 변경을 통하여 취소판결을 받을 수 있을 것이다.

Ⅵ 사안의 해결

을은 실시계획 고시의 하자를 이유로 재결취소소송 또는 재결무효확인소송을 제기하여 인용판결을 받을 수 있을 것이다.

06　과징금 및 일부취소

　사례 19

감정평가사무소 갑은 3개월 전에 감정평가법 제3조 제1항에 따른 감정평가준칙을 위반(2차)하였으나 국토교통부장관은 공익을 이유로 업무정지처분에 갈음하는 과징금 4천만원을 부과하였다.

▶ 제48회 사법고시 응용

(1) 위 과징금의 성격은?　5점

(2) 위 과징금의 부과는 적법한가? (업무정지에 대한 가중사유는 없는 것으로 한다)　20점

(3) 위 과징금에 대하여 갑이 제기할 수 있는 불복수단은 어떠한 것들이 있는가?　5점

(4) 위 사안에서 관할법원은 과징금 부과처분이 위법하다고 인정하는 경우 일부취소판결을 할 수 있는가?　10점

관련 규정

1. 감정평가법 시행령 별표 3

2. 개별기준 　라. 법 제3조 제1항을 위반하여 감정평가를 한 경우	2차 위반 : 업무정지 3개월

2. 감정평가법 제41조(과징금의 부과)

　① 국토교통부장관은 감정평가법인 등이 제32조 제1항 각 호의 어느 하나에 해당하게 되어 업무정지처분을 하여야 하는 경우로서 그 업무정지처분이 「부동산 가격공시에 관한 법률」 제3조에 따른 표준지공시지가의 공시 등의 업무를 정상적으로 수행하는 데에 지장을 초래하는 등 공익을 해칠 우려가 있는 경우에는 업무정지처분을 갈음하여 5천만원(감정평가법인인 경우는 5억원) 이하의 과징금을 부과할 수 있다.

　② 국토교통부장관은 제1항에 따른 과징금을 부과하는 경우에는 다음 각 호의 사항을 고려하여야 한다.
　　1. 위반행위의 내용과 정도
　　2. 위반행위의 기간과 위반횟수
　　3. 위반행위로 취득한 이익의 규모

　③ 국토교통부장관은 이 법을 위반한 감정평가법인이 합병을 하는 경우 그 감정평가법인이 행한 위반행위는 합병 후 존속하거나 합병으로 신설된 감정평가법인이 행한 행위로 보아 과징금을 부과·징수할 수 있다.

　④ 제1항부터 제3항까지에 따른 과징금의 부과기준 등에 필요한 사항은 대통령령으로 정한다.

3. 감정평가법 시행령 제43조(과징금의 부과기준 등)

　① 법 제41조에 따른 과징금의 부과기준은 다음 각 호와 같다.
　　1. 위반행위로 인한 별표 3 제2호의 개별기준에 따른 업무정지기간이 1년 이상인 경우 : 법 제41조 제1항에 따른 과징금최고액(이하 이 조에서 "과징금최고액"이라 한다)의 100분의 70 이상을 과징금으로 부과

2. 위반행위로 인한 별표 3 제2호의 개별기준에 따른 업무정지기간이 6개월 이상 1년 미만인 경우
: 과징금최고액의 100분의 50 이상 100분의 70 미만을 과징금으로 부과

3. 위반행위로 인한 별표 3 제2호의 개별기준에 따른 업무정지기간이 6개월 미만인 경우 : 과징금 최고액의 100분의 20 이상 100분의 50 미만을 과징금으로 부과

② 제1항에 따라 산정한 과징금의 금액은 법 제41조 제2항 각 호의 사항을 고려하여 그 금액의 2분의 1 범위에서 늘리거나 줄일 수 있다. 다만, 늘리는 경우에도 과징금의 총액은 과징금최고액을 초과할 수 없다.

③ 국토교통부장관은 법 제41조에 따라 과징금을 부과하는 경우에는 위반행위의 종류와 과징금의 금액을 명시하여 서면으로 통지하여야 한다.

④ 제3항에 따라 통지를 받은 자는 통지가 있은 날부터 60일 이내에 국토교통부장관이 정하는 수납기관에 과징금을 납부하여야 한다.

(설문 1)의 해결

Ⅰ 개설(과징금제도 도입의 취지)

Ⅱ 과징금의 성격
 1. 본래적 의미의 과징금
 2. 감정평가법 제41조 과징금(변형된 의미의 과징금)

(설문 2)의 해결

Ⅰ 문제의 소재

Ⅱ 관련행위의 법적 성질
 1. 과징금 부과기준의 법적 성질
  (1) 문제점
  (2) 견해의 대립
  (3) 판례의 태도
  (4) 검토
  (5) 시행령 제43조의 법적 성질
 2. 과징금 부과처분의 법적 성질

Ⅲ 과징금 부과의 위법성 판단
 1. 과징금 부과기준의 위법성 판단
 2. 과징금 부과처분의 위법성 판단
  (1) 과징금 부과기준에 의한 한도액 판단
  (2) 과징금 부과처분의 위법성 판단

Ⅳ 사안의 해결

(설문 3)의 해결

Ⅰ 개설

Ⅱ 감정평가법상 이의신청(제42조)

Ⅲ 행정심판 및 행정소송
 1. 행정심판
 2. 행정소송

(설문 4)의 해결

Ⅰ 문제의 소재

Ⅱ 행정소송법 제4조 제1호의 '변경'의 의미
 1. 견해의 대립
 2. 판례의 태도
 3. 검토

Ⅲ 일부취소판결의 가능성(특정성 및 분리가능성)
 1. 일부취소판결의 허용기준
 2. 재량행위의 경우

Ⅳ 사안의 해결

갑은 영리를 목적으로 2006.5.10. 22:00경 청소년인 남녀 2인을 혼숙하게 하였는데, 이에 대하여 관할 행정청은 청소년 보호법 위반을 이유로 500만원의 과징금 부과처분을 하였다. 그러자 갑은 적법한 제소요건을 갖추어 관할법원에 위 부과처분이 위법하다고 주장하면서 과징금 부과처분 취소소송을 제기하였다. 그런데 청소년보호법 시행령 제40조 제2항 [별표 7] 위반행위의 종별에 따른 과징금 부과기준 제9호는 "법 제26조의2 제8호의 규정에 위반하여 청소년에 대하여 이성혼숙을 하게 하는 등 풍기를 문란하게 하는 영업행위를 하거나 그를 목적으로 장소를 제공하는 행위를 한 때"에 대한 과징금액을 "위반횟수마다 300만원"으로 규정하고 있다.

(1) 위 과징금의 성격은?

(2) 위 과징금 부과처분은 위법한가?

(3) 위 사안에서 관할법원은 과징금 부과처분이 위법하다고 인정하는 경우 일부취소판결을 할 수 있는가?

제48회 사법고시는 청소년 보호법 시행령에 의한 과징금 부과기준과 관련하여 제재적 처분기준의 법적 성질과 재량행위인 경우에 일부취소의 가능성을 물어보았습니다.

따라서 감정평가법상 과징금 부과기준의 법적 성질과 과징금 부과처분이 과징금 부과기준에 위반된 경우 법원이 적정한 부과액을 결정할 수 있는지, 즉 일부취소할 수 있는지를 물어보았습니다.

이에 한 단계 더 나아가서, 과징금 부과에 대한 불복수단으로써 감정평가법 제42조에서 규정하고 있는 이의신청을 숙지하고 있는지를 물어보았습니다.

사례를 접하면서 과징금 부과처분에 대한 위법성 판단 구조를 검토하고, 감정평가법 제42조에서 명문으로 이의신청과 행정심판을 규정하고 있음을 숙지하면 될 것입니다.

⊕ (설문 1)의 해결

[I] 개설(과징금제도 도입의 취지)

감정평가의 업무영역이 확대되고 면적사업이 증대되는 등 공공성이 강화됨에 따라 공적업무수행 역할의 중요성도 증대하였다. 따라서 공적업무수행시에(표준지, 표준주택 가격조사 등) 업무정지처분을 받는 경우 공적업무에 지장을 초래할 수 있으므로 이를 개선하기 위하여 과징금제도를 도입하였다.

Ⅱ 과징금의 성격

1. 본래적 의미의 과징금

과징금은 행정법상 의무위반 행위로 얻은 경제적 이익을 박탈하기 위한 금전상 제재금을 말한다. 과징금은 의무이행 확보수단으로 가해지는 점에서 의무위반에 대한 벌인 과태료와 구별된다.

2. 감정평가법 제41조 과징금(변형된 의미의 과징금)

감정평가법상 과징금은 계속적인 공적업무수행을 위하여 업무정지처분에 갈음하여 부과되는 것으로 변형된 과징금에 속한다. 이는 인허가 철회나 정지처분으로 인해 발생하는 국민생활 불편이나 공익을 고려함에 취지가 인정된다.

⊕ (설문 2)의 해결

Ⅰ 문제의 소재

사안에서 4천만원의 과징금 부과처분의 적법성 여부를 살펴보기 위하여 과징금 부과처분의 기준이 되는 시행령 제43조의 법적 성질 및 과징금 부과처분의 법적 성질을 검토한다.

Ⅱ 관련행위의 법적 성질

1. 과징금 부과기준의 법적 성질

(1) 문제점

시행령 제43조에 따른 과징금 부과기준은 형식은 법규명령이나 그 내용이 제재적 처분기준으로서 재량준칙적 사항을 규정하고 있으므로 그 법적 성질이 문제된다.

(2) 견해의 대립

① 규범의 형식과 법적 안정성의 확보를 중시하여 법규명령으로 보는 견해, ② 규범의 실질과 구체적 타당성 확보를 위하여 행정규칙으로 보는 견해, ③ 법률의 수권 유무에 따라서 수권규정이 있는 경우 법규명령으로 보는 견해가 있다.

(3) 판례의 태도

대법원은 ① (구)식품위생법 시행규칙상 제재적 처분기준은 행정규칙으로 보며, ② (구)청소년보호법 시행령상 과징금 처분기준을 법규명령으로 보면서 그 처분기준은 최고한도로 보아 구체적 타당성을 기한 사례가 있다.

(4) 검토

현행 대부분의 제재적 처분의 기준은 입법 당시에 가감규정을 함께 고려하여 개별 사안에서 구체적 타당성을 도모할 수 있도록 하고 있다. 또한 이러한 가감규정이 없다면 법원은 구체적 규범통제를 통해서 해당 사건에 그 적용을 배제할 수 있으므로 법규명령 형식으로 제정된 경우는 법규명령으로 보는 것이 타당하다고 판단된다.

(5) 시행령 제43조의 법적 성질

과징금 부과기준은 감정평가법 제41조 제4항에 의하여 대통령령 형식으로 제정되었으며, 개별 사안에서 구체적 타당성을 도모할 수 있도록 가감규정을 두고 있다. 따라서 동 기준은 법규명령으로 봄이 타당하다.

2. 과징금 부과처분의 법적 성질

과징금 부과는 감정평가법 제41조에서는 '할 수 있다.'라고 규정하고 있으므로 재량행위이며, 금전상의 급부를 명하는 급부하명으로서 처분에 해당한다.

Ⅲ 과징금 부과의 위법성 판단

1. 과징금 부과기준의 위법성 판단

과징금 부과기준은 법규명령이므로 동 규정은 법규명령은 포괄위임금지 및 수권법률의 위임한계 내에서 입법되어야 한다. 사안에서 과징금 부과기준은 5천만원(법인의 경우 5억) 이내에서 위반행위의 내용과 정도 등을 고려하여 규정된 바, 적법한 것으로 판단된다.

2. 과징금 부과처분의 위법성 판단

(1) 과징금 부과기준에 의한 한도액 판단

시행령 제43조에서는 감정평가법 제3조 제1항을 위반(3차)한 경우 업무정지 6개월을 규정하고 있다. 이에 기준할 때, 과징금 부과액은 과징금 최고액의 100분의 20 이상 100분의 50 미만액이 된다. 따라서 1000만원과 2500만원 사이가 될 것이다. 또한 동 기준에서는 2분의 1의 범위 안에서 가감규정을 두고 있으므로 이를 고려한다면 최종적으로 과징금 부과기준은 500만원에서 3750만원의 사이가 될 것이다.

(2) 과징금 부과처분의 위법성 판단

상기와 같이 국토교통부장관이 부과할 수 있는 과징금의 금액은 가중규정을 적용해도 3750만원이 최고 한도가 된다. 따라서 이를 넘어서는 4000만원의 과징금 부과처분은 재량의 외적 한계를 일탈한 위법한 처분이 된다.

Ⅳ 사안의 해결

과징금 부과기준은 가감규정을 두어 구체적 타당성을 도모할 수 있는 법규명령이며 기준 자체에 대한 위법성은 보이지 않는다. 다만 동 기준에 의하여 국토교통부장관이 부과할 수 있는 과징금의 최고한도액은 3750만원임에도 이를 넘어서는 4000만원의 과징금을 부과하는 것은 재량의 일탈로써 위법하다.

⊕ (설문 3)의 해결

Ⅰ 개설

과징금 부과는 금전상의 급부를 명하는 급부하명이므로, 국민의 권리에 영향을 미치게 된다. 법치주의 원칙상 위법한 과징금 부과처분에 대한 불복은 국민의 당연한 권리이므로 감정평가법 및 행정쟁송법을 중심으로 이에 대한 불복수단을 살펴본다.

Ⅱ 감정평가법상 이의신청(제42조)

동 규정에서는 과징금의 부과처분에 이의가 있는 자는 그 처분을 통보받은 날부터 30일 이내에 사유를 갖추어 국토교통부장관에게 이의를 신청할 수 있다고 규정하고 있다. 또한 국토교통부장관은 30일 이내에 결정을 하여야 하나 부득이한 사유가 있는 경우에는 30일의 범위 내에서 기간을 연장할 수 있다.

Ⅲ 행정심판 및 행정소송

1. 행정심판

감정평가법 제42조 제3항에서는 동 규정 제1항에 대한 결정에 이의가 있을 때에 행정심판을 청구할 수 있다고 규정하고 있다. 따라서 행정심판법에 의한 행정심판을 제기할 수 있다.

2. 행정소송

과징금 부과처분은 급부하명으로 처분성이 인정된다. 따라서 행정소송의 대상적격이 인정되므로 이에 과징금 부과처분에 대하여 항고소송을 제기할 수 있을 것이다.

⊕ (설문 4)의 해결

Ⅰ 문제의 소재

행정소송법 제4조 제1호의 '변경'의 의미가 소극적 변경으로서 일부취소만을 의미하는 것인지 아니면 적극적 변경도 포함하는 것인지에 관련하여 문제된다.

설문의 해결을 위하여 '변경'의 의미를 살펴보고 '변경'이 일부취소판결의 근거가 된다면 재량행위인 경우에도 적용될 수 있는지를 검토한다.

Ⅱ 행정소송법 제4조 제1호의 '변경'의 의미

1. 견해의 대립

① 권력분립의 원칙을 형식적으로 이해하는 관점에서 취소소송에서의 '변경'을 소극적 변경으로서의 일부취소로 보는 것이 타당하다는 견해와 ② 권력분립의 원칙을 실질적으로 이해하면 법원이 위법한 처분을 취소하고 새로운 처분을 내용으로 하는 판결을 하는 것도 가능하다고 보는 견해가 있다.

2. 판례의 태도

판례는 현행 행정소송법상 이행형성소송을 인정하지 않으므로 '변경'의 의미를 소극적 변경, 즉 일부취소를 의미하는 것으로 보고 있다.

3. 검토

적극적 변경판결은 법원이 처분권한을 행사하는 것과 같은 결과를 가져오므로 명문의 규정이 없는 한 소극적 변경인 일부취소를 의미한다고 보는 것이 타당하다.

Ⅲ 일부취소판결의 가능성(특정성 및 분리가능성)

1. 일부취소판결의 허용기준

외형상 하나의 행정처분이라 하더라도 가분성이 있거나 그 처분대상의 일부가 특정될 수 있어야만 그 일부만의 취소도 가능하다고 본다.

2. 재량행위의 경우

재량행위인 경우에 행정처분의 일부를 취소하는 것은 행정청의 재량권을 침해하는 것이 될 수 있다. 이러한 경우에는 인정될 수 없다고 할 것이다.

Ⅳ 사안의 해결

사안의 과징금 부과처분은 과징금 부과기준의 한도를 넘어선 것으로써, 한도 초과에 대한 부분은 특정, 분리될 수 있다. 그러나 과징금 부과기준의 한도범위 내에서는 위반행위의 횟수, 내용 등을 고려하여 그 정당성을 판단해야 하는데 이러한 사항은 행정청의 권한이다. 따라서 처분청의 재량권을 존중하는 차원에서 법원은 일부취소를 할 수 없고, 전부취소를 한 다음 처분청이 재량권을 행사하여 다시 적정한 처분을 하도록 하여야 할 것이다.

 사례 20

각 물음에 답하시오.

(1) 감정평가법인이 업무정지처분을 받은 경우 취소쟁송을 통해 그에 갈음하는 과징금처분을 받으려고 하는 경우 어떠한 취소쟁송을 선택하여야 하는지에 관해 검토하시오. 15점

(2) 감정평가법인은 과징금 부과처분을 받고 이에 불복하여 이의신청을 하였으나 국토교통부장관은 이의신청을 기각하는 결정을 하였다. 국토교통부장관의 기각결정을 행정심판의 기각재결로 볼 수 있는지 설명하시오. 10점

(3) 과징금에 대한 불복방법과 불복신청에 대한 기간에 대해서 설명하시오. 15점

관련 규정

[감정평가법]

제41조(과징금의 부과)

① 국토교통부장관은 감정평가법인 등이 제32조 제1항 각 호의 어느 하나에 해당하게 되어 업무정지처분을 하여야 하는 경우로서 그 업무정지처분이 「부동산 가격공시에 관한 법률」 제3조에 따른 표준지공시지가의 공시 등의 업무를 정상적으로 수행하는 데에 지장을 초래하는 등 공익을 해칠 우려가 있는 경우에는 업무정지처분을 갈음하여 5천만원(감정평가법인인 경우는 5억원) 이하의 과징금을 부과할 수 있다.

② 국토교통부장관은 제1항에 따른 과징금을 부과하는 경우에는 다음 각 호의 사항을 고려하여야 한다.

　1. 위반행위의 내용과 정도

　2. 위반행위의 기간과 위반횟수

　3. 위반행위로 취득한 이익의 규모

③ 국토교통부장관은 이 법을 위반한 감정평가법인이 합병을 하는 경우 그 감정평가법인이 행한 위반행위는 합병 후 존속하거나 합병으로 신설된 감정평가법인이 행한 행위로 보아 과징금을 부과·징수할 수 있다.

④ 제1항부터 제3항까지에 따른 과징금의 부과기준 등에 필요한 사항은 대통령령으로 정한다.

제42조(이의신청)

① 제41조에 따른 과징금의 부과에 이의가 있는 자는 이를 통보받은 날부터 30일 이내에 사유서를 갖추어 국토교통부장관에게 이의를 신청할 수 있다.

② 국토교통부장관은 제1항에 따른 이의신청에 대하여 30일 이내에 결정을 하여야 한다. 다만, 부득이한 사정으로 그 기간에 결정을 할 수 없을 때에는 30일의 범위에서 기간을 연장할 수 있다.

③ 제2항에 따른 결정에 이의가 있는 자는 「행정심판법」에 따라 행정심판을 청구할 수 있다.

⊕ (설문 1)의 해결

Ⅰ 쟁점의 정리

설문은 업무정지처분을 그에 갈음하는 과징금처분으로 불복하고자 한다. 이는 처분내용의 변경으로서 일부취소를 요청하는 경우에 해당한다. 취소심판과 취소소송의 불복에 있어서, 일부취소가 가능한지를 검토하여 사안을 해결한다.

Ⅱ 취소심판 청구의 가능 여부

1. 취소심판의 의의 및 청구요건

취소심판이라 함은 "행정청의 위법 또는 부당한 처분을 취소하거나 변경하는 심판"을 말한다(행정심판법 제5조 제1호). 행정심판제기요건으로는 행정심판의 대상인 처분 또는 부작위의 존재, 당사자능력 및 당사자적격의 존재, 심판청구기간의 준수, 필요적 전치절차의 이행, 심판청구서 기재사항의 구비 등을 들 수 있다.

2. 취소심판 인용재결의 종류

행정심판의 재결이라 함은 행정심판청구에 대한 심리를 거쳐 재결청이 내리는 결정을 말한다. 재결은 행정행위이면서 동시에 재판작용(사법작용)적 성질을 아울러 갖는다.

(1) 전부취소와 일부취소

처분을 취소하는 재결은 해당 처분의 전부취소를 내용으로 하는 것과 일부취소(영업정지처분기간의 단축)를 내용으로 하는 것이 있다. 행정심판에서도 일부취소는 이론상 취소의 대상이 되는 부분이 가분적인 것인 경우에 가능하다.

(2) 적극적 변경

처분을 변경하거나 변경을 명하는 재결은 행정심판기관이 행정기관이므로 처분내용을 적극적으로 변경하거나 변경을 명하는 재결을 말한다(허가취소처분을 영업정지처분으로 변경하거나 변경을 명령하는 경우 등).

3. 재결의 효력

① 일부취소재결의 경우에는 일부취소된 부분에 한하여 소급적으로 효력을 상실하고 일부취소되지 않은 부분에 한하여 원처분은 효력을 유지한다. ② 변경재결이 있으면 원처분은 효력을 상실하고, 변경재결로 인한 새로운 처분은 제3자의 권익을 침해하지 않는 한 소급하여 효력을 발생한다고 보아야 한다.

4. 사안의 경우

취소심판의 인용재결에는 처분의 내용을 변경하는 적극적 변경도 포함되므로 업무정지처분을 그에 갈음하는 과징금 부과처분으로의 변경을 구하는 취소심판을 청구할 수 있을 것이다.

Ⅲ 취소소송 제기의 가능 여부

1. 취소소송의 의의 및 제기요건

취소소송이라 함은 '행정청의 위법한 처분 등을 취소 또는 변경하는 소송'을 말한다. 소송요건이라 함은 본안심리를 하기 위하여 갖추어야 하는 요건을 말한다. 소송요건이 충족된 소송을 적법한 소송이라 하고 이 경우 법원은 본안심리로 넘어 간다. 소송요건이 결여된 소송을 부적법한 소송이라 하며 이 경우 법원은 각하판결을 내린다.

2. 취소소송 인용판결의 종류

(1) 취소판결의 종류

취소소송에서 인용판결이라 함은 취소법원이 본안심리의 결과 원고의 취소청구 또는 변경청구가 이유 있다고 인정하는 경우, 해당 처분의 전부 또는 일부를 취소하는 판결을 말한다.

(2) 적극적 변경의 가능성

1) 문제점

"취소 또는 변경"에서 변경의 의미가 일부취소인지 적극적 형성판결인지 견해가 대립한다. 일부취소인 경우 재량행위에도 인정되는지가 문제된다.

2) 학설 및 판례

① 적극적 형성판결은 권력분립 위반이므로 변경의 의미는 일부취소로 보는 견해와, ② 권력분립의 원칙을 실질적으로 이해하여 적극적 형성판결을 인정하는 견해가 있다. ③ 판례는 이행형성소송을 인정하지 않으므로 일부취소의 의미로 본다.

3) 검토

현행 행정소송법이 권력분립을 고려하여 의무이행소송을 도입하지 않았고, 적극적 변경판결은 법원이 처분권을 행사하는 것과 같은 결과를 가져오므로 명문규정이 없는 한 소극적 변경(일부취소)으로 봄이 타당하다.

(3) 일부취소의 가능성

① 일부만 특정하여 분리가능한 경우에 한하여 일부취소가 허용되나, ② 재량행위의 경우는 재량권 침해이므로 부정한다.

3. 취소판결의 효력

계쟁처분 또는 재결의 취소판결이 확정된 때에는 해당 처분 또는 재결은 처분청의 취소를 기다릴 것 없이 당연히 효력을 상실하는데, 이를 형성력이라 한다.

4. 사안의 경우

과징금 부과처분은 국토교통부장관이 위반행위의 내용과 정도 및 기간과 위반횟수 등을 종합·고려하여 결정하는 재량행위이다. 따라서 업무정지처분을 과징금으로 변경하는 내용의 취소소송의 제기는 불가할 것이다.

Ⅳ 사안의 해결

감정평가법인이 업무정지처분을 받은 경우에는 그에 갈음하는 과징금으로 변경하는 내용의 취소쟁송을 통해 구제받을 수 있을 것이다. 이 경우 판례의 태도에 따를 때 취소소송의 제기는 인용되기 어려울 것이므로 취소심판을 청구하여 권리구제를 도모할 수 있을 것이다.

⊕ (설문 2)의 해결

Ⅰ 쟁점의 정리

과징금에 대한 불복절차로서 이의신청이 행정심판법상 행정심판에 해당되는지가 쟁점이다. 이의신청과 행정심판의 구별기준 등을 검토하여 사안을 해결한다.

Ⅱ 이의신청과 행정심판의 구별기준

1. 이의신청과 행정심판의 의의

이의신청이란 처분청에게 해당 처분의 당위성 검토를 요청하는 행위이고, 행정심판이라 함은 행정청의 위법·부당한 처분 또는 부작위에 대한 불복에 대하여 행정기관이 심판하는 행정심판법상의 행정쟁송절차를 말한다.

2. 이의신청과 행정심판의 구별기준

개별법상 이의신청이 행정심판인지 여부를 판단하는 기준이 무엇인지에 관하여 견해의 대립이 있다.

(1) 학설

1) 심판기관기준설

이 견해는 심판과 이의신청을 심판기관으로 구별하는 견해이다. 즉, 이의신청은 처분청 자체에 제기하는 쟁송이고, 행정심판은 행정심판위원회에 제기하는 쟁송이라고 본다.

2) 쟁송절차기준설

이 견해는 쟁송절차를 기준으로 행정심판과 '행정심판이 아닌 이의신청'을 구별하는 견해이다. 즉, 헌법 제107조 제3항은 행정심판절차는 사법심판절차가 준용되어야 한다고 규정하고 있는 점에 비추어 개별법률에서 정하는 이의신청 중 준사법절차가 보장되는 것만을 행정심판으로 보고, 그렇지 않은 것은 행정심판이 아닌 것으로 본다.

(2) 판례

최근 판례는 ① 부동산공시법에 행정심판의 제기를 배제하는 명시적 규정이 없고, ② 부동산법상 이의신청과 행정심판은 그 절차 및 담당기관에 차이가 있는 점을 종합하면 행정심판법 제3조 제1항의 "다른 법률에 특별한 규정이 있는 경우"에 해당한다고 볼 수 없으므로 이의신청을 거친 경우에도 행정심판을 거쳐 소송을 제기할 수 있다고 판시한 바 있다.

(3) 결어

헌법 제107조 제3항이 행정심판에 사법절차를 준용하도록 규정하고 있는 점에 비추어 쟁송절차기준설이 타당하다.

Ⅲ 사안의 해결

감정평가법 제42조에서는 이의신청의 결정에 이의가 있는 자는 행정심판을 청구할 수 있다고 규정하고 있으므로 과징금 부과에 대한 이의신청은 강학상 이의신청이다. 따라서 국토교통부장관의 기각 결정은 행정심판의 기각재결로 볼 수 없다.

⊕ (설문 3)의 해결

Ⅰ 쟁점의 정리

과징금 부과처분은 금전납부를 명하는 하명으로서 행정쟁송법에 의한 처분이라 할 것이다. 이러한 처분에 대하여 불복하는 경우 불복방법과 불복신청에 대한 기간을 설명하고자 한다.

Ⅱ 불복방법과 불복신청기간

1. 이의신청과 신청기간

이의신청이란 위법 또는 부당한 처분에 대하여 해당 처분청에 그 시정을 요구하는 행위이다. 감정평가법 제42조에서는 과징금에 이의가 있는 자는 이를 통보받은 날부터 30일 이내에 처분청인 국토교통부장관에게 이의를 신청할 수 있다고 규정하고 있다.

2. 행정심판과 청구기간

(1) 행정심판과 청구기간

행정심판은 위법 또는 부당한 처분에 대해서 불복하는 행정심판법상의 쟁송절차를 말한다. 행정심판법 제27조에서는 처분인 있음을 안 날로부터 90일, 있은 날로부터 180일 이내에 취소심판을 청구할 수 있다고 규정하고 있다. 무효등확인심판의 경우에는 청구기간의 제한이 없다.

(2) 이의신청과의 관계

감정평가법에서는 이의신청을 거쳐야만 행정심판을 제기할 수 있다는 명문의 규정이 없는 바, 이의신청을 제기함이 없이 행정심판을 제기하는 것을 부정할 이유는 없을 것이다. 다만 제42조 제2항에서는 이의신청에 대한 결정에 이의가 있는 자는 행정심판을 청구할 수 있다고 규정하고 있으므로 이의신청을 거친 경우에는 이의신청에 대한 결정서가 송달된 날로부터 90일 이내에 행정심판을 청구할 수 있는 것으로 보아야 할 것이다.

3. 행정소송과 제소기간

(1) 행정소송과 제소기간

행정소송이란 위법한 처분의 취소 또는 무효 등의 확인을 법원에 구하는 정식 쟁송절차이다. 행정소송법 제20조에서는 처분이 있음을 안 날로부터 90일, 있은 날로부터 1년 이내에 소송을 제기할 수 있다고 규정하고 있다.

(2) 이의신청 및 행정심판과의 관계

감정평가법에서는 행정소송을 제기함에 있어서 행정심판을 반드시 거쳐야 하는 필수적 전치주의로 규정하고 있지 않으므로 행정심판을 거치지 않고 행정소송의 제기가 가능하다. 이의신청을 거친 경우에는 행정소송 역시 이의신청에 대한 결정서가 송달된 날로부터 90일 이내에 행정소송을 제기할 수 있는 것으로 보아야 할 것이다. 이에 대해 행정소송은 이의신청을 거친 경우에도 과징금 부과처분이 있음을 안 날로부터 90일 이내에 소송을 제기해야 한다는 견해도 있을 수 있다.

Ⅲ 사안의 해결

과징금에 대해 불복하고자 하는 경우 과징금 부과처분이 통지된 날로부터 30일 이내에 이의신청을 신청할 수 있고 90일 이내에 행정심판 및 행정소송을 제기할 수 있다. 이의신청을 거친 경우라면 이의신청의 결정에 대한 통지가 된 날로부터 90일 이내에 행정쟁송절차를 통한 권리구제가 가능할 것이다.

행정입법 및
행정계획 핵심사례

CHAPTER 01 행정입법

01 가중처벌규정과 협의의 소익

🔺 사례 1

> 감정평가법인 甲은 감정평가를 함에 있어 감정평가준칙을 준수하지 아니하였음을 이유로 국토교통부장관으로부터 2개월의 업무정지처분을 받았다. 이에 甲은 처분의 효력발생일로부터 2개월이 경과한 후 2회 이상의 법규위반에 대한 가중적 제재규정이 있어 불이익을 받을 우려가 있다는 이유를 들어 해당 처분에 대한 취소소송을 제소기간 내에 제기하였다. 30점 ▶ 제45회 사법고시 응용
>
> (1) 가중처벌의 가능성을 규정한 감정평가법 시행령 제29조의 법적 성질을 검토하시오.
>
> (2) 갑이 제기한 취소소송에서 협의의 소익이 인정되는지를 검토하시오.

제45회 사법고시

갑은 일반음식점을 경영하는 자로서 식품위생법 위반으로 인하여 2개월의 영업정지처분을 받았다. 영업정지기간이 경과한 후 갑은 식품위생법 시행규칙에 2회 이상의 법규위반에 대한 가중적 제재 규정이 있어 불이익을 받을 우려가 있다는 이유를 들어 해당 처분에 대한 취소소송을 제기하였다. 위 취소소송의 적법 여부를 논하시오.

제45회 사법고시는 제재적 처분기준의 법적 성질과 가중처벌 규정이 있는 경우의 협의 소익을 물어보았습니다.

따라서 ① 감정평가법 시행령 제29조 별표 3의 법적 성질이 법규명령인지, 행정규칙인지를 학설 및 판례의 태도에 따라 검토하고, ② 최근 협의 소익과 관련된 판례의 요지를 적용하여 협의 소익 인정 여부를 포섭하면 될 것입니다.

Ⅰ 쟁점의 정리

설문은 2개월의 업무정지처분의 효력이 소멸한 이후에 가중처벌의 불이익을 제거하기 위하여 취소소송을 제기한 것으로 ① 해당 제재적 처분기준인 감정평가법 시행령 제29조의 법적 성질이 법규성을 갖는지를 살펴보고, ② 처분의 효력이 소멸했음에도 갑에게 취소소송의 본안판결을 받을 현실적 필요성이 인정되는지를 협의 소익과 관련하여 검토한다.

Ⅱ 제재적 처분기준의 법적 성질

1. 문제점

제재적 처분기준이 법규명령의 형식으로 제정되었으나 그 실질이 행정규칙의 내용을 갖는 경우, 대외적 구속력이 문제된다.

2. 법적 성질

(1) 학설

① 규범의 형식과 법적 안정성을 중시하여 법규명령으로 보는 견해, ② 규범의 실질과 구체적 타당성을 중시하여 행정규칙으로 보는 견해, ③ 상위법의 수권유무로 판단하는 수권여부기준설이 대립한다.

(2) 판례

대법원은 ① (구)식품위생법 시행규칙상 제재적 처분기준은 행정규칙으로 보며, ② (구)청소년보호법 시행령상 과징금 처분기준을 법규명령으로 보면서 그 처분기준은 최고한도로 보아 구체적 타당성을 기한 사례가 있다.

(3) 검토

대통령령과 부령을 구분하는 판례의 태도는 합리적 이유가 없으므로 타당성이 결여된다. 또한 부령의 경우에도 법규명령의 형식을 갖는 이상 법제처의 심사에 의해 절차의 정당성을 확보하고, 공포를 통한 예측가능성이 보장된다는 점에서 부령인 경우도 법규성을 긍정함이 타당하다. 국민의 시각에서 형식에 따라 대외적 구속력을 예측하는 것이 일반적일 것이므로 법규명령으로 봄이 타당하다.

(4) 사안의 경우

시행령 제29조의 별표 3은 형식이 대통령령이며 상위법률인 감정평가법의 처분기준을 각 사유마다 세분화하여 규정하였으며 가감규정을 두어 개별사안에서 구체적 타당성을 기여하고 있다. 따라서 법규명령의 성질을 갖는 것으로 볼 수 있다.

Ⅲ 처분의 효력이 소멸한 경우 협의의 소익 인정 여부

1. 문제소재

처분 등의 효력이 소멸한 경우에는 원칙적으로 소의 이익이 없으나, 예외적으로 권리보호를 위해 소의 이익이 인정될 수 있는바 이하 검토한다.

2. 협의의 소익의 의의 및 취지

협의의 소익은 본안판결을 받을 현실적 필요성을 의미한다(행정소송법 제12조 제2문). 협의 소익은 원고적격과 함께 소송요건이 되며 이는 남소방지와 충실한 본안심사를 통해 소송경제를 도모함에 취지가 인정된다.

3. 원고적격과의 구별

동 규정을 원고적격으로 보는 견해가 있으나 통상 협의의 소익 규정으로 보며, 개정안에서는 별도로 규정하고 있다.

4. 행정소송법 제12조 제2문의 회복되는 법률상 이익의 의미

(1) 학설

① 〈소극설〉은 제12조 전문의 법률상 이익과 동일하다고 본다. ② 〈적극설〉은 이에 명예, 신용 등 이익도 포함된다. ③ 〈정당한 이익설〉은 경제, 사회, 문화적 이익까지 포함한다고 본다.

(2) 판례

처분의 근거 법률에 의해 보호되는 직접적이고 구체적인 이익을 말하며, 간접적이고 사실적인 이익은 해당하지 않는다고 한다.

(3) 검토

구체적 사안별로 권리보호의 현실적 필요성이 있는지를 검토함이 타당하다. 따라서 명예, 신용의 이익도 경우에 따라서는 소의 이익이 인정될 수 있을 것이다.

5. 가중처벌과 관련된 제재적 처분기준에 관한 판례

(1) 종전 판례

제재적 처분기준이 대통령령 형식인 경우에는 소의 이익이 있다고 보았으나 부령 형식의 경우에는 소의 이익이 없다고 보았다.

(2) 최근 판례

1) 다수견해

① 법규명령 여부와 상관없이 행정청은 처분기준을 준수할 의무가 있으므로, 상대방이 장래에 받을 수 있는 가중처벌규정은 구체적이고 현실적인 것이므로 "그 불이익을 제거할 필요가 있다."고 하여 제재적 처분이 부령 형식이라도 협의 소익을 인정한다. 또한 ② 후에 동일내용을 다투는 경우 이중의 노력과 비용이 소모되고, ③ 시간의 경과로 인한 증거자료의 일실의 문제가 발생할 수 있는 측면에서도 협의 소익을 인정한다.

2) 소수견해

제재적 처분기준을 정한 부령인 시행규칙은 헌법 제95조에 의한 위임명령이므로 이의 법규성을 인정하는 이론적 기초 위에서 그 법률상 이익을 긍정함이 더욱 합당하다고 한다.

(3) 검토

부령 형식으로 제정된 경우에도 법규성을 인정하는 논리적 기초 위에서 가중처벌에 따른 불이익의 위험을 제거함이 타당하다고 판단된다.

6. 사안의 경우

갑에 대한 2개월의 업무정지처분의 효력은 기간의 경과로 효력이 소멸하였지만, 후에 갑이 업무정지 사유에 해당하게 되면 제재적 처분기준의 법적 성질을 어느 것으로 보더라도 가중처벌을 받을 위험이 존재한다. 따라서 갑은 이러한 가중처벌의 위험을 제거할 현실적인 필요성이 인정된다.

Ⅳ 사안의 해결

시행령 제29조의 제재적 처분기준은 법규명령으로써 대외적 구속력이 인정되므로 갑이 2회 이상의 법규위반을 하게 되면 가중처벌을 받을 위험이 존재하게 된다. 따라서 업무정지처분의 효력은 소멸하였지만 가중처벌을 받을 현실적인 위험을 제거하기 위하여 갑에게 협의의 소익이 인정된다.

02 | 법규명령에 대한 구제

▲ 사례 2

감정평가법인 갑은 국토교통부장관의 지도, 감독에 따를 의무(업무에 관한 사항을 보고하지 않음 : 1차 위반)를 이행하지 않은 사실이 적발되어, 국토교통부장관인 乙로부터 「감정평가 및 감정평가사에 관한 법률」(이하 '감정평가법') 제32조 및 동법 시행령 제29조에 의거하여 1개월의 업무정지처분을 받았다. 이에 갑은 자격취득 이후 3년 이상 성실하게 감정평가업무를 수행하여 왔었음에도 단 한 차례의 잘못으로 1개월의 업무정지처분을 내리는 것은 위법하다고 주장한다. 갑 주장의 타당성을 검토하시오. 30점

> **관련 규정**
>
> [별표 3] 감정평가업자의 설립인가 취소와 업무정지의 기준(제29조 관련)
>
> 1. 일반기준
>   라. 국토교통부장관은 위반행위의 동기·내용 및 위반의 정도 등 다음의 사유를 고려하여 처분기준의 2분의 1 범위에서 그 처분기간을 줄일 수 있다. 이 경우 법을 위반한 자가 천재지변 등 부득이한 사유로 법에 따른 의무를 이행할 수 없었음을 입증한 경우에는 업무정지처분을 하지 않을 수 있다.
>   3) 위반행위자가 처음 위반행위를 한 경우로서 3년 이상 해당 사업을 모범적으로 해 온 사실이 인정된 경우
>
> 2. 개별기준
>   너. 법 제47조에 따른 지도와 감독 등에 관해 다음의 어느 하나에 해당하는 경우
>   1) 업무에 관한 사항을 보고 또는 자료의 제출을 하지 않거나 거짓으로 보고 또는 제출한 경우
>   - 1차 위반 시 업무정지 1개월
>   - 2차 위반 시 업무정지 3개월
>   - 3차 위반 시 업무정지 6개월

Ⅰ 쟁점의 정리

Ⅱ 관련행위의 법적 성질
  1. 업무정지처분의 법적 성질
  2. 제재적 처분기준의 법적 성질
    (1) 문제점
    (2) 법적 성질
      1) 학설
      2) 판례

3) 검토
4) 사안의 경우

Ⅲ 업무정지처분의 위법성 판단
  1. 문제점
  2. 제재적 처분기준의 위헌 또는 위법 여부
    (구체적 규범통제)
    (1) 구체적 규범통제의 의의
    (2) 법규명령의 위헌 여부 판단기준
    (3) 사안의 경우

Ⅰ 쟁점의 정리

설문은 국토교통부장관의 업무정지처분에 대한 위법성 판단과 관련된 사안이다. 업무정지처분기준의 형식은 법규명령이지만, 그 실질은 국토교통부장관이 감정평가법인 등의 의무불이행에 대한 제재적 조치를 취하기 위한 사무처리기준으로 볼 수 있다.

상기의 제재적 처분기준의 법규성 인정 여부에 따라서 국토교통부장관의 업무정지처분의 위법성 판단기준이 달라지는바, 이하에서는 제재적 처분기준의 법적 성질을 살펴본 후 갑 주장의 타당성을 검토한다.

Ⅱ 관련행위의 법적 성질

1. 업무정지처분의 법적 성질

업무정지는 감정평가법 제32조에 근거하여 국토교통부장관이 감정평가업무를 일정기간 동안 할 수 없도록 부작위 의무를 명하는 강학상 하명이다. 또한 감정평가법 제32조에서는 '할 수 있다.'고 규정하고 있으므로 재량행위로 볼 수 있다.

2. 제재적 처분기준의 법적 성질

(1) 문제점

제재적 처분기준이 법규명령의 형식으로 제정되었으나 그 실질이 행정규칙의 내용을 갖는 경우, 대외적 구속력이 문제된다.

(2) 법적 성질

1) 학설

① 규범의 형식과 법적 안정성을 중시하여 법규명령으로 보는 견해, ② 규범의 실질과 구체적 타당성을 중시하여 행정규칙으로 보는 견해, ③ 상위법의 수권 유무로 판단하는 수권여부기준설이 대립한다.

2) 판례

대법원은 ① (구)식품위생법 시행규칙상 제재적 처분기준은 행정규칙으로 보며, ② (구)청소년보호법 시행령상 과징금 처분기준을 법규명령으로 보면서 그 처분기준은 최고한도로 보아 구체적 타당성을 기한 사례가 있다.

3) 검토

대통령령과 부령을 구분하는 판례의 태도는 합리적 이유가 없으므로 타당성이 결여된다. 또한 부령의 경우에도 법규명령의 형식을 갖는 이상 법제처의 심사에 의해 절차의 정당성을 확보하고, 공포를 통한 예측가능성이 보장된다는 점에서 부령인 경우도 법규성을 긍정함이 타당하다. 국민의 시각에서 형식에 따라 대외적 구속력을 예측하는 것이 일반적일 것이므로 법규명령으로 봄이 타당하다.

4) 사안의 경우(시행령 제29조 별표 3)

시행령 제29조의 별표 3은 형식이 대통령령이며 상위법률인 감정평가법의 처분기준을 각 사유마다 세분화하여 규정하여 개별사안에서 구체적 타당성을 기여하고 있다. 따라서 법규명령의 성질을 갖는 것으로 볼 수 있다.

Ⅲ 업무정지처분의 위법성 판단

1. 문제점

업무정지처분의 법적 성질을 법규명령으로 보면, 국토교통부장관은 이에 구속되므로 1개월의 업무정지처분은 일응 적법하다고 볼 수 있다. 다만, 이 경우에도 ① 법규명령에 대한 구체적 규범통제로써, 업무정지처분의 위법성으로 제재적 처분기준 자체의 위헌, 위법을 주장할 수 있으며, ② 감정평가법 시행령 제29조의 감경규정의 적용과 관련하여 재량의 일탈, 남용이 있었음을 주장할 수 있다.

2. 제재적 처분기준의 위헌 또는 위법 여부(구체적 규범통제)

(1) 구체적 규범통제의 의의

구체적 규범통제란 사인이 구체적인 처분을 소송으로 다투면서 위법성의 근거로, 처분의 근거가 된 법규명령의 위헌, 위법을 주장하는 것을 말한다.

(2) 법규명령의 위헌 여부 판단기준

법규명령은 포괄위임금지 및 수권법률의 위임한계 내에서 입법되어야 한다. 사안에서는 감정평가법에서의 처분규정이 재량임에도 불구하고 지도·감독에 따를 의무의 1차 위반에 대한 처분기준으로서 업무정지처분을 1개월로 규정한 것이 위임의 한계를 벗어난 것인지가 문제된다.

(3) 사안의 경우

감정평가법 시행령 제29조에서는 업무정지처분의 기준과 관련한 위임규정이 있으며, 이에 따라서 동법 시행령 제29조 별표 3에서는 인가취소, 업무정지 2년, 1년, 6개월 등 처분의 강도를 세분하여 규정하였다. 또한 개별사안의 구체적 타당성을 기하기 위하여 종전 처분기준을 1·2·3차로 세분화하고 가중 및 감경규정을 두고 있는바 위임의 한계를 벗어난 것으로 볼 수 없다. 따라서 처분기준 자체의 위법성은 없는 것으로 보인다.

3. 감경규정 적용의 재량권 행사의 일탈 및 남용

(1) 비례의 원칙

1) 의의 및 근거

비례의 원칙이란 행정의 목적과 실현수단은 합리적인 비례관계가 존재해야 한다는 원칙으로 헌법 제37조 제2항에 근거한다.

2) 요건

① 목적에 적합한 수단일 것(적합성), ② 적합한 수단 중 최소 침해를 가져오는 수단일 것(필요성), ③ 공익과 사익의 비교형량(상당성)의 단계적 심사를 요건으로 한다.

(2) 사안의 경우

설문상 감정평가법 제47조의 지도, 감독의무를 준수하지 않은 제재적 수단으로서, 업무정지처분을 한 것은 목적에 적합한 수단으로 보인다. 다만, 3년 이상 성실하게 업무를 수행하였음에도 이러한 사항을 고려함이 없이 1개월의 업무정지처분을 발령한 것은 평소에 성실하게 업무를 수행한 갑의 사정을 정상참작하여 고려하지 않은 것으로 판단할 수 있다. 따라서 이는 최소침해원칙 및 상당성의 원칙에 위반된다.

4. 업무정지처분의 위법성 정도

통설 및 판례의 태도에 따를 때(중대명백설), 감경규정 적용에 대한 재량권 행사의 일탈·남용은 중요법규사항의 위반으로서 중대성이 인정되나, 일반인의 식견에서 명백하지 않으므로 취소사유로 판단된다.

Ⅳ 사안의 해결

1. 감정평가법 시행령 제29조 별표 3의 제재적 처분기준은 법규명령이므로 이에 따른 업무정지 1개월의 처분은 일응 적법하다고 볼 수 있으나, 동법 시행령 제29조의 감경규정 적용과 관련하여 3년 이상 성실하게 감정평가업무를 수행해 온 갑의 사정이 정상참작되지 않았으므로 비례의 원칙에 위배된다고 볼 수 있다. 이 경우 외관상 명백하지 않으므로 취소사유의 위법성을 구성한다.

2. 만약, 제재적 처분기준을 행정규칙으로 본다면 처분기준에 구속되지 않으므로 감정평가법 제32조 규정의 업무정지처분(재량행위) 시 비례원칙의 위반 여부(재량권 행사의 일탈 및 남용)가 문제되는데, 이 경우에도 그간 업무수행의 성실성을 감안할 때 1개월의 업무정지기간은 달성하고자 하는 목적에 비해 갑의 사익침해가 크다고 보이므로 비례원칙에 위배된다고 볼 수 있다.

🔊 **사례 3**

감정평가사 甲은 감정평가사 乙 등과 함께 A 감정평가법인을 설립하고 성실하게 5년간 업무를 수행해 오고 있다. 그런데 A 감정평가법인이 업무를 수행하는 중에 '감정평가 및 감정평가사에 관한 법률' 제3조 제3항을 위반하여 감정평가를 하는 일이 발생하였다. 국토교통부장관은 그 위반행위가 매우 중대하다고 보고 A 감정평가법인에 대해 1개월의 업무정지처분을 내렸다.

(1) 감정평가 및 감정평가사에 관한 법률 시행령 별표 3의 법적 성질과 A 감정평가법인에 대한 1개월의 업무정지처분의 위법성을 논하시오. 30점

(2) 국토교통부장관은 갑에 대하여 징계하고자 한다. 이 경우 감정평가사징계위원회의 법적 지위를 논하고, 감정평가사징계위원회의 의결과 달리 징계처분을 한 경우에 동 징계처분의 효력을 논하시오. 10점

제21조(사무소 개설 등)
⑤ 감정평가사사무소에는 소속 감정평가사를 둘 수 있다. 이 경우 소속 감정평가사는 제18조 제1항 각 호의 어느 하나에 해당하는 사람이 아니어야 하며, 감정평가사사무소를 개설한 감정평가사는 소속 감정평가사가 아닌 사람에게 제10조에 따른 업무를 하게 하여서는 아니 된다.

[별표 3]

위반행위	근거 법조문	행정처분기준		
		1차 위반	2차 위반	3차 이상 위반
마. 법 제3조 제3항에 따른 원칙과 기준을 위반하여 감정평가를 한 경우	법 제32조 제1항 제5호	업무정지 1개월	업무정지 2개월	업무정지 4개월

⊕ **(설문 1)의 해결**

① 쟁점의 정리

설문은 국토교통부장관의 업무정지처분의 위법성을 묻고 있다. 해당 처분은 [별표 3]에 따른 처분이므로 ① 동 규정의 대외적 구속력이 인정되는지와, ② 대외적 구속력이 인정된다면 감경규정을 적용함에 있어서 비례원칙 등 재량권 행사의 일탈·남용은 없었는지를 검토하여 설문을 해결한다.

② 제재적 처분기준의 법적 성질

1. 문제점

제재적 처분기준이 법규명령의 형식으로 제정되었으나 그 실질이 행정규칙의 내용을 갖는 경우, 이에 대한 대외적 구속력이 인정되는지가 문제된다.

업무정지 등의 제재적 처분기준 같은 행정의 내부적인 사항은 고시나 훈령으로 규정되는 것이 정당하나, 그러한 사항이 대통령령 등의 형식으로 제정된 경우 그 성질이 문제된다.

2. 법적 성질

(1) 학설

① 규범의 형식과 법적 안정성을 중시하여 법규명령으로 보는 견해와, ② 규범의 실질과 구체적 타당성을 중시하여 행정규칙으로 보는 견해, ③ 상위법의 수권 유무로 판단하는 수권여부기준설이 대립한다.

(2) 판례

대법원은 ① (구)식품위생법 시행규칙상 제재적 처분기준은 행정규칙으로 보며, ② (구)청소년보호법 시행령상 과징금 처분기준을 법규명령으로 보면서 그 처분기준은 최고한도로 보아 구체적 타당성을 기한 사례가 있다.

(3) 검토

대통령령과 부령을 구분하는 판례의 태도는 합리적 이유가 없으므로 타당성이 결여된다. 또한 부령의 경우에도 법규명령의 형식을 갖는 이상 법제처의 심사에 의해 절차의 정당성을 확보하고, 공포를 통한 예측가능성이 보장된다는 점에서 부령인 경우도 법규성을 긍정함이 타당하다.

(4) 사안의 경우(시행령 별표 3의 경우)

시행령 제29조에서 규정하고 있는 제재적 처분기준은 그 형식이 대통령령이며, 상위법률인 감정평가법의 처분기준을 각 사유마다 세분화하여 규정하여 개별사안에서 구체적 타당성을 기여하고 있다. 따라서 법규명령의 성질을 갖는 것으로 볼 수 있다.

Ⅲ 업무정지처분의 위법성 유무

1. 업무정지처분의 의의 및 법적 성질

업무정지처분이란, 감정평가법인 등이 감정평가법상 의무규정을 위반하였을 때, 감정평가법 제10조상의 업무를 영위할 수 있는 법적 지위를 정지시키는 것을 말한다. 감정평가법 제32조에서는 "할 수 있다."라고 규정하고 있는 바, 재량행위이다.

2. 재량권 행사의 일탈·남용

업무정지처분은 재량행위이며, 개별사안마다 구체성을 확보하기 위하여 국토교통부령으로 제정한 제재적 처분기준(별표 3)은 대외적 구속력을 갖는 법규명령이다. 또한 제재적 처분기준에서는 '사소한 부주의나 오류로 인한 경우', '위반의 정도가 경미한 경우' 등의 사정을 고려하여 처분기준을 1/2 범위 내에서 감경할 수 있다고 규정하고 있으므로, 업무정지처분을 할 때에는 개별·구체적인 사안의 특수성을 고려하되, 그러한 사정을 정상참작할 경우 행정법의 일반원칙에 위배되어서는 안 될 것이다. 설문에서는 특히 비례원칙이 문제된다고 할 것이다.

3. 업무정지처분의 위법성 유무

(1) 비례원칙의 의의 및 근거(효력)

비례의 원칙이란 과잉조치금지의 원칙이라고도 하는데, 행정작용에 있어서 행정목적과 행정수단 사이에는 합리적인 비례관계가 있어야 한다는 원칙을 말한다. 헌법 제37조 제2항 및 법치국가원칙으로부터 도출되는 법원칙이므로 헌법적 효력을 가진다. 비례의 원칙에 반하는 행정권 행사는 위법하다.

(2) 요건(내용)

1) 적합성의 원칙

적합성의 원칙이란 행정은 추구하는 행정목적의 달성에 적합한 수단을 선택하여야 한다는 원칙을 말한다.

2) 필요성의 원칙(최소침해의 원칙)

필요성의 원칙이란 적합한 수단이 여러 가지인 경우에 국민의 권리를 최소한으로 침해하는 수단을 선택하여야 한다는 원칙을 말한다.

3) 협의의 비례원칙(상당성의 원칙)

협의의 비례원칙이란 행정조치를 취함에 따른 불이익이 그것에 의해 달성되는 이익보다 심히 큰 경우에는 그 행정조치를 취해서는 안 된다는 원칙을 말한다.

4) 3원칙의 상호관계

적합성의 원칙, 필요성의 원칙, 그리고 좁은 의미의 비례원칙은 단계구조를 이룬다. 즉 많은 적합한 수단 중에서도 필요한 수단만이, 필요한 수단 중에서도 상당성 있는 수단만이 선택되어야 한다.

(3) 사안의 경우

설문상 A법인의 감정평가법 위반에 대한 제재로서 업무정지처분은 적합한 수단이며, 감정평가법 제32조에서는 인가취소와 업무정지를 규정하고 있는 바, 업무정지처분은 최소침해원칙의 위반도 없는 것으로 보인다. 다만, 국토교통부장관은 업무정지처분을 할 때 'A감정평가법인이 법인설립 이후 5년간 성실하게 업무를 수행해 온 점' 등을 고려하여 결정해야 할 것인데, 이러한 사정의 고려 없이 업무정지처분을 한 것으로 보인다. 따라서 A법인이 그동안 성실하게 업무수행을 해 온 점 등을 고려할 때, 국토교통부장관의 업무정지처분은 과도한 수인의무를 부여한다고 판단된다.

Ⅳ 사안의 해결(위법성 정도 및 구제수단 등)

설문상 국토교통부장관의 업무정지처분은 비례원칙에 반하는 처분이나, 일반인의 식견에서 외관상 명백하지 않으므로 취소사유라고 판단된다. 따라서 갑은 취소소송을 통해서 구제받을 수 있을 것이며, 업무정지로 인한 중대한 경영상의 위험 등을 예방하기 위하여 집행정지를 신청할 수 있을 것이다.

⊕ (설문 2)의 해결

Ⅰ 쟁점의 정리

국토교통부장관은 감정평가사를 징계하고자 하는 경우에 징계위원회의 의결을 받아야 하므로, 동 위원회의 법적 지위가 의결기관인지와 의결기관이라면 의결과 다른 처분을 한 경우에 그 효력을 검토한다.

Ⅱ 의결내용과 다른 처분을 한 경우의 효력

1. 징계위원회의 법적 지위

(1) 징계위원회의 의의 및 근거

징계위원회는 감정평가사의 징계에 관한 사항을 의결하는 기관으로 감정평가법 제40조를 근거로 한다.

(2) 법적 성격

① 다수의 인원으로 구성되어 합의제 행정기관의 성격을 갖고, ② 징계시 반드시 설치해야 하는 필수기관이다. ③ 또한 징계내용에 관한 의결권을 가진 의결기관이다.

2. 의결내용과 다른 처분을 한 경우의 효력

의결기관이라 함은 행정주체의 의사를 결정하는 권한만을 가지고 이를 외부에 표시할 권한은 가지지 못하는 기관을 말하므로, 국토교통부장관은 감정평가사에 대한 징계내용을 결정한 권한은 없고 징계위원회에서 결정한 내용을 외부로 표시할 수 있을 뿐이다. 따라서 징계위원회의 의결내용에 반하는 처분은 무효라고 할 것이다.

Ⅲ 사안의 해결(권리구제수단)

징계위원회의 의결에 반하는 국토교통부장관의 징계처분은 무권한자의 행정행위로서 주체상 하자에 해당한다고 할 것이다. 따라서 무효등확인소송을 제기하여 권리구제를 받을 수 있을 것이다.

🔥 사례 4

국토교통부장관은 표준지공시지가의 조사, 평가의 효율성을 확보하고자 표준지공시지가 조사, 평가의 기준을 훈령으로 제정하였다. 이에 근거하여 2014년 갑 소유의 표준지공시지가가 결정되었다. 갑은 상기의 표준지 조사, 평가기준은 위헌이며 이에 근거한 표준지공시지가의 결정도 위법이라고 생각하고 있다. 갑이 제기할 수 있는 사법적 권리구제수단을 논하시오. [20절] ▶ 2010년 행정고시

|Ⅰ| 쟁점의 정리
|Ⅱ| 관련행위의 법적 성질
  1. 표준지공시지가 조사, 평가의 기준
    (1) 문제점
    (2) 법령보충적 행정규칙의 의의 및 인정 여부
    (3) 법적 성질에 대한 견해의 대립(대외적 구속력 인정논의)
      1) 학설
        가. 행정규칙설
        나. 법규명령설
        다. 수권여부기준설

        2) 판례
        3) 검토
      (4) 위법한 법령보충적 행정규칙의 효력
      (5) 사안의 경우
  2. 표준지공시지가
|Ⅲ| 갑의 권리구제수단
  1. 법원에 의한 통제
    (1) 간접적 통제
    (2) 직접적 통제
  2. 헌법재판소에 의한 통제
|Ⅳ| 사안의 해결

2010년 행정고시

약사법 제23조 제6항은 "한약사가 한약을 조제할 때에는 한의사의 처방전에 따라야 한다. 다만, 보건복지부장관이 정하는 한약처방의 종류 및 조제방법에 따라 조제하는 경우에는 한의사의 처방전 없이도 조제할 수 있다."고 규정하고 있다. 이 조항에 근거하여 보건복지부장관은 한약사가 임의로 조제할 수 있는 한약처방의 종류를 100가지로 제한하는 보건복지부고시('한약처방의 종류 및 조제방법에 관한 규정')를 제정하였다. 그런데 한약사 갑은 보건복지부고시를 위반하여 한약을 조제하였다는 사실이 적발되어 약사법에 따라 을시장으로부터 약국업무정지 1개월에 갈음하여 2,000만원의 과징금을 납부하라는 통지서를 받았다. 이에 갑은 보건복지부고시가 위헌이며, 따라서 과징금 부과처분도 위법이라고 생각한다. 갑이 주장할 수 있는 법적 논거와 그에 대한 자신의 견해를 논술하고 권리구제수단을 설명하시오.

응용
쟁점

2010년 행정고시는 법규적 성질을 갖는 행정규칙의 법적 성질과 이에 대한 구제수단을 물어보았습니다.

따라서 부동산공시법상 법규적 성질을 갖는 ① 비준표, ② 감정평가법인 등 선정기준, ③ 표준지 선정 및 관리지침, ④ 표준지 조사, 평가의 기준 등에서 비준표는 일반적으로 많이 알고 있기에 위임규정이 없는 ④를 기준으로 문제를 구성하였습니다.

따라서 ④의 경우와 ①, ②, ③의 경우의 차이점을 간략하게 정리하시면 될 것입니다.

Ⅰ 쟁점의 정리

훈령으로 제정된 표준지공시지가 조사, 평가의 기준과 표준지공시지가의 법적 성질을 검토한 후, 사법적인 권리구제수단을 설명한다.

Ⅱ 관련행위의 법적 성질

1. 표준지공시지가 조사, 평가의 기준

(1) 문제점

표준지공시지가 조사, 평가의 기준이란 감정평가법인 등이 표준지공시지가를 평가하는 경우 따라야 하는 기준을 말하는데 이는 국토교통부훈령의 형식으로 되어 있기에 단순히 행정규칙에 불과한 것인지 아니면 부동산공시법의 시행을 위한 집행명령의 성질을 인정할 수 있는지 문제된다.

(2) 법령보충적 행정규칙의 의의 및 인정 여부

법령보충적 행정규칙이란 법률의 위임에 의해 법령을 보충하는 법규사항을 정하는 행정규칙을 말한다. 헌법 제75조 및 제95조와 관련하여 이러한 행정규칙의 인정 여부에 대하여 견해의 대립이 있으나, 다수견해 및 판례는 법령의 수권을 받아 제정되는 것을 논거로 하여 긍정한다.

(3) 법적 성질에 대한 견해의 대립(대외적 구속력 인정논의)

1) 학설

가. 행정규칙설

법규명령은 의회입법원칙의 예외이므로 법령보충적 행정규칙도 행정규칙에 불과하다고 한다.

나. 법규명령설

해당 규칙이 법규와 같은 효력을 가지므로 법규명령으로 보아야 한다고 한다.

다. 수권여부기준설

법령에 근거가 있는 경우와 없는 경우로 구분하여, 법령의 수권이 있는 경우에 한해서 법규성을 가질 수 있다고 본다.

2) 판례

① 국세청장훈령인 재산세제사무처리규정은 상위법인 소득세법 시행령과 결합하여 법규성을 가진다고 판시한 바 있다. ② 토지가격비준표는 집행명령인 개별토지가격합동조사지침과 더불어 법령보충적 구실을 하는 법규적 성질을 가지고 있는 것으로 보아야 한다고 판시한 바 있다. ③ 감정평가에 관한 규칙에 따른 '감정평가실무기준'이나 한국감정평가사협회가 제정한 '토지보상평가지침'은 일반 국민을 기속하지 않는다고 판시한 바 있다(대판 2014.6.12, 2013두4620).

3) 검토

상위법령의 위임이 있는 경우에는 그와 결합하여 법령을 보충하므로 법규성을 인정하는 것이 행정현실상 타당하다고 판단된다. 다만, 일반적인 법규명령절차를 거치지 않기 때문에 '국민의 예측가능성'을 고려하여 고도의 전문적 영역에 한정되어 최소한도로 인정해야 할 것이다.

(4) 위법한 법령보충적 행정규칙의 효력

판례는 법령보충적 행정규칙이 법령의 위임범위를 벗어난 경우에는 위법한 법규명령이 되는 것이 아니라 법규명령으로서의 대외적 구속력이 인정되지 않으므로 행정규칙에 불과한 것이 된다고 하였다.

(5) 사안의 경우

표준지조사평가기준은 표준지공시지가의 공시를 위하여 부동산공시법 제3조 제4항 및 같은 법 시행령 제6조 제3항에 따라 표준지의 적정가격 조사·평가에 필요한 세부기준과 절차 등을 정함을 목적으로하고 있으므로 법령보충적 행정규칙으로서 대외적 구속력이 인정된다.

2. 표준지공시지가

표준지공시지가는 국토교통부장관이 조사, 평가하여 공시한 표준지의 단위면적당 가격을 말한다. 판례는 처분성을 긍정하며, 법률관계의 조기확정을 통한 법적 안정성 확보를 위하여 처분성을 긍정함이 타당하다.

Ⅲ 갑의 권리구제수단

1. 법원에 의한 통제

(1) 간접적 통제(명령심사제도)

간접적 통제라 함은 다른 구체적인 사건에 관한 재판에서 행정입법의 위법 여부가 선결문제가 되는 경우 해당 행정입법의 위법 여부를 통제하는 것을 말한다. 간접적 통제는 헌법 제107조 제2항에 근거한다.

(2) 직접적 통제(법규명령에 대한 항고소송)

행정입법은 일반적·추상적 규범이므로 원칙상 처분이 아니고, 따라서 항고소송의 대상이 될 수 없다. 그러나 명령 중 처분적 성질을 갖는 명령은 항고소송의 대상이 된다는 것이 일반적 견해이다.

2. 헌법재판소에 의한 통제

헌법소원은 공권력의 행사 및 불행사로 인하여 헌법상 보장된 기본권을 침해받은 자가 헌법재판소에 해당 공권력의 헌법심사를 청구하는 제도이다(권리구제형 헌법소원). 행정구제수단으로서의 헌법소원은 행정소송으로 구제될 수 없거나 현실적으로 구제되기 극히 곤란한 경우에 한하여 인정되며 이를 헌법소원의 보충성의 원칙이라 한다.

Ⅳ 사안의 해결

설문의 표준지공시지가 조사, 평가의 기준은 그 자체로서 직접 국민의 권리·의무를 제한한다고 볼 수 없고 그에 근거한 표준지공시지가의 결정에 의해서 국민의 권리·의무에 영향을 준다고 보아야 한다.

따라서 사안의 표준지공시지가 조사, 평가의 기준에 대한 사법적 통제수단으로는 표준지공시지가 조사, 평가의 기준을 대상으로 하는 항고소송이나 헌법소원은 인정될 수 없고 표준지공시지가 결정에 대하여 취소소송을 제기하면서 그 표준지공시지가 결정의 근거가 되는 표준지공시지가 조사, 평가의 기준의 위법을 간접적으로 통제하는 방식만이 가능할 것이다.

❹ 법규명령에 대한 통제

1. 사법적 통제

2. 국회에 의한 통제

(1) 직접적 통제

국회법은 법률에서 위임한 사항이나 법률을 집행하기 위하여 필요한 사항을 규정한 대통령령, 총리령, 부령 등이 제정 또는 개정된 때에는 소관 중앙행정기관의 장으로 하여금 국회의 소관상임위원회에 10일 이내에 이를 제출하도록 하고 상임위원회는 제출받은 대통령령 등을 검토하여 그것이 법률의 취지 또는 내용에 합치되지 아니하다고 판단되는 경우에는 소관 중앙행정기관의 장에게 이를 통보할 수 있도록 하고 있다.

(2) 간접적 통제

이는 국회가 법규명령의 성립이나 효력발생에 직접적으로 관여하는 것이 아니라, 국회가 행정부에 대하여 가지는 국정감시권의 행사에 의하여 간접적으로 법규명령의 적법, 타당성을 확보하는 것을 말한다. 국정감사, 국정조사, 탄핵소추 등을 들 수 있다.

3. 행정부에 의한 통제

(1) 행정감독권에 의한 통제

상급행정청은 감독권의 행사를 통하여 법규명령의 폐지 내지 개선을 명할 수 있다.

(2) 행정절차에 의한 통제

법규명령의 제정에 있어서 일정한 절차를 거치도록 함으로써 법규명령의 적법성을 확보하는 방법이다. 법규명령의 제정절차로서 국무회의 심의 및 법제처의 심사가 있으며 아울러 행정절차법은 행정상 입법예고제도를 두고 있다.

(3) 행정심판에 의한 통제

행정심판법 제59조에 따르면 중앙행정심판위원회는 심판청구를 심리, 의결함에 있어서 처분 또는 부작위의 근거가 되는 명령 등이 법령에 근거가 없거나 상위법령에 위배되거나 국민에게 과도한 부담을 주는 등 현저하게 불리하다고 인정되는 경우에는 관계 행정기관에 대하여 해당 명령 등의 개정, 폐지 등 적절한 시정조치를 요청할 수 있도록 하고 있다.

4. 국민에 의한 통제

이는 법규명령의 제정시에 공청회 등을 통하여 국민의 의사를 반영시킨다든가, 매스컴이나 시민단체의 활동 등 여론을 통하여 행정입법의 적법성을 확보하는 방법이다. 오늘날 국민의 권리의식의 발전에 따라 국민에 의한 직접적 통제가 중요한 의미를 갖게 되었는바, 입법예고제도가 이를 제도적으로 뒷받침하고 있다고 볼 수 있다.

사례 5

> 「감정평가법 시행령 제29조 별표 3」의 한계와, 만약 동 시행령이 상위법률의 내용에 위반되는 경우 이를 다툴 수 있는 방법에 대해서 논하시오. [25점]

Ⅰ 쟁점의 정리	Ⅲ 위법명령에 대한 구제수단
Ⅱ 감정평가법 시행령 제29조의 한계	1. 법원에 의한 통제(구체적 규범통제)
1. 위임명령의 의의 및 근거	2. 헌법재판소에 의한 통제
2. 위임명령의 한계	3. 행정심판에 의한 통제
(1) 법률유보의 원칙	Ⅳ 사안의 해결
(2) 포괄위임금지의 원칙	
3. 위임명령의 하자의 효과	

Ⅰ 쟁점의 정리

① 감정평가법 시행령 제29조는 감정평가법의 위임에 따라 제정된 위임명령이므로 이에 대한 한계를 법률유보의 원칙과 포괄위임 금지의 원칙을 통해서 살펴본다. ② 감정평가법 시행령 제29조가 상위법률에 반하는 경우 어떠한 쟁송방법을 선택해야 하는지를 검토한다.

Ⅱ 감정평가법 시행령 제29조의 한계

1. 위임명령의 의의 및 근거

법규명령이란 행정권이 제정하는 법규를 말하며, 이는 헌법 제75조에 따라 대통령이 제정하는 명령(시행령)과, 헌법 제95조에 따라 총리가 발하는 명령(시행규칙)이 있다. 법률 또는 상위명령의 위임에 의해 제정되는 명령을 위임명령이라 한다.

2. 위임명령의 한계

(1) 법률유보의 원칙

위임명령은 법률유보의 원칙에 따라 법률에 의한 수권이 있어야 하는바, 수권법률의 합헌성과 위임입법의 적법성이 요구된다. 따라서 위임명령은 수권법률이 하위법령에 규정될 내용 및 범위에 관한 기본사항을 규정하고 있어야 한다.

(2) 포괄위임금지의 원칙

헌법 제75조는 법률의 명령에 대한 수권은 "구체적으로 범위를 정하여" 위임하도록 하고 있다.

구체적 위임이란 수권법률 규정만으로 위임내용의 대강을 예측할 수 있는 것을 말한다. ① 양적인 측면에서 위임의 내용, 목적 및 범위가 명확하고 구체적으로 한정되어야 하며, ② 질적인 측면에서 수권법률은 수권을 함에 있어서 수권을 받은 행정기관이 입법을 함에 있어서 준수해야 할 목표, 기준 및 기타 고려하여야 할 사항을 적절한 강도로 규정하여야 한다.

3. 위임명령의 하자의 효과

위임명령이 수권의 범위를 벗어나 상위법령에 저촉되는 등 하자있는 명령이 되는 경우, 판례는 동 명령의 효력은 무효라고 한다.

Ⅲ 위법명령에 대한 구제수단

1. 법원에 의한 통제(구체적 규범통제)

헌법 제107조 제2항에서는 "명령·규칙 또는 처분이 헌법이나 법률에 위반되는 여부가 재판의 전제가 된 경우에는 대법원은 이를 최종적으로 심사할 권한을 가진다."라고 규정하고 있으므로, 사인이 구체적인 처분을 소송으로 다투면서 위법성의 근거로, 처분의 근거가 된 법규명령의 위헌, 위법을 주장할 수 있다. 이를 구체적 규범통제라 한다.

2. 헌법재판소에 의한 통제

위임명령에 의하여 헌법상 보장된 기본권이 침해된 경우에 해당 위임명령을 대상으로 헌법소원을 제기할 수 있는지에 대하여는 학설이 대립되고 있다. 헌법 제107조 제2항은 '재판의 전제가 된 경우'에 대법원이 이를 심사할 수 있다고 규정하는 것이지 헌법재판소의 심사권을 부정하는 것은 아니므로 헌법소원의 대상이 된다고 할 것이다.

3. 행정심판에 의한 통제

헌법 제107조 제2항은 위법명령심사권을 법원에 부여하고 있고, 행정심판법은 행정심판의 대상을 처분과 부작위만을 규정하고 있으므로 행정심판기관은 위법명령심사권이 없다고 할 것이다.

Ⅳ 사안의 해결

감정평가법 시행령 제29조를 다투기 위해서는 위임명령의 위법·위헌 심사권이 있는 법원에 소송을 제기하여야 할 것이다. 이 경우 해당 위임명령의 위법 여부만을 다투는 소송은 제기할 수 없고, 동 명령에 근거한 구체적인 처분을 대상으로 항고소송을 제기하여 재판의 전제로서 위임명령의 위헌·위법을 다툴 수 있을 것이다. 만약, 시행령 제29조가 그 자체로서 국민의 기본권을 침해하는 경우라면 헌법소원도 제기할 수 있을 것이다.

 사례 **6**

갑은 무허가건축물을 소유하면서 그곳에서 축산업을 영위하였다. 갑 소유의 토지를 포함한 일대가 공익사업에 편입되었는데, 해당 축산업은 무허가건축물에서 영위된 것으로서 토지보상법 시행규칙 제45조의 요건을 충족하지 못한다는 이유로 영업손실보상 대상에서 제외되었다. 갑은 동 규칙 조항은 토지보상법 제77조의 위임범위를 벗어나 영업보상의 대상을 지나치게 제한하여 국민의 재산권을 침해하고(정당한 보상의 원칙에 위배된다) 무허가건축물의 소유자와 임차인을 합리적 이유 없이 차별하여 형평의 원칙에 위배되므로 무효라고 주장할 수 있는가? 30점

```
      관련
      규정
```

토지보상법 제77조(영업의 손실 등에 대한 보상)
① 영업을 폐업하거나 휴업함에 따른 영업손실에 대하여는 영업이익과 시설의 이전비용 등을 고려하여 보상하여야 한다.
④ 제1항부터 제3항까지의 규정에 따른 보상액의 구체적인 산정 및 평가 방법과 보상기준, 제2항에 따른 실제 경작자 인정기준에 관한 사항은 국토교통부령으로 정한다.

토지보상법 시행규칙 제45조(영업손실의 보상대상인 영업)
법 제77조 제1항에 따라 영업손실을 보상하여야 하는 영업은 다음 각 호 모두에 해당하는 영업으로 한다.
1. 사업인정고시일 등 전부터 적법한 장소(무허가건축물 등, 불법형질변경토지, 그 밖에 다른 법령에서 물건을 쌓아놓는 행위가 금지되는 장소가 아닌 곳을 말한다)에서 인적·물적 시설을 갖추고 계속적으로 행하고 있는 영업. 다만, 무허가건축물 등에서 임차인이 영업하는 경우에는 그 임차인이 사업인정고시일 등 1년 이전부터 「부가가치세법」 제8조에 따른 사업자등록을 하고 행하고 있는 영업을 말한다.
2. 영업을 행함에 있어서 관계법령에 의한 허가 등을 필요로 하는 경우에는 사업인정고시일 등 전에 허가 등을 받아 그 내용대로 행하고 있는 영업

① 쟁점의 정리

설문은 무허가건축물에서 축산업을 영위한 갑의 영업손실이 헌법상 정당보상에 해당되는지와 관련된 사안이다. 토지보상법 시행규칙 제45조에서 영업손실보상 대상을 '적법한 장소'로 한정한 것이 포괄위임금지의 원칙에 반하는지 여부, 동 규칙이 정당보상의 원칙에 위배되는지 여부 및 무허가건축물에서 영업을 영위하는 경우 임차인만을 보상대상으로 규정한 것이 형평의 원칙에 반하는지를 검토한다.

Ⅱ 포괄위임금지의 원칙 위배 여부

1. 토지보상법 시행규칙 제45조의 법적 성질

토지보상법 시행규칙 제45조는 토지보상법 제77조 제4항의 위임규정을 토대로 영업손실보상의 대상을 규정한 것으로서 법규명령(위임명령)의 성질을 갖는다고 볼 것이다.

2. 위임명령의 한계

(1) 수권의 한계(포괄위임의 금지)

헌법 제75조는 법률의 명령에 대한 수권은 "구체적으로 범위를 정하여" 위임하도록 하고 있다. 구체적 위임이란 수권법률 규정만으로 위임내용의 대강을 예측할 수 있는 것을 말한다. 수권의 한계를 넘는 법률은 위헌인 법률이 된다.

(2) 위임명령의 제정상 한계

① 위임명령은 수권의 범위 내에서 제정되어야 한다. 수권의 범위를 일탈한 명령은 위법한 명령이 된다. ② 위임명령은 상위법령에 위반하여서는 안 된다.

(3) 하위 법령이 상위 법령 위임의 한계를 준수하고 있는지 여부를 판단하는 방법

특정 사안과 관련하여 법률에서 하위 법령에 위임을 한 경우 하위 법령이 위임의 한계를 준수하고 있는지 여부를 판단할 때는 해당 법률 규정의 입법목적과 규정 내용, 규정의 체계, 다른 규정과의 관계 등을 종합적으로 살펴야 하는바 위임 규정 자체에서 그 의미 내용을 정확하게 알 수 있는 용어를 사용하여 위임의 한계를 분명히 하고 있는데도 그 문언적 의미의 한계를 벗어났는지 여부나 수권 규정에서 사용하고 있는 용어의 의미를 넘어 그 범위를 확장하거나 축소하여서 위임 내용을 구체화하는 단계를 벗어나 새로운 입법을 하였는지 여부 등도 고려되어야 한다(대판 2010.4.29, 2009두17797).

3. 사안의 경우

① 무허가건축물을 사업장으로 이용하는 경우 사업장을 통해 이익을 얻으면서도 영업과 관련하여 해당 사업장에 부과되는 행정규제의 탈피 또는 영업을 통하여 얻는 이익에 대한 조세 회피 등 여러 가지 불법행위를 저지를 가능성이 큰 점, ② 건축법상의 허가절차를 밟을 경우 관계 법령에 따라 불허되거나 규모가 축소되었을 건물에서 건축허가를 받지 않은 채 영업을 하여 법적 제한을 넘어선 규모의 영업을 하고도 그로 인한 손실 전부를 영업손실로 보상받는 것은 불합리한 점 등에 비추어 보면, 위 규칙 조항이 '영업'의 개념에 '적법한 장소에서 운영될 것'이라는 요소를 포함하고 있다고 하여 공익사업을 위한 토지 등의 취득 및 보상에 관한 법률의 위임 범위를 벗어났다고 하기 어렵다고 볼 것이다.

Ⅲ 정당한 보상에 반하는지 여부

1. 손실보상의 의의 및 취지

손실보상이란 공공필요에 의한 적법한 공권력의 행사로 가하여진 개인의 특별한 재산권 침해에 대하여, 행정주체가 사유재산권 보장과 평등부담의 원칙 및 생존권 보장차원에서 행하는 조절적인 재산적 전보를 말한다(재산권의 내재적 제약인 사회적 제약과 구별된다).

2. 손실보상의 기준(정당한 보상)

헌법 제23조 제3항에서는 '정당한 보상'이라고 규정하고 있으나 정당보상의 의미가 추상적인바 이의 해석이 문제된다.

(1) 학설

① 완전보상설은 피침해재산의 객관적 가치(객관적 가치보장설)와 부대적 손실까지 보상해야 한다고 하며(손실전부보장설), ② 상당보상설은 사회통념상 합당한 보상이면 되고(완전보상설) 합리적 사유가 있으면 하회할 수 있다고 한다(합리적 보상설). ③ 절충설은 완전보상을 하는 경우와 상당보상을 요하는 경우로 나눈다.

(2) 판례

① 대법원은 보상의 시기, 방법 등에 제한 없는 완전한 보상을 의미한다고 판시한 바 있으며, ② 헌법재판소는 피수용자의 객관적 재산가치를 완전하게 보상해야 한다고 판시한 바 있다.

(3) 검토

피수용자의 객관적 가치를 완전하게 보상함은 물론 대물적 보상만으로 채워지지 않는 부분에 대한 생활보상을 지향함이 타당하다.

3. 사안의 경우

손실보상이란 적법한 공권력 행사로 인해 국민의 재산권에 특별한 손해가 가해질 때 사회 전체적인 공평 부담의 견지에서 행하는 재산적 보상인데, 무허가건축물을 지어 위법행위를 통한 영업이익을 누린 사람에 대하여까지 그 손실을 보상하는 것은 정당한 보상이라고 하기 어려운 점 등에 비추어 보면, 정당한 보상의 원칙에 위배된다고 하기 어렵다.

Ⅳ 평등의 원칙 위반 여부

1. 평등의 원칙의 의의

평등의 원칙은 행정청은 합리적 이유 없이 국민을 차별하여서는 안 된다는 원칙으로 '같은 것은 같게, 다른 것은 다르게' 판단해야 한다.

2. 근거와 효력

평등의 원칙은 헌법 제11조에 근거하며 행정기본법 제9조에서 이를 명문화하고 있다. 평등의 원칙은 헌법적 근거를 가지므로 이에 반하는 행위는 위법이며 법률은 위헌이다.

3. 내용(적용범위) 및 한계

평등의 원칙은 모든 행정행위에 적용되며, 행정청은 합리적 이유 없이 국민을 차별하여서는 아니된다. 합리적 이유가 인정되는 경우에도 비례의 원칙에 반하는 경우에는 합리적인 차별 이유가 될 수 없다. 또한 불법 앞의 평등은 인정될 수 없다.

4. 사안의 경우

① 무허가건축물을 임차하여 영업하는 사업자의 경우 일반적으로 자신 소유의 무허가건축물에서 영업하는 사업자보다는 경제적·사회적으로 열악한 지위에 있는 점, ② 무허가건축물의 임차인은 자신이 임차한 건축물이 무허가건축물이라는 사실을 알지 못한 채 임대차계약을 체결할 가능성이 있는 점 등에 비추어 보면, 동 규칙 조항이 무허가건축물의 소유자와 임차인을 차별하는 것은 합리적인 이유가 있고, 따라서 형평의 원칙에 어긋난다고 볼 수 없다.

Ⅴ 사안의 해결

토지보상법 시행규칙 제45조는 토지보상법 제77조의 영업손실보상을 구체적으로 실현하기 위하여 제정된 법규명령이며 무허가건축물로부터 발생될 수 있는 사회적 문제를 고려할 때 수권의 범위 내에서 제정된 것으로 볼 수 있다. 또한 이는 정당보상의 원칙에 위배된다고도 볼 수 없으므로 임차인의 경제적·사회적 지위를 고려한 소유자와의 차별은 그 합리성이 인정되어 형평의 원칙에 어긋난다고도 볼 수 없을 것이다.

◆ [대판 2014.3.27, 2013두25863[수용보상금증액]

[판시사항]
중앙토지수용위원회가 생태하천조성사업에 편입되는 토지상의 무허가건축물에서 축산업을 영위하는 갑에 대하여 공익사업을 위한 토지 등의 취득 및 보상에 관한 법률 시행규칙 제45조 제1호에 따라 영업손실을 인정하지 않는 내용의 수용재결을 한 사안에서, 위 조항이 공익사업을 위한 토지 등의 취득 및 보상에 관한 법률의 위임 범위를 벗어나거나 정당한 보상의 원칙에 위배된다고 하기 어렵다고 본 원심판단을 정당하다고 한 사례

[판결요지]
중앙토지수용위원회가 생태하천조성사업에 편입되는 토지상의 무허가건축물에서 축산업을 영위하는 갑에 대하여 공익사업을 위한 토지 등의 취득 및 보상에 관한 법률 시행규칙 제45조 제1호(이하 '위 규칙 조항'이라 한다)에 따라 영업손실을 인정하지 않는 내용의 수용재결을 한 사안에서, ① 무

허가건축물을 사업장으로 이용하는 경우 사업장을 통해 이익을 얻으면서도 영업과 관련하여 해당 사업장에 부과되는 행정규제의 탈피 또는 영업을 통하여 얻는 이익에 대한 조세 회피 등 여러 가지 불법행위를 저지를 가능성이 큰 점, ② 건축법상의 허가절차를 밟을 경우 관계 법령에 따라 불허되거나 규모가 축소되었을 건물에서 건축허가를 받지 않은 채 영업을 하여 법적 제한을 넘어선 규모의 영업을 하고도 그로 인한 손실 전부를 영업손실로 보상받는 것은 불합리한 점 등에 비추어 보면, 위 규칙 조항이 '영업'의 개념에 '적법한 장소에서 운영될 것'이라는 요소를 포함하고 있다고 하여 공익사업을 위한 토지 등의 취득 및 보상에 관한 법률의 위임 범위를 벗어났다거나 정당한 보상의 원칙에 위배된다고 하기 어렵다고 본 원심판단을 정당한 것으로 수긍한 사례

[이유]

1. 공익사업을 위한 토지 등의 취득 및 보상에 관한 법률(이하 '공익사업법'이라 한다) 시행규칙 제45조 제1호는 공익사업법 제77조 제1항에 따라 영업손실을 보상하여야 하는 영업에 관하여 '사업인정고시일 등 전부터 적법한 장소(무허가건축물 등, 불법형질변경토지, 그 밖에 다른 법령에서 물건을 쌓아놓는 행위가 금지되는 장소가 아닌 곳을 말한다)에서 인적·물적 시설을 갖추고 계속적으로 행하고 있는 영업. 다만 무허가건축물 등에서 임차인이 영업하는 경우에는 그 임차인이 사업인정고시일 등 1년 이전부터 부가가치세법 제5조에 따른 사업자등록을 하고 행하고 있는 영업을 말한다'라고 규정하고 있다(이하 위 제45조 제1호를 '이 사건 규칙 조항'이라 한다).

2. 가. 원심판결 이유에 의하면, 원심은, 원고들의 다음과 같은 주장, 즉 이 사건 재결은 이 사건 무허가건축물을 소유하면서 그곳에서 축산업을 영위하여 온 원고들의 영업손실을 이 사건 규칙 조항을 적용하여 보상대상에서 제외하였는바, 이 사건 규칙 조항은 공익사업법 제77조의 위임범위를 벗어나 영업보상의 대상을 지나치게 제한하여 국민의 재산권을 침해하고 무허가건축물의 소유자와 임차인을 합리적 이유 없이 차별하여 형평의 원칙에 위배되므로 무효라는 주장을 아래와 같은 이유로 배척하였다.

공익사업에 의하여 영업을 폐지하거나 휴업하는 경우 보상하도록 규정하고 있는 공익사업법 제77조 제1항이 '영업'의 의미에 관하여는 구체적으로 정의하지 않는 대신, 같은 조 제4항에서 영업손실 보상액의 구체적인 산정 및 평가 방법과 보상기준에 관한 사항을 국토교통부령으로 정하도록 위임하고 있고, 이에 따라 이 사건 규칙 조항이 2007.4.12. 건설교통부령 제556호로 개정되면서 무허가건축물에서의 영업을 보상대상에서 제외하고 있는바, ① 무허가건축물을 사업장으로 이용하는 경우 그 사업장을 통해 이익을 얻으면서도 영업과 관련하여 해당 사업장에 부과되는 행정규제의 탈피 또는 그 영업을 통하여 얻는 이익에 대한 조세 회피 등 여러 가지 불법행위를 저지를 가능성이 큰 점, ② 건축법상의 허가절차를 밟을 경우 관계 법령에 따라 불허되거나 규모가 축소되었을 건물에서 건축허가를 받지 않은 채 영업을 하여 법적 제한을 넘어선 규모의 영업을 하고도 그로 인한 손실 전부를 영업손실로 보상받는 것은 불합리한 점, ③ 손실보상이란 적법한 공권력 행사로 인해 국민의 재산권에 특별한 손해가 가해질 때 사회 전체적인 공평 부담의 견지에서 행하는 재산적 보상인데, 무허가건축물을 지어 위법행위를 통한 영업이익을 누린 사람에 대하여까지 그 손실을 보상하는 것은 정당한 보상이라고 하기 어려운 점 등에 비추어 보면, 이 사건 규칙 조항이 '영업'의

개념에 '적법한 장소에서 운영될 것'이라는 요소를 포함하고 있다고 하여 공익사업법의 위임 범위를 벗어났다거나 정당한 보상의 원칙에 위배된다고 하기 어렵다.

나아가 ① 무허가건축물을 임차하여 영업하는 사업자의 경우 일반적으로 자신 소유의 무허가 건축물에서 영업하는 사업자보다는 경제적·사회적으로 열악한 지위에 있는 점, ② 무허가 건축물의 임차인은 자신이 임차한 건축물이 무허가건축물이라는 사실을 알지 못한 채 임대차 계약을 체결할 가능성이 있는 점 등에 비추어 보면, 이 사건 규칙 조항이 무허가건축물의 소 유자와 임차인을 차별하는 것은 합리적인 이유가 있고, 따라서 형평의 원칙에 어긋난다고 볼 수 없다.

나. 이 사건 규칙 조항의 구체적 내용, 개정 경위 및 관련 법리와 기록에 비추어 살펴보면 원심 의 위와 같은 판단은 정당한 것으로 수긍할 수 있고, 거기에 이 사건 규칙 조항에 관한 법리 를 오해한 잘못이 없다.

3. 그러므로 상고를 모두 기각하고, 상고비용은 패소자들이 부담하기로 하여, 관여 대법관의 일치 된 의견으로 주문과 같이 판결한다.

사례 7

감정평가사 甲은 감정평가사 乙 등과 함께 A 감정평가법인을 설립하였다. 그런데 A 감정평가법인을 설립하고 성실하게 5년간 업무를 수행해 오고 있다. 그런데 A 감정평가법인이 업무를 수행하는 중에 '감정평가 및 감정평가사에 관한 법률' 제3조 제3항을 위반하여 감정평가를 하는 일이 발생하였다. 국토교통부장관은 그 위반행위가 매우 중대하다고 보고 A 감정평가법인에 대해 1개월의 업무정지처분을 내렸다. 감정평가 및 감정평가사에 관한 법률 시행령 [별표 3]의 법적 성질과 A감정평가법인에 대한 1개월의 업무정지처분의 위법성을 논하시오. 20점

위반행위	근거 법조문	행정처분기준		
		1차 위반	2차 위반	3차 이상 위반
마. 법 제3조 제3항에 따른 원칙과 기준을 위반하여 감정평가를 한 경우	법 제32조 제1항 제5호	업무정지 1개월	업무정지 2개월	업무정지 4개월

Ⅰ 쟁점의 정리

Ⅱ 제재적 처분기준의 법적 성질
  1. 문제점
  2. 법적 성질
    (1) 학설
    (2) 판례
    (3) 검토
    (4) 사안의 경우(시행령 [별표 3]의 경우)

Ⅲ 업무정지처분의 위법성 유무
  1. 업무정지처분의 의의 및 법적 성질
  2. 재량권 행사의 일탈·남용
  3. 업무정지처분의 위법성 유무
    (1) 비례원칙의 의의 및 근거(효력)
    (2) 사안의 경우

Ⅳ 사안의 해결(위법성 정도 및 구제수단 등)

Ⅰ 쟁점의 정리

설문은 국토교통부장관의 업무정지처분의 위법성을 묻고 있다. 해당 처분은 시행령 [별표 3]에 따른 처분이므로 ① 동 규정의 대외적 구속력이 인정되는지와, ② 대외적 구속력이 인정된다면 감경 규정을 적용함에 있어서 비례원칙 등 재량권 행사의 일탈·남용은 없었는지를 검토하여 설문을 해결한다.

Ⅱ 제재적 처분기준의 법적 성질

1. 문제점

제재적 처분기준이 법규명령의 형식으로 제정되었으나 그 실질이 행정규칙의 내용을 갖는 경우, 이에 대한 대외적 구속력이 인정되는지가 문제된다.

2. 법적 성질

(1) 학설

① 규범의 형식과 법적 안정성을 중시하여 법규명령으로 보는 견해, ② 규범의 실질과 구체적 타당성을 중시하여 행정규칙으로 보는 견해, ③ 상위법의 수권 유무로 판단하는 수권여부기준설이 대립한다.

(2) 판례

대법원은 ① (구)식품위생법 시행규칙상 제재적 처분기준은 행정규칙으로 보며, ② (구)청소년 보호법 시행령상 과징금 처분기준을 법규명령으로 보면서 그 처분기준은 최고한도로 보아 구체적 타당성을 기한 사례가 있다.

(3) 검토

대통령령과 부령을 구분하는 판례의 태도는 합리적 이유가 없으므로 타당성이 결여된다. 또한 부령의 경우에도 법규명령의 형식을 갖는 이상 법제처의 심사에 의해 절차의 정당성을 확보하고, 공포를 통한 예측가능성이 보장된다는 점에서 부령인 경우도 법규성을 긍정함이 타당하다.

(4) 사안의 경우(시행령 [별표 3]의 경우)

시행령 제29조에서 규정하고 있는 제재적 처분기준은 그 형식이 대통령령이며, 상위법률인 감정평가법의 처분기준을 각 사유마다 세분화하여 규정하여 개별사안에서 구체적 타당성을 기여하고 있다. 따라서 법규명령의 성질을 갖는 것으로 볼 수 있다.

Ⅲ 업무정지처분의 위법성 유무

1. 업무정지처분의 의의 및 법적 성질

업무정지처분이란, 감정평가법인 등이 감정평가법상 의무규정을 위반하였을 때, 감정평가법 제10조상의 업무를 영위할 수 있는 법적 지위를 정지시키는 것을 말한다. 감정평가법 제32조에서는 "할 수 있다."라고 규정하고 있는 바, 재량행위이다.

2. 재량권 행사의 일탈·남용

업무정지처분은 재량행위이며, 개별사안마다 구체성을 확보하기 위하여 국토교통부령으로 제정한 제재적 처분기준(별표 3)은 대외적 구속력을 갖는 법규명령이다. 또한 제재적 처분기준에서는 '사소한 부주의나 오류로 인한 경우', '위반의 정도가 경미한 경우' 등의 사정을 고려하여 처분기준을 1/2 범위 내에서 감경할 수 있다고 규정하고 있으므로, 업무정지처분을 할 때에는 개별·구체적인 사안의 특수성을 고려하되, 그러한 사정을 정상참작할 경우 행정법의 일반원칙에 위배되어서는 안 될 것이다. 설문에서는 특히 비례원칙이 문제된다고 할 것이다.

3. 업무정지처분의 위법성 유무

(1) 비례원칙의 의의 및 근거(효력)

비례의 원칙이란 과잉조치금지의 원칙이라고도 하는데, 행정작용에 있어서 행정목적과 행정수단 사이에는 합리적인 비례관계가 있어야 한다는 원칙을 말한다. 헌법 제37조 제2항 및 법치국가원칙으로부터 도출되는 법원칙이므로 헌법적 효력을 가진다. 비례의 원칙에 반하는 행정권행사는 위법하다.

(2) 사안의 경우

설문상 A법인의 감정평가법 위반에 대한 제재로써 업무정지처분은 적합한 수단이며, 감정평가법 제32조에서는 인가취소와 업무정지를 규정하고 있는 바, 업무정지처분은 최소침해원칙의 위반도 없는 것으로 보인다. 다만, 국토교통부장관은 업무정지처분을 할 때 'A감정평가법인이 법인설립 이후 5년간 성실하게 업무를 수행해 온 점' 등을 고려하여 결정해야 할 것인데, 이러한 사정의 고려 없이 업무정지처분을 한 것으로 보인다. 따라서 A법인이 그동안 성실하게 업무수행을 해 온 점 등을 고려할 때, 국토교통부장관의 업무정지처분은 과도한 수인의무를 부여한다고 판단된다.

Ⅳ 사안의 해결(위법성 정도 및 구제수단 등)

설문상 국토교통부장관의 업무정지처분은 비례원칙에 반하는 처분이나, 일반인의 식견에서 외관상 명백하지 않으므로 취소사유라고 판단된다. 따라서 갑은 취소소송을 통해서 구제받을 수 있을 것이며, 업무정지로 인한 중대한 경영상의 위험 등을 예방하기 위하여 집행정지를 신청할 수 있을 것이다.

03 법령보충적 행정규칙

사례 8

개별공시지가는 표준지공시지가에 비준표를 적용하여 산정한다. 이 경우에 적용되는 토지가격비준표의 법적 성질과 문제점 및 개선방안을 설명하시오. [20점]

Ⅰ 개설(토지가격비준표의 의의 및 역할)

비준표는 표준지와 개별토지의 지가형성요인에 관한 표준적인 비교표로서, 행정목적을 위한 지가산정에 있어서 비용을 절감하고 전문성을 보완함에 제도적 취지가 인정된다. 부동산공시법 제3조 제8항에 근거규정을 두고 있다.

Ⅱ 법적 성질

1. 문제점

비준표의 법적 성질에 따라 그 활용상 하자가 존재하는 경우 위법성 판단구조가 달라진다.

2. 법령보충적 행정규칙의 의의 및 인정 여부

법령의 위임에 의해 법령을 보충하는 법규사항을 정하는 행정규칙을 말한다. 헌법 제75조 및 제95조와 관련하여 이러한 행정규칙의 인정 여부에 대하여 견해의 대립이 있으나 다수견해 및 판례는 법령의 수권을 받아 제정되는 것을 논거로 하여 긍정하며, 타당하다.

3. 법적 성질에 대한 견해의 대립(대외적 구속력 인정논의)

① 형식을 중시하는 행정규칙설, ② 전문성과 기술성이 인정되는 영역에서 행정의 시원적인 입법권을 인정하는 규범구체화 행정규칙설, ③ 법규와 같은 효력을 가지나 형식이 행정규칙이므로 법규명령의 효력을 갖는 행정규칙으로 보는 견해, ④ 실질을 중시하는 법규명령설, ⑤ 수권유무를 기준으로 구별하는 수권여부기준설이 있다.

4. 판례

① 국세청훈령인 재산제세사무처리규정은 상위법인 소득세법 시행령과 결합하여 법규성을 가진다고 판시한 바 있다. ② 대법원은 토지가격비준표는 집행명령인 개별토지가격합동조사지침과 더불어 법령보충적 구실을 하는 법규적 성질을 가지고 있는 것으로 보아야 한다고 판시한 바 있다.

5. 검토

상위법령의 위임이 있는 경우에는 그와 결합하여 법령을 보충하므로 법규성을 인정하는 것이 행정현실상 타당하다고 판단된다. 다만, 일반적인 법규명령절차를 거치지 않기 때문에 '국민의 예측가능성'을 고려하여 고도의 전문적 영역에 한정되어 최소한도로 인정해야 할 것이다.

Ⅲ 토지가격비준표의 문제점 및 개선방안

1. 비준표 작성범위에 대한 문제점과 개선방안

(1) 비준표 작성과 적용범위

현행 비준표는 읍, 면, 동의 용도지역을 기준으로 작성되고 비교표준지의 선정범위인 유사가격권을 중심으로 적용된다.

(2) 문제점

① 한 개의 유사가격권에 두 개 이상의 비준표가 존재할 수 있고 이 경우 균형성을 확보하기 어렵다(유사가격권은 행정구역을 기준으로 분류하지 않기 때문임). ② 비준표 작성범위에 2 이상의 가격권이 형성될 수 있는데 이 경우 하나의 비준표만 작성하면 가격배율이 토지특성을 적절히 반영하기 어렵게 된다.

(3) 개선안

동일 용도지역 내에서 가격수준 및 토지이용상황 등을 고려한 표준지선정단위구역을 기준으로 비준표를 작성하고 활용해야 한다.

2. 비준표 검증방법의 문제점과 개선방안

(1) 문제점

담당공무원과 감정평가사의 협의에 의해 적정성이 검토되고 있으나 담당공무원의 비전문성과 감정평가사의 주관개입가능성이 문제된다.

(2) 개선방안

단계별로 지역을 설정하여 모든 토지에 대하여 적정성 검토를 정밀하게 시행하고 그 외 지역은 의견조사에 따른 적정성 검토를 병행한다.

3. 비준표 작성기준의 특성항목에 대한 문제점과 개선방안

(1) 문제점

토지이용용도별로 항목이 세분되지 않으므로 토지용도별 특성을 반영하기 어렵다(주거용, 전, 상업용 모두 동일 기준 적용).

(2) 개선방안

주거·상업·공업 등 특성을 고려하여 전철 및 기차역거리, 혐오시설 중 고압선과 송전선 등 요인을 추가로 반영할 필요가 있다.

Ⅳ 검토

지역별, 용도별 특성을 적절히 반영하기 위해서 용도별, 지역별로 세분된 비준표 작성이 필요하다. 이에는 시간과 비용 및 인력이 많이 소요될 것이므로 점진적인 개선을 시행해야 할 것이다.

04 행정입법부작위 및 헌법소원

사례 9

갑은 팔당지역댐 피해대책위원회 위원장으로서 팔당댐 건설로 인하여 급격한 환경변화를 이유로 손실을 입어왔다. 특정다목적댐법 제20조에 의하면 다목적댐 건설로 인한 손실보상 의무가 국가에게 있고 같은 법 제22조에 의하면 손실보상의 절차와 그 방법 등 필요한 사항은 대통령령으로 규정하도록 되어 있음에도 상당기간이 지나도록 대통령이 이를 제정하지 아니한 것은 행정입법부작위에 해당하는 것이라고 판단하고 부작위위법확인소송을 제기하였다. 갑이 제기한 부작위위법확인소송이 적법한지와 그 밖의 권리구제수단에 대해서 논하시오. [50점]

Ⅰ 쟁점의 정리	(1) 학설
Ⅱ 행정입법부작위 여부	1) 부정설
1. 행정입법부작위의 의의	2) 긍정설
2. 행정입법부작위의 요건	(2) 판례
(1) 시행명령 제정의무	(3) 검토
(2) 상당한 기간의 경과	3. 사안의 경우
(3) 명령의 제정 또는 개폐가 없었을 것	Ⅳ 그 밖의 권리구제수단(헌법소원 등)
3. 사안의 경우	1. 행정입법부작위에 대한 헌법소원
Ⅲ 행정입법부작위가 부작위위법확인소송의 대상인지 여부	(1) 권리구제형 헌법소원
1. 행정소송법 제2조 제1항 제2호 부작위의 개념	(2) 권리구제형 헌법소원의 요건
2. 행정입법부작위가 행정소송법상 부작위인지 여부	1) 침해의 직접성
	2) 보충성
	2. 국가배상청구의 가능성
	3. 당사자소송의 가능성
	Ⅴ 사안의 해결

① 쟁점의 정리

① 이의 해결을 위하여 시행명령을 제정하지 않은 것이 행정입법부작위에 해당하는지, ② 해당한다면 이러한 행정입법부작위도 행정소송법 제2조 제1항 제2호 부작위개념에 해당되는지를 검토하고, ③ 그 밖의 권리구제수단으로는 헌법소원과 국가배상청구의 가능성을 논하고자 한다.

Ⅱ 행정입법부작위 여부

1. 행정입법부작위의 의의

행정입법부작위라 함은 행정권에게 명령을 제정, 개정 또는 폐지할 법적 의무가 있음에도 합리적인 이유 없이 지체하여 명령을 제정, 개정 또는 폐지하지 않는 것을 말한다.

2. 행정입법부작위의 요건

행정입법부작위가 인정되기 위하여는 ① 행정권에게 명령을 제정, 개폐할 법적 의무가 있어야 하고, ② 상당한 기간이 지났음에도 불구하고, ③ 명령이 제정 또는 개폐되지 않았어야 한다.

(1) 시행명령 제정의무

현행법상 행정권의 시행명령 제정의무를 규정하는 명시적인 법률규정은 없지만, 행정권의 시행명령 제정·개정의무는 법적 의무로 보아야 할 것이다. 법률의 집행은 행정권의 권한이지만 동시에 행정권은 법률을 집행할 헌법적 책무를 진다.

(2) 상당한 기간의 경과

법률을 시행하는 명령을 제정하기 위하여는 행정권에게 상당한 기간이 필요하다. 시행명령 제정권한을 갖는 행정기관은 시행명령 제정에 필요한 '합리적인 기간'을 갖는다고 보아야 한다. 얼마간의 기간이 합리적인 기간인가는 법령의 시행을 위한 여건의 마련과 시행명령 제정상의 어려움에 따라 각 경우마다 개별적으로 판단되어야 할 것이다.

(3) 명령의 제정 또는 개폐가 없었을 것

시행명령을 제정 또는 개정하였지만 그것이 불충분 또는 불완전하게 된 경우에는 행정입법의 부작위가 아니다.

3. 사안의 경우

설문상 특정다목적댐법 제20조 및 제22조상 다목적댐 건설로 인한 손실보상의무가 국가에게 있다고 볼 수 있고, 상당기간이 지나도록 명령의 제정이 없었으므로 대통령이 시행명령을 제정하지 않은 것은 행정입법부작위에 해당된다.

Ⅲ 행정입법부작위가 부작위위법확인소송의 대상인지 여부

1. 행정소송법 제2조 제1항 제2호 부작위의 개념

부작위란 행정청이 당사자의 신청에 대하여 상당한 기간 내에 일정한 처분을 하여야 할 법률상 의무가 있음에도 불구하고 이를 하지 아니하는 것을 말한다.

2. 행정입법부작위가 행정소송법상 부작위인지 여부

(1) 학설

1) 부정설

행정입법은 추상적인 법규범으로서 처분이 아니므로 행정입법부작위는 성질상 부작위위법확인소송의 대상이 되는 부작위가 아니라고 본다.

2) 긍정설

시행명령 제정신청에 대한 부작위로 직접·구체적으로 권익침해를 당한 경우 해당 행정입법부작위는 행정소송법상 부작위위법확인소송의 대상이 되는 부작위라고 보고 부작위위법확인소송이 제기될 수 있다고 본다(시행명령 제정을 신청하고 행정권이 이를 거부 또는 보류한 경우에만 그 거부처분이나 부작위에 대하여 항고소송이 인정된다고 본다).

(2) 판례

판례는 '행정소송은 구체적인 사건에 대한 법률상 분쟁을 법에 의하여 해결함으로써 법적 안정을 기하자는 것이므로 부작위위법확인소송의 대상이 될 수 있는 것은 구체적 권리·의무에 관한 분쟁이어야 하고 추상적인 법령에 관하여 제정의 여부 등은 그 자체로서 국민의 구체적인 권리·의무에 직접적인 변동을 초래하는 것이 아니어서 행정소송의 대상이 될 수 없다.'고 판시하고 있다(대판 1992.5.8, 91누11261).

(3) 검토

처분적 명령이 항고소송의 대상이 되므로 처분성이 있는 행정입법의 부작위도 부작위위법확인소송의 대상이 된다고 보아야 한다. 입법론으로는 행정입법부작위를 항고소송의 대상으로 하는 명문의 규정을 두어야 할 것이다.

3. 사안의 경우

대통령은 시행령을 제정할 의무는 있지만 해당 시행령이 손실보상의 절차와 그 방법을 정하는 것일 뿐 손실보상에 관한 직접적·구체적 사항을 내용으로 하는 것은 아니므로 처분명령의 성질을 갖는 것은 아니라고 보아야 한다. 따라서 대통령이 시행령이 제정하고 있지 않는 것은 부작위위법확인소송의 대상이 되는 부작위는 아니라고 할 것이다.

Ⅳ 그 밖의 권리구제수단(헌법소원 등)

1. 행정입법부작위에 대한 헌법소원

(1) 권리구제형 헌법소원

행정입법에 대한 헌법소원을 긍정하는 견해에 의하면 시행명령을 제정할 법적 의무가 있는 경우에 명령제정의 거부나 입법부작위도 '공권력의 행사나 불행사'이므로 당연히 헌법소원의 대상이 된다고 본다. 권리구제형 헌법소원이란 공권력의 행사(불행사)에 의해 기본권이 침해된 경우, 이를 구제하는 것을 말한다.

(2) 권리구제형 헌법소원의 요건

1) 침해의 직접성

헌법소원이 인정되기 위해서는 행정입법권의 불행사로 기본권이 직접·구체적으로 침해되었어야 한다. 헌법소원의 대상이 되는 불행사란 공권력이 행사될 법적 의무가 있음에도 공권력이 행사되지 않는 것을 말하며 국민의 신청을 전제로 하지 않는다. 따라서 시행명령 제정의 지체가 지나친 경우에는 사전에 시행명령 제정의 신청을 할 필요 없이 시행명령 제정의 불행사에 대하여 헌법소원을 제기할 수 있다.

2) 보충성

다른 수단으로 권리구제가 불가할 것을 요한다. 행정입법부작위에 대하여 부작위위법확인소송이 제기될 수 있다면, 보충성의 원칙에 의해 권리구제형 헌법소원이 인정될 수 없다.

2. 국가배상청구의 가능성

행정입법부작위로 인하여 손해가 발생한 경우에 과실이 인정되는 경우에는 국가배상청구가 가능하다(대판 2007.11.29, 2006다3561).

3. 당사자소송의 가능성

항고소송의 대상이 되지 않는 행정작용에 대한 국민의 재판을 받을 권리를 보장하기 위하여 행정입법부작위에 대해 규범제정을 요구하는 당사자소송을 인정하여야 한다는 견해가 있으나, 이에 대하여는 규범제정과 같은 권력적 행위는 당사자소송의 대상이 될 수 없다는 비판이 가능하다.

Ⅴ 사안의 해결

설문에서 대통령은 시행령을 제정할 의무가 있다고 판단되므로 대통령의 시행령 미제정은 행정입법부작위에 해당된다. 그러나 이러한 행정입법부작위가 행정소송법상 부작위위법확인소송의 대상이 되는 부작위는 아니므로 갑이 제기한 부작위위법확인소송은 부적법하다. 이 경우 갑은 헌법소원의 요건이 충족된다면 헌법소원을 제기할 수 있을 것이며, 그 밖에 행정입법부작위로 인하여 손해가 발생하였고 이에 과실이 인정된다면 별도로 국가배상청구도 가능할 것이다.

05 행정규칙

▲ 사례 10

관할시장 乙은 1990년 이래로 지금까지 미곡의 유통구조 개선 및 품질향상, 가격안정을 위하여 생산자로부터 미곡의 매입·건조·저장·가공·판매를 일괄적으로 처리할 수 있는 미곡종합처리장(RPC) 및 신규 건조저장시설(DSC) 사업자를 선정하여 지원하여 왔다. 신규 건조저장시설 사업자로 선정되면 벼 매입 실적에 따라 매입자금을 지원받거나 공공비축 산물 벼 매입량이 배정되는 등의 혜택이 주어진다. 사업자를 선정함에 있어서는 농림축산식품부장관이 농림축산식품부 고시로 규정한 "농림사업자선정지침"이 기준으로 활용되어 왔다. 동 지침에 의하면 신규 RPC 사업자 선정기준과 DSC 선정기준을 구분하여 규정하면서, 신규 RPC 사업자는 RPC 개소당 논 면적 3,000ha 이상과 원료 벼 확보가능 논 면적 2,000ha 이상을 확보하여야 하고, 신규 DSC 사업자는 신규 DSC 개소당 논 면적에 관하여는 명시적인 규정을 두고 있지 아니하고 다만 원료 벼 확보가능 논 면적 1,000ha 이상을 확보하도록 지역기준을 설정하고 있다.

乙의 관할구역에서 사업을 하는 갑이 신규 건조저장시설 사업자로 선정되기 위하여 "농림사업자선정지침"에서 요구하는 기준을 충족하여 乙에게 선정 신청을 하였다. 그런데 乙은 농산물의 개방화 시대가 올 것에 대비하고 경쟁력을 높이고자 "농림사업자선정지침"에 명시되어 있지 아니한 기준인 '건조저장시설 개소당 논 면적' 기준을 새로이 제시하면서 이를 충족시키지 못하였다는 이유로 갑의 신청을 반려하였다. 이에 갑은 乙의 반려처분에 대해서 다투고자 한다. 20점

(1) "농림사업자선정지침"의 법적 성격은 어떠한가?

(2) 반려처분취소소송의 본안에서 갑은 어떤 법적 주장을 할 수 있는가?

※ RPC(Rice Processing Complex)는 산물 벼를 건조·도정해서 가공·포장하는 미곡종합처리장이고, DSC(Drying Storage Center)는 산물 벼를 건조해서 보관하는 건조저장시설이다.

양곡관리법 제22조(미곡유통업의 육성)
① 농림축산식품부장관은 미곡의 유통구조개선·품질향상 및 가격안정을 위하여 생산자로부터의 미곡 매입 및 매입한 미곡의 건조·선별·보관·가공·판매 등 종합적인 미곡의 유통기능을 담당하는 미곡유통업을 육성하여야 한다.
② 농림축산식품부장관은 농업협동조합이나 그 밖에 제1항에 따른 미곡의 유통기능을 능률적으로 수행할 수 있다고 인정되는 자에게 미곡종합처리장 등 미곡을 건조·보관·가공·유통·판매하는 시설의 설치 및 미곡의 매입에 필요한 자금의 일부를 예산의 범위에서 융자하거나 보조금을 지급할 수 있다.
③ 제2항에 따른 융자 및 보조에 필요한 사항은 농림축산식품부령으로 정한다. 이 경우 융자금의 이자 등 융자조건에 관하여는 기획재정부장관과 협의하여야 한다.

Ⓘ 문제의 소재

본 사안에서 관할시장 乙의 관할구역에서 사업을 하고자 하는 갑이 신규건조저장시설 사업자로 선정되기 위하여 乙에게 선정 신청을 하였는데, 乙이 농림축산식품부 고시로 규정한 "농림사업자선정지침"에 명시되어 있지 아니한 새로운 기준을 내세워서 갑의 신청을 반려하였다. 우선 동 지침의 법적 성격이 어떠한가에 대해서 고찰한 다음, 동 지침이 행정규칙인 경우에는 乙은 이에 구속되지는 아니할 것이므로 새로운 기준을 내세울 수는 있을 것이나, 이런 경우에도 문제는 기존에 관행적으로 준수하여 오고 있는 동 지침을 갑에 대해서는 적용하지 아니하는 것이므로 행정법의 일반원칙인 평등의 원칙과 신뢰보호의 원칙을 포함하여 특히 이로부터 파생된 원칙으로 볼 수 있는 행정의 자기구속의 법리의 적용 여부에 대해서 본안에서 갑이 주장할 수 있는 것인가가 문제된다고 할 것이다.

Ⅱ [설문 1] "농림사업자선정지침"의 법적 성격

1. 행정규칙의 의의

행정규칙이란 행정조직 내부의 사무처리기준을 규정한 일반적, 추상적 규범을 말한다.

2. 법적 성질

(1) 학설

① 법규성을 부정하는 비법규설, ② 행정권의 시원적인 입법권을 인정하여 법규성을 인정하는 법규설, ③ 평등의 원칙 및 자기구속의 법리를 매개로 법규성을 인정할 수 있다는 준법규설이 대립된다.

(2) 판례

훈령에 규정된 청문을 거치지 않은 것은 위법하다고 본 판례가 있으나 예외적인 사건으로 보이며 '일반적으로 행정규칙의 법규성을 인정하지 않는다.'

(3) 검토

행정규칙의 법규성을 인정하는 것은 법률의 법규창조력에 반하며, 평등의 원칙이나 자기구속 법리를 매개로 하는 경우에도 규칙 자체에는 법규성이 없다고 보는 것이 타당하므로 비법규설이 타당하다.

3. 사안의 경우

농림축산식품부장관이 농림축산식품부 고시로 규정한 "농림사업자선정지침"의 법적 성격을 규명해 보면 동 지침은 일단 그 형식이 법규명령의 형식이 아니므로 일응 행정규칙으로 추정할 수 있을 것이다. 법규성 유무를 기준으로 할 때에도 직접적으로 국민을 구속하는 효력을 가지지는 아니하고 다만 행정부 내부의 사무처리를 위한 준칙으로 작용하여 간접적으로 영향을 미침에 그친다고 볼 수 있을 것이다.

Ⅲ [설문 2] 갑이 주장할 수 있는 법적 주장(자기구속원칙의 위반 여부)

1. 행정의 자기구속의 법리

행정의 자기구속의 법리란 헌법상의 평등의 원칙과 신뢰보호의 원칙에 기초하여 행정권이 후속하는 동종 사안에서 있어서 이미 행한 결정에 구속을 받고, 행정권이 행정을 수행함에 있어서 스스로 정한 기준으로부터 정당한 이유가 없는 한 벗어날 수 없다는 것이다. 행정의 자기구속의 법리는 특히 행정청이 재량권을 보유하는 경우에 재량권의 행사에 있어서 자의를 방지하는 기능 그리고 행정의 내부적 사무처리의 기준으로 기능하는 행정규칙의 효력을 확장하는 기능을 수행한다.

2. 적용요건

(1) 행정의 재량영역

자기구속의 법리는 원칙적으로 행정청에게 재량이 인정되는 영역에서 적용될 수 있다.

(2) 행정관행의 존재

이와 관련하여 기왕에 존재하는 행정선례가 필요한지와 관련하여 선례가 필요하다는 필요설과 재량준칙의 존재만으로도 행정청의 재량행사와 관련하여 예측할 수 있는 예기관행이 존재하는 것으로 보아 선례가 필요하지 아니한다는 불필요설이 대립하고 있다. 독일의 판례는 행정규칙의 최초 적용에 있어서도 미리 정해진 행정관행을 인정하여 예기관행을 긍정하고 있다. 우리 판례는 재량준칙이 어느 정도 되풀이 시행되어야 행정관행이 성립하는 것으로 보고 있다.

(3) 행정관행과 동일한 사안

기왕에 형성된 행정관행과 동일한 사안에 대해서 행정청은 이미 이루어진 행정관행에 기속을 받는다.

3. 한계

행정의 자기구속의 법리의 한계로는 사정변경의 경우와 위법한 관행인 경우가 문제가 되는데, 전자의 경우 사정변경으로 인하여 기존관행을 준수할 수 없는 특별한 사유가 있는 경우에는 자기구속으로부터 벗어날 수 있다고 볼 것이고, 후자의 경우 위법에 있어서 평등대우는 인정될 수 없으므로, 행정규칙에 따른 종전의 관행이 위법한 경우에는 행정청은 자기구속을 당하지 않는다.

4. 사안의 경우

사안에서 乙은 농림축산식품부 고시인 "농림사업자선정지침"을 지금까지 준수하여 왔다. 그런데 갑에 대해서 지침에 없는 새로운 기준을 제시하면서 선정 신청을 반려하였다. 그렇다면 이러한 새로운 기준이 기존의 관행을 깨뜨릴 만큼의 사정변경 내지 정당화 요소를 포함하는가가 중요하다. 사안을 보면 경쟁력 강화 등의 요소들이 주장된다. 그러나 이러한 요소만으로는 사정변경을 긍정하기는 어렵다. 따라서 乙의 처분은 위법하다.

Ⅳ 사안의 해결

1. 농림축산식품부장관이 농림축산식품부 고시로 제정한 "농림사업자선정지침"의 법적 성격은 행정부 내부의 사무처리준칙을 정한 것으로서 행정규칙에 해당된다.

2. 관할시장 乙이 갑의 사업자 선정 신청에 대해서 반려처분을 한 것에 대한 반려처분취소소송의 본안에서 갑은 명문의 법령의 위반은 찾아보기 어려우므로 행정의 자기구속의 법리를 원용하여 이에 위반하는 乙의 처분의 위법성을 주장할 수 있을 것이다.

행정계획 및 판단여지

06 행정계획

 사례 11

국토교통부장관은 국토의 계획 및 이용에 관한 법률 제38조에 의하여 갑소유의 토지가 속해 있는 서울시 노원구 상계동 00번지 일대의 지역을 개발제한구역으로 지정하였다. 갑의 토지는 "나대지" 임에도 불구하고 해당 구역의 지정으로 인하여 건축물의 건축, 공작물의 설치 및 토지의 형질변경 등이 제한받게 되었고, 토지가격도 대폭 하락이 예상된다. 이에 갑은 자신의 토지를 제외하더라도 개발제한구역 지정 목적을 충분히 달성할 수 있고, 개발제한구역지정으로 달성되는 공익보다 침해되는 자신의 사익이 보다 크기 때문에 해당 구역지정은 재량권을 일탈, 남용한 위법한 처분에 해당한다고 주장한다.

(1) 갑은 개발제한구역지정을 대상으로 취소소송을 제기할 수 있는가? [15점]

(2) 갑의 주장은 타당한가? [15점]

(설문 1)의 해결

Ⅰ 문제의 제기

Ⅱ 소송요건의 충족 여부

   1. 개발제한구역지정행위의 대상적격

     (1) 개발제한구역의 지정의 의의 및 효과

     (2) 행정계획수립 행위의 법적 성질

       1) 학설

       2) 판례

       3) 검토

       4) 사안의 경우

   2. 원고적격 및 협의의 소익

   3. 기타 소송요건의 검토

Ⅲ 사안의 해결

(설문 2)의 해결

Ⅰ 문제의 제기

Ⅱ 행정계획의 위법성 판단기준

   1. 계획재량과 재량행위

     (1) 계획재량의 의의

       1) 계획재량의 개념

       2) 계획재량과 재량행위가 동일한 것인지

     (2) 계획재량의 한계

   2. 형량명령

     (1) 형량명령의 의의

     (2) 형량의 하자로 인정되는 경우

     (3) 판례의 태도

Ⅲ 사안의 해결(갑주장의 타당성 여부)

⊕ **(설문 1)의 해결**

Ⅰ 문제의 제기

개발제한구역지정행위를 대상으로 취소소송을 제기할 수 있는지, 대상적격을 중심으로 취소소송의 제기요건을 검토한다.

Ⅱ 소송요건의 충족 여부

1. 개발제한구역지정행위의 대상적격

(1) 개발제한구역의 지정의 의의 및 효과

개발제한구역은 도시의 무질서한 확산을 방지하고 도시주변의 자연환경을 보전하여 도시민의 건전한 생활환경을 확보하기 위하여 도시의 개발을 제한하는 구역으로 국토교통부장관이 도시관리계획으로 지정할 수 있다. 개발제한구역으로 지정된 구역 내에서는 구역지정의 목적에 위배되는 건축물의 건축, 공작물의 설치, 토지의 형질변경, 토지면적의 분할 또는 도시계획사업을 시행할 수 없게 된다.

(2) 행정계획수립 행위의 법적 성질

1) 학설

① 행정계획은 "일반적·추상적인 규율을 정립하는 행위"라는 입법행위설, ② 행정계획의 결정·고시로 인해서 법관계의 변동을 가져오는 경우는 행정행위성질을 갖는다는 행정행위설, ③ 계획마다 개별적으로 검토해야 한다는 복수성질설, ④ 행정계획은 규범도 아니고, 행정행위도 아닌 독자적 성질을 갖는다는 독자성설이 있다.

2) 판례

대법원은 도시계획결정에 대하여 처분성을 인정하였으며, 또한 개발제한구역지정행위를 계획재량처분으로 인정하였다(대판 1997.6.24, 96누1313).

3) 검토

행정계획은 그 종류와 내용이 매우 다양하고 상이하므로, 행정계획의 법적 성질은 각 계획이 갖는 목적과 내용을 기준하여 개별적으로 검토되어야 할 것이다.

4) 사안의 경우

개발제한구역의 지정으로 인하여 일정한 행위제한의 법적 효과가 발생하므로 행정소송법상 처분으로 봄이 타당하다. 따라서 사안에서 국토교통부장관의 개발제한구역지정행위는 취소소송의 대상적격이 인정된다.

2. 원고적격 및 협의의 소익

갑은 국토교통부장관의 개발제한구역의 지정으로 인하여 건축물의 건축 및 형질변경금지 등 일정한 행위제한을 받고 있으므로 원고적격이 인정된다. 또한 소송을 통해서 해당 구역지정의 효력이 소멸되면 권리구제가 가능하므로 협의의 소익도 인정된다.

3. 기타 소송요건의 검토

갑이 항고소송을 제기하기 위해서는 처분청인 국토교통부장관을 피고로, 행정심판은 반드시 거칠 필요 없이, 소제기 기간 이내에, 대법원 소재지를 관할하는 행정법원에 소장의 형식을 갖추어 제기하여야 한다.

Ⅲ 사안의 해결

개발제한구역지정행위는 구체적인 행위제한을 가하는 처분으로서 갑은 재산권 행사에 대한 권익보호를 위한 취소소송을 제기할 수 있다.

⊕ (설문 2)의 해결

Ⅰ 문제의 제기

갑의 주장이 타당한지와 관련하여 행정계획의 수립에 있어서 계획재량의 일탈, 남용이 있는지 검토한다.

Ⅱ 행정계획의 위법성 판단기준

1. 계획재량과 재량행위

(1) 계획재량의 의의

1) 계획재량의 개념

계획법률은 보통 추상적인 목표만을 제시하기 때문에, 행정주체는 계획법률에 근거하여 구체적인 계획을 수립하는 과정에서 광범위한 형성의 자유를 갖게 되는바, 이러한 형성의 자유를 계획재량이라 한다.

2) 계획재량과 재량행위가 동일한 것인지

견해의 대립이 있으나 계획재량과 형량명령에 대해서 양자는 모두 행정청에게 선택의 자유를 인정하는 것이므로 질적인 면에서 차이가 있다고 보는 것은 타당하지 아니하며, 다만 재량의 양적 범위와 재량이 인정되는 영역에서 차이가 있다고 할 수 있다. 따라서 계획재량의 통제이론으로 형량명령이론을 적용하는 것도 필요하다고 본다.

(2) 계획재량의 한계

계획재량의 한계로는 ① 행정계획에서 설정되는 목표는 그 근거법에 합치될 것, ② 행정계획에서 채택되는 수단은 비례원칙에 의하여 목표실현에 적합할 것, ③ 관계법상 절차가 규정되어 있으면 그 절차를 준수할 것, ④ 관계 제이익을 정당하게 고려하고 형량할 것 등이 있다.

2. 형량명령

(1) 형량명령의 의의

형량명령이란 계획재량권을 행사함에 있어서 관련되는 공익 및 사익을 정당하게 형량하여야 한다는 원리로서 계획재량의 한계에서 네 번째로 언급한 것을 특별히 형량명령이라고 칭한다.

(2) 형량의 하자로 인정되는 경우

① 형량을 전혀 행하지 아니한 경우(형량의 해태), ② 형량을 함에 있어 반드시 고려해야 할 특정 이익을 전혀 고려하지 아니한 경우(형량의 흠결), ③ 형량에 있어 특정한 사실이나 이익 등에 대한 평가를 현저히 그르친 경우(불비례, 평가의 과오) 등이 있다.

(3) 판례의 태도

대법원은 행정주체가 계획을 입안하는 경우에 관련 이익을 정당하게 비교교량하여야 하는 제한이 있는 것이고, 그러한 제한에 따르지 아니한 행정계획결정은 재량권을 일탈·남용한 것으로 위법한 것으로 보아야 한다고 판시하였다.

Ⅲ 사안의 해결(갑주장의 타당성 여부)

해당 구역의 지정목적은 근거법인 국토의 계획 및 이용에 관한 법률에 적합하며, 구역지정이라는 수단은 목표실현에 적합하다고 인정되며, 절차에 있어서는 설문에 별다른 하자의 제시가 없는 것으로 보아 적법한 것으로 판단된다. 또한 국토교통부장관이 해당 토지를 개발제한구역으로 지정하면서 형량을 해태하였거나 형량을 흠결하였거나, 오형량한 사정은 보이지 아니하는바, 형량의 하자는 인정할 수 없고 원고 갑의 주장은 이유 없다고 할 것이다.

사례 12

A시장은 A시의 도시관리계획을 입안하면서, 도로계획의 경우 2개의 일간신문에 게재하였는데 지면 관계상 노선수·연장·면적을 전체적으로만 표시하고 개별도로의 신설·변경여부나 그 위치·면적 등과 같은 기본적인 사항을 표시한 도면은 동사무소의 게시판에 게시하고 일부 주민들에게 안내문을 배부하였다. 이에 관할구역 내에 거주하지 아니하는 이해관계인은 개설도로의 위치 등 구체적인 노선도를 알 수 없게 되었다. 또한 B지역 도로계획 중 기존도로의 연결도로를 개설하면서 "ㄴ" 형태의 교차로로 하는 C-1 도로개설계획을 하였으나 A시 소유의 C동 사무소 절반 가량이 편입되게 되어 그 이전보상비를 포함한 사업비가 5억 6천만원 정도 소요되게 나왔다. 그러나 북측으로 이동하여 C-2 도로로 개설하면 비록 교차로가 "L" 형태로 되더라도 안내표지설치를 통해 안전문제를 해결할 수 있다고 판단되는 대신 소요경비는 3억 2천만원에 불과하여 도로개설에 따른 손실을 최소화할 수 있다고 판단하여 도로계획을 변경하였다. 그런데 이러한 변경결정은 경비절감만을 생각하고 도로의 연계성·교통량·안전성 등에 대한 기초조사를 소홀히 한 것으로서, C-2 도로개설로 도로 남쪽 경계선으로부터 북쪽으로 긴 띠모양의 자투리땅을 남기게 되어 자투리땅 후방지역에서 도로접근이 불가능하고 교차로가 "L" 형태로 되어 교통의 안전성과 교통의 혼잡 가중 등 문제발생이 예상된다.

갑은 다른 구역에 거주하고 있으나 이 지역 C-2 도로개설구역의 토지의 소유자로서 위 도시관리계획의 취소소송을 제기하려고 한다. 이 경우 갑이 주장할 수 있는 위법사유를 검토하시오. 25점

Ⅰ 쟁점의 정리

Ⅱ 행정계획의 의의와 계획재량의 한계
  1. 행정계획의 의의
  2. 계획재량
    (1) 계획재량의 의의
    (2) 재량과의 구분
  3. 계획재량에 대한 사법적 통제

Ⅲ 고시·공람상의 하자 여부
  1. 주민의 의견청취 및 공고의 취지
  2. 사안의 경우

Ⅳ 기초조사의 하자 여부
  1. 기초조사의 취지와 그 하자의 효과
  2. 사안의 경우

Ⅴ 형량하자의 여부
  1. 형량하자의 유형과 그 효과
  2. 사안의 경우

Ⅵ 사안의 해결

참조
조문

[국토의 계획 및 이용에 관한 법률]

제13조(광역도시계획의 수립을 위한 기초조사)

① 국토교통부장관, 시·도지사, 시장 또는 군수는 광역도시계획을 수립하거나 변경하려면 미리 인구, 경제, 사회, 문화, 토지 이용, 환경, 교통, 주택, 그 밖에 대통령령으로 정하는 사항 중 그 광역도시계획의 수립 또는 변경에 필요한 사항을 대통령령으로 정하는 바에 따라 조사하거나 측량하여야 한다.

제27조(도시·군관리계획의 입안을 위한 기초조사 등)

① 도시·군관리계획을 입안하는 경우에는 제13조를 준용한다. 다만, 대통령령으로 정하는 경미한 사항을 입안하는 경우에는 그러하지 아니하다.

② 국토교통부장관(제40조에 따른 수산자원보호구역의 경우 해양수산부장관을 말한다. 이하 이 조에서 같다), 시·도지사, 시장 또는 군수는 제1항에 따른 기초조사의 내용에 도시·군관리계획이 환경에 미치는 영향 등에 대한 환경성 검토를 포함하여야 한다.

③ 국토교통부장관, 시·도지사, 시장 또는 군수는 제1항에 따른 기초조사의 내용에 토지적성평가와 재해 취약성분석을 포함하여야 한다.

제28조(주민과 지방의회의 의견 청취)

① 국토교통부장관(제40조에 따른 수산자원보호구역의 경우 해양수산부장관을 말한다. 이하 이 조에서 같다), 시·도지사, 시장 또는 군수는 제25조에 따라 도시·군관리계획을 입안할 때에는 주민의 의견을 들어야 하며, 그 의견이 타당하다고 인정되면 도시·군관리계획안에 반영하여야 한다. 다만, 국방상 또는 국가안전보장상 기밀을 지켜야 할 필요가 있는 사항(관계 중앙행정기관의 장이 요청하는 것만 해당한다)이거나 대통령령으로 정하는 경미한 사항인 경우에는 그러하지 아니하다.

동법 시행령 제22조(주민 및 지방의회의 의견 청취)

② 법 제28조 제5항에 따라 조례로 주민의 의견 청취에 필요한 사항을 정할 때 적용되는 기준은 다음 각 호와 같다.

 1. 도시·군관리계획안의 주요 내용을 다음 각 목의 매체에 각각 공고할 것

  가. 해당 지방자치단체의 공보나 둘 이상의 일반일간신문(「신문 등의 진흥에 관한 법률」 제9조 제1항에 따라 전국 또는 해당 지방자치단체를 주된 보급지역으로 등록한 일반일간신문을 말한다)

  나. 해당 지방자치단체의 인터넷 홈페이지 등의 매체

 2. 도시·군관리계획안을 14일 이상의 기간 동안 일반인이 열람할 수 있도록 할 것

④ 제2항의 규정에 의하여 공고된 도시·군관리계획안의 내용에 대하여 의견이 있는 자는 열람기간 내에 특별시장·광역시장·특별자치시장·특별자치도지사·시장 또는 군수에게 의견서를 제출할 수 있다.

⑤ 국토교통부장관, 시·도지사, 시장 또는 군수는 제4항에 따라 제출된 의견을 도시·군관리계획안에 반영할 것인지 여부를 검토하여 그 결과를 열람기간이 종료된 날부터 60일 이내에 해당 의견을 제출한 자에게 통보해야 한다.

① 쟁점의 정리

설문의 해결을 위하여 ① 도시관리계획을 입안하면서 도로개설의 노선도 등을 이해관계자에게 고시·공람하는 데 하자가 없었는지, ② 도시관리계획을 입안하면서 기초조사에 하자가 있었는지, ③ 그리고 도로개설계획을 입안하면서 공사비용 절감만을 생각하고 도로개설의 필요성에 따른 이익형량을 제대로 하지 아니하였는지 등을 살펴본다. 따라서 행정계획을 하면서 계획재량의 한계와 관련하여 고시·공람의 문제와 기초조사 흠결의 문제 및 이익형량의 문제를 검토한다.

② 행정계획의 의의와 계획재량의 한계

1. 행정계획의 의의

행정계획이란 행정에 관한 전문적·기술적 판단을 기초로 하여 도시의 건설·정비·개량 등과 같은 특정한 행정목표를 달성하기 위하여 서로 관련되는 행정수단을 종합·조정함으로써 장래의 일정한 시점에 있어서 일정한 질서를 실현하기 위한 활동기준으로 설정된 것을 말한다.

2. 계획재량

(1) 계획재량의 의의

행정계획을 수립·변경함에 있어서 계획청에게 인정되는 재량을 말한다. 계획재량은 행정목표의 설정이나 행정목표를 효과적으로 달성할 수 있는 수단의 선택 및 조정에 있어서 인정된다.

(2) 재량과의 구분

① 계획재량은 목적과 수단의 규범구조이므로 요건과 효과인 재량과 상이하고 형량명령이론이 존재하므로 구분되어야 한다는 견해와 ② 재량의 범위인 양적 차이만 있고 형량명령은 비례원칙이 행정계획분야에 적용된 것이라는 견해가 있다. ③ 〈생각건대〉 규범구조상 계획재량은 목적프로그램에서, 행정재량은 조건프로그램에서 문제되며 전자는 절차적 통제가 중심적이나, 후자는 실체적 통제도 중요한 문제가 되므로 양자의 적용범위를 구분하는 것이 합당하다.

3. 계획재량에 대한 사법적 통제

계획재량은 형식적 구속과 함께 내용적 제한이 따르는데, ① 일반적으로 계획목표를 고려하여야 하며, ② 구체적으로 해당 법률의 계획기준에 따라야 하고, ③ 비교형량의 원칙을 준수하고, ④ 계획 간의 조정을 요청하는 적합성의 원칙에 따라야 한다. 이 중에서 비교형량의 원칙을 형량명령이라 한다.

Ⅲ 고시·공람상의 하자 여부

1. 주민의 의견청취 및 공고의 취지

국토계획법 제28조 제1항 및 동법 시행령 제22조 제2항의 취지는 도시관리계획에 있어서 지역주민 등 다수 이해관계인의 의사를 반영하고 그들 상호간의 이익을 합리적으로 조정함으로써 국민의 권리에 대한 부당한 침해를 방지하고 행정의 민주화와 신뢰를 확보하는 데 있다고 할 것이다(대판 2000.3.23, 98두2768). 따라서 이 법령의 규정은 임의규정이 아니라 공고를 해야 하는 강행규정이라 할 것이다.

2. 사안의 경우

공고 내용이 전체적으로만 표시되고 기본적인 사항은 표시가 되지 않아 이해관계자가 해당 이해관계사항을 정확히 알 수 없어 의견제시를 할 수 없었다는 점이 문제된다. 즉, 지역주민과 토지소유자 등 이해관계인들의 의견을 충분히 청취할 수 있도록 개별 도로의 신설·변경 여부나 그 위치·면적 등과 같은 최소한의 기본적인 사항을 공고하지 않아 갑으로서는 도저히 어느 토지가 어느 도로 부지에 편입되는지를 알 수 없었다고 할 수 있다. 따라서 A시장의 위 도시관리계획안은 그 공람공고 절차상의 하자로 인하여 위법하다고 할 것이다.

Ⅳ 기초조사의 하자 여부

1. 기초조사의 취지와 그 하자의 효과

국토계획법 제27조 제1항에서 도시관리계획을 입안함에 있어서 기초조사를 하게 한 법률의 취지는 다수 이해관계인들의 이해대립을 합리적으로 조정하여 국민의 권리자유에 대한 부당한 침해를 방지하고 행정의 민주화 및 신뢰를 확보함과 아울러 자의적인 도시계획을 배제하고 타당한 도시계획이 되도록 하려는 데 있다 할 것이다(대판 1993.2.12, 92누251).

2. 사안의 경우

도시관리계획에 의한 도로의 개설이 C-1이 아니라 C-2로 됨으로써 자투리땅 때문에 그 후방에서 도로접근이 불가능하며, 교차로가 "ㅗ"가 아닌 "L"자 형태로 되어 시계가 불량하게 됨에 따라 교통안전에 문제가 발생할 수 있고 교통소통에 장애가 생기는 점 등이 지적되고 있다. 이러한 점에 비추어 볼 때 A시장은 위 도시관리계획안을 입안하면서 토지의 적성과 이용상황, 교통안전 및 교통량 등 필요한 사항을 조사하지 아니한 것으로 판단된다. 따라서 A시장의 위 도시관리계획안은 기초조사에 하자가 있어 위법하다고 할 것이다.

Ⓥ 형량하자의 여부

1. 형량하자의 유형과 그 효과

계획재량이 인정되어 있는 경우에 관계 제이익의 정당한 형량 여부가 그 계획규범 적용의 적법 여부의 기준이 된다. ① 이익형량을 전혀 행사하지 아니하거나(형량의 해태), ② 이익형량의 고려대상에 마땅히 포함시켜야 할 사항을 누락한 경우(형량의 흠결), ③ 또는 이익형량을 하였으나 정당성과 객관성이 결여된 경우에는(형량의 오형량) 그 행정계획결정은 형량에 하자가 있어서 위법하게 된다(대판 2007.4.12, 2005두1893).

2. 사안의 경우

A시장이 C-2 도로개설변경에 이르게 된 경위, 그 필요성, 그 과정에서 고려된 여러 가지 여건 등과 도로개설변경을 통하여 달성하고자 하는 목적 등을 고려하여 보면, 도로의 활용도와 교통안전 등 도로개설에 있어서 중시되어야 할 제요소·제가치는 안이하게 경시된 반면에 소요비용절감을 지나치게 평가하였다고 할 것이다. 이는 제이익 간의 형량이 객관성·정당성을 결한 경우로서 오형량이라고 할 수 있어 형량하자의 위법한 도로개설변경이라 할 것이다.

Ⅵ 사안의 해결

1. A시장의 위 도시관리계획안은 국토계획법 제28조 제1항과 동법 시행령 제22조 제2항 등의 주민의 견청취 규정에 위배되어, 그 공람공고 절차상의 하자로 인하여 위법하다는 점을 주장할 수 있다.

2. 갑은 도시관리계획의 기초조사가 소홀히 이루어진 점이 국토계획법 제27조를 위반하여 위법하다고 주장할 수 있다.

3. 갑은 위 도시관리계획에 있어서 도로개설의 목적 및 필요성과 제이익 간의 형량하자의 위법이 있다고 주장할 수 있다.

🔴 사례 13

서울시가 주거환경의 개선과 교통량의 개선을 위한 목적으로 동대문구 회기동과 이문동 일대의 도로에 대한 확장계획을 도시관리계획으로 고시하였다. 이에 甲은 자신의 토지는 향후 주거용 건물의 신축이 예정되어 있으므로 자신의 토지를 확정한 것은 행정계획의 재량권을 남용한 것으로 위법하다고 주장하면서 도로확장계획의 취소를 구하고 있다(도로확장계획에 따라 통상의 건축행위는 금지된다). 다음의 설문에 답하시오. 40점

(1) 甲의 도로확장계획에 대한 취소소송의 제기는 적법한가? 15점

(2) 서울시의 도로확장계획은 적법한가? 15점

(3) 만약, 해당 계획이 위법하다고 판단되었으나, 이미 도로공사가 80% 정도 진행되어 완료된 상태라면 법원은 어떠한 판결을 하여야 하는가? 10점

⊕ (설문 1)의 해결

Ⅰ 쟁점의 정리

설문은 도로확장계획을 대상으로 한 취소소송의 적법성을 묻고 있다. 행정소송법에서는 대상적격(제19조), 원고적격(제12조), 제소기간(제20조), 재판관할(제9조) 등의 소송요건을 규정하고 있는데, 해당 행정계획의 법적 성질이 문제된다 할 것이다. 행정계획은 그 성질이 법규적인 것도 있고, 행정행위적인 것도 있는 등 그 성질이 다양하므로 해당 계획의 법적 성질을 살펴보고 소제기의 적법성을 검토한다.

Ⅱ 도로확장계획(행정계획)의 법적 성질 검토

1. 행정계획의 의의 및 종류

행정계획이란 행정주체 또는 그 기관이 일정한 행정활동을 행함에 있어서 일정한 목표를 설정하고 그 목표를 달성하기 위하여 필요한 수단을 선정·조정하고 종합화한 것을 말한다. 행정계획에는 ① 비구속적 계획(단순히 자료·정보제공, 청사진만을 제시), ② 반구속적 계획(신용보증, 세제상 혜택 등 재정수단을 통해 그 실현 확보), ③ 구속적 계획(법률, 명령, 행정행위 등 규범적인 명령이나 강제를 통해 목표의 달성을 확보 : 국민을 구속함)이 있다.

2. 법적 성질

(1) 학설

① 행정계획은 "일반, 추상적인 규율을 정립하는 행위"라는 입법행위설, ② 행정계획의 결정·고시로 인해서 법관계의 변동을 가져오는 경우는 행정행위성질을 갖는다는 행정행위설, ③ 계획마다 개별적으로 검토해야 한다는 복수성질설, ④ 행정계획은 규범도 아니고, 행정행위도 아닌 독자적 성질을 갖는다는 독자성설이 있다.

(2) 판례

① 도시계획결정과 관련하여 처분성을 인정하였으나, ② 도시기본계획은 일반지침에 불과하다고 하여 처분성을 부인한 바 있다. ③ 또한 최근 '4대강 살리기 마스터플랜' 등은 '4대강 살리기 사업'의 기본방향을 제시하는 계획으로서, 행정처분에 해당하지 않는다고 하였다.

(3) 검토

행정계획은 그 종류와 내용이 매우 다양하고 상이하므로, 행정계획의 법적 성질은 각 계획이 갖는 목적과 내용을 기준하여 개별적으로 검토되어야 할 것이다.

3. 사안의 경우

설문에서는 도로확장계획에 따라 통상의 건축행위가 금지되는 등 행위제한이 가해지는 것으로 볼 수 있다. 따라서 해당 도로확장계획은 계획에 따른 재산권 행사가 제한되는 구속적 계획으로서, 처분성이 인정된다고 사료된다.

Ⅲ 사안의 해결(소제기의 적법성)

설문상 도로확장계획은 구속적 행정계획으로서 처분성이 인정되며, 갑은 자신의 토지에 건물을 신축하는 등 재산권을 행사할 법률상 이익도 인정된다고 할 것이다. 또한 설문상 제소기간이나 관할 등은 문제되지 않는 것으로 보이므로 도로확장계획에 대한 취소소송은 적법하다.

⊕ (설문 2)의 해결

Ⅰ 쟁점의 정리

설문은 도로확장계획의 적법성을 묻고 있다. 행정계획에는 광범위한 형성의 자유가 인정되지만, 이러한 경우에도 관련된 제이익의 형량이 요구된다 할 것이다. 따라서 갑 토지에 가해지는 사적 침익과 해당 계획으로 인하여 달성되는 공익을 비교형량하여 해당 계획의 적법성을 판단한다.

Ⅱ 계획재량의 요건검토

1. 계획재량의 의의

행정계획을 수립, 변경함에 있어서 계획청에게 인정되는 재량을 말한다. 계획재량은 행정목표의 설정이나 행정목표를 효과적으로 달성할 수 있는 수단의 선택 및 조정에 있어서 인정된다.

2. 재량과의 구분

① 계획재량은 목적과 수단의 규범구조이므로 요건과 효과인 재량과 상이하고 형량명령이론이 존재하므로 구분되어야 한다는 견해(질적 차이 긍정설)와 ② 재량의 범위인 양적 차이만 있고 형량명령은 비례원칙이 행정계획분야에 적용된 것이라는 견해(질적 차이 부정설)가 있다. ③ 생각건대 규범구조상 계획재량은 목적프로그램에서, 행정재량은 조건프로그램에서 문제되며 전자는 절차적 통제가 중심적이나, 후자는 실체적 통제도 중요한 문제가 되므로 양자의 적용범위를 구분하는 것이 합당하다. 그러나 다같이 행정청에게 선택의 자유를 인정하는 것이므로 질적인 면에서 차이가 있다고 보는 것은 타당하지 않다.

3. 형량명령이론(계획재량에 대한 사법적 통제수단)

(1) 의의

형량명령이란 행정계획을 수립함에 있어서 관련된 이익을 정당하게 형량하여야 한다는 원칙을 말한다.

(2) 형량하자

판례는 행정주체가 행정계획을 입안, 결정함에 있어서 ① 이익형량을 전혀 행사하지 아니하거나(형량의 해태), ② 이익형량의 고려 대상에 마땅히 포함시켜야 할 사항을 누락한 경우(형량의 흠결), ③ 또는 이익형량을 하였으나 정당성과 객관성이 결여된 경우에는(형량의 오형량) 그 행정계획결정은 형량에 하자가 있어서 위법하게 된다고 판시한 바 있다.

Ⅲ 사안의 경우(위법성의 정도)

서울시는 도로확장계획의 수립주체로서 광범위한 형성의 자유가 인정된다고 할 것이다. 만약 서울시가 도로확장계획을 수립하는 과정에서 갑 토지의 이용제한과 도로확장을 통한 공익과의 형량을 전혀 형량하지 않았거나, 갑 토지의 이용제한을 고려대상에서 누락하였다면 형량의 해태 및 흠결이 인정될 것이고, 형량과정은 거쳤으나 정당성이 결여된 경우라면(오형량) 해당 계획은 위법하다고 볼 것이다. 다만, 일반인의 식견에서 외관상 명백하지 않으므로 취소사유라고 판단된다.

⊕ (설문 3)의 해결

Ⅰ 쟁점의 정리

설문은 도시확장계획의 취소소송에 대한 법원의 판결을 묻고 있다. 해당 계획의 위법성이 인정된다면 이를 취소하는 것이 법치주의에 부합하나, 이를 취소할 경우 현저히 공익을 해한다면, 법원이 사정판결을 할 수 있는지를 검토하여 설문을 해결한다.

Ⅱ 사정판결의 요건검토

1. 의의(행정소송법 제28조)

사정판결이란 취소소송에 있어서 본안심리 결과, 원고의 청구가 이유 있다고 인정하는 경우에도 공공복리를 위하여 원고의 청구를 기각하는 판결을 말한다. 이는 법치주의에 대한 중대한 예외로서 그 요건은 엄격히 해석되어야 한다.

2. 요건

① 원고의 청구가 이유 있을 것, ② 처분 등의 취소가 현저히 공공복리(위법한 처분을 취소함으로 발생하는 공익의 침해와 위법한 처분을 방치함으로써 발생되는 상대방의 불이익 간 형량)에 적합하지 않을 것, ③ 당사자의 신청이 있을 것을 요건으로 하나, 판례는 당사자의 신청이 없더라도 직권으로 사정판결을 할 수 있다고 보고 있다.

3. 인정범위(무효인 경우의 가능 여부)

사정판결은 처분 등이 위법함에도 불구하고 공익을 위하여 기각판결을 하는 법치주의의 중대한 예외인 바, 무효인 경우까지 사정판결을 인정하는 것은 권리보호에 불리하므로 부정함이 타당하다(판례동지).

4. 사정판결의 효과

사정판결은 원고의 청구를 기각하는 판결이므로 취소소송의 대상인 처분 등은 해당 처분이 위법함에도 그 효력이 유지된다.

Ⅲ 사안의 해결(법원의 판결과 조치 등)

해당 계획이 위법하다면 법치주의 원칙상 취소함이 합당하나, ① 해당 도로로 인하여 제공되는 교통편의와, ② 이미 80% 정도 도로공사가 진행되어 완료되는 등 도로공사에 소요된 비용 등을 고려할 때, 해당 도로확장계획을 취소하는 것은 현저히 공익을 해한다고 할 것이다. 따라서 법원은 사정판결을 하여야 할 것이며, 판결의 주문에 ① 처분 등의 위법을 명시하고, ② 손해의 정도와 배상방법을 조사하여야 할 것이다.

🔊 **사례 14**

갑은 경기도 의왕시 초평동에 주택임대업을 영위하고자, 이 지역이 다가구주택의 건축이 가능한 지역인지를 알기 위하여 의왕시에 문의한 결과, 4층 이하의 다가구주택의 건축이 가능한 자연녹지지역임을 알게 되었다. 이에 갑은 낡은 단독주택 부지를 매입하고 건축허가 신청을 하였다. 그 사이 의왕시는 관련이익의 제형량을 모두 거쳐 해당 지역을 '시의 무질서한 확산의 방지와 도시의 자연환경 및 녹지보전의 필요가 있는 보전녹지지역'으로 용도지역 변경을 하였고 이를 이유로 다가구주택건축이 불가하다는 불허가처분을 하였다. 갑은 자연녹지지역의 존속을 믿고 토지를 매입한 것이었으므로 신뢰보호원칙에 반하는 것이어서 위 용도지역변경은 위법하다고 주장한다. 이와 관련된 법적 쟁점을 논하시오. 35점

Ⅰ 쟁점의 정리

갑이 의왕시의 용도지역변경을 다투기 위해서는, ① 다툼의 대상인 용도지역변경결정이 취소소송의 대상인 처분인지가 문제된다. ② 또한, 당사자의 주장과 관련하여 하나는 용도지역변경결정이 재량권의 일탈·남용에 해당되는지가 문제되고, 다른 하나는 용도지역변경결정이 신뢰보호의 원칙을 위반한 것인지가 문제된다.

Ⅱ 소송요건 인정 여부

1. 용도지역변경결정과 행정계획

용도지역은 도시·군관리계획으로 결정하는 행정계획의 일종이며, 행정계획이란 행정주체 또는 그 기관이 일정한 행정활동을 행함에 있어서 일정한 목표를 설정하고 그 목표를 달성하기 위하여 필요한 수단을 선정·조정하고 종합화한 것을 말한다.

2. 용도지역변경결정의 법적 성질

(1) 학설

① 행정계획은 "일반, 추상적인 규율을 정립하는 행위"라는 입법행위설, ② 행정계획의 결정·고시로 인해서 법관계의 변동을 가져오는 경우는 행정행위성질을 갖는다는 행정행위설, ③ 계획마다 개별적으로 검토해야 한다는 복수성질설, ④ 행정계획은 규범도 아니고, 행정행위도 아닌 독자적 성질을 갖는다는 독자성설이 있다.

(2) 판례

① 도시계획결정과 관련하여 처분성을 인정하였으나, ② 도시기본계획은 일반지침에 불과하다고 하여 처분성을 부인한 바 있다. ③ 또한 최근 '4대강 살리기 마스터플랜' 등은 '4대강 살리기 사업'의 기본방향을 제시하는 계획으로서, 행정처분에 해당하지 않는다고 하였다.

(3) 검토

행정계획은 그 종류와 내용이 매우 다양하고 상이하므로, 행정계획의 법적 성질은 각 계획이 갖는 목적과 내용을 기준하여 개별적으로 검토되어야 할 것이다.

3. 사안의 경우

사안에서 소송제기요건으로서 원고적격이나 피고 및 제소기간 등은 문제되지 않으며, 용도지역변경결정은 그로 인해 개발행위의 제한이나 건축의 건축행위가 제한되므로 관계자의 권리이익에 구체적인 변동을 가져오는 처분이라 할 것이다. 따라서 갑은 용도지역변경결정의 취소를 구하는 취소소송을 제기할 수 있을 것이다.

Ⅲ 소의 이유 유무

1. 재량권의 일탈·남용

(1) 계획재량

1) 계획재량의 의의

행정계획을 수립, 변경함에 있어서 계획청에게 인정되는 재량을 말한다. 계획재량은 행정목표의 설정이나 행정목표를 효과적으로 달성할 수 있는 수단의 선택 및 조정에 있어서 인정된다.

2) 재량과의 구분

규범구조상 계획재량은 목적프로그램에서, 행정재량은 조건프로그램에서 문제되며 전자는 절차적 통제가 중심적이나, 후자는 실체적 통제도 중요한 문제가 되므로 양자의 적용범위를 구분하는 것이 합당하다.

(2) 형량명령이론(계획재량에 대한 사법적 통제)

1) 형량명령이론의 의의

형량명령이란 행정계획을 수립함에 있어서 관련된 이익을 정당하게 형량하여야 한다는 원칙을 말한다.

2) 형량하자

판례는 행정주체가 행정계획을 입안, 결정함에 있어서 ① 이익형량을 전혀 행사하지 아니하거나(형량의 해태), ② 이익형량의 고려 대상에 마땅히 포함시켜야 할 사항을 누락한 경우(형량의 흠결), ③ 또는 이익형량을 하였으나 정당성과 객관성이 결여된 경우에는(형량의 오형량) 그 행정계획결정은 형량에 하자가 있어서 위법하게 된다고 판시한 바 있다.

(3) 사안의 경우

의왕시는 도시의 자연환경 및 녹지보전 등을 이유로 용도지역변경결정을 행하였으며, 그 과정에서 충분한 이익형량을 거쳤으므로 용도지역변경결정에 의하여 달성되는 공익상 필요가 토지이용의 제한보다 크다고 볼 수 있다. 따라서 형량명령의 하자는 없는 것으로 볼 수 있다.

2. 신뢰보호원칙의 위반 여부

(1) 신뢰보호원칙의 의의

행정법상의 신뢰보호의 원칙이라 함은 행정기관의 어떠한 언동(말 또는 행동)에 대해 국민이 신뢰를 갖고 행위를 한 경우 그 국민의 신뢰가 보호가치 있는 경우에 그 신뢰를 보호하여 주어야 한다는 원칙을 말한다.

(2) 신뢰보호원칙의 요건

행정청의 선행조치에 신뢰한 사인의 행위와, 선행조치에 반하는 후행처분이 있어야 하고, 그 견해표명을 신뢰한 개인의 이익이 침해되는 결과가 초래되어야 한다.

(3) 한계

신뢰보호의 원칙은 법적 안정성을 위한 것이지만, 법치국가원리의 또 하나의 내용인 행정의 법률 적합성의 원리와 충돌되는 문제점을 갖는다. 이는 법적 안정성과 법률 적합성의 비교형량에 의해 문제를 해결해야 한다.

(4) 사안의 경우

자연녹지지역으로 지정된 것은 이를 계속 유지하거나 보전녹지지역으로 변경하지 않겠다는 공적 견해표명으로 볼 수 없는 바, 갑은 용도지역변경이 신뢰보호의 원칙에 반한다는 주장을 할 수 없을 것이다.

Ⅳ 사안의 해결

갑은 용도지역변경결정을 대상으로 항고소송을 제기할 수 있을 것이나, 용도지역변경결정에는 재량의 일탈·남용이 없으며 신뢰보호의 원칙에 반할 소지도 없는 바 갑의 주장은 이유가 없어 항고소송의 본안에서 인용되지 못할 것이다.

◢ **사례 15**

부산광역시장 甲은 복합환승센터 개발을 위해 도시철도 1호선 노포역 주변지역을 유통상업지역으로 지정하였는데, A백화점은 이 지역에 부산 노포점을 건축하기 위하여 수년 전에 상당한 규모의 부지를 확보하여 보유하고 있다. 부산광역시장 甲은 위 복합환승센터건설예정지 일대를 지구단위계획구역으로 지정 고시함과 동시에, 동 구역에 대한 지구단위계획을 도시관리계획으로 결정 고시하였는데 동 구역의 건폐율은 45%를 초과할 수 없는 것으로 강화되었다. 이에 A백화점은 건폐율제한이 과도하여 향후 부산 노포점의 건축 자체를 원점에서 재검토하여야 할 상황이 되었다고 여기고 있다.

(1) A백화점은 도시관리계획에 의한 건폐율제한이 과도하다고 여기고 있다. A백화점은 도시관리계획의 취소를 구하는 행정소송을 제기할 수 있는가? [10점]

(2) A백화점은 수년 전부터 노포점을 건축하기 위하여 준비가 수포로 돌아가게 되었으며, 수년전부터 준비한 사정을 고려하지 않은 도시관리계획은 위법하다고 주장한다. A백화점의 주장은 타당한가? [10점]

(3) 한편, 부산광역시장 甲은 노포역 주변에 복합환승센터를 설치하기 위하여 수용절차를 진행하였다. 토지소유자 C가 협의에 불응함에 따라 부산광역시장 甲은 관할 지방토지수용위원회에 재결을 신청하여 수용재결을 받고 보상금을 공탁하였다. 토지소유자 C가 보상금을 증액하기 위하여 거쳐야 하는 절차를 설명하시오. [20점]

⊕ **(설문 1)의 해결**

Ⅰ 쟁점의 정리

취소소송을 제기하려면 당사자적격과 대상적격 및 출소기간 등 소송요건의 충족이 필요한 바, 설문은 도시관리계획의 취소소송의 제기 가능성을 묻고 있으므로 대상적격이 문제된다. 따라서 부산광역시장 甲이 결정·고시한 도시관리계획이 취소소송의 대상적격에 해당하는지 문제된다.

Ⅱ 도시관리계획의 취소소송의 대상적격 여부

1. 행정계획의 의의

행정계획은 일반적으로 행정주체가 일정한 행정활동을 위한 목표로 설정하고, 서로 관련되는 행정수단의 종합·조정을 통하여 목표로 제시된 장래의 일정한 시점에 있어서의 일정한 질서를 실현하기 위한 구상 또는 활동기준의 설정행위라 할 수 있다.

2. 행정계획의 법적 성질

(1) 학설

① 행정계획은 "일반, 추상적인 규율을 정립하는 행위"라는 입법행위설, ② 행정계획의 결정·고시로 인해서 법관계의 변동을 가져오는 경우는 행정행위성질을 갖는다는 행정행위설, ③ 계획마다 개별적으로 검토해야 한다는 복수성질설, ④ 행정계획은 규범도 아니고, 행정행위도 아닌 독자적 성질을 갖는다는 독자성설이 있다.

(2) 판례

판례는 ① 도시계획결정과 관련하여 '도시계획구역 안의 토지나 건물소유자의 토지형질변경, 건축물의 신축, 개축 또는 증축 등 권리행사가 일정한 제한을 받게 되는바 개인의 권리를 개별적 구체적으로 규제하는 효과를 가져 오게 하는 행정청의 처분이라 할 것'이고 이는 행정소송의 대상이 된다고 하였다. ② 도시기본계획은 일반지침에 불과하다고 하여 처분성을 부인하는 입장을 취한 바도 있고, 토지구획정리사업법상 환지 계획도 처분성이 없다고 하였다.

(3) 검토

행정계획은 그 종류와 내용이 매우 다양하고 상이하므로, 행정계획의 법적 성질은 각 계획이 갖는 목적과 내용을 기준하여 개별적으로 검토되어야 할 것이다. 도시관리계획 대상 지역 내 토지의 소유자는 도시관리계획의 결정·고시에 따라 건축물의 건폐율을 비롯하여 도시계획시설의 종류·내용·범위 등이 제한되는 등 토지의 개발 등 이용관계가 달라질 수 있다.

Ⅲ 사안의 해결

부산광역시장 甲은 A백화점 소유지역에 대해 건폐율을 45%를 초과할 수 없도록 지구단위계획을 도시관리계획으로 결정·고시함으로써 이 지역 토지소유자인 A백화점으로서는 부산 노포점의 건축 자체를 원점에서 재검토해야 하는 등 직접적인 법적 효과에 변동을 가져오게 되었다. 따라서 위 도시관리계획은 A백화점의 법률상 지위에 직접적인 영향을 미치는 것으로 볼 수 있어 취소소송의 대상인 처분이라 할 것이다.

⊕ (설문 2)의 해결

Ⅰ 쟁점의 정리

A백화점은 해당 도시관리계획의 수립에 있어서 'A백화점이 수년 전부터 준비한 사정을 고려하지 않은 점이 잘못됐다.'고 주장하는 바, 도시관리계획의 수립에 있어서 형량하자는 없었는지를 검토한다.

Ⅱ 계획재량과 형량명령

1. 계획재량의 의의

행정계획을 수립, 변경함에 있어서 계획청에게 인정되는 재량을 말한다. 계획재량은 행정목표의 설정이나 행정목표를 효과적으로 달성할 수 있는 수단의 선택 및 조정에 있어서 인정된다.

2. 재량과의 구분

① 계획재량은 목적과 수단의 규범구조이므로 요건과 효과인 재량과 상이하고 형량명령이론이 존재하므로 구분되어야 한다는 견해(질적차이 긍정설)와 ② 재량의 범위인 양적 차이만 있고 형량명령은 비례칙이 행정계획분야에 적용된 것이라는 견해(질적차이 부정설)가 있다. ③ 생각건대 규범구조상 계획재량은 목적프로그램에서, 행정재량은 조건프로그램에서 문제되며 전자는 절차적 통제가 중심적이나, 후자는 실체적 통제도 중요한 문제가 되므로 양자의 적용범위를 구분하는 것이 합당하다. 그러나 다같이 행정청에게 선택의 자유를 인정하는 것이므로 질적인 면에서 차이가 있다고 보는 것은 타당하지 않다.

3. 형량명령(계획재량에 대한 사법적 통제)

(1) 의의

형량명령이란 행정계획을 수립함에 있어서 관련된 이익을 정당하게 형량하여야 한다는 원칙을 말한다.

(2) 형량하자

판례는 행정주체가 행정계획을 입안, 결정함에 있어서 ① 이익형량을 전혀 행사하지 아니하거나(형량의 해태), ② 이익형량의 고려 대상에 마땅히 포함시켜야 할 사항을 누락한 경우(형량의 흠결), ③ 또는 이익형량을 하였으나 정당성과 객관성이 결여된 경우에는(형량의 오형량) 그 행정계획결정은 형량에 하자가 있어서 위법하게 된다고 판시한 바 있다.

Ⅲ 사안의 해결

부산광역시장 甲이 도시관리계획을 수립함에 있어서 A백화점의 수년간의 노력을 수포로 만들게 되는 사익침해를 발생시켰다 하더라도, 복합환승센터건설은 원활한 대중교통의 흐름 및 이용의 편의를 위한 것으로서 해당 사업의 시행으로 달성되는 공익이 A백화점의 침해되는 사익보다 크다고 판단된다. 따라서 A백화점의 주장은 타당하지 못하며, 통상 행정계획으로 인한 재산권 행사의 제한은 특별한 희생에 해당되지 않으므로 A백화점은 건폐율 강화에 따른 손실도 주장하지 못할 것이다.

⊕ **(설문 3)의 해결**

① 쟁점의 정리

지방토지수용위원회의 수용재결을 받은 상태인 토지소유자가 C가 보상금증액을 위해 취할 수 있는 법적 수단이 문제된다. 이 경우 C는 공익사업을 위한 토지 등의 취득 및 보상에 관한 법률에 따라 중앙토지수용위원회에 이의신청을 제기할 수 있는지, 그리고 행정소송으로 보상금증감청구소송을 제기할 수 있는지 문제된다.

② 이의신청

1. 의의 및 성질

이의신청이란 협의 불성립으로 인한 중앙토지수용위원회 또는 지방토지수용위원회의 재결에 대하여 이의가 있는 자가 중앙토지수용위원회에 불복을 신청하는 것을 말한다(공익사업을 위한 토지 등의 취득 및 보상에 관한 법률 제83조 제1항, 제2항). 이의신청은 임의절차로서 행정심판의 일종이라고 할 수 있다.

2. 신청절차 및 기간 등

중앙토지수용위원회의 재결에 불복이 있는 자는 중앙토지수용위원회에 이의신청을 할 수 있고(동법 제83조 제1항), 지방토지수용위원회의 재결에 불복이 있는 자는 해당 지방토지수용위원회를 거쳐 중앙토지수용위원회에 이의를 신청할 수 있다(동법 제83조 제2항). 이 경우 이의신청은 중앙토지수용위원회 또는 지방토지수용위원회의 재결서정본을 받은 날부터 30일 이내에 하여야 한다(동법 제83조 제3항). 이의신청을 받은 중앙토지수용위원회는 관할 토지수용위원회의 재결이 위법·부당하다고 인정하는 때에는 그 재결의 전부 또는 일부를 취소하거나 보상액을 변경할 수 있다(동법 제84조 제1항).

3. 처분효력의 부정지

이의신청은 사업의 진행 및 토지의 수용 또는 사용을 정지시키지 아니한다(동법 제88조).

4. 사안의 경우

토지소유자 C는 공익사업을 위한 토지 등의 취득 및 보상에 관한 법률에 따라서 관할 지방토지수용위원회의 재결서를 받은 날부터 30일 이내에 관할 지방토지수용위원회를 거쳐 중앙토지수용위원회에 이의를 신청할 수 있다.

Ⅲ 보상금증감청구소송

1. 의의

사업시행자, 토지소유자 또는 관계인은 관할 토지수용위원회의 재결 또는 이의신청에 대하여 불복이 있는 때에는 행정소송을 제기할 수 있다. 이 경우 수용재결취소소송과 보상액증감청구소송을 각각 제기할 수 있고, 이들을 병합하여 제기할 수도 있다. 이 중 보상금증감소송은 수용재결 중 보상금에 대해서만 불복이 있는 경우에 보상금의 증액 또는 감액을 청구하는 소송이다.

2. 법적 성질

보상금증감청구소송은 토지소유자 또는 관계인과 사업시행자를 대등한 당사자로 하고 있다는 점에서 형식적 당사자소송이라 하겠다. 또한 보상금증감청구소송에 대해 형성소송설과 확인소송설이 대립하고 있는데 형성소송설은 권력분립에 반할 수 있으며 일회적인 권리구제를 도모하기 위하여 확인·급부소송으로 보는 것이 타당하다.

3. 피고

이는 보상액 결정에 불복하여 제기하는 소송으로, 해당 소송을 제기하는 자가 토지소유자 또는 관계인인 때에는 사업시행자를, 사업시행자인 때에는 토지소유자 또는 관계인을 각각 피고로 한다 (동법 제85조 제2항).

4. 제소기간

수용재결인 경우에는 재결서를 받은 날부터 90일 이내에, 이의신청을 거친 때에는 이의신청의 재결서를 받은 날부터 60일 이내에 제기할 수 있다(동법 제85조 제1항).

5. 심리범위

① 손실보상의 지급방법(채권보상 여부 포함)과 ② 적정손실보상액의 범위 및 보상액과 관련한 보상면적(잔여지수용 등) 등은 심리범위에 해당한다. 판례는 ③ 지연손해금 역시 손실보상의 일부이고, ④ 잔여지수용 여부 및 ⑤ 개인별 보상으로서 과대, 과소항목의 보상항목 간 유용도 심리범위에 해당한다고 본다.

6. 보상금공탁 및 집행부정지

이의신청의 재결에서 증액된 보상금은 공탁하여야 하며, 보상금을 받을 자는 공탁된 보상금을 소송 종결시까지 수령할 수 없다(동법 제85조 제1항 후문). 보상금증감청구소송은 사업의 진행 및 토지의 수용 또는 사용을 정지시키지 아니한다(동법 제88조).

PART · 05

7. 사안의 경우

C는 관할 지방토지수용위원회의 재결에 대하여 직접 또는 중앙토지수용위원회의 이의신청을 거쳐 사업시행자인 부산광역시장 甲을 피고로 행정법원에 당사자소송으로 보상금증감청구소송을 제기할 수 있다. 이 경우, 이의신청 없이 바로 소송을 제기하려는 경우에는 관할 지방토지수용위원회의 재결서를 받은 날부터 90일 이내에, 중앙토지수용위원회의 이의신청을 거친 경우에는 그 이의신청의 재결서를 받은 날부터 60일 이내에 각각 보상금증감청구소송을 제기할 수 있다.

Ⅳ 사안의 해결

토지소유자 C는 관할 지방토지수용위원회의 재결에 대하여 보상금을 증액하고자 불복을 제기하려면 보상금증액을 요구하는 이의신청을 관할 지방토지수용위원회의 재결서를 받은 날부터 30일 이내에 관할 지방토지수용위원회를 거쳐 중앙토지수용위원회에 제기할 수 있다. 또한 이의신청 없이 바로 소송을 제기하려는 경우에는 관할 토지수용위원회의 재결서를 받은 날부터 90일 내에, 이의신청을 거쳐 그 이의신청에도 불복하여 소송을 제기하려는 경우에는 그 이의신청의 재결서를 받은 나부터 60일 내에 사업시행자인 부산광역시 금정구청장 乙을 피고로 하여 행정법원에 보상금증감청구소송을 제기할 수 있다. 이 경우 공탁된 보상금을 소송종결시까지 수령할 수 없으며, 토지수용 등 사업진행은 정지되지 아니한다.

◢ 사례 16

계획보장청구권의 인정 여부를 검토하시오. 15점

1. 계획보장청구권의 의의

행정계획에 대한 이해관계인의 신뢰보호를 위해 이해관계인에게 인정되는 행정주체에 대한 권리를 총칭하여 계획보장청구권이라고 한다. 계획보장청구권은 특정행위청구권, 즉 계획존속청구권, 계획이행청구권, 계획변경청구권 등의 상위개념으로 정의하는 것이 일반적이다.

2. 계획보장청구권의 근거

계획보장청구권을 인정하는 법령의 규정이 있는 경우에는 법령에 근거하여 계획보장청구권을 인정할 수 있을 것이며, 계획보장청구권의 이론적 근거로는 계약의 법리, 법적 안정성, 신뢰보호의 원칙, 재산권 보장 등이 주장되고 있다.

3. 계획보장청구권 인정 여부에 대한 학설

(1) 적극설

일설은 도시계획변경에 관한 신청권을 부인하게 되면 도시계획변경거부의 처분성을 인정할 수 없어 취소소송의 제기가 불가능하게 되므로, 도시계획변경 거부결정의 위법성 여부에 대한 재판청구권을 보장할 필요가 있다고 보고 있다. 또 다른 견해는 국토이용법상 '도시계획입안 제안권'을 근거로 법규상 또는 조리상 신청권 등을 통해 도시계획변경거부의 처분성을 인정할 수 있다고 본다. 그리고 도시계획변경신청거부에 의해 제3자의 기본권이 침해받게 되는 경우에 예외적으로 도시계획변경거부를 인정할 수 있다거나, 그 밖에 장기미집행 도시계획시설의 경우에 대해서 신청권을 인정할 수 있다는 견해도 있다. 적극설의 주요 논거는 당사자의 권리구제를 위해 도시계획변경신청권을 인정하자는 것으로 압축될 수 있다.

(2) 소극설

소극설은 도시계획수립 및 변경에 있어서 일반적으로 계획행정청에 광범위한 형성의 자유가 보장되어 있으므로, 계획수립청구권 및 계획변경신청권을 허용할 수 없다고 보고 있다. 소극설이 다수설이다.

(3) 검토

개별법령에서 특별규정을 두고 있거나, 특별한 사정이 없는 한, 변화하는 행정의 탄력적 운용 측면에서 이러한 권리들은 인정되기 어려울 것이다. 그러나, 예외적으로 법규상 또는 조리상 계획변경신청권이 인정되는 경우에는 해당 계획의 변경을 청구할 수 있을 것이다.

4. 관련판례의 입장

(1) 원칙적 부정

대법원은 소극설의 입장에 서서 원칙적으로 국민에게 행정계획의 변경신청권을 인정하지 않고, 도시계획변경신청에 대한 거부행위도 행정처분으로 보고 있지 않다. 즉 판례는 행정계획이 일단 확정된 후에는 일정한 사정변동이 있다고 하여 지역주민에게 일일이 그 계획의 변경 또는 폐지를 청구할 권리를 인정해 줄 수 없다고 하여, 행정계획의 변경신청권을 원칙적으로 부인하고 있다. 특히 국토이용계획변경신청불허처분취소사건에서 대법원은 "구 국토이용관리법상 주민이 국토이용계획의 변경에 대하여 신청을 할 수 있다는 규정이 없을 뿐만 아니라, 국토건설종합계획의 효율적인 추진과 국토이용질서를 확립하기 위한 국토이용계획은 장기성, 종합성이 요구되는 행정계획이어서 원칙적으로는 그 계획이 일단 확정된 후에 어떤 사정의 변동이 있다고 하여 그러한 사유만으로는 지역주민이나 일반 이해관계인에게 일일이 그 계획의 변경을 신청할 권리를 인정하여 줄 수는 없다."고 판시한 바 있다(대판 2003.9.23. 2001두10936).

(2) 예외적으로 계획변경청구권을 인정한 판례

판례는 원칙적으로 국토이용계획의 변경을 신청할 권리를 인정할 수 없다고 보면서도, 장래 일정한 기간 내에 관계 법령이 정하는 시설 등을 갖추어 일정한 행정처분을 구하는 신청을 할 수 있는 법률상 지위에 있는 자가 한 국토이용계획변경신청이 거부되는 것은 실질적으로 해당 행정처분 자체를 거부하는 결과가 된다고 보고, 이러한 경우에는 예외적으로 그 신청인에게 국토이용계획변경신청권을 인정하고 있다. 한편, 대법원은 문화재보호구역의 지정해제신청에 대한 거부회신에 대해 처분성을 인정한 바 있다.

5. 검토

일반적으로 행정계획은 기존의 일정한 행정여건에 대한 분석과 장래의 행정여건의 변화에 대한 예측을 기초로 하여 수립되므로 행정계획에는 변경가능성이 내재되어 있다고 볼 것이다. 따라서 일반국민에게 계획보장청구권은 인정되지 않을 것이다.

◢ 사례 17

甲은 경기도 의정부시 장암동 부근에 수천 평의 나대지(주거지역 내 지목이 대지이나 건축이 되지 않은 토지)를 소유하고 있으면서 당장은 아니지만 조만간 여러 동의 전원주택을 지으려는 계획을 세워놓고 있었다. 그러던 중 2021.5.1. 해당 지역이 '개발제한구역의 지정 및 관리에 관한 특별조치법'(이하 개발제한구역법이라 한다)에 의하여 개발제한구역으로 새롭게 지정되는 바람에 소유하고 있던 대지에 건축도 못하는 등 재산권 행사에 큰 제약을 받게 되었다. 甲은 자신의 토지가 개발제한구역으로 지정된 것은 잘못된 것이라고 생각되어 2021.7.3. 개발제한구역지정해제를 요구하였으나 관련행정청은 이를 거부하였다. 이에 대한 권리구제는 가능한가? 20점

Ⅰ 쟁점의 정리

설문은 갑 토지에 대한 '개발제한구역지정해제 요구에 대한 거부'의 권리구제 가능 여부를 묻고 있다. 갑이 행정청에 대하여 어떤 구체적인 처분을 행할 것을 요구할 수 있는 권리가 없는 경우에는 그 요구사항과 관련된 신청에 대한 행정청의 행위는 신청자의 권리 내지 법적 이익에 아무런 영향을 미치지 않으므로 처분성이 인정되지 않을 것이다. 갑에게 개발제한구역지정해제를 요구할 권리가 인정되는지를 계획보장청구권과 관련하여 검토한다.

Ⅱ 개발제한구역지정행위의 법적 성질 등

1. 개발제한구역의 지정의 의의 및 효과

개발제한구역은 도시의 무질서한 확산을 방지하고 도시주변의 자연환경을 보전하여 도시민의 건전한 생활환경을 확보하기 위하여 도시의 개발을 제한하는 구역으로 국토교통부장관이 도시관리계획으로 지정하는 행정계획을 말한다. 개발제한구역으로 지정된 구역 내에서는 구역지정의 목적에 위배되는 건축물의 건축, 공작물의 설치, 토지의 형질변경, 토지면적의 분할 또는 도시계획사업을 시행할 수 없게 된다.

2. 개발제한구역 지정행위의(행정계획수립)의 법적 성질

개발제한구역의 지정으로 인하여 일정한 행위제한의 법적 효과가 발생하므로 행정소송법상 처분으로 봄이 타당하다. 따라서 국토교통부장관의 개발제한구역지정행위는 국민의 권리와 의무에 영향을 미치는 처분이라 할 것이다.

Ⅲ 계획보장청구권의 인정논의

1. 계획보장청구권의 의의 및 요건

행정계획에 대한 이해관계인의 신뢰보호를 위해 이해관계인에게 인정되는 행정주체에 대한 권리를 총칭하여 계획보장청구권이라고 한다. 계획보장청구권은 개인적 공권의 일종인 바, 그 성립요건으로는 ① 공법상 법규가 국가 또는 그 밖의 행정주체에 행정의무를 부과할 것, ② 관련법규가 오로지 공익실현을 목표로 하는 것이 아니라 적어도 개인의 이익의 만족도에도 기여하도록 정해질 것이 요구된다.

2. 계획보장청구권 인정 여부에 대한 학설

(1) 적극설

일설은 도시계획변경에 관한 신청권을 부인하게 되면 도시계획변경거부의 처분성을 인정할 수 없어 취소소송의 제기가 불가능하게 되므로, 도시계획변경거부결정의 위법성 여부에 대한 재판청구권을 보장할 필요가 있다고 보고 있다.

(2) 소극설

소극설은 도시계획수립 및 변경에 있어서 일반적으로 계획행정청에 광범위한 형성의 자유가 보장되어 있으므로, 계획수립청구권 및 계획변경신청권을 허용할 수 없다고 보고 있다. 소극설이 다수설이다.

(3) 검토

개별법령에서 특별규정을 두고 있거나, 특별한 사정이 없는 한, 변화하는 행정의 탄력적 운용 측면에서 이러한 권리들은 인정되기 어려울 것이다. 그러나, 예외적으로 법규상 또는 조리상 계획변경신청권이 인정되는 경우에는 해당 계획의 변경을 청구할 수 있을 것이다.

3. 관련판례의 입장

판례는 원칙적으로 행정계획의 변경을 신청할 권리를 인정할 수 없다고 보면서도, 장래 일정한 기간 내에 관계 법령이 정하는 시설 등을 갖추어 일정한 행정처분을 구하는 신청을 할 수 있는 법률상 지위에 있는 자가 한 국토이용계획변경신청이 거부되는 것은 실질적으로 해당 행정처분 자체를 거부하는 결과가 된다고 보고, 이러한 경우에는 예외적으로 그 신청인에게 국토이용계획변경신청권을 인정하고 있다. 한편, 대법원은 문화재보호구역의 지정해제신청에 대한 거부회신에 대해 처분성을 인정한 바 있다.

4. 사안의 경우

설문상 도시관리계획(개발제한구역지정)을 입안·결정하는 것은 행정청의 의무로 판단되나, 도시관리계획이 사익을 위한 것이라는 취지의 규정을 찾아볼 수 없을 뿐만 아니라, 도시관리계획은 해석상 공익실현을 위한 것이지 사익을 위한 것으로 보기는 어렵다. 따라서 갑에게는 계획보장청구권 (신청권)이 인정되지 않는다고 볼 것이다.

Ⅳ 사안의 해결(권리구제 가능성)

개발제한구역지정행위인 도시관리계획에는 광범위한 형성의 자유가 인정되므로 갑에게는 해당 개발제한구역지정을 변경 및 해제할 신청권은 허용되지 않는다고 볼 것이다. 따라서 개발제한구역지정해제에 대한 거부는 처분성이 인정되지 않아 각하될 것이므로 항고소송에 의한 권리구제는 어려울 것이다.

다만, 적법한 도시계획의 변경으로 인하여 특별한 희생이 발생하였다면 갑은 손실보상을 청구할 수 있을 것이다. 그런데, 통상 계획의 변경으로 인한 손실에 대하여 법률에 보상규정을 두고 있지 않은 경우가 많으므로 이 경우 보상규정이 결여된 손실보상의 문제가 되고, 이는 헌법 제23조 제3항에 대한 논의로 해결해야 할 것이다.

07	판단여지

사례 18

감정평가사 갑은 감정평가법상 성실의무준수규정을 위반하였고, 국토교통부장관은 징계위원회에 감정평가사 갑에 대한 징계의결을 요구하였다. 징계위원회는 성실의무위반과 관계된 제 이익의 정당한 형량을 고려하지 못한 채로 업무정지 6개월을 결정하였고 국토교통부장관은 이에 기초하여 업무정지 6개월의 제재적 처분을 하였다. 갑은 징계위원회의 의결은 성실의무와 관련된 제이익을 고려하지 못하였으므로 징계위원회의 의결은 위법하다고 주장한다.

(1) 징계위원회에 대하여 약술하시오. 15점

(2) 갑의 주장은 타당한가? 15점 ▶ 2010년 행정고시

(설문 1)의 해결

Ⅰ 서(징계위원회의 도입배경)

Ⅱ 징계위원회의 의의 및 법적 성격
1. 의의 및 근거
2. 법적 성격

Ⅲ 징계위원회의 내용
1. 설치 및 구성
2. 위원의 임기 및 제척 · 기피

Ⅳ 징계의 절차
1. 징계의결 요구
2. 의결
3. 징계사실의 통보

Ⅴ 징계의결의 하자
1. 의결에 반하는 처분
2. 의결을 거치지 않은 처분

Ⅵ 징계의 종류

Ⅶ 결(개선점 : 조사위원회의 필요성)

(설문 2)의 해결

Ⅰ 쟁점의 정리

Ⅱ 징계위원회의 의결이 판단여지 영역인지
1. 판단여지의 의의
2. 재량과의 구별
 (1) 학설
 (2) 판례
 (3) 검토
3. 판단여지가 인정되는 영역
4. 사안의 경우

Ⅲ 판단여지의 법적 효과와 한계준수 여부
1. 판단여지의 법적 효과와 한계
2. 사안의 경우

Ⅳ 사안의 해결

2010년 행정고시

갑은 숙박시설을 경영하기 위하여 '건축법' 등 관계 법령이 정하는 요건을 구비하여 관할 A시 시장
을에게 건축허가를 신청하였다. 그러나 시장 을은 '건축법' 제11조 제4항에 따라 해당 숙박시설의
규모나 형태 등이 주거환경이나 교육환경 등 주변 환경을 고려할 때 부적합하다는 이유로 건축허
가를 거부하였고, 갑은 이에 대해 건축허가거부처분취소소송을 제기하였다.
을이 제시한 '주거환경이나 교육환경 등 주변환경을 고려할 때 부적법하다'는 거부사유에 대한 사
법심사의 가부 및 한계는?

응용
쟁점

2010년 행정고시에서는 건축허가와 관련된 불확정개념의 요건해석에서 사법심사의 가부와 한계를 물어보
았습니다.

따라서 감정평가법상 징계위원회의 의결과 관련하여 구속적 가치평가의 영역에서의 판단여지를 물어보았
습니다.

상기 문제를 접하면서 판단여지의 적용가능 영역과 사법심사의 대상을 검토하면 될 것입니다.

⊕ (설문 1)의 해결

Ⅰ 서(징계위원회의 도입배경)

징계위원회는 기존에 감정평가협회에서 운영해 왔으나 징계위원회를 형식적으로 운영하여 실효성에
대한 문제가 제기되었다. 따라서 ① 감정평가사에 대한 징계의 공정성을 확보하고, ② 엄격한 절차에
따라 징계처분을 하여 공신력을 제고하기 위해 징계위원회제도를 신설하였다.

Ⅱ 징계위원회의 의의 및 법적 성격

1. 의의 및 근거

징계위원회는 감정평가사의 징계에 관한 사항을 의결하는 기관으로 감정평가법 제40조를 근거로
한다.

2. 법적 성격

① 다수의 인원으로 구성되어 합의제 행정기관의 성격을 갖고, ② 징계시 반드시 설치해야 하는
필수기관이다. ③ 또한 징계내용에 관한 의결권을 가진 의결기관이다.

Ⅲ 징계위원회의 내용

1. 설치 및 구성

징계위원회는 국토교통부에 설치한다. 징계위원회는 위원장 1명과 부위원장 1명을 포함하여 13명의 위원으로 구성하며, 위원장은 국토교통부장관이 위촉하거나 지명하는 사람이 된다.

2. 위원의 임기 및 제척·기피

위원의 임기는 2년으로 하며, 한 차례만 연임할 수 있다. 당사자와 친족, 동일법인 및 사무소 소속의 평가사는 제척되고 불공정한 심의·의결을 할 염려가 있는 자는 기피될 수 있다.

Ⅳ 징계의 절차

1. 징계의결 요구

국토교통부장관은 위반사유가 발생한 경우 징계의결을 요구할 수 있다. 위반사유가 발생한 날부터 5년이 지나면 할 수 없다.

2. 의결

① 의결이 요구되면 요구일로부터 60일 이내에(부득이시 30일 연장), ② 당사자에게 구술 또는 서면으로 의견진술 기회를 주어야 한다. ③ 재적위원 과반수의 출석으로 개의하고, 출석위원 과반수의 찬성으로 의결한다.

3. 징계사실의 통보

징계처분이 있는 경우에는 해당 내용의 근거법령 및 처분사유 등을 구체적으로 적시하여 서면으로 당사자와 협회에 통보하여야 한다.

Ⅴ 징계의결의 하자

1. 의결에 반하는 처분

징계위원회는 의결기관이므로 징계위원회의 의결은 국토교통부장관을 구속한다. 따라서 징계위원회의 의결에 반하는 처분은 무효이다.

2. 의결을 거치지 않은 처분

국토교통부장관은 징계위원회의 의결에 구속되므로 징계위원회의 의결을 거치지 않고 처분을 한다면 권한 없는 징계처분이 되므로 무효이다.

Ⅵ 징계의 종류

징계위원회는 자격의 취소, 등록의 취소, 2년 이하의 업무정지, 견책 등을 징계할 수 있다.

박문각

Ⅶ 결(개선점 : 조사위원회의 필요성)

징계위원회제도는 대외적으로 공정성 확보에 기여한다. 징계위원회가 사실관계의 명확한 파악과 공정하고 객관적인 징계를 하기 위해서는 별도의 "조사위원회"를 신설하여 개별·구체적인 사실관계를 확정할 필요가 있다. 따라서 조사위원회를 설치하여 내부적인 감사를 진행하는 것이 보다 공정성과 신뢰성을 확보할 수 있을 것이다.

⊕ (설문 2)의 해결

Ⅰ 쟁점의 정리

사안의 해결을 위하여 징계위원회의 의결이 판단여지에 해당하는지를 검토한다. 판단여지에 해당한다면, 징계위원회가 의결과정에서 성실의무위반과 관련된 제 이익을 고려하지 않은 것이 판단여지의 한계를 넘어선 것으로서 법원의 심사대상이 되는지를 살펴보고 갑 주장의 타당성을 검토한다.

Ⅱ 징계위원회의 의결이 판단여지의 영역인지

1. 판단여지의 의의

판단여지란 불확정개념의 해석에 있어서 어떠한 사실관계가 법률요건에 해당하는가 여부에 대한 '법인식'의 문제로서 이런 인식의 영역에서는 법률효과의 영역과는 달리 단지 하나의 올바른 결정만이 존재하므로 원칙적으로 사법심사의 대상이 된다. 다만 행정청의 평가 및 결정에 대하여 사법부가 그 정당성을 판단하는 것이 불가능하거나 합당하지 않아서 행정청의 판단을 존중해 줄 수밖에 없는 영역이 있는 바, 이런 영역을 판단여지라 한다.

2. 재량과의 구별

(1) 학설

① 긍정설은 판단여지는 법률 요건에 대한 인식의 문제이지만 재량은 법률 효과의 선택의 문제라는 점에서 양자를 구별하는 것이 타당하다고 한다. ② 부정설은 재량과 판단여지는 모두 법원에 의한 사법심사의 배제라는 측면에서 동일하고 판단여지는 요건부분에 예외적으로 적용되는 재량이므로 양자의 구별을 부정한다.

(2) 판례

판례는 판단여지로 볼 수 있는 사안인 교과서검정사건 및 감정평가사시험불합격결정취소사건 등을 재량의 문제로 보고 있다.

(3) 검토

행정청의 일정한 판단에 대한 법원의 심사권이 제약되는 점에 있어서는 재량과 판단여지는 유사한 점이 있다. 그러나 재량과 판단여지는 규범규율영역 및 법원의 심사방식 등에서 차이가 있으므로 양자를 구별하는 것이 타당하다고 판단된다.

3. 판단여지가 인정되는 영역

① 시험에 있어서 성적의 평가와 같은 타인이 대체할 수 없는 비대체적인 결정영역, ② 고도의 전문가로 구성된 직무상 독립성을 갖는 위원회의 결정인 구속적인 가치평가 영역 등이 판단여지가 인정되는 영역으로 논해지고 있다.

4. 사안의 경우

감정평가법상 징계위원회의 구성은 4급 이상의 고위공무원, 변호사, 조교수 이상의 직에 있거나 있었던 자, 10년 이상의 경력을 갖춘 감정평가사 등 고도의 전문가로 구성된다. 또한 감정평가법 제39조에서는 징계위원회의 의결에 따라 징계처분을 하도록 규정하고 있으므로 이는 구속적인 가치평가의 영역으로서 판단여지의 대상이 된다.

Ⅲ 판단여지의 법적 효과와 한계준수 여부

1. 판단여지의 법적 효과와 한계

판단여지가 인정되는 범위 내에서 내려진 행정청의 판단은 법원의 통제대상이 되지 않는다. 다만, ① 판단기준이 적법하게 구성되었는가, ② 절차규정이 준수되었는가, ③ 정당한 사실관계에서 출발하였는가, ④ 일반적으로 승인된 평가의 척도가 침해되지 않았는가의 여부는 사법심사의 대상이 된다. 또한 판단에 있어서도 일반원칙을 준수하여야 한다.

2. 사안의 경우

사안에서는 징계위원회가 징계의결을 함에 있어서 성실의무위반과 관련된 제 이익을 정당하게 고려하여 결정해야 함에도 이러한 제 이익을 정당하게 고려하지 못한 사실관계가 인정된다. 관련 제 이익을 정당하게 고려한다면 업무정지 6개월보다 경한 징계결정이 나올 수도 있으므로 이는 비례의 원칙에 위반될 소지가 크다고 볼 수 있다.

Ⅳ 사안의 해결

징계위원회의 징계의결은 고도의 전문가로 구성된 직무상 독립성을 갖는 위원회의 결정인 구속적인 가치평가 영역이다. 다만, 업무정지 6개월의 징계의결을 함에 있어서 관련된 제 이익을 정당하게 고려하지 못한 것은 판단여지의 한계를 넘어서는 것으로 볼 수 있으므로 이러한 징계의결이 위법하다는 갑의 주장은 타당한 것으로 보인다.

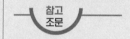

사례 19

감정평가법인 '갑'의 소속평가사 '을'은 고급주택인 '신림 하우스'의 적정분양가 산정을 위한 감정평가를 수행하였다. 감정평가를 수행하면서 인근에 고급주택이 소재함에도 불구하고 동일수급권역이 아니라고 판단되는 지역에서 사례를 선정하여 적정분양가를 산정하였다. 이로 인한 분양가는 매도자와 매수자와의 갈등을 극대화시켰고, 이를 계기로 감정평가에 대한 사회적 불신이 야기되었다. 이에 따라 국토교통부장관은 부적절한 사례를 사용하였음을 이유('감정평가에 관한 규칙' 위반)로 감정평가법인과 소속평가사에게 징계를 하려고 한다. 40점

(1) 국토교통부장관은 감정평가원칙과 기준 위반을 이유로 소속평가사 을에게 업무정지 1년의 처분을 하였다. 동 처분의 적법성을 판단하시오(소속평가사 을은 10여 년간 성실하게 감정평가업무를 수행하였으며 국토교통부장관의 표창도 1회 수상하였었음).

(2) 국토교통부장관은 2015년도 표준지공시지가의 업무를 고려하여 감정평가법인 갑에게는 과징금 2억원을 부과하였다. 동 과징금 부과처분의 적법성을 판단하시오(감정평가법인 갑은 소속평가사 을에 대하여 상당한 주의와 감독을 성실하게 하고 있었으며 감정평가업계 발전에 크게 기여하고 있었음).

> 참고
> 조문

감정평가법 제39조(징계)
① 국토교통부장관은 감정평가사가 다음 각 호의 어느 하나에 해당하는 경우에는 제40조에 따른 감정평가관리·징계위원회의 의결에 따라 제2항 각 호의 어느 하나에 해당하는 징계를 할 수 있다. 다만, 제2항 제1호에 따른 징계는 제11호, 제12호에 해당하는 경우 및 제27조를 위반하여 다른 사람에게 자격증·등록증 또는 인가증을 양도 또는 대여한 경우에만 할 수 있다. 〈개정 2023.5.9.〉
 1. 제3조 제1항을 위반하여 감정평가를 한 경우
 2. 제3조 제3항에 따른 원칙과 기준을 위반하여 감정평가를 한 경우
 3. 제6조에 따른 감정평가서의 작성·발급 등에 관한 사항을 위반한 경우
 3의2. 제7조 제2항을 위반하여 고의 또는 중대한 과실로 잘못 심사한 경우
 4. 업무정지처분 기간에 제10조에 따른 업무를 하거나 업무정지처분을 받은 소속 감정평가사에게 업무정지처분 기간에 제10조에 따른 업무를 하게 한 경우
 5. 제17조 제1항 또는 제2항에 따른 등록이나 갱신등록을 하지 아니하고 제10조에 따른 업무를 수행한 경우
 6. 구비서류를 거짓으로 작성하는 등 부정한 방법으로 제17조 제1항 또는 제2항에 따른 등록이나 갱신등록을 한 경우
 7. 제21조를 위반하여 감정평가업을 한 경우
 8. 제23조 제3항을 위반하여 수수료의 요율 및 실비에 관한 기준을 지키지 아니한 경우
 9. 제25조, 제26조 또는 제27조를 위반한 경우
 10. 제47조에 따른 지도와 감독 등에 관하여 다음 각 목의 어느 하나에 해당하는 경우
    가. 업무에 관한 사항의 보고 또는 자료의 제출을 하지 아니하거나 거짓으로 보고 또는 제출한 경우
    나. 장부나 서류 등의 검사를 거부 또는 방해하거나 기피한 경우

11. 감정평가사의 직무와 관련하여 금고 이상의 형을 선고받아(집행유예를 선고받은 경우를 포함한다) 그 형이 확정된 경우

12. 이 법에 따라 업무정지 1년 이상의 징계처분을 2회 이상 받은 후 다시 제1항에 따른 징계사유가 있는 사람으로서 감정평가사의 직무를 수행하는 것이 현저히 부적당하다고 인정되는 경우

② 감정평가사에 대한 징계의 종류는 다음과 같다.

1. 자격의 취소
2. 등록의 취소
3. 2년 이하의 업무정지
4. 견책

감정평가법 제41조(과징금의 부과)

① 국토교통부장관은 감정평가법인 등이 제32조 제1항 각 호의 어느 하나에 해당하게 되어 업무정지처분을 하여야 하는 경우로서 그 업무정지처분이 「부동산 가격공시에 관한 법률」 제3조에 따른 표준지공시지가의 공시 등의 업무를 정상적으로 수행하는 데에 지장을 초래하는 등 공익을 해칠 우려가 있는 경우에는 업무정지처분을 갈음하여 5천만원(감정평가법인인 경우는 5억원) 이하의 과징금을 부과할 수 있다.

② 국토교통부장관은 제1항에 따른 과징금을 부과하는 경우에는 다음 각 호의 사항을 고려하여야 한다.

1. 위반행위의 내용과 정도
2. 위반행위의 기간과 위반횟수
3. 위반행위로 취득한 이익의 규모

감정평가법 시행령 제43조(과징금의 부과기준 등)

① 법 제41조에 따른 과징금의 부과기준은 다음 각 호와 같다.

1. 위반행위로 인한 별표 3 제2호의 개별기준에 따른 업무정지기간이 1년 이상인 경우: 법 제41조 제1항에 따른 과징금최고액(이하 이 조에서 "과징금최고액"이라 한다)의 100분의 70 이상을 과징금으로 부과

2. 위반행위로 인한 별표 3 제2호의 개별기준에 따른 업무정지기간이 6개월 이상 1년 미만인 경우: 과징금최고액의 100분의 50 이상 100분의 70 미만을 과징금으로 부과

3. 위반행위로 인한 별표 3 제2호의 개별기준에 따른 업무정지기간이 6개월 미만인 경우: 과징금최고액의 100분의 20 이상 100분의 50 미만을 과징금으로 부과

① 쟁점의 정리

설문은 감정평가원칙과 기준 위반을 이유로 한 감정평가법인 갑과 소속평가사 을에 대한 징계의 적법성을 묻고 있다. ① 업무정지처분의 적법성과 관련하여 징계위원회의 의결이 판단여지에 해당하는지를 살펴본다. 판단여지에 해당한다면, 징계위원회가 의결과정에서 관련된 제 이익이 정당하게 고려하였는지를 검토한다. ② 과징금 부과처분과 관련하여 과징금 부과기준의 법적 성질과 연계하여 과징금부과처분의 법적 성질이 재량행위인지를 살펴보고, 2억원의 과징금 부과처분이 동 기준에 따른 적법한 처분인지를 비례원칙과 관련하여 검토한다.

Ⅱ 업무정지처분 및 과징금 부과처분의 법적 성질

1. 업무정지처분의 법적 성질

업무정지처분이란, 감정평가법인 등이 부동산공시법상 의무규정을 위반하였을 때, 감정평가법 제10조상의 업무를 영위할 수 있는 법적 지위를 정지시키는 것을 말한다. 감정평가법 제39조에서는 "징계위원회의 의결에 따라 징계를 할 수 있다."라고 규정되어 있으므로 재량행위라고 판단되나, 징계의 내용에는 징계위원회의 의결에 구속된다고 할 것이다.

2. 과징금 부과처분의 법적 성질

(1) 과징금 부과기준의 법적 성질

제재적 처분기준이 법규명령의 형식으로 제정되었으나 그 실질이 행정규칙의 내용을 갖는 경우, 이에 대한 대외적 구속력이 인정되는지가 문제된다. 제재적 처분기준 같은 행정의 내부적인 사항은 고시나 훈령으로 규정되는 것이 정당하나, 그러한 사항이 대통령령 등의 형식으로 제정된 경우 그 성질이 문제된다.

1) 학설

① 규범의 형식과 법적 안정성을 중시하여 법규명령으로 보는 견해, ② 규범의 실질과 구체적 타당성을 중시하여 행정규칙으로 보는 견해, ③ 상위법의 수권유무로 판단하는 수권여부기준설이 대립한다.

2) 판례

대법원은 ① (구)식품위생법 시행규칙상 제재적 처분기준은 행정규칙으로 보며, ② (구)청소년보호법 시행령상 과징금 처분기준을 법규명령으로 보면서 그 처분기준은 최고한도로 보아 구체적 타당성을 기한 사례가 있다.

3) 검토

대통령령과 부령을 구분하는 판례의 태도는 합리적 이유가 없으므로 타당성이 결여된다. 또한 부령의 경우에도 법규명령의 형식을 갖는 이상 법제처의 심사에 의해 절차의 정당성을 확보하고, 공포를 통한 예측가능성이 보장된다는 점에서 부령인 경우도 법규성을 긍정함이 타당하다.

4) 사안의 경우(감정평가법 시행령 제43조)

감정평가법 시행령 제43조에서 규정하고 있는 과징금 부과기준은 그 형식이 대통령령이고, 업무정지의 처분의 강도에 따라 과징금 부과액을 차등하여 적용하도록 규정하고 있으며 1/2 범위 내의 가감규정을 두어 개별사안에서의 구체적 타당성도 확보하고 있다. 따라서 법규명령의 성질을 갖는 것으로 볼 수 있다.

(2) 과징금 부과처분의 법적 성질

감정평가법 제41조에서는 "부과할 수 있다."고 규정하고 있으며, 과징금 부과기준을 규정한 시행령 제43조는 법규명령으로서 가감규정을 통하여 개별사안마다 합리적인 적용이 가능하므로, 이러한 제 규정을 종합적으로 검토할 때 과징금 부과처분은 재량행위이다.

Ⅲ 업무정지처분의 적법성 검토

1. 징계위원회의 의의 및 법적 성격

징계위원회는 감정평가사의 징계에 관한 사항을 의결하는 기관으로 감정평가법 제40조를 근거로 한다. ① 징계시 반드시 설치해야 하는 필수기관이다. ② 또한 징계내용에 관한 의결권을 가진 의결기관이다.

2. 징계위원회의 의결이 판단여지의 영역인지

(1) 판단여지의 의의

판단여지란 불확정개념의 해석에 있어서 어떠한 사실관계가 법률요건에 해당하는가 여부에 대한 '법인식'의 문제로서 이런 인식의 영역에서는 법률효과의 영역과는 달리 단지 하나의 올바른 결정만이 존재하므로 원칙적으로 사법심사의 대상이 된다. 다만 행정청의 평가 및 결정에 대하여 사법부가 그 정당성을 판단하는 것이 불가능하거나 합당하지 않아서 행정청의 판단을 존중해 줄 수밖에 없는 영역이 있는바, 이런 영역을 판단여지라 한다.

(2) 재량과의 구별

1) 학설

① 긍정설은 판단여지는 법률 요건에 대한 인식의 문제이지만 재량은 법률 효과의 선택의 문제라는 점에서 양자를 구별하는 것이 타당하다고 한다. ② 부정설은 재량과 판단여지는 모두 법원에 의한 사법심사의 배제라는 측면에서 동일하고 판단여지는 요건부분에 예외적으로 적용되는 재량이므로 양자의 구별을 부정한다.

2) 판례

판례는 판단여지로 볼 수 있는 사안인 교과서검정사건 및 감정평가사시험불합격결정취소사건 등을 재량의 문제로 보고 있다.

3) 검토

행정청의 일정한 판단에 대한 법원의 심사권이 제약되는 점에 있어서는 재량과 판단여지는 유사한 점이 있다. 그러나 재량과 판단여지는 규범규율영역 및 법원의 심사방식 등에서 차이가 있으므로 양자를 구별하는 것이 타당하다고 판단된다.

(3) 판단여지가 인정되는 영역

① 시험에 있어서 성적의 평가와 같은 타인이 대체할 수 없는 비대체적인 결정영역, ② 고도의 전문가로 구성된 직무상 독립성을 갖는 위원회의 결정인 구속적인 가치평가 영역 등이 판단여지가 인정되는 영역으로 논해지고 있다.

(4) 사안의 경우

감정평가법상 징계위원회의 구성은 고위공무원, 변호사, 조교수 이상의 직에 있거나 있었던 자, 10년 이상의 경력을 갖춘 감정평가사 등 고도의 전문가로 구성된다. 또한 감정평가법 제40 조에서는 징계위원회의 의결에 따라 징계처분을 하도록 규정하고 있으므로 이는 구속적인 가치평가의 영역으로서 판단여지의 대상이 된다.

3. 판단여지의 법적 효과와 한계

판단여지가 인정되는 범위 내에서 내려진 행정청의 판단은 법원의 통제대상이 되지 않는다. 다만, ① 판단기준이 적법하게 구성되었는가, ② 절차규정이 준수되었는가, ③ 정당한 사실관계에서 출발하였는가, ④ 일반적으로 승인된 평가의 척도가 침해되지 않았는가의 여부는 사법심사의 대상이 된다. 또한 판단에 있어서도 일반원칙을 준수하여야 한다.

4. 사안의 경우

소속평가사 을이 10여 년간 성실하게 업무를 수행하여 감정평가업계의 발전에 기여한 점, 국토교통부장관의 표창을 수상할 만큼 성실성이 인정되는 점 등을 감안하면, 업무정지 1년의 기간은 비례원칙에 반할 소지가 있다. 그러나 해당 감정평가로 인하여 감정평가에 대한 사회적 불신이 확산되는 점을 고려할 때 적정한 평가질서를 확립하기 위한 엄격한 처벌의 필요성도 인정된다고 할 것이다. 따라서 설문상 업무정지 1년의 처분은 적법한 것으로 판단된다.

Ⅳ 과징금 부과처분의 적법성 검토

1. 과징금 부과기준의 적법성 판단

과징금 부과기준은 법규명령으로서 구체적 규범통제가 가능하나, 과징금 부과기준은 업무정지기간에 따른 차등적용을 원칙으로 하면서도 1/2 범위 내에서 구체적 사정에 따라 가감할 수 있도록 규정하고 있다. 이는 상위법률의 수권범위 내인 것으로서 위헌·위법의 소지는 없다고 판단된다.

2. 과징금 부과처분의 적법성 검토

(1) 과징금 2억원의 부과가 기준범위 내인지 여부

감정평가법인 갑에 대한 과징금 부과에 대한 양형 기준은, 소속평가사 을에 대한 업무정지기간이 하나의 척도가 될 것이다. 이에 따르면 과징금 최고액인 5억원의 100분의 70 이상으로 부과되어야 하며, 1/2 범위 내에서 가감규정을 적용하면 최저 1억7천5백만원에서 최고 5억원이 적정범위라고 할 것이다. 설문상 과징금 2억원은 적정범위 내에 존재한다.

(2) 비례의 원칙 위반 여부

1) 의의 및 근거(효력)

비례의 원칙이란 과잉조치금지의 원칙이라고도 하는데, 행정작용에 있어서 행정목적과 행정수단 사이에는 합리적인 비례관계가 있어야 한다는 원칙을 말한다. 헌법 제37조 제2항 및 법치국가의 원칙으로부터 도출되는 법원칙이므로 헌법적 효력을 가진다. 비례의 원칙에 반하는 행정권 행사는 위법하다.

2) 요건(내용)

① 적합성의 원칙이란 행정은 추구하는 행정목적의 달성에 적합한 수단을 선택하여야 한다는 원칙을 말한다. ② 필요성의 원칙이란 적합한 수단이 여러 가지인 경우에 국민의 권리를 최소한으로 침해하는 수단을 선택하여야 한다는 원칙을 말한다. ③ 협의의 비례원칙이란 행정조치를 취함에 따른 불이익이 그것에 의해 달성되는 이익보다 심히 큰 경우에는 그 행정조치를 취해서는 안 된다는 원칙을 말한다. 적합성의 원칙, 필요성의 원칙, 그리고 좁은 의미의 비례원칙은 단계구조를 이룬다.

3) 사안의 경우

감정평가법인 갑은 을에 대하여 상당한 주의와 감독을 게을리하지 않은 사정이 인정되며 감정평가업계의 발전에 그간 기여한 점을 고려하여, 최저수준의 과징금 부과가 적정한 것으로 판단되는 경우라면 동 과징금 부과처분은 위법하다고 할 수 있을 것이다.

Ⓥ 사안의 해결

설문상 소속평가사 을에 대한 징계의결은 감정평가의 평가질서 확립의 필요성과, 그간 소속평가사 을의 성실한 업무수행의 정도를 고려한 합리성이 인정되므로 업무정지처분은 적법한 것으로 판단된다. 또한 감정평가법인 갑에 대한 과징금 2억원의 부과는 감정평가법인 갑이 감정평가업계의 발전에 기여한 점 등을 고려할 때 비례의 원칙에 위반될 소지가 있으며 비례의 원칙에 위반될 경우에는 위법한 처분이 될 것이다.

08 환경영향평가

사례 20

갑은 환경영향평가의 대상이 되는 택지개발촉진법상의 택지개발사업을 시행하기로 결정하였다. 그리하여 환경영향평가법에 따라 환경영향평가서 초안을 작성하여 주민의견 수렴절차를 거쳐, 제시된 주민의 의견을 반영하여 환경영향평가서를 작성하고 택지개발사업실시계획(이하 "사업계획"이라 한다) 승인신청서와 함께 사업계획승인기관인 국토교통부장관에게 제출하였다. 환경부장관은 검토의 결과 사업계획승인을 해주지 않는 것이 좋겠다는 의견을 제시하였다. 국토교통부장관은 주민의견 수렴절차를 다시 거칠 것을 명하였고 사업자는 주민의견 수렴절차를 거쳤으나 수정할 사항은 없다고 보고 종전과 동일한 내용의 환경영향평가서를 다시 제출하였고 국토교통부장관은 환경보호를 위한 몇 가지 조치를 취할 것을 조건으로 사업계획승인을 하였다. 이에 환경영향평가대상지역에 사는 주민인 乙 등은 이 사업계획승인처분의 취소를 구하는 소송을 제기하였다. 乙 등은 이 소송에서 주민의견 수렴절차가 부실하였고, 환경영향평가서가 심히 부실하였으며, 국토교통부장관이 환경부장관의 의견과 달리 처분을 하였다는 점, 환경부장관과의 협의가 불충분하였다는 점 등을 해당 승인처분의 위법사유로 주장하고 있다. 乙이 제기한 취소소송이 인용될 수 있을지를 논하시오. [50점]

Ⅰ 쟁점의 정리

Ⅱ 소송요건의 충족 여부
1. 문제점
2. 대상적격(사업계획승인의 법적 성질)
3. 원고적격
　(1) 원고적격의 의의(행정소송법 제12조) 및 취지
　(2) 법률상 이익의 의미
　　1) 학설
　　2) 판례
　　3) 검토
　(3) 법률의 범위
　　1) 견해의 대립
　　2) 판례
　　　① 판례의 태도
　　　② 환경영향평가법령상 이익에 대한 판례
　　3) 검토
4. 사안의 경우

Ⅲ 환경영향평가의 하자와 사업계획승인처분의 위법
1. 환경영향평가의 의의 및 취지
2. 환경영향평가의 하자의 성질(사업계획승인처분의 위법사유가 되는지 여부)
　(1) 환경영향평가상 하자의 유형
　(2) 환경영향평가의 하자의 성질
　(3) 사안의 경우
3. 절차의 하자의 독자성 인정논의
　(1) 학설
　(2) 판례
　(3) 검토
4. 사안의 경우

Ⅳ 환경부장관의 협의의견의 구속력과 협의절차의 하자의 효력
1. 환경부장관과의 협의절차(환경영향평가법 제27조 제2항)
2. 환경부장관의 협의의견의 구속력 유무
3. 사안의 경우(협의절차의 하자와 그 효력)

Ⅴ 문제의 해결

[환경영향평가법]

제27조(환경영향평가서의 작성 및 협의 요청 등)

① 승인기관장 등은 환경영향평가 대상사업에 대한 승인 등을 하거나 환경영향평가 대상사업을 확정하기 전에 환경부장관에게 협의를 요청하여야 한다. 이 경우 승인기관의 장은 환경영향평가서에 대한 의견을 첨부할 수 있다.

② 승인 등을 받지 아니하여도 되는 사업자는 제1항에 따라 환경부장관에게 협의를 요청할 경우 환경영향평가서를 작성하여야 하며, 승인 등을 받아야 하는 사업자는 환경영향평가서를 작성하여 승인기관의 장에게 제출하여야 한다.

③ 제1항과 제2항에 따른 환경영향평가서의 작성방법, 협의 요청시기 및 제출방법 등은 대통령령으로 정한다.

제29조(협의 내용의 통보기간 등)

① 환경부장관은 제27조 제1항에 따라 협의를 요청받은 날부터 대통령령으로 정하는 기간 이내에 승인기관장 등에게 협의 내용을 통보하여야 한다. 다만, 부득이한 사정이 있을 때에는 그 기간을 연장할 수 있다.

② 환경부장관은 제1항에 따라 협의 내용 통보기간을 연장할 때에는 협의기간이 끝나기 전까지 승인기관장 등에게 그 사유와 연장한 기간을 통보하여야 한다.

③ 제1항 및 제2항에 따라 협의 내용을 통보받은 승인기관의 장은 이를 지체 없이 사업자에게 통보하여야 한다.

④ 환경부장관은 다음 각 호의 어느 하나에 해당하는 경우에는 해당 사업계획 등에 관련 내용을 반영할 것을 조건으로 승인기관장 등에게 협의 내용을 통보할 수 있다.

1. 보완·조정하여야 할 사항이 경미한 경우

2. 해당 사업계획 등에 대한 승인 등을 하거나 해당 사업을 시행하기 전에 보완·조정이 가능한 경우

제31조(조정 요청 등)

① 사업자나 승인기관의 장은 제29조에 따라 통보받은 협의 내용에 대하여 이의가 있으면 환경부장관에게 협의 내용을 조정하여 줄 것을 요청할 수 있다. 이 경우 승인 등을 받아야 하는 사업자는 승인기관의 장을 거쳐 조정을 요청하여야 한다.

② 환경부장관은 제1항에 따른 조정 요청을 받았을 때에는 대통령령으로 정하는 기간 이내에 환경영향평가협의회의 심의를 거쳐 조정 여부를 결정하고 그 결과를 사업자나 승인기관의 장에게 통보하여야 한다.

③ 승인기관장 등은 협의 내용의 조정을 요청하였을 때에는 제2항에 따른 통보를 받기 전에 그 사업계획 등에 대하여 승인 등을 하거나 확정을 하여서는 아니 된다. 다만, 조정 요청과 관련된 내용을 사업계획 등에서 제외시키는 경우에는 그러하지 아니하다.

④ 제1항부터 제3항까지의 규정에 따른 조정 요청에 필요한 사항은 대통령령으로 정한다.

ⓘ 쟁점의 정리

1. 소송요건의 문제로 특히 사업계획승인의 법적 성질과, 환경영향평가대상지역 내의 주민 을의 원고 적격이 문제된다.

2. 본안문제로 ① 주민의견 수렴절차의 부실 및 환경영향평가서의 부실 등 환경영향평가의 하자가 사 업계획승인처분의 위법사유가 되는지가 문제된다. ② 또한, 환경부장관과의 협의가 불충분하였다 는 것 및 국토교통부장관이 환경부장관의 의견과 달리 처분을 하였다는 것이 위법사유가 되는지가 문제된다. 이와 관련하여 환경부장관의 협의의 법적 성질 및 구속력과 절차의 하자의 효력을 검토 하여야 한다.

Ⅱ 소송요건의 충족 여부

1. 문제점

행정소송법 제19조 및 제12조 등에서는 소송의 남소방지를 위해서 대상적격, 원고적격, 관할 및 제소기간 등의 소송요건을 규정하고 있다. 설문에서는 소송요건의 충족과 관련하여 대상적격 및 원고적격을 중심으로 검토한다.

2. 대상적격(사업계획승인의 법적 성질)

① 택지개발예정지구 내에서는 건축물의 건축, 공작물의 설치, 토지의 형질변경 등이 제한되어 국 민의 권리·의무에 영향을 미치며, ② 판례도 사업시행자가 일정한 조건을 거칠 것을 전제로 수용 권을 설정해 주는 처분이라고 판시한 바 있다(대판 1996.12.6, 95누8409).

3. 원고적격

(1) 원고적격의 의의(행정소송법 제12조) 및 취지

원고적격이란 본안판결을 받을 수 있는 자격으로, 행정소송법 제12조에서는 취소소송은 처분 등의 취소를 구할 법률상 이익있는 자가 제기할 수 있다고 규정하여 남소방지를 도모한다.

(2) 법률상 이익의 의미

1) 학설

취소소송의 본질과 관련하여 견해가 대립되며, ① 취소소송의 본질은 침해된 권리회복이라 는 권리구제설, ② 근거법상 보호되는 이익구제인 법률상 보호이익설, ③ 소송법상 보호가 치 있는 이익구제라는 견해, ④ 행정의 적법성 통제라는 적법성 보장설의 견해가 있다.

2) 판례

해당 처분의 근거, 관련법규에 의해 보호되는 개별적, 직접적, 구체적인 이익을 의미하며, 사실상이며 간접적인 이익은 법률상 보호이익이 아니라고 한다.

3) 검토

권리구제설은 원고의 범위를 제한하고, 소송법상 보호가치 있는 이익구제설은 보호가치 있는 이익의 객관적 기준이 결여되는 문제가 있다. 또한 적법성 보장설은 객관소송화의 우려가 있다. 따라서 취소소송을 주관적, 형성소송으로 보면 법률상 보호이익설이 타당하다.

(3) 법률의 범위

1) 견해의 대립

근거 법률은 물론 관련법규까지 포함하는 견해와, 헌법상 기본권 및 민법상 일반원칙까지 포함하는 견해가 있다.

2) 판례

① 판례의 태도

대법원은 관계법규와 절차법규정의 취지도 고려하는 등 보호규범의 범위를 확대하는 경향을 보이고 있으며 헌법재판소는 헌법상 기본권인 경쟁의 자유를 고려한 바 있다.

② 환경영향평가법령상 이익에 대한 판례

평가대상지역 안의 주민의 경우는 처분 전과 비교하여 수인한도를 넘는 환경침해를 받지 아니하고 쾌적한 환경에서 생활할 수 있는 개별적 이익까지도 보호하려는 데에 있다 할 것이므로, 특단의 사정이 없는 한 환경상의 이익에 대한 침해 또는 침해우려가 있는 것으로 사실상 추정되어 원고적격이 인정된다. 또한 지역 밖의 주민인 경우도 환경상의 이익에 대한 침해 또는 침해우려가 있다는 것을 입증함으로써 원고적격을 인정받을 수 있다.

3) 검토

환경영향평가법령도 처분의 관계법규로서 당사자의 권익에 영향을 미친다면 보호규범의 범위로 볼 수 있다고 판단된다.

4. 사안의 경우

사업계획승인은 처분이며, 환경영향평가대상지역 안에 있는 주민 을에게는 환경영향평가의 대상이 되는 사업계획승인처분을 다툴 원고적격이 추정된다. 또한 설문상 제소기관, 관할 등은 문제되지 않는 것으로 보이므로 소송요건은 충족된다.

Ⅲ 환경영향평가의 하자와 사업계획승인처분의 위법

1. 환경영향평가의 의의 및 취지

환경영향평가제도는 환경에 대하여 중대한 영향을 미칠 가능성이 있는 사업을 실시하기 전에 환경에 대한 영향을 조사하여 환경에 대한 영향을 최소화하는 방안으로 사업을 실시하도록 하고, 환경에 대한 영향이 심히 중대한 경우에는 환경의 보호를 위하여 사업을 실시하지 않도록 하는 것을 취지로 하는 제도이다.

2. 환경영향평가의 하자의 성질(사업계획승인처분의 위법사유가 되는지 여부)

(1) 환경영향평가상 하자의 유형

환경영향평가의 하자에는 ① 법령상 환경영향평가가 행해져야 함에도 환경영향평가가 행해지지 않은 경우, ② 환경영향평가가 내용상 부실한 실체상의 하자, ③ 절차상 위법이 있는 절차상 하자가 있다.

(2) 환경영향평가의 하자의 성질

환경영향평가는 환경영향평가의 대상이 되는 사업의 실시를 위한 사업계획승인처분의 절차로서의 성질을 가지므로, 실체상 하자이든 절차상 하자이든 사업계획승인처분의 절차상 하자로서의 성질을 갖는다.

〈판례〉는 부실한 환경영향평가 내용이 환경영향평가제도를 둔 입법취지를 달성할 수 없다면 그것만으로 사업계획승인처분의 위법사유가 된다고 보며, 그렇지 않은 경우에는, 그 부실은 해당 승인 등 처분에 재량권 일탈·남용의 위법이 있는지 여부를 판단하는 하나의 요소가 된다고 판시한 바 있다(대판 2006.3.16, 2006두330 숲合).

(3) 사안의 경우

판례에 따르면 주민의견수렴 부실 및 환경영향평가서의 부실은 환경영향평가의 위법사유가 될 수 있으며, 이는 사업계획승인처분의 절차상 하자가 된다.

3. 절차의 하자의 독자성 인정논의

(1) 학설

① 적법절차의 보장 관점에서 독자적 위법사유가 되며, 특히 행정소송법 제30조 제3항에서 절차하자로 인한 취소의 경우에 기속력을 인정한다는 점을 드는 긍정설과 ② 절차는 수단에 불과하며, 동일한 처분을 다시 받게 되어 행정경제상 불합리하다는 점을 드는 부정설이 대립한다. ③ 기속, 재량을 구분하는 절충설도 있다.

(2) 판례

대법원은 ① 기속행위인 과세처분에서 이유부기 하자를, ② 재량행위인 영업정지처분에서 청문절차를 결여한 것은 절차적 하자를 구성한다고 판시한 바 있다.

(3) 검토

내용상 하자만큼 절차적 적법성을 지키는 것이 필요하며, 현행 행정소송법 제30조 제3항에서 절차하자로 인한 취소의 경우에 기속력을 준용한다는 점을 볼 때 독자적 위법사유가 된다고 보는 긍정설이 타당하다.

4. 사안의 경우

환경영향평가의 하자(실체상 부실의 정도 및 의견수렴절차의 하자)는 사업계획승인처분의 절차적 하자를 구성하며, 이러한 하자가 사업계획승인처분의 실체적 판단에 실질적인 영향을 미치는 경우에는 사업계획승인처분을 취소하는 판결을 하여야 할 것이다.

Ⅳ 환경부장관의 협의의견의 구속력과 협의절차의 하자의 효력

1. 환경부장관과의 협의절차(환경영향평가법 제27조 제2항)

승인 등을 받지 아니하여도 되는 사업자는 환경부장관에게 협의를 요청할 경우 환경영향평가서를 작성하여야 한다고 규정하고 있다.

2. 환경부장관의 협의의견의 구속력 유무

판례는 "환경부장관과의 협의를 거친 이상 환경부장관의 환경영향평가에 대한 의견에 반하는 처분을 하였다고 하여 그 처분이 위법하다고 할 수 없다."고 하여 구속력을 부정하므로 환경부장관의 협의의견은 자문의견의 성질을 갖는다고 볼 수 있다. 다만, 환경영향평가법 제31조에 비추어 환경부장관의 협의는 단순한 자문이 아니므로 가능한 한 존중하여야 할 것이다.

3. 사안의 경우(협의절차의 하자와 그 효력)

환경부장관과 협의를 거치지 않거나 그 협의가 심히 부실한 경우에는 사업계획승인처분은 절차상 위법한 것이 되며, 절차상 하자는 독자적 취소사유가(판례) 되므로 법원은 취소판결을 하여야 할 것이다.

Ⅴ 문제의 해결

1. 환경영향평가 대상지역 안에 있는 주민인 乙 등에게 환경상의 개인적 이익이 직접 구체적으로 침해될 것이 예상되지 않는다고 판단되지 않는 한 乙 등에게 원고적격이 인정되어 소송요건이 충족된다.

2. 주민의견 수렴절차의 부실과 환경영향평가서의 부실이 존재하며 그 하자가 사업계획승인처분의 실체적 판단에 실질적인 영향을 미치는 정도의 것인 경우에는 사업계획승인처분을 취소하는 판결을 하여야 한다.

3. 환경부장관의 협의의견은 자문의견으로서 법적 구속력을 가지지 않으므로 국토교통부장관이 환경부장관의 의견과 달리 처분을 하였다는 것만으로는 사업계획승인처분의 위법사유가 되지 않는다.

4. 환경부장관과의 협의가 불충분하였다면 그 하자가 경미하지 않는 한 사업계획승인처분을 취소하여야 한다. 환경부장관의 협의의견은 통상 사업계획승인처분의 실체적 판단에 중요한 영향을 미치기 때문에 환경부장관과의 협의가 불충분하였다는 하자는 취소사유가 된다. 따라서 을의 청구는 인용될 수 있을 것이다.

심리와 판결 핵심사례

기판력과 기속력

01 선결문제와 기판력

◢ 사례 1

감정평가사 갑은 자격증을 타인에게 대여하였다는 이유로 국토교통부장관으로부터 6개월의 업무
정지처분을 받았다. 그러나 사실은 사무실의 다른 감정평가사인 을이 자격증을 타인에게 임의로
대여한 것을 착오로 잘못 인정하여 갑에게 업무정지처분을 내린 것이다.

(1) 갑은 이 처분으로 인한 재산상의 손해를 서울지방민사법원에 청구하고자 한다. 갑의 소송에 대
해 해당 민사법원은 업무정지처분의 위법성을 심사할 수 있는가? [20점]

(2) 갑은 이때에 먼저 행정쟁송의 제기방법을 택하여 취소심판을 거쳐, 서울행정법원에 해당 처분
의 취소소송을 제기하였다. 그러나 청구가 기각되자 갑은 항소를 포기하고, 바로 서울지방민사
법원에 손해배상청구소송을 제기하였다. 서울행정법원의 판결은 서울지방민사법원의 판결에
영향을 미치는가? [20점]

(설문 1)의 해결

Ⅰ 쟁점의 정리

Ⅱ 행정작용의 위법성 검토

  1. 대상 행정작용의 검토

  2. 행정작용의 위법성 검토

Ⅲ 민사법원의 심리범위

  1. 선결문제 논의

  2. 공정력과 구성요건적 효력

  3. 민사법원의 심리범위

    (1) 문제점

    (2) 행정행위의 효력을 부인해야 하는 경우

    (3) 행정행위의 위법성 확인이 문제인 경우

      1) 학설

      2) 판례

      3) 검토

Ⅳ 사안의 해결

(설문 2)의 해결

Ⅰ 쟁점의 정리

Ⅱ 취소소송의 기판력

  1. 기판력의 의의

  2. 기판력의 범위

    (1) 주관적 범위

    (2) 객관적 범위

    (3) 시간적 범위

  3. 기판력이 후소에 미치는 영향

    (1) 학설

      1) 전부기판력 긍정설

      2) 일부기판력 긍정설

      3) 기판력 부정설

    (2) 검토

Ⅲ 사안의 해결

⊕ (설문 1)의 해결

Ⅰ 쟁점의 정리

당사자가 행정쟁송의 제기 이전에 행정상 손해배상의 소송을 먼저 제기하는 경우에는 손해배상소송의 전제요건인 행정작용의 위법성 여부에 대하여 심사하여야 하는 문제가 발생한다. 이를 선결문제라 한다.

Ⅱ 행정작용의 위법성 검토

1. 대상 행정작용의 검토

사안에서 문제가 되는 것은 업무정지처분이며, 감정평가법 제27조를 위반한 행위를 대상으로 하여 동법 제39조(징계)에 근거하여 발령되고 있다. 이때의 업무정지처분은 감정평가법 제39조 표현상 재량행위이다.

2. 행정작용의 위법성 검토

업무정지처분은 처분청의 착오에 기인하여 발령되고 있다. 이는 행정행위의 주체인 공무원의 의사표시상의 하자로서 취소사유에 해당하는 행위이다.

Ⅲ 민사법원의 심리범위

1. 선결문제 논의

선결문제는 소송의 본안사건 판단을 위해 필수적인 전제로 되는 문제를 말하며, 민사법원이나 형사법원이 행정행위의 위법성이나 무효 여부나 부존재 등을 심리할 수 있는가 하는 문제로서 나타나게 된다.

2. 공정력과 구성요건적 효력

구성요건적 효력이란 유효한 행정행위가 존재하는 한, 모든 행정기관과 법원은 그 행정행위와 관련된 자신들의 결정에 해당 행위의 존재와 효과를 인정해야 하고 그 내용에 구속되는데, 이와 같은 구속력을 구성요건적 효력이라고 한다. 공정력은 행정행위의 상대방에 대한 구속력을 말하는데, 제3자에 대한 구속력은 구속요건적 효력과 관련되므로 이하에서는 이를 적용한다.

3. 민사법원의 심리범위

(1) 문제점

행정소송법 제11조에서는 처분 등의 효력 유무 또는 존재 여부는 민사소송의 수소법원이 이를 심리·판단할 수 있다고 규정하나, 단순 위법인 경우는 명문의 규정이 없는바 학설, 판례의 검토가 필요하다.

(2) 행정행위의 효력을 부인해야 하는 경우

이때에 선결문제로서 위법한 행정행위의 효력 자체를 부인할 수 있는가의 여부가 제기될 때에는 해당 민사 또는 형사법원은 이를 선결문제로서 심리할 수 없다고 보는 것이 일반적이다.

(3) 행정행위의 위법성 확인이 문제인 경우

1) 학설

① 행정소송법 제11조 제1항을 제한적으로 해석하고, 구성요건적 효력은 행정행위의 적법성 추정력을 의미하므로 부정하는 견해와 ② 행정소송법 제11조 제1항을 예시적으로 해석하고, 구성요건적 효력은 유효성 통용력을 의미한다고 하여 긍정하는 견해가 있다.

2) 판례

계고처분이 위법임을 이유로 손해배상을 청구한 사안에서 행정처분의 취소판결이 있어야만 손해배상을 청구할 수 있는 것은 아니라고 보아 긍정설의 입장을 취하고 있다.

3) 검토

생각건대 민사법원이 위법성을 확인해도 행정행위의 효력을 부정하는 것이 아니므로 긍정설이 타당하며, 소송경제적인 이유와 개인의 권리보호의 관점에서도 타당하다고 볼 것이다.

Ⅳ 사안의 해결

설문 (1)과 관련하여 다수 견해 및 판례와 마찬가지로 민사법원이나 형사법원이 행정행위의 위법성을 확인할 수 있다고 보는 것이 타당하므로, 사안에서 서울민사법원은 업무정지처분의 위법성을 심리할 수 있다고 보아야 한다. 단, 민사법원의 행정행위의 위법성 확인의 효력은 해당 사건에 한하여 그치는 것이며 일반적 효력을 발생하지 않으므로, 당사자가 직접적으로 행정쟁송을 통하여 다투는 길이 봉쇄되는 것은 아니다.

⊕ (설문 2)의 해결

Ⅰ 쟁점의 정리

설문 (2)에서는 갑은 위법한 업무정지처분에 대하여 우선 취소소송을 제기하고 있다. 그러나 패소판결에 대하여 상소를 포기함으로써 판결의 형식적 확정력과 실질적 확정력(즉 기판력)이 발생하고 있다. 이는 전소인 행정소송 판결의 기판력이 후소인 손해배상소송에 어떠한 영향을 미치는가 하는 문제로 정리할 수 있다.

Ⅱ 취소소송의 기판력

1. 기판력의 의의

기판력이란 행정소송의 대상인 소송물에 관한 법원의 판단이 내려져서 이 판단이 형식적 확정력을 갖게 된 경우에, 법원이 동일한 소송물을 대상으로 하는 후소에 있어서 종전의 판단에 모순되는 결정을 할 수 없으며, 소송의 당사자와 이들의 승계인들도 종전의 판단에 반하는 주장을 할 수 없는 효력을 말한다. 이는 판결의 형식적 확정력의 존재를 항상 전제로 한다.

2. 기판력의 범위

(1) 주관적 범위

판결의 기판력이 미치는 인적 범위는 소송의 당사자와 그 승계인에 한정된다. 또한 행정소송에서의 보조참가를 하는 경우이므로 보조참가인에게도 기판력이 미친다고 보아야 할 것이다. 판례도 같은 입장을 나타내고 있다.

(2) 객관적 범위

판결의 기판력은 그 법적 범위에 있어서 소송물과 판결의 주문에 포함된 것에 한하여 인정된다.

(3) 시간적 범위

판결의 기판력에서 시간적 범위의 문제는 기판력이 어느 시점에서 확정된 사실 및 법률관계에 관하여 효력을 발생하는가에 관한 것이다. 이에 대해서는 판결을 내리는 데에 근거가 되는 자료의 제출시한이 사실심 변론의 종결시까지이므로 이 시점을 기준으로 하여 발생한다고 본다.

3. 기판력이 후소에 미치는 영향

(1) 학설

1) 전부기판력 긍정설

이 견해는 전소인 취소소송 판결내용에 상관없이(즉 청구기각과 청구인용 여부를 불문하고) 취소소송 판결내용은 후소인 손해배상소송에 대해서도 기판력이 발생한다고 본다.

2) 일부기판력 긍정설

이 견해는 전소인 취소소송 판결내용이 당사자의 청구인용인 경우에는 후소인 손해배상청구소송에 대해서 기판력이 발생하지만, 판결내용이 청구기각인 경우에는 전소의 기판력은 후소에 미치지 않는다고 본다.

3) 기판력 부정설

이 견해는 전소인 취소판결의 내용이 청구기각이든 청구인용이든 불문하고 그 기판력이 후소에서 발생하지 않는다고 본다.

(2) 검토

기판력의 취지는 전소의 확정판결의 효력을 동일한 법적 분쟁을 대상으로 하는 후소에 있어서
도 관철하려고 하는 것이므로, 전소의 소송물이 후소에서 선결문제로 나타나는 경우인 본 논의
에서도 청구기각이든 청구인용이든 불문하고 전소의 기판력은 인정되어야 할 것이다. 즉 서
로 실질적인 관련이 있는 두 소송은 서로 모순되거나 배치되지 않고 해결되는 것이 분쟁의 통
일적 해결을 위하여 필요하다.

Ⅲ 사안의 해결

따라서 전소의 기판력을 인정하는 입장에 따를 때에 설문 (2)에서 민사법원은 행정법원의 판결내용
에 구속받게 되므로 갑의 민사소송제기는 청구기각되어야 할 것이다.
(설문에서는 기판력 전부긍정설을 취했으나 일부긍정설을 취하는 경우에는 손해배상청구소송에서
의 위법성 범위가 넓으므로 인용될 수 있다고 하셔도 무방합니다.)

◀ 사례 2

국토교통부장관 甲이 서울특별시 관악구 대학동 일부 지역에 국민임대주택 단지 건설을 계획하고
건설할 사업자를 물색하던 중에 乙과 丙이 '공익사업을 위한 토지 등의 취득 및 보상에 관한 법률'
의 규정에 따라 주택건설사업의 사업인정을 신청하였다. 이에 甲은 乙과 丙의 신청서를 검토하여
기술력이나 공급능력이 앞선 乙을 사업시행자로 결정하여 통보하였다. 그 후에 사업승인신청에서
탈락한 丙이 甲에게 乙이 사업승인신청서를 사실과 다르게 거짓으로 위조하여 작성하여 제출하였
다고 투서를 하였고, 甲은 이를 믿고 乙에게 사업인정에 대한 취소를 통보하였다. 그러나 그 투서
는 잘못된 것임이 밝혀졌다.

(1) 乙이 사업인정취소처분으로 인한 재산상의 손해에 대해 국가배상청구소송을 제기한 경우 국가
배상청구소송의 수소법원은 사업승인취소처분이 위법함을 판단할 수 있는가? [20점]

(2) 만약 乙이 사업승인취소에 대한 행정소송을 먼저 제기하여 행정법원의 판결이 확정된 경우라면
그 효력이 국가배상 수소법원의 판결에 영향을 미치는가? [20점]

⊕ (설문 1)의 해결

Ⅰ 쟁점의 정리

설문은 국가배상청구소송의 수소법원이 행정처분의 위법성을 판단할 수 있는지를 묻고 있다. 위법
한 처분이라 하더라도 권한있는 기관에 의해 취소되기까지는 유효하게 통용되는 공정력(또는 구성
요건적 효력)이 발생하므로, 국가배상의 수소법원이 처분의 위법성을 확인하거나 그 효력을 부인할
수 있는지를 선결문제로써 검토한다.

Ⅱ 공정력(구성요건적 효력)과 선결문제

1. 문제점

행정소송법 제11조에서는 민사법원은 처분 등의 효력 유무 및 존재 여부를 심사할 수 있다고 규정
하고 있으나, 단순위법인 경우에 대해서는 규정하고 있지 않으므로 민사법원이 단순위법을 확인하
거나 위법한 행위의 효력을 부인할 수 있는지가 문제된다.

2. 선결문제의 의의

선결문제란 처분 등의 효력 유무 또는 위법 유무가 판결의 전제가 되는 문제이다.

3. 공정력과 구성요건적 효력

(1) 공정력

행정행위는 당연무효가 아닌 한 권한을 가진 기관에 의해 취소될 때까지, 행위의 상대방이나 제3자가 그 효력을 부인할 수 없는 일종의 구속력을 발생시키는 것을 말한다.

(2) 구성요건적 효력

유효한 행정행위가 존재하는 한, 모든 행정기관과 법원은 그 행정행위와 관련된 자신들의 결정에 해당 행위의 존재와 효과를 인정해야 하고, 그 내용에 구속되는데 이와 같은 구속력을 구성요건적 효력이라고 한다.

(3) 검토

공정력은 행정행위의 상대방에 대한 구속력이며 제3자에 대한 구속력은 구성요건적 효력으로 봄이 타당하므로 이하에서는 선결문제를 구성요건적 효력과 관련하여 해결한다.

4. 민사사건과 선결문제

(1) 행정행위의 효력 유무가 쟁점인 경우(부당이득반환청구소송의 경우)

① 무효인 행정행위는 구성요건적 효력이 없기 때문에 민사법원은 선결문제가 무효임을 전제로 본안을 판단할 수 있다는 것이 학설과 판례의 입장이다. ② 그러나 단순위법인 경우에는 민사법원은 행정행위의 구성요건적 효력으로 인해 행정행위의 효력을 부인할 수 없다고 본다.

(2) 행정행위의 위법 여부가 쟁점인 경우(국가배상청구소송의 경우)

1) 학설

① 행정소송법 제11조 제1항을 제한적으로 해석하고, 구성요건적 효력은 행정행위의 적법성 추정력을 의미(위법성 판단은 취소소송의 본질적 내용이므로 취소소송의 수소법원이 아닌 법원은 행정행위의 위법성을 인정할 수 없다)하므로 위법 여부를 확인할 수 없다는 부정설과 ② 행정소송법 제11조 제1항을 예시적으로 해석하고, 구성요건적 효력은 유효성 통용력을 의미하므로 해당 행정행위의 위법성을 확인할 수 있다는 긍정설이 있다.

2) 판례

계고처분이 위법임을 이유로 손해배상을 청구한 사안에서 행정처분의 취소판결이 있어야만 손해배상을 청구할 수 있는 것은 아니라고 보아 긍정설의 입장을 취하고 있다.

3) 검토

생각건대 민사법원이 위법성을 확인해도 행정행위의 효력을 부정하는 것이 아니므로 긍정설이 타당하며, 소송경제적인 이유와 개인의 권리보호의 관점에서도 타당하다고 볼 것이다.

Ⅲ 사안의 해결

국가배상청구소송에서는 행정행위의 위법성 유무만이 심리대상이 되며, 이를 확인하는 것만으로 권리구제가 가능하다면 국가배상청구소송의 수소법원은 위법성을 확인할 수 있다고 보아야 할 것이다.

⊕ (설문 2)의 해결

Ⅰ 쟁점의 정리

설문은 사업인정취소에 대한 법원의 판결이 확정된 경우, 그 효력이 국가배상청구소송의 수소법원에 미치는지를 묻고 있다. 판결이 확정되면 동일사건에 대한 모순방지를 위한 구속력이 발생되는 바, 이를 살펴보고 국가배상청구소송에서의 수소법원이 행정소송에서의 취소(인용)판결에 구속되는지를 검토한다.

Ⅱ 판결의 효력(기판력)

1. 실질적 확정력(기판력)의 의의 및 취지

기판력이란 ① 판결이 확정된 후(동일 사건이 소송상 문제가 되었을 때) ② 소송당사자는 전소에 반하는 주장을 할 수 없고 ③ 후소법원도 전소에 반하는 판결을 할 수 없는 효력이다. 이는 소송절차의 무용한 반복을 방지하고 법적 안정성을 도모함에 취지가 인정된다.

2. 내용

① 당사자는 동일 소송물을 대상으로 소를 제기할 수 없으며(반복금지효), ② 후소에서 당사자는 전소에 반하는 주장을 할 수 없고, 법원은 전소에 반하는 판결을 할 수 없다(모순금지효).

3. 효력범위

(1) 주관적 범위

취소소송의 기판력은 당사자 및 이와 동일시할 수 있는 승계인과 보조참가자에게만 미치며 제3자에게는 미치지 않는다. 판례는 관계 행정청에도 미치는 것으로 보고 있다(대판 1992.12.8, 92누6891).

(2) 객관적 범위

일반적으로 기판력은 판결의 주문에 포함된 것에 한하여 인정된다(민사소송법 제216조). 다수와 판례는 소송물을 위법성 일반으로 보므로 기판력은 판결의 주문에 적시된 위법성 일반에 한하여 인정된다. 판단 그 자체에만 미치는 것이므로 전소와 후소가 그 소송물을 달리하는 경우에는 기판력이 미치지 않는다.

(3) 시적 범위

기판력은 사실심 변론의 종결시를 기준으로 하여 발생한다. 처분청은 사실심 종결 이전에 주장할 수 있었던 사유를 내세워 확정판결과 저촉되는 처분을 할 수 없고 하여도 무효이다.

Ⅲ 기판력과 국가배상소송

1. 문제소재

취소판결의 위법성에 대한 기판력이 국가배상소송에서 가해행위의 위법성 판단에 영향을 미치는 지가 문제된다(과실책임의 경우에는 행정행위의 위법성이 선결문제가 되므로 취소소송의 판결의 기판력이 국가배상소송에 미치는지 여부가 문제된다).

2. 기판력과 국가배상소송

(1) 학설

① 취소소송에서의 위법과 국가배상소송에서의 위법이 동일한 개념이라고 보는 협의의 행위위 법설에 의하면 취소판결 및 기각판결의 기판력은 국가배상소송에 미친다고 본다(기판력 긍정 설). ② 국가배상청구소송의 위법을 취소소송의 위법과 다른 개념으로 보는 견해(상대적 위법 성설 또는 결과위법설)에 의하면 취소판결의 기판력은 국가배상청구소송에 미치지 않는다고 본다(기판력 부정설). ③ 국가배상청구소송의 위법개념을 취소소송의 위법개념보다 넓은 개념 (광의의 행위위법설)으로 본다면 인용판결의 기판력은 국가배상소송에 미치지만, 기각판결의 기판력은 국가배상소송에 미치지 않는다고 본다(제한적 긍정설).

(2) 검토

국가배상소송에서 취소된 처분 자체가 가해행위가 되는 취소소송의 인용판결의 기판력은 국가 배상소송에 미친다고 보나, 취소된 처분 자체가 가해행위가 아니라 처분에 수반되는 손해방지 의무 위반이 손해의 원인이 되는 경우에는 위법의 대상이 다르므로 처분의 취소판결의 기판력 은 처분에 수반되는 손해방지의무 위반으로 인한 손해에 대한 국가배상청구소송에 미치지 않는 다고 보아야 할 것이다(권리구제 측면에서 제한적 긍정설이 타당하다).

3. 국가배상판결의 취소소송에 대한 기판력

국가배상소송의 처분의 위법 또는 적법의 판단은 취소소송에 기판력을 미치지 아니한다. 국가배상 소송에서의 위법 또는 적법은 기판력이 미치는 소송물이 아니기 때문이다.

Ⅳ 사안의 해결

행정소송과 국가배상청구소송은 각 심급법원을 달리하나, 양 소송에서의 위법성은 동일한 대상을 심리대상으로 한다는 점에서 각 소송의 모순방지를 예방할 필요가 인정된다고 할 것이다. 따라서 권리구제의 길을 넓히는 것이 실질적 법치주의 이념과도 부합하는 바, 국가배상청구소송에서의 위 법성 개념이 행정소송의 위법성 개념보다 넓은 것으로 이해해야 할 것이다. 설문상 취소소송의 인 용판결이 있으므로, 국가배상청구소송의 수소법원은 이를 기초하여 판결해야 할 것이다.

◢ 사례 3

A시는 택지개발사업을 위해 관련 법령에 따른 절차를 거쳐 갑 소유의 토지 등을 취득하고자 갑과 보상에 관하여 협의하였으나 협의가 성립되지 않았다. 이에 A시는 관할 토지수용위원회에 재결을 신청하여 "A시는 갑의 토지를 수용하고, 갑은 그 지상 공작물을 이전한다. A시는 갑에게 보상금 1억원을 지급한다."라는 취지의 재결을 받았다. 그러나 갑은 보상금이 너무 적다는 이유로 보상금 수령을 거절하였다. 그러자 A시는 보상금을 공탁하였고, A시장은 갑에게 보상 절차가 완료되었음을 이유로 위 토지상의 공작물을 이전하고 토지를 인도하라고 명하였다. ▸제52회 사법고시

(1) 갑이 토지수용위원회의 재결에 불복할 경우 적절한 구제수단은? 20점

(2) 갑이 공작물이전명령 및 토지인도명령에 응하지 않을 경우 A시장은 이를 대집행할 수 있는가? 10점

(3) 만약 A시장이 대집행했을 때, 갑이 "위법한 명령에 기초한 대집행으로 말미암아 손해를 입었다." 라고 주장하면서 관할 민사법원에 국가배상청구소송을 제기한다면 민사법원은 위 명령의 위법성을 스스로 심사할 수 있는가? 15점

(4) 갑이 위 명령에 대해 관할 행정법원에 취소소송을 제기하여 청구기각판결을 받아 그 판결이 확정되었더라도 갑은 후소인 국가배상청구소송에서 위 명령의 위법을 주장할 수 있는가? 10점

(설문4)의 해결

Ⅰ 쟁점의 정리

Ⅱ 취소소송의 기판력이 국가배상청구소송에 미치는지 여부

　1. 기판력의 의의

2. 기판력과 국가배상소송

　(1) 문제소재

　(2) 기판력과 국가배상소송

　　1) 학설

　　2) 검토

Ⅲ 사안의 해결

제52회 사법고시

A시는 택지개발사업을 위해 관련 법령에 따른 절차를 거쳐 갑 소유의 토지 등을 취득하고자 갑과 보상에 관하여 협의하였으나 협의가 성립되지 않았다. 이에 A시는 관할 토지수용위원회에 재결을 신청하여 "A시는 갑의 토지를 수용하고, 갑은 그 지상 공작물을 이전한다. A시는 갑에게 보상금 1억원을 지급한다."라는 취지의 재결을 받았다. 그러나 갑은 보상금이 너무 적다는 이유로 보상금 수령을 거절하였다. 그러자 A시는 보상금을 공탁하였고, A시장은 갑에게 보상 절차가 완료되었음을 이유로 위 토지상의 공작물을 이전하고 토지를 인도하라고 명하였다.

(1) 갑이 토지수용위원회의 재결에 불복할 경우 적절한 구제 수단은?

(2) 갑이 공작물이전명령 및 토지인도명령에 응하지 않을 경우 A시장은 이를 대집행할 수 있는가?

(3) 만약 A시장이 대집행했을 때, 갑이 "위법한 명령에 기초한 대집행으로 말미암아 손해를 입었다." 라고 주장하면서 관할 민사법원에 국가배상청구소송을 제기한다면 민사법원은 위 명령의 위법성을 스스로 심사할 수 있는가?

(4) 갑이 위 명령에 대해 관할 행정법원에 취소소송을 제기하여 청구기각판결을 받아 그 판결이 확정되었더라도 갑은 후소인 국가배상청구소송에서 위 명령의 위법을 주장할 수 있는가?

응용 쟁점

제52회 사법고시에서는 ① 보상재결에 대한 불복수단, ② 대집행대상 중 대체적 작위의무의 포섭, ③ 민사소송에서의 선결문제, ④ 취소소송과 국가배상소송에서의 기판력을 물어보았습니다.

제52회 사법고시는 감정평가사 보상법규 문제라고 보아도 손색이 없을 정도입니다. 또한 각 물음의 배점이 작으므로 핵심 논점 위주로 간략하게 답안을 작성해야 할 것입니다.

① 설문 (1)에서는 보상재결 불복과 관련하여 토지보상법 제83조 및 제85조를 얼마나 체계적으로 암기, 정리했느냐가 쟁점입니다.

② 설문 (2)에서는 토지인도의무에 대한 판례요지인 "명도의무는 실력행사가 필요한 것으로 대집행대상이 아니다."를 적시하는 것이 쟁점입니다.

③ 설문 (3)에서는 공정력 및 구성요건적 효력에 의한 선결문제 중 위법성 확인과 관련하여 검토하면 될 것입니다.

④ 설문 (4)에서는 취소소송의 위법성 범위와 국가배상청구소송의 위법성 범위에 따른 기판력 인정 여부를 논하여 갑주장의 타당성을 검토하면 될 것입니다.

⊕ (설문 1)의 해결

Ⅰ 쟁점의 정리

갑은 보상금이 너무 적다는 이유로 보상금의 수령을 거절하고 있으므로, 보상재결에 대하여 불복수단으로 이의신청(토지보상법 제83조) 및 보상금증감청구소송(동법 제85조 제2항)을 제기할 수 있다.

Ⅱ 토지보상법 제83조의 이의신청

1. 의의 및 성격(특별법상 행정심판, 임의주의)

관할 토지수용위원회의 위법, 부당한 재결에 대하여 이의를 신청하는 것으로서 특별법상 행정심판에 해당하며 임의주의 성격을 갖는다. 또한 잔여지취득의 문제는 보상금증액청구의 성격을 갖는다.

2. 요건 및 효과(처분청 경유주의, 기간특례 등)

① 양 당사자는 재결서 정본을 받은 날부터 30일 이내에 처분청을 경유하여 중앙토지수용위원회에 이의를 신청할 수 있다. 판례는 30일의 기간은 수용의 신속을 기하기 위한 것으로 합당하다고 한다. ② 이의신청은 사업의 진행 및 토지의 사용·수용을 정지시키지 아니한다(제88조).

3. 재결(제84조) 및 재결의 효력(제86조)

① 재결이 위법, 부당하다고 인정하는 때에는 재결의 전부, 일부를 취소하거나 보상액을 변경할 수 있다. ② 이의재결이 확정된 경우에는 민사소송법상의 확정판결이 있는 것으로 본다.

4. 사안의 경우

갑은 보상금의 증액을 구하는 이의신청을 원재결서 송달일부터 30일 이내에 중앙토지수용위원회에 제기할 수 있다.

Ⅲ 토지보상법 제85조의 행정소송

1. 소송의 형태

토지보상법 제85조 제1항에서는 항고소송을, 동조 제2항에서는 보상금증감청구소송을 규정하고 있는바 보상금에 대한 불복은 보상금증감청구소송을 제기할 수 있다.

2. 보상금증감청구소송의 의의 및 취지

보상금증감에 대한 소송으로 ① 보상금과 관련된 분쟁의 일회적으로 해결 및 ② 신속한 권리구제에 취지가 있다(재결청을 공동피고에서 제외하여 형식적 당사자소송으로 본다).

3. 소송의 성질

① 형성소송설, 확인, 급부소송설의 견해가 있으나, ② 〈판례〉는 해당 소송을 이의재결에서 정한 보상금이 증액, 변경될 것을 전제로 하여 기업자를 상대로 보상금의 지급을 구하는 확인급부소송으로 보고 있다. ③ 〈생각건대〉 형성소송설은 권력분립에 반할 수 있으며 일회적인 권리구제에 비추어 확인, 급부소송설이 타당하다.

4. 제기요건 및 효과(기간특례, 원처분주의 등)

① 토지보상법 제85조에서는 제34조 재결을 규정하므로 원처분을 대상으로, ② 재결서 정본 송달일로부터 90일 또는 60일(이의재결을 거친 경우) 이내에, ③ 양 당사자는 각각을 피고로 하여, ④ 관할법원에 소를 제기할 수 있다.

5. 심리범위 및 판결

① 손실보상의 지급방법(채권보상 여부 포함), ② 손실보상액의 범위, 보상액과 관련한 보상면적 등은 심리범위에 해당한다. 판례는 ③ 지연손해금, 잔여지수용 여부, 보상항목 간 유용도 심리범위에 해당한다고 본다.
또한 법원이 직접보상금을 결정하며 중앙토지수용위원회는 별도의 처분을 할 필요가 없다.

6. 사안의 경우

갑은 수용재결서를 받은 날부터 90일 이내에, 이의신청을 제기한 경우는 이의재결서를 송달받는 날부터 60일 이내에 사업시행자를 피고로 하여 보상금증액청구소송을 제기할 수 있다.

Ⅳ 사안의 해결

갑은 토지수용위원회의 재결에 대하여 이의신청을 하고 이의재결에 대해서도 불복이 있는 경우 보상금증액청구소송을 제기할 수 있고, 이의신청을 하지 않고 바로 보상금증액청구소송을 제기할 수도 있다.

⊕ (설문 2)의 해결

Ⅰ 쟁점의 정리

대집행이란 공법상 대체적 작위의무의 불이행시 행정청이 그 의무를 스스로 행하거나 제3자로 하여금 행하게 하고 의무자로부터 비용을 징수하는 것으로 토지보상법 제89조에서 규정하고 있으며, 설문에서는 공작물이전 및 토지인도가 대집행대상인지가 문제된다.

Ⅱ 행정대집행의 요건

1. 대집행의 요건

토지보상법 제89조에서는 의무불이행 등을 규정하고 있으며, 대집행법 제2조에서는 ① 대체적 작위의무의 불이행, ② 다른 수단으로의 이행확보 곤란, ③ 그 불이행의 방치가 심히 공익을 해할 것을 규정하고 있다. 설문에서는 대체적 작위의무인지가 문제된다.

2. 공작물이전 및 토지인도의무가 대체적 작위의무인지

(1) 대체적 작위의무의 의의

대체적 작위의무란 대집행의 대상이 되는 의무로서 타인이 대신하여 행할 수 있는 행위가 부과된 의무를 말한다. 타인이 대신하여 행할 수 없는 행위는 대집행의 대상이 되지 않는다.

(2) 공작물이전의무

공작물이전의무는 제3자가 대신 이행할 수 있는 대체적 작위의무에 해당한다.

(3) 토지인도의무

토지인도의무는 비대체적 작위의무인데 토지보상법 제89조에서는 이 법에 의한 의무로 규정하는 바, 토지보상법 제89조 규정을 대집행법의 특례규정으로 보아 대집행을 실행할 수 있는지가 문제된다.

〈판례〉는 토지보상법 제89조의 '인도'에는 명도도 포함되는 것으로 보아야 하고, 이러한 명도의무는 그것을 강제적으로 실현하면서 직접적인 실력행사가 필요한 것이지 대체적 작위의무라고 볼 수 없으므로 특별한 사정이 없는 한 행정대집행법에 의한 대집행의 대상이 될 수 있는 것은 아니라고 판시한 바 있다.

Ⅲ 사안의 해결

A시장의 공작물이전명령에 갑이 응하지 않는 경우 A시장은 이에 대해서는 대집행을 할 수 있으나, 토지인도명령에 갑이 응하지 않는 경우에는 특별한 사정이 없는 한 대집행의 대상이 아니므로 이에 대해서는 대집행을 할 수 없다.

⊕ **(설문 3)의 해결**

Ⅰ 쟁점의 정리

국가배상청구소송은 처분 등을 원인으로 하는 법률관계에 관한 소송으로서 당사자소송으로 보는 것이 타당하나 실무에서는 민사소송으로 다루고 있다. 행정행위의 위법성 여부가 국가배상청구소송의 선결문제가 되는 경우에 민사법원이 이를 심사할 수 있는지 여부가 행정행위의 구성요건적 효력과 관련하여 문제된다.

Ⅱ 구성요건적 효력과 선결문제

1. 구성요건적 효력의 의의

수소법원 이외의 다른 법원이나 제3의 국가기관은 처분청에 의하여 유효한 행정행위가 발급되었다는 사실을 존중하여야 하며 이러한 행정행위를 그들의 결정에 기초하여야 한다는 구속력을 구성요건적 효력이라고 한다. 이는 국가기관의 상호존중에 근거를 둔다.

2. 구성요건적 효력과 선결문제

민사재판에 있어서 어떤 특정한 행정행위의 위법 여부 또는 효력 유무가 그 사건 해결에 있어서의 선결문제가 되는 경우에, 해당 사건을 맡은 법원이 그에 관해 스스로 심리, 판단할 수 있는지에 관한 문제가 발생한다. 공정력은 행정행위의 상대방에 대한 구속력이며 제3자에 대한 구속력은 구성요건적 효력으로 봄이 타당하므로 이하에서는 선결문제를 구성요건적 효력과 관련하여 해결한다.

3. 민사법원이 위법성을 심사할 수 있는지 여부

(1) 문제점

행정행위가 무효인 경우에는 공정력 및 구성요건적 효력이 발생되지 않기 때문에 민사법원은 당연히 그 위법성을 심사할 수 있지만(행정소송법 제11조), 취소사유에 지나지 않는 경우에는 그 위법성 심사가능성이 문제된다.

(2) 학설

① 행정소송법 제11조 제1항을 제한적으로 해석하고, 구성요건적 효력은 행정행위의 적법성 추정력을 의미하므로 부정하는 견해, ② 행정소송법 제11조 제1항을 예시적으로 해석하고, 구성요건적 효력은 유효성 통용력을 의미하므로 긍정하는 견해가 있다.

(3) 판례

계고처분이 위법임을 이유로 손해배상을 청구한 사안에서 행정처분의 취소판결이 있어야만 손해배상을 청구할 수 있는 것은 아니라고 보아 긍정설의 입장을 취하고 있다.

(4) 검토

생각건대 민사법원이 위법성을 확인해도 행정행위의 효력을 부정하는 것이 아니므로 긍정설이 타당하며, 소송경제적인 이유와 개인의 권리보호의 관점에서도 타당하다고 볼 것이다.

Ⅲ 사안의 해결

국가배상청구소송을 제기 받은 관할 민사법원은 공작물이전명령 및 토지이전명령의 위법여부를 심사할 수 있다.

⊕ (설문 4)의 해결

Ⅰ 쟁점의 정리

전소인 취소소송이 청구기각판결을 받아 확정된 경우에도 후소인 국가배상청구소송에서 갑에 대한 명령의 위법을 주장할 수 있는가는 취소소송의 기판력이 후소인 국가배상청구소송에 미치는지의 문제이다.

Ⅱ 취소소송의 기판력이 국가배상청구소송에 미치는지 여부

1. 기판력의 의의

기판력이란 ① 판결이 확정된 후(동일 사건이 소송상 문제가 되었을 때), ② 소송당사자는 전소에 반하는 주장을 할 수 없고, ③ 후소법원도 전소에 반하는 판결을 할 수 없는 효력이다. 이는 소송절차의 무용한 반복을 방지하고 법적 안정성을 도모함에 취지가 인정된다.

2. 기판력과 국가배상소송

(1) 문제소재

취소판결의 위법성에 대한 기판력이 국가배상소송에서 가해행위의 위법성 판단에 미치는가 하는 문제로 제기된다.

(2) 기판력과 국가배상소송

1) 학설

① 〈기판력 긍정설〉은 국가배상청구소송의 위법성 판단과 관련하여 협의의 행위위법설을 취할 경우 양 소송의 위법성을 동일하게 보므로 취소소송판결의 기판력은 국가배상소송에 미친다고 본다. ② 〈기판력 부정설〉은 결과불법설 또는 상대적 위법성설을 취할 경우 양

소송의 위법성 개념은 상이하므로 기판력이 미치지 않는다고 본다. ③ 〈제한적 긍정설〉은 국가배상법의 위법개념을 넓게 본다면 인용판결의 경우는 기판력이 미친다고 본다.

2) 검토

국가배상의 위법성에는 행위의 태양도 포함되는 것으로 보는 것이 타당하므로 국가배상의 위법성 범위가 취소소송에서의 그것보다도 넓다고 보는 것이 권리구제에 유리하므로 제한적 긍정설이 타당하다.

Ⅲ 사안의 해결

갑이 제기한 취소소송에서 기각판결을 받은 경우 갑은 국가배상청구소송에서 (행위의 법위반을 주장할 수 없다 하더라도) 행위의 태양 등 손해방지의무 위반을 주장할 수는 있을 것이다.

사례 4

감정평가법인 갑은 불공정한 감정평가를 할 우려가 있는 토지에 대한 감정평가를 한 사실이 발각되어, 국토교통부장관으로부터 3,000만원의 과징금 납부명령을 받아 과징금을 부과하였다. 40점

(1) 갑은 과징금 부과시 자신에게 의견진술기회를 부여하지 않은 것은 절차상 하자에 해당된다고 판단하고, 국가를 상대로 과징금의 반환을 구하는 소송을 제기하였다. 이에 대하여 법원은 어떠한 판결을 하여야 하는가?

(2) 만약 갑이 과징금 부과의 절차상 하자를 이유로 과징금의 반환을 구하는 소송을 제기하지 않고 무효등확인소송을 제기하였다면 갑이 제기한 소송은 적법한가?

Ⅰ 쟁점의 정리

1. (설문 1)의 해결을 위해, ① 과징금 반환을 구하는 부당이득반환청구소송에서의 법원의 판결내용과 관련하여 전제문제로서 의견진술기회를 부여하지 않은 것이 절차상 하자에 해당되는지, ② 절차상

하자에 해당된다면 독자적인 위법성 사유로 인정되는지, ③ 독자성이 인정되는 경우 하자의 정도를 검토한다. ④ 또한 구체적인 법원의 판결내용과 관련하여 선결문제로서 공정력 또는 구성요건적 효력과 관련하여 위법한 처분의 효력을 부인하여 부당이득반환청구소송의 인용판결을 할 수 있는지 검토한다.

2. (설문 2)의 경우, 부당이득반환청구소송을 제기함이 없이 무효등확인소송을 제기한 경우 '확인의 이익'이 필요한지를 중심으로 소제기의 적법성을 검토한다.

Ⅱ 관련되는 행위의 법적 성질(과징금 부과처분의 법적 성질)

1. 과징금의 의의 및 구별개념

과징금은 행정법상 의무위반 행위로 얻은 경제적 이익을 박탈하기 위한 금전상 제재금을 말한다. 과징금은 의무이행의 확보수단으로써 가해진다는 점에서 의무위반에 대한 벌인 과태료와 구별된다.

2. 감정평가법상 과징금의 의미(변형된 의미의 과징금) 및 취지

감정평가법상 과징금은 계속적인 공적업무수행을 위하여 업무정지처분에 갈음하여 부과되는 것으로 변형된 과징금에 속한다. 이는 인허가 철회나 정지처분으로 인해 발생하는 국민생활 불편이나 공익을 고려함에 취지가 인정된다.

3. 법적 성질

과징금 부과는 금전상의 급부를 명하는 급부하명으로서 처분에 해당한다. 또한 "할 수 있다."라는 규정에 비추어 재량행위로 판단된다.

Ⅲ 과징금 부과처분의 위법성 및 정도

1. 의견진술기회를 부여하지 않은 것이 절차상 하자인지

(1) 행정절차법 제22조 제3항

행정절차법 제22조에서는 처분의 상대방에게 의무를 과하거나 권익을 제한하는 처분을 하는 경우에는 반드시 의견제출절차를 거치도록 규정하고 있다. 이는 의견제출절차를 생략해도 되는 예외적인 경우가 아니라면 국민의 권익구제를 위하여 반드시 지켜야 하는 필수적 절차이다.

(2) 사안의 경우

감정평가법에서는 과징금 부과시 의견진술과 관련된 규정이 없으므로 일반행정절차법이 적용될 것이며, 사안에서는 의견진술을 생략해도 되는 예외적인 사유가 없는 바, 이의 생략은 절차상 하자를 구성한다고 할 것이다.

2. 절차상 하자의 독자적 위법성 인정논의

(1) 문제점

법원은 취소소송의 대상이 된 처분이 절차상 위법한 경우 해당 처분의 실체법상의 위법 여부를 따지지 않고 또는 실체법상 적법함에도 불구하고 절차상의 위법만을 이유로 취소 또는 무효확인할 수 있는지 문제된다.

(2) 학설

① 적법절차의 보장 관점에서 독자적 위법사유가 되며, 특히 행정소송법 제30조 제3항에서 절차하자로 인한 취소의 경우에도 기속력을 인정한다는 점을 논거로 하는 긍정설과 ② 절차는 수단에 불과하며, 적법한 절차를 거친 동일한 처분을 다시 받게 되어 행정경제상 불합리하다는 점을 논거로 하는 부정설이 대립한다. ③ 또한 기속, 재량을 구분하는 절충설이 있다.

(3) 판례

대법원은 ① 기속행위인 과세처분에서 이유부기 하자를, ② 재량행위인 영업정지처분에서 청문절차를 결여한 것은 절차적 하자를 구성한다고 판시한 바 있다.

(4) 검토

생각건대 내용상 하자만큼 절차적 적법성을 지키는 것이 필요하며, 현행 행정소송법 제30조 제3항에서 절차하자로 인한 취소의 경우에도 기속력을 준용하고 있으므로 독자적 위법사유가 된다고 보는 긍정설이 타당하다.

3. 하자의 정도

절차하자의 위법성 정도에 대하여 다수견해는 절차규정이 당사자의 이해조정 및 권익보장을 위한 경우는 무효이나, 단순한 행정편의 목적의 절차인 경우는 취소사유로 보고 있다. 판례는 절차하자를 취소사유로 보는 것이 일반적이며, 설문에서 중대·명백설에 따를 때 의견진술기회를 생략한 것은 중요법규 위반으로 볼 수 있으나 외관상 명백하지 않으므로 취소사유라 판단된다.

Ⅳ 과징금반환청구소송에서의 법원의 판결(설문 1의 해결)

1. 선결문제 논의

선결문제는 소송의 본안사건 판단을 위해 필수적인 전제로 되는 문제를 말하며, 민사법원이나 형사법원이 행정행위의 위법성이나 무효 여부나 부존재 등을 심리할 수 있는가 하는 문제로서 나타나게 된다.

2. 공정력과 구성요건적 효력

구성요건적 효력이란 유효한 행정행위가 존재하는 한, 모든 행정기관과 법원은 그 행정행위와 관련된 자신들의 결정에 해당 행위의 존재와 효과를 인정해야 하고 그 내용에 구속되는데, 이와 같은 구속력을 구성요건적 효력이라고 한다. 공정력은 행정행위의 상대방에 대한 구속력을 말하는데, 제3자에 대한 구속력은 구성요건적 효력과 관련되므로 이하에서는 이를 적용한다.

3. 민사법원의 심리범위

(1) 문제점

행정소송법 제11조에서는 처분 등의 효력 유무 또는 존재 여부는 민사소송의 수소법원이 이를 심리·판단할 수 있다고 규정하나, 단순 위법인 경우는 명문의 규정이 없는 바 학설, 판례의 검토가 필요하다.

(2) 행정행위의 효력을 부인해야 하는 경우

1) 학설

이때에 선결문제로서 위법한 행정행위의 효력 자체를 부인할 수 있는가의 여부가 제기될 때에는 해당 민사 또는 형사법원은 이를 선결문제로서 심리할 수 없다고 보는 것이 일반적이다.

2) 판례

판례도 조세금반환청구소송과 관련하여 "과세처분의 하자가 취소할 수 있는 정도에 불과할 때에는 과세관청이 이를 스스로 취소하거나 항고소송절차에 의하여 취소되지 않는 한 그로 인한 조세의 납부가 부당이득이 된다고 할 수 없다."라고 하여 효력부인을 부정하고 있다.

(3) 행정행위의 위법성 확인이 문제인 경우

1) 학설

① 행정소송법 제11조 제1항을 제한적으로 해석하고, 구성요건적 효력은 행정행위의 적법성 추정력을 의미하므로 부정하는 견해와 ② 행정소송법 제11조 제1항을 예시적으로 해석하고, 구성요건적 효력은 유효성 통용력을 의미한다고 하여 긍정하는 견해가 있다.

2) 판례

계고처분이 위법임을 이유로 손해배상을 청구한 사안에서 행정처분의 취소판결이 있어야만 손해배상을 청구할 수 있는 것은 아니라고 보아 긍정설의 입장을 취하고 있다.

3) 검토

생각건대 민사법원이 위법성을 확인해도 행정행위의 효력을 부정하는 것이 아니므로 긍정설이 타당하며, 소송경제적인 이유와 개인의 권리보호의 관점에서도 타당하다고 볼 것이다.

4. 사안의 경우

설문에서는 과징금 부과처분에 취소사유의 하자가 존재하므로 국토교통부장관에 의하여 취소되지 않는 한, 구성요건적 효력이 발생하여 법원은 과징금 부과처분이 유효함을 전제로 판결하여야 한다. 따라서 부당이득반환청구소송에서 부당이득이 성립되지 않으므로 법원은 기각판결을 하여야 한다.

Ⓥ 무효등확인소송 제기의 적법성(설문 2의 해결)

1. 문제점

행정소송법 제35조에서는 확인을 구할 법률상 이익을 요구하고 있는데, 민사소송에서와 같이 확인의 이익이 필요한지 견해의 대립이 있다.

2. 확인의 이익이 필요한지 여부

(1) 확인의 이익의 의미(확인소송의 보충성)

확인의 이익이란 확인소송은 확인판결을 받는 것이 원고의 권리구제에 유효적절한 수단인 경우에만 인정된다는 것이다. 확인소송은 보다 실효적인 구제수단이 가능하면 인정되지 않는데 이를 확인소송의 보충성이라고 한다.

(2) 견해의 대립

① 즉시확정이익설(필요설)은 무효등확인소송이 확인소송이므로 확인의 이익이 필요하다고 본다. ② 법적보호이익설(불요설)은 무효등확인소송은 확인판결 자체로 기속력이 인정되므로 권리구제가 가능하고, 민사소송과는 목적을 달리하므로 확인의 이익이 불필요하다고 본다.

(3) 판례

종전 판례는 확인소송의 보충성을 요구하였으나, 최근 판례는 ① 행정소송은 민사소송과 목적, 취지, 기능을 달리하고, ② 확정판결의 기속력으로 판결의 실효성을 확보할 수 있고, ③ 보충성규정의 명문규정이 없으며, ④ 행정처분의 근거법률에 의하여 보호되는 구체적, 직접적 이익이 있는 경우에는 무효확인을 구할 법률상 이익이 있다고 보아야 한다고 하여 보충성이 요구되지 않는다고 판시했다.

(4) 검토

②, ④ 등을 고려할 때 확인의 이익이 요구되지 않는다고 본다. 따라서 사안마다 개별, 직접적인 이익이 있는지를 검토해야 할 것이다.

3. 사안의 경우

설문상 과징금 부과처분은 금전납부 하명으로서 대상적격이 인정되고, 갑은 무효등확인소송을 제기하여 납부된 과징금을 환급받을 법률상 이익이 있으며, 기타 제소기간이나 관할 등의 소송요건은 설문상 문제되지 않는 것으로 보인다. 따라서 갑의 무효등확인소송 제기는 적법하다.

Ⅵ 사안의 해결

1. 설문 (1)에서 의견진술기회를 부여하지 않은 절차하자의 독자성이 인정되나 취소사유이므로, 민사법원은 이의 효력을 부인할 수 없으므로 기각판결을 할 것이다.

2. 설문 (2)에서 무효등확인소송에서는 민사소송과 달리 확인의 이익을 요구하지 않는다는 최신 판례의 견해에 따를 때, 갑은 무효등확인소송의 제요건을 갖춘바 이의 제기는 적법하다.

🔴 **사례 5**

국토교통부장관은 파주시의 자연환경을 보호하고 무분별한 개발을 방지하고자 갑의 농지를 포함한 일대를 개발제한구역으로 지정하였다. 그 후 갑은 적법한 절차를 거쳐 농지를 대지로 형질변경하여 농가주택을 건축하였다. 그런데 파주시장 을은, 갑의 토지형질변경이 허가 내용에 반하지 않음에도 허가의 내용과 다르다는 이유로 원상복구 시정명령을 내렸다. 이에 갑은 위 명령을 이행하지 않아 시정명령불이행을 공소사실로 형사법원에 기소되었다. 이 경우 법원은 어떠한 판결을 하여야 하는가? [20점]

Ⅰ 쟁점의 정리

설문은 시정명령불이행으로 기소된 갑에 대한 법원의 판단(선결문제)과 관련된 사안이다. 사안의 해결을 위하여 형사법원이 시정명령의 위법성을 심리할 수 있는지를 구성요건적 효력(공정력)과 관련하여 검토한다.

Ⅱ 시정명령의 위법성 및 하자의 정도

1. 시정명령의 위법성 여부

을은 갑의 토지형질변경이 허가 내용에 반하지 않음에도 불구하고, 허가 내용에 반한다는 이유로 원상복구 명령을 내렸으므로, 해당 시정명령은 사실오인에 기인한 하자가 존재한다.

2. 하자의 정도

(1) 무효와 취소의 구별기준

학설은 중대성설, 중대·명백성설, 명백성보충성설, 구체적 이익형량설 등의 대립이 있으나,

통설 및 판례는 하자가 중대하고 명백한 경우에 무효인 행정행위가 되며, 그 밖의 경우에는 취소할 수 있는 행정행위로 본다.

(2) 사안의 경우

중대·명백설에 의할 때, 허가 내용에 반하지 않음에도 시정명령을 한 하자는 중대하나, 외관상 허가받은 내용에 반하는 토지의 형질변경에 해당하는지를 명백하게 구분할 수는 없으므로 일반인의 관점에서 명백하지 않을 수 있다는 점에서 시정명령의 위반사유는 취소사유로 판단된다.

Ⅲ 형사법원의 위법성 심사가능성

1. 선결문제 논의

선결문제는 소송의 본안사건 판단을 위해 필수적인 전제로 되는 문제를 말하며, 민사법원이나 형사법원이 행정행위의 위법성이나 무효 여부나 부존재 등을 심리할 수 있는가 하는 문제로서 나타나게 된다.

2. 공정력과 구성요건적 효력

구성요건적 효력이란 유효한 행정행위가 존재하는 한, 모든 행정기관과 법원은 그 행정행위와 관련된 자신들의 결정에 해당 행위의 존재와 효과를 인정해야 하고 그 내용에 구속되는데, 이와 같은 구속력을 구성요건적 효력이라고 한다. 공정력은 행정행위의 상대방에 대한 구속력을 말하는데, 제3자에 대한 구속력은 구성요건적 효력과 관련되므로 이하에서는 이를 적용한다.

3. 형사법원의 심리범위

(1) 문제점

행정소송법 제11조에서는 처분 등의 효력 유무 또는 존재 여부는 민사소송의 수소법원이 이를 심리·판단할 수 있다고 규정하나, 단순 위법인 경우는 명문의 규정이 없는 바 학설, 판례의 검토가 필요하다.

(2) 행정행위의 효력을 부인해야 하는 경우

이때에 선결문제로서 위법한 행정행위의 효력 자체를 부인할 수 있는가의 여부가 제기될 때에는 해당 민사 또는 형사법원은 이를 선결문제로서 심리할 수 없다고 보는 것이 일반적이다. 일설은 인권보장을 위하여 행정행위의 효력을 부인할 수 있다고 본다.

(3) 행정행위의 위법성 확인이 문제인 경우

1) 학설

① 행정소송법 제11조 제1항을 제한적으로 해석하고, 구성요건적 효력은 행정행위의 적법성 추정력을 의미하므로 부정하는 견해와 ② 행정소송법 제11조 제1항을 예시적으로 해석하고, 구성요건적 효력은 유효성 통용력을 의미한다고 하여 긍정하는 견해가 있다.

2) 판례

대법원은 '토지소유자가 아닌 임차인이 토지소유자의 동의도 없이 불법형질변경을 하였는데도 구청장이 토지소유자에게 원상복구의 시정명령을 하여 이를 불이행함으로서 토지소유자가 기소된 사안에서, 토지의 형질을 변경한 자도 아닌 자에 대한 원상복구의 시정명령은 위법하다고 할 것이다.'고 하여 선결문제로서 위법확인이 가능하다고 본다.

3) 검토

생각건대 형사법원이 위법성을 확인해도 행정행위의 효력을 부정하는 것이 아니므로 긍정설이 타당하며, 소송경제적인 이유와 개인의 권리보호의 관점에서도 타당하다고 볼 것이다.

Ⅳ 사안의 해결

사안에서 형사법원은 시정명령의 위법성을 심리할 수 있으며, 위법한 시정명령의 불이행을 범죄구성요소로 볼 수 없으므로 형사법원은 무죄판결을 선고해야 할 것이다.

◢ 사례 6

갑은 서초구 방배동 204-1(전, 400제곱미터), 205-1번지(임야, 1,000제곱미터)를 소유하고 있었다. 1986.1.24. 204-1번지에 2층 규모의 무허가건물(주거용, 건폐율 20%)을 건축하였고, 205-1번지는 을에게 임대하였다. 을은 3층 규모의(샌드위치판넬조, 판넬지붕) 공장을 건축할 계획으로 해당 임야를 대지로(관계법령의 적법한 허가 없이) 형질변경을 하였다. 그 후, 2013.1.7. 갑소유의 토지 2필지가 도로사업 부지로 수용되면서 204-1번지는 2억('전' 기준), 205-1번지는 1억('임야' 기준)으로 보상금이 결정되었다.

국토교통부장관이 도로사업의 원활한 시행을 위하여 갑에게 205-1번지를 원상복구하도록 시정명령을 하였으나 갑은 불법형질변경은 자신이 아닌 을이 시행한 것이므로 자신은 원상복구 명령을 이행할 이유가 없음을 이유로 아무런 조치를 취하지 아니하고 있다. 국토교통부장관이 해당 시정명령의 불이행을 이유로 갑을 서울형사지방법원에 기소한 경우, 형사법원은 갑에게 어떠한 판결을 하여야 하는가? 20점

Ⅰ 쟁점의 정리

Ⅱ 형사법원이 시정명령의 위법성을 심사할 수 있는지 여부

  1. 선결문제의 의의

  2. 공정력과 구성요건적 효력

    (1) 공정력

    (2) 구성요건적 효력

    (3) 검토

  3. 형사사건과 선결문제

    (1) 행정행위의 효력 유무가 쟁점인 경우

      1) 학설

      2) 판례

      3) 검토

    (2) 행정행위의 위법 여부가 쟁점인 경우

      1) 학설

      2) 판례

      3) 검토

Ⅲ 사안의 해결(법원의 판결)

Ⅰ 쟁점의 정리

형사법원이 갑에게 유죄를 선고하기 위해서는 갑에게 '시정명령 불이행'이라는 위법성이 인정되어야 한다. 시정명령은 불법형질변경의 당사자인 을에게 행해져야 하나 불법형질변경의 당사자가 아닌 갑에게 행해진 것은 위법하다고 할 것이다. 따라서 형사법원이 시정명령의 위법성을 심리할 수 있는지 여부에 따라서 결과가 달라질 것이므로, 형사법원이 시정명령의 위법성을 심사할 수 있는지(선결문제)를 검토하여 설문을 해결한다.

Ⅲ 형사법원이 시정명령의 위법성을 심사할 수 있는지 여부

1. 선결문제의 의의

선결문제란 소송에서 본안판단을 함에 있어서 그 해결이 필수적으로 전제가 되는 법문제를 말한다. 행정소송법 제11조에서는 민사법원은 처분 등의 효력 유무 및 존재 여부를 심사할 수 있다고 규정하고 있으나, 단순위법인 경우에 대해서는 규정하고 있지 않으므로 민사법원 또는 형사법원이 선결문제로서 행정행위의 위법 또는 유효 여부를 판단하거나 행정행위의 효력을 부인할 수 있는지가 문제된다.

2. 공정력과 구성요건적 효력

(1) 공정력

행정행위는 당연무효가 아닌 한 권한을 가진 기관에 의해 취소될 때까지, 행위의 상대방이나 제3자가 그 효력을 부인할 수 없는 일종의 구속력을 발생시키는 것을 말한다.

(2) 구성요건적 효력

유효한 행정행위가 존재하는 한, 모든 행정기관과 법원은 그 행정행위와 관련된 자신들의 결정에 해당 행위의 존재와 효과를 인정해야 하고 그 내용에 구속되는데, 이와 같은 구속력을 구성요건적 효력이라고 한다.

(3) 검토

공정력은 행정행위의 상대방에 대한 구속력이며 제3자에 대한 구속력은 구성요건적 효력으로 봄이 타당하므로 이하에서는 선결문제를 구성요건적 효력과 관련하여 해결한다.

> 공정력과 선결문제의 관계의 문제는 종래의 통설에 의해 공정력의 대상이 행정행위의 상대방뿐만 아니라 국가기관도 된다고 보는 경우에 제기된다. 따라서 공정력과 구성요건적 효력을 구분하는 견해에 의하면 민사법원과 형사법원에서의 선결문제는 구성요건적 효력과 관련이 있으므로 구성요건적 효력과 관련하여 논하기로 한다.

3. 형사사건과 선결문제

(1) 행정행위의 효력 유무가 쟁점인 경우

행정행위의 위법성이 무효인 경우에는 이의 효력을 부인할 수 있으나, 취소사유인 경우에도 이의 효력을 부인할 수 있는지가 문제된다.

1) 학설

① 다수설은 형사법원은 해당 행정행위의 구성요건적 효력으로 인해 효력을 부인할 수 없다고 하나, ② 일설은 피고인의 인권보장이 고려되어야 하고 신속한 재판을 받을 권리가

보장되어야 한다는 형사소송의 특수성을 이유로 형사재판에서는 구성요건적 효력이 미치지 않는다고 본다.

2) 판례

미성년자라서 결격자인 피고인의 운전면허는 당연무효가 아니고, 취소가 되지 않는 한 유효하므로 무면허운전에 해당하지 않는다고 하여 부정설의 입장이다.

3) 검토

명문의 규정이 없는 한 인권보장을 위하여 형사법원이 위법한 행정행위의 효력을 부인하고 범죄의 성립을 부인할 수 있는 것으로 보는 것이 타당하므로 긍정설이 타당하다.

(2) 행정행위의 위법 여부가 쟁점인 경우

1) 학설

① 행정소송법 제11조 제1항을 제한적으로 해석하고, 구성요건적 효력은 행정행위의 적법성 추정력을 의미(위법성 판단은 취소소송의 본질적 내용이므로 취소소송의 수소법원이 아닌 법원은 행정행위의 위법성을 인정할 수 없다)하므로 위법 여부를 확인할 수 없다는 부정설과 ② 행정소송법 제11조 제1항을 예시적으로 해석하고, 구성요건적 효력은 유효성 통용력을 의미하므로 해당 행정행위의 위법성을 확인할 수 있다는 긍정설이 있다.

2) 판례

토지를 형질변경한 자도 아닌 자에 대한 원상복구의 시정명령은 위법하다 할 것이고 그 처분이 당연무효가 아니라 하더라도 그것이 위법한 처분으로 인정되는 한 (구)도시계획법 위반죄가 성립될 수 없다고 판시한 바 있다(대판 1992.8.18, 90도1709).

3) 검토

국민의 권리구제 측면에서 행정행위의 위법성을 확인하는 것은 행정행위의 효력을 부인하는 것은 아니므로 구성요건적 효력에 반하지 않는다고 보는 것이 타당하다.

Ⅲ 사안의 해결(법원의 판결)

갑소유 토지의 형질을 무단으로 변경한 자는 갑이 아니라 갑으로부터 토지를 임차한 을임에도 불구하고 그 형질을 변경한 자도 아닌 갑에 대하여 발하여진 시정명령은 위법하다 할 것이다. 형사법원은 이러한 위법성을 심사할 수 있으므로, 갑이 위법한 위 시정명령을 따르지 않았다고 하여 처벌할 수는 없다 할 것이므로 무죄판결을 내릴 것이다.

PART・06

🔷 사례 7

감정평가사 을은 적법한 건축물에 사무소를 개업하였으나, A시장은 해당 건물은 무허가건축물이므로 이의 철거를 명하였다. 이에 따르지 않자 A시장은 대집행을 실행하여 해당 건물을 철거하였다. 갑이 "위법한 대집행으로 말미암아 손해를 입었다."라고 주장하면서 관할 민사법원에 국가배상청구소송을 제기한다면 민사법원은 위 명령의 위법성을 스스로 심사할 수 있는가? 25점

Ⅰ 쟁점의 정리

Ⅱ 구성요건적 효력과 선결문제
  1. 선결문제의 의의
  2. 공정력과 구성요건적 효력
    (1) 공정력
    (2) 구성요건적 효력
    (3) 검토

  3. 민사사건과 선결문제
    (1) 행정행위의 효력 유무가 쟁점인 경우
    (2) 행정행위의 위법 여부가 쟁점인 경우
      1) 학설
      2) 판례
      3) 검토

Ⅲ 사안의 해결

Ⅰ 쟁점의 정리

국가배상청구소송은 처분 등을 원인으로 하는 법률관계에 관한 소송으로서 당사자소송으로 보는 것이 타당하나 실무에서는 민사소송으로 다루고 있다. 행정행위의 위법성 여부가 국가배상청구소송의 선결문제가 되는 경우에 민사법원이 이를 심사할 수 있는지 여부가 행정행위의 구성요건적 효력과 관련하여 문제된다.

Ⅱ 구성요건적 효력과 선결문제

1. 선결문제의 의의

선결문제란 처분 등의 효력 유무 또는 위법 유무가 판결의 전제가 되는 문제이다.

2. 공정력과 구성요건적 효력

  (1) 공정력

    행정행위는 당연무효가 아닌 한 권한을 가진 기관에 의해 취소될 때까지, 행위의 상대방이나 제3자가 그 효력을 부인할 수 없는 일종의 구속력을 발생시키는 것을 말한다.

  (2) 구성요건적 효력

    유효한 행정행위가 존재하는 한, 모든 행정기관과 법원은 그 행정행위와 관련된 자신들의 결정

에 해당 행위의 존재와 효과를 인정해야 하고, 그 내용에 구속되는데 이와 같은 구속력을 구성요건적 효력이라고 한다.

(3) 검토

공정력은 행정행위의 상대방에 대한 구속력이며 제3자에 대한 구속력은 구성요건적 효력으로 봄이 타당하므로 이하에서는 선결문제를 구성요건적 효력과 관련하여 해결한다.

3. 민사사건과 선결문제

(1) 행정행위의 효력 유무가 쟁점인 경우(부당이득반환청구소송의 경우)

① 무효인 행정행위는 구성요건적 효력이 없기 때문에 민사법원은 선결문제가 무효임을 전제로 본안을 판단할 수 있다는 것이 학설과 판례의 입장이다. ② 그러나 단순위법인 경우에는 민사법원은 행정행위의 구성요건적 효력으로 인해 행정행위의 효력을 부인할 수 없다고 본다.

(2) 행정행위의 위법 여부가 쟁점인 경우(국가배상청구소송의 경우)

1) 학설

① 부정설

행정소송법 제11조 제1항을 제한적으로 해석하고, 구성요건적 효력은 행정행위의 적법성 추정력을 의미(위법성 판단은 취소소송의 본질적 내용이므로 취소소송의 수소법원이 아닌 법원은 행정행위의 위법성을 인정할 수 없다)하므로 위법 여부를 확인할 수 없다는 부정설이 있다.

② 긍정설

행정소송법 제11조 제1항을 예시적으로 해석하고, 구성요건적 효력은 유효성 통용력을 의미하므로 해당 행정행위의 위법성을 확인할 수 있다는 긍정설이 있다.

2) 판례

계고처분이 위법임을 이유로 손해배상을 청구한 사안에서 행정처분의 취소판결이 있어야만 손해배상을 청구할 수 있는 것은 아니라고 보아 긍정설의 입장을 취하고 있다(대판 1972.4.28, 72다337).

3) 검토

생각건대 민사법원이 위법성을 확인해도 행정행위의 효력을 부정하는 것이 아니므로 긍정설이 타당하며, 소송경제적인 이유와 개인의 권리보호의 관점에서도 타당하다고 볼 것이다.

Ⅲ 사안의 해결

국가배상청구소송은 처분의 효력부인을 전제로 하는 것이 아니며, 대집행실행의 위법성을 확인한다 하여도 처분청의 권한을 침해하는 등의 문제는 발생하지 않으므로 민사법원은 해당 대집행실행의 위법성을 스스로 심사할 수 있을 것이다.

사례 8

사업시행자가 토지보상법상 수용재결을 거쳐 사업시행에 방해가 되는 지장물인 수목에 관하여 같은 법 제75조 제1항 단서 제1호에 따라 수목의 가격으로 보상하였으나, 수목소유자가 같은 법 제43조에 의한 지장물 이전의무를 이행하지 않고 있다. 이에 관할 행정청은 이전명령을 행하였으나 이 역시 이행하지 않아 형사법원에 기소하였다. 수목소유자는 인도이전의무를 부담하는가? 형사법원은 어떠한 판결을 해야 하는가? 30점

Ⅰ 쟁점의 정리

설문상 수목소유자가 수용의 개시일 이후, 수목의 인도이전의무를 부담하는지가 문제된다. 이의 해결을 위하여 수목소유권이 사업시행자에게 이전됐는지 여부 및 수목소유자가 수용개시일 이후 이전의무를 부담하는지 검토한다. 또한, 형사법원이 해당 이전의무를 이행하지 않는 것이 토지보상법의 위반인지를 심리할 수 있는지를 선결문제와 관련하여 검토한다.

Ⅱ 수목소유자가 이전의무를 부담하는지 여부

1. 사업시행자가 수목소유권을 갖는지 여부

사업시행자가 사업시행에 방해가 되는 지장물에 관하여 토지보상법 제75조 제1항 단서 제1호에 따라 물건의 가격으로 보상한 경우, 사업시행자가 해당 물건을 취득하는 제3호와 달리 협의 또는 수용에 의한 취득 절차를 거치지 아니한 이상 사업시행자가 그 보상만으로 해당 물건의 소유권까지 취득한다고 할 수는 없다.

2. 수목소유자가 이전의무를 부담하는지 여부

사업시행자는 수목의 소유자가 사업시행에 방해가 되지 않는 상당한 기한 내에 토지보상법 시행규칙 제37조 제5항 단서에 따라 수목을 처분할 목적으로 벌채하기로 하는 등의 특별한 사정이 없는 한 자신의 비용으로 직접 이를 벌채할 수 있다. 이러한 경우 수목의 소유자로서도 사업시행자의 수목 벌채와 그 과정에서 발생하는 물건의 가치 상실을 수인하여야 할 지위에 있다.

3. 사안의 경우

사업시행자가 토지보상법 제75조 제1항 단서 제1호에 따라 수목의 가격으로 보상하였으나 수목을 협의 또는 수용에 의하여 취득하지 않은 경우, 수목의 소유자는 특별한 사정이 없는 한 토지보상법 제43조에 의한 지장물의 이전의무를 부담하지 않고, 사업시행자는 수목의 소유자에게 수목의 이전 또는 벌채를 요구할 수 없다.

Ⅲ 형사법원의 위법성 심사가능성

1. 선결문제 논의

선결문제는 소송의 본안사건 판단을 위해 필수적인 전제로 되는 문제를 말하며, 민사법원이나 형사법원이 행정행위의 위법성이나 무효 여부나 부존재 등을 심리할 수 있는가 하는 문제로서 나타나게 된다.

2. 공정력과 구성요건적 효력

구성요건적 효력이란 유효한 행정행위가 존재하는 한, 모든 행정기관과 법원은 그 행정행위와 관련된 자신들의 결정에 해당 행위의 존재와 효과를 인정해야 하고 그 내용에 구속되는데, 이와 같은 구속력을 구성요건적 효력이라고 한다. 공정력은 행정행위의 상대방에 대한 구속력을 말하는데, 제3자에 대한 구속력은 구성요건적 효력과 관련되므로 이하에서는 이를 적용한다.

3. 형사법원의 심리범위

(1) 문제점

행정소송법 제11조에서는 처분 등의 효력 유무 또는 존재 여부는 민사소송의 수소법원이 이를 심리·판단할 수 있다고 규정하나, 단순 위법인 경우는 명문의 규정이 없는 바 학설, 판례의 검토가 필요하다.

(2) 행정행위의 효력을 부인해야 하는 경우

이때에 선결문제로서 위법한 행정행위의 효력 자체를 부인할 수 있는가의 여부가 제기될 때에는 해당 민사 또는 형사법원은 이를 선결문제로서 심리할 수 없다고 보는 것이 일반적이다. 일설은 인권보장을 위하여 행정행위의 효력을 부인할 수 있다고 본다.

(3) 행정행위의 위법성 확인이 문제인 경우

  1) 학설

    ① 행정소송법 제11조 제1항을 제한적으로 해석하고, 구성요건적 효력은 행정행위의 적법성 추정력을 의미하므로 부정하는 견해와 ② 행정소송법 제11조 제1항을 예시적으로 해석하고, 구성요건적 효력은 유효성 통용력을 의미한다고 하여 긍정하는 견해가 있다.

  2) 판례

    대법원은 '토지소유자가 아닌 임차인이 토지소유자의 동의도 없이 불법형질변경을 하였는데도 구청장이 토지소유자에게 원상복구의 시정명령을 하여 이를 불이행함으로서 토지소유자가 기소된 사안에서, 토지의 형질을 변경한 자도 아닌 자에 대한 원상복구의 시정명령은 위법하다고 할 것이다.'고 하여 선결문제로서 위법확인이 가능하다고 본다.

  3) 검토

    생각건대 형사법원이 위법성을 확인해도 행정행위의 효력을 부정하는 것이 아니므로 긍정설이 타당하며, 소송경제적인 이유와 개인의 권리보호의 관점에서도 타당하다고 볼 것이다.

4. 사안의 경우

설문상 수목소유자는 수용개시일 이후, 수목에 대한 이전의무를 부담하지 않으므로 이전명령 의무위반행위는 인정되지 않는다. 따라서 이의 의무위반을 이유로 기소된 경우 형사법원은 토지보상법 위반사항이 없음을 이유로 무죄판결을 내릴 것이다.

Ⅳ 사안의 해결

설문상 수목소유자는 수목의 이전의무를 부담하지 않으므로, 법원은 이전명령에 대한 위반이 없음을 이유로 무죄판결을 내릴 것이다.

사례 9

2015.1.1. 국토교통부장관 을은 부동산공시법 시행령에 따라 감정평가업자 갑에게 과징금 1억원을 부과하였고 갑은 이를 납부하였다. 그 후 2015.3.15. 다른 사건에게 위 시행령이 상위법에 위배되는 위법인 규정이라는 대법원 판례가 나왔다. 이에 갑은 과징금에 대하여 부당이득반환청구소송을 제기하려 한다. 갑은 부당이득반환을 구할 수 있는가? 부당이득의 반환을 구하는 소를 제기하는 경우 어떠한 방법으로 하여야 하는가? 40점

Ⅰ 쟁점의 정리

설문의 해결을 위하여 ① 갑이 납부한 과징금이 부당이득인지가 문제되므로 위법판결을 받은 근거법령의 효력과 이에 근거한 처분의 효력을 검토한다. ② 부당이득이 성립되지 않은 경우라면 어떠한 방식으로 소송을 제기하는 것이 가능한지 문제된다.

Ⅱ 갑이 납부한 과징금이 부당이득인지

1. 공법상 부당이득의 의의 및 성립요건

(1) 공법상 부당이득의 의의

부당이득이란 공법상 원인 없이 타인의 재산 또는 노무로 인하여 이득을 얻고 이로 인하여 타인에게 손해를 끼치는 것을 말한다.

(2) 공법상 부당이득의 성립요건

행정행위가 위법한 경우라도 취소되지 않은 경우에는 유효하게 통용되므로(공정력) 법률상 원인 없는 이득이라고 할 수 없다. 따라서 공법상 부당이득이 성립되기 위해서는 행정행위가 무효이거나 취소 또는 철회되어야 한다.

2. 법규명령에 대한 위헌 · 위법결정의 효력

(1) 객관적 효력범위

① 위법판단을 받은 법규명령은 효력을 상실한다는 견해와, ② 효력이 일반적으로 상실하는 것은 아니고 해당 사건에 한하여 적용이 배제된다는 견해가 있다. 생각건대, 추상적 규범통제가 아니라 구체적 규범통제만을 인정하는 현행 헌법하에서는 후자가 타당하다고 본다.

(2) 시간적 효력범위

위헌법률의 경우에는 위헌결정이 있은 날부터 효력이 상실되며(헌법재판소법 제47조 제2항), 위법명령은 구체적 규범통제만 가능하고 위법결정의 소급을 인정하는 경우 법적 안정성 및 신뢰보호의 원칙 등을 해칠 우려가 있으므로 일반적으로 소급효를 인정할 수 없다고 할 것이다.

3. 위법한 법규명령에 근거한 처분의 효력

(1) 위법결정 전의 경우

법규명령이 위법 여부의 다툼이 있다 하더라도 법원의 위법결정이 있기 전에는 법률에 위반된다는 사정이 객관적으로 명백하다고 할 수 없으므로, 그 법규명령에 근거한 처분은 취소사유에 불과하다.

(2) 위법결정 후의 경우

법원의 위법결정이 있은 후 그 법규명령에 근거한 처분은 객관적으로 명백하게 위법이라고 할 것이어서 당연 무효이다.

4. 사안의 경우

갑이 납부한 과징금의 부과근거가 된 시행령이 다른 사건에서 상위 법률에 위배되어 위법으로 판단되었다고 하더라도, 그 부과처분 당시에는 그 위법이 객관적으로 명백하다고 할 수 없다. 따라서 이는 취소할 수 있는 하자에 불과하므로 공법상 부당이득의 성립요건을 충족시키지 못한다. 따라서 부당이득이 성립되기 위해서는 과징금 부과처분이 직권으로 취소 또는 철회되거나, 쟁송의 방법으로 취소되어야 할 것이다.

Ⅲ 부당이득반환청구의 소송형식

1. 부당이득반환청구권의 법적 성질

① 공법상 부당이득은 사법상의 경제적 이해조절제도이므로 사권이라는 견해와, ② 공법상 원인에 의하여 발생한 결과를 조절하기 위한 제도이므로 공권으로 보는 견해가 있다. 판례는 사권으로 보나, 공법상 법률관계를 당사자소송으로 규정하고 있는 현행법하에서는 공권으로 보는 것이 통설이다.

2. 공법상 당사자소송의 제기가능성

(1) 선결문제의 의의

선결문제란 처분 등의 효력 유무 또는 위법 유무가 판결의 전제가 되는 문제이다. 이는 행정행위의 효력인 공정력 또는 구성요건적 효력과 관련된다.

(2) 행정행위의 효력 유무가 쟁점인 경우(부당이득반환청구소송의 경우)

① 무효인 행정행위는 구성요건적 효력이 없기 때문에 선결문제가 무효임을 전제로 본안을 판단할 수 있다는 것이 학설과 판례의 입장이다. ② 그러나 단순위법인 경우에는 행정행위의 구성요건적 효력으로 인해 행정행위의 효력을 부인할 수 없다고 본다.

3. 과징금부과 취소소송과 부당이득반환청구소송의 병합

(1) 관련청구소송의 의의 및 취지

행정소송법상 관련청구소송의 병합이라 함은 취소소송 또는 무효등확인소송에 해당 취소소송 등과 관련이 있는 청구소송(관련청구소송)을 병합하여 제기하는 것을 말한다. 이는 소송경제를 도모하고, 서로 관련 있는 사건 사이에 판결의 모순·저촉을 피하기 위한 것이다.

(2) 관련청구소송이 병합될 것

'관련청구소송'이라 함은 주된 취소소송 등의 대상인 처분 등과 관련되는 손해배상·부당이득반환·원상회복 등 청구소송 및 취소소송을 말한다(행정소송법 제10조 제1항).

(3) 병합된 관련청구소송에서의 판결

취소소송에 관련청구소송을 병합하여 제기한 후 취소소송이 부적법 각하된 경우, 판례는 본래의 '취소소송 등'이 부적합하여 각하되면 그에 병합된 관련청구소송도 소송요건을 흠결하여 부적합하다고 보고, 각하되어야 한다고 한다(대판 2011.9.29, 2009두10963). 또한, 행정처분의 취소를 구하는 취소소송에 해당 처분의 취소를 선결문제로 하는 부당이득반환청구가 병합된 경우, 그 청구가 인용되려면 그 소송절차에서 판결에 의해 해당 처분이 취소되면 충분하고 해당 처분의 취소가 확정되어야 하는 것은 아니다(대판 2009.4.9, 2008두23153).

4. 사안의 경우

과징금 부과처분에 대한 제소기간이 경과된 경우라면 불가쟁력이 발생하여 과징금 부과처분의 효력이 확정되고, 부당이득은 발생하지 않는다. 따라서 부당이득반환청구소송은 인용될 수 없다. 제소기간이 경과되지 않은 경우라면 과징금 부과처분의 취소소송에 관련청구인 부당이득반환청구소송을 병합하는 방법으로 소제기가 가능할 것이다.

Ⅳ 사안의 해결

공법상 부당이득은 원인행위가 무효이거나 취소·철회된 경우에 성립되나, 갑에 대한 과징금 부과처분은 취소원인에 불과하여 취소되기 전까지는 공법상 부당이득이 성립될 수 없다. 따라서 과징금 부과처분에 대한 제소기간이 남아 있다면 관련청구병합의 방법으로 부당이득반환청구소송이 가능하다고 할 것이다.

🔸 **사례 10**

감정평가사 甲은 모처럼 가족들과 함께 가족휴가촌으로 휴가를 갔다. 자신이 운전하고 간 승용차는 민박집 주차장에 주차하여 둔 채 휴가촌 잔디밭에 텐트를 치고 술을 마시다가 뒤에 주차되어 있던 다른 차량의 진로를 열어주기 위하여 자신의 승용차를 운전하여 바로 옆에 있는 다른 민박집 마당으로 10m 정도 이동하던 중 뒤따라오던 차량의 운전자와 시비가 벌어지자 2시간 정도 통로에 차량을 주차하여 후행차량의 통행을 방해하였다. 이때 출동한 경찰관 乙은 甲에게 3차례에 걸쳐 음주측정을 요구하였으나 甲은 이에 불응하였다. 甲은 자신이 정차한 곳은 민박업자들이 민박집까지 차량이 들어 올 수 있도록 군도에 연결하여 만든 폭 2.6m의 사도에 불과하므로 사설도로에 있어서의 경찰권의 개입은 인정할 수 없다고 하며 음주측정을 거부하였다. 이로 인해 甲은 도로교통법 제93조 제1항 제3호 규정에 따라 2009.2.23. 운전면허취소처분을 받았다. 이러한 상황에서 甲은 ① 위 사설도로상에서 경찰관은 음주측정을 할 수 없고, ② 자신의 차량 뒤에 주차한 다른 차량의 진로를 열어주기 위하여 부득이 해당 음주운전을 하게 되었으며, 그 운전 거리도 약 10m에 불과한 경우까지 음주측정을 요구한 것은 과도한 것이며, ③ 경찰의 운전면허취소처분은 가족의 생계를 책임지고 있는 자신의 입장에서는 너무 가혹하다고 주장하고 있다. 甲은 설문의 ①, ②, ③의 이유에 근거하여 자신에 대한 운전면허취소처분은 잘못된 것이라고 판단하고 이에 따르지 아니하다가 2009.8.27. 자동차를 운행하다 무면허운전죄로 기소되었다. 이때, 형사법원은 甲에 대해 무죄를 선고할 수 있는지를 논하시오(운전면허취소처분에는 취소사유의 하자가 있음을 전제로 할 것).

20점

Ⅰ 쟁점의 정리

본 문제는 행정처분의 선결문제(형사사건에 있어서의)에 관한 문제이다. 즉, 교통경찰관의 피고인에 대한 운전면허취소처분의 적법성이 도로교통법상 무면허운전죄의 구성요건에 해당하므로 甲이 이 처분을 위법한 것으로 보아 위법 처분에 따르지 아니하고 운행한 것은 죄가 성립되지 않는다고 주장하는 경우, 형사법원은 해당 행정행위의 위법여부를 심사하여 위 처분의 위법성을 심리하여 피고인 甲에게 무죄를 선고할 수 있느냐의 문제이다.

Ⅱ 형사법원의 위법 여부의 심사가능성 등

1. 문제점

행정소송법 제11조에서는 민사법원은 처분 등의 효력 유무 및 존재 여부를 심사할 수 있다고 규정하고 있으나, 단순위법인 경우에 대해서는 규정하고 있지 않으므로 민사법원이 단순위법을 확인하거나 위법한 행위의 효력을 부인할 수 있는지가 문제된다. 형사법원에 대하여도 위 논의가 그대로 인정될 것이다.

2. 선결문제의 의의 및 유형

선결문제란 처분 등의 효력 유무 또는 위법 유무가 판결의 전제가 되는 문제이다. 선결문제의 유형에는 ① 행정행위의 효력 유무가 쟁점인 경우와, ② 위법 여부가 쟁점인 경우가 있는데, 설문은 면허의 효력이 문제가 되므로 효력 유무가 관련된다고 할 것이다.

3. 공정력과 구성요건적 효력

(1) 공정력

행정행위는 당연무효가 아닌 한 권한을 가진 기관에 의해 취소될 때까지, 행위의 상대방이나 제3자가 그 효력을 부인할 수 없는 일종의 구속력을 발생시키는 것을 말한다.

(2) 구성요건적 효력

유효한 행정행위가 존재하는 한, 모든 행정기관과 법원은 그 행정행위와 관련된 자신들의 결정에 해당 행위의 존재와 효과를 인정해야 하고, 그 내용에 구속되는데 이와 같은 구속력을 구성요건적 효력이라고 한다.

(3) 검토

공정력은 행정행위의 상대방에 대한 구속력이며 제3자에 대한 구속력은 구성요건적 효력으로 봄이 타당하므로 이하에서는 선결문제를 구성요건적 효력과 관련하여 해결한다.

4. 형사사건과 선결문제(행정행위의 효력 유무가 쟁점인 경우)

행정행위의 위법성이 무효인 경우에는 이의 효력을 부인할 수 있으나, 취소사유인 경우에도 이의 효력을 부인할 수 있는지가 문제된다.

(1) 학설

① 다수설은 형사법원은 해당 행정행위의 구성요건적 효력으로 인해 효력을 부인할 수 없다고 하나, ② 일설은 피고인의 인권보장이 고려되어야 하고 신속한 재판을 받을 권리가 보장되어야 한다는 형사소송의 특수성을 이유로 형사재판에서는 구성요건적 효력이 미치지 않는다고 본다.

(2) 판례

미성년자라서 결격자인 피고인의 운전면허는 당연무효가 아니고, 취소가 되지 않는 한 유효하므로 무면허운전에 해당하지 않는다고 하여 부정설의 입장이다.

(3) 검토

명문의 규정이 없는 한 인권보장을 위하여 형사법원이 위법한 행정행위의 효력을 부인하고 범죄의 성립을 부인할 수 있는 것으로 보는 것이 타당하므로 긍정설이 타당하다.

Ⅲ 사안의 해결

설문상 운전면허취소처분에는 취소사유의 하자가 존재하며, 이러한 하자가 존재함에도 이의 효력을 부인하지 못하여 무면허운전으로 인한 처벌을 하게 된다면 甲에게 수인한도를 넘어서는 가혹한 결과를 초래하는 것으로 볼 수 있다. 따라서 이러한 경우에는 인권보호를 위하여 운전면허취소처분의 효력을 부인하여 甲에게 무죄를 선고하여야 할 것이다.

✱ 법 여부를 쟁점으로 풀이하는 경우

Ⅰ. 쟁점의 정리

본 문제는 행정처분의 선결문제(형사사건에 있어서의)에 관한 문제이다. 즉 교통경찰관의 피고인에 대한 운전면허취소처분의 적법성이 도로교통법상 무면허운전죄의 구성요건에 해당하므로 甲이 이 처분을 위법한 것으로 보아 위법 처분에 따르지 아니하고 운행한 것은 죄가 성립되지 않는다고 주장하는 경우, 형사법원은 해당 행정행위의 위법여부를 심사하여 위 처분의 위법성을 심리하여 피고인 甲에게 무죄를 선고할 수 있느냐의 문제이다.

Ⅱ. 형사법원의 위법 여부의 심사가능성 등

1. 문제점

행정소송법 제11조에서는 민사법원은 처분 등의 효력 유무 및 존재 여부를 심사할 수 있다고 규정하고 있으나, 단순위법인 경우에 대해서는 규정하고 있지 않으므로 민사법원이 단순위법을 확인하거나 위법한 행위의 효력을 부인할 수 있는지가 문제된다. 형사법원에 대하여도 위 논의가 그대로 인정될 것이다.

2. 선결문제의 의의 및 유형

선결문제란 처분 등의 효력 유무 또는 위법 유무가 판결의 전제가 되는 문제이다. 선결문제의 유형에는 ① 행정행위의 효력 유무가 쟁점인 경우와, ② 위법 여부가 쟁점인 경우가 있는데, 설문은 행정처분의 위법 여부가 문제된다고 할 것이다.

3. 공정력과 구성요건적 효력

(1) 공정력

행정행위는 당연무효가 아닌 한 권한을 가진 기관에 의해 취소될 때까지, 행위의 상대방이나 제3자가 그 효력을 부인할 수 없는 일종의 구속력을 발생시키는 것을 말한다.

(2) 구성요건적 효력

유효한 행정행위가 존재하는 한, 모든 행정기관과 법원은 그 행정행위와 관련된 자신들의 결정에 해당 행위의 존재와 효과를 인정해야 하고, 그 내용에 구속되는데 이와 같은 구속력을 구성요건적 효력이라고 한다.

(3) 검토

공정력은 행정행위의 상대방에 대한 구속력이며 제3자에 대한 구속력은 구성요건적 효력으로 봄이 타당하므로 이하에서는 선결문제를 구성요건적 효력과 관련하여 해결한다.

4. 형사사건과 선결문제(행정행위의 위법 여부가 쟁점인 경우)
   (1) 학설
   ① 행정소송법 제11조 제1항을 제한적으로 해석하고, 구성요건적 효력은 행정행위의 적법성 추정력을 의미(위법성 판단은 취소소송의 본질적 내용이므로 취소소송의 수소법원이 아닌 법원은 행정행위의 위법성을 인정할 수 없다)하므로 위법 여부를 확인할 수 없다는 부정설과 ② 행정소송법 제11조 제1항을 예시적으로 해석하고, 구성요건적 효력은 유효성 통용력을 의미하므로 해당 행정행위의 위법성을 확인할 수 있다는 긍정설이 있다.

   (2) 판례
   토지의 형질변경한 자도 아닌 자에 대한 원상복구의 시정명령은 위법하다 할 것이고 그 처분이 당연무효가 아니라 하더라도 그것이 위법한 처분으로 인정되는 한 (구)도시계획법 위반죄가 성립될 수 없다고 판시한 바 있다.

   (3) 검토
   국민의 권리구제 측면에서 행정행위의 위법성을 확인하는 것은 행정행위의 효력을 부인하는 것은 아니므로 구성요건적 효력에 반하지 않는다고 보는 것이 타당하다.

Ⅲ. 사안의 해결
설문상 운전면허취소처분에는 취소사유의 하자가 존재하며, 이러한 하자가 존재함에도 이를 확인하지 못하여 무면허운전으로 인한 처벌을 하게 된다면 甲에게 수인한도를 넘어서는 가혹한 결과를 초래하는 것으로 볼 수 있다. 따라서 형사법원이 행정행위의 위법성을 심리하고 판단할 수 있다는 통설에 따르면 형사법원은 甲에게 무죄를 선고할 것이다.

| 02 | 처분사유의 추가변경과 기속력 |

◢ 사례 11

주택사업과 건설업 등을 영위하는 주식회사 갑은 200필지의 단독주택단지를 재개발하여 아파트 4개동 300세대를 건축하기로 하고 위 200필지의 토지를 매수하는 작업을 하였으나, 매매대금의 차이로 200필지 중 10필지만을 매수하는 데 그쳤다. 갑은 위 10필지의 토지에 12층 규모 72세대의 아파트를 건축하기로 하고 국토교통부장관 을에게 주택건설사업에 대한 사업인정을 신청하였다. 위 200필지 토지는 직사각형 모양의 단독주택단지이고 그중 10필지는 전체 200필지 중 남서쪽 모퉁이에 위치하고 있으며, 위 10필지의 외 다른 토지의 소유자들은 '200필지의 토지소유자 중 80% 이상의 동의로 아파트재개발사업을 추진하고 있는 상황에서 위 10필지에만 따로 아파트를 건설하는 것은 주위 환경과 여건에 맞지 않으므로 반대한다'는 취지의 의견서를 을에게 제출하였다. 이에 을은 갑에게 위 10필지 외 다른 토지의 소유자들과 충분히 협의할 것을 요청하였으나, 갑은 일부 토지소유자들의 과도한 요구로 협의가 결렬되었다면서 전체의 개발은 하지 않고 위 10필지만을 개발하겠다고 하였다. 그러나 법령에 명시적인 근거규정이 없음에도 을은 "200필지 중 위 10필지만을 개발하는 것은 도시 미관과 지역 여건을 고려하지 않은 불합리한 계획으로서 지역의 균형개발을 저해한다."는 이유로 갑의 주택건설사업의 사업인정을 반려하는 처분을 하였다.

갑은 이 반려처분의 취소를 구하는 행정소송을 제기하였고, 이 행정소송에서 을은 "① 위 반려처분에는 아무런 하자가 없을 뿐만 아니라, ② 더욱이 위 200필지의 지역은 관계법령에 의하여 5층 이상의 건축이 불가능한 제1종 일반주거지역으로 지정되어 있으므로 이 점에서도 위 반려처분은 적법하다."라고 주장하였다. 을의 위와 같은 주장이 타당한지 검토하시오. [30점] ▶ 제50회 사법고시

주택사업과 건설업 등을 영위하는 주식회사 갑은 20필지의 단독주택단지를 재개발하여 아파트 4개동 300세대를 건축하기로 하고 위 60필지의 토지를 매수하는 작업을 하였으나, 매매대금의 차이로 60필지 중 10필지만을 매수하는 데 그쳤다. 갑은 위 10필지의 토지에 12층 규모 72세대의 아파트를 건축하기로 하고 주택법 제16조 제1항 및 주택법 시행령 제15조 제1항의 규정에 의하여 관할 행정청인 을에게 주택건설사업계획승인신청을 하였다. 위 60필지 토지는 직사각형 모양의 단독주택단지이고 그중 10필지는 전체 60필지 중 남서쪽 모퉁이에 위치하고 있으며, 위 10필지의 외 다른 토지의 소유자들은 '60필지의 토지소유자 중 80% 이상의 동의로 아파트재개발사업을 추진하고 있는 상황에서 위 10필지에만 따로 아파트를 건설하는 것은 주위 환경과 여건에 맞지 않으므로 반대한다'는 취지의 의견서를 을에게 제출하였다.

이에 을은 갑에게 위 10필지 외 다른 토지의 소유자들과 충분히 협의할 것을 요청하였으나, 갑은 일부 토지소유자들의 과도한 요구로 협의가 결렬되었다면서 전체의 개발은 하지 않고 위 10필지만을 개발하겠다고 하였다. 그러나 법령에 명시적인 근거규정이 없음에도 을을 "60필지 중 위 10필지만을 개발하는 것은 도시 미관과 지역 여건을 고려하지 않은 불합리한 계획으로서 지역의 균형개발을 저해한다."는 이유로 갑의 주택건설사업계획승인신청을 반려하는 처분을 하였다.

갑은 이 반려처분의 취소를 구하는 행정소송을 제기하였고, 이 행정소송에서 을은 "① 위 반려처분에는 아무런 하자가 없을 뿐만 아니라, ② 더욱이 위 60필지의 지역은 관계법령에 의하여 5층 이상의 건축이 불가능한 제1종 일반주거지역으로 지정되어 있으므로 이 점에서도 위 반려처분은 적법하다."라고 주장하였다. 을의 위와 같은 주장에 관하여 논평하시오.

제50회 사법고시는 주택건설사업계획승인신청에 대하여 법령상 요건 외의 사유 즉, 공익을 이유로 반려할 수 있는지와, 소송계속 중에 처분사유를 추가·변경할 수 있는지를 물어보았습니다.

따라서 문제를 접하면서, 토지보상법상 사업인정신청의 반려사유로서 공익상의 이유를 들 수 있는지를 간략하게 검토하고, 처분사유의 추가·변경이 허용되는지와 관련하여 기본적 사실관계의 동일성 인정 여부를 구체적으로 검토하면 됩니다.

갑은 미술관 건립과 관련된 사업인정의 적법요건을 모두 갖추고 국토교통부장관에게 사업인정을 신청했으나, 국토교통부장관은 대상 토지가 속한 지역은 공원구역으로의 용도변경이 예정되어 있음을 이유로 사업인정을 거부하였다. 갑이 이에 불복하여 소송요건을 모두 갖추고 취소소송을 제기하였고 현재 본안심사가 진행 중이다. 국토교통부장관은 소송계속 중에 갑이 신청한 미술관시설은 공원구역에서 건축가능한 건물이 아니라는 이유 및 도심의 환경보전이라는 거부사유를 추가할 수 있는가? **30점**

Ⅰ 쟁점의 정리

을 주장의 타당성과 관련하여 ① 사업인정처분이 재량행위라면 법령상 요건 외에도 공익을 이유로 거부처분을 할 수 있는지 여부가 문제되며 또한 ② 을에 의한 처분사유의 추가, 변경이 허용되는지 여부가 문제된다.

Ⅱ 사업인정 반려처분의 법적 성질

1. 사업인정의 의의 및 취지

사업인정이란 공익사업을 토지 등을 수용 또는 사용할 사업으로 결정하는 것을 말하며(토지보상법 제2조 제7호), ① 사업 전의 공익성 판단, ② 사전적 권리구제(의견청취, 절차참여), ③ 수용행정의 적정화, ④ 피수용자의 권리보호에 취지가 있다.

2. 사업인정과 사업인정반려처분의 법적 성질

〈판례〉는 사업인정은 '사업의 공익성 여부를 모든 사항을 참작하여 구체적으로 판단해야 하므로 행정청의 재량에 속한다.'고 판시한 바 있다. 즉, 사업인정은 재량행위이며 이에 대한 반려도 재량행위로 볼 수 있다. 따라서 사업인정반려가 적법하기 위해서는 재량의 일탈, 남용이 없어야 한다.

Ⅲ 을의 반려처분이 적법하다는 주장의 타당성

1. 재량행위의 위법성 판단기준

행정소송법 제27조에서는 행정청의 재량에 속하는 처분이라도 재량권의 한계를 넘거나 그 남용이 있는 때에는 법원은 이를 취소할 수 있다고 규정하고 있으며, 판례도 공익판단의 여지를 감안하여 재량권을 행사하여야 한다고 한다(대판 2010.2.25, 2009두19960).

2. 사안의 경우

국토교통부장관 을의 반려사유인 '지역의 균형개발을 저해한다'는 공익판단으로 볼 수 있으나, 갑이 개발하려는 10필지는 전체 200필지의 토지 중 남서쪽 모퉁이에 위치하고 있으며 당초 개발대상인 전체 200필지 중 단지 20분의 1의 면적비율을 차지하므로 200필지 중 10필지만을 따로 개발한다고 하여도 도시 미관과 지역여건을 고려하지 않은 불합리한 계획으로서 지역의 균형개발을 저해한다고 볼 수 없다고 판단되므로 을의 주장은 타당하지 않다.

Ⓝ 을의 새로운 처분사유 주장의 타당성

1. 처분사유의 추가변경의 의의 및 구별개념

처분시에 존재하였으나 처분의 근거로 제시하지 않았던 법적 또는 사실적 사유를 소송계속 중에 추가 또는 변경하는 것을 말한다. 처분 당시에 존재하는 사유를 추가, 변경하는 점에서 처분시의 하자를 사후에 보완하는 하자치유와 구별된다.

2. 소송물과 처분사유의 추가변경

소송물을 개개의 위법성 사유로 보면 처분사유의 추가변경은 소송물의 추가변경이므로 원칙적으로 불가하다. 따라서 처분사유의 추가변경은 위법성 일반의 소송물 범위 내에서 논의되어야 한다.

3. 인정 여부

(1) 학설

① 국민의 공격방어권 침해를 이유로 부정하는 견해와, ② 소송경제 측면에서 긍정하는 견해, ③ 처분의 상대보호와 소송경제의 요청을 고려할 때 제한적으로 긍정하는 견해, ④ 행정행위, 행정쟁송 유형 등에 따라 개별적으로 판단하는 견해가 있다.

(2) 판례

실질적 법치주의와 행정처분의 상대방인 국민의 신뢰보호견지에서 기본적 사실관계의 동일성이 인정되는 경우에 제한적으로 긍정하고 있다.

(3) 검토

국민의 권리보호의 필요성과 소송경제를 도모하기 위하여 판례의 태도에 따라 기본적 사실관계의 동일성이 인정되는 경우에 한하여 긍정함이 타당하다.

4. 인정범위

(1) 처분 당시 객관적으로 존재하였던 사실일 것

통설 및 판례는 처분시를 기준으로 위법성을 판단하고 있으므로 이에 따를 때 처분시에 객관적으로 존재하였던 사유만이 처분사유의 추가·변경의 대상이 된다. 처분 후에 발생한 사실관계나 법률관계는 대상이 되지 않는다.

(2) 기본적 사실관계의 동일성이 유지될 것

통설 및 판례는 ① 법률적 평가 이전의 사회적 사실관계의 동일성을 기준하여, ② 시간적·장소적 근접성, ③ 행위의 태양·결과 등을 종합·고려하여 판단하여야 한다고 본다.

(3) 재량행위의 경우

① 재량행위의 경우 고려사항의 변경은 새로운 처분을 의미하는 것이라는 견해가 있으나 ② 재량행위에서 처분이유의 사후변경도 분쟁대상인 행정행위가 본질적으로 변경되지 않음을 전제로 하는 것이므로 재량행위에서도 인정함이 타당하다.

5. 법원의 판단

긍정시 법원은 변경된 사유를 기준으로 본안심사를 하고 그렇지 않은 경우에는 당초사유를 기준으로 해야 한다. 처분사유의 추가변경이 허용되어 처분의 적법성이 인정되는 경우에는 소를 취하할 기회를 부여하여야 하며 소송비용의 일부를 피고가 부담하는 것으로 보아야 한다.

6. 사안의 경우

(1) 처분 당시에 존재하는 객관적 사유인지

사안에서 당초사유인 지역균형개발을 저해한다는 사유와 취소소송 중에 새로이 제시된 관계법령에 의하여 건축이 불가능한 제1종 일반주거지역이라는 사유는 모두 처분시에 존재하는 사유에 해당한다.

(2) 기본적 사실관계의 동일성 유무

지역균형개발을 저해한다는 사유는 균형 있는 도시개발을 위한 공익목적을 이유로 하지만, 제1종 일반주거지역이기 때문에 5층 이상의 건축이 불가능하다는 사유는 관계법령의 준수를 목적으로 하는 바 양 사유는 그 기초가 되는 사회적 사실관계가 동일하다고 볼 수 없다. 따라서 을의 주장은 타당하지 않다.

Ⓥ 사안의 해결

1. 사업인정의 반려사유 중 '지역균형개발을 저해한다는 사유'는 공익목적을 이유로 한 반려사유로 인정되지 않으므로 을의 주장은 타당하지 않다.

2. 또한 소송 중에 '제1종 일반주거지역이므로 5층 이상의 건축이 불가능하다'는 주장은 당초 반려사유와 기본적 사실관계가 인정되지 않으므로 처분사유로 추가, 변경될 수 없다. 따라서 법원은 당초처분사유를 기초로 심리하여야 하며 을의 주장은 타당하지 않다고 판단된다.

사례 12

사업시행자인 한국토지공사는 '수원 – 인천 간 복선전철화 사업'을 시행하고자 갑 등 19명의 토지 및 주거용 건물을 수용대상으로 하고, 이주정착금을 지급하려고 계획하고 있다. 이에, 갑은 새로운 주거 정착지를 마련해 줄 것을 요구하였으나, 사업시행자는 해당 사업은 선형 사업으로서 철도건설에 꼭 필요한 최소한의 토지만 보상하므로 사실상 이주택지 공급이 불가능함을 이유로 거부하였다. 갑은 이주대책 수립거부에 대한 취소소송을 제기하였는데, 소송 중에 사업시행자는 '갑이 이주대책 수립을 청구하였을 당시 이미 13명이 이주정착금을 받았기에 이주대책 희망자가 10호 미만이므로 이주대책의 수립의무는 발생하지 않는다.'고 주장할 수 있는가? [25점]

Ⅰ 쟁점의 정리
Ⅱ 처분사유의 추가 · 변경 인정논의
  1. 의의 및 구별개념
  2. 소송물과 처분사유의 추가 · 변경
  3. 인정 여부
    (1) 학설
    (2) 판례
    (3) 검토

  4. 인정기준
    (1) 처분 당시 객관적으로 존재하였던 사실일 것
    (2) 기본적 사실관계의 동일성이 유지될 것
    (3) 재량행위의 경우
  5. 법원의 판단
Ⅲ 사안의 해결

Ⅰ 쟁점의 정리

실질적 법치주의와 행정처분의 상대방인 국민에 대한 신뢰보호라는 견지에서 처분청은 당초처분의 근거로 삼은 사유와 기본적 사실관계에 있어서 동일성이 있다고 인정되지 않는 별개의 사실을 들어 처분사유로 주장함은 허용되지 않을 것인 바, 이하에서 새로운 사유를 추가 · 변경할 수 있는지를 검토한다.

Ⅱ 처분사유의 추가 · 변경 인정논의

1. 의의 및 구별개념

처분 당시에 존재하였으나 처분의 근거로 제시하지 않았던 법적 또는 사실적 사유를 소송계속 중에 추가 또는 변경하는 것을 말한다. 처분 당시에 존재하는 사유를 추가하거나 변경한다는 점에서 처분시의 하자를 사후에 보완하는 하자치유와 구별된다.

2. 소송물과 처분사유의 추가·변경

소송물을 개개의 위법성 사유로 보면 처분사유의 추가·변경은 소송물의 추가·변경이 되므로 원칙적으로 불가하다. 따라서 처분사유의 추가·변경은 소송물(위법성일반)의 범위 내에서 논의되어야 한다.

3. 인정 여부

(1) 학설

① 국민의 공격·방어권 침해를 이유로 부정하는 견해, ② 소송경제 측면에서 긍정하는 견해, ③ 처분의 상대보호와 소송경제의 요청을 고려할 때 제한적으로 긍정하는 견해, ④ 행정행위 및 행정쟁송의 유형 등에 따라 개별적으로 판단해야 한다는 견해가 있다.

(2) 판례

실질적 법치주의와 행정처분의 상대방인 국민의 신뢰보호견지에서 기본적 사실관계의 동일성이 인정되는 경우에 제한적으로 긍정하고 있다(대판 2003.12.11, 2001두8827).

(3) 검토

처분사유의 추가·변경은 소송경제 및 분쟁의 일회적 해결을 위한 것이므로 권리보호와 소송경제를 고려하여 제한적으로 인정하는 판례의 태도가 타당하다.

4. 인정기준

(1) 처분 당시 객관적으로 존재하였던 사실일 것

위법판단의 기준시에 관하여 처분시설을 취하는 경우 위법성 판단은 처분시를 기준으로 하므로 추가사유나 변경사유는 처분시에 객관적으로 존재하던 사유이어야 한다. 처분 이후에 발생한 새로운 사실적·법적 사유를 추가·변경할 수는 없다. 단, 판결시설 또는 절충설을 취하는 경우에는 피고인 처분청은 소송계속 중 처분 이후의 사실적·법적 상황을 주장할 수 있게 된다.

(2) 기본적 사실관계의 동일성이 유지될 것

통설 및 판례는 ① 법률적 평가 이전의 사회적 사실관계의 동일성을 기준으로 하여, ② 시간적, 장소적 근접성, ③ 행위의 태양, 결과 등을 종합적으로 고려해서 판단하여야 한다고 본다(대판 2007.7.27, 2006두9641).

(3) 재량행위의 경우

① 재량행위의 경우에 고려사항의 변경은 새로운 처분을 의미하는 것이라는 견해가 있으나, ② 재량행위에서 처분이유를 사후에 변경하는 경우에도, 분쟁대상인 행정행위가 본질적으로 변경되지 않음을 전제로 하는 것이므로 재량행위에서도 인정함이 타당하다.

5. 법원의 판단

처분사유의 추가·변경이 인정되면 법원은 변경된 사유를 기준으로 본안심사를 하고 그렇지 않은 경우에는 당초사유를 기준해야 한다.

Ⅲ 사안의 해결

사업시행자가 추가로 주장하는 '이주대책 희망자가 10호 미만'이라는 사유는 거부처분 당시에 존재하였으며, 선형사업이기에 사실상 이주택지의 공급이 불가능하다는 사유와, 희망자가 10호 미만이라는 사유는 이주택지 조성의 규모 등을 고려하여 효율적인 사업진행을 도모함에 취지가 인정된다고 할 수 있다. 따라서 양 사유는 기본적 사실관계의 동일성이 인정되므로 사업시행자는 소송 중에 새로운 사유를 추가·변경할 수 있을 것이다.

◢ 사례 13

甲은 주택을 소유하고 있었는데 그 지역이 한국토지주택공사가 사업자가 되어 시행하는 주택건설사업의 사업시행지구로 편입되면서 甲의 주택도 수용되었다. 사업시행자인 한국토지주택공사는 「공익사업을 위한 토지 등의 취득 및 보상에 관한 법률」 제78조에 따라 이주대책의 일환으로 주택특별공급을 실시하기로 하였다. 그 후 甲은 「주택공급에 관한 규칙」 제19조 제1항 제3호 규정에 따라 A아파트입주권을 특별분양하여 줄 것을 신청하였다. 그런데 한국토지주택공사는 甲이 A아파트의 입주자모집공고일을 기준으로 무주택세대주가 아니어서 특별분양 대상자에 해당되지 않는다는 이유로 특별분양신청을 거부하였다.   ▸사법시험

(1) 甲이 한국토지주택공사를 피고로 하여 특별분양신청 거부처분취소소송을 제기한 경우, 그 적법성은? (제소기간은 준수한 것으로 본다) [15점]

(2) 취소소송을 제기하기 전에 특별분양신청 거부에 대하여 행정심판을 제기하려는 경우, 甲이 제기할 수 있는 행정심판법상의 권리구제수단에 대하여 검토하시오. [15점]

(3) 취소소송의 계속 중에 입주자모집공고일 당시 무주택세대주였다는 甲의 주장이 사실로 인정될 상황에 처하자 한국토지주택공사는 甲의 주택이 무허가주택이었기 때문에 甲은 특별분양 대상자에 해당되지 않는다고 처분사유를 변경하였고, 심리결과 甲의 주택이 무허가주택이었음이 인정되었다. 이 경우 법원은 변경된 처분사유를 근거로 甲의 청구를 기각할 수 있는가? 법원의 판결 확정 후 한국토지주택공사가 甲의 주택이 무허가주택임을 이유로 특별분양신청을 재차 거부할 수 있는지 여부도 함께 검토하시오. [20점]

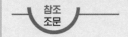

참조
조문

[주택공급에 관한 규칙(국토교통부령)]

제35조(국민주택의 특별공급)

① 사업주체는 제4조 제1항, 같은 조 제5항 및 제25조 제3항에도 불구하고 건설하여 공급하는 국민주택을 그 건설량의 10퍼센트의 범위에서 입주자모집공고일 현재 제4조 제3항에 따른 공급대상인 무주택세대구성원(제27호의2에 해당하는 경우는 제외한다)으로서 다음 각 호의 어느 하나에 해당하는 자에게 관계기관의 장이 정하는 우선순위기준에 따라 한 차례(제12호부터 제14호까지 및 제27호의2에 해당하는 경우는 제외한다)에 한정하여 1세대 1주택의 기준으로 특별공급할 수 있다. 다만, 시·도지사의 승인을 받은 경우에는 10퍼센트를 초과하여 특별공급할 수 있다.

12. 다음 각 목의 어느 하나에 해당하는 주택(관계법령에 따라 허가를 받거나 신고를 하고 건축해야 하는 경우에 허가를 받거나 신고를 하지 않고 건축한 주택은 제외한다. 이하 이 조에서 같다)을 소유하고 있는 자로서 해당 특별시장·광역시장·특별자치시장·시장 또는 군수가 인정하는 자

가. 국가, 지방자치단체, 한국토지주택공사 및 지방공사인 사업주체가 해당 주택건설사업(「도시 및 주거환경정비법」 제2조 제2호 나목 및 다목에 따른 재개발사업 및 재건축사업은 제외한다)을 위하여 철거하는 주택

[한국토지주택공사법]

제1조(목적)

이 법은 한국토지주택공사를 설립하여 토지의 취득·개발·비축·공급, 도시의 개발·정비, 주택의 건설·공급·관리 업무를 수행하게 함으로써 국민주거생활의 향상과 국토의 효율적인 이용을 도모하여 국민경제의 발전에 이바지함을 목적으로 한다.

제8조(사업)

① 공사는 다음 각 호의 사업을 한다.

　3. 주택(복리시설을 포함한다)의 건설·개량·매입·비축·공급·임대 및 관리

[공익사업을 위한 토지 등의 취득 및 보상에 관한 법률 시행령]

제40조(이주대책의 수립·실시)

② 이주대책은 국토교통부령으로 정하는 부득이한 사유가 있는 경우를 제외하고는 이주대책대상자 중 이주정착지에 이주를 희망하는 자의 가구 수가 10호 이상인 경우에 수립·실시한다. 다만, 사업시행자가 「택지개발촉진법」 또는 「주택법」 등 관계 법령에 따라 이주대책대상자에게 택지 또는 주택을 공급한 경우(사업시행자의 알선에 의하여 공급한 경우를 포함한다)에는 이주대책을 수립·실시한 것으로 본다.

(설문 1)의 해결

Ⅰ 쟁점의 정리

Ⅱ 소송요건의 충족 여부

　1. 대상적격

　　(1) 거부처분의 의의 및 구별개념

　　(2) 거부가 처분이 되기 위한 요건

　　　1) 판례의 태도

　　　2) 신청권 존부에 대한 견해의 대립

　　　3) 검토

　　(3) 사안의 경우

　　　1) 신청권의 존부

　　　2) 공권력 행사의 거부

　　　3) 국민의 권리·의무에 영향을 미칠 것

　2. 그 외 요건 충족 여부

Ⅲ 사안의 해결

(설문 2)의 해결

Ⅰ 쟁점의 정리

Ⅱ 행정심판의 제기

　1. 취소심판

　2. 무효등확인심판

　3. 의무이행심판

Ⅲ 가구제수단

　1. 집행정지

　2. 임시처분

Ⅳ 사안의 해결(관련문제 : 행정심판위원회의 직접처분)

(설문 3)의 해결

[I] 쟁점의 정리

[II] 변경된 처분사유로 기각판결을 할 수 있는지 여부
  1. 처분사유 추가변경의 의의 및 구별개념
  2. 소송물과 처분사유의 추가변경
  3. 인정 여부
    (1) 학설
    (2) 판례
    (3) 검토
  4. 인정기준
    (1) 처분 당시 객관적으로 존재하였던 사실일 것(시적 한계)
    (2) 기본적 사실관계의 동일성이 유지될 것(객관적 한계)
    (3) 재량행위의 경우
  5. 법원의 판단
  6. 사안의 경우

[III] 한국토지주택공사가 특별분양신청을 재차 거부할 수 있는지 여부
  1. 기속력의 의의 및 취지
  2. 구별개념 및 성질
  3. 내용
    (1) 반복금지효(행정소송법 제30조 제1항)
    (2) 재처분의무(제30조 제2항 및 제3항)
    (3) 원상회복의무(결과제거의무)
  4. 기속력의 인정범위
    (1) 객관적 범위
    (2) 주관적 범위
    (3) 시간적 한계
  5. 기속력 위반의 효과
  6. 사안의 경우
    (1) 판결의 취지
    (2) 사안의 경우

[IV] 사안의 해결

⊕ (설문 1)의 해결

[I] 쟁점의 정리

갑이 제기한 취소소송이 적법하기 위해서는 소송요건을 갖추어야 한다. 소송요건이란 본안심리를 하기 위하여 갖추어야 하는 요건을 말하며 관할권, 제소기간, 처분성, 원고적격, 소의 이익, 전심절차, 당사자능력, 중복소송이 아닐 것, 기판력에 반하지 않을 것 등이 있다. 이하에서 "특별분양신청에 대한 거부"가 대상적격 요건을 갖추었는지를 중심으로 소송요건을 검토한다.

[II] 소송요건의 충족 여부

1. 대상적격

(1) 거부처분의 의의 및 구별개념

거부란 공권력 행사의 신청에 대해 처분의 발령을 거부하는 행정청의 의사작용으로서, 거절의사가 명확한 점에서 부작위와 구별된다.

(2) 거부가 처분이 되기 위한 요건

1) 판례의 태도

거부처분이 처분성을 갖기 위해서는 ① 공권력 행사의 거부일 것, ② 국민의 권리와 의무에 영향을 미칠 것, ③ 법규상·조리상 신청권을 가질 것을 요구한다. 이때의 신청권은 행정청의 응답을 구하는 권리(형식적 권리)이며, 신청된 대로의 처분을 구하는 권리(실체적 권리)가 아니라고 한다.

2) 신청권 존부에 대한 견해의 대립

① 신청권의 존재는 본안문제라는 견해, ② 처분성은 소송법상 개념요소만 갖추면 된다고 하여 원고적격으로 보는 견해, ③ 신청권은 신청에 대한 응답의무에 대응하는 절차적 권리이므로 이를 대상적격의 문제로 보는 견해가 있다.

3) 검토

판례와 같이 신청권을 일반·추상적인 응답요구권으로 보게 되면 개별·구체적 권리일 것을 요하는 원고적격과 구별되고, 이러한 신청권이 없다면 바로 각하하여 법원의 심리부담의 가중도 덜어줄 수 있으므로 대상적격의 문제로 보는 것이 타당하다.

(3) 사안의 경우

1) 신청권의 존부

토지보상법 제78조에서는 사업시행자에게 이주대책을 수립·실시할 의무를 부여하고 있으며, 주택공급에 관한 규칙 제35조 제1항 제12호 규정을 목적론적으로 해석한다면 특별분양 신청에 대한 신청권이 인정되는 것으로 볼 수 있다.

주택공급에 관한 규칙 제35조 제1항 제12호에서는 단지 사업시행자가 특별공급할 권한과 재량만을 인정한 것이므로 이를 근거로 법규상 신청권을 인정할 수 없다고 보아도, 사업시행을 위하여 철거를 당하는 주택의 소유자에게 특별분양을 요구할 형식적인 신청권마저 부정하는 것은 공익에 비하여 사익을 지나치게 침해하는 것이므로 헌법적 기본원리와 기본권으로부터 조리상 신청권을 인정함이 타당하다.

▸ 조리상 신청권은 법조문에는 신청권이 명문화되어 있지 않으나, 관련 법률에 대한 유기적인 해석을 통해서 도출되는 개념을 의미합니다.

2) 공권력 행사의 거부

한국토지주택공사는 한국토지주택공사법에 따라 공익실현을 위한 주택건설공사를 시행할 수 있으므로 기능적 의미에서 넓게 행정청으로 볼 수 있다. 따라서 특별분양신청거부는 한국토지주택공사가 행정청의 우월적인 지위에서 행하는 공권력 행사의 거부로 볼 수 있다.

3) 국민의 권리·의무에 영향을 미칠 것

갑은 특별분양신청의 거부에 의하여 주택을 공급받을 기회를 상실하였으므로 갑의 재산권에 직접적인 제한이 있는 것으로 볼 수 있다. 따라서 특별분양신청거부는 대상적격 요건을 충족한다.

2. 그 외 요건 충족 여부

갑은 국민주택을 공급받을 법률상 이익(및 협의 소익)이 있으며, 한국토지주택공사는 기능적 의미의 행정청으로서 피고적격이 인정된다. 설문상 제소기간은 문제없으며 기타 요건도 충족된 것으로 볼 수 있다.

> **✱ 공사**
>
> 공사란 국가적 사업 수행을 위하여 설립된 공공기업체로서(정부가 전액 출자하는 공법인(公法人)), 정부의 감독을 받으며 공과금(公課金)이 면제된다.
>
> **✱ 기능적 의미의 행정청**
>
> 행정행위는 '행정청'의 행위이다. 여기의 행정청은 '조직법상의 행정청'이 아니라 '기능적 의미의 행정청'을 의미한다. 따라서 조직법상의 행정청뿐만 아니라 행정권한을 위임, 위탁받은 공공단체나 그 기관, 공무수탁사인도 행정행위를 발할 수 있는 범위 내에서는 여기의 행정청에 포함되고, 국회, 법원, 지방의회도 실질적 의미의 행정작용을 수행하는 경우에는 여기의 행정청에 해당한다.
>
> > **조직법상의 행정청**
> > 행정조직법상의 행정청이란 국가나 지방자치단체의 의사를 '결정'해서 '표시'할 수 있는 권한을 가진 기관을 말한다. 현실적으로 일정 행정조직의 우두머리, 예컨대 행정안전부장관, 국세청장, 지방국세청장, 세무서장, 경찰청장, 시·도경찰청장, 경찰서장, 서울특별시장, 관악구청장, 경기도지사, 성남시장 등이 조직법상의 행정청에 해당한다.

Ⅲ 사안의 해결

갑이 제소기간을 준수하여 한국토지주택공사를 피고로 하여 제기한 특별분양신청 거부처분취소소송은 상기에서 검토한 바와 같이 소송요건을 모두 갖추었기에 적법하다고 볼 수 있다.

I 쟁점의 정리

행정심판이란 위법·부당한 행정행위로 인하여 권익을 침해당한 경우에 행정기관이 이를 심리하고 판결하는 절차를 말한다. 행정심판법에서는 취소 및 무효등확인심판과 의무이행심판을 규정하고 있으며, 각 재결의 실효성을 확보하기 위하여 집행정지 및 임시처분을 신청할 수 있다. 이하 검토한다.

II 행정심판의 제기

1. 취소심판

취소심판이라 함은 "행정청의 위법 또는 부당한 처분을 취소하거나 변경하는 심판"을 말하며, 거부 처분에 하자가 있어 청구인의 청구가 이유 있다고 인정할 때에는 형성재결로서 취소재결·변경재결을 하거나 또는 처분청에 대한 이행재결로서 변경명령재결을 할 수 있다.

2. 무효등확인심판

무효등확인심판이라 함은 "행정청의 처분의 효력 유무 또는 존재 여부를 확인하는 심판"을 말하며, 거부처분의 하자가 중대·명백하여 무효사유에 해당하는 경우에는 거부처분이 무효임을 확인하는 재결을 한다.

3. 의무이행심판

의무이행심판이라 함은 "행정청의 위법 또는 부당한 거부처분이나 부작위에 대하여 일정한 처분을 하도록 하는 심판"을 말한다. 청구인의 청구가 이유 있다고 인정할 때에는 인용재결로서 지체 없이 신청에 따른 처분을 하거나(처분재결) 처분을 할 것을 피청구인에게 명할 수 있다(처분명령재결).

III 가구제수단

1. 집행정지

집행정지라 함은 계쟁처분의 효력이나 집행 또는 절차의 속행을 정지시키는 것을 말한다. 행정심판법 제30조에서는 처분의 집행 또는 절차의 속행 때문에 중대한 손해가 생기는 것을 예방할 필요성이 긴급하다고 인정할 때에는 집행정지를 인정하고 있다.

2. 임시처분

임시처분이란 처분 또는 부작위가 위법, 부당하다고 상당히 의심되는 경우로서 처분 또는 부작위 때문에 당사자가 받을 우려가 있는 중대한 불이익이나 당사자에게 생길 급박한 위험을 막기 위하여 임시지위를 정하여야 할 필요가 있는 경우 행정심판위원회가 발할 수 있는 가구제수단이다. 임시처분은 집행정지로 목적을 달성할 수 있는 경우에는 허용되지 아니한다.

IV 사안의 해결(관련문제 : 행정심판위원회의 직접처분)

갑은 특별분양신청거부에 대하여 가장 실효적인 수단으로서 의무이행심판을 제기할 수 있으며 이의 실효성을 확보하기 위해서 임시처분을 신청할 수 있다. 또한 행정심판위원회는 피청구인이 처분명령재결에도 불구하고 처분을 하지 아니하는 경우 당사자가 신청하면 기간을 정하여 서면으로 시정을 명하고 그 기간에 이행하지 아니하면 직접처분을 할 수 있도록 하여 행정소송법상 간접강제와 달리 직접처분권으로서 그 실효성을 확보하고 있다.

▶ 단, 정보를 행정청이 독점하는 경우에는 행정심판위원회의 정보공개와 관련된 시정명령이나 직접처분은 한계를 가질 수밖에 없다. 따라서 입법론으로는 행정심판에 대하여도 행정소송법 제34조의 간접강제가 가능하도록 규정을 도입하자는 논의가 있다(김성수).

⊕ (설문 3)의 해결

I 쟁점의 정리

법원이 기각판결을 내리기 위해서는 변경된 처분사유로 심리하여야 하는데, 소송계속 중에 처분사유를 변경할 수 있는지를 검토한다. 만약, 처분사유의 변경이 허용되지 않아서 인용판결이 난 경우라면 한국토지주택공사가 특별분양신청을 재차 거부하는 것이 인용판결의 효력인 기속력에 반하는 것은 아닌지를 검토하여 설문을 해결한다.

II 변경된 처분사유로 기각판결을 할 수 있는지 여부

1. 처분사유 추가변경의 의의 및 구별개념

처분 당시에 존재하였으나 처분의 근거로 제시하지 않았던 법적 또는 사실적 사유를 소송계속 중에 추가 또는 변경하는 것을 말한다. 처분 당시에 존재하는 사유를 추가하거나 변경한다는 점에서 처분시의 하자를 사후에 보완하는 하자치유와 구별된다.

2. 소송물과 처분사유의 추가변경

소송물을 개개의 위법성 사유로 보면 처분사유의 추가변경은 소송물의 추가변경이 되므로 원칙적으로 불가하다. 따라서 처분사유의 추가변경은 소송물(위법성 일반)의 범위 내에서 논의되어야 한다.

3. 인정 여부

(1) 학설

① 국민의 공격·방어권 침해를 이유로 부정하는 견해, ② 소송경제 측면에서 긍정하는 견해, ③ 처분의 상대보호와 소송경제의 요청을 고려할 때 제한적으로 긍정하는 견해, ④ 행정행위 및 행정쟁송의 유형 등에 따라 개별적으로 판단해야 한다는 견해가 있다.

(2) 판례

실질적 법치주의와 행정처분의 상대방인 국민의 신뢰보호견지에서 기본적 사실관계의 동일성이 인정되는 경우에 제한적으로 긍정하고 있다.

(3) 검토

처분사유의 추가·변경은 소송경제 및 분쟁의 일회적 해결을 위한 것이므로 권리보호와 소송경제를 고려하여 제한적으로 인정하는 판례의 태도가 타당하다.

4. 인정기준

(1) 처분 당시 객관적으로 존재하였던 사실일 것(시적 한계)

위법성 판단의 기준시에 관하여 처분시설을 취하는 경우 위법성 판단은 처분시를 기준으로 하므로 추가사유나 변경사유는 처분시에 객관적으로 존재하던 사유이어야 한다. 처분 이후에 발생한 새로운 사실적·법적 사유를 추가·변경할 수는 없다. 단, 판결시설 또는 절충설을 취하는 경우에는 피고인 처분청은 소송계속 중 처분 이후의 사실적·법적 상황을 주장할 수 있게 된다.

> ✳ 보충설명(위법성 판단의 기준시점)
>
> **1. 문제점**
>
> 처분은 그 당시의 사실상태 및 법률상태를 기초로 하여 행해지게 되나, 처분 후 사실상태 또는 법률상태가 변경되는 경우에 법원이 본안심리의 결과 처분의 위법 여부를 판단함에 있어서 어느 시점의 법률상태 및 사실상태를 기준으로 해야 하는지가 문제된다.
>
> **2. 학설**
>
> ① 취소소송은 처분의 사후심사의 성질을 가지므로 처분의 위법 여부판단은 처분시의 사실 및 법률상태를 기준으로 행하여야 한다는 처분시설과 ② 취소소송의 본질은 처분으로 인하여 형성된 위법상태를 배제하는 데 있으므로 처분의 위법 여부의 판단은 판결시의 사실 및 법률상태를 기준으로 행하여야 한다는 판결시설 및 ③ 원칙상 처분시설이 타당하나 계속적 효력을 가진 처분이나 거부처분취소의 경우에는 판결시로 보는 것이 타당하다는 절충설도 있다.

> 3. 판례
>
> 판례는 행정소송에서 행정처분의 위법 여부는 행정처분이 행하여졌을 때의 법령과 사실상태를 기준으로 하여 판단하여야 하고, 처분 후 법령의 개폐나 사실상태의 변동에 의하여 영향을 받지는 않는다고 하여 처분시설을 취하고 있다.
>
> 4. 검토(절충설)
>
> 취소소송은 행정청이 내린 처분을 다투어 취소를 구하는 소송이므로 처분의 위법판단의 기준시를 원칙상 처분시로 보아야 한다. 거부처분의 경우에는 해석론적 입장에서 판결시로 봄이 타당하다.

(2) 기본적 사실관계의 동일성이 유지될 것(객관적 한계)

통설 및 판례는 ① 법률적 평가 이전의 사회적 사실관계의 동일성을 기준으로 하여, ② 시간적, 장소적 근접성, ③ 행위의 태양, 결과 등을 종합적으로 고려해서 판단하여야 한다고 본다.

(3) 재량행위의 경우

① 재량행위의 경우에 고려사항의 변경은 새로운 처분을 의미하는 것이라는 견해가 있으나, ② 재량행위에서 처분이유를 사후에 변경하는 경우에도, 분쟁대상인 행정행위가 본질적으로 변경되지 않음을 전제로 하는 것이므로 재량행위에서도 인정함이 타당하다.

5. 법원의 판단

처분사유의 추가·변경이 인정되면 법원은 변경된 사유를 기준으로 본안심사를 하고 그렇지 않은 경우에는 당초사유를 기준으로 해야 한다.

> 처분청은 사정변경을 이유로 계쟁처분을 직권취소하고 이를 대체하는 처분을 할 수 있고 이 경우 계쟁처분은 취소된 것이 되므로 당초의 처분에 대한 취소소송은 소의이익을 상실하고 원고는 처분변경으로 인한 소변경을 신청할 수 있다.
>
> 반면, 처분사유의 추가변경이 허용되어 처분의 적법성이 인정되는 경우에는 소를 취하할 기회를 부여하여야 하며 소송비용의 일부를 피고가 부담하는 것으로 보아야 한다.

6. 사안의 경우

소송계속 중에 제시한 '갑의 주택이 무허가주택'이라는 사실(이주대책 대상자 요건)은 처분 당시에 존재한 사유이나, 이는 무주택세대주였다는 당초의 사실(특별분양 대상자 요건)과 기본적 사실관계의 동일성이 인정되지 않는다. 따라서 법원은 당초사유인 '입주자모집공고일 당시 무주택세대주'라는 당초사유를 기준으로 하여 심리하여야 하므로 갑의 청구를 기각할 수 없다.

Ⅲ 한국토지주택공사가 특별분양신청을 재차 거부할 수 있는지 여부

1. 기속력의 의의 및 취지

기속력이란 행정청에 대하여 판결의 취지에 따라 행동하도록 당사자인 행정청과 그 밖의 관계행정청을 구속하는 효력을 말한다(행정소송법 제30조). 이는 인용판결의 실효성을 확보하기 위하여 인정된 제도이며 인용판결에 한하여 인정된다(기각판결에는 인용되지 않음).

2. 구별개념 및 성질

구속력의 성질을 무엇으로 볼 것인가에 대하여 기판력설과 특수효력설이 대립하고 있는데 기판력은 법적 안정성을 위하여 인정된 소송법상의 효력인 데 반하여 기속력은 판결의 실효성을 확보하기 위한 실체법상의 효력이므로 기속력은 기판력과 구분되는 특수한 효력이라는 것이 다수의 견해이다.

▸ 답안 현출시에는 의의 및 취지 후반부에 "기속력은 기판력과 구분되는 특수한 효력의 성질을 갖는다." 정도로만 추가하면 될 것입니다.

▸ 기판력은 후소 법원과의 판결의 모순저촉을 방지하기 위함이고, 기속력은 인용판결의 실효성을 위한 것이므로 양자는 다릅니다.

3. 내용

(1) 반복금지효(행정소송법 제30조 제1항)

취소판결이 확정되면 당사자인 행정청과 관계행정청은 판결의 취지에 저촉되는 처분을 할 수 없다. 동일한 처분인지는 기본적 사실관계의 동일성 유무를 기준으로 판단한다.

▸ 동일한 법적, 사실적 관계 아래서는 동일 당사자에 대하여 동일한 내용의 처분 등을 반복해서는 안 된다.

(2) 재처분의무(제30조 제2항 및 제3항)

판결에 의하여 취소되는 처분이 당사자의 신청에 대한 거부처분인 경우에는 행정청은 판결의 취지에 따라 다시 이전의 신청에 대한 처분을 하여야 한다. 절차의 위법을 이유로 취소되는 경우에 같다.

(3) 원상회복의무(결과제거의무)

취소판결이 확정되면 행정청은 취소된 처분에 의해 초래된 위법상태를 제거하여 원상회복할 의무를 진다. 이에 대해 견해의 대립이 있으나 다수견해는 원상회복의무를 기속력의 내용으로 본다.

> **✎ 답안에 내용을 축약하여 표현할 때(배점 축약용)**
>
> 3. 내용
>
> ① 판결의 취지에 저촉되는 처분을 해서는 안 되는 반복금지효(행정소송법 제30조 제1항), ② 거부처분의 취소인 경우에는 이전의 신청에 대한 재처분을 해야 하는 의무(동조 제2항), ③ 처분에 의해 초래된 위법상태를 제거할 원상회복의무를 내용으로 한다.

4. 기속력의 인정범위

(1) 객관적 범위

판결의 취지는 판결의 주문과 판결이유를 말한다. 취소판결의 취지는 취소된 처분이 위법하다는 것과 취소판결의 이유가 된 위법사유를 말하므로 기속력은 판결의 주문과 이유에 적시된 개개의 위법사유에 미친다.

(2) 주관적 범위

기속력은 당사자인 행정청과 그 밖의 관계행정청을 기속한다. 취소된 처분 등을 기초로 하여 그와 관련되는 처분이나 부수되는 행위를 할 수 있는 행정청을 총칭하는 것이라고 할 것이다.

(3) 시간적 한계

처분의 위법 여부의 판단시점은 처분시이기 때문에(통설 및 판례) 기속력은 처분 당시까지 존재하던 사유에 대하여만 미치고 그 이후에 생긴 사유에는 미치지 아니한다.

5. 기속력 위반의 효과

소송법상 기속력은 강행규정이므로 이에 대한 위반은 그 하자가 중대, 명백하여 당연무효라고 본다 (대판 1990.12.11, 90누3560).

6. 사안의 경우

(1) 판결의 취지

인용판결의 취지는 갑이 '무주택세대주'임에도 특별분양신청을 거부한 위법을 시정하여 특별분양신청에 대한 하자없는 처분을 하라는 것으로 볼 수 있다.

(2) 사안의 경우

갑은 무허가주택의 소유자이므로 한국토지주택공사는 갑이 특별분양신청의 대상자가 아니라는 이유로 재차 거부할 수 있으며 이는 기속력에 반하지 않는다.

Ⅳ 사안의 해결

'갑이 무허가주택 소유자'라는 사유는 소송계속 중에 변경될 수 없으며, 한국토지주택공사는 갑의 취소소송에 대한 인용판결이 있은 후에 재차 '갑의 주택은 무허가주택'임을 이유로 특별분양신청에 대해 거부할 수 있을 것이다.

✶ 토지보상법

제78조(이주대책의 수립 등)

① 사업시행자는 공익사업의 시행으로 인하여 주거용 건축물을 제공함에 따라 생활의 근거를 상실하게 되는 자(이하 "이주대책대상자"라 한다)를 위하여 대통령령으로 정하는 바에 따라 이주대책을 수립·실시하거나 이주정착금을 지급하여야 한다.

② 사업시행자는 제1항에 따라 이주대책을 수립하려면 미리 관할 지방자치단체의 장과 협의하여야 한다.

③ 국가나 지방자치단체는 이주대책의 실시에 따른 주택지의 조성 및 주택의 건설에 대하여는 「주택도시기금법」에 따른 주택도시기금을 우선적으로 지원하여야 한다.

④ 이주대책의 내용에는 이주정착지(이주대책의 실시로 건설하는 주택단지를 포함한다)에 대한 도로, 급수시설, 배수시설, 그 밖의 공공시설 등 통상적인 수준의 생활기본시설이 포함되어야 하며, 이에 필요한 비용은 사업시행자가 부담한다. 다만, 행정청이 아닌 사업시행자가 이주대책을 수립·실시하는 경우에 지방자치단체는 비용의 일부를 보조할 수 있다.

⑤ 제1항에 따라 이주대책의 실시에 따른 주택지 또는 주택을 공급받기로 결정된 권리는 소유권이전등기를 마칠 때까지 전매(매매, 증여, 그 밖에 권리의 변동을 수반하는 모든 행위를 포함하되, 상속은 제외한다)할 수 없으며, 이를 위반하거나 해당 공익사업과 관련하여 다음 각 호의 어느 하나에 해당하는 경우에 사업시행자는 이주대책의 실시가 아닌 이주정착금으로 지급하여야 한다.

1. 제93조, 제96조 및 제97조 제2호의 어느 하나에 해당하는 위반행위를 한 경우
2. 「공공주택 특별법」 제57조 제1항 및 제58조 제1항 제1호의 어느 하나에 해당하는 위반행위를 한 경우
3. 「한국토지주택공사법」 제28조의 위반행위를 한 경우

⑥ 주거용 건물의 거주자에 대하여는 주거 이전에 필요한 비용과 가재도구 등 동산의 운반에 필요한 비용을 산정하여 보상하여야 한다.

⑦ 공익사업의 시행으로 인하여 영위하던 농업·어업을 계속할 수 없게 되어 다른 지역으로 이주하는 농민·어민이 받을 보상금이 없거나 그 총액이 국토교통부령으로 정하는 금액에 미치지 못하는 경우에는 그 금액 또는 그 차액을 보상하여야 한다.

⑧ 사업시행자는 해당 공익사업이 시행되는 지역에 거주하고 있는 「국민기초생활 보장법」 제2조 제1호·제11호에 따른 수급권자 및 차상위계층이 취업을 희망하는 경우에는 그 공익사업과 관련된 업무에 우선적으로 고용할 수 있으며, 이들의 취업 알선을 위하여 노력하여야 한다.

⑨ 제4항에 따른 생활기본시설에 필요한 비용의 기준은 대통령령으로 정한다.

⑩ 제5항 및 제6항에 따른 보상에 대하여는 국토교통부령으로 정하는 기준에 따른다.

시행령 제40조(이주대책의 수립·실시)

① 사업시행자가 법 제78조 제1항의 규정에 의한 이주대책(이하 "이주대책"이라 한다)을 수립하려는 경우에는 미리 그 내용을 같은 항에 따른 이주대책대상자(이하 "이주대책대상자"라 한다)에게 통지하여야 한다.

② 이주대책은 국토교통부령이 정하는 부득이한 사유가 있는 경우를 제외하고는 이주대책대상자 중 이주정착지에 이주를 희망하는 자의 가구 수가 10호 이상인 경우에 수립·실시한다. 다만, 사업시행자가 「택지개발촉진법」 또는 「주택법」 등 관계법령에 의하여 이주대책대상자에게 택지 또는 주택을 공급한 경우(사업시행자의 알선에 의하여 공급한 경우를 포함한다)에는 이주대책을 수립·실시한 것으로 본다.

③~④ (생략)

⑤ 다음 각 호의 어느 하나에 해당하는 자는 이주대책대상자에서 제외한다.

1. 허가를 받거나 신고를 하고 건축 또는 용도변경을 하여야 하는 건축물을 허가를 받지 아니하거나 신고를 하지 아니하고 건축 또는 용도변경을 한 건축물의 소유자

2. 해당 건축물에 공익사업을 위한 관계 법령에 따른 고시 등이 있은 날부터 계약체결일 또는 수용재결일까지 계속하여 거주하고 있지 아니한 건축물의 소유자. 다만, 다음 각 목의 어느 하나에 해당하는 사유로 거주하고 있지 아니한 경우에는 그러하지 아니하다.
   가. 질병으로 인한 요양
   나. 징집으로 인한 입영
   다. 공무
   라. 취학
   마. 해당 공익사업지구 내 타인이 소유하고 있는 건축물에의 거주
   바. 그 밖에 가목부터 라목까지에 준하는 부득이한 사유

3. 타인이 소유하고 있는 건축물에 거주하는 세입자. 다만, 해당 공익사업지구에 주거용 건축물을 소유한 자로서 타인이 소유하고 있는 건축물에 거주하는 세입자는 제외한다.

⑥ 제2항 본문에 따른 이주정착지 안의 택지 또는 주택을 취득하거나 같은 항 단서에 따른 택지 또는 주택을 취득하는 데 드는 비용은 이주대책대상자의 희망에 따라 그가 지급받을 보상금과 상계(相計)할 수 있다.

시행령 제41조(이주정착금의 지급)

사업시행자는 법 제78조 제1항에 따라 다음 각 호의 어느 하나에 해당하는 경우에는 이주대책대상자에게 국토교통부령으로 정하는 바에 따라 이주정착금을 지급해야 한다.

1. 이주대책을 수립·실시하지 아니하는 경우
2. 이주대책대상자가 이주정착지가 아닌 다른 지역으로 이주하려는 경우

3. 이주대책대상자가 공익사업을 위한 관계 법령에 따른 고시 등이 있는 날의 1년 전부터 계약체결일 또는 수용재결일까지 계속하여 해당 건축물에 거주하지 않은 경우

4. 이주대책대상자가 공익사업을 위한 관계 법령에 따른 고시 등이 있은 날 당시 다음 각 목의 어느 하나에 해당하는 기관·업체에 소속(다른 기관·업체에 소속된 사람이 파견 등으로 각 목의 기관·업체에서 근무하는 경우를 포함한다)되어 있거나 퇴직한 날부터 3년이 경과하지 않은 경우

　가. 국토교통부

　나. 사업시행자

　다. 법 제21조 제2항에 따라 협의하거나 의견을 들어야 하는 공익사업의 허가·인가·승인 등 기관

　라. 공익사업을 위한 관계 법령에 따른 고시 등이 있기 전에 관계 법령에 따라 실시한 협의, 의견청취 등의 대상자였던 중앙행정기관, 지방자치단체, 「공공기관의 운영에 관한 법률」 제4조에 따른 공공기관 및 「지방공기업법」에 따른 지방공기업

✳ 주택공급에 관한 규칙

제1조(목적)

이 규칙은 「주택법」 제54조(제1항 제2호 나목은 제외한다), 제54조의2, 제56조, 제56조의2, 제56조의3, 제60조, 제63조, 제63조의2, 제64조 및 제65조에 따라 주택 및 복리시설을 공급하는 조건·방법 및 절차 등에 관한 사항을 규정함을 목적으로 한다.

제35조(국민주택의 특별공급)

① 사업주체는 제4조 제1항, 같은 조 제5항 및 제25조 제3항에도 불구하고 건설하여 공급하는 국민주택을 그 건설량의 10퍼센트의 범위에서 입주자모집공고일 현재 제4조 제3항에 따른 공급대상인 무주택세대구성원(제27호의2에 해당하는 경우는 제외한다)으로서 다음 각 호의 어느 하나에 해당하는 자에게 관계기관의 장이 정하는 우선순위기준에 따라 한 차례(제12호부터 제14호까지 및 제27호의2에 해당하는 경우는 제외한다)에 한정하여 1세대 1주택의 기준으로 특별공급할 수 있다. 다만, 시·도지사의 승인을 받은 경우에는 10퍼센트를 초과하여 특별공급할 수 있다.

12. 다음 각 목의 어느 하나에 해당하는 주택(관계법령에 따라 허가를 받거나 신고를 하고 건축해야 하는 경우에 허가를 받거나 신고를 하지 않고 건축한 주택은 제외한다. 이하 이 조에서 같다)을 소유하고 있는 자로서 해당 특별시장·광역시장·특별자치시장·시장 또는 군수가 인정하는 자. 다만, 바목에 해당하는 주택의 경우에는 관계법령에 따라 해당 사업시행을 위한 고시 등이 있은 날 이전부터 소유하고 있는 자로 한정한다.

　　가. 국가, 지방자치단체, 한국토지주택공사 및 지방공사인 사업주체가 해당 주택건설사업(「도시 및 주거환경정비법」 제2조 제2호 나목 및 다목에 따른 재개발사업 및 재건축사업은 제외한다)을 위하여 철거하는 주택

바. 「공익사업을 위한 토지 등의 취득 및 보상에 관한 법률」 제4조에 따른 공익사업의 시행을 위하여 철거되는 주택(가목부터 다목까지의 규정에 해당하는 사업을 위하여 철거되는 주택은 제외한다)

✳ 한국토지주택공사법

제1조(목적)

이 법은 한국토지주택공사를 설립하여 토지의 취득·개발·비축·공급, 도시의 개발·정비, 주택의 건설·공급·관리 업무를 수행하게 함으로써 국민주거생활의 향상과 국토의 효율적인 이용을 도모하여 국민경제의 발전에 이바지함을 목적으로 한다.

제2조(법인격)

한국토지주택공사(이하 "공사"라 한다)는 법인으로 한다.

제8조(사업)

① 공사는 다음 각 호의 사업을 한다.

　3. 주택(복리시설을 포함한다)의 건설·개량·매입·비축·공급·임대 및 관리

국민주택 : 국민주택기금으로부터 자금을 지원받아 건설 또는 개량한 85㎡(약 25.7평) 이하의 주택. 한국의 심각한 주택난 문제를 완화하고자 한 주택정책의 일환으로, 주택구입능력이 취약한 일반 서민을 대상으로 저렴한 가격으로 임대·분양하기 위해 정부가 정책적으로 건설하는 주택을 말한다. 1981년 4월 주택법(주택건설촉진법)을 개정하여 국민주택기금을 별도로 설치하면서 국민주택 공급을 위한 국가적 주택금융체제가 갖추어졌다.

또한 국민주택 공급을 위한 재원조달과 원활한 주택공급을 위해 국민주택청약제도를 실시하게 된 것도 이때부터였다. 국민주택은 국민 일반 대중에게 가장 보편적이고 표준적인 모델로 삼을 수 있는 동시에 국민이면 누구나 이 정도의 집은 가져야 한다는 지표를 제시하는 주택이기 때문에, 규모는 그다지 크지 않고 내부시설도 다양하지 않다. 주택공사나 시에서 시공하는 국민주택의 경우 전용면적이 85㎡(25.7평) 이하이고, 주택기금(住宅基金)의 지원을 받는 민간업자가 시공하는 국민주택의 전용면적은 이보다 더욱 작은 60㎡(약 18평) 이하이다.

한편 국민주택을 시공하는 사업주체는 국가·지방자치단체·한국토지주택공사 등이며, 정부의 주택건설종합계획에는 국민주택의 건설이 최우선적으로 고려된다. 용도별로는 공공임대주택·공공분양주택·근로자주택·농촌주택으로 구분된다. 국민주택은 주로 독립세대주인 무주택자에게 분양되지만, 국민주택청약저축에 가입해야만 분양시 우선순위를 확보할 수 있다. 2009년 현재 국민주택청약저축에 가입하여 2년이 지나고 월 납입금을 연체하지 않고 24회 이상 납입하면 1순위가 주어지고, 가입하여 6개월이 지나고 월 납입금을 연체하지 않고 6개월 이상 납입하면 2순위가 주어진다.

✱ 주택공급에 관한 규칙

제4조(주택의 공급대상)

① 주택의 공급대상은 다음 각 호의 기준에 따른다.

1. 국민주택과 제3조 제2항 제1호에 따른 주택은 입주자모집공고일 현재 해당 주택건설지역에 거주하는 성년자인 무주택세대구성원에게 1세대 1주택(공급을 신청하는 경우에는 1세대 1명을 말한다)의 기준으로 공급한다.

2. 민영주택(제3조 제2항 제1호에 따른 주택은 제외한다)은 입주자모집공고일 현재 해당 주택건설지역에 거주하는 성년자에게 1인 1주택의 기준으로 공급한다. 다만, 「주택법」 제2조 제9호에 따른 토지임대부 분양주택(이하 "토지임대주택"이라 한다)은 1세대 1주택의 기준으로 공급한다.

3. 제1호 및 제2호에도 불구하고 다음 각 목의 지역에서 공급하는 주택은 해당 주택건설지역에 거주하지 않는 성년자도 공급대상에 포함하며, 특별시장·광역시장·특별자치시장·시장(「제주특별자치도 설치 및 국제자유도시 조성을 위한 특별법」 제15조 제2항에 따른 행정시의 시장을 포함한다) 또는 군수는 행정구역의 변경으로 주택건설지역이 변경되는 경우에는 변경 전의 주택건설지역 또는 그 중 일정한 구역에 거주하는 성년자를 공급대상에 포함하게 할 수 있다.

   가. 「신행정수도 후속대책을 위한 연기·공주지역 행정중심복합도시 건설을 위한 특별법」 제2조 제2호에 따른 예정지역(같은 법 제15조 제1호에 따라 지정이 해제된 지역을 포함한다. 이하 "행정중심복합도시 예정지역"이라 한다)

   나. 「도청이전을 위한 도시건설 및 지원에 관한 특별법」 제6조에 따라 지정된 도청이전신도시 개발예정지구

   다. 「혁신도시 조성 및 발전에 관한 특별법」 제6조에 따라 지정된 혁신도시개발예정지구

   라. 「기업도시개발 특별법」 제5조에 따라 지정된 기업도시개발구역

   마. 「주한미군기지 이전에 따른 평택시 등의 지원 등에 관한 특별법」 제2조 제5호에 따른 평택시 등

   바. 「산업입지 및 개발에 관한 법률」 제2조 제8호에 따른 산업단지

   사. 법 제63조의2 제1항 제2호에 따라 지정된 조정대상지역(이하 "위축지역"이라 한다)

🔴 사례 14

국토교통부장관 을은 2014년 2월 1일 감정평가법인 갑이 이해관계 있는 자의 토지를 평가한 적이 없음에도 불구하고 이해관계 있는 자의 토지를 평가하였다는 이유로 3개월의 업무정지처분을 내렸다. 이에 갑은 업무정지처분에 대한 소송요건을 모두 갖추고 취소소송을 제기하였다. 40점

(1) 을은 취소소송 진행 중에 '갑이 2012년 5월에 평가한 보상감정평가서의 원본 등 서류를 2012년 5월 당시부터 보존하지 않아서 이는 감정평가법 제6조 제3항의 서류보존의무 위반'에 해당한다는 이유로 처분사유를 추가·변경할 수 있는가?

(2) 을은 갑이 제기한 취소소송에서 패소하여 판결이 확정되었다. 이후 을은 '갑이 감정평가서의 원본 등 서류보존의무(감정평가법 제6조 제3항)를 위반하였다.'는 이유로 다시 3개월의 업무정지처분을 내린 경우 동 처분은 적법한가?

Ⅰ 쟁점의 정리

Ⅱ 관련행위의 법적 성질
　1. 업무정지처분의 개념
　2. 업무정지처분의 법적 성질

Ⅲ (설문 1) 업무정지처분사유의 추가·변경 가능 여부
　1. 처분사유의 추가변경의 의의 및 구별개념
　2. 소송물과 처분사유의 추가변경
　3. 인정 여부
　　(1) 학설
　　(2) 판례
　　(3) 검토
　4. 인정범위
　　(1) 처분 당시 객관적으로 존재하였던 사실일 것
　　(2) 기본적 사실관계의 동일성이 유지될 것
　　(3) 재량행위의 경우
　5. 법원의 판단

6. 사안의 경우
　(1) 처분 당시에 존재하는 객관적 사유인지
　(2) 기본적 사실관계의 동일성 유무

Ⅳ (설문 2) 업무정지처분의 적법성(취소판결의 기속력)
　1. 기속력의 의의 및 취지
　2. 구별개념 및 성질
　3. 내용
　　(1) 반복금지효(행정소송법 제30조 제1항)
　　(2) 재처분의무(동법 제30조 제2, 3항)
　　(3) 원상회복의무(결과제거의무)
　4. 기속력의 인정범위
　　(1) 시간적 범위
　　(2) 객관적 범위
　　(3) 주관적 범위
　5. 기속력 위반의 효과
　6. 사안의 경우

Ⅴ 사안의 해결

Ⅰ 쟁점의 정리

1. 설문 (1)은 처분사유의 추가·변경에 관한 것이다. 이의 해결을 위하여 처분사유 추가·변경의 허용 여부 및 인정범위에 관하여 검토한다.

2. 설문 (2)는 취소판결이 확정된 후, 종전 처분과 동일한 처분을 하는 것이 기속력(반복금지효)에 반하는 것인지가 문제된다. 이의 해결을 위하여 양 처분사유의 동일성 유무를 검토한다.

Ⅱ 관련행위의 법적 성질

1. 업무정지처분의 개념

"감정평가업"이라 함은 타인의 의뢰에 따라 일정한 보수를 받고 토지 등의 감정평가를 업으로 행하는 것을 말한다(감정평가법 제2조 제3호). 업무정지처분은 감정평가법인 등이 이러한 감정평가업을 일정기간 동안 행하지 못하게 하는 것을 말한다.

2. 업무정지처분의 법적 성질

업무정지처분은 갑에게 감정평가업을 하지 못하게 하는 부작위하명으로서 항고소송의 대상이 되며 감정평가법 제32조에서 '할 수 있다.'고 규정하고 있는 바, 재량행위로 볼 수 있다.

Ⅲ [설문 1] 업무정지처분사유의 추가·변경 가능 여부

1. 처분사유의 추가변경의 의의 및 구별개념

처분시에 존재하였으나 처분의 근거로 제시하지 않았던 법적 또는 사실적 사유를 소송계속 중에 추가 또는 변경하는 것을 말한다. 처분 당시에 존재하는 사유를 추가·변경하는 점에서 처분시의 하자를 사후에 보완하는 하자치유와 구별된다.

2. 소송물과 처분사유의 추가변경

소송물을 개개의 위법성 사유로 보면 처분사유의 추가변경은 소송물의 추가변경이므로 원칙적으로 불가하다. 따라서 처분사유의 추가변경은 위법성 일반의 소송물 범위 내에서 논의되어야 한다.

3. 인정 여부

(1) 학설

① 국민의 공격·방어권 침해를 이유로 부정하는 견해, ② 소송경제 측면에서 긍정하는 견해, ③ 처분의 상대보호와 소송경제의 요청을 고려할 때 제한적으로 긍정하는 견해, ④ 행정행위, 행정쟁송 유형 등에 따라 개별적으로 판단하는 견해가 있다.

(2) 판례

실질적 법치주의와 행정처분의 상대방인 국민의 신뢰보호견지에서 기본적 사실관계의 동일성이 인정되는 경우에 제한적으로 긍정하고 있다.

(3) 검토

국민의 권리보호의 필요성과 소송경제를 도모하기 위하여 판례의 태도에 따라 기본적 사실관계의 동일성이 인정되는 경우에 한하여 긍정함이 타당하다.

4. 인정범위

(1) 처분 당시 객관적으로 존재하였던 사실일 것

통설 및 판례는 처분시를 기준으로 위법성을 판단하고 있으므로 이에 따를 때 처분시에 객관적으로 존재하였던 사유만이 처분사유의 추가·변경의 대상이 된다. 처분 후에 발생한 사실관계나 법률관계는 대상이 되지 않는다.

(2) 기본적 사실관계의 동일성이 유지될 것

통설 및 판례는 ① 법률적 평가 이전의 사회적 사실관계의 동일성을 기준하여, ② 시간적·장소적 근접성, ③ 행위의 태양·결과 등을 종합·고려하여 판단하여야 한다고 본다.

(3) 재량행위의 경우

① 재량행위의 경우 고려사항의 변경은 새로운 처분을 의미하는 것이라는 견해가 있으나, ② 재량행위에서 처분이유의 사후변경도 분쟁대상인 행정행위가 본질적으로 변경되지 않음을 전제로 하는 것이므로 재량행위에서도 인정함이 타당하다.

5. 법원의 판단

긍정시 법원은 변경된 사유를 기준으로 본안심사를 하고 그렇지 않은 경우에는 당초사유를 기준으로 해야 한다. 처분사유의 추가변경이 허용되어 처분의 적법성이 인정되는 경우에는 소를 취하할 기회를 부여하여야 하며 소송비용의 일부를 피고가 부담하는 것으로 보아야 한다.

6. 사안의 경우

(1) 처분 당시에 존재하는 객관적 사유인지

취소소송 중에 새로이 제시된 '서류보존의무 위반'이라는 사유는 2012년 5월부터 존재하므로 업무정지처분시인 2014년 2월 1일 당시에 존재하는 사유에 해당한다.

(2) 기본적 사실관계의 동일성 유무

변경사유인 '서류보존의무 위반'은 관련 서류를 일정기간 보존하게 하여 사후에 감정평가의 정당성을 판단하거나 분쟁발생시에 증거자료로 활용하는 등, 올바른 평가질서 확립 등의 목적을 갖고 있으며, 당초사유인 '이해관계인의 토지평가'가 발생하기 이전부터 존재하는 사유이다. 또한 설문상 보상감정평가와 이해관계 있는 자의 토지평가 사이에는 아무런 관련이 없으므로 양 사유는 그 기초가 되는 사회적 사실관계가 동일하다고 볼 수 없다. 따라서 을은 처분사유를 추가·변경할 수 없다.

Ⅳ [설문 2] 업무정지처분의 적법성(취소판결의 기속력)

1. 기속력의 의의 및 취지

기속력은 처분 등을 취소하는 확정판결이 당사자인 행정청과 관계행정청에게 판결의 취지에 따라 행동할 의무를 발생시키는 효력이다(행정소송법 제30조). 이는 인용판결의 실효성을 확보하기 위하여 인정된 제도이다.

2. 구별개념 및 성질

판례는 기판력과 기속력의 용어를 혼용하나 기속력은 판결의 실효성을 담보하기 위한 실체법상 효력으로서, 법적 안정성을 위하여 후소의 재판을 구속하여 모순된 재판을 금지하는 소송법상 효력인 기판력과 구분되는 특수한 효력이라는 것이 다수견해이다.

3. 내용

(1) 반복금지효(행정소송법 제30조 제1항)

취소판결이 확정되면 당사자인 행정청과 관계행정청은 판결의 취지에 저촉되는 처분을 할 수 없다.

(2) 재처분의무(동법 제30조 제2항, 제3항)

판결에 의하여 취소되는 처분이 당사자의 신청에 대한 거부처분인 경우에는 행정청은 판결의 취지에 따라 다시 이전의 신청에 대한 처분을 하여야 한다. 절차의 위법을 이유로 취소되는 경우에 준용한다.

(3) 원상회복의무(결과제거의무)

견해의 대립이 있으나 다수견해는 원상회복의무를 기속력의 내용으로 본다. 개정안에는 명문의 규정을 두고 있다.

4. 기속력의 인정범위

(1) 시간적 범위

통설 및 판례는 위법성 판단시를 처분시로 보므로 처분시까지 존재하던 법적, 사실관계가 대상이 된다. 거부처분의 경우는 판결시로 보는 견해도 있다.

(2) 객관적 범위

기속력은 판결의 주문과 이유에 적시된 개개의 위법사유에 미치며, 기본적 사실관계의 동일성 유무로 판단한다. 판결의 결론과 직접 관계없는 방론이나 간접사실의 판단에는 미치지 않는다는 것이 일반적 견해이다.

(3) 주관적 범위

주관적 범위로 당사자인 행정청과 그 밖의 관계행정청에 미친다.

5. 기속력 위반의 효과

행정소송법상 기속력은 강행규정이므로 이에 대한 위반은 그 하자가 중대, 명백하여 당연무효라고 본다.

6. 사안의 경우

새로운 업무정지처분의 양 당사자는 종전 업무정지처분의 양 당사자와 일치하며, '서류보존의무 위반' 사유는 종전 업무정지처분시에 존재하였으나, 이는 종전 업무정지처분 사유인 '이해관계인의 토지평가'와는 기본적 사실관계가 다른 사유이다. 따라서 취소판결확정 이후에 발령한 업무정지처분은 종전 업무정지처분과는 다른 새로운 처분으로 볼 수 있으므로 새로운 3개월의 업무정지처분은 적법하다.

Ⅴ 사안의 해결

1. (설문 1)의 경우 을이 소송 중에 변경한 사유는 당초사유와 기본적 사실관계의 동일성이 인정되지 않으므로 을은 처분사유를 추가·변경할 수 없다.

2. (설문 2)의 경우 취소판결이 확정된 이후에, 당초처분과 동일한 3개월의 업무정지처분을 내린 경우 동 처분의 사유는 당초처분사유와는 기본적 사실관계의 동일성이 인정되지 않으므로 적법하다.

🍂 사례 15

甲은 묘지부지의 확보를 위해 산림이 무분별하게 훼손되는 것을 막을 공익상의 이익을 이유로 서울시 관악구 봉천동 주변에 대규모 납골당형식의 묘지공원을 건설하고자, 관련 법규에 따른 요건을 충족하여 국토교통부장관에게 사업인정을 신청하였다. 해당 국토교통부장관도 이를 긍정적으로 검토하여 이를 시행하려고 하던 중, 이 사실을 안 인근 주민들이 대규모 납골당이 들어섬으로 인해 주택가격이 하락하는 등 막대한 재산상의 손실이 발생하고 주변 교통도 심각한 체증현상이 일어날 것이라는 등의 민원을 제기하고, 관련 단체장에 대한 주민소환청구도 불사하겠다는 등 강력히 반발하였다. 이에 국토교통부장관은 여론을 살피면서 별다른 이유 없이 사업인정의 결정을 차일피일 지연시키고 있다. 그러자 甲은 관련 법규에 따라 조속히 사업인정을 해줄 것을 다시 요청하였으나 관련 행정청은 인근 주민과의 협의가 이루어지지 않은 사업인정은 불가하다고 하면서 2021년 6월 30일에 이를 거부하였다. 이에 甲은 사업인정의 법적 요건이 아닌 주민의 반대를 이유로 사업인정을 거부하는 것은 위법하다고 주장하면서 2021년 7월 15일 사업인정거부처분에 대한 취소소송을 제기하였다. 취소소송 중에 국토교통부장관은 주민의 반대여론보다는, 갑은 처음부터 사업시행의 능력이 없기 때문에 거부한 것이라고 주장하고 있다.

(1) 甲의 청구는 인용될 것인가?(소송요건은 충족된 것으로 본다) 25점

(2) 만일 소송계속 중에, 관련 법률이 개정되어 문제가 된 지역에서는 납골당을 건설할 수 없게 요건이 변경되었다면 법원은 어떤 판단을 하여야 하는가? 10점

(3) 설문 (2)에서 甲의 취소청구가 인용된 경우, 甲은 사업인정을 받을 수 있게 되는가? 15점

⊕ (설문 1)의 해결

① 쟁점의 정리

설문은 사업인정 거부취소소송에 대한 인용가능성을 묻고 있다. 재량행위인 사업인정의 발령을 주민반대를 이유로 거부할 수 있는지와, 만약 그렇지 못하다면 소송 중에 '갑의 사업시행 능력부족'이라는 처분사유를 추가·변경할 수 있는지를 판단하여 사안을 해결한다.

Ⅱ 주민반대를 이유로 사업인정을 거부할 수 있는지 여부

1. 사업인정의 의의 및 취지(토지보상법 제20조 내지 제22조)

사업인정이란, 국토교통부장관이 관련된 중앙행정기관과의 협의 및 이해관계인의 의견청취 등을 거쳐(관련된 제이익을 종합·고려하고), 해당 사업의 공익성이 침해되는 사익보다 크다고 인정되는

경우에 한하여 타인의 토지 등을 수용할 수 있는 사업으로 결정하는 것을 말하며, 이는 공공복리의 증진을 도모함에 제도적 취지가 인정된다.

2. 사업인정과 그 거부의 법적 성질(특허 및 재량행위)

토지보상법 제20조의 문언상 기속·재량인지가 불분명하나, 국토교통부장관이 관련된 제이익을 종합·고려하여 해당 사업이 수용할 만한 사업인지를 판단하므로, 사업인정은 특허이자 재량행위이다. 또한 그 거부도 재량행위로 볼 수 있다.

3. 주민반대를 이유로 사업인정을 거부할 수 있는지 여부

(1) 재량행위의 위법성 판단기준

행정소송법 제27조에서는 행정청의 재량에 속하는 처분이라도 재량권의 한계를 넘거나 그 남용이 있는 때에는 법원은 이를 취소할 수 있다고 규정하고 있다.

(2) 재량행위에 대한 사법심사의 판단대상

판례(대판 2010.2.25, 2009두19960)는 "재량행위에 대한 사법심사에 있어서는 행정청의 재량에 기한 공익판단의 여지를 감안하여 법원은 독자의 결론을 도출함이 없이 해당 행위에 재량권의 일탈·남용이 있는지 여부만을 심사하게 되고, 이러한 재량권의 일탈·남용 여부에 대한 심사는 사실오인, 비례·평등의 원칙 위배 등을 그 판단 대상으로 한다."라고 판시한 바 있다.

(3) 사안의 경우

사업인정은 재량행위로서, 관련된 공사익을 종합·고려하여 결정되어야 할 것이다. 설문에서는 사업인정의 법상 요건이 아닌 '인근 주민과의 비협의'를 이유로 사업인정을 거부한 바, 이는 인근주민의 민원을 의식한 것으로서, 인근 주민과의 협의 유무 그 자체는 공익성 판단사유로 보이지 않는다. 따라서 이를 이유로 사업인정을 거부한 것은 위법하다고 사료된다.

Ⅲ 소송 중에 '갑의 시행능력 부족'이라는 사유를 추가·변경할 수 있는지 여부

1. 처분사유 추가·변경의 의의 및 구별개념

처분 당시에 존재하였으나 처분의 근거로 제시하지 않았던 법적 또는 사실적 사유를 소송계속 중에 추가 또는 변경하는 것을 말한다. 처분 당시에 존재하는 사유를 추가하거나 변경한다는 점에서 처분시의 하자를 사후에 보완하는 하자치유와 구별된다.

2. 소송물과 처분사유의 추가·변경

소송물을 개개의 위법성 사유로 보면 처분사유의 추가변경은 소송물의 추가·변경이 되므로 원칙적으로 불가하다. 따라서 처분사유의 추가·변경은 소송물(위법성 일반)의 범위 내에서 논의되어야 한다.

3. 인정 여부

(1) 학설

① 국민의 공격·방어권 침해를 이유로 부정하는 견해, ② 소송경제 측면에서 긍정하는 견해, ③ 처분의 상대보호와 소송경제의 요청을 고려할 때 제한적으로 긍정하는 견해, ④ 행정행위 및 행정쟁송의 유형 등에 따라 개별적으로 판단해야 한다는 견해가 있다.

(2) 판례

실질적 법치주의와 행정처분의 상대방인 국민의 신뢰보호의 견지에서 기본적 사실관계의 동일성이 인정되는 경우에 제한적으로 긍정하고 있다.

(3) 검토

처분사유의 추가·변경은 소송경제 및 분쟁의 일회적 해결을 위한 것이므로 권리보호와 소송경제를 고려하여 제한적으로 인정하는 판례의 태도가 타당하다.

4. 인정기준

(1) 처분 당시 객관적으로 존재하였던 사실일 것

위법판단의 기준시에 관하여 처분시설을 취하는 경우 위법성 판단은 처분시를 기준으로 하므로 추가사유나 변경사유는 처분시에 객관적으로 존재하던 사유이어야 한다. 처분 이후에 발생한 새로운 사실적·법적 사유를 추가·변경할 수는 없다. 단, 판결시설 또는 절충설을 취하는 경우에는 피고인 처분청은 소송계속 중 처분 이후의 사실적·법적 상황을 주장할 수 있게 된다.

(2) 기본적 사실관계의 동일성이 유지될 것

통설 및 판례는 ① 법률적 평가 이전의 사회적 사실관계의 동일성을 기준으로 하여, ② 시간적, 장소적 근접성, ③ 행위의 태양, 결과 등을 종합적으로 고려해서 판단하여야 한다고 본다.

(3) 재량행위의 경우

① 재량행위의 경우에 고려사항의 변경은 새로운 처분을 의미하는 것이라는 견해가 있으나, ② 재량행위에서 처분이유를 사후에 변경하는 경우에도, 분쟁대상인 행정행위가 본질적으로 변경되지 않음을 전제로 하는 것이므로 재량행위에서도 인정함이 타당하다.

5. 법원의 판단

처분사유의 추가·변경이 인정되면 법원은 변경된 사유를 기준으로 본안심사를 하고 그렇지 않은 경우에는 당초사유를 기준해야 한다.

6. 사안의 경우

인근 주민과의 협의는 인근 주민으로부터의 민원을 예방하는 데 그 취지가 있다고 볼 것이며, 소송 중에 추가로 주장하는 '사업시행 능력부족'은 해당 공익사업을 실행하여 구체적인 공익을 실현시킬 수 있는 필수전제 요건이 될 것이므로, 양자는 기본적 사실관계가 동일하다고 볼 수 없을 것이다.

PART · 06

따라서 법원은 주민동의가 없다는 사유가 거부처분의 정당한 사유가 되는지를 기초하여 판결하여야 할 것이다.

Ⅳ 사안의 해결(위법성의 정도)

소송 중에 추가한 '갑의 사업시행 능력부족'은 처분시의 사유와 기본적 사실관계의 동일성이 인정되지 않으므로, 법원은 당초 처분사유를 기초하여 심리하여야 할 것이다. 주민동의를 받지 않음을 이유로 한 사업인정의 거부처분은 재량권 행사의 남용으로 위법하며, 이는 법상 요건 및 공익상 판단요소가 아니므로 해당 처분은 중대한 내용상 하자가 있으며 또한 외관상 명백하다고 볼 것이다. 따라서 갑은 인용판결을 받을 수 있을 것이며, 법원은 무효선언적 의미의 취소판결을 내릴 수 있을 것이다.

⊕ (설문 2)의 해결

Ⅰ 쟁점의 정리

설문은 소송 중에 근거규정 개정이 있는 경우의 법원의 판단을 묻고 있다. 처분시와 판결시점의 근거규정이 다른 경우 무엇을 기준으로 판결하여야 하는지를 검토하여 설문을 해결한다.

Ⅱ 위법성 판단의 기준시점

1. 문제점

처분은 그 당시의 사실상태 및 법률상태를 기초로 하여 행해지게 되나, 처분 후 사실상태 또는 법률상태가 변경되는 경우에 법원이 본안심리의 결과 처분의 위법 여부를 판단함에 있어서 어느 시점의 법률상태 및 사실상태를 기준으로 해야 하는지가 문제된다.

2. 학설

① 취소소송은 처분의 사후심사의 성질을 가지므로 처분의 위법 여부판단은 처분시의 사실 및 법률상태를 기준으로 행하여야 한다는 처분시설과 ② 취소소송의 본질은 처분으로 인하여 형성된 위법상태를 배제하는 데 있으므로 처분의 위법 여부의 판단은 판결시의 사실 및 법률상태를 기준으로 행하여야 한다는 판결시설 및 ③ 원칙상 처분시설이 타당하나 계속적 효력을 가진 처분이나 거부처분취소의 경우에는 판결시로 보는 것이 타당하다는 절충설도 있다.

3. 판례

판례는 행정소송에서 행정처분의 위법 여부는 행정처분이 행하여졌을 때의 법령과 사실상태를 기준으로 하여 판단하여야 하고, 처분 후 법령의 개폐나 사실상태의 변동에 의하여 영향을 받지는 않는다고 하여 처분시설을 취하고 있다.

4. 검토

취소소송은 행정청이 내린 처분을 다투어 취소를 구하는 소송이므로 처분의 위법판단의 기준시를 원칙상 처분시로 보아야 한다. 거부처분의 경우에는 해석론적 입장에서 판결시로 봄이 타당하다.

Ⅲ 사안의 해결

판례의 태도에 따를 때, 위법성 판단은 처분시의 사실관계 및 법률관계를 기초로 판단하므로 설문 (1)에서 해당 처분은 무효라고 판단한 바, 법원은 무효선언적 의미의 취소판결을 할 것이다.

⊕ (설문 3)의 해결

Ⅰ 쟁점의 정리

설문은 인용판결의 취지에 따라 행정청이 사업인정을 해야 하는지를 묻고 있다. 국토교통부장관의 거부처분은 재량의 일탈·남용으로 위법하므로, 국토교통부장관은 하자 없는 재량권을 행사해야 할 것인데, 만약 국토교통부장관이 재차 거부하는 경우라면 기속력에 반할 소지가 있게 된다. 따라서 인용판결의 효력으로써 기속력(재처분의무)을 살펴보고 국토교통부장관이 재차 거부할 수 있는지를 검토하여 설문을 해결한다.

Ⅱ 판결의 취지에 따른 재처분의무(기속력) 검토

1. 기속력의 의의 및 취지

기속력이란 행정청에 대하여 판결의 취지에 따라 행동하도록 당사자인 행정청과 그 밖의 관계행정청을 구속하는 효력을 말한다(행정소송법 제30조). 이는 인용판결의 실효성을 확보하기 위하여 인정된 제도이며 인용판결에 한하여 인정된다.

2. 구별개념 및 성질

구속력의 성질을 무엇으로 볼 것인가에 대하여 기판력설과 특수효력설이 대립하고 있는데 기판력은 법적 안정성을 위하여 인정된 소송법상의 효력인 데 반하여 기속력은 판결의 실효성을 확보하기 위한 실체법상의 효력이므로 기속력은 기판력과 구분되는 특수한 효력이라는 것이 다수의 견해이다.

3. 내용

(1) 반복금지효(행정소송법 제30조 제1항)

취소판결이 확정되면 당사자인 행정청과 관계행정청은 판결의 취지(취소된 처분에서 행한 과오와 동일한 과오를 반복해서는 안 된다는 것)에 저촉되는 처분을 할 수 없다. 동일한 처분인지는 기본적 사실관계의 동일성 유무를 기준으로 판단한다.

(2) 재처분의무(행정소송법 제30조 제2항 및 제3항)

　　판결에 의하여 취소되는 처분이 당사자의 신청에 대한 거부처분인 경우에는 행정청은 판결의 취지에 따라 이전 신청에 대한 처분을 하여야 한다. 절차의 위법을 이유로 취소되는 경우에 같다.

(3) 원상회복의무(결과제거의무)

　　취소판결이 확정되면 행정청은 취소된 처분에 의해 초래된 위법상태를 제거하여 원상회복할 의무를 진다. 이에 대해 견해의 대립이 있으나 다수견해는 원상회복의무를 기속력의 내용으로 본다.

4. 기속력의 인정범위

(1) 객관적 범위

　　판결의 취지는 판결의 주문과 판결이유를 말한다. 취소판결의 취지는 취소된 처분이 위법하다는 것과 취소판결의 이유가 된 위법사유를 말하므로 기속력은 판결의 주문과 이유에 적시된 개개의 위법사유에 미친다.

(2) 주관적 범위

　　기속력은 당사자인 행정청과 그 밖의 관계행정청을 기속한다. 취소된 처분 등을 기초로 하여 그와 관련되는 처분이나 부수되는 행위를 할 수 있는 행정청을 총칭하는 것이라고 할 것이다.

(3) 시간적 한계

　　처분의 위법 여부의 판단시점은 처분시이기 때문에(통설 및 판례) 기속력은 처분 당시까지 존재하던 사유에 대하여만 미치고 그 이후에 생긴 사유에는 미치지 아니한다.

5. 기속력 위반의 효과

소송법상 기속력은 강행규정이므로 이에 대한 위반은 그 하자가 중대, 명백하여 당연무효라고 본다(대판 1990.12.11, 90누3560).

Ⅲ 사안의 해결

행정처분의 적법 여부는 그 행정처분이 행하여진 때의 법령과 사실을 기준으로 하여 판단하는 것이므로 거부처분 후에 법령이 개정·시행된 경우에는 개정된 법령 및 허가기준을 새로운 사유로 들어 다시 이전의 신청에 대한 거부처분을 할 수 있으며 그러한 처분도 행정소송법 제30조 제2항에 규정된 재처분에 해당된다. 따라서 갑은 취소소송에서 인용판결을 받는다 하여도, 개정된 법률로 인하여 사업인정을 받을 수 없을 것이다.

사례 16

경원자 관계에 있는 사업시행자 '갑'과 '을'은 서울시 서초구 방배동 일대의 철도역사사업을 하고자 관련법령상 적합한 시설과 기술을 갖추고 국토교통부장관에게 사업인정을 신청하였다. 국토교통부장관은 해당 사항을 검토한 후, 갑의 사업인정 신청은 거부하고 을에게 사업인정처분을 하였다.

50점

(1) 갑은 국토교통부장관의 을에 대한 취소소송을 구할 원고적격이 인정되는지 논하시오.

(2) 갑이 승소판결을 받았다면, 승소판결의 효력이 을에게 미치는가? 만약 을에게도 승소판결의 효력이 미친다면 행정소송법상 을을 보호할 수 있는 방법은 무엇인지 설명하시오.

(3) 갑이 자신의 사업인정거부의 취소를 구하는 소를 제기하여 거부처분의 실체상 하자(재량의 일탈·남용)를 이유로 취소판결을 받았다면, 국토교통부장관은 갑에게 재차 사업인정거부처분을 할 수 있는가?

(4) 갑이 자신의 사업인정거부의 취소를 구하는 소를 제기하여 거부처분의 절차상 하자를 이유로 취소판결을 받았다면, 국토교통부장관은 갑에게 재차 사업인정거부처분을 할 수 있는가?

Ⅰ (설문 1)의 해결
 1. 쟁점의 정리
 2. 원고적격
  (1) 의의
  (2) 법률상 이익의 의미
   1) 학설
   2) 판례
   3) 검토
  (3) 법률의 범위
  (4) 경원자소송의 경우 원고적격의 판단
   1) 경원자의 개념
   2) 관련 판례의 태도
 3. 사안의 경우
Ⅱ (설문 2)의 해결
 1. 쟁점의 정리
 2. 확정판결의 효력이 을에게 미치는지
  (1) 제3자의 범위
  (2) 사안의 경우
 3. 행정소송법상 을의 보호방법
  (1) 제3자의 소송참가(행정소송법 제16조 제1항 및 제2항)

 (2) 제3자의 재심청구(행정소송법 제31조)
 (3) 사안의 경우
Ⅲ (설문 3) 및 (설문 4)의 해결
 1. 쟁점의 정리
 2. 기속력의 의의 및 취지(행정소송법 제30조)
 3. 구별개념 및 성질
 4. 내용
  (1) 반복금지효(행정소송법 제30조 제1항)
  (2) 재처분의무(동법 제30조 제2항, 제3항)
  (3) 원상회복의무(결과제거의무)
 5. 기속력의 인정범위
  (1) 시간적 범위
  (2) 객관적 범위
  (3) 주관적 범위
 6. 기속력 위반의 효과
 7. (설문 3)의 해결
  (1) 취소판결의 취지
  (2) 사안의 경우
 8. (설문 4)의 해결
  (1) 판결의 취지
  (2) 사안의 경우

① [설문 1]의 해결

1. 쟁점의 정리

갑과 을은 경원자 관계에 있으므로, 을에 대한 사업인정은 갑에 대한 사업인정거부로 귀결될 수밖에 없다. 따라서 이러한 경우에 갑이 을에 대한 사업인정의 취소를 구하기 위해서는 행정소송법상 대상적격, 원고적격, 관할 및 제소기간 등의 요건을 갖추어야 하는데 설문에서는 원고적격요건의 충족과 관련하여 갑에게 법률상 이익이 인정되는지가 문제된다.

2. 원고적격

(1) 의의

원고적격이란 본안판결을 받을 수 있는 자격을 말한다. 행정소송법 제12조에서는 '법률상 이익 있는 자'로 규정하고 있다.

(2) 법률상 이익의 의미

1) 학설

① 침해된 권리회복이라는 권리구제설, ② 근거법상 보호되는 이익구제인 법률상 보호이익설, ③ 소송법상 보호가치 있는 이익구제라는 견해, ④ 행정의 적법성 통제라는 적법성 보장설의 견해가 있다.

2) 판례

해당 처분의 근거, 관련법규에 의해 보호되는 개별적, 직접적, 구체적인 이익을 의미하며, 사실상이며 간접적인 이익은 법률상 보호이익이 아니라고 판시한 바 있다.

3) 검토

권리구제설은 원고의 범위를 제한하고, 소송법상 보호가치 있는 이익구제설은 보호가치 있는 이익의 객관적 기준이 결여되는 문제가 있다. 또한 적법성 보장설은 객관소송화의 우려가 있다. 따라서 취소소송을 주관적, 형성소송으로 보면 법률상 보호이익설이 타당하다.

(3) 법률의 범위

① 근거 법률은 물론 관련법규까지 포함하는 견해와, 헌법상 기본권 및 민법상 일반원칙까지 포함하는 견해가 있으며, ② 대법원은 관계법규와 절차법 규정의 취지도 고려하는 등 보호규범의 범위를 확대하는 경향을 보인다.

(4) 경원자소송의 경우 원고적격의 판단

1) 경원자의 개념

경원자란 인·허가 등에 있어서 서로 양립할 수 없는 출원을 제기한 자로서, 일방에 대한 허가는 타방에 대한 불허가로 귀결될 수밖에 없는 관계를 말하며, 경원자소송이라 함은 경원자 관계에 있는 타방이 제기하는 소송을 말한다.

2) 관련 판례의 태도

판례는 경원자 관계의 경우 '허가 등의 처분을 받지 못한 자는 비록 처분의 상대방이 아니더라도 해당 처분의 취소를 구할 당사자적격이 있다.'고 판시하여 경원자 관계에 있는 제3자의 원고적격을 인정하고 있다.

3. 사안의 경우

사안에서 갑과 을은 경원자 관계에 있으므로 갑은 토지보상법 제20조의 사업인정을 통해서 사업시행의 이익을 향유할 이익 및 직업선택의 자유 등의 법률상 이익을 이유로, 을에 대한 사업인정처분의 취소를 구할 원고적격이 인정된다.

Ⅱ [설문 2]의 해결

1. 쟁점의 정리

계쟁처분 또는 재결의 취소판결이 확정된 때에는 해당 처분 또는 재결은 처분청의 취소를 기다릴 것 없이 당연히 효력을 상실하는데, 이를 형성력이라 한다. 또한 행정소송법 제29조 제1항에서는 "처분 등을 취소하는 확정판결은 제3자에 대하여도 효력이 있다."라고 규정하고 있으므로 제3자의 범위에 을이 해당되는지가 문제되며, 만약 소송에 참가하지 않은 을이 제3자에 해당되어 확정판결의 효력을 받게 된다면 을의 보호방법이 문제된다.

2. 확정판결의 효력이 을에게 미치는지 여부

(1) 제3자의 범위

제3자의 범위와 관련하여 소송참가인 및 판결과 법적 이해관계를 맺는 자로 보는 견해가 있으나(상대적 형성력설), 모든 제3자를 의미하는 것으로 보는 것이 타당(절대적 형성력설)하며 이것이 일반적 견해이다.

판례도 '행정처분의 취소판결이 제3자에 대하여도 효력이 있다는 뜻은 제3자라 하더라도 그 취소판결의 존재와 취소판결에 의하여 형성되는 법률관계를 용인하여야 한다.'는 것이라고 하여 취소판결의 제3자효를 인정하고 있다.

(2) 사안의 경우

취소소송의 형성력은 소송참가자를 포함한 모든 제3자에게 대하여 미치는 것으로 봄이 합당하므로, 을은 갑의 소송에 참가하지 않았다 하더라도 갑의 취소판결의 효력에 영향을 받는다고 할 것이다.

3. 행정소송법상 을의 보호방법

취소판결의 효력이 제3자에게도 미침으로 인하여 제3자가 불측의 손해를 입을 수 있으므로 행정소송법은 제3자의 권리를 보호하기 위하여 제3자의 소송참가제도(제16조)와 제3자의 재심청구제도(제31조)를 인정하고 있다.

(1) 제3자의 소송참가(행정소송법 제16조 제1항 및 제2항)

법원은 소송의 결과에 따라 권리 또는 이익의 침해를 받을 제3자가 있는 경우에는 당사자 또는 제3자의 신청 또는 직권에 의하여 결정(미리 당사자 및 제3자의 의견을 들어야 한다)으로써 그 제3자를 소송에 참가시킬 수 있다.

(2) 제3자의 재심청구(행정소송법 제31조)

처분 등을 취소하는 판결에 의하여 권리 또는 이익의 침해를 받은 제3자는 자기에게 책임없는 사유로 소송에 참가하지 못함으로써 판결의 결과에 영향을 미칠 공격 또는 방어방법을 제출하지 못한 때에는 이를 이유로 확정된 종국판결(확정판결이 있음을 안 날로부터 30일 이내, 판결이 확정된 날로부터 1년 이내)에 대하여 재심의 청구를 할 수 있다. 청구기간은 불변기간으로 한다.

(3) 사안의 경우

을은 직접 또는 사업시행자의 신청 및 법원의 결정으로써 소송에 참여하여 자신의 법률상 이익을 방어할 수 있으며, 소송에 참가하지 못한 경우에는 확정판결이 있음을 안 날로부터 30일, 판결이 확정된 날로부터 1년 이내에 재심청구를 할 수 있을 것이다.

Ⅲ [설문 3] 및 [설문 4]의 해결

1. 쟁점의 정리

행정소송법 제30조 제2항에서는 '판결에 의하여 취소되는 처분이 당사자의 신청을 거부하는 것을 내용으로 하는 경우에는 그 처분을 행한 행정청은 판결의 취지에 따라 다시 이전의 신청에 대한 처분을 하여야 한다.'고 하여 이전의 신청에 대한 재처분의무를 부과하고 있다. 따라서 (설문 3), (설문 4)의 경우 취소판결의 취지를 검토하여 재차 거부처분하는 것이 반복금지효에 반하는 것인지를 검토한다.

2. 기속력의 의의 및 취지(행정소송법 제30조)

기속력은 처분 등을 취소하는 확정판결이 당사자인 행정청과 관계행정청에게 판결의 취지에 따라 행동할 의무를 발생시키는 효력이다. 이는 인용판결의 실효성을 확보하기 위하여 인정된 제도이다.

3. 구별개념 및 성질

판례는 기판력과 기속력의 용어를 혼용하나 기속력은 판결의 실효성을 담보하기 위한 실체법상 효력으로서, 법적 안정성을 위하여 후소의 재판을 구속하여 모순된 재판을 금지하는 소송법상 효력인 기판력과 구분되는 특수한 효력이라는 것이 다수견해이다.

4. 내용

(1) 반복금지효(행정소송법 제30조 제1항)

취소판결이 확정되면 당사자인 행정청과 관계행정청은 판결의 취지에 저촉되는 처분을 할 수 없다.

(2) 재처분의무(동법 제30조 제2항, 제3항)

판결에 의하여 취소되는 처분이 당사자의 신청에 대한 거부처분인 경우에는 행정청은 판결의 취지에 따라 다시 이전의 신청에 대한 처분을 하여야 한다. 절차의 위법을 이유로 취소되는 경우에 준용한다.

(3) 원상회복의무(결과제거의무)

견해의 대립이 있으나 다수견해는 원상회복의무를 기속력의 내용으로 본다. 개정안에는 명문의 규정을 두고 있다.

5. 기속력의 인정범위

(1) 시간적 범위

통설 및 판례는 위법성 판단시를 처분시로 보므로 처분시까지 존재하던 법적, 사실관계가 대상이 된다. 거부처분의 경우는 판결시로 보는 견해도 있다.

(2) 객관적 범위

기속력은 판결의 주문과 이유에 적시된 개개의 위법사유에 미치며, 기본적 사실관계의 동일성 유무로 판단한다. 판결의 결론과 직접 관계없는 방론이나 간접사실의 판단에는 미치지 않는다는 것이 일반적 견해이다.

(3) 주관적 범위

주관적 범위로 당사자인 행정청과 그 밖의 관계행정청에 미친다.

6. 기속력 위반의 효과

소송법상 기속력은 강행규정이므로 이에 대한 위반은 그 하자가 중대, 명백하여 당연무효라고 본다.

PART · 06

7. [설문 3]의 해결

(1) 취소판결의 취지

판결의 취지는 판결에 적시된 위법을 시정하여 하자없는 처분을 행하는 것이다. 따라서 재량행위의 경우는 신청의 특정처분을 할 의무가 아니라 재량권의 일탈·남용이 없는 재량권 행사를 해야 함을 의미하고, 기속행위의 경우에는 특정처분을 할 법령상 의무의 위반을 시정하는 것을 의미한다.

(2) 사안의 경우

사안에서 사업인정은 관련 이익의 제 형량을 거치는 재량행위이므로, 판결의 취지에 따른 재처분의무는 하자없는(재량의 일탈·남용) 재량권 행사로 볼 수 있다. 따라서 국토교통부장관은 재량의 일탈·남용이 없는 사업인정의 거부처분을 할 수 있다.

8. [설문 4]의 해결

(1) 판결의 취지

판결의 취지는 절차상 하자없는 처분을 행하는 것이며, 판례도 '과세절차에 위법이 있어 과세처분을 취소하는 확정판결의 기판력(기속력을 의미)은 절차의 위법사유에 한하여 미치는 것이며 과세관청은 위법사유를 보완하여 새로운 과세처분을 할 수 있다.'고 판시한 바 있다.

(2) 사안의 경우

사안에서 판결의 취지는 절차상 하자없는 재처분의무를 부과하는 것이므로, 국토교통부장관은 종전 절차상 하자를 보완하여 갑에게 다시 사업인정거부처분을 할 수 있다.

사례 17

2014년 5월 2일 사업시행자 갑은 관련규정상 요건을 모두 갖추고 국토교통부장관에게 도서관 건립을 위한 사업인정을 신청하였으나, 국토교통부장관은 도서관보다는 미술관이 더 시급한 사업이라고 하면서 해당 사업인정을 거부하였다. 이에 갑은 2014년 5월 15일 사업인정거부처분에 대한 취소소송을 제기하고 취소판결을 받았다.

(1) 취소판결의 취지에 따라 국토교통부장관은 이전 사업인정 신청에 대한 재처분의무가 부과되는데, ① 2014년 5월 20일 관련규정이 개정되어 해당 지역에서는 도서관을 건립할 수 없도록 되었다면 국토교통부장관은 어떠한 재처분을 하여야 하는가? ② 만약 2014년 5월 15일 취소판결이 있었음에도 국토교통부장관은 합리적 사유 없이 상당기간 동안 재처분을 하지 않고 있는 와중에 관련규정이 개정되어 해당 지역에서는 도서관을 건립할 수 없도록 되었다면 국토교통부장관은 어떠한 재처분을 하여야 하는가? [30점]

(2) 2014년 5월 15일 취소판결에 따른 재처분의무를 이행하지 않고 있는 경우에, 갑은 취소판결의 실효성을 확보하기 위하여 현행법상 어떠한 방법을 강구할 수 있는가? [10점]

(설문 1)의 해결

Ⅰ 쟁점의 정리

Ⅱ 취소판결의 효력(기속력)
1. 의의 및 취지
2. 구별개념 및 성질
3. 내용
   (1) 반복금지효(행정소송법 제30조 제1항)
   (2) 재처분의무(동법 제30조 제2항 및 제3항)
   (3) 원상회복의무(결과제거의무)
4. 기속력의 인정범위
   (1) 객관적 범위
   (2) 주관적 범위
   (3) 시간적 한계
5. 기속력 위반의 효과

Ⅲ 적용법령이 개정된 경우의 재처분의무
1. 문제점
2. 재처분시의 적용법령

(1) 학설
(2) 판례
   1) 관계법령이 승소판결 후 상당기간 경과 전에 개정된 경우
   2) 상당기간 경과 후 개정된 경우
(3) 검토

Ⅳ 사안의 해결

(설문 2)의 해결

Ⅰ 간접강제의 의의 및 취지(법 제34조)

Ⅱ 요건 및 절차 등
1. 요건 및 절차
2. 인정범위
3. 배상금의 성질과 추심
4. 입법론

Ⅲ 관련문제(입법론)

⊕ (설문 1)의 해결

① 쟁점의 정리

설문의 해결을 위하여 기속력 일반에 관하여 검토한 후, 관련법률이 개정된 경우에 있어서 처분시와 재처분시 중 어느 시점의 법령을 기준하여 재처분하여야 하는지를 검토하여 설문을 해결한다.

Ⅱ 취소판결의 효력(기속력)

1. 의의 및 취지

기속력이란 행정청에 대하여 판결의 취지에 따라 행동하도록 당사자인 행정청과 그 밖의 관계행정청을 구속하는 효력을 말한다(행정소송법 제30조). 이는 인용판결의 실효성을 확보하기 위하여 인정된 제도이며 인용판결에 한하여 인정된다(기각판결에는 인용되지 않음).

2. 구별개념 및 성질

구속력의 성질을 무엇으로 볼 것인가에 대하여 기판력설과 특수효력설이 대립하고 있는데 기판력은 법적 안정성을 위하여 인정된 소송법상의 효력인 데 반하여 기속력은 판결의 실효성을 확보하기 위한 실체법상의 효력이므로 기속력은 기판력과 구분되는 특수한 효력이라는 것이 다수의 견해이다.

3. 내용

(1) 반복금지효(행정소송법 제30조 제1항)

취소판결이 확정되면 당사자인 행정청과 관계행정청은 판결의 취지에 저촉되는 처분을 할 수 없다. 동일한 처분인지는 기본적 사실관계의 동일성 유무를 기준으로 판단한다.

(2) 재처분의무(동법 제30조 제2항 및 제3항)

판결에 의하여 취소되는 처분이 당사자의 신청에 대한 거부처분인 경우에는 행정청은 판결의 취지에 따라 다시 이전의 신청에 대한 처분을 하여야 한다. 절차의 위법을 이유로 취소되는 경우에 같다.

(3) 원상회복의무(결과제거의무)

취소판결이 확정되면 행정청은 취소된 처분에 의해 초래된 위법상태를 제거하여 원상회복할 의무를 진다. 이에 대해 견해의 대립이 있으나 다수견해는 원상회복의무를 기속력의 내용으로 본다.

4. 기속력의 인정범위

(1) 객관적 범위

판결의 취지는 판결의 주문과 판결이유를 말한다. 취소판결의 취지는 취소된 처분이 위법하다는 것과 취소판결의 이유가 된 위법사유를 말하므로 기속력은 판결의 주문과 이유에 적시된 개개의 위법사유에 미친다.

(2) 주관적 범위

기속력은 당사자인 행정청과 그 밖의 관계행정청을 기속한다. 취소된 처분 등을 기초로 하여 그와 관련되는 처분이나 부수되는 행위를 할 수 있는 행정청을 총칭하는 것이라고 할 것이다.

(3) 시간적 한계

처분의 위법 여부의 판단시점은 처분시이기 때문에(통설 및 판례) 기속력은 처분 당시까지 존재하던 사유에 대하여만 미치고 그 이후에 생긴 사유에는 미치지 아니한다.

5. 기속력 위반의 효과

행정소송법상 기속력은 강행규정이므로 이에 대한 위반은 그 하자가 중대, 명백하여 당연무효라고 본다(대판 1990.12.11, 90누3560).

Ⅲ 적용법령이 개정된 경우의 재처분의무

1. 문제점

사안에서 처분 당시의 법률을 적용하게 되면 사업인정을 받을 수 있을 것이지만, 재처분시점의 법률을 적용하게 되면 사업인정의 요건을 갖추지 못한 것이 되어 사업인정은 거부될 것이다. 따라서 어느 시점의 법률을 적용해야 하는지의 문제가 발생한다.

2. 재처분시의 적용법령

(1) 학설

거부처분 이후에 법령 및 사실상태가 변경된 경우에 ① 취소판결 이후의 재처분은 종전 처분과는 다른 새로운 처분이므로 변경된 법령 및 사실상태를 기준으로 재처분해야 한다는 견해와 ② 판결의 취지를 도모하기 위하여 처분 당시의 법률 및 사실상태를 기준으로 해야 한다는 견해가 있다.

(2) 판례

1) 관계법령이 승소판결 후 상당기간 경과 전에 개정된 경우

판례는 거부처분 후에 법령이 개정되어 시행된 경우에는 개정된 법령 및 허가기준을 새로운 사유를 들어 다시 이전의 신청에 대한 거부처분을 할 수 있으나, 개정 전의 법령 존속에 대한 국민의 신뢰가 개정된 법령의 적용이라는 공익보다 큰 경우에는 개정된 법률의 적용이 제한될 수 있다고 판시하여 긍정설의 입장을 취하고 있다.

2) 상당기간 경과 후 개정된 경우

종전 거부처분 당시에 이미 적법한 신청을 하였던 자의 신뢰보호를 위하여 행정청이 합리적인 이유 없이 처리를 늦추는 사이에 법령 등이 변경된 경우와 같이 행정청에게 귀책사유를 인정할 수 있는 특별한 사정이 있는 경우에는 새로운 거부처분은 기속력에 반하는 처분이라고 판시한 바 있다.

(3) 검토

취소판결의 취지에 따른 재처분은 종전 처분과는 다른 새로운 처분이므로 재처분 당시의 법령 및 사실상태를 기준하는 것이 타당하다.

Ⅳ 사안의 해결

1. '①'의 경우 개정된 법률에 대한 경과규정이 없으며, 개정 전 법령의 존속에 대한 갑의 신뢰가 개정 법령의 적용에 대한 공익보다 크다고 볼 만한 사실관계가 적시되어 있지 않으므로 국토교통부장관은 사업인정처분을 하여야 할 것이다.

2. '②'의 경우 국토교통부장관은 취소판결이 있은 후에, 합리적인 사유없이 상당기간 동안 재처분의무를 이행하지 아니한 귀책사유가 인정되므로 종전 법령을 적용하여 사업인정처분을 하여야 할 것이다.

⊕ (설문 2)의 해결

Ⅰ 간접강제의 의의 및 취지[법 제34조]

거부처분취소에 따른 재처분의무를 이행하지 않는 경우에, 손해배상의무를 부과하여 재처분의무를 간접적으로 강제하는 제도이다. 거부처분취소판결의 실효성을 확보함에 제도적 취지가 인정된다.

Ⅱ 요건 및 절차 등

1. 요건 및 절차

① 거부처분취소판결 및 부작위위법확인판결이 확정될 것, ② 재처분의무를 이행하지 않는 경우일 것을 요건으로 하고, ③ 1심 수소법원은 당사자의 신청에 의하여 결정으로서 상당한 기간을 정하고, 행정청이 그 기간 내에 이행하지 아니하는 때에는 그 지연기간에 따라 일정한 배상을 할 것을 명하거나 즉시 손해배상할 것을 명할 수 있다.

2. 인정범위

무효등확인소송의 경우 준용되는지에 견해의 대립이 있으나 판례는 명문규정이 없음을 이유로 부정한다.

3. 배상금의 성질과 추심

① 판례는 배상금은 재처분지연에 대한 손해배상이 아니라 이행에 대한 심리적 강제수단으로 보며 ② 일정기간 경과시는 금전채권의 집행방법으로 추심하나, 기간경과 후 재처분이 있는 경우에는 특별한 사정이 없는 한 심리적 강제를 꾀할 목적이 상실되어 더 이상 배상금 추심을 할 수 없다고 한다.

4. 입법론

간접강제제도는 우회적인 제도이므로 의무이행소송을 도입하여 국민의 권리보호에 만전을 기하여야 할 것이다.

Ⅲ 관련문제(입법론)

갑은 행정소송법 제34조에 의한 간접강제를 통하여 취소판결의 실효성을 확보할 수 있으나, 이는 우회적인 문제가 있으므로 의무이행소송의 도입을 통한 직접적인 권리구제를 도모하는 등의 입법적 보완이 요구된다.

🐟 **사례 18**

사업시행자 갑은 화물자동차의 주차난을 해결하고자 신림9동 일대에 공영차고지 건설을 계획하고, 관련된 준비를 철저히 하여 국토교통부장관에게 사업인정을 신청하려고 한다.

(1) 갑이 사업인정을 신청하였으나 국토교통부장관이 상당기간이 지나도록 아무런 처분을 하지 아니한 경우 갑이 구제방법으로 생각할 수 있는 항고소송에는 어떤 것이 있으며 그러한 항고소송이 현행법상 허용되는지를 검토하시오. 20점

(2) 갑이 부작위위법확인소송을 제기하여 부작위가 위법하다는 판결을 선고받아 그 판결이 확정되었다. 국토교통부장관은 신림9동 일대에 공영차고지를 건설하게 되면 화물자동차의 통행량 증가로 인한 교통체증, 소음 및 환경오염 등의 공익침해가 주차난의 해소라는 공익보다 더 크므로 사업인정을 거부하였다. 국토교통부장관의 거부처분은 부작위위법확인소송의 인용판결의 취지에 반하는 것인지를 논하시오. 15점

Ⅰ (설문 1)의 해결
 1. 쟁점의 정리
 2. 부작위위법확인소송의 제기
  (1) 부작위위법확인소송의 의의 및 성질
  (2) 아무런 처분을 하지 않은 것이 부작위에 해당하기 위한 요건
   1) 당사자의 신청이 있을 것
   2) 신청권의 존부
   3) 상당한 기간이 경과할 것
   4) 행정청이 아무런 처분을 하고 있지 않을 것
  (3) 사안의 경우
 3. 의무이행소송의 현행법상 인정 여부
  (1) 문제점
  (2) 의의
  (3) 인정 여부
   1) 학설
   2) 판례
   3) 검토
 4. 사안의 해결

Ⅱ (설문 2)의 해결
 1. 쟁점의 정리
 2. 기속력의 내용
  (1) 의의 및 취지
  (2) 구별개념 및 성질
  (3) 내용
 3. 재처분의무의 내용
  (1) 부작위위법확인소송의 심리범위
   1) 학설
    ① 절차적 심리설(신청에 대한 응답의무)
    ② 실체적 심리설(신청에 따른 처분을 하여 줄 의무)
   2) 판례
  (2) 재처분의무의 내용
   1) 절차적 심리설(다수설, 판례)
   2) 실체적 심리설
   3) 검토
 4. 사안의 해결

Ⅰ [설문 1]의 해결

1. 쟁점의 정리

(설문 1)에서는 아무런 처분을 하지 않은 것이 부작위인 경우라면 부작위위법확인소송 및 의무이행소송을 강구할 수 있을 것이나, 현행법상 의무이행소송이 인정될 수 있는지를 검토한다.

2. 부작위위법확인소송의 제기

(1) 부작위위법확인소송의 의의 및 성질

부작위란 행정청이 당사자의 신청에 대하여 상당한 기간 내에 일정한 처분을 해야 할 법률상 의무가 있음에도 이를 행하지 않는 것을 말하며(행정소송법 제2조 제1항 제2호) 부작위위법확인소송이란 그 부작위가 위법함을 확인하는 소송을 말한다. 확인소송의 성질을 갖는다.

(2) 아무런 처분을 하지 않은 것이 부작위에 해당하기 위한 요건

1) 당사자의 신청이 있을 것

신청의 내용은 처분일 것을 요하나, 부적법한 사항은 그에 상응하는 응답을 하면 되므로 신청의 적법은 불문한다.

2) 신청권의 존부

〈판례〉는 신청권의 인용이라는 만족된 결과를 얻을 권리가 아닌 응답요구권의 의미인 형식적 신청권을 요한다.

〈학설〉은 ① 원고적격으로 보는 견해, ② 대상적격으로 보는 견해(처분의무에 대응하는 것이 형식적 신청권이다), ③ 본안문제로 보는 견해로 나뉜다.

〈생각건대〉 법률상 의무에 대응하는 신청권을 대상적격으로 보는 것이 부작위개념의 해석에 부합하고, 소송요건단계에서 신청권은 추상적으로 판단하면 족하다고 본다.

3) 상당한 기간이 경과할 것

사회통념상 처분을 함에 있어 통상 요구되는 기간을 말한다.

4) 행정청이 아무런 처분을 하고 있지 않을 것

아무런 처분을 하지 않고 방치한 상태, 즉 처분으로 볼 만한 외관이 없어야 한다.

(3) 사안의 경우

갑은 토지보상법 제20조에 근거하여 사업인정을 신청하였으며, 설문상 국토교통부장관은 신청에 대한 응답의무가 있음에도 상당한 기간이 지나도록 아무런 처분을 하지 아니하였으므로 부작위에 해당한다.

신청권을 대상적격으로 보므로 원고적격은 문제되지 않으며, 설문상 제소기간이나 협의 소익 등은 문제되지 않는 것으로 보인다. 따라서 갑은 부작위위법확인소송을 통해 구제받을 수 있을 것이다.

3. 의무이행소송의 현행법상 인정 여부

(1) 문제점

거부처분 및 부작위에 대한 소송의 실효성을 확보하기 위하여 행정소송법 제34조에서는 간접강제를 규정하고 있지만, 우회적이라는 문제가 있으므로 실효적인 구제수단으로서 의무이행소송을 인정할 수 있는지가 문제된다.

(2) 의의

행정청이 당사자의 신청에 대하여 거부나 부작위로 대응한 경우 행정청에게 일정한 처분을 해줄 것을 구하는 소송을 말한다.

(3) 인정 여부

1) 학설

① 부정설은 행정소송법 제4조의 소송유형을 제한적 열거규정으로 해석하고 권력분립에 반한다고 한다. ② 긍정설은 소송유형을 예시적 규정으로 보고, 권력분립의 실질적 이해를(권리구제 유리) 이유로 긍정한다. ③ 제한적 긍정설은 현행 항고소송만으로는 실효적인 권리구제가 될 수 없는 예외적인 경우에만 인정될 수 있다고 한다.

2) 판례

판례는 '검사에게 압수물 환부를 이행하라는 청구는 행정청의 부작위에 대하여 일정한 처분을 하도록 하는 의무이행소송으로 현행 행정소송법상 허용되지 아니한다.'고 하여 부정하는 입장이다.

3) 검토

현행법상 거부처분취소소송 및 부작위위법확인소송은 의무이행소송을 인정하지 않는 입법의 취지로 해석할 수 있으므로, 입법론으로 이를 도입하여 효율적인 권리구제를 도모함이 바람직하다고 판단한다. 개정안에서는 의무이행소송과 임시적 지위를 구하는 가처분을 인정하고 있다.

4. 사안의 해결

갑은 국토교통부장관의 부작위에 대한 가장 실효적인 수단으로 의무이행소송을 고려할 수 있으나, 현행법상 인정되지 않으므로 이를 제기할 수 없을 것이다.

Ⅱ [설문 2]의 해결

1. 쟁점의 정리

(설문 2)의 해결을 위하여 부작위위법확인판결의 효력을 검토한 후, 국토교통부장관의 거부처분이 판결의 기속력에 반하는 것인지를 검토한다.

2. 기속력의 내용

(1) 의의 및 취지

기속력이란 행정청에 대하여 판결의 취지에 따라 행동하도록 당사자인 행정청과 그 밖의 관계 행정청을 구속하는 효력을 말한다(행정소송법 제30조). 이는 인용판결의 실효성을 확보하기 위하여 인정된 제도이며 인용판결에 한하여 인정된다(기각판결에는 인용되지 않음).

(2) 구별개념 및 성질

구속력의 성질을 무엇으로 볼 것인가에 대하여 기판력설과 특수효력설이 대립하고 있는데 기판력은 법적 안정성을 위하여 인정된 소송법상의 효력인 데 반하여 기속력은 판결의 실효성을 확보하기 위한 실체법상의 효력이므로 기속력은 기판력과 구분되는 특수한 효력이라는 것이 다수의 견해이다.

(3) 내용

취소소송에 있어서는 ① 판결의 취지에 저촉되는 처분을 해서는 안 되는 반복금지효, ② 거부 처분의 취소인 경우에는 이전의 신청에 대한 재처분을 해야 하는 의무, ③ 처분에 의해 초래된 위법상태를 제거할 원상회복의무를 열거할 수 있으나, 부작위위법확인소송에서는 기속력의 내용으로 재처분의무만을 고려할 수 있다.

3. 재처분의무의 내용

(1) 부작위위법확인소송의 심리범위

1) 학설

① 절차적 심리설(신청에 대한 응답의무)

부작위의 위법 여부만을 심사하여야 하며 만약 실체적인 내용을 심리한다면 그것은 의무이행소송을 인정하는 결과가 되어 정당하지 않다는 견해이다.

② 실체적 심리설(신청에 따른 처분을 하여 줄 의무)

무용한 소송의 반복을 피하기 위해서 신청의 실체적인 내용을 심사하여 처리방향을 제시해야 한다고 한다.

2) 판례

판례는 "부작위위법확인소송은 행정청의 부작위 내지 무응답이라고 하는 소극적인 위법상태를 제거하는 것을 목적으로 하는 것"이라고 하여 절차적 심리설을 취하는 것으로 보인다.

(2) 재처분의무의 내용

1) 절차적 심리설(다수설, 판례)

판결의 취지는 부작위의 위법을 시정하여 어떠한 처분이라도 하라는 것이므로 단순히 신청에 대한 응답의무로만 족하다고 한다. 따라서 다시 거부하더라도 기속력에 반하지 않는다.

2) 실체적 심리설

판결의 취지는 신청된 특정의 처분을 하라는 것이므로 기속행위의 경우는 사인이 신청한 대로 처분을 하는 것이고, 재량행위의 경우에는 하자 없는 재량권을 행사할 의무라고 한다.

3) 검토

이는 결국 본안심리 범위와 관련된 문제로서 현행 행정소송법의 태도가 단순한 응답의무만을 심리한다고 했을 때 절차적 심리설이 타당하다.

4. 사안의 해결

절차적 심리설을 취하는 입장에서 부작위위법확인판결의 기속력으로서의 재처분의무는 응답의무라고 볼 것이고, 국토교통부장관은 거부처분이라는 응답을 행하였는바, 기속력에 반하지 않는다. 따라서 국토교통부장관의 거부처분은 부작위위법확인소송의 인용판결의 취지에 반하지는 않는다. 실체적 심리설을 따를 경우 부작위위법확인소송의 판결은 특정처분의무를 부과하는 것으로 볼 수 있으므로, 갑의 신청대로의 처분의무를 부과한 경우라면 국토교통부장관의 거부처분은 부작위위법확인소송의 인용판결의 취지에 반하게 될 것이다.

사례 19

서울시 양천구 목동에 있는 파리공원을 찾는 관광객이 증가하고 있다. 관광객들이 공원 입구를 주차장처럼 이용하여 공원의 경관과 이미지를 훼손하고 있다. 이에 국토교통부장관 을은 이곳에 휴게광장을 조성하여 주민들에게 만남의 장소를 제공하고, 도시 경관을 향상시키기 위해 갑의 토지를 포함한 일단의 지역에 대해서 광장의 설치를 목적으로 하는 도시관리계획을 입안, 결정하였다. 그런데 국토교통부장관 을은 지역발전에 대한 의욕이 앞선 나머지 인구, 교통, 환경, 토지이용 등에 대한 기초조사를 하지 않고 도시관리계획을 입안, 결정하였다. 갑은 자신의 토지 전부를 광장에 포함시키는 을의 도시관리계획 입안, 결정이 법적으로 문제가 있다고 보고, 위 도시관리계획결정의 취소를 구하는 소송을 제기하였다. ▶ 제51회 사법고시

(1) 위 취소소송에서 갑의 청구는 인용될 수 있는가? [30점]

(2) 갑의 청구가 인용된 경우에 국토교통부장관 을이 기초조사를 실시하고 동일한 내용의 도시관리계획결정을 할 수 있는가? 기초조사를 실시하지 않고 동일한 내용의 도시관리계획결정을 할 수 있는가? [20점]

참조 조문

[국토의 계획 및 이용에 관한 법률]

제13조(광역도시계획의 수립을 위한 기초조사)
① 국토교통부장관, 시·도지사, 시장 또는 군수는 광역도시계획을 수립하거나 변경하려면 미리 인구, 경제, 사회, 문화, 토지 이용, 환경, 교통, 주택 그 밖에 대통령령으로 정하는 사항 중 그 광역도시계획의 수립 또는 변경에 필요한 사항을 대통령령으로 정하는 바에 따라 조사하거나 측량(이하 "기초조사"라 한다)하여야 한다.

Ⅰ 쟁점의 정리

Ⅱ 도시관리계획결정의 법적 성질
  1. 도시관리계획의 의의
    (1) 행정계획의 의의
    (2) 도시관리계획의 의의
  2. 처분성 인정 여부
    (1) 행정계획의 법적 성질에 대한 견해
    (2) 도시관리계획의 법적 성질

Ⅲ (설문 1) 갑이 제기한 취소소송의 인용 여부
  1. 소송요건 충족 여부
  2. 절차상 하자
    (1) 기초조사의 누락이 절차상 하자인지

    (2) 절차상 하자의 독자성 인정 여부
      1) 학설
      2) 판례
      3) 검토
    (3) 사안의 경우(위법성 정도)
  3. 내용상 하자
    (1) 계획재량의 의의
    (2) 재량과의 구분
    (3) 형량명령이론(계획재량에 대한 사법적 통제)
      1) 의의
      2) 형량하자

(4) 사안의 경우(위법성 정도)

4. 사안의 해결(갑이 제기한 취소소송의 인용 여부)

Ⅳ (설문 2) 반복금지효의 위반 여부
1. 문제점
2. 기속력의 의의 및 취지
3. 구별개념 및 성질
4. 내용
  (1) 반복금지효(행정소송법 제30조 제1항)
  (2) 재처분의무(동법 제30조 제2항, 제3항)
  (3) 원상회복의무(결과제거의무)

5. 기속력의 인정범위
  (1) 시간적 범위
  (2) 객관적 범위
  (3) 주관적 범위
6. 기속력 위반의 효과
7. 사안의 경우
  (1) 기초조사를 행한 후 다시 동일 내용의 도시관리계획결정을 한 경우
  (2) 기초조사를 하지 않고 다시 동일 내용의 도시관리계획결정을 한 경우
Ⅴ 사안의 해결

제51회 사법고시

행정청 을의 관할구역 내에 있는 A도시공원을 찾는 등산객이 증가하고 있다. 등산객들이 공원 입구를 주차장처럼 이용하여 공원의 경관과 이미지를 훼손하고 있다. 이에 관할 행정청 을은 이곳에 휴게광장을 조성하여 주민들에게 만남의 장소를 제공하고, 도시 경관을 향상시키기 위해 갑의 토지를 포함한 일단의 지역에 대해서 광장의 설치를 목적으로 하는 도시관리계획을 입안, 결정하였다. 그런데 행정청 을은 지역발전에 대한 의욕이 앞선 나머지 인구, 교통, 환경, 토지이용 등에 대한 기초조사를 하지 않고 도시관리계획을 입안, 결정하였다. 갑은 자신의 토지 전부를 광장에 포함시키는 을의 도시관리계획 입안, 결정이 법적으로 문제가 있다고 보고, 위 도시관리계획결정의 취소를 구하는 소송을 제기하였다.

(1) 위 취소소송에서 갑의 청구는 인용될 수 있는가?

(2) 갑의 청구가 인용된 경우에 행정청 을은 동일한 내용의 도시관리계획결정을 할 수 있는가?

응용 쟁점

제51회 사법고시는 행정계획의 법적 성질 및 행정계획의 위법성 사유로서 기초조사를 생략한 절차하자와 이로 인하여 제 이익의 형량흠결인 내용상 하자를 물어보았습니다. 또한 행정계획의 위법성이 인정되어 취소판결이 결정된 경우 국토교통부장관이 행한 동일한 처분이 판결의 취지(기속력)에 반하는 것인지를 물어보았습니다.

따라서 설문에서는 ① 행정계획의 법적 성질에 대한 견해와 처분성이 인정되는 판례의 요지를 숙지하고, ② 절차하자의 독자성 인정 여부, ③ 행정계획의 내용상 하자와 관련된 형량명령이론을 적용하면 될 것입니다. ④ 또한 국토교통부장관의 동일한 처분이 반복금지효에 반하는 것인지 여부를 판결의 취지와 관련하여 판단하면 될 것입니다.

Ⅰ 쟁점의 정리

1. (설문 1)과 관련하여 ① 토지이용 등의 기초조사를 하지 않은 것이 절차상 하자를 구성하는지, ② 도시관리계획의 입안 등 계획재량을 행사함에 있어서 형량명령이론의 위반은 없는지를 검토하여 인용가능성을 판단한다.

2. (설문 2)에서는 동일한 내용의 도시관리계획결정이 취소판결의 기속력 중 특히 반복금지효에 위반되는 것인지 여부가 문제된다.

Ⅱ 도시관리계획결정의 법적 성질

1. 도시관리계획의 의의

(1) 행정계획의 의의

행정계획은 행정주체가 일정한 행정활동을 위하여 장래를 예측하여 목표를 설정하고, 설정된 목표의 실현을 위하여 행정수단의 선택, 조정, 종합화의 과정을 통하여 장래의 일정한 질서의 실현을 목적으로 하는 구상 또는 활동기준의 설정을 말한다.

(2) 도시관리계획의 의의

도시관리계획은 일정지역의 개발, 정비 및 보전이라는 목표를 위하여 수립하는 토지이용, 교통, 환경, 경관, 안정, 산업 등에 관한 계획으로서 대외적으로 국민에 대하여 구속력을 갖는 구속적 행정계획에 해당한다.

2. 처분성 인정 여부

(1) 행정계획의 법적 성질에 대한 견해

행정계획의 법적 성질과 관련하여 행정입법설, 행정행위설, 독자성설이 대립된 바 있으나, 행정계획은 매우 다양한 형식으로 존재하고 있으므로 행정계획의 법적 성격을 획일적으로 결정해서는 안 되며 개별적으로 검토하여야 한다고 본다.

(2) 도시관리계획의 법적 성질

대법원은 '도시관리계획이 결정, 고시되면 토지형질변경, 건축물의 신축 등 권리행사가 일정한 제한을 받게 되므로 이런 점에서 도시관리계획결정은 특정 개인의 권리를 개별적이고 구체적으로 규제하는 효과를 가져오게 하는 행정청의 처분'이라고 판시한 바 있다. 따라서 설문에서 도시관리계획결정의 처분성이 인정된다.

Ⅲ [설문 1] 갑이 제기한 취소소송의 인용 여부

1. 소송요건 충족 여부

도시관리계획의 처분성이 인정되므로 대상적격(행정소송법 제19조)을 충족하고, 갑은 을의 도시관리계획결정에 따라 자신의 토지 전부가 휴게광장에 포함됨으로써 재산권 행사의 제한을 받고 있는 바 원고적격(동법 제12조)이 인정된다. 따라서 갑은 을을 피고로(동법 제13조), 을의 소재지를 관할하는 1심 행정법원에(동법 제9조), 도시관리계획결정이 있음을 안 날로부터 90일 이내에(동법 제20조) 취소소송을 제기한다면 소송요건은 충족된다.

2. 절차상 하자

(1) 기초조사의 누락이 절차상 하자인지

국토의 계획 및 이용에 관한 법률 제13조에서는 도시계획의 수립 또는 변경시에 기초조사를 하여야 한다고 규정하고 있으므로 이에 대한 누락은 절차상 하자를 구성한다.

(2) 절차상 하자의 독자성 인정 여부

1) 학설

① 적법절차의 보장 관점에서 독자적 위법사유가 되며, 특히 행정소송법 제30조 제3항에서 절차하자로 인한 취소의 경우에 기속력을 인정한다는 점을 드는 긍정설과 ② 절차는 수단에 불과하며, 동일한 처분을 다시 받게 되어 행정경제상 불합리하다는 점을 드는 부정설이 대립한다. ③ 기속, 재량을 구분하는 절충설이 있다.

2) 판례

대법원은 ① 기속행위인 과세처분에서 이유부기 하자를, ② 재량행위인 영업정지처분에서 청문절차를 결여한 것은 절차적 하자를 구성한다고 판시한 바 있다.

3) 검토

생각건대 내용상 하자만큼 절차적 적법성을 지키는 것이 필요하며, 현행 행정소송법 제30조 제3항에서 절차하자로 인한 취소의 경우에 기속력을 준용하므로 독자적 위법사유가 된다고 보는 긍정설이 타당하다.

(3) 사안의 경우(위법성 정도)

사안에서 누락된 기초조사를 할 경우에 다른 내용의 도시관리계획결정이 나올 수 있기 때문에, 절차상 하자의 독자성이 인정된다고 본다. 또한 중대명백설(통설, 판례)에 의할 때 기초조사의 결여는 외관상 명백하지만 도시관리계획의 본질적인 내용을 구성한다고 보기 어려우므로 취소사유로 판단된다.

3. 내용상 하자

(1) 계획재량의 의의

행정계획을 수립, 변경함에 있어서 계획청에게 인정되는 재량을 말한다. 계획재량은 행정목표의 설정이나 행정목표를 효과적으로 달성할 수 있는 수단의 선택 및 조정에 있어서 인정된다.

(2) 재량과의 구분

① 계획재량은 목적과 수단의 규범구조이므로 요건과 효과의 규범구조인 재량과 상이하고 형량명령이론이 존재하므로 구분되어야 한다는 견해와 ② 재량의 범위인 양적 차이만 있고 형량명령은 비례원칙이 행정계획분야에 적용된 것이므로 양자는 질적으로 차이가 없다는 견해가 있다. ③ 〈생각건대〉 양자는 본질적으로 행정권의 자유를 인정한 점에서는 본질적으로 차이가 없다고 볼 수 있으나 규범구조상 계획재량은 목적프로그램에서, 행정재량은 조건프로그램에서 문제되므로 양자의 적용범위를 구분하는 것이 합당하다.

(3) 형량명령이론(계획재량에 대한 사법적 통제)

1) 의의

형량명령이란 행정계획을 수립함에 있어서 관련된 이익을 정당하게 형량하여야 한다는 원칙을 말한다.

2) 형량하자

판례는 행정주체가 행정계획을 입안, 결정함에 있어서 ① 이익형량을 전혀 행사하지 아니하거나(형량의 해태), ② 이익형량의 고려 대상에 마땅히 포함시켜야 할 사항을 누락한 경우(형량의 흠결), ③ 또는 이익형량을 하였으나 정당성과 객관성이 결여된 경우에는(형량의 오형량) 그 행정계획결정은 형량에 하자가 있어서 위법하게 된다고 판시한 바 있다.

(4) 사안의 경우(위법성 정도)

사안에서 을은 기초조사를 전혀 하지 않음으로써 조사의 누락이 발생하였는바, 이를 기초로 한 이후의 평가과정 및 고유한 형량과정이 제대로 이루어지지 않았음을 예측할 수 있다. 이에 따라 도시관리계획을 수립함에 있어서 고려해야 할 관계 이익의 제 형량이 누락되거나 객관성이 결여된 형량의 하자가 존재한다고 볼 수 있다. 또한 형량명령의 하자는 일반인의 식견에서 외관상 명백하지 않으므로 취소사유로 판단된다.

4. 사안의 해결(갑이 제기한 취소소송의 인용 여부)

갑이 제기한 취소소송은 소송요건을 충족하고 있으며, 본안판단과 관련하여 도시관리계획결정에 기초조사를 누락한 절차상 하자와 형량명령에 위반한 내용상 하자도 존재한다. 따라서 갑의 청구는 인용될 것이다.

Ⅳ [설문 2] 반복금지효의 위반 여부

1. 문제점

도시관리계획결정이 절차상 하자 및 계획재량의 하자로 취소된 경우, 을이 동일한 내용의 도시관리계획을 다시 결정할 수 있는지의 문제는 취소판결의 기속력 중 반복금지효와 관련된 문제이다.

2. 기속력의 의의 및 취지

기속력은 처분 등을 취소하는 확정판결이 당사자인 행정청과 관계행정청에게 판결의 취지에 따라 행동할 의무를 발생시키는 효력이다(행정소송법 제30조). 이는 인용판결의 실효성을 확보하기 위하여 인정된 제도이다.

3. 구별개념 및 성질

판례는 기판력과 기속력의 용어를 혼용하나 기속력은 판결의 실효성을 담보하기 위한 실체법상 효력으로서, 법적 안정성을 위하여 후소의 재판을 구속하여 모순된 재판을 금지하는 소송법상 효력인 기판력과 구분되는 특수한 효력이라는 것이 다수견해이다.

4. 내용

(1) 반복금지효(행정소송법 제30조 제1항)

취소판결이 확정되면 당사자인 행정청과 관계행정청은 판결의 취지에 저촉되는 처분을 할 수 없다.

(2) 재처분의무(동법 제30조 제2항, 제3항)

판결에 의하여 취소되는 처분이 당사자의 신청에 대한 거부처분인 경우에는 행정청은 판결의 취지에 따라 다시 이전의 신청에 대한 처분을 하여야 한다. 절차의 위법을 이유로 취소되는 경우에 준용한다.

(3) 원상회복의무(결과제거의무)

견해의 대립이 있으나 다수견해는 원상회복의무를 기속력의 내용으로 본다. 개정안에는 명문의 규정을 두고 있다.

5. 기속력의 인정범위

(1) 시간적 범위

통설 및 판례는 위법성 판단시를 처분시로 보므로 처분시까지 존재하던 법적, 사실관계가 대상이 된다. 거부처분의 경우는 판결시로 보는 견해도 있다.

(2) 객관적 범위

기속력은 판결의 주문과 이유에 적시된 개개의 위법사유에 미치며, 기본적 사실관계의 동일성 유무로 판단한다. 판결의 결론과 직접 관계없는 방론이나 간접사실의 판단에는 미치지 않는다는 것이 일반적 견해이다.

(3) 주관적 범위

주관적 범위로 당사자인 행정청과 그 밖의 관계행정청에 미친다.

6. 기속력 위반의 효과

소송법상 기속력은 강행규정이므로 이에 대한 위반은 그 하자가 중대, 명백하여 당연무효라고 본다.

7. 사안의 경우

(1) 기초조사를 행한 후 다시 동일 내용의 도시관리계획결정을 한 경우

기초조사를 실시하여 이를 바탕으로 휴게광장 조성의 필요성과 도시계획사업으로 인하여 침해 받은 갑의 이익에 대한 올바른 형량과정을 거친 후에 다시 동일한 결정을 내렸다면 이는 판결의 취지에 따른 위법성을 시정한 재처분이므로 기속력에 반하지 않는다. 따라서 국토교통부장관은 도시관리계획결정을 할 수 있다.

(2) 기초조사를 하지 않고 다시 동일 내용의 도시관리계획결정을 한 경우

기초조사를 하지 않고 다시 동일 내용의 도시관리계획결정을 하는 것은 취소된 처분에서 행한 과오와 동일한 과오를 반복하는 것이어서 기속력에 반하여 무효사유에 해당한다. 따라서 국토교통부장관은 도시관리계획결정을 할 수 없고, 하여도 무효이다.

Ⅴ 사안의 해결

해당 도시관리계획결정은 기초조사를 누락한 절차상 하자 및 계획재량의 행사와 관련하여 형량의 하자가 인정되므로 갑이 제기한 취소소송은 인용판결을 받을 것이다. 또한 국토교통부장관은 판결의 취지에 구속되므로 기초조사를 하지 않고 동일한 도시관리계획결정을 하면 기속력에 반하여 무효이나, 판결의 취지에 따라서 기초조사를 행하고 정당한 형량을 거쳐서 동일한 도시관리계획결정을 하는 경우에는 기속력에 반하지 않을 것이다.

PART · 06

◢ 사례 **20**

甲은 A시에 택지개발사업승인신청을 하였는데, A시는 '해당 지역의 보존을 요구하는 주민여론'을 이유로 거부하였다. 이에 甲은 취소소송을 제기하여, '법령에 없는 제한사유'라는 이유로 승소판결 (소송 중 법령개정으로 위 사업부지는 개발행위허가제한구역으로 결정·고시되었음)을 받았고, 위 판결이 확정되었다. 이에 A시는 해당 사업부지는 개발행위허가가 제한되는 구역임을 이유로 재차 거부하였다.

(1) 甲이 새로운 거부처분에 대하여 취소소송을 제기하는 경우 기판력에 반하는지 논하시오. 15점

(2) 개정법률 부칙에는 경과규정이 있기에, 해당 개발행위에 관하여는 종전의 규정을 적용해야 한다. 이 경우 甲은 새로운 거부처분이 종전 거부처분의 취소판결의 기속력에 반하는 것이라 하여 간접강제를 신청할 수 있는가? 30점

⊕ (설문 1)의 해결

Ⅰ 쟁점의 정리

설문은 새로운 거부처분에 대하여 취소소송을 제기하는 것이 기판력에 반하는지를 묻고 있으므로, 기판력의 의미와 범위를 검토하여 사안을 해결한다.

Ⅱ 취소판결과 기판력

1. 기판력의 의의 및 취지

기판력이란 ① 판결이 확정된 후(동일 사건이 소송상 문제가 되었을 때), ② 소송당사자는 전소에 반하는 주장을 할 수 없고, ③ 후소법원도 전소에 반하는 판결을 할 수 없는 효력이다. 이는 소송절차의 무용한 반복을 방지하고 법적 안정성을 도모함에 취지가 인정된다.

2. 내용

① 당사자는 동일 소송물을 대상으로 소를 제기할 수 없으며(반복금지효), ② 후소에서 당사자는 전소에 반하는 주장을 할 수 없고, 법원은 전소에 반하는 판결을 할 수 없다(모순금지효).

3. 효력범위

(1) 주관적 범위

취소소송의 기판력은 당사자 및 이와 동일시할 수 있는 승계인과 보조참가자에게만 미치며 제3자에게는 미치지 않는다. 판례는 관계행정청에도 미치는 것으로 보고 있다(대판 1992.12.8, 92누6891).

(2) 객관적 범위

일반적으로 기판력은 판결의 주문에 포함된 것에 한하여 인정된다(민사소송법 제216조 제1항). 다수와 판례는 소송물을 위법성 일반으로 보므로 기판력은 판결의 주문에 적시된 위법성 일반에 한하여 인정된다. 판단 그 자체에만 미치는 것이므로 전소와 후소가 그 소송물을 달리하는 경우에는 기판력이 미치지 않는다.

(3) 시적 범위

기판력은 사실심 변론의 종결시를 기준으로 하여 발생한다. 처분청은 사실심 종결 이전에 주장할 수 있었던 사유를 내세워 확정판결과 저촉되는 처분을 할 수 없고, 하여도 무효이다.

Ⅲ 사안의 해결

새로운 거부처분의 이유는 종전 취소판결에 적시된 이유와 다르므로 새로운 거부처분은 종전 거부처분과는 다른 별개의 처분이 되므로, 갑은 새로운 거부처분을 대상으로 취소소송을 제기할 수 있다. 다만, 이와 같이 새로운 거부처분은 기판력과는 무관하나 기속력에 저촉되어 위법한 처분이 될 수 있을 것이다.

⊕ (설문 2)의 해결

Ⅰ 쟁점의 정리

① 경과규정이 있음에도 이를 준수하지 않은 것이 기속력의 내용 중 재처분의무에 반하는 것인지를 검토한다. ② 간접통제에 의한 구제가 가능하기 위해서는 이에 대한 요건을 갖추고 있어야 하는 바, 이를 검토한다.

Ⅱ 새로운 거부처분이 기속력에 반하는지 여부

1. 기속력의 의의 및 취지

기속력이란 행정청에 대하여 판결의 취지에 따라 행동하도록 당사자인 행정청과 그 밖의 관계행정청을 구속하는 효력을 말한다(행정소송법 제30조). 이는 인용판결의 실효성을 확보하기 위하여 인정된 제도이며 인용판결에 한하여 인정된다(기각판결에는 인용되지 않음).

2. 내용

① 판결의 취지에 저촉되는 처분을 해서는 안 되는 반복금지효, ② 거부처분의 취소인 경우에는 이전신청에 대한 재처분을 해야 하는 의무, ③ 처분에 의해 초래된 위법상태를 제거할 원상회복의무를 내용으로 한다.

3. 기속력의 인정범위

(1) 객관적 범위

판결의 취지는 판결의 주문과 판결이유를 말한다. 취소판결의 취지는 취소된 처분이 위법하다는 것과 취소판결의 이유가 된 위법사유를 말하므로 기속력은 판결의 주문과 이유에 적시된 개개의 위법사유에 미친다.

(2) 주관적 범위

기속력은 당사자인 행정청과 그 밖의 관계행정청을 기속한다. 취소된 처분 등을 기초로 하여 그와 관련되는 처분이나 부수되는 행위를 할 수 있는 행정청을 총칭하는 것이라고 할 것이다.

(3) 시간적 한계

처분의 위법 여부의 판단시점은 처분시이기 때문에(통설 및 판례) 기속력은 처분 당시까지 존재하던 사유에 대하여만 미치고 그 이후에 생긴 사유에는 미치지 아니한다.

4. 기속력 위반의 효과

소송법상 기속력은 강행규정이므로 이에 대한 위반은 그 하자가 중대, 명백하여 당연무효라고 본다 (대판 1990.12.11, 90누3560).

5. 사안의 경우

개정법령은 경과규정을 두고 있으므로 부진정소급효를 인정하고 있지 않으며, 갑은 법령상 제 요건을 모두 갖추고 있으므로 갑의 사업승인신청에 대해서는 종전 규정에 따른 재처분이 이루어져야 할 것이다. 따라서 A시의 새로운 거부처분은 기속력에 반하는 처분으로서 무효라고 할 것이다.

Ⅲ 간접강제의 신청 가능 여부

1. 간접강제의 의의 및 취지[행정소송법 제34조]

거부처분취소에 따른 재처분의무를 이행하지 않는 경우에, 손해배상의무를 부과하여 재처분의무를 간접적으로 강제하는 제도이다. 거부처분취소판결의 실효성을 확보함에 제도적 취지가 인정된다.

2. 요건

① 거부처분취소판결이 확정될 것, ② 재처분의무를 이행하지 않는 경우일 것을 요건으로 하고, ③ 1심 수소법원은 당사자의 신청에 의하여 결정으로서 상당한 기간을 정하고, 행정청이 그 기간 내에 이행하지 아니하는 때에는 그 지연기간에 따라 일정한 배상을 할 것을 명하거나 즉시 손해배상할 것을 명할 수 있다.

3. 절차

간접강제의 결정에도 불구하고 해당 행정청이 판결의 취지에 따른 처분을 아니하는 경우에 신청인은 그 간접강제 결정을 집행권으로 하여 집행문을 부여받아 이행강제금을 강제집행할 수 있다.

4. 인정범위

무효등확인소송의 경우 준용되는지에 견해의 대립이 있으나 판례는 명문규정이 없음을 이유로 부정한다.

5. 배상금의 성질과 추심

① 판례는 배상금은 재처분 지연에 대한 손해배상이 아니라 이행에 대한 심리적 강제수단으로 보며, ② 일정기간 경과시는 금전채권의 집행방법으로 추심하나, 기간경과 후 재처분이 있는 경우에는 특별한 사정이 없는 한 심리적 강제를 꾀할 목적이 상실되어 더 이상 배상금 추심을 할 수 없다고 한다.

6. 사안의 경우

설문상 새로운 거부처분은 기속력에 반하는 처분으로서 무효이므로 행정청은 아무런 재처분을 하지 않은 것이 된다. 따라서 갑은 간접강제를 신청할 수 있을 것이다.

Ⅳ 사안의 해결

A시는 취소판결의 취지에 따른 재처분을 하였으나, 이는 개정법률의 부칙에 규정된 경과규정을 위반한 것으로서 기속력에 저촉되어 당연무효라 할 것이다. 따라서 갑은 행정소송법 제34조에 의거하여 수소법원에 간접강제를 신청할 수 있을 것이다.

사례 21

갑의 주택은 주택건설사업의 사업시행지구로 편입되었고, 그에 따라 사업시행자(한국토지주택공사)에게 아파트입주권을 분양하여 줄 것을 신청하였다. 그런데, 사업시행자는 '갑은 무주택세대주가 아니어서 특별분양 대상자에 해당되지 않는다'는 이유로 특별분양신청을 거부하였고 갑은 이에 대한 취소소송을 제기하였다.

(1) 취소소송의 계속 중에 '입주자모집공고일 당시 무주택세대주였다는 甲의 주장이 사실로 인정될 상황에 처하자, 한국토지주택공사는 '甲의 주택이 무허가주택이었기 때문에 甲은 특별분양 대상자에 해당되지 않는다.'고 처분사유를 변경할 수 있는가? 25점

(2) 처분사유를 변경할 수 없다면, 법원의 인용판결 확정 후 한국토지주택공사가 甲의 주택이 무허가주택임을 이유로 특별분양신청을 재차 거부할 수 있는가? 25점

(설문 1)의 해결

Ⅰ 쟁점의 정리

Ⅱ 처분사유 추가변경의 인정논의
  1. 처분사유 추가변경의 의의 및 구별개념
  2. 소송물과 처분사유의 추가변경
  3. 인정 여부
    (1) 학설
    (2) 판례
    (3) 검토
  4. 인정기준
    (1) 처분 당시 객관적으로 존재하였을 것
    (2) 기본적 사실관계의 동일성이 유지될 것
    (3) 재량행위의 경우
  5. 법원의 판단

Ⅲ 사안의 해결

(설문 2)의 해결

Ⅰ 쟁점의 정리

Ⅱ 인용판결의 효력(기속력과 재처분의무)
  1. 기속력의 의의 및 취지
  2. 구별개념 및 성질
  3. 내용
    (1) 반복금지효(행정소송법 제30조 제1항)
    (2) 재처분의무(제30조 제2항 및 제3항)
    (3) 원상회복의무(결과제거의무)
  4. 기속력의 인정범위
    (1) 객관적 범위
    (2) 주관적 범위
    (3) 시간적 한계
  5. 기속력 위반의 효과

Ⅲ 사안의 해결
  1. 판결의 취지
  2. 사안의 해결

⊕ **(설문 1)의 해결**

Ⅰ 쟁점의 정리

한국토지주택공사의 당초처분사유가 이유없는 것으로 판단될 상황에 처하자, 당초처분의 적법성을 유지하기 위해서 처분사유를 변경하려고 한다. 소송계속 중에 처분사유를 변경할 수 있는지 검토한다.

Ⅱ 처분사유 추가변경의 인정논의

1. 처분사유 추가변경의 의의 및 구별개념

처분 당시에 존재하였으나 처분의 근거로 제시하지 않았던 법적 또는 사실적 사유를 소송계속 중에 추가 또는 변경하는 것을 말한다. 처분 당시에 존재하는 사유를 추가하거나 변경한다는 점에서 처분시의 하자를 사후에 보완하는 하자치유와 구별된다.

2. 소송물과 처분사유의 추가변경

소송물을 개개의 위법성사유로 보면 처분사유의 추가변경은 소송물의 추가변경이 되므로 원칙적으로 불가하다. 따라서 처분사유의 추가변경은 소송물(위법성 일반)의 범위 내에서 논의되어야 한다.

3. 인정 여부

(1) 학설

① 국민의 공격·방어권 침해를 이유로 부정하는 견해, ② 소송경제 측면에서 긍정하는 견해, ③ 처분의 상대보호와 소송경제의 요청을 고려할 때 제한적으로 긍정하는 견해, ④ 행정행위 및 행정쟁송의 유형 등에 따라 개별적으로 판단해야 한다는 견해가 있다.

(2) 판례

실질적 법치주의와 행정처분의 상대방인 국민의 신뢰보호견지에서 기본적 사실관계의 동일성이 인정되는 경우에 제한적으로 긍정하고 있다.

(3) 검토

처분사유의 추가·변경은 소송경제 및 분쟁의 일회적 해결을 위한 것이므로 권리보호와 소송경제를 고려하여 제한적으로 인정하는 판례의 태도가 타당하다.

4. 인정기준

(1) 처분 당시 객관적으로 존재하였을 것

위법성 판단의 기준시에 관하여 처분시설을 취하는 경우 위법성 판단은 처분시를 기준으로 하므로 추가사유나 변경사유는 처분시에 객관적으로 존재하던 사유이어야 한다. 처분 이후에 발생한 새로운 사실적·법적 사유를 추가·변경할 수는 없다. 단, 판결시설 또는 절충설을 취하는 경우에는 피고인 처분청은 소송계속 중 처분 이후의 사실적·법적 상황을 주장할 수 있게 된다.

(2) 기본적 사실관계의 동일성이 유지될 것

통설 및 판례는 ① 법률적 평가 이전의 사회적 사실관계의 동일성을 기준으로 하여, ② 시간적, 장소적 근접성, ③ 행위의 태양, 결과 등을 종합적으로 고려해서 판단하여야 한다고 본다.

(3) 재량행위의 경우

① 재량행위의 경우에 고려사항의 변경은 새로운 처분을 의미하는 것이라는 견해가 있으나,

② 재량행위에서 처분이유를 사후에 변경하는 경우에도, 분쟁대상인 행정행위가 본질적으로 변경되지 않음을 전제로 하는 것이므로 재량행위에서도 인정함이 타당하다.

5. 법원의 판단

처분사유의 추가·변경이 인정되면 법원은 변경된 사유를 기준으로 본안심사를 하고 그렇지 않은 경우에는 당초사유를 기준해야 한다.

Ⅲ 사안의 해결

소송계속 중에 제시한 '갑의 주택이 무허가주택(이는 물적요건에 해당됨)'이라는 사실은 처분 당시에 존재한 사유이나, 이는 '무주택세대주였다(이는 인적요건에 해당됨)'는 당초의 사실과 기본적 사실관계의 동일성이 인정되지 않는다. 따라서 법원은 '입주자모집공고일 당시 무주택세대주'라는 당초사유를 기준하여 심리하여야 할 것이다.

⊕ (설문 2)의 해결

Ⅰ 쟁점의 정리

처분사유의 변경이 허용되지 않아서 인용판결이 난 경우라면 한국토지주택공사가 특별분양신청을 재차 거부하는 것이 인용판결의 효력인 기속력에 반하는 것은 아닌지를 검토하여 설문을 해결한다.

Ⅱ 인용판결의 효력(기속력과 재처분의무)

1. 기속력의 의의 및 취지

기속력이란 행정청에 대하여 판결의 취지에 따라 행동하도록 당사자인 행정청과 그 밖의 관계행정청을 구속하는 효력을 말한다(행정소송법 제30조). 이는 인용판결의 실효성을 확보하기 위하여 인정된 제도이며 인용판결에 한하여 인정된다(기각판결에는 인용되지 않음).

2. 구별개념 및 성질

구속력의 성질을 무엇으로 볼 것인가에 대하여 기판력설과 특수효력설이 대립하고 있는데 기판력은 법적 안정성을 위하여 인정된 소송법상의 효력인 데 반하여 기속력은 판결의 실효성을 확보하기 위한 실체법상의 효력이므로 기속력은 기판력과 구분되는 특수한 효력이라는 것이 다수의 견해이다.

3. 내용

(1) 반복금지효(행정소송법 제30조 제1항)

취소판결이 확정되면 당사자인 행정청과 관계행정청은 판결의 취지에 저촉되는 처분을 할 수 없다. 동일처분인지는 기본적 사실관계의 동일성 유무를 기준으로 판단한다.

(2) 재처분의무(제30조 제2항 및 제3항)

판결에 의하여 취소되는 처분이 당사자의 신청에 대한 거부처분인 경우에는 행정청은 판결의 취지에 따라 다시 이전의 신청에 대한 처분을 하여야 한다. 절차의 위법을 이유로 취소되는 경우에 같다.

(3) 원상회복의무(결과제거의무)

취소판결이 확정되면 행정청은 취소된 처분에 의해 초래된 위법상태를 제거하여 원상회복할 의무를 진다. 이에 대해 견해의 대립이 있으나 다수견해는 원상회복의무를 기속력의 내용으로 본다.

4. 기속력의 인정범위

(1) 객관적 범위

판결의 취지는 판결의 주문과 판결이유를 말한다. 취소판결의 취지는 취소된 처분이 위법하다는 것과 취소판결의 이유가 된 위법사유를 말하므로 기속력은 판결의 주문과 이유에 적시된 개개의 위법사유에 미친다.

(2) 주관적 범위

기속력은 당사자인 행정청과 그 밖의 관계행정청을 기속한다. 취소된 처분 등을 기초로 하여 그와 관련되는 처분이나 부수되는 행위를 할 수 있는 행정청을 총칭하는 것이라고 할 것이다.

(3) 시간적 한계

처분의 위법 여부의 판단시점은 처분시이기 때문에(통설 및 판례) 기속력은 처분 당시까지 존재하던 사유에 대하여만 미치고 그 이후에 생긴 사유에는 미치지 아니한다.

5. 기속력 위반의 효과

소송법상 기속력은 강행규정이므로 이에 대한 위반은 그 하자가 중대, 명백하여 당연무효라고 본다(대판 1990.12.11, 90누3560).

Ⅲ 사안의 해결

1. 판결의 취지

인용판결의 취지는 갑이 '무주택세대주'임에도 특별분양신청을 거부한 위법을 시정하여 특별분양신청에 대한 하자없는 처분을 하라는 것으로 볼 수 있다.

2. 사안의 해결

갑은 무허가주택의 소유자이므로 한국토지주택공사는 특별분양신청의 대상자가 아니라는 이유로 재차 거부할 수 있으며 이는 기속력에 반하지 않는다.

🔺 사례 22

건설업자 甲은 공익시설을 건설하기 위하여 국토교통부장관 乙에게 사업인정을 신청하였다. 그리고 乙도 이를 긍정적으로 검토하여 거의 인정단계에 이르렀는데 이를 전해 들은 사업시행지 내의 주민들이 해당 공익시설이 들어오면 교통도 더 혼잡해지고 주변 지가도 하락할 것으로 판단하여 乙에게 강력히 항의하자 乙은 관계법령에도 근거가 없는 사유를 들어서 거부처분을 하였다. 이에 甲이 乙을 상대로 거부처분에 대한 취소소송을 제기하였고 이에 승소하였다. 그런데 乙은 아직 확정된 판결의 취지에 따른 처분을 하지 않고 있는데 이에 대한 甲의 권리구제 방법을 설명하시오.
10점

Ⅰ 쟁점의 정리

설문은 을의 재처분의무를 실현시킬 구제방안을 묻고 있다. 행정소송법 제34조에서는 행정청이 재처분의무를 이행하지 않는 경우, 손해배상을 명할 수 있다고 규정하고 있는 바, 간접강제에 대해서 설명한다.

Ⅱ 재처분의무의 실효성 확보수단(간접강제)

1. 간접강제의 의의 및 취지(행정소송법 제34조)

거부처분취소에 따른 재처분의무를 이행하지 않는 경우에, 손해배상 의무를 부과하여 재처분의무를 간접적으로 강제하는 제도이다. 거부처분취소판결의 실효성을 확보함에 제도적 취지가 인정된다.

2. 요건

① 거부처분취소판결 및 부작위위법확인판결이 확정될 것, ② 재처분의무를 이행하지 않는 경우일 것을 요건으로 하고, ③ 1심 수소법원은 당사자의 신청에 의하여 결정으로서 상당한 기간을 정하고, 행정청이 그 기간 내에 이행하지 아니하는 때에는 그 지연기간에 따라 일정한 배상을 할 것을 명하거나 즉시 손해배상할 것을 명할 수 있다(간접강제결정).

3. 절차

간접강제의 결정에도 불구하고 해당 행정청이 판결의 취지에 따른 처분을 하지 아니하는 경우에 신청인은 그 간접강제결정을 집행권으로 하여 집행문을 부여받아 이행강제금을 강제집행할 수 있다.

4. 인정범위

무효등확인소송의 경우 준용되는지에 견해의 대립이 있으나 판례는 명문규정이 없음을 이유로 부정한다.

PART · 06

5. 배상금의 성질과 추심

① 판례는 배상금은 재처분지연에 대한 손해배상이 아니라 이행에 대한 심리적 강제수단으로 보며, ② 일정기간 경과시는 금전채권의 집행방법으로 추심하나, 기간경과 후 재처분이 있는 경우에는 특별한 사정이 없는 한 심리적 강제를 꾀할 목적이 상실되어 더 이상 배상금 추심을 할 수 없다고 한다.

Ⅲ 사안의 해결

설문상 거부처분취소판결이 확정되었으며, 국토교통부장관 을은 판결의 취지에 따른 재처분의무를 이행하고 있지 아니한 바, 갑은 간접강제를 통해서 인용판결의 실효성을 확보할 수 있을 것이다. 다만, 간접강제제도는 우회적인 제도이므로 의무이행소송을 도입하여 국민의 권리보호에 만전을 기하여야 할 것이다.

03 부작위위법확인소송과 기속력

사례 23

사업시행자 갑은 공익사업을 위한 토지취득이 용이하지 않자, 국토교통부장관에게 사업인정을 신청하였다. 그러나, 국토교통부장관은 상당기간이 지나도록 재결을 하지 아니하였고, 갑은 부작위위법확인소송을 청구하여 인용판결을 받았다. 그 후 국토교통부장관은 사업인정을 거부하였다. 갑은 부작위위법확인소소송의 인용판결이 있음에도 이를 거부한 것은 재처분의무를 이행하지 않은 것이라 판단하고 이에 대한 간접강제를 신청하였다. 법원은 어떠한 결정을 하여야 하는가?

PART · 06

Ⅰ 쟁점의 정리

국토교통부장관은 부작위위법확인소송의 인용판결이 있었음에도 인용거부처분을 하였다. 법원이 인용판결에 대한 처분의무의 이행을 확보하기 위하여 배상명령을 하기 위해서는 행정소송법 제34조의 간접강제요건이 충족되어야 한다. 부작위위법확인소송의 심리범위에 따라 재처분의무의 내용이 달라지므로 이를 검토하여 간접강제요건이 충족되었는지를 판단하여 설문을 해결한다.

Ⅱ 부작위위법확인소송 인용판결의 재처분의무

1. 부작위위법확인소송의 의의 · 소송의 성질

부작위위법확인소송이라 함은 행정청의 부작위가 위법하다는 것을 확인하는 소송을 말한다. 행정소송법은 부작위위법확인소송을 항고소송의 하나로 규정하고 있지만 그 실질은 확인소송이라고 보아야 할 것이다.

2. 심리의 범위

(1) 학설

1) 절차적 심리설

부작위의 정의규정에 비추어, 부작위의 위법 여부만을 심사하여야 하며 만약 실체적인 내용을 심리한다면 그것은 의무이행소송을 인정하는 결과가 되어 정당하지 않다는 견해이다. 이 견해는 '일정한 처분을 하여야 할 의무'는 신청에 대한 응답의무라고 해석한다.

2) 실체적 심리설

무용한 소송의 반복을 피하기 위해서 신청의 실체적인 내용을 심사하여 처리방향을 제시해야 한다고 한다. 이 견해는 '일정한 처분을 하여야 할 의무'는 신청에 따른 처분을 하여 줄 의무라고 해석한다.

(2) 판례

판례는 "부작위위법확인소송은 행정청의 부작위 내지 무응답이라고 하는 소극적인 위법상태를 제거하는 것을 목적으로 하는 것"이라고 하여 절차적 심리설을 취하는 것으로 보인다.

(3) 검토

의무이행소송을 인정하지 않고 부작위위법확인소송만을 인정한 입법취지 및 부작위의 정의규정에 비추어 볼 때, 부작위의 위법 여부만이 심판의 범위에 포함되는 것으로 봄이 타당하다.

3. 인용판결의 기속력(재처분의무)

본안심리의 결과 원고의 부작위위법확인청구가 이유 있다고 인정하는 경우에는 인용판결을 내리며, 기속력이란 판결의 취지에 따라 처분해야 할 의무를 말한다. 이에 판결의 취지의 해석과 관련하여 견해의 대립이 있다.

(1) 절차적 심리설

판결의 취지는 부작위의 위법을 시정하여 어떠한 처분이라도 하라는 것이므로 단순히 신청에 대한 응답의무로만 족하다고 한다. 따라서 다시 거부하더라도 기속력에 반하지 않는다.

(2) 실체적 심리설

판결의 취지는 신청된 특정의 처분을 하라는 것이므로 기속행위의 경우는 사인이 신청한 대로 처분을 하는 것이고, 재량행위의 경우에는 하자 없는 재량권을 행사할 의무라고 한다.

(3) 검토

이는 결국 본안심리 범위와 관련된 문제로서 현행 행정소송법의 태도가 단순한 응답의무만을 심리한다고 했을 때 절차적 심리설이 타당하다. 입법론으로는 실효성 있는 권리구제를 위하여 의무이행소송을 도입하여야 할 것이다.

Ⅲ 간접강제의 요건검토[행정소송법 제34조]

1. 간접강제의 의의 및 취지

부작위위법확인판결에 따른 재처분의무를 이행하지 않는 경우에, 손해배상의무를 부과하여 재처분 의무를 간접적으로 강제하는 제도이다. 부작위위법확인판결의 실효성을 확보함에 제도적 취지가 인정된다.

2. 요건

① 부작위위법확인판결이 확정될 것, ② 재처분의무를 이행하지 않는 경우일 것을 요건으로 하고, ③ 1심 수소법원은 당사자의 신청에 의하여 결정으로서 상당한 기간을 정하고, 행정청이 그 기간 내에 이행하지 아니하는 때에는 그 지연기간에 따라 일정한 배상을 할 것을 명하거나 즉시 손해배 상할 것을 명할 수 있다(간접강제 결정).

3. 절차

간접강제의 결정에도 불구하고 해당 행정청이 판결의 취지에 따른 처분을 아니하는 경우에 신청인 은 그 간접강제 결정을 집행권으로 하여 집행문을 부여받아 이행강제금을 강제집행할 수 있다.

4. 배상금의 성질과 추심

① 판례는 배상금은 재처분지연에 대한 손해배상이 아니라 이행에 대한 심리적 강제수단으로 보며, ② 일정기간 경과시는 금전채권의 집행방법으로 추심하나, 기간경과 후 재처분이 있는 경우에는 특별한 사정이 없는 한 심리적 강제를 꾀할 목적이 상실되어 더 이상 배상금 추심을 할 수 없다고 한다.

Ⅳ 사안의 해결

부작위위법확인소송은 부작위의 위법 여부만을 심리하므로(절차적 심리설), 이에 따를 때 응답의무 가 재처분의무가 된다고 볼 수 있다. 국토교통부장관의 사업인정거부처분은 갑의 사업인정 신청에 대한 응답으로 볼 수 있으며, 이에 따라 부작위의 위법상태는 해소된 것으로 판단된다. 따라서 국 토교통부장관은 재처분의무를 이행하였는 바, 법원은 국토교통부장관에게 손해배상의무를 부과할 수 없을 것이다.

소의 병합과 위법성 판단시점

---

04 소의 병합(선택적 병합)

🔹 **사례 24**

토지소유자 갑, 을, 병은 토지수용위원회를 상대로 잔여지 수용청구를 하였으나 토지수용위원회는 이를 받아들이지 않았다. 이에 갑, 을, 병은 잔여지 수용청구에 대한 거부에 대해서 항고소송을 제기하려고 한다. 갑, 을, 병은 공동소송의 형식으로 재결취소소송을 제기할 수 있는가? 이 경우 갑, 을, 병은 잔여지 감가보상을 선택적 병합으로 제기할 수 있는가? 20점

Ⅰ 쟁점의 정리

갑, 을, 병이 공동소송인이 될 수 있는지를 검토하고, 잔여지 수용청구와 감가보상청구가 양립될 수 없는 청구권인지를 검토하여 선택적 병합이 가능한지를 해결한다.

Ⅱ 공동소송의 가능 여부

1. 공동소송(행정소송법 제15조)

공동소송이란 수인의 청구 또는 수인에 대한 청구가 처분 등의 취소청구와 관련되는 청구인 경우에 한하여 그 수인이 공동소송인이 되어 제기하는 소송을 말한다. 합일확정이 요구되는 경우에 동일한 이해당사자를 모아서 판결의 모순방지 및 신속한 권리구제를 도모함에 제도적 취지가 인정된다.

2. 공동소송의 요건

공동소송은 각 소송인이 공동으로 소를 제기하는 것이므로 각 소송인은 소송인별로 항고소송의 요건을 충족해야 한다.

3. 사안의 경우

재결은 토지소유자의 소유권 변동을 발생시키는 처분이며, 이를 보존할 법률상 이익이 인정된다. 또한, 갑, 을, 병은 동일 사업에서의 토지소유자이므로 합일확정이 요구되는 경우라 할 수 있다. 또한 설문상 제소기간 등은 문제되지 않는 것으로 보이므로 갑, 을, 병은 공동소송으로 재결취소를 구할 수 있을 것이다.

Ⅲ 선택적 병합이 가능한지 여부

1. 관련청구소송의 병합

행정소송법상 관련청구소송의 병합이라 함은 취소소송 또는 무효등확인소송에 해당 취소소송 등과 관련이 있는 청구소송(관련청구소송)을 병합하여 제기하는 것을 말한다. 이는 소송경제를 도모하고, 서로 관련 있는 사건 사이에 판결의 모순·저촉을 피하기 위한 것이다.

2. 선택적 병합과 예비적 병합

(1) 선택적 병합

양립할 수 있는 여러 개의 청구를 하면서 그중에 어느 하나가 인용되면 원고의 소의 목적을 달할 수 있기 때문에 다른 청구에 대해서는 심판을 바라지 않는 형태의 병합이다. 법원은 이유 있는 청구 어느 하나를 선택하여 원고청구를 인용하면 된다. 논리적으로 양립할 수 없는 여러 개의 청구는 예비적 병합청구는 할 수 있지만 선택적 병합청구를 할 수 없다.

(2) 예비적 병합

양립될 수 없는 여러 개의 청구를 하면서 제1차적(주위적) 청구가 기각·각하될 때를 대비하여 제2차적(예비적) 청구에 대하여 심판을 구하는 것을 말한다. 제1차적 청구를 먼저 심리하여 보고 인용되면 제2차적 청구에 대해서는 더 나아가 심판할 필요가 없게 된다.

3. 사안의 경우

갑, 을, 병에 대한 재결취소소송 및 잔여지 감가보상청구는 내용적으로 양립될 수 없는 청구인 바, 이에 대한 선택적 병합청구는 인용되기 어려울 것이다.

Ⅳ 사안의 해결

갑, 을, 병은 공동소송인으로서 재결취소소송을 제기할 수 있으나, 잔여지 감가보상을 선택적 청구로 병합할 수는 없을 것이다. 이 경우 재결취소소송을 주된 소송으로 제기하면서 잔여지 감가보상을 예비적 청구로 제기해야 할 것이다.

> ↪ 대판 2014.4.24, 2012두6773
>
> [1] 토지소유자가 공익사업을 위한 토지 등의 취득 및 보상에 관한 법률 제34조, 제50조 등에 규정된 재결절차를 거치지 않고 곧바로 사업시행자를 상대로 같은 법 제73조에 따른 잔여지 가격감소 등으로 인한 손실보상을 청구할 수 있는지 여부(소극) 및 이는 수용대상 토지에 대하여 재결절차를 거친 경우에도 마찬가지인지 여부(적극)
>
> [2] 논리적으로 양립할 수 없는 수 개 청구의 선택적 병합이 허용되는지 여부(소극) / 공익사업을 위한 토지 등의 취득 및 보상에 관한 법률 제74조에 따른 잔여지 수용청구와 제73조에 따른 잔여지의 가격감소로 인한 손실보상청구의 선택적 병합이 허용되는지 여부(소극)

사례 25

각 물음에 답하시오. 35점

(1) 중앙토지수용위원회는 상당기간이 지나도록 사업시행자의 재결신청에 대하여 아무런 처분을 하고 있지 않다. 이에 따라 사업시행자가 부작위위법확인소송을 제기하였는데, 소송 중에 재결 신청에 대한 거부처분을 하였다. 사업시행자는 부작위위법확인소송을 거부처분취소소송으로 변경할 수 있는가? 20점

(2) 갑은 재결신청에 대한 거부로 인한 손해를 보전하기 위해 거부처분취소소송에 국가배상청구소 송을 병합할 수 있는가? 만약 이 경우 거부처분취소소송이 소송요건을 갖추지 못한 경우에는 국가배상청구소송만의 독자적 판결을 받을 수 있는가? (국가배상청구요건은 충족된 것으로 봄) 15점

⊕ (설문 1)의 해결

Ⅰ 쟁점의 정리

부작위위법확인소송을 제기한 후 행정청의 거부처분이 있는 경우에 행정소송법 제22조(처분변경으로 인한 소의 변경)가 부작위위법확인소송에 준용되고 있지 않으므로 행정소송법 제37조에 의해 거부처분에 대한 취소소송으로 변경하는 것이 가능한지가 문제된다.

Ⅱ 소의 변경

1. 의의 및 종류

소의 변경이란 청구의 변경을 말한다. 청구의 변경에는 종전의 청구를 새로운 청구로 변경하는 교환적 변경과 종전의 청구에 새로운 청구를 추가시키는 추가적 변경이 있다. 행정소송에는 여러 종류가 있는데 권리구제를 위하여 어떠한 소송의 종류를 선택하여야 하는지 명확하지 않은 경우가 적지 않아 소송 종류의 선택을 잘못할 위험이 있으므로 행정소송법은 행정소송 간의 소의 변경을 인정하고 있다.

2. 항고소송 간의 변경

항고소송 간에는 소의 변경이 가능하다. 취소소송을 취소소송 외의 항고소송(무효등확인소송 또는 부작위위법확인소송)으로(제21조 제1항), 무효등확인소송을 취소소송 또는 부작위위법확인소송으로, 부작위위법확인소송을 다른 종류의 항고소송으로 변경하는 것이 가능하다(제37조).

3. 부작위가 거부로 발전된 경우의 소변경 가능 여부

(1) 부정설

제37조의 취지가 행정소송 간에 소송의 종류의 선택을 잘못할 위험이 있어 소의 종류의 변경을 인정한 것이라는 이유로 부작위에서 거부처분으로 발전된 경우에는 부작위위법확인소송을 취소소송으로 변경하는 것을 허용할 수 없다고 본다.

(2) 긍정설

현행 행정소송법이 처분변경으로 인한 소의 변경을 규정하는 행정소송법 제22조를 부작위위법 확인소송에 준용하지 않고 있는 것은 입법의 불비이므로, 행정소송법 제37조에 의해 준용되는 소의 종류의 변경을 규정하는 행정소송법 제21조의 문언에 충실한 해석을 하여 부작위에서 거부 처분으로 발전한 경우에도 행정소송법 제21조를 적용하여 부작위위법확인소송을 취소소송으로 변경하는 것이 가능하다고 보아 입법의 불비를 해석을 통해 보완하여야 할 것이라고 본다.

(3) 검토

소송 중에 부작위가 거부로 발전된 경우 소의 변경을 허용하지 않는다면, 동일한 신청에 대하여 별도의 소를 제기해야 하는 어려움이 발생하므로 국민의 권리구제를 도모하기 위해서 이를 긍정하는 것이 타당하다.

Ⅲ 사안의 해결

부작위가 거부로 발전된 경우에도 거부처분취소소송으로의 변경을 허용하는 것이 타당하므로, 갑은 부작위위법확인소송을 거부처분취소소송으로 변경할 수 있을 것이다.

⊕ (설문 2)의 해결

Ⅰ 쟁점의 정리

행정소송법 제10조에서는 관련청구소송의 병합을 규정하고 있으며, 병합소송이 가능한 경우에도 주된 소송이 각하되는 경우 병합소송만의 독자적인 심리가 가능한지를 검토한다.

Ⅱ 관련청구소송의 병합

1. 의의 및 취지

행정소송법상 관련청구소송의 병합이라 함은 취소소송 또는 무효등확인소송에 해당 취소소송 등과 관련이 있는 청구소송(관련청구소송)을 병합하여 제기하는 것을 말한다. 이는 소송경제를 도모하고, 서로 관련 있는 사건 사이에 판결의 모순·저촉을 피하기 위한 것이다.

2. 관련청구소송의 종류

관련청구소송이라 함은 주된 취소소송 등의 대상인 처분 등과 관련되는 손해배상·부당이득반환·원상회복 등 청구소송 및 취소소송을 말한다(행정소송법 제10조 제1항).

3. 요건

취소소송 등과 취소소송 등이 아닌 관련청구소송의 병합은 취소소송 등에 병합하여야 하며, 주된 취소소송 등과 관련청구소송은 각각 소송요건을 갖추어야 한다. 또한, 주된 취소소송이 사실심 변론종결 전이어야 한다.

4. 병합요건의 조사

병합요건은 법원의 직권조사사항이다. 병합요건이 충족되지 않은 경우 변론을 분리하여 별도의 소로 분리심판하여야 하는 것이 원칙이다.

5. 병합된 관련청구소송에서의 판결

취소소송에 관련청구소송을 병합하여 제기한 후 취소소송이 부적법 각하된 경우에 소송경제상 행정법원이 행정사건과 분리하여 독립적으로 스스로 민사사건을 처리할 수 있는 것으로 보아야 한다. 그러나 판례는 본래의 '취소소송 등'이 부적합하여 각하되면 그에 병합된 관련청구소송도 소송요건을 흠결하여 부적합하다고 보고, 각하되어야 한다고 한다(대판 2011.9.29, 2009두10963).

Ⅲ 사안의 해결

국가배상청구의 원인행위가 재결거부이므로 국가배상청구소송은 관련청구소송으로 병합제기가 가능할 것이나, 취소소송의 제기요건이 갖추어지지 못한 바, 병합요건이 충족되지 못한다. 판례의 태도에 따르면 이 경우 주된 소송의 각하를 이유로 병합소송도 각하하여야 하나, 소송경제상 이를 독립적으로 심리·판결함이 타당하다고 판단된다.

05 위법성 판단시점

🔊 사례 26

경원자 관계에 있는 사업시행자 '갑'과 '을'은 서울시 서초구 방배동 일대의 철도역사 사업을 하고자 관련법령상 적합한 시설과 기술을 갖추고 국토교통부장관에게 사업인정을 신청하였다. 국토교통부장관은 해당 사항을 검토한 후, 갑의 사업인정 신청은 거부하고 을에게 사업인정처분을 하였다.

(1) 갑은 국토교통부장관의 을에 대한 취소소송을 구할 원고적격이 인정되는지 논하시오. [20점]

(2) 갑은 사업인정 거부에 대한 취소소송을 제기하였는데, 소송 중 관련법령이 개정되어 위 사업인정을 거부할 수 있게 되었다. 이 경우 위법성 판단시점에 대해서 논하고, 만약 갑이 취소소송이 아닌 의무이행심판을 제기한 경우의 위법성 판단시점에 대해서 논하시오. [20점]

<table>
<tr><td>

Ⅰ (설문 1)의 해결

  1. 쟁점의 정리

  2. 원고적격

    (1) 의의

    (2) 법률상 이익의 의미

      1) 학설

      2) 판례

      3) 검토

    (3) 법률의 범위

    (4) 경원자소송의 경우 원고적격의 판단

      1) 경원자의 개념

      2) 관련 판례의 태도

  3. 사안의 경우

</td><td>

Ⅱ (설문 2)의 해결

  1. 쟁점의 정리

  2. 거부처분취소소송의 위법성 판단시점

    (1) 문제점

    (2) 학설

    (3) 판례

    (4) 검토

  3. 의무이행심판에서의 위법성 판단시점

    (1) 문제점

    (2) 학설

    (3) 검토

  4. 사안의 해결

</td></tr>
</table>

Ⓘ [설문 1]의 해결

1. 쟁점의 정리

갑과 을은 경원자 관계에 있으므로, 을에 대한 사업인정은 갑에 대한 사업인정거부로 귀결될 수밖에 없다. 따라서 이러한 경우에 갑이 을에 대한 사업인정의 취소를 구하기 위해서는 행정소송법상 대상적격, 원고적격, 관할 및 제소기간 등의 요건을 갖추어야 하는데 설문에서는 원고적격요건의 충족과 관련하여 갑에게 법률상 이익이 인정되는지가 문제된다.

2. 원고적격

(1) 의의

원고적격이란 본안판결을 받을 수 있는 자격을 말한다. 행정소송법 제12조에서는 '법률상 이익 있는 자'로 규정하고 있다.

(2) 법률상 이익의 의미

1) 학설

① 침해된 권리회복이라는 권리구제설, ② 근거법상 보호되는 이익구제인 법률상 보호이익설, ③ 소송법상 보호가치 있는 이익구제라는 견해, ④ 행정의 적법성 통제라는 적법성 보장설의 견해가 있다.

2) 판례

해당 처분의 근거, 관련법규에 의해 보호되는 개별적, 직접적, 구체적인 이익을 의미하며, 사실상이며 간접적인 이익은 법률상 보호이익이 아니라고 판시한 바 있다.

3) 검토

권리구제설은 원고의 범위를 제한하고, 소송법상 보호가치 있는 이익구제설은 보호가치 있는 이익의 객관적 기준이 결여되는 문제가 있다. 또한 적법성 보장설은 객관소송화의 우려가 있다. 따라서 취소소송을 주관적, 형성소송으로 보면 법률상 보호이익설이 타당하다.

(3) 법률의 범위

① 근거 법률은 물론 관련법규까지 포함하는 견해와, 헌법상 기본권 및 민법상 일반원칙까지 포함하는 견해가 있으며, ② 대법원은 관계법규와 절차법규정의 취지도 고려하는 등 보호규범의 범위를 확대하는 경향을 보인다.

(4) 경원자소송의 경우 원고적격의 판단

1) 경원자의 개념

경원자란 인·허가 등에 있어서 서로 양립할 수 없는 출원을 제기한 자로서, 일방에 대한 허가는 타방에 대한 불허가로 귀결될 수밖에 없는 관계를 말하며, 경원자소송이라 함은 경원자 관계에 있는 타방이 제기하는 소송을 말한다.

2) 관련 판례의 태도

판례는 경원자 관계의 경우 '허가 등의 처분을 받지 못한 자는 비록 처분의 상대방이 아니더라도 해당 처분의 취소를 구할 당사자적격이 있다.'고 판시하여 경원자 관계에 있는 제3자의 원고적격을 인정하고 있다.

3. 사안의 경우

사안에서 갑과 을은 경원자 관계에 있으므로 갑은 사업인정을 통해서 사업시행의 이익을 향유할 이익 및 직업선택의 자유 등의 법률상 이익을 이유로, 을에 대한 사업인정처분의 취소를 구할 원고적격이 인정된다.

Ⅱ [설문 2]의 해결

1. 쟁점의 정리

취소소송은 위법한 처분의 효력을 소멸시켜 권리구제를 도모하는 소극적 쟁송이나, 의무이행심판은 이행쟁송의 성격을 갖는 적극적 쟁송이라 할 것이다. 이러한 쟁송의 성질의 차이에 따라 위법성 판단시점이 달라질 수 있는 바, 소송 중에 관련법령이 개정된 경우를 기준하여 설명한다.

2. 거부처분취소소송의 위법성 판단시점

(1) 문제점

처분은 그 당시의 사실상태 및 법률상태를 기초로 하여 행해지게 되므로 처분 당시의 사실상태 및 법률상태를 기준하여 위법성을 판단해야 하나, 거부처분의 경우는, 처분시를 기준하여 위법성을 판단하여도 처분 이후의 개정법령을 적용하여 다시 거부처분할 수 있기에, 이는 판결에 대한 국민의 불신을 야기할 우려가 있다.

(2) 학설

① 취소소송은 처분의 사후심사의 성질을 가지므로 처분의 위법 여부 판단은 처분시의 사실 및 법률상태를 기준으로 행하여야 한다는 처분시설과 ② 취소소송의 본질은 처분으로 인하여 형성된 위법상태를 배제하는 데 있으므로 처분의 위법 여부의 판단은 판결시의 사실 및 법률상태를 기준으로 행하여야 한다는 판결시설 및 ③ 원칙상 처분시설이 타당하나 계속적 효력을 가진 처분이나 거부처분취소의 경우에는 판결시로 보는 것이 타당하다는 절충설도 있다.

(3) 판례

판례는 행정소송에서 행정처분의 위법 여부는 행정처분이 행하여졌을 때의 법령과 사실상태를 기준으로 하여 판단하여야 하고, 처분 후 법령의 개폐나 사실상태의 변동에 의하여 영향을 받지는 않는다고 하여 처분시설을 취하고 있다(대판 2007.5.11, 2007두1811).

(4) 검토

취소소송은 행정청이 내린 처분을 다투어 취소를 구하는 소송이므로 처분의 위법판단의 기준시를 원칙상 처분시로 보아야 한다. 이러한 문제는 입법론적으로 의무이행소송을 도입하면 해결된다.

3. 의무이행심판에서의 위법성 판단시점

(1) 문제점

부작위에 대한 의무이행심판의 위법·부당 판단의 기준시는 재결시라는 점에 대해서는 이견이 없으나, 거부처분의 경우에는 처분시인지 아니면 재결시인지에 대해서 견해의 대립이 있다.

(2) 학설

① 의무이행심판은 재결시점에서 처분의 발령가부를 판단해야 하므로 재결시를 기준으로 위법성을 판단해야 한다는 견해와, ② 의무이행심판도 처분청의 위법·부당한 처분에 대한 사후적 통제를 목적으로 하므로 처분시를 기준으로 해야 한다는 견해가 있다.

(3) 검토

의무이행심판의 청구취지는 거부처분의 취소가 아니라 신청대로의 처분발령이므로, 재결시를 기준하여 신청대로의 처분을 하여야 하는지를 판단하여야 할 것이다.

4. 사안의 해결

거부처분취소소송의 위법성 판단기준시는 처분시이므로 인용판결을 받을 수 있으나, 의무이행심판의 위법성 판단기준시는 재결시이므로 기각재결을 받을 것이다.

CHAPTER
03

직권심리주의

| 06 | 직권심리주의와 입증책임 |

사례 27

감정평가사 갑은 성실의무 위반으로 업무정지처분을 받았으며 이에 대해 취소소송을 제기하였다. 갑은 해당 업무정지처분은 부당징계에 해당하므로 취소되어야 한다고만 주장할 뿐 부당징계임을 밝히는 구체적인 증거자료는 제시하지 못하였다. 이에 법원은 부당징계임에 대한 정당성을 배척하면서 기각판결을 하였다. 이를 직권심리주의와 관련하여 논하시오. 30점

Ⅰ 쟁점의 정리
Ⅱ 직권심리주의와 입증책임
  1. 직권심리주의
    (1) 의의
    (2) 직권탐지범위
      1) 직권증거조사주의설
      2) 직권탐지주의설
    (3) 판례의 태도
    (4) 검토
    (5) 직권탐지의 의무

  2. 주장책임과 입증책임
    (1) 직권탐지주의와 주장책임
      1) 주장책임
      2) 직권탐지주의와 주장책임
    (2) 입증책임
      1) 의의
      2) 취소소송에 있어서의 입증책임
Ⅲ 사안의 해결

Ⅰ 쟁점의 정리

갑은 부당한 업무정지처분을 대상으로 취소소송을 제기하였으나, 구체적인 증거자료는 제출하지 못하였다. 법원은 부당징계임에 대한 정당성을 배척하면서 기각판결을 하였는데, 부당징계행위의 직권심리책임이 법원에게 인정된다면 법원은 부당징계행위에 대한 정당성을 직권으로 심리하여 판단하여야 할 것이다. 따라서 직권심리주의를 검토하여 설문을 해결한다.

Ⅱ 직권심리주의와 입증책임

1. 직권심리주의

(1) 의의

직권심리주의라 함은 소송자료의 수집을 법원이 직권으로 할 수 있는 소송심리원칙을 말한다. 행정소송은 공익과 관련이 있으므로 행정소송에 있어서는 당사자의 노력에 의해 실체적 진실이 밝혀지지 않는 경우에는 법원이 적극적으로 개입하여 실체적 진실을 밝혀내어 적정한 재판이 되도록 하여야 한다. 이를 위하여 행정소송법 제26조는 직권심리주의를 인정하고 있다.

(2) 직권탐지범위

1) 직권증거조사주의설

행정소송법 제26조는 당사자가 주장하는 사실에 대한 당사자의 입증활동이 불충분하여 심증을 얻기 어려운 경우에 당사자의 증거신청에 의하지 아니하고 직권으로 증거조사를 할 수 있음을 의미하는 것으로 본다. 이 견해에 의하면 당사자가 주장하지 않은 사실은 심판의 대상으로 할 수 없다.

2) 직권탐지주의설

행정소송법 제26조는 당사자가 주장한 사실에 대하여 법원이 보충적으로 증거를 조사할 수 있을 뿐 아니라, 더 나아가 당사자가 주장하지 않은 사실에 대하여도 직권으로 증거를 조사하여 이를 판단의 자료로 삼는 직권탐지주의까지를 인정하고 있는 것으로 본다. 그 논거로 행정소송법 제26조 후단이 "당사자가 주장하지 아니한 사실에 대하여 판단할 수 있다."라고 규정하고 있는 것을 들고 있다.

(3) 판례의 태도

판례는 '행정소송법 제26조는 당사자주의, 변론주의에 대한 일부 예외규정일 뿐 법원이 아무런 제한 없이 당사자가 주장하지 아니한 사실을 판단할 수 있는 것은 아니고, 일건 기록에 현출되어 있는 사항에 관하여서만 직권으로 증거조사를 하고 이를 기초로 하여 판단할 수 있을 따름이다.'라고 하여 소송기록에 나타난 사실에 한하여 직권탐지를 인정하고 있다(대판 1994.10.11, 94누4820).

(4) 검토

실체적 진실발견과 재판부담의 조화를 위해서 변론주의를 원칙으로 하고 직권탐지주의를 보충적인 것으로 하는 것이 타당하며 행정소송법 제26조의 규정도 이렇게 해석하는 것이 타당할 것이다.

(5) 직권탐지의 의무

현행 행정소송법 제26조는 "…할 수 있고, …할 수 있다."라고 규정하고 있으므로, 이 규정의 해석에 있어 직권탐지가 법원의 재량에 속한다고 보는 견해도 있으나, 이 규정은 법원의 직권탐지권한을 규정한 것으로 보는 것이 타당하며 직권탐지는 원칙상 법원의 재량에 속하지만 적정한 재판을 위하여 직권탐지가 크게 요청되는 경우에는 직권탐지의무가 있다고 보아야 할 것이다.

2. 주장책임과 입증책임

(1) 직권탐지주의와 주장책임

1) 주장책임

주장책임이라 함은 당사자가 유리한 사실을 주장하지 않으면 그 사실은 없는 것으로 취급되어 불이익한 판단을 받게 되는데, 이 경우에 있어서의 해당 당사자의 불이익을 받는 지위를 말한다.

2) 직권탐지주의와 주장책임

행정소송에서는 법원이 필요하다고 인정할 때에는 당사자가 명백하게 주장하지 않는 사실이라 할지라도 기록에 나타난 자료를 기초로 하여 직권으로 심리조사하고 이를 토대로 판단할 수 있다(대판 1995.2.14, 94누5069). 또한 기록상 자료가 나타나 있음에도 당사자가 주장하지 아니하였다는 이유로 판단하지 아니한 것은 위법하다(대판 1992.2.28, 91누6597). 그러나 직권탐지의 대상이 되는 사실에 대하여도 직권탐지가 의무가 아닌 한 주장책임의 문제가 될 수 있다.

(2) 입증책임

1) 의의

입증책임이란 소송상 증명을 요하는 어느 사실의 존부가 확정되지 않은 경우 해당 사실이 존재하지 않는 것으로 취급되어 불리한 법률판단을 받게 되는 당사자 일방의 위험 또는 불이익을 말한다.

2) 취소소송에 있어서의 입증책임

판례는 항고소송의 경우에는 그 특성에 따라 해당 처분의 적법을 주장하는 피고에게 그 적법사유에 대한 입증책임이 있으며 이와 상반되는 주장과 입증은 그 상대방인 원고에게 그 책임이 돌아간다고 판시한 바 있다(대판 1983.9.13, 83누288).

Ⅲ 사안의 해결

법원은 일건 기록상 현출된 사항에 관하여만 직권탐지가 가능하며, 행정청의 업무정지처분이 부당징계에 해당한다는 점은 이를 주장하는 감정평가사 갑이 증명하여야 할 것이다. 따라서 이에 대한 증거자료를 제출하지 못한 경우에는 그러한 사실은 없는 것으로 간주하여 판단될 것인바, 법원의 기각판결은 정당하다고 판단된다.

07 일부취소

사례 28

사업시행자 갑은 택지개발사업을 시행하였고, 행정청은 「개발이익 환수에 관한 법률」에 따라 개발부담금 납부를 명하였다. 그 후 개시시점 당시의 개별공시지가가 제곱미터당 10,000원에서 8,000원으로 변경 고시되었다. 갑은 개발부담금 납부를 취소할 수 있는가?

Ⅰ 쟁점의 정리	1) 소극적 변경설
Ⅱ 일부취소의 가능 여부	2) 적극적 변경설
1. 취소소송에서의 인용판결	(3) 판례
2. 일부취소의 의미	(4) 결어(소극적 변경설)
(1) 문제점	3. 일부취소의 가능성(일부취소의 인정기준)
(2) 학설	Ⅲ 사안의 해결

Ⅰ 쟁점의 정리

사업시행자 갑은 택지개발사업을 시행한 바, 「개발이익 환수에 관한 법률」에 따라 개발부담금을 납부해야 한다. 그런데 개시시점의 지가가 낮아진 경우라면 그에 상응하는 만큼 개발부담금도 낮아져야 하므로 종전에 부과된 개발부담금의 일부취소가 가능한지가 문제된다.

Ⅱ 일부취소의 가능 여부

1. 취소소송에서의 인용판결

취소소송에서 인용판결이라 함은 취소법원이 본안심리의 결과 원고의 취소청구 또는 변경청구가 이유 있다고 인정하는 경우, 해당 처분의 전부 또는 일부를 취소하는 판결을 말한다.

2. 일부취소의 의미

(1) 문제점

취소소송의 인용판결로 처분을 적극적으로 변경하는 것이 가능한지에 대하여 견해가 대립되고 있다. 행정소송법 제4조 제1호에서 취소소송을 행정청의 위법한 처분 등을 취소 또는 변경하는 소송으로 정의하고 있는데, 여기에서 '변경'이 소극적 변경(일부취소)을 의미하는지 아니면 적극적 변경을 의미하는지의 문제가 제기된다.

(2) 학설

1) 소극적 변경설

행정소송법 제4조 제1호의 '변경'을 소극적 변경(일부취소)으로 보는 견해의 근거는 다음과 같다. 적극적 형성판결은 권력분립의 관점에서는 이행판결에 비하여 보다 문제가 있고, 현행 행정소송법이 의무이행소송을 규정하고 있지 않다는 점을 고려하여 취소소송에 있어서의 '변경'은 소극적 변경으로서의 일부취소로 본다.

2) 적극적 변경설

행정소송법 제4조 제1호의 '변경'을 적극적 변경으로 보는 견해는 권력분립주의를 실질적으로 이해하면 법원이 위법한 처분을 취소하고 새로운 처분을 내용으로 하는 판결을 하는 것도 가능하다고 본다.

(3) 판례

판례는 이 '변경'은 소극적 변경, 즉 일부취소를 의미하는 것으로 보고 있다(대판 1964.5.19, 63누177).

(4) 결어(소극적 변경설)

현행 행정소송법이 권력분립을 고려하여 의무이행소송을 도입하지 않았고, 적극적 변경판결은 법원이 처분권을 행사하는 것과 같은 결과를 가져오므로 명문의 규정이 없는 한 처분내용을 적극적으로 변경하는 취소판결을 인정하지 않는 것이 타당하다.

3. 일부취소의 가능성(일부취소의 인정기준)

처분의 일부만이 위법한 경우에 위법한 부분만의 일부취소가 가능한지가 문제된다. 처분의 일부취소의 가능성은 일부취소의 대상이 되는 부분의 분리취소가능성에 따라 결정된다. 외형상 하나의 행정처분이라 하더라도 가분성이 있다면 그 일부만의 취소도 가능하고 그 일부의 취소는 해당 취소부분에 한하여 효력이 생긴다.

Ⅲ 사안의 해결

개발부담금은 「개발이익 환수에 관한 법률」에 따라 부과되는 것으로서, 개시시점의 지가는 개별공시지가를 기준으로 산정된다. 따라서 개별공시지가가 10,000원에서 8,000원으로 변경 공시된 경우라면 법원은 개시시점의 지가만을 10,000원에서 8,000원으로 변경하여 올바른 개발부담금을 산정하여 일부취소를 할 수 있을 것이다.

기타

국가배상청구소송 선택적 청구

◢ 사례 1

공무원 갑은 공익사업의 원활한 시행을 위하여, 사업부지상의 지장물 이전을 대집행하였다. 대집행하는 과정에서 손해가 발생하였으며, 공무원 갑의 중대한 과실이 있었다. 지장물 소유자 을은 공무원 갑을 상대로 손해배상을 청구할 수 있는가? 25점

Ⅰ 쟁점의 정리

국가 등의 배상책임 이외에 공무원 자신의 배상책임이 인정될 수 있는지의 여부가 국가배상책임의 성질과 관련하여 문제된다.

Ⅱ 공무원의 위법행위로 인한 국가배상책임의 개념 및 법적 성질

1. 개념 및 근거

국가의 과실책임이란 공무원의 과실 있는 위법행위로 인하여 발생한 손해에 대한 배상책임을 말한다. 국가배상법 제2조에 근거규정을 둔다.

2. 국가배상책임의 성질

(1) 학설

1) 대위책임설

대위책임설은 위법한 행위는 국가의 행위로 볼 수 없으나 피해자 보호를 위해 국가가 대신 부담한다고 한다.

2) 자기책임설

자기책임설은 국가는 공무원을 통해 행위하므로 그에 귀속되어 스스로 책임져야 한다고 한다.

3) 절충설

절충설은 경과실인 경우는 자기책임으로 보며, 고의·중과실인 경우에도 직무상의 외형을 갖춘 경우라면 자기책임으로 본다.

(2) 판례

명시적인 입장은 보이지 않으나 "고의·중과실의 경우에도 외관상 공무집행으로 보일 때에는 국가 등이 배상책임을 부담한다."고 하여 자기책임설을 취한 것으로 보인다.

(3) 검토

국가면책특권이 헌법상 포기되면서 국가배상책임이 인정되게 되었으며, 고의·중과실에 의한 경우라도 직무상 외형을 갖춘 경우라면 피해자와의 관계에서 국가기관의 행위로 인정할 수 있으므로 자기책임설이 타당하다고 본다.

Ⅲ 공무원의 배상책임 인정 여부

1. 학설

(1) 자기책임설의 입장

논리적으로 보면 자기책임설은 가해행위는 국가의 행위인 동시에 가해공무원 자신의 행위이기에 선택적 청구가 인정된다.

(2) 대위책임설의 입장

논리적으로 보면 대위책임설은 국가배상책임이 원래 공무원의 책임이지만 국가가 이를 대신하여 부담한다고 보기에 공무원의 대외적 배상책임은 부정된다.

(3) 절충설의 입장

경과실의 경우에는 국가나 지방자치단체에 대해서만, 고의·중과실의 경우에는 공무원만 배상책임을 지지만, 후자의 경우 그 행위가 직무로서 외형을 갖춘 경우에는 피해자와의 관계에서 국가도 배상책임을 지기 때문에 이 경우 피해자는 공무원과 국가에 대해 선택적으로 청구할 수 있다.

2. 판례

판례는 제한적 긍정설(절충설)을 취하고 있다. 국가 등이 국가배상책임을 부담하는 외에 공무원 개인도 고의 또는 중과실이 있는 경우에는 피해자에 대하여 그로 인한 손해배상책임을 부담하고, 가해 공무원 개인에게 경과실만이 인정되는 경우에는 공무원 개인은 손해배상책임을 부담하지 아니한다고 보고 있다.

3. 검토

공무원의 경과실은 직무수행상 통상 일어날 수 있는 것이므로 공무원의 행위는 국가 등의 기관행위로 보고, 공무원의 고의 또는 중과실로 인한 불법행위가 직무와 관련이 있는 경우에는 국가 등이 공무원 개인과 경합하여 배상책임을 부담하도록 하고, 국가 등이 배상한 경우에는 최종적 책임자인 공무원 개인에게 구상할 수 있도록 하는 것이 타당하다.

Ⅳ 사안의 해결

설문상 공무원 갑의 중과실이 인정되므로 지장물 소유자 을은 담당공무원을 상대로 손해배상을 청구할 수 있을 것이다.

 사례 2

토지수용위원회위원 공무원 甲은 토지수용에 대한 재결이 신청되자 이를 심리하는 과정에서 수용 대상 토지에 자신의 친척 소유 토지가 있음을 확인하고, 사업시행자가 신청한 보상금보다 30% 높은 금액으로 손실보상금을 증액재결하였다. 이에 대해 사업시행자는 보상금액이 너무 높아서 사업을 진행할 수 없으며 이는 친척관계에 있는 갑이 위원으로 있기 때문이라고 주장했다.

(1) 만약 을이 수용재결을 취소소송으로 다투지 않고, 사업을 진행하지 못하여 발생한 손해를 이유로 국가배상청구소송을 제기한다면 인용될 것인가? 10점

> 관련
> 규정

토지보상법 제57조(위원의 제척·기피·회피)
① 토지수용위원회의 위원으로서 다음 각 호의 어느 하나에 해당하는 사람은 그 토지수용위원회의 회의에 참석할 수 없다.
　　1. 사업시행자, 토지소유자 또는 관계인
　　2. 사업시행자, 토지소유자 또는 관계인의 배우자·친족 또는 대리인
　　3. 사업시행자, 토지소유자 및 관계인이 법인인 경우에는 그 법인의 임원 또는 그 직무를 수행하는 사람
② 사업시행자, 토지소유자 및 관계인은 위원에게 공정한 심리·의결을 기대하기 어려운 사정이 있는 경우에는 그 사유를 적어 기피(忌避) 신청을 할 수 있다. 이 경우 토지수용위원회의 위원장은 기피 신청에 대하여 위원회의 의결을 거치지 아니하고 기피 여부를 결정한다.
③ 위원이 제1항 또는 제2항의 사유에 해당할 때에는 스스로 그 사건의 심리·의결에서 회피할 수 있다.
④ 사건의 심리·의결에 관한 사무에 관여하는 위원 아닌 직원에 대하여는 제1항부터 제3항까지의 규정을 준용한다.

(2) 을은 국가 또는 공무원 갑에게 선택적으로 국가배상을 청구할 수 있는가? 20점

⊕ (설문 1)의 해결

Ⅰ 쟁점의 정리

설문은 을이 제기한 국가배상청구소송의 인용가능성을 묻고 있다. 토지수용위원회위원 갑이 재결 절차를 진행하면서 관련규정을 위반하였는지를 검토하여 설문을 해결한다.

Ⅱ 국가배상청구(공무원의 과실책임)요건의 검토

1. 공무원의 위법행위로 인한 국가배상책임의 개념

국가의 과실책임이란 공무원의 과실 있는 위법행위로 인하여 발생한 손해에 대한 배상책임을 말한다. 국가배상법 제2조에 근거규정을 둔다.

2. 요건(국가배상법 제2조)

국가배상법 제2조에 의한 국가배상책임이 성립하기 위하여는 ① 공무원이 직무를 집행하면서 타인에게 손해를 가하였을 것, ② 공무원의 가해행위는 고의 또는 과실로 법령에 위반하여 행하여졌을 것, ③ 손해가 발생하였고, 공무원의 불법한 가해행위와 손해 사이에 인과관계(상당인과관계)가 있을 것이 요구된다.

3. 사안의 경우

토지보상법 제57조 제1항에서는 관계인의 친족인 경우, 토지수용위원회의 회의에 참석할 수 없다고 규정하고 있으며, 동조 제3항에서는 위원 스스로 그 사건의 심리·의결에서 회피할 수 있다고 규정하고 있다. 그럼에도 불구하고, 갑은 직접 회의에 참석하여 30% 높은 금액으로 증액재결을 하였는바, 이는 직무상 고의 또는 과실에 해당된다고 볼 것이다.

Ⅲ 사안의 해결

설문에서 갑은 자신의 친족 토지에 대한 위법한 증액재결을 하여 사업을 진행할 수 없는 손해가 발생되었으므로, 을이 제기한 국가배상청구소송은 인용될 것이다.

⊕ (설문 2)의 해결

Ⅰ 쟁점의 정리

설문은 을이 공무원 갑을 상대로 국가배상을 선택적으로 청구할 수 있는지를 묻고 있다. 설문의 해결을 위하여 국가배상청구소송의 법적 성질 및 갑에게 고의과실이 인정될 수 있는지를 검토한다.

Ⅱ 선택적 청구 행사의 가능 여부

1. 국가배상청구소송(공무원의 과실책임)의 법적 성질

(1) 학설

① 대위책임설은 공무원의 위법한 행위는 국가의 행위로 볼 수 없으나 피해자보호를 위해 국가가 대신 부담한다고 하며, ② 자기책임설은 국가는 공무원을 통해 행위하므로 그에 귀속되어 스스로 책임져야 한다고 한다. ③ 중간설은 경과실인 경우는 자기책임으로 보며, 고의·중과실인 경우에는 기관행위로서의 품격을 상실하고 공무원 개인의 불법행위로 보아야 하므로 국가의 배상책임은 대위책임이라고 한다.

(2) 판례

명시적인 입장은 보이지 않으나 "고의·중과실의 경우에도 외관상 공무집행으로 보일 때에는 국가 등이 배상책임을 부담한다."고 하여 자기책임설을 취한 것으로 보인다.

(3) 검토

국가면책특권이 헌법상 포기되면서 국가배상책임이 인정되게 되었으며, 고의·중과실에 의한 경우라도 직무상 외형을 갖춘 경우라면 피해자와의 관계에서 국가기관의 행위로 인정할 수 있으므로 자기책임설이 타당하다고 본다.

2. 선택적 청구 행사의 가능 여부

(1) 학설

1) 자기책임설의 입장

논리적으로 보면 자기책임설은 가해행위는 국가의 행위인 동시에 가해공무원 자신의 행위이기에 선택적 청구가 인정된다(국가와 공무원의 책임은 독립하여 성립된다).

2) 대위책임설의 입장

논리적으로 보면 대위책임설은 국가배상책임이 원래 공무원의 책임이지만 국가가 이를 대신하여 부담한다고 보기에 공무원의 대외직 배상책임은 부정된나.

3) 절충설의 입장

경과실의 경우에는 국가나 지방자치단체에 대해서만, 고의·중과실의 경우에는 공무원만 배상책임을 지지만, 후자의 경우 그 행위가 직무로서 외형을 갖춘 경우에는 피해자와의 관계에서 국가도 배상책임을 지기 때문에 이 경우 피해자는 공무원과 국가에 대해 선택적으로 청구할 수 있다.

(2) 판례

판례는 제한적 긍정설(절충설)을 취하고 있다. 국가 등이 국가배상책임을 부담하는 외에 공무원 개인도 고의 또는 중과실이 있는 경우에는 피해자에 대하여 그로 인한 손해배상책임을 부담하고, 가해공무원 개인에게 경과실만이 인정되는 경우에는 공무원 개인은 손해배상책임을 부담하지 아니한다고 보고 있다(대판 1996.2.15, 95다38677 全合).

(3) 검토(절충설)

공무원의 고의 또는 중과실로 인한 불법행위가 직무와 관련이 있는 경우에는 국가 등이 공무원 개인과 경합하여 배상책임을 부담하도록 하고, 공무원의 경과실은 직무수행상 통상 일어날 수 있는 것이므로 공무원 개인에게는 책임을 부담시키지 아니하는 것이 타당하다.

Ⅲ 사안의 해결

설문에서 갑은 자신의 친족 토지가 포함된 것을 알고 30% 높은 금액으로 보상재결을 하였으므로, 이는 고의 또는 중과실에 해당된다고 볼 수 있다. 따라서 을은 갑에게 손해배상을 청구할 수 있을 것이다.

행정심판 임시처분 및 간접강제

◢ 사례 3

갑은 사업인정의 거부처분에 대한 의무이행심판을 제기하고자 한다. 의무이행심판의 가구제수단으로서 임시처분을 설명하고, 만약 인용재결이 있음에도 불구하고 국토교통부장관이 재처분의무를 이행하지 않는 경우의 실효성 확보방안에 대해서 설명하시오. 25점

Ⅰ 개설(의의 및 성질 등)

의무이행심판이라 함은 "행정청의 위법 또는 부당한 거부처분이나 부작위에 대하여 일정한 처분을 하도록 하는 심판"을 말한다(행정심판법 제5조 제3호). 행정심판법에서는 의무이행심판의 가구제 수단으로서 임시처분과, 재처분의무의 실효성 확보수단으로서 직접처분제도 및 간접강제제도를 규정하고 있다. 이하에서 설명한다.

Ⅱ 임시처분

1. 임시처분의 의의(행정심판법 제31조)

임시처분이란 처분 또는 부작위가 위법, 부당하다고 상당히 의심되는 경우로서 처분 또는 부작위 때문에 당사자가 받을 우려가 있는 중대한 불이익이나 당사자에게 생길 급박한 위험을 막기 위하여 임시지위를 정하여야 할 필요가 있는 경우 당사자의 신청 또는 직권으로 행정심판위원회가 임시적 지위를 발할 수 있는 가구제 수단을 말한다.

2. 임시처분제도의 입법취지

행정청의 거부처분과 부작위에 대한 의무이행심판의 실효성을 위하여 행정심판법 제31조에서는 임시처분을 명문으로 규정하였다.

3. 임시처분결정의 요건

(1) 적극적 요건

① 행정심판청구가 계속될 것, ② 처분(적극적 처분, 거부처분) 또는 부작위가 위법, 부당하다고 상당히 의심될 것, ③ 처분 또는 부작위 때문에 당사자가 받을 우려가 있는 중대한 불이익이나 당사자에게 생길 급박한 위험이 존재할 것, ④ 이를 예방하기 위하여 임시적 지위를 정하여야 할 필요가 인정될 것을 요건으로 한다.

(2) 소극적 요건

임시처분은 공공복리에 중대한 영향을 미칠 우려가 있는 경우에는 허용되지 않으므로 임시처분에 의한 공·사익의 형량이 요구된다.

4. 임시처분의 보충성[행정심판법 제31조 제3항]

임시처분은 집행정지로 목적을 달성할 수 있는 경우에는 허용되지 아니한다.

Ⅲ 직접처분

1. 의의 및 취지[행정심판법 제50조]

직접처분이라 함은 행정청이 처분명령재결의 취지에 따라 이전의 신청에 대한 처분을 하지 아니하는 때에 위원회가 해당 처분을 직접 행하는 것을 말한다. 직접처분은 의무이행재결의 실효성을 확보하기 위하여 인정된 의무이행재결의 이행강제제도이며, 행정심판작용이면서 동시에 행정처분(원처분)으로서의 성질을 갖는다.

2. 요건

① 처분명령재결이 있었을 것, ② 위원회가 당사자의 신청에 따라 기간을 정하여 시정을 명하였을 것, ③ 해당 행정청이 그 기간 내에 시정명령을 이행하지 아니하였을 것, ④ 그 처분의 성질이나 그 밖의 불가피한 사유로 위원회가 직접처분을 할 수 없는 경우에 해당하지 않을 것을 요건으로 한다.

3. 직접처분에 대한 제3자의 불복

직접처분은 원처분의 성질을 가지므로 직접처분으로 법률상 이익을 침해받은 제3자는 행정심판위원회를 피고로 하여 직접처분의 취소를 구하는 행정소송을 제기할 수 있다.

4. 처분청의 조치(행정심판법 제50조 제2항)

위원회는 제1항 본문에 따라 직접처분을 하였을 때에는 그 사실을 해당 행정청에 통보하여야 하며, 그 통보를 받은 행정청은 위원회가 한 처분을 자기가 한 처분으로 보아 관계법령에 따라 관리·감독 등 필요한 조치를 하여야 한다.

Ⅳ 간접강제

1. 의의 및 취지(행정심판법 제50조의2)

행정심판위원회의 거부처분취소재결 및 처분명령재결에 따른 처분을 하지 아니하면 청구인의 신청에 의하여 결정으로 상당한 기간을 정하고 피청구인이 그 기간 내에 이행하지 아니하는 경우에는 그 지연기간에 따라 일정한 배상을 하도록 명하거나 즉시 배상을 할 것을 명할 수 있다. 간접강제 제도는 거부처분에 대한 재결의 실효성을 담보하고자 도입된 제도이다.

2. 요건

① 거부처분에 대한 취소(무효)재결 및 의무이행심판에 대한 이행재결이 확정될 것, ② 재처분의무를 이행하지 않는 경우일 것을 요건으로 하고, ③ 청구인의 신청에 의하여 결정으로서 상당한 기간을 정하고, 위원회가 그 기간 내에 이행하지 아니하였어야 한다.

3. 효력

결정의 효력은 피청구인인 행정청이 소속된 국가·지방자치단체 또는 공공단체에 미치며, 결정서 정본은 「민사집행법」에 따른 강제집행에 관하여는 집행권원과 같은 효력을 가진다. 이 경우 집행문은 위원장의 명에 따라 위원회가 소속된 행정청 소속 공무원이 부여한다.

4. 불복

청구인은 결정에 불복하는 경우 그 결정에 대하여 행정소송을 제기할 수 있다.

CHAPTER 03 당사자소송

◢ 사례 4

사업시행자인 한국수자원공사는 사업부지 내 지장물인 전기설비의 이전비와 관련하여 소유자인 한국전력공사와 보상금에 대해 협의완료하였다. 협의의 내용은 이설대상 전기설비에 대하여는 공익사업법상의 보상 기준보다 높은 신규설비 설치비용을, 철거대상 전기설비에 대하여는 위 기준보다 낮은 철거비용을 지급하는 것이었다. 한국수자원공사는 이에 따른 보상금을 지급하고 사업을 시행하려 하자, 한국전력공사는 철거대상 전기설비에 대하여 토지보상법상 보상 기준보다 낮은 보상금을 지급받은 것은 정당보상에 반하는 것이므로 이에 대한 차액을 추가로 지급할 것을 요구하면서 지장물의 이전을 수행하고 있지 아니하다. 한국전력공사는 손실보상금 청구를 추가로 할 수 있는가? 한국수자원공사가 원활한 공사를 시행하기 위하여 강구할 수 있는 수단에 대하여 설명하시오. 25점

Ⅰ 쟁점의 정리

설문은 합의에 의한 손실보상금이 토지보상법상 손실보상액보다 낮은 경우 그 차액의 추가지급을 요구할 수 있는지와, 이를 이유로 이전 등에 대한 계약의무를 이행하지 않는 경우의 해결방안을 묻고 있다. 설문의 해결을 위하여 당사자 간 계약의 법적 성질과 효력을 살펴보고, 만약 공법상 계약으로 본다면 계약내용을 강구할 수 있는 수단으로서 당사자소송에 대하여 설명한다.

Ⅱ 한국전력공사가 손실보상금을 추가로 청구할 수 있는지 여부

1. 손실보상의 의의 및 취지

손실보상이란 공공필요에 의한 적법한 공권력의 행사로 가하여진 개인의 특별한 재산권 침해에 대하여, 행정주체가 사유재산권 보장과 평등부담의 원칙 및 생존권 보장차원에서 행하는 조절적인 재산적 전보를 말한다(재산권의 내재적 제약인 사회적 제약과 구별된다).

2. 당사자 간 협의의 법적 성질

(1) 학설

1) 공법상 계약설

협의 불성립시 차후에 수용절차가 예정되고 수용에 의한 취득과 동일한 효과가 발생하므로 공법상 계약이라고 본다.

2) 사법상 계약설

당사자의 협의에 의하므로 사법상 매매와 다를 바 없으므로 사법상 계약이라고 본다.

(2) 판례

판례는 협의취득은 협의에 의하여 사업시행자가 토지 등을 취득하는 것으로서 그 법적 성질의 지급행위는 토지 등의 권리이전에 대한 반대급여의 교부행위에 지나지 아니하므로 그 역시 사법상의 행위라고 볼 수밖에 없다고 판시한 바 있다.

(3) 검토

협의는 목적물을 취득하는 등 사업의 진행을 도모하기 위한 것이므로, 이는 공용수용의 공법상 목적을 달성시키기 위한 절차로 볼 수 있다. 따라서 공법상 법률관계로 보는 것이 타당하다.

3. 협의의 효과

협의에 의하여 계약이 체결되면 사업시행자와 토지소유자는 협의의 내용에 따라 채권·채무의 이행관계(합의 내용대로의 구속력)에 놓이게 된다.

4. 사안의 경우

당사자 간의 합의로 토지보상법상 소정의 손실보상의 기준에 의하지 아니한 손실보상금을 정할 수 있으므로 그 합의가 착오 등을 이유로 적법하게 취소되지 않는 한 유효하다고 할 것이다(대판 1998.5.22, 98다2242, 2259). 따라서 토지보상법에 의한 보상에 있어 손실보상금에 관한 당사자 간의 합의가 성립하면 그 합의 내용대로 구속력이 있고, 손실보상금에 관한 합의 내용이 토지보상법에서 정하는 손실보상기준에 맞지 않는다고 하더라도 합의가 적법하게 취소되는 등의 특별한 사정이 없는 한 추가로 토지보상법상 기준에 따른 손실보상금 청구를 할 수는 없다고 할 것이다(대판 2013.8.22, 2012다3517).

Ⅲ 한국수자원공사가 강구할 수 있는 수단

1. 당사자소송의 의의

당사자소송이라 함은 공법상 법률관계의 주체가 당사자가 되어 다투는 공법상 법률관계에 관한 소송을 말한다. 당사자소송은 공법상 법률관계에 관한 소송인 점에서 사법상 법률관계에 관한 소송인 민사소송과 구별된다.

2. 당사자소송의 제기요건

① 당사자소송의 대상은 공법상 법률관계이며, ② 당사자소송에서 원고적격이 있는 자는 당사자소송을 통하여 주장하는 공법상 법률관계의 주체이며, 피고는 '국가·공공단체 그 밖의 권리주체'가 된다(행정소송법 제39조). 이외에 소의 이익에 관하여는 민사소송법이 준용되며(행정소송법 제8조 제2항), 법령에 제소기간이 정하여져 있는 때에는 그 기간은 불변기간으로 한다(행정소송법 제41조).

3. 공법상 당사자소송에서의 가처분 인정

공법상 당사자소송에서는 항고소송에서 가처분 인정의 부정적 논거가 되는 가처분의 특례규정인 집행정지 등 가처분에 관한 특례규정이 없고, 당사자소송은 민사소송과 유사하므로 민사집행법상의 가처분이 준용된다는 것이 실무 및 학설의 일반적 견해이다.

4. 당사자소송의 판결의 종류

① 당사자소송이 소송요건을 결여한 경우에는 본안심리를 거절하는 각하판결을 내리며, ② 본안심리의 결과 원고의 청구가 이유 없다고 판단되는 경우 기각판결을 내린다. ③ 본안심리의 결과 원고의 청구가 이유 있다고 인정하는 경우 인용판결을 내리는데, 당사자소송의 소의 종류에 따라 확인판결을 내리기도 하고 이행판결을 내리기도 한다.

Ⅳ 사안의 해결

한국전력공사와 한국수자원공사는 계약내용에 구속되므로 한국전력공사는 토지보상법상 산정되는 보상액과 실제 지급받은 보상금액의 차액을 요구할 수 없으며, 이를 이유로 이전의무를 이행하지 않는 경우에는 한국수자원공사는 공법상 당사자소송으로서 그 이행을 청구할 수 있을 것이다. 판례는 합의를 사법상 계약으로 보므로 실무상 민사소송으로 해결될 것이다.

> **대판 2013.8.22, 2012다3517[부당이득반환]**
>
> [판시사항]
> 공익사업을 위한 토지 등의 취득 및 보상에 관한 법률에 의한 보상을 하면서 손실보상금에 관한 당사자 간의 합의가 성립한 경우, 그 합의 내용이 같은 법에서 정하는 손실보상 기준에 맞지 않는다는 이유로 그 기준에 따른 손실보상금 청구를 추가로 할 수 있는지 여부(원칙적 소극)
>
> [판결요지]
> 공익사업을 위한 토지 등의 취득 및 보상에 관한 법률(이하 '공익사업법'이라고 한다)에 의한 보상합의는 공공기관이 사경제주체로서 행하는 사법상 계약의 실질을 가지는 것으로서, 당사자 간의 합의로 같은 법 소정의 손실보상의 기준에 의하지 아니한 손실보상금을 정할 수 있으며, 이와 같이 같은 법이 정하는 기준에 따르지 아니하고 손실보상액에 관한 합의를 하였다고 하더라도 그 합의가 착오 등을 이유로 적법하게 취소되지 않는 한 유효하다. 따라서 공익사업법에 의한 보상을 하면서 손실보상금에 관한 당사자 간의 합의가 성립하면 그 합의 내용대로 구속력이 있고, 손실보상금에 관한 합의 내용이 공익사업법에서 정하는 손실보상 기준에 맞지 않는다고 하더라도 합의가 적법하게 취소되는 등의 특별한 사정이 없는 한 추가로 공익사업법상 기준에 따른 손실보상금 청구를 할 수는 없다.

CHAPTER 04 기타

사례 1

甲은 A군 소재 농지에서 농업경영을 하던 중 양돈업을 시작하고자 한다. 보건복지부장관은 「가축분뇨의 관리 및 이용에 관한 법률」 제8조 제1항에 따라 「A군 가축사육 제한구역 지정 고시」(이하 '이 사건 고시'라 한다)를 발령하였다. 이 사건 고시 제4조 제3호에 의하면, "도로(고속국도, 일반국도, 지방도, 군도)나 철도, 농어촌도로 경계선으로부터 가축사육 시설 건축물 외벽까지 직선거리 200m 이내 지역"을 가축사육 제한구역의 하나로 정하고 있다. 축사 예정지로 삼고 있는 甲의 토지는 주거 밀집지역인 농가에서 1km 이상 벗어나 있는데 甲이 짓고자 하는 축사의 외벽은 지방도 경계선으로부터 직선거리 200m 이내에 소재하고 있어 가축사육 제한구역에 편입되게 되었다. 甲은 2021.11.30. 돼지를 사육하려고 구청장 乙에게 축사 건축허가를 신청하였다. 그러나 乙은 2021.12.15. 축사 예정지가 가축사육 제한구역에 해당하여 여기에 축사를 건축할 수 없다는 이유로 허가를 거부하는 처분(이하 '이 사건 처분'이라고 한다)을 하였다. 乙은 이 사건 처분을 함에 있어서 「행정절차법」에 따른 사전통지를 하지 않았고, 「행정심판법」상 처분의 상대방에게 알려야 하는 행정심판 청구가능성, 그 절차 및 청구기간도 알리지 않았다.

(1) 甲은 이 사건 고시 제4조 제3호가 법령의 위임한계를 벗어났다고 주장한다. 이와 관련하여 이 사건 고시의 법적 성격을 논하시오. (단, 고시의 처분성 논의는 제외함) 10점

(2) 乙이 「행정절차법」상 사전통지를 하지 않았음에 따른 이 사건 처분의 적법 여부를 검토하시오. 10점

(3) 「행정심판법」상 요구되는 행정심판 청구가능성, 그 절차 및 청구기간을 알리지 않았음에 따른 이 사건 처분의 적법 여부와 「행정심판법」상 효과를 설명하시오. 10점

참조
조문

※ 유의 사항
아래 법령은 가상의 것으로, 이와 다른 내용의 현행 법령이 있다면 제시된 법령이 현행 법령에 우선하는 것으로 할 것

「가축분뇨의 관리 및 이용에 관한 법률」

제1조(목적)
이 법은 가축분뇨를 자원화하거나 적정하게 처리하여 환경오염을 방지함으로써 환경과 조화되는 지속가능한 축산업의 발전 및 국민건강의 향상에 이바지함을 목적으로 한다.

제8조(가축사육의 제한 등)

① 보건복지부장관은 지역주민의 생활환경보전 또는 상수원의 수질보전을 위하여 다음 각 호의 어느 하나에
해당하는 지역 중 가축사육의 제한이 필요하다고 인정되는 지역에 대하여는 일정한 구역을 지정·고시
하여 가축의 사육을 제한할 수 있다. 제한구역의 지정에 대해서는 보건복지부장관이 정하여 고시한다.

1. 주거 밀집지역으로 생활환경의 보호가 필요한 지역
2. 「수도법」 제7조에 따른 상수원보호구역, 「환경정책기본법」 제38조에 따른 특별대책지역, 그 밖에 이
에 준하는 수질환경보전이 필요한 지역
3. 「한강수계 상수원수질개선 및 주민지원 등에 관한 법률」 제4조 제1항, 「낙동강수계 물관리 및 주민지
원 등에 관한 법률」 제4조 제1항, 「금강수계 물관리 및 주민지원 등에 관한 법률」 제4조 제1항, 「영산
강·섬진강수계 물관리 및 주민지원 등에 관한 법률」 제4조 제1항에 따라 지정·고시된 수변구역
4. 「환경정책기본법」 제12조에 따른 환경기준을 초과한 지역

「A군 가축사육 제한구역 지정 고시」

제4조(가축사육 제한구역)

3. 도로(고속국도, 일반국도, 지방도, 군도)나 철도, 농어촌도로 경계선으로부터 가축사육 시설 건축물 외벽
까지 직선거리 200미터 이내 지역

(설문 1)의 해결

Ⅰ 쟁점의 정리

Ⅱ 법령보충적 행정규칙의 법적 성질

  1. 법령보충적 행정규칙의 의의 및 인정 여부

  **2. 법적 성질에 대한 견해의 대립(대외적 구
속력 인정논의)**

    (1) 학설

      1) 행정규칙설

    (2) 판례

    (3) 검토

  3. 위법한 법령보충적 행정규칙의 효력

Ⅲ 사안의 해결

(설문 2)의 해결

Ⅰ 쟁점의 정리

Ⅱ 거부처분이 사전통지의 대상인지 여부

  1. 의견제출절차의 개념 및 근거규정

  **2. 거부처분이 사전통지 및 의견제출절차의
대상이 되는지 여부**

    (1) 학설

      1) 적극설

      2) 소극설

    (2) 판례

    (3) 검토

Ⅲ 사안의 해결

(설문 3)의 해결

Ⅰ 쟁점의 정리

Ⅱ 고지의무 위반의 적법성 판단 및 불고지(오고지)
의 효과

  1. 고지제도의 의의(행정심판법 제58조)

  2. 고지의 성질

  3. 고지의 대상

  4. 불고지 및 오고지의 효과

    (1) 심판청구서제출기관과 권리구제(행정심
판법 제23조)

    (2) 청구기간(행정심판법 제27조)

  5. 불고지 또는 오고지와 처분의 효력

Ⅲ 사안의 해결

⊕ **(설문 1)의 해결**

☐ 쟁점의 정리

가축사육 제한구역에 관한 기준은 상위법령의 위임을 받아 행정규칙의 형식으로 제정된바, 실질은 법령의 내용을 보충하나 형식은 행정규칙이기에 대외적 구속력이 인정될 수 있는지가 문제된다. 이에 대한 법적 성질을 검토한다.

Ⅱ 법령보충적 행정규칙의 법적 성질

1. 법령보충적 행정규칙의 의의 및 인정 여부

법령보충적 행정규칙이란 법률의 위임에 의해 법령을 보충하는 법규사항을 정하는 행정규칙을 말한다. 헌법 제75조 및 제95조와 관련하여 이러한 행정규칙의 인정 여부에 대하여 견해의 대립이 있으나, 다수견해 및 판례는 법령의 수권을 받아 제정되는 것을 논거로 하여 긍정한다.

2. 법적 성질에 대한 견해의 대립(대외적 구속력 인정논의)

(1) 학설

1) 행정규칙설

법규명령은 의회입법원칙의 예외이므로 법령보충적 행정규칙도 행정규칙에 불과하다는 견해, 법령보충적 행정규칙에 법규와 같은 효력을 인정하되 법적 성질은 행정규칙으로 보는 견해, 법규와 같은 효력을 가지므로 법규명령으로 보아야 한다는 견해 및 법령의 수권이 있는 경우에 한해서 법규성을 가질 수 있다고 보는 견해가 대립된다.

(2) 판례

① 국세청장훈령인 재산제세사무처리규정은 상위법인 소득세법 시행령과 결합하여 법규성을 가진다고 판시한 바 있다. ② 토지가격비준표는 집행명령인 개별토지가격합동조사지침과 더불어 법령보충적 구실을 하는 법규적 성질을 가지고 있는 것으로 보아야 한다고 판시한 바 있다. ③ 감정평가에 관한 규칙에 따른 '감정평가실무기준'이나 한국감정평가사협회가 제정한 '토지보상평가지침'은 일반 국민을 기속하지 않는다고 판시한 바 있다(대판 2014.6.12, 2013두4620).

(3) 검토

상위법령의 위임이 있는 경우에는 그와 결합하여 법령을 보충하므로 법규성을 인정하는 것이 행정현실상 타당하다고 판단된다. 다만, 일반적인 법규명령절차를 거치지 않기 때문에 '국민의 예측가능성'을 고려하여 고도의 전문적 영역에 한정되어 최소한도로 인정해야 할 것이다.

3. 위법한 법령보충적 행정규칙의 효력

판례는 법령보충적 행정규칙이 법령의 위임범위를 벗어난 경우에는 위법한 법규명령이 되는 것이 아니라 법규명령으로서의 대외적 구속력이 인정되지 않으므로 행정규칙에 불과한 것이 된다고 한다.

Ⅲ 사안의 해결

가축사육 제한구역 지정 고시는 가축분뇨를 자원화하거나 적정하게 처리하여 환경오염을 방지함으로써 환경과 조화되는 지속가능한 축산업의 발전 및 국민건강의 향상에 이바지함을 목적으로 하므로 이는 법령보충적 행정규칙으로서 대외적 구속력이 인정된다고 볼 것이다.

⊕ (설문 2)의 해결

Ⅰ 쟁점의 정리

거부처분을 함에 있어 사전통지를 하지 않은 것이 위법한지 문제된다.

Ⅱ 거부처분이 사전통지의 대상인지 여부

1. 의견제출절차의 개념 및 근거규정

의견제출절차란 "행정청이 어떠한 행정작용을 하기에 앞서 당사자 등이 의견을 제시하는 절차로서 청문이나 공청회에 해당하지 아니하는 절차"를 말한다. 사전통지는 의견제출의 전치절차이다. 행정절차법은 권익을 제한하는 경우에 대해서 사전통지(제21조)와 의견청취(제22조)를 규정하고 있다.

2. 거부처분이 사전통지 및 의견제출절차의 대상이 되는지 여부

(1) 학설

1) 적극설

당사자가 신청을 한 경우, 신청에 따라 긍정적인 처분이 이루어질 것을 기대하며 거부처분을 기대하지는 아니하고 있으므로 거부처분의 경우에도 사전통지 및 의견진술의 기회가 필요하다고 한다.

2) 소극설

신청에 대한 거부처분은 그것이 불이익처분을 받는 상대방의 신청에 의한 것이므로 성질상 이미 의견진술의 기회를 준 것으로 볼 수 있으므로 의견진술의 기회를 줄 필요가 없다고 한다.

(2) 판례

신청에 따른 처분이 이루어지지 아니한 경우에는 아직 당사자에게 권익이 부과되지 아니하였으므로 특별한 사정이 없는 한 신청에 대한 거부처분이라고 하더라도 직접 당사자의 권익을 제한하는 것은 아니어서 사전통지대상이 된다고 할 수 없다고 판시한 바 있다(대판 2003.11.28, 2003두674).

(3) 검토

거부처분을 권익을 제한하거나 의무를 부과하는 처분으로 볼 수 없고, 거부처분의 전제가 되는 신청을 통하여 의견제출의 기회를 준 것으로 볼 수 있으므로 소극설이 타당하다. 다만, 인·허가의 갱신과 관련된 거부는 '종전에 발부된 인·허가의 권익을 제한하는 처분'으로 보아 사전통지와 의견진술 기회 부여의 대상이 된다고 보아야 한다.

Ⅲ 사안의 해결

거부처분은 일반적으로 사전통지의 대상이 되지 않는다. 설문에서는 건축허가와 관련하여 종전에 발부된 권익이 없으므로 사전통지의 대상이 되지 않는다. 따라서 거부처분은 적법하다.

⊕ (설문 3)의 해결

Ⅰ 쟁점의 정리

행정심판법상 행정심판 청구가능성, 그 절차 및 청구기간을 고지하지 않은 것이 위법성 사유가 되는지 및 행정심판법상 효과와(불고지 효과) 관련하여 심판청구기간에 대해서 검토한다.

Ⅱ 고지의무 위반의 적법성 판단 및 불고지(오고지)의 효과

1. 고지제도의 의의(행정심판법 제58조)

행정심판의 고지제도란 행정청이 처분을 함에 있어서 상대방에게 그 처분에 대하여 행정심판을 제기할 수 있는지 여부, 심판청구절차, 청구기간 등 행정심판의 제기에 필요한 사항을 미리 알려 주도록 의무지우는 제도를 말한다.

2. 고지의 성질

고지는 불복제기의 가능 여부 및 불복청구의 요건 등 불복청구에 필요한 사항을 알려 주는 비권력적 사실행위이다. 고지는 그 자체로서는 아무런 법적 효과를 발생시키지 않는다. 다만, 불고지 또는 오고지로 손해가 발생한 경우에는 국가배상청구를 할 수 있을 것이다.

3. 고지의 대상

행정청이 처분을 할 때에는 처분의 상대방에게 처분에 대하여 행정심판을 청구할 수 있는지의 여부, 행정심판을 청구하는 경우의 심판청구절차 및 심판청구기간을 알려야 한다. 신청을 거부한 처분이나 신청된 것과 다른 내용의 처분 및 부관이 붙여진 처분의 경우에는 고지를 하여야 한다.

4. 불고지 및 오고지의 효과

(1) 심판청구서제출기관과 권리구제(행정심판법 제23조)

청구인이 심판청구서를 다른 행정기관에 제출한 경우에는 그 행정기관은 그 심판청구서를 지체 없이 정당한 권한이 있는 피청구인에게 보내야 한다. 심판청구 기간을 계산할 때에는 따른 행정기관에 심판청구서가 제출되었을 때에 행정심판이 청구된 것으로 본다.

(2) 청구기간(행정심판법 제27조)

처분청이 심판청구기간을 고지하지 아니한 때에는 심판청구기간은 처분이 있음을 안 경우에도 해당 처분이 있은 날로부터 180일이 된다. 처분청이 심판청구기간을 '처분이 있음을 안 날로부터 90일 이내'보다 더 긴 기간으로 잘못 알린 경우에 그 잘못 알린 기간 내에 심판청구가 있으면 그 심판청구는 적법한 기간 내에 제기된 것으로 의제된다.

5. 불고지 또는 오고지와 처분의 효력

고지절차에 관한 규정은 행정처분의 상대방이 그 처분에 대한 행정심판의 절차를 밟는 데 있어 편의를 제공하려는 데 있으며 처분청이 위 규정에 따른 고지의무를 이행하지 아니하였다고 하더라도 경우에 따라서는 행정심판의 제기기간이 연장될 수 있는 것에 그치고 이로 인하여 심판의 대상이 되는 행정처분에 어떤 하자가 수반된다고 할 수 없다(대판 1987.11.24, 87누529).

Ⅲ 사안의 해결

고지제도는 행정심판 절차상 편의를 제공함이 목적이며 그 성질은 비권력적 사실행위이므로 고지의무를 이행하지 않은 것을 처분의 위법성 사유로 주장할 수 없다. 또한 고지의무를 이행하지 않은 경우에는 처분이 있은 날로부터 180일 이내에 심판청구를 할 수 있을 것이다.

사례 2

> 국토교통부장관은 감정평가법인 갑에게 업무에 관한 보고와 자료제출을 명령하여 제출된 자료를
> 검토하였는데, 제출된 자료 중에 거짓으로 작성된 자료로 의심되는 자료가 있어서 소속 공무원으로
> 하여금 감정평가법인 갑의 사무소에 출입하여 장부·서류 등을 검사하게 하였다. 검사결과 제출된
> 자료의 일부가 거짓된 자료임이 밝혀졌다.
> 이에 국토교통부장관은 업무정지처분 사유에 해당되나 표준지공시지가 조사·평가업무를 고려하
> 여 과징금을 부과하였다.

(1) 소속 공무원이 그 권한을 표시하는 증표를 관계인에게 보이지 않고 사무소에 출입하여 장부·서
류 등을 검사한 경우, 위 과징금부과처분의 적법 여부를 검토하시오. 10점

(2) 만약 과징금 액수가 과하게 책정되었음을 이유로 갑이 과징금부과처분 취소심판을 제기하였다
면, 행정심판위원회는 일부취소재결을 할 수 있는지 검토하시오. 10점

참고 조문

[감정평가 및 감정평가사에 관한 법률]

제47조(지도·감독)

① 국토교통부장관은 감정평가법인 등 및 협회를 감독하기 위하여 필요할 때에는 그 업무에 관한 보고 또
는 자료의 제출, 그 밖에 필요한 명령을 할 수 있으며, 소속 공무원으로 하여금 그 사무소에 출입하여
장부·서류 등을 검사하게 할 수 있다.

② 제1항에 따라 출입·검사를 하는 공무원은 그 권한을 표시하는 증표를 지니고 이를 관계인에게 내보여
야 한다.

제32조(인가취소 등)

① 국토교통부장관은 감정평가법인 등이 다음 각 호의 어느 하나에 해당하는 경우에는 그 설립인가를 취소
(제29조에 따른 감정평가법인에 한정한다)하거나 2년 이내의 범위에서 기간을 정하여 업무의 정지를
명할 수 있다. 다만, 제2호 또는 제7호에 해당하는 경우에는 그 설립인가를 취소하여야 한다.

  16. 제47조에 따른 지도와 감독 등에 관하여 다음 각 목의 어느 하나에 해당하는 경우

　　가. 업무에 관한 사항의 보고 또는 자료의 제출을 하지 아니하거나 거짓으로 보고 또는 제출한 경우

　　나. 장부나 서류 등의 검사를 거부, 방해 또는 기피한 경우

제41조(과징금의 부과)

① 국토교통부장관은 감정평가법인 등이 제32조 제1항 각 호의 어느 하나에 해당하게 되어 업무정지처분
을 하여야 하는 경우로서 그 업무정지처분이 「부동산 가격공시에 관한 법률」 제3조에 따른 표준지공
시지가의 공시 등의 업무를 정상적으로 수행하는 데에 지장을 초래하는 등 공익을 해칠 우려가 있는
경우에는 업무정지처분을 갈음하여 5천만원(감정평가법인인 경우는 5억원) 이하의 과징금을 부과할 수
있다.

② 국토교통부장관은 제1항에 따른 과징금을 부과하는 경우에는 다음 각 호의 사항을 고려하여야 한다.
  1. 위반행위의 내용과 정도
  2. 위반행위의 기간과 위반횟수
  3. 위반행위로 취득한 이익의 규모
③ 국토교통부장관은 이 법을 위반한 감정평가법인이 합병을 하는 경우 그 감정평가법인이 행한 위반행위는 합병 후 존속하거나 합병으로 신설된 감정평가법인이 행한 행위로 보아 과징금을 부과·징수할 수 있다.

⊕ (설문 1)의 해결

Ⅰ 쟁점의 정리

행정조사를 통한 내용은 정확하나 수집절차상의 하자가 있는 경우, 수집된 내용에 기초하여 행정행위를 한 경우 그 효력이 문제된다.

Ⅱ 위법한 행정조사와 행정행위의 효력

1. 학설

적법절차의 원칙에 비추어 위법한 절차에 기초한 행정행위는 위법하다는 견해와 행정조사와 행정행위는 별개의 행위이므로 행정조사의 위법이 바로 행정행위의 위법성 사유가 되지 않는다는 견해가 있다. 행정조사의 목적이 행정행위를 위한 사전적인 정보수집의 목적인 경우에는 행정행위의 절차상의 하자를 구성한다는 견해도 있다.

2. 판례

판례는 원칙상 적극설을 취하고 있다. 다만, 행정조사절차의 하자가 경미한 경우에는 위법사유가 되지 않는 것으로 본다(대판 2009.1.30, 2006두9498).

3. 결어

적법절차의 원칙에 비추어 행정조사의 절차상 하자가 있는 경우에는 그에 기초한 행정행위도 위법한 것으로 보아야 할 것이다.

Ⅲ 사안의 해결

증표를 보이지 않고 조사한 행위는, 명백한 하자이나 중대한 하자로 보기 어려우므로 취소사유의 하자로 볼 수 있고 절차상 하자의 독자성을 인정하는 다수 및 판례의 태도에 비추어 절차상 하자있는 조사에 기초한 행정행위는 위법한 것으로 보아야 하므로 과징금부과처분의 위법성이 인정된다.

> ☞ 대판 2009.1.30, 2006두9498
>
> [1] 토양환경보전법상 토양정밀조사명령의 전제가 되는 토양오염실태조사를 실시할 권한은 시·도지사에게 있는바, 이 사건 토양정밀조사명령의 근거가 된 토양오염실태조사가 감사원에 의해 실시된 것이어서 토양환경보전법의 규정에 따른 것이라고 할 수 없다.
>
> [2] 행정기관 및 공무원의 직무를 감찰하여 행정운영의 개선향상을 기하여야 할 감사원의 임무나 감사원이 원고 사업장 인근 주민의 환경오염 진정에 따라 충청남도에 대한 감사를 진행하던 중 현지 조사차원에서 피고 소속 담당공무원과 충청남도의 담당공무원 참여하에 이 사건 토양오염실태조사가 이루어진 경위, 토양오염실태조사는 토양정밀조사명령의 사전 절차를 이루는 사실행위로서 그 자체가 행정처분에 해당하지는 않는 점 등을 종합 고려해 보면, 이 사건 토양오염실태조사가 감사원 소속 감사관의 주도하에 실시되었다는 사정만으로 이 사건 토양정밀조사명령에 이를 위법한 것으로서 취소해야 할 정도의 하자가 있다고 볼 수는 없다.
>
> [3] 토양오염공정시험방법(환경부고시 제2002-122호)은 행정기관 내부의 사무처리준칙을 정한 행정규칙에 해당하고, 채취된 시료의 대상지역 토양에 대한 대표성을 전혀 인정할 수 없을 정도로 그 위반의 정도가 중대한 경우가 아니라면, 토양오염공정시험방법에 규정된 내용에 위반되는 방식으로 시료를 채취하였다는 사정만으로는 그에 기초하여 내려진 토양정밀조사명령이 위법하다고 할 수 없다.
>
> [4] 설령 시료를 채취함에 있어 원고 측으로부터 시료채취확인 및 시료봉인을 받지 않은 것이 절차상 하자에 해당한다 하더라도, 이러한 (조사)절차상 하자가 이 사건 처분을 취소할 정도에까지는 이르지 아니하였다.

⊕ (설문 2)의 해결

I 쟁점의 정리

감정평가법상 과징금은 계속적인 공적업무수행을 위하여 업무정지처분에 갈음하여 부과되는 것으로 변형된 과징금에 속하며, 과징금부과는 금전상의 급부를 명하는 급부하명으로서 "할 수 있다"는 규정에 비추어 재량행위로 판단된다. 이에 대해 일부취소재결을 할 수 있는지 검토한다.

II 재량처분과 일부취소재결

1. 취소심판과 인용재결

취소심판이라 함은 "행정청의 위법 또는 부당한 처분을 취소하거나 변경하는 심판"을 말한다. 인용재결이라 함은 본안심리의 결과 심판청구가 이유 있다고 판단하여 청구인의 청구취지를 인정하는 것을 말한다.

2. 취소심판에서의 변경재결(일부취소)

(1) 소극적 변경(일부취소)

처분을 취소하는 재결은 해당 처분의 전부취소를 내용으로 하는 것과 일부취소(영업정지처분기간의 단축 등)를 내용으로 하는 것이 있다. 행정심판에서도 일부취소는 이론상 취소의 대상이 되는 부분이 가분적인 것인 경우에 가능하다.

(2) 적극적 변경

처분을 변경하거나 변경을 명하는 재결은 행정심판기관이 행정기관이므로 처분내용을 적극적으로 변경하거나 변경을 명하는 재결을 말한다. 예컨대, 허가취소처분을 영업정지처분으로 변경하거나 변경을 명령하는 경우 등이다.

III 사안의 해결

과징금부과는 업무정지기간에 따른 부과 범위가 설정되어 있으며 구체적인 부과금액은 위반행위의 내용과 정도, 기간과 위반횟수, 취득한 이익의 규모를 고려하여 산정하므로 행정심판위원회는 원고의 청구가 이유 있다고 인정되는 경우에는 과징금 부과금액을 감액하는 일부취소재결을 할 수 있다.

합격기준 **박문각**

제**3**판

감정평가사 2차 시험대비

2024 감정평가 및 보상법규
행정법 사례해설

제3판인쇄 : 2023. 08. 25.
제3판발행 : 2023. 08. 30.
편 저 자 : 도승하
발 행 인 : 박 용
발 행 처 : (주)박문각출판
등   록 : 2015. 04. 29. 제2015-000104호
주   소 : 06654 서울시 서초구 효령로 283 서경B/D 4층
전   화 : (02) 723-6869
팩   스 : (02) 723-6870

저자와의
협의하에
인지 생략

정가 38,000원

ISBN 979-11-6987-385-7